21世纪经济学系列教材

高鸿业

《西方经济学》（宏观部分·第八版）习题册

主 编 王海滨

中国人民大学出版社
·北京·

图书在版编目（CIP）数据

高鸿业《西方经济学》（宏观部分·第八版）习题册/王海滨主编. --北京：中国人民大学出版社，2022. 11
21 世纪经济学系列教材
ISBN 978-7-300-31140-1

Ⅰ. ①高… Ⅱ. ①王… Ⅲ. ①西方经济学-高等学校-习题集②宏观经济学-高等学校-习题集 Ⅳ. ①F091. 3 - 44②F015 - 44

中国版本图书馆 CIP 数据核字（2022）第 197298 号

21 世纪经济学系列教材
高鸿业《西方经济学》（宏观部分·第八版）习题册
主　编　王海滨
Gaohongye《Xifang Jingjixue》（Hongguan Bufen · Di-ba Ban）Xitice

出版发行	中国人民大学出版社		
社　　址	北京中关村大街 31 号	**邮政编码**	100080
电　　话	010 - 62511242（总编室）		010 - 62511770（质管部）
	010 - 82501766（邮购部）		010 - 62514148（门市部）
	010 - 62515195（发行公司）		010 - 62515275（盗版举报）
网　　址	http://www. crup. com. cn		
经　　销	新华书店		
印　　刷	天津鑫丰华印务有限公司		
开　　本	787 mm×1092 mm　1/16	**版　　次**	2022 年 11 月第 1 版
印　　张	27 插页 1	**印　　次**	2025 年 4 月第 3 次印刷
字　　数	654 000	**定　　价**	59.00 元

内容简介

本书收集、整理了大约 1 000 道习题，这些习题均为各大财经名校历年考研真题中高频出现的试题、期末考试试题以及编者在教学中积累的自编题。

本书酌情选取了少量中级经济学习题，以及少量需要深入思考的难题，供读者备考练习。

除了答案之外，编者也将在教学过程中总结出的一些教材所不讲但应考时却很实用的知识、应试技巧，以“【提示】”“【补充】”等插件的形式附在答案之后。对于少量篇幅较长的内容，编者另行将其放在微信公众号里，读者可扫描书中的二维码阅读。

本书的习题整体难度中等，少量习题略偏难，适合准备研究生考试、期末考试的学生使用。

作者简介

王海滨，2006 年至今一直从事微观经济学、宏观经济学考研培训，培养了大量优秀学员。编有《高鸿业〈西方经济学〉(微观部分·第八版) 学习指导书》《高鸿业〈西方经济学〉(宏观部分·第八版) 学习指导书》《高鸿业〈西方经济学〉(微观部分·第八版) 习题册》《高鸿业〈西方经济学〉(宏观部分·第八版) 习题册》等图书，曾主译《曼昆版〈宏观经济学〉习题集》。

总序

改革开放以来，经济社会的发展对中国经济学教育、教学产生了重要的影响，提出了新的要求。为了使经济学教育、教学根植于我国改革开放和现代化建设的肥沃土壤，服务于时代和实践的需求，中国人民大学出版社从21世纪初就开始组织国内知名经济学者编写适应新时期经济学教学的“21世纪经济学系列教材”。

二十多年来，21世纪经济学系列教材已经逐步推出了许多适合中国特点的经济学教科书，影响了一批又一批的青年学子。这其中，我国经济学界杰出教育家、西方经济学学科主要奠基人之一高鸿业先生主编的《西方经济学》，已成为我国高校经济学专业的权威性教材，读者早已超过千万！中国马克思主义政治经济学的奠基人宋涛先生的《政治经济学教程》，对马克思主义政治经济学在中国的传播、普及和发展发挥了重要作用。该系列已经出版的其他教材，如孙久文教授的《区域经济学教程》、彭刚教授的《发展经济学教程》、王则柯教授的《博弈论教程》、黄卫平教授的《国际经济学教程》等，都产生了广泛的影响，为中国的经济学教育做出了贡献。

近几年来，中国的经济学教育、教学面临新的形势，取得了长足的进步：一是我国经济学界教育思想、教育观念已经发生了重大转变，更加重视素质教育；二是教学内容有了重大改革，在学科专业调整建设、课程体系、教学内容改革方面取得了进展；三是教育、教学方法有了重大进步，更加重视理论联系实际，实验、实践、案例教学逐步加强，现代化教学手段被广泛应用。

有鉴于此，为了应对新的形势与变化，中国人民大学出版社在认真调查研究高等学校经济学专业本科培养方案和课程教学大纲的基础上，组织专家学者，经过反复研究论证、合理定位、精心写作、吐故纳新，进一步整合优化了“21世纪经济学系列教材”。这套教材将涵盖经济学专业所有的基础课、主干课、核心课，使学生通过《政治经济学》《微观经济学》《宏观经济学》等基础理论教材的学习，掌握经济学的基础理论，培养厚实的经济学理论功底；通过《产业经济学》《区域经济学》《国际经济学》等应用类主干课程教材的学习，掌握现实经济部门的运行和发展；通过《经济学说史》《经济思想史》《世界经济史》等经济史学类教材的学习，理解经济学的发展和演变规律；通过《计量经济学》《统计学》等经济学方法类教材的学习，掌握经济学的思考方法和具体的研究方法；通过《博弈论》《行为经济学》

等专业教材的学习，了解经济学理论的前沿进展；通过《西方经济学典型题题解》《政治经济学教程学习手册》等基础课程的配套教辅书的学习，牢固掌握所学经济学理论。

这套教材的编写特色主要体现在以下几个方面：

第一，作者阵容强大，教学经验丰富。作者大都是来自中国人民大学、北京大学、清华大学、南开大学、复旦大学、浙江大学、武汉大学等国内重点大学的学科带头人，有很高的科研水平和丰富的教学经验。

第二，在教材编写和内容安排上，强调基础知识、基本理论、基本技能。同时充分吸收国内外优秀教材的优点，定位明确，体系科学，概念准确，深入浅出。

第三，融合本学科现有的研究成果，反映本学科研究的最新进展，反映中国改革开放和现代化建设实践中的新成果，反映当今世界发生的深刻变革对经济学理论和实践产生的影响。

第四，教材重视加入现实经济生活中的案例、新闻素材等内容，使教材的可读性更强，更能够与当前中国经济现实结合起来，使学生能够学以致用。

中国人民大学出版社希望通过这套教材的出版，与广大教师、学生一起研究和探讨，进一步提高中国经济学教材的编写水平，提高经济学教学质量，为经济学的发展，为培养具有创新能力与实践能力、具有国际视野又了解中国国情的高层次经济学人才做出新的贡献。

前言

高鸿业版《西方经济学》是经典的西方经济学教科书。这本教材在体系架构上层层递进又环环相扣，特别适合初学者使用。

国内大多数考试命题的参考书都是高鸿业版《西方经济学》。虽然国内研究生入学考试的经济学试题已逐渐升级到中级经济学范畴，但即使是财经名校，从近几年的试题来看，超出高鸿业版《西方经济学》教科书的知识点依然是极少的。使用高鸿业版教材的知识，以及该教材知识的拓展和变形，至少能解答绝大部分财经名校考研真题中90%分值的题目。

本习题册以高鸿业版《西方经济学》为蓝本，收集、整理了大约1 000道习题，这些习题为各大财经名校历年考研真题中高频出现的试题、期末考试试题，以及编者在教学中积累的自编题。

本习题册虽然以高鸿业版《西方经济学》为蓝本，但知识点并不完全局限于高鸿业版教材，而是以考研真题等各类考试的考查频次为选题依据。对于超出高鸿业版教材的知识点，本书作者要么在习题答案里补上对该知识点的讲解，要么在微信公众号里进行详细讲解，并在习题答案后面提供二维码，读者可扫码阅读。

考虑到很多读者备考的考试难度较大，本书也酌情选取了少量中级经济学习题，以及少量需要深入思考的难题，供读者备考练习。此类习题有以下特别标识：

☆ 表示此题涉及普通初级经济学教材未涉及的知识点。这些知识点曾频频出现在财经名校考研真题中。不过，本书最后一章由于涉及大量普通经济学教材未讲的知识点，干脆这一章就不标注☆符号了。

★ 表示此题难度较大，大约相当于国内财经名校考研试题中难题的难度。

有特别标识的习题，读者可按自己的需要酌情选做。

本书编者比较喜欢研究解题思路、答题技巧，也喜欢总结一些教材所不讲但应考时却很实用的知识，并将这些心得融入本书的习题解析之中，大多以“【提示】”“【补充】”等插件的形式出现。也有少量内容，由于介绍起来所需字数太多，编者另行将其放在微信公众号里，读者可扫描二维码阅读。

经济学知识是无限的，但本书篇幅是有限的，关于本书的更多补充以及勘误，编者在自建的微信公众号“王海滨老师”中提供（读者可微信扫描二维码关注）。

读者也可以通过其他方式联系编者，反馈或者寻求关于本书学习方面的帮助。**凡本书范围内的学习问题，编者不限量免费答疑**。个人微信：whb3533153213；读者交流 QQ 群：432166853。

本书参与者包括王海滨、王华柏、蒋爱荣、王文俊等，全书由王海滨统稿，并由王海滨对内容上的任何质量问题承担全部责任。

王海滨所主编的西方经济学教辅书见下表，图书已在或即将在中国人民大学出版社出版发行。

<table>
<tr><th>书名</th><th>定位</th><th>特色</th></tr>
<tr><td>《高鸿业〈西方经济学〉（微观部分·第八版）学习指导书》</td><td rowspan="2">教材同步辅导书，适合本科在读生期末考试复习以及考研学生前期复习</td><td rowspan="2">有 2 倍于课后习题的补充训练题，题目不超出教材范围</td></tr>
<tr><td>《高鸿业〈西方经济学〉（宏观部分·第八版）学习指导书》</td></tr>
<tr><td>《高鸿业〈西方经济学〉（微观部分·第八版）习题册》</td><td rowspan="2">综合型习题册，适合所有学生</td><td rowspan="2">题目覆盖初、中级经济学知识点，难题和中级题有标注</td></tr>
<tr><td>《高鸿业〈西方经济学〉（宏观部分·第八版）习题册》</td></tr>
</table>

2022 年 7 月

21世纪经济学系列教材

目　录

第 12 章

宏观经济的基本指标及其衡量

重难点提示

本章的重难点包括：GDP 的基本概念及其核算方法；从国内生产总值到个人可支配收入的推导；国民收入的基本公式；名义 GDP 与实际 GDP。

内容精要

一、 国内生产总值及其核算

1. GDP 与 GNP

GDP 又称国内生产总值，是指经济社会（即一国或一地区）在一定时期内运用生产要素所生产的全部最终产品（产品和劳务）的市场价值。

GNP 又称国民生产总值，是指一国国民所拥有的全部生产要素在一定时期内所生产的全部最终产品（产品和劳务）的市场价值。

GDP＋本国公民在国外生产的最终产品的市场价值－外国公民在本国生产的最终产品的市场价值＝GNP，其中，“本国公民在国外生产的最终产品的市场价值－外国公民在本国生产的最终产品的市场价值”被称为“国外要素净支付”，因此上述公式也可以写成：GDP＋国外要素净支付＝GNP。

2. GDP 的核算方法

GDP 的核算方法通常分为收入法与支出法。收入法用公式可表示为 GDP＝生产要素收入总和（工资、利息、租金、利润）＋折旧＋间接税和企业转移支付；支出法用公式可表示为 GDP＝$C+I+G+(X-M)$。

3. 与国内生产总值相关的几个概念

（1）NDP＝GDP－资本折旧。

（2）NI＝NDP－间接税－企业转移支付＋政府补助金。

（3）PI＝NI－企业所得税－社会保险税（费）－企业未分配利润＋政府给个人的转移支付。

（4）DPI＝PI－个人所得税。

二、 国民收入的基本公式

1. 两部门经济的收入构成及储蓄—投资恒等式

假定一个只有消费者家庭和厂商两个部门的经济社会，不存在税收：

从支出的角度看，国内生产总值 $Y=C+I$。

从收入的角度看，以国内生产总值表示的国民总收入被用于消费和储蓄，因而有：

$$Y=C+S$$

由于 $C+I=Y=C+S$，因此就有储蓄—投资恒等式 $I=S$。

2. 三部门经济的收入构成及储蓄—投资恒等式

三部门经济是指包括家庭、企业和政府三个部门的经济。政府在经济中的作用主要是通过政府收入和支出体现的。政府支出包括政府对产品和劳务的购买，政府收入主要表现为税收减去转移支付。

【提示】转移支付虽然也是政府的支出，但这一支出不会直接产生产品和劳务的交换，它就跟税收的情况一样。因此在核算时，一般把它界定为负税收，即一般默认政府收入 T＝税收－转移支付。而政府支出一般专指政府购买。

从支出的角度看，国内生产总值 $Y=C+I+G$，从收入角度看国民收入的构成 $Y=C+S+T$，因而有 $C+I+G=C+S+T$，得到储蓄—投资恒等式：

$$I=S+(T-G)$$

表示私人储蓄和政府储蓄的总和与投资恒等。

3. 四部门经济的收入构成及储蓄—投资恒等式

四部门经济是包括家庭、企业、政府和国外等四个部门的经济，四部门经济也叫开放经济。

从支出的角度看，国内生产总值 $Y=C+I+G+(X-M)$，其中 X 为本国对国外出口的产品和劳务，M 为本国从国外进口的产品和劳务。

从收入角度考虑，有 $Y=C+S+T+K_r$，其中 K_r 代表本国居民对国外居民的转移支付，于是有：

$$I=S+(T-G)+(M-X+K_r)$$

三、 GDP 平减指数与 CPI

名义 GDP 是用生产产品和劳务的当年价格计算的全部最终产品的市场价值。

实际 GDP 是用作为基期的从前某一年的价格计算出来的全部最终产品的市场价值。

GDP 平减指数是名义 GDP 与实际 GDP 的比率，计算公式为：

$$\text{GDP 平减指数}=\frac{\text{名义 GDP}}{\text{实际 GDP}}$$

CPI：通过计算城市居民日常消费的生活用品和劳务的价格水平变动而得到的指数。

$$\text{CPI}=\frac{\text{现期价格指数}}{\text{基期价格指数}}\times 100\%$$

PPI：通过计算生产者在生产过程中的所有阶段所获得的产品的价格水平变动而得到的指数。这些产品包括制成品和原材料。

习题精编

一、 名词解释

1. GDP 和 GNP
2. 最终产品和中间产品
3. 流量与存量
4. 名义 GDP 和实际 GDP
5. GDP 平减指数
6. 总投资和净投资
7. 政府购买
8. 净出口
9. 国内生产净值
10. 个人可支配收入
11. 储蓄—投资恒等式

二、 判断题

1. 国民生产总值已经扣除资本折旧因素。
2. 在计算 GDP 平减指数时，进口产品价格的变动应不予考虑；而在计算 CPI 时，则应当考虑进口消费品价格的变动。
3. GDP 度量一个国家的社会福利水平。
4. 由于实际 GDP 等于名义 GDP 除以 GDP 平减指数，因而一国的名义 GDP 肯定小于同期的实际 GDP。
5. 当计算一个国家的 GDP 时，政府支付给退伍军人的退休金应该包括在内。
6. 个人财富与个人可支配收入都是流量。
7. 某公司生产的电脑多卖掉一些时比少卖掉一些时，GDP 增加得要多一些。
8. 今年的名义 GDP 大于去年的名义 GDP，说明今年的物价水平一定比去年的高。

9. 有时候会出现GDP平减指数提高而实际GDP下降的现象，在这种情况下，名义GDP不一定上升。

10. 把不同年份作为基期，2000—2017年GDP变动百分比是不一样的。

11. 企业购买一辆轿车属于经济学意义上的投资范畴，而家庭购买公司债券则不应计入投资。

12. 假定在一个封闭经济中只有消费，没有政府、投资及存货积累，那么GDP平减指数与CPI是相等的，因为二者是根据相同的商品来计算的。

13. 当总投资增加时，资本存量就增加。

14. 若GNP>GDP，则本国公民从外国获得的收入大于外国公民从本国获得的收入。

15. 用于钢铁厂炼钢的煤和居民烧火用的煤都应计入国内生产总值。

三、 选择题

1. 宏观经济学的核心理论是指（　　）。

A. 价格理论　　B. 消费者行为理论

C. 生产理论　　D. 国民收入决定理论

2. 以下哪一项不是我们通常所说的驱动经济增长的“三驾马车”?（　　）

A. 消费　　B. 投资　　C. 出口　　D. 净出口

3. GDP核算中的劳务包括什么?（　　）

A. 工人劳动　　B. 工程师劳动

C. 农民工劳动　　D. 保险业服务

4. 一个网红作家花3万元购置了一台电脑用于写作一部连载小说并以200万元将著作权转让给某网络文学平台；后者向出版社支付8万元将小说出版100万册，并且该小说以60元/册售罄。那么，作家的这部作品对国内生产总值的贡献是（　　）万元。

A. 6 197　　B. 6 000　　C. 6 003　　D. 5 997

5. 假定一国当年的GNP为10亿元，折旧为1亿元，那么，该国的GDP为（　　）。

A. 10亿元　　B. 9亿元

C. 11亿元　　D. 无法确定

6. 下列哪种方法是按生产法核算增加值?（　　）

A. 增加值＝总产出－中间消耗

B. 增加值＝总产出－中间消耗＋营业盈余

C. 增加值＝总产出－中间消耗＋生产税净额

D. 增加值＝雇员报酬＋生产税净额＋固定资本消耗＋营业盈余

7. 一国的国内生产总值大于国民生产总值，说明该国公民从外国取得的收入（　　）外国公民从该国取得的收入。

A. 大于　　B. 小于

C. 等于　　D. 可能大于也可能小于

8. 在国民收入核算体系中，计入GDP的政府支出是指（　　）。

A. 政府支付给退伍军人的退休金

B. 政府支付给公务员的工资和购房补贴

C. 政府给公务员因公消费的报销加上给失业人员的失业救济金

D. 政府支付给巴基斯坦的为期 10 年的贷款

9. 在国民生产总值和国民生产净值统计数字中，投资包括（　　）。

A. 通过政府部门生产的任何耐用品，如一条新公路

B. 购买任何一种新发行的普通股

C. 年终与年初相比增加的存货量

D. 消费者购买的但到年终并没有被完全消费掉的任何商品

10. 下列哪一项将不计入当年的 GDP？（　　）

A. 当年整修过的古董汽车所增加的价值

B. 一辆新汽车的价值

C. 一辆二手汽车按其销售价格计量的价值

D. 一台磨损的高尔夫球清洁机器的替换品

11. 已知某国的资本品存量在年初是 500 亿元，它在本年度生产了 125 亿元的资本品，资本折旧是 100 亿元，则该国在本年度的总投资和净投资分别是（　　）。

A. 125 亿元和 25 亿元　　B. 625 亿元和 525 亿元

C. 125 亿元和 100 亿元　　D. 35 亿元和 400 亿元

12. 一国进口公司在国外采购了 1 000 台机器，每台 1 万美元，其中 520 台卖给了国内民营工厂，470 台卖给了政府军工厂，剩下 10 台暂时没卖出去。此时，以下说法不正确的是（　　）。

A. $I=520$　　B. $G=470$　　C. $M=1\ 000$　　D. GDP 增量为 0

13. 下列各项中，不列入国内生产总值核算的是（　　）。

A. 出口到国外的一批货物

B. 政府转移支付

C. 经纪人为一套旧房买卖收取的一笔佣金

D. 保险公司收到的一笔家庭财产保险费

14. 下面不属于国民收入部分的是（　　）。

A. 租金收入　　B. 福利支付　　C. 工资　　D. 利息净额

15. 国内生产总值表示一定时期内某一国家或地区（　　）的市场价值。

A. 所有经济交易　　B. 所有市场交换的最终产品（产品和劳务）

C. 所有产品和劳务　　D. 生产的所有最终产品（产品和劳务）

16. 如果 A 国经济在 2010 年（基期）的 GDP 为 2 000 亿元，在 2011 年 GDP 平减指数等于 2，而实际 GDP 增加 50%，那么 2011 年的名义 GDP 等于（　　）。

A. 8 000 亿元　　B. 7 000 亿元

C. 6 000 亿元　　D. 5 000 亿元

17. 已知消费为 60 亿元，投资为 10 亿元，间接税为 10 亿元，政府的产品和劳务支出为 15 亿元，净出口为 2 亿元，则（　　）。

A. NDP=87 亿元　　B. GNP=87 亿元

C. NDP=50 亿元　　D. 无法确定 GNP

18. 下列行为中，属于经济学上的投资的是（ ）。

A. 某厂因产品滞销而导致的存货增加

B. 邻居为孩子购买的教育基金

C. 小李向房东租的房子

D. 小王在二级市场上购买的联想股票

19. 根据国民收入核算原则，家庭用于教育的人力资本投资（ ）。

A. 属于家庭消费支出　　B. 属于社会消费支出

C. 属于家庭投资支出　　D. 属于社会投资支出

20. 假定某国1990年和1995年的名义GNP分别为1 200亿元和2 000亿元，GNP的折算数分别为1.0和1.5。我们可推论1990—1995年（ ）。

A. 名义GNP上升了33%　　B. 实际GNP不变

C. 实际GNP上升了11%　　D. 实际GNP下降

21. 在一个由家庭、企业、政府和国外构成的四部门经济中，GDP是（ ）的总和。

A. 消费、总投资、政府购买和净出口

B. 消费、净投资、政府购买和净出口

C. 消费、总投资、政府购买和总出口

D. 工资、地租、利息、利润和折旧

22. 假设财政赤字减少了150亿元，国内私人储蓄减少了200亿元，出口增加了100亿元，进口增加了150亿元，国内私人投资将（ ）。

A. 减少100亿元　　B. 不变

C. 增加100亿元　　D. 不能确定

23. （ ）应该计入GDP。

A. 新旺面包厂进货的2吨面粉

B. 刚毕业的莉莉求便宜，到批发市场购买的200公斤面粉

C. 毕业10年的莉莉在股票市场上购买的奇虎360公司的2万股股票

D. 以上各项都不计入GDP

24. 假设A公司为B公司提供咨询服务，双方约定的报酬为20万元，事后B公司为A公司提供价值10万元的电脑，抵消了部分款项，再用价值6万元的售后服务抵消了余下的部分款项，最后只支付4万元现金给A公司。在这种情况下，GDP增量为（ ）。

A. 20万元　　B. 4万元　　C. 40万元　　D. 36万元

25. 经济中的资本是（ ），而投资是（ ）。

A. 流量；存量　　B. 存量；流量

C. 最终产品；中间产品　　D. 中间产品；最终产品

四、简答题

1. 比较宏观经济学和微观经济学的异同。

2. 最终产品和中间产品能否根据产品的物质属性加以区别？

3. 在下列两项中每一项所发生的情况在国民收入核算中有什么区别？（1）一个企业为其经理买一辆小汽车以及这个企业给该经理发一笔额外报酬让他自己买一辆小汽车。（2）你决定买本国产品消费而不是买进口产品消费。

4. 政府购买计入 GDP 时有何特点？

5. 为什么计入 GDP 的只能是净出口而不是出口？

6. 为什么间接税应计入 GDP？

7. 为什么人们从公司债券中得到的利息应计入 GDP，而从政府公债中得到的利息不计入 GDP？

8. 为什么人们购买债券和股票从个人角度来说是投资，而在经济学上不算是投资？

9. 为什么政府发给公务员的工资要计入 GDP，而发给灾区或困难人群的救济金不计入 GDP？

10. 毕业 5 年的小周终于在北京 5 环外买了一套自己的房子（全新的房子），于是再也不用给房东交租了，那么 GDP 是否会因此而减少一笔钱（假设小周以前租住的房子还没有找到新租客）？

11. 接上题，小周买的房子距离公司太远，而且附近没有地铁，于是第 2 年小周又买了一辆刚生产的比亚迪电动汽车，购买汽车和房子都属于消费吗？

12. 为什么存货会被算作资本，存货变动会被算作投资？

13. 什么叫净利息？

14. 国民经济核算中的存货投资的定义是什么？它在国民经济核算中有什么作用？

15. 什么是 GDP 平减指数？什么是消费物价指数？这二者有何差别？

16. 简述消费物价指数及其缺陷。

17. 储蓄—投资恒等式为什么并不意味着计划储蓄总等于计划投资？

18. 潜在国民收入和均衡国民收入两个概念在宏观经济分析中有何重要作用？

19. 国内生产总值的内涵是什么？

20. 简述国内生产总值和国民生产总值的联系与区别。

21. 有贸易往来的甲、乙两国如果合并成一个国家，合并对两国 GDP 总和会有什么影响？

22. 为什么说 CPI 往往高估了生活成本的上升，而 GDP 平减指数常常低估了生活质量的下降？

23. 简述名义 GDP 和实际 GDP 的区别与联系。

24. 如何从国内生产总值得到个人可支配收入？

25. 如何得出四部门经济的储蓄—投资恒等式？

26. 简述及比较国内生产总值的三种核算方法。

五、 计算题

1. 假设某国 2020 年的统计数据为：国内生产总值为 6 000 亿元，总投资为 800 亿元，净投资为 300 亿元，消费为 400 亿元，政府购买为 1 100 亿元，政府预算盈余为 300 亿元，未提及的其他数据为零。试计算：

（1）国内生产净值。

（2）净出口。

（3）政府税收减去政府转移支付后的收入。

（4）个人可支配收入。

（5）个人储蓄。

2. 设某一经济社会生产 5 种产品，它们在 2018 年和 2020 年的产量与价格分别如下表所示。试计算：

（1）2018 年和 2020 年的名义国内生产总值。

（2）如果以 2018 年作为基年，则 2020 年的实际国内生产总值为多少？

（3）计算 2020 年的国内生产总值平减指数，2020 年价格比 2018 年价格上升了多少？

产品	2018 年产量（个）	2018 年价格（美元/个）	2020 年产量（个）	2020 年价格（美元/个）
A	25	3.00	30	3.20
B	50	15.00	60	16.00
C	40	12.00	50	14.00
D	30	10.00	35	11.00
E	60	4.00	70	5.00

3. 某经济社会在某时期发生了以下活动：

①某农场主支付 15 万美元工资给农业工人种植了 100 吨小麦，并将其卖给一个面粉厂，售价 20 万美元。

②面粉厂支付 10 万美元工资给工人制造了一批面粉，并将其卖给面包店，售价 50 万美元。

③面包店支付 20 万美元工资给面包师烘烤出一批面包，并将其卖给消费者，售价 100 万美元。

（1）用最终产品法计算 GDP。

（2）每个生产阶段生产了多少价值？用增值法计算 GDP。

（3）在生产活动中赚得的工资、利润分别共计多少？用收入法计算 GDP。

4. 假定国内生产总值是 1 000，个人可支配收入是 820，政府预算赤字是 40，消费是 760，贸易赤字是 20（单位：亿美元）。试计算：

（1）储蓄。

（2）投资。

（3）政府购买。

5. 迷你国只有两家企业：企业甲生产小麦，企业乙生产面包。2016 年，企业甲生产了 50 000 公斤小麦，以 3 元的单价卖给企业乙 20 000 公斤，以 3 元的单价出口 25 000 公斤，剩余的 5 000 公斤没有卖掉成为库存。企业甲支付工资 50 000 元。企业乙生产了 50 000 个面包，以 2 元的单价全部卖给本国消费者。企业乙支付工资 20 000 元。除了从本国购入的 50 000 个面包，迷你国还以单价 1 元的价格进口了 15 000 个面包。

（1）用支出法求迷你国 2016 年的 GDP。

（2）用生产法求迷你国 2016 年的 GDP。

（3）如果以 2015 年为基年，则 2016 年的实际 GDP 为 180 000 元，求 2016 年 GDP 平减指数和通货膨胀率。

六、论述题

肯尼迪在 1968 年竞选美国总统的一篇演讲中，对于 GDP 说了这样一段话：

（GDP）并没有考虑到我们孩子的健康、他们的教育质量或者他们游戏的快乐。它没有包括我们的诗歌之美或婚姻稳定，没有包括我们关于公共问题争论的智慧或者我们公务员的廉洁。它既没有衡量出我们的勇气、我们的智慧，也没有衡量出我们对祖国的热爱。简言之，它衡量一切，但并不包括使我们的生活有意义的东西……

请思考以下问题：

（1）肯尼迪的话对吗？用 GDP 衡量一个国家的发展成就有哪些缺陷？

（2）如果 GDP 真的有这么多不好，我们为什么还如此关注 GDP？

习题答案

一、名词解释

1.**【答案】**GDP 又称国内生产总值，是指经济社会（即一国或一地区）在一定时期内（一般是一年）运用生产要素所生产的全部最终产品（产品和劳务）的市场价值；GNP 又称国民生产总值，是指一国国民所拥有的全部生产要素在一定时期内（一般是一年）所生产的全部最终产品（产品和劳务）的市场价值。

GDP 和 GNP 的区别关键在于“国内”和“国民”。前者所统计的生产者都在一国（地区）领土内，但未必是本国（地区）公民；后者所统计的生产者都是一国（地区）公民，但生产者未必在该国（地区）领土内。例如日本人在中国工作，其生产的产品或提供的劳务计入中国的 GDP，却计入日本的 GNP。

无论是 GDP 的定义还是 GNP 的定义，都含有以下几方面的意思：（1）它们是市场价值的概念，是用产品价格衡量的；（2）它们衡量的都是最终产品的价值，中间产品的价值不计入；（3）它们衡量的都是一定时期内所生产的最终产品，而不是卖掉的最终产品，生产出来却没卖掉的最终产品以存货计入；（4）它们都是流量而不是存量；（5）它们衡量的都是市场活动导致的价值，家务劳动、自给自足的非市场活动不计入。

【补充】假设只考虑中美两国，并且两国只生产苹果。如图 12-1 所示，左侧长方形 A（含 C）表示中国生产的苹果，右侧长方形 B（含 D）表示美国生产的苹果。但 A 中有一小块长方形 C 表示美国人在中国生产的苹果，B 中有一小块长方形 D 表示中国人在美国生产的苹果。

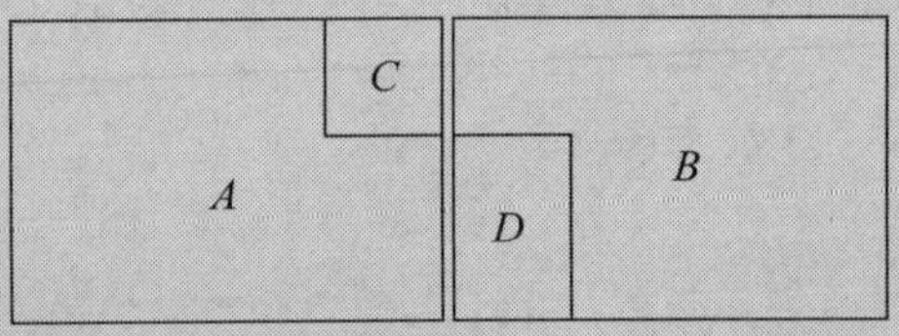

（a）中国生产的苹果　（b）美国生产的苹果

图 12-1　中国和美国 GDP 与 GNP 示意图

中国 GDP$=A$（含 C），美国 GDP$=B$（含 D）

中国 GNP$=A+D-C$，美国 GNP$=B+C-D$

中国的国外要素净支付$=D-C$，美国的国外要素净支付$=C-D$

【提示】名词解释≠名词定义，仅仅写定义是不能得满分的。

可以采取以下步骤进行解答：首先，简洁地阐述名词的基本概念及内容、内涵和外延；其次，简单地阐述该基本概念的形成原因或与相近概念的区别和联系；最后，如果有的话，阐述该基本概念的相关应用。单名词解释答案字数一般建议在 150～500 字。

双名词解释（即一道题里出现两个名词，例如本题就是双名词解释）也是很多考试常考的题型。对于双名词解释，除了分别阐述各自的基本概念，一般还需要分析两者之间的区别或者联系。如果遗漏这一步，一定会被扣分。

更详细的作答思路和示例可关注微信公众号“王海滨老师”，点击菜单栏“精品文章/精品文章合集/名词解释怎么答?”，或微信扫描二维码查看。

2. **【答案】**有的产品是被最终使用者购买的，例如家庭主妇购买食用油，家庭主妇将它用于在自己家里烧菜，在这种情况下，家庭主妇被称为最终使用者。最终使用者购买的产品，被称为最终产品。

有的产品不是被最终使用者购买的，例如早餐店老板购买食用油，他用买来的油炸油条，然后出售油条给买早餐的顾客，那么，这个食用油是作为油条的一部分被出售给买早餐的顾客的，那些顾客才是最终使用者，早餐店老板不属于最终使用者。对于早餐店老板而言，食用油只是他用于生产油条的一个中间产品。用于再出售或供生产别种产品用的产品，被称为中间产品。

区分最终产品和中间产品，主要是为了避免重复计算。最终产品里已经计算了中间产品的价值，因此，如果中间产品也被计入 GDP，则会被重复计算。在实际生活中，有很多产品既可以是最终产品，也可以是中间产品，例如食用油，卖给消费者家用的食用油是最终产品，卖给早餐店老板用来炸油条的食用油则是中间产品。

3. **【答案】**流量是指一定时期内发生的变量，例如一年的总收入；存量是指一个时点上存在的变量，例如现在的财富总额。

流量流进来之后，再剔除漏出部分，就会累积成存量。例如一个人的收入是每年 10 万美元，支出是每年 8 万美元，这种收入和支出都属于流量，其中收入是流入，支出是流出（也称漏出），流入减去流出后是每年 2 万美元的积蓄。假设迄今为止累积了 3 年，不计利息，则共计累积了 6 万美元的财富，这 6 万美元就是存量。

【提示】流量的单位是复合单位，且一定含有时间部分，例如“美元/年”；存量的单位是单一单位，例如“美元”。用这种方法区分流量和存量是非常简单的。

4. **【答案】** 名义 GDP 是用生产产品和劳务的当年价格计算的全部最终产品的市场价值，即名义 GDP$=\sum P_1Q_1$，其中 P_1 和 Q_1 分别为当年的产品（或劳务）价格和产品（或劳务）产量；实际 GDP 是用作为基期的从前某一年的价格计算出来的全部最终产品的市场价值，即名义 GDP$=\sum P_0Q_1$，其中 P_0 表示某一个约定的基年的产品（或劳务）价格，Q_1 表示当年的产品（或劳务）产量。

两者的区别仅在于计算时使用的价格不同。由于物价不同，名义 GDP 和实际 GDP 一般会有些差异，差异越大，说明基期到现期的物价变动越大。

5. **【答案】** GDP 平减指数是名义 GDP 与实际 GDP 的比率，它衡量按现期价格核算的 GDP 与按基期价格核算的 GDP 之比。计算公式为：

$$\text{GDP 平减指数}=\frac{\text{名义 GDP}}{\text{实际 GDP}}$$

GDP 平减指数越大表示相对于基年，当年的物价上涨得越多，因此，GDP 平减指数常被用作衡量通货膨胀的指标之一。

6. **【答案】** 投资是指当年内企业增加或更换资本资产（包括厂房、住宅、机械设备以及存货）的支出。由于资本在不断地消耗折旧，因此每年的总投资里都有一部分额度需要用于弥补当年的资本折旧，这部分投资是用于重置资本设备的，被称为重置投资，余下的部分则被称为净投资。净投资＝总投资－重置投资。

7. **【答案】** 政府购买是指各级政府购买产品和劳务的支出，如政府公务员的工资、国防开支、道路建设开支、教育开支等方面的支出。政府购买涉及产品或劳务的生产，因此可直接计入 GDP。

政府购买大致有两种：（1）从居民那里购买劳务；（2）从企业或公司那里购买产品。政府将所购买的产品和所雇用的劳动组合起来，生产各种各样的公共物品。由于公共物品通常不是在市场上按价格出售的，因此在国民收入核算中，公共物品的价值是按生产成本核算的，即政府购买的总值就是所有公共物品的总值。

政府购买是国家宏观经济政策中财政政策的重要工具，它的增加和减少有助于克服萧条和消除通货膨胀。

8. **【答案】** 净出口是指进口和出口的差额，等于出口减进口。在用支出法核算 GDP 时，只有净出口才应被计入总支出。因为进口表示收入流到国外，不是用于购买本国产品的支出，应从本国的购买支出中减去；而出口表示收入从外国流入，是用于购买本国产品的支出，应加入本国的购买支出中。

9. **【答案】** 一个国家或地区在生产产品和劳务的过程中，同时还在消耗以前生产的固定资产，这些消耗过程被称为固定资产折旧。国内生产净值（NDP）就是一个国家或地区一年中的国内生产总值（GDP）减去生产过程中消耗掉的资本（折旧费）所得出的净增价值，NDP＝GDP－固定资产折旧。因为剔除了折旧，国内生产净值比国内生产总值更适合用于衡量一国或地区的经济福利。

10. **【答案】** 个人收入不能全由自己支配，因为还要缴纳个人所得税、遗产税和赠与税、不动产税、人头税、汽车使用税以及交给政府的各种费用（例如罚款），缴纳完这些税费之后的个人收入，才是个人可支配收入。个人可支配收入被认为是消费开支的最重要的决定性因素，因而常被用来衡量一国生活水平的变化情况。

11.【答案】在两部门经济中，从支出角度看，国内生产总值等于消费加投资，从收入角度看，国内生产总值等于消费加储蓄，因此可以得到储蓄—投资恒等式：$I=S$。在三部门经济中，从支出角度看，国内生产总值等于消费、投资和政府购买的总和，从收入角度看，国内生产总值等于消费加储蓄加政府净收入，因此得到储蓄—投资恒等式：$I=S+(T-G)$。在四部门经济中，从支出角度看，国内生产总值 $Y=C+I+G+(X-M)$，从收入角度看，国内生产总值 $Y=C+I+G+K_r$，其中 K_r 表示本国居民对国外居民的转移支付，因此得到储蓄—投资恒等式：$I=S+(T-G)+(M-X+K_r)$。

二、判断题

1～5：FTFFF　　6～10：FFFTT　　11～15：TFFTF

1.【答案】F。国民生产总值是指在一定时期内本国的生产要素所有者所生产的最终产品（产品和劳务）的价值，它没有扣除资本折旧。国民生产总值扣除资本折旧后被称为国民生产净值。

2.【答案】T。GDP 平减指数＝名义 GDP÷实际 GDP，反映了物价总水平的变动，衡量相对于基年价格的产出的价格。GDP 平减指数计算的是在一定时间内在一国国内所生产的所有产品和劳务的市场价值，不包括从国外进口的产品和劳务。

CPI 反映的是消费者消费价格的变化情况，只衡量消费者所购买的产品和劳务，因此从国外进口的消费者所购买的产品和劳务的价格变化也影响 CPI，应加以考虑。

3.【答案】F。在反映福利水平上，GDP 是有很多局限性的：一是它不能反映社会成本；二是它不能反映经济增长方式付出的代价；三是它不能反映人们的生活质量；四是它不能反映社会收入和财富的分配状况，例如，即使两国人均 GDP 水平相同，但若一国贫富差距比另一国大得多，显然，前一国的社会总福利要比后一国低得多。基于 GDP 在度量社会福利水平上存在的诸多不足，经济学家们纷纷构建了一些新的指标来衡量社会福利水平，比如经济净福利指标、绿色 GDP 等。

4.【答案】F。实际 GDP＝名义 GDP÷GDP 平减指数，名义 GDP 和实际 GDP 的大小关系取决于经济是处于通货膨胀还是通货紧缩状态。如果经济存在通货膨胀，则 GDP 平减指数大于 1，那么名义 GDP 大于实际 GDP；如果经济存在通货紧缩，则 GDP 平减指数小于 1，那么名义 GDP 小于实际 GDP。

5.【答案】F。政府支付给退伍军人的退休金属于转移支付，不应计入 GDP。

【总结】以下都是考试中常考到的转移支付名目：退伍军人退休金、救灾款、失业救济金、贫困家庭的补助、养老金、农产品价格补贴、政府公债的利息。

6.【答案】F。个人财富是一个人在一个时点上所拥有的财富量，单位是“元”或“美元”这样的单一单位，因此是存量；个人可支配收入跟个人工资性质相同，单位都必须用“元/年”或“美元/年”表示，单位是含时间的复合单位，因此是流量。

7.【答案】F。GDP 是一定时期生产而不是售卖的最终产品的价值，多卖掉一些还是少卖掉一些，只会使存货投资少一些还是多一些，不会使 GDP 发生变化。

8.【答案】F。决定名义 GDP 的因素有两个，分别为产品和劳务实际产量的变化与物价水平的变化，因此，仅知道今年的名义 GDP 比去年的大时，并不能确定今年的物价水平和去年相比是高还是低。

9.【答案】T。GDP 平减指数＝名义 GDP÷实际 GDP。当实际 GDP 下降时，若名义 GDP 保持不变或者增加，会导致 GDP 平减指数提高；当名义 GDP 下降，但是下降的速率小于实际 GDP 下降的速率时，仍会导致 GDP 平减指数提高。因此，根据题中条件不足以判断名义 GDP 的变化方向。

10.【答案】T。不同年份价格结构不同，算出来的实际 GDP 是不一样的。假设只有面包和玉米两种产品，2000 年面包产量为 1.5 公斤，玉米产量为 1 公斤，面包价格为 1 美元/公斤，玉米价格为 1.5 美元/公斤；2017 年面包产量为 1 公斤，玉米产量为 1.5 公斤，面包价格为 3 美元/公斤，玉米价格为 4 美元/公斤。以 2017 年为基期，则 GDP 增幅＝（2017 年实际 GDP－2000 年实际 GDP）/2000 年实际 GDP＝[(1×3＋1.5×4)－(1.5×3＋1×4)]/(1.5×3＋1×4)＝5.88%；以 2000 年为基期，则 GDP 增幅＝8.33%（请读者自行计算）。

11.【答案】T。经济学意义上的投资是一定时期内增加到资本存量中的资本流量，因此它并不包括对仅仅在不同个人之间重新配置的资产的购买，投资应创造新资本。家庭购买公司债券时，资本存量并没有发生变化，因此经济中没有投资发生。

【提示】经济学意义上的投资与我们日常生活中的投资概念有所区别。在经济学中，只有经济中的资本存量发生变化，才表示有投资发生；而在日常生活中，为了个人未来利益的支出都可算作投资。对于个人来说属于投资的经济活动很可能不属于经济学意义上的投资范畴。在判断一项经济活动是否属于投资时，应以经济中是否发生了资本存量的变化为依据。

12.【答案】F。即使经济中只有消费，GDP 平减指数与 CPI 也是不相等的。CPI 衡量的是消费者所购买的固定的一篮子商品的成本，商品的种类与权数保持不变；而 GDP 平减指数是以整个经济生产的商品来衡量的，商品的种类与权数取决于该经济在当年的生产。

13.【答案】F。例如，年初的资本存量为 100 万元，本年总投资为 20 万元，但当年资本折旧为 25 万元，此时资本存量到年底减少为 100＋20－25＝95 万元，反而减少了。此时净投资为 20－25＝－5 万元，为负数。只有当净投资为正数时，资本存量才会增加。

14.【答案】T。GNP＝GDP＋(本国公民从外国获得的收入－外国公民从本国获得的收入)。若本国一定时期内的 GNP 超过 GDP，说明该时期本国公民从外国获得的收入超过了外国公民从本国获得的收入，而当 GDP 超过 GNP 时，说明的情况则正好相反。

【提示】在考试时，也可以用简单的方法秒解。假设没有外国人从本国获得收入（含工资、利息、租金、利润……），即外国公民从本国获得的收入为 0，但有本国人在外国工作，此时 GNP＝GDP＋本国公民从外国获得的收入。如果 GNP＞GDP，则本国公民从外国获得的收入＞0＝外国公民从本国获得的收入。

15.【答案】F。国内生产总值衡量的是最终产品的市场价值。用于钢铁厂炼钢的煤属于中间产品，不计入 GDP。钢铁厂使用的煤的成本会转移到最终产品钢铁的价格里去，在生产出钢铁后，只要把钢铁的产值计算进 GDP，里面就包括了煤的价值，所以如果单独再把煤的价值计算一遍，就是重复计算。居民烧火用的煤是消费品，属于最终产品，其价值是计入 GDP 的。

三、选择题

1～5：DDDBD　6～10：ABBCC　11～15：AABBD　16～20：CDABC
21～25：ABBDB

1.【答案】D。宏观经济学研究的是社会总体的经济行为及其后果，而研究社会总体的经济行为就是研究国民收入的决定。A、B、C 三项均属于微观经济学的研究范畴。

2.【答案】D。消费、投资、出口是驱动经济增长的“三驾马车”，净出口＝出口－进口，其中，进口对驱动经济增长是起反作用的，因此，出口是驱动经济增长的“马车”，但净出口不是。

3.【答案】D。A、B、C 的劳动价值都计算到产品价值中去了。

4.【答案】B。GDP 核算的是最终产品的产值。3 万元的电脑是由个人购买，属于消费，确实应计入 GDP，但它不属于小说产生的贡献。200 万元是版权费，这是中间产品，不是最终产品，不计入 GDP。付给出版社的 8 万元用于购买小说图书生产线中的中间产品——申请书号、编辑、排版、校对等图书出版前的工序中的产品和劳务，也不计入 GDP。

5.【答案】D。GDP＝GNP－国外要素净支付，由于不知道国外要素净支付，所以 GDP 暂时无法确定。至于折旧，是用来计算 NNP 的，在本题中，NNP＝GNP－折旧＝10－1＝9（亿元）。

6.【答案】A。按生产法计算的增加值是从总产出中扣除中间消耗后的余额，体现了增加值的形成过程。其公式为：增加值＝总产出－中间消耗。中间消耗又称中间投入，是指在生产过程中作为投入所消耗的非耐用性产品和劳务的价值，其具体内容包括生产者在生产经营过程中所消耗的原料、材料、燃料、动力等货物，以及运输、邮电、仓储、修理、金融、保险、广告等服务。D 是按收入法计算增加值。

7.【答案】B。国民生产总值＝国内生产总值＋本国公民从外国取得的收入－外国公民从本国取得的收入。国内生产总值大于国民生产总值，说明本国公民从外国取得的收入小于外国公民从本国取得的收入，因此答案是 B。

8.【答案】B。在宏观经济中，是否计入 GDP，关键在于是否因这笔支付直接导致新的产品或劳务的生产。政府支出（即政府购买）计入 GDP，但政府转移支付一般算作负税收，不计入 GDP。给退伍军人的退休金、给失业人员的失业救济金都属于转移支付，不计入 GDP。政府对外的贷款属于借贷，也不计入 GDP。

9.【答案】C。投资是一定时期内增加到资本存量中的资本流量，包括房屋建筑、机器制造，以及企业存货的增加。本题中 A 属于政府购买；B 对于个人来说是投资，而企业则对应着负投资，因此经济中的净投资为 0，不计入投资部分；C 属于经济学意义上的投资；D 是否属于投资取决于消费者购买的商品的性质，若属于房子等耐用品，则应计入投资，若属于食品等快速消费品，则不计入投资。

10.【答案】C。在计算 GDP 时，需要注意的是二手货的价值不包括在内。虽然 A 中的古董汽车属于二手货，但由于当年发生了整修服务，增加的价值是整修服务的价值体现，应计入当年的 GDP；B 中的新汽车是当年生产的产品，自然计入 GDP；D 中的高尔夫球清洁机器是二手货，但其替换品却属于当年生产的新产品，同样需计入 GDP；但 C 中的二手汽车由于其本身就是二手货，不应计入当年的 GDP。

11. **【答案】** A。总投资是没有将折旧剔除的投资总额，而净投资则是剔除折旧部分的投资。因此根据题中给出的条件，总投资为本年度生产的 125 亿元，净投资则需要减去折旧部分 100 亿元。

12. **【答案】** A。投资＝计划投资＋非计划存货投资＝520×1＋10×1＝530，所以 A 错。$\Delta GDP=\Delta C+\Delta I+\Delta G+\Delta NX=0+530+470-1\,000=0$，所以 D 正确。

13. **【答案】** B。出口应计入 GDP；经纪人的佣金是经纪人的收入，应计入 GDP；保险公司的保费收入应计入 GDP；政府给贫困家庭的补助等转移支付，不计入 GDP。

【总结】 以下都是常考但不计入当年 GDP 核算的名目：

①以前的存货，例如去年竣工的房子（但不是二手房）、去年 12 月出厂的铅笔。

②二手货，例如二手房、二手车、古董文物、二手机器设备、二手企业厂房。

③企业所有权转移，例如股票买卖、企业并购。

④转移支付，例如政府公债利息、国库券利息、失业保险金、退伍军人退休金。

⑤中间产品，例如房地产开发商购买的土地、面包厂购买的面粉、汽车厂购买的汽车零件。

⑥在本国国土以外生产的产品，例如海尔集团设在欧洲的工厂所生产的冰箱。

⑦家庭服务，例如父母照顾孩子。

注意：(1) 即使是二手货交易，或股票买卖，其中介的佣金仍计入当年 GDP；(2) 二手货保养服务支出应计入当年 GDP，例如对埃菲尔铁塔的日常维护服务支出；(3) 有些选项很容易造成干扰，例如一台磨损的高尔夫球清洁机器的替换品，替换品是新品，是计入当年 GDP 的，但容易被前面的描述语干扰。

14. **【答案】** B。按收入法核算的国内生产总值就是要素报酬（租金、工资、利息、利润之和）加上间接税、企业转移支付和折旧。而国民收入是国内生产总值扣除折旧、间接税和企业转移支付，加政府补贴。因此，国民收入应该是要素报酬的总和。福利支付不是要素收入。

15. **【答案】** D。国内生产总值是指在一定时期内经济中所生产的全部最终产品（产品和劳务）的价值。对 GDP 定义的理解必须把握以下五个要点：

（1）它是一个市场价值的概念，可用货币衡量。

（2）计算的是最终产品，不包括中间产品。

（3）它计算一定时期生产的而非售卖掉的产品，存货被看作自己买下的存货投资。

（4）GDP 为地域概念，GNP 为国民概念。

（5）它是指市场活动导致的价值，地下经济则不算在其中。

16. **【答案】** C。2011 年的实际 GDP＝2 000×(1＋50%)＝3 000（亿元），所以名义 GDP＝2×3 000＝6 000（亿元）。

17. **【答案】** D。根据国内生产总值核算的支出法可以得到，$GDP=C+I+G+NX=60+10+15+2=87$（亿元）。GNP＝GDP＋NFP（国外要素净支付），因为题干未提供

NFP 数据，所以 GNP 无法确定。NFP 是指本国要素在世界其他国家获得的收入减去外国要素在本国获得的收入。此外，题目没有给出经济的资本折旧，因此 NDP 也是无法确定的。选项 B 错误，应该是 GDP＝87 亿元。

18. **【答案】**A。A 属于存货投资；B、D 都属于个人生活投资，不属于经济学上的投资；C 属于社会消费。

【总结】以下是常考但不属于投资的名目：

①教育学习，如参加考研培训班。

②理财，如买股票、买债券、买基金、买二手房。

③买耐用消费品，例如（个人）买车。

④买二手资本，不计入今年的 GDP，更不计入今年的投资。

19. **【答案】**B。宏观经济学里的投资是指经济社会里资本的增加，例如新建的厂房、新生产的机器等，都属于资本的增加，可计入投资。在家庭支出里，只有购买住房属于投资，其他开支都属于消费。家庭行为不属于宏观经济学研究范围，但家庭是社会的组成单位，家庭消费就是社会消费。在国民收入核算中，消费是指社会消费。

20. **【答案】**C。1995 年的名义 GNP 比 1990 年的名义 GNP 上升了 $\frac{2\,000-1\,200}{1\,200}\times 100\%=66.67\%$。根据名义 GNP 和实际 GNP 的关系，1995 年和 1990 年实际 GNP 分别为 $\frac{2\,000}{1.5}=1\,333$ 和 $\frac{1\,200}{1.0}=1\,200$，1995 年的实际 GNP 比 1990 年的实际 GNP 上升了 $\frac{1\,333-1\,200}{1\,200}=11\%$。

21. **【答案】**A。四部门经济是包括家庭、企业、政府和国外等四个部门的经济，四部门经济中的 GDP 等于消费、投资、政府购买与净出口之和。但需要引起注意的是，在计算 GDP 时，我们提到的投资指的是总投资。

22. **【答案】**B。$\Delta i=\Delta s_p+\Delta s_g+\Delta s_f=-200+150+50=0$。

23. **【答案】**B。面包厂购买的面粉不是最终产品；莉莉购买的面粉是直接用来消费的，因而是最终产品，应计入 GDP；股票交易只是资产所有权的转移，并没有生产出产品，也不计入 GDP。

24. **【答案】**D。因为 GDP 计算的是生产的最终产品（产品和劳务）的价值，现在 A、B 两公司所生产的产品和劳务的价值分别为 20 万元、16 万元，合计为 36 万元，即为 GDP 增量。至于双方抵消 16 万元，只支付 4 万元现金，只是选择的一种支付方式，与 GDP 的计量无关。

25. **【答案】**B。经济中的资本是指资本存量，是指经济社会在某一时点上的资本总量。资本增量则是一定时期内增加到资本存量中的资本流量。增量资本的投入便是投资，一旦投资行为完成，便形成新的时点上的资本存量。

【提示】利用流量和存量的两个特征可以更轻松地区分它们，详见微信公众号“王海滨老师”，点击菜单栏“精品文章/精品文章合集/流量和存量，给你 2 个简便的区分技巧”，或微信扫描二维码查看。

四、简答题

1.【答案】宏观经济学和微观经济学的异同，既体现在经济理论上，也体现在经济政策上。

（1）先看经济理论。

宏观经济学和微观经济学都是研究市场经济中经济活动参与者的行为及其后果的，主要相同之处在于都是通过需求曲线和供给曲线决定价格和产量，并且二者的需求曲线一般都是向右下方倾斜的，供给曲线一般都是向右上方倾斜的，它们的交点决定着价格和产量。

但是，微观经济学中的供求曲线都是个体的供求曲线，由此决定的成交价格和成交量也是个体商品（包括产品和要素）的价格和成交量。宏观经济学中的供求曲线是整个社会经济的总供给曲线和总需求曲线，由此决定的价格和产量是整个社会的价格水平和社会总产量。

另外，二者供求曲线的一般形态虽然相同，但背后原因却不同。微观经济学中的需求曲线向右下方倾斜的主要原因在于经济个体的边际效用或边际收益产品递减；但宏观经济学中的总需求曲线向右下方倾斜的主要原因则在于财富效应、利率效应、出口效应等比较复杂的因素。微观经济学中的供给曲线向右上方倾斜的主要原因在于边际成本递增，但宏观经济学中的常规总供给曲线向右上方倾斜的原因更加复杂，经济学家使用黏性价格模型、不完备信息模型等多种模型做出自己的解释。

（2）再看经济政策。

微观和宏观的经济政策的共同点在于：二者都是政府运用一定的经济手段引导和规范微观经济主体的行为，使之趋向有利于改善社会的经济福利。

不过，微观经济政策的目标主要是解决资源优化配置问题，纠正市场在资源优化配置上的失灵。例如，政府用反垄断政策矫正企业因垄断行为而不能实现资源优化配置方面的失调。

宏观经济政策则是假定微观市场已经能实现资源的优化配置，因此，宏观经济政策的目标主要是解决资源利用问题——既不能出现资源闲置，又不能出现资源超标使用。当经济出现萧条和失业时，表明经济资源没有得到充分利用，政府就要用经济政策来刺激经济，以克服资源闲置和浪费。相反，若经济过热，产生了严重的通货膨胀，表明社会对资源的需求超过资源的供给能力，政府就应当用经济政策来给经济降温，降低社会总需求。

2.【答案】不能。在国民收入核算中，一件产品属于中间产品还是最终产品，不是根据产品的物质属性来加以区别的，而只能根据产品是否进入最终使用者手中这一点加以区别。例如，从产品本身我们无法判断面粉和面包究竟是最终产品还是中间产品。从表面上看，面粉一定是中间产品，面包一定是最终产品。其实不然。如果一包面粉为面包厂所购买，则这包面粉是中间产品；如果这包面粉为家庭主妇所购买，则这包面粉是最终产品。同样，如果一袋面包是由面包商店卖给消费者，此袋面包是最终产品，但如果此袋面包是由生产厂出售给面包商店，则它就是中间产品。

【提示】简答题属于中等深度题（深度≠难度），回答时只需简要解释清楚题干问题，按照脉络稍加展开即可，并不需要做深入或详尽的分析。70%以上的简答题可以将答案控制在300～700字。更详细的作答思路和示例可关注微信公众号“王海滨老师”，点击菜单栏“精品文章/精品文章合集/简答题怎么作答?”，或微信扫描二维码查看。

3.【答案】(1) 企业为经理买一辆小汽车是作为投资项计入GDP的，但是如果企业给经理发一笔额外报酬让经理自己购买小汽车，在国民收入核算中它是作为消费计入GDP的。

(2) 假若一个消费者购买本国生产的轿车，则该购买支出作为消费支出计入GDP；如果购买进口轿车，则因购买的不是本国国内生产的产品，该购买支出要作为进口项从GDP中扣除。

4.【答案】政府购买和消费及投资支出在计入GDP时虽都是从支出角度计算的，但计算方法并不相同。买机器设备和消费品都是根据购买这些物品所费货币金额加以计算的。例如，买1台机器花费了10万美元，则这10万美元作为投资支出计入GDP。可是，如果是政府花钱设置法院、提供国防、建筑道路、开办学校等，这些政府购买通过雇请公务员、教师以及建造公共设施或枪炮、潜艇等为社会提供服务，由于这些服务不是卖给最终消费者，因此对政府购买提供的服务难以有一个市场估价。所以，在计入GDP时，不是根据购买政府服务所费成本，而是根据政府提供这些服务所费成本来计算政府购买的价值。例如，根据政府在教育方面的支出来计算公共教育的价值，根据国防支出来计算国防服务的价值。

5.【答案】GDP计量的是本经济社会区域内生产的产品和劳务。出口的产品和劳务是在本国生产的，因此应计入本国GDP；但进口的产品和劳务并不是在本国生产的，因此不应计入本国GDP，只能计入其他国家的GDP。例如，某公司从德国进口一条生产线，价值5 000万元，这是德国生产的产品，只能计入德国GDP。所以，在计算GDP时，应加上出口，减去进口，即加上净出口。

6.【答案】间接税也是购买产品的家庭或厂商的支出，因此，如果使用支出法计算GDP，间接税是计算在内的。所以如果使用收入法计算GDP，间接税一样要计算在内，它属于政府的收入，否则，用两种方法计算的GDP必然不一致。例如，政府对某厂商征收5%的销售税，该厂商把销售税附加到产品价格上。假设某公司购买这个厂商的机器，共支付100万元。其中，厂商缴纳销售税5万元，自己净收入95万元。用支出法计算，GDP=公司支付的价格100万元；用收入法计算，GDP=厂商收入95万元+政府收入5万元=100万元。

【补充】直接税是指纳税义务人同时是税收的实际负担人，纳税人不能或不便于把税收负担转嫁给别人的税种。属于直接税纳税人的这类纳税人，不仅在表面上有纳税义务，而且实际上是税收承担者，即纳税人与负税人一致。直接税以归属于私人（为私人占有或所有）的所得和财产为课税对象，主要包括各种所得税、房产税、遗产税、社会保险税等。

间接税是指纳税义务人不是税收的实际全额负担人，纳税义务人能够用价格机制等手段把税收负担部分或全部转嫁给别人的税种。属于间接税纳税人的这类纳税人，虽然表面上负有纳税义务，但是实际上已将自己的部分或全部税款转嫁给别人，即纳税人与负税人不一致。目前，世界各国多以关税、消费税、销售税、货物税、增值税等税种为间接税。间接税对产品和劳务征税，产品生产者和经营者或劳务提供方通常均将税款附加或合并到产品价格或劳务收费标准之中，从而使税负发生转移。请注意一点，间接税并非只向卖方征收，也可能向买方征收，例如住宅买卖征收的契税就是向买方征收的税种，但买方也有能力将契税转嫁一部分由卖方承担。

7. **【答案】**公司债券的利息收入是公司融资所支付的报酬。而公司通过债券募集的资金将被用于公司的生产，比如被用于添置机器设备等，提供生产性服务，最终形成产出，因而可以看成是提供了生产要素，理所当然地，利息收入也就是生产要素的报酬，按照收入法核算应当计入 GDP。

但是购买政府公债所获得的利息被看作转移支付，因为政府借的债不一定用于生产产品，往往是用于弥补财政赤字。政府公债利息往往是通过将来的税收来补偿，所以可以被看作从纳税人的收入中征取一部分来支付，因而属于一种转移支付。

【补充】以上是目前通用的答案，考试时据此是可以拿满分的，但其实它并没有把问题解释透，大部分读者看完这个答案也还是似懂非懂。公司债券利息和政府公债利息在核算 GDP 时被区别对待的根本原因在于政府的支出与公司营业活动不同。政府的支出包括政府购买和转移支付，其中政府购买是按成本核算 GDP 的，而政府购买成本与公债利息无关，转移支付的受益人也不用支付公债利息，因此，在用支出法核算 GDP 时，$Y=C+I+G$，公债利息并没有表现在 GDP 里。限于篇幅，这里不便展开更详细的解释，更详细的解读可关注微信公众号“王海滨老师”，点击菜单栏“精品文章/精品文章合集/为何公司债券利息计入 GDP 而政府公债利息不计入 GDP?”，或微信扫描二维码查看。

8. **【答案】**经济学上所讲的投资是增加或替换资本资产的支出，即购买新厂房、设备和存货的行为，而人们购买债券和股票只是一种证券交易活动，并不是实际的生产经营活动。人们购买债券或股票是一种产权转移。例如，张三购买了同仁堂的 1 万元的债券，此后 5 年内每年获得债券利息 500 元，第 5 年末收回全部本金。在这一交易过程中，同仁堂的资金转移到了张三手里，张三赚的收益都是同仁堂的损失，这一交易本身并没有创造任何经济资本。再如，李四在二级市场上购买了王五所抛售的同仁堂的股票，花费了 1 万元，对于李四而言这是投资，对于王五而言这是负投资，整个社会的投资总额正负相抵。

因此，人们购买债券和股票在经济学上不算是投资，也不能计入 GDP。公司从人们手里取得了出售债券或股票的货币资金再去建设厂房或购买机器设备，才是投资活动。

【补充】也可以这样理解：(1) 关于股票，假设 A 是某公司创始人，他投入资金创业，他建设厂房、建设生产线等都属于投资。原本 A 拥有该公司 100%的股份，为了筹资发展，A 分批出让了合计 80%的股份，其中每一单位股份都对应着以前的投资。因此，假设B是其中的融资投资人之一，他提供资金并且获得了该公司10%的股份，这相当于购买了一个“二手货”——这些投资在以前已经计入当年的GDP了，现在的股权转让当然不能再计入今年的GDP。假设公司上市了，B去股票二级市场再把对应股票转让给C，这个股票至少已经是“三手货”了，自然更不能计入今年的GDP。(2) 关于债券，发行债券其实就是借钱。假设D公司向E借款10万元用于建一个迷你工厂，D建厂时已经将这1万元计入GDP，因而E将1万元借给D，这1万元就不能计入GDP，否则这1万元就被计入GDP两次。不过，D在归还E的1万元时要支付利息，那笔利息属于（资金）要素收入，在按收入法核算GDP时要计入GDP。

9. **【答案】** 政府给公务员发工资是因为公务员被政府雇用来为社会提供了服务，也就是说，公务员工资这部分支出属于政府购买劳务的支出，根据用支出法核算GDP的定义，政府的购买支出应该计入GDP。而政府给灾区或困难人群发救济金这部分支出只是简单地把收入从一些人手中转移到另一些人手中，没有对应的产品和劳务的交换发生，更没有生产出新的产品和劳务，属于政府的转移支付，因而不能计入GDP。

10. **【答案】** 不会。小周住自己的房子，虽然没有发生市场交换活动，但自己住自己的房子时，房子也提供了效用，因而被看作提供了生产性服务，创造了价值。他的房子如果不自己住而租借出去也可以收到房租，这部分房租也应计入GDP。

住房服务（租赁）之所以要计入GDP，是因为在GDP核算中，住房是按资本核算的，购买住房是计入投资的，而资本的特征就是不仅资本的购买要计入GDP，资本的使用也要计入GDP。

总之，不管房子是自己住还是出租，这部分房租都应计入GDP。由于小周确实没有给自己支付房租，因此，政府会通过估算该住房的可得租金（如果在市场上出租）而把这种自有住房租金计入GDP。

11. **【答案】** 购买汽车属于消费，但购买房子要视情况而定。如果是当年建造的房子，则属于投资；如果是以前建造的房子，则既不属于消费，也不属于当年的投资。

因为房子和其他固定资产一样，是长期使用、慢慢被消耗的，所以，购买房子属于投资而不是消费。汽车虽然也能使用很多年，但与房子相比寿命短得多（有的房子能使用一百多年，甚至数百年），因此汽车只能算消费品中的耐用消费品，不能算投资。

但是，GDP计算的是当年生产的产品和劳务的价值，因此，购买当年新建的房子属于投资，而购买前一年或更早年份建造的房子，甚至二手房，则因这个房子在建造当年已经计入了当年的GDP，就不能在购买当年再计算一次，否则就会重复计算，所以，购买以前建造的房子是不计入GDP的，更不要谈是按消费还是投资计入了。

12. **【答案】** 存货对厂商来说，像设备一样，能提供某种服务。例如，当市场发生意料之外的需求增加时，存货可应付这种临时增加的需要；同时，生产过程要顺利地、连续不断地维持下去，仓库也必须有足够的原材料储备。至于商店，更需要库存必需的商品，以满足顾客的需要。可见，存货对厂商的正常经营来说是必不可少的，它构成资本存量的一部分。

GDP是某经济社会在每一时期所生产的产品和劳务的价值。如果把存货排除在GDP之外，所计得的就只是销售额，而不是生产额。例如，某国某年生产8 000亿美元产值，但只卖掉了 7 500 亿美元，还有 500 亿美元要作为存货投资计入 GDP，这可以看作将企业自己购买存货的支出计入 GDP。

13. **【答案】**净利息是指借款的企业支付给家庭部门的利息净额，或更确切地说，是指企业付出的利息减去从其他部门得到的利息后的净额。这里，其他部门指的就是家庭部门。家庭部门一方面会从工商企业（如购买公司债券）和银行（如在银行存款）得到利息收入；另一方面又通过借贷（如消费的分期付款）付出利息，前者扣除后者后的余额才是家庭部门得到的利息净额。利息净额要作为收入计入 GDP。但要注意，政府公债利息不能作为利息净额计入 GDP，而只能作为转移支付。另外，个人对个人、企业对企业、政府对政府之间的利息支付也不包括在 GDP 内。

14. **【答案】**（1）国民经济核算中的存货投资也称净存货，是指企业掌握的存货价值的增加（或减少），等于年终的存货量减年初的存货量后的差额。存货投资可以为正，也可以为负。存货投资为正表示该年度的存货有所增加，而存货投资为负则表示上一年的部分或全部存货在该年度中被销售出去。

（2）存货投资在国民经济核算中的作用为：存货投资为正表示该年度有新生产的未售出的产品，因为 GDP 衡量的是产品的产量而不是销量，所以这部分存货投资应该计入 GDP；存货投资为负表示过去生产的产品存货减少，而不是本期产量增加，因此这部分变化不应计入 GDP。

15. **【答案】**（1）名义 GDP 是按当期价格计算的产出。实际 GDP 是指选取某一年的价格为基年价格，按照基年价格计算的产出。GDP 平减指数是指名义 GDP 与实际 GDP 的比率。

（2）消费物价指数即 CPI，它测量的是典型城市家庭的生活成本。在某个基期选择城市家庭主要消费的一篮子商品，调整这一篮子商品的数量使其按基期的价格计算，其价值刚好为 100。之后按各年不同的商品价格计算这一篮子商品的成本，即可得到各年的 CPI。

（3）GDP 平减指数与消费物价指数是衡量通货膨胀率的常用指标，但实际上两者在计算的幅度上有很大的差异，其原因在于两者所选择的作为计算基础的一篮子商品的种类各不相同。GDP 统计中并不包含进口商品，因而，GDP 平减指数也就没有计算进口商品的价格。相反，CPI 中却包含进口商品的价格。这样，如果进口商品价格上涨，以 GDP 平减指数衡量的通货膨胀率就会低于以 CPI 衡量的通货膨胀率。另外，GDP 统计所有当年生产的商品，是“普查”，而 CPI 只计算固定一篮子商品，是“抽查”，统计基数不同，结果也会有所差异。

16. **【答案】**（1）消费物价指数（CPI）也称零售物价指数、生活费用指数。它根据若干种主要日用消费品的零售价格以及服务费用而编制，用公式来表示即为：

$$\text{CPI}=\frac{\text{现期价格指数}}{\text{基期价格指数}}\times 100\%$$

消费物价指数的优点是能及时反映消费品供给与需求的对比关系，资料容易搜集，能够迅速直接地反映影响居民生活的价格趋势。

（2）消费物价指数的缺点是范围较窄，只包括社会最终产品中的居民消费品这一部分，因而不足以说明整体的情况。由于许多原因，CPI 倾向于高估通货膨胀，这是因为：

①替代效应。因为CPI衡量固定的一篮子商品的价格，所以它没有反映消费者用相对价格下降的商品进行替代的能力。因此，当相对价格变动时，真实生活费用的增长速度比CPI的增长速度慢。

②新商品的引进。当一种新商品进入市场时，消费者的状况变好了，因为消费者有了更多可以选择的商品。实际上，新商品的引进提高了货币的实际价值。但这种货币购买力的提高并没有表现在CPI的下降上。

③无法衡量质量变化。当一个企业改变自己出售的商品的质量时，商品价格的变化根本没有反映出生活费用的变化。许多质量变化如舒适或安全程度的变化很难衡量。如果无法衡量的质量改进是普遍的，那么，可衡量的CPI就比应该衡量的要高。

17. **【答案】**国民收入核算是对国民收入账户的会计核算，所以依据会计准则必然有收入等于支出。根据这一定义，支出$Y=C+I=$收入$Y=C+S$，因此有$S=I$。显然这是事后已经发生的实际储蓄等于实际投资。又因为这是定义所保证的，所以不论经济是否充分就业、是否均衡，都必然有储蓄等于投资。但这一恒等式并不意味着人们意愿的或者说事前计划的储蓄总会等于企业想要有的投资。在实际经济生活中，储蓄和投资的主体及动机都不一样，这就会引起计划投资和计划储蓄不一致，形成总需求和总供给不均衡，引起经济扩张和收缩。只有在经济处于均衡状态时，才有均衡产出$Y=C+S$，则计划储蓄=计划投资，即$S=I$。所以，储蓄—投资恒等式并不意味着计划储蓄恒等于计划投资。

18. **【答案】**（1）潜在国民收入又称充分就业产出，是指在现有资源得到充分利用时所可能达到的最大产量；均衡国民收入则是指经济社会的产出和总需求相一致，也就是说，经济社会的收入正好等于全体居民和企业想要有的支出。

（2）潜在国民收入和均衡国民收入的关系可以反映短期经济波动的原因：二者正好相等表明资源处于充分利用状态，即处于充分就业状态；如果均衡国民收入小于潜在国民收入，则资源未被充分利用，表现为经济衰退，失业增加；如果均衡国民收入大于潜在国民收入，则资源被超正常使用，表现为经济增长，通货膨胀。

19. **【答案】**国内生产总值是指经济社会（即一国或一地区）在一定时期内（通常是一年）运用生产要素所生产的全部最终产品（产品和劳务）的市场价值。

（1）国内生产总值是一个市场价值概念，是以货币来衡量的。

（2）国内生产总值是指最终产品而不是中间产品的价值，避免了重复计算。按生产阶段的不同，所有产品和劳务可被划分为最终产品和中间产品。最终产品是指在此阶段生产出来后就归消费者直接消费和用于扩大再生产的产品和劳务，中间产品是指在此阶段生产出来后还要作为生产要素继续投入生产过程的产品和劳务。

（3）国内生产总值是一个时间概念，并且它所指的仅仅是一个时期内生产出的最终产品的价值，而不是一定时期内所出售的最终产品的价值。

（4）国内生产总值是一个计算期内的流量概念而不是存量概念。流量是一定时期内发生的变量，存量是一定时点上存在的变量。

（5）国内生产总值是一个地域概念，而不是国民概念，要同国民生产总值区别开。

（6）国内生产总值一般是指为市场而生产的产品和劳务的价值，非市场活动一般不包括在内。

20. **【答案】**国内生产总值（GDP）是指一段时间内（通常为一年）本国与外国公民

在本国领土内生产的最终产品的市场价值。它按照国土原则，以地理上的国境为统计标准，其人口包括居住在本国的本国公民、居住在本国的外国公民，不包括居住在外国的本国公民。GDP 仅包括国内生产的最终产品的市场价值。

国民生产总值（GNP）是指一段时间内（通常为一年）本国公民所生产的最终产品的市场价值，它以人口为统计标准，即只要是本国公民所生产的最终产品，其价值都应计入国民生产总值。它按照国民原则，以本国公民为统计标准。本国公民包括居住在本国的本国公民、暂居外国的本国公民，不包括居住在本国的外国公民。GNP 的一部分可以来自国外，因而 GNP 是国内外本国公民所生产的最终产品的市场价值。

GDP＝本国公民在本国生产的最终产品的市场价值＋外国公民在本国生产的最终产品的市场价值。

GNP＋外国公民在本国生产的最终产品的市场价值＝GDP＋本国公民在外国生产的最终产品的市场价值。

GNP－GDP＝本国公民在外国生产的最终产品的市场价值－外国公民在本国生产的最终产品的市场价值。

21.**【答案】**如果甲、乙两国合并成一个国家，对 GDP 总和没有影响。

假设甲、乙两国合并成一个国家前，双方有贸易往来：甲国向乙国出口 10 台机器，价值 10 万美元，乙国向甲国出口 800 套服装，价值 8 万美元。

从甲国看：净出口 $X-M=10-8=2$（万美元）；甲国进口了 800 套服装，这 800 套服装要么被居民或政府买来穿了，要么被积压在仓库，不妨假设居民购买了 630 套，价值 6.3 万美元，这部分应计入消费（C），政府没有购买，还剩 170 套成为积压存货，价值 1.7 万美元，这部分应计入存货投资（I）。此时，计入甲国 GDP 的数量$=C+I+G+(X-M)=6.3+1.7+0+(10-8)=10$（万美元）。

从乙国看：净出口 $X-M=8-10=-2$（万美元）；乙国进口了 10 台机器，这 10 台机器要么被使用，要么被积压在仓库，不妨假设其中 4 台被政府采购来供部队使用，价值 4 万美元，这部分应计入政府购买（G），5 台被企业采购用于生产，价值 5 万美元，这部分应计入企业投资（I），还剩 1 台积压在仓库，价值 1 万美元，这部分也应计入投资（I），只不过是存货投资。此时，计入乙国 GDP 的数量$=C+I+G+(X-M)=0+(5+1)+4+(8-10)=8$（万美元）。

因此，计入两国的 GDP 之和$=10+8=18$（万美元）。

如果这两国合并成一个国家，两国贸易就变成两地区间的贸易。甲地区出售给乙地区 10 台机器，从收入看，甲地区增加 10 万美元；从支出看，乙地区增加 10 万美元。相反，乙地区出售给甲地区 800 套服装，从收入看，乙地区增加 8 万美元；从支出看，甲地区增加 8 万美元。由于甲、乙两地属于同一个国家，因此，该国共收入 18 万美元，而投资加消费的支出也是 18 万美元，因此，无论是从收入还是从支出看，计入 GDP 的价值都是 18 万美元。

可见，甲、乙两国无论是两个独立的国家还是合并成一个国家，GDP 之和都是 18 万美元，所以说，如果甲、乙两国合并成一个国家，对 GDP 总和没有影响。

从另一个角度分析则更简单，两国合并后，各自生产的产值并没有变化，而 GDP 衡量的就是生产的产值，所以 GDP 总和也没有变化。

22.【答案】$\text{CPI}=\frac{\sum P_1 Q_0}{\sum P_0 Q_0}\times 100\%$，包括3个变量，其中$P_0$和$Q_0$分别是基期的价格和数量，$P_1$是现期的价格，这种价格指数是以基期的数量计算的价格指数，也称基期加权价格指数或拉氏价格指数。

首先，CPI没有考虑由于价格变动而产生的用相对便宜的商品代替昂贵商品的替代行为，从而高估了人们购买消费品的支出增加量；其次，CPI没有考虑质量改进带来的新旧商品的替代等，因此消费者为更高质量的、性能更好的新商品支付的更高的价格往往也被作为通货膨胀计入了CPI。所以，CPI往往高估了生活成本的上升。

GDP平减指数$=\frac{\sum P_1 Q_1}{\sum P_0 Q_1}\times 100\%$，也包括3个变量，其中$P_0$是基期的价格，$P_1$和$Q_1$分别是现期的价格和数量，这种价格指数是以现期的数量计算的价格指数，也称现期价格指数或帕氏价格指数。

GDP平减指数按照现期数量计算价格指数，因此无法计量因更换产品或劳务而导致的消费者福利损失，因此，GDP平减指数常常低估了生活质量的下降。

23.【答案】名义GDP是指按当年市场价格计算的一年所生产的全部产品和劳务的价值。计算公式为：

$$\text{名义 GDP}=\sum_{i=1}^{n}(Q_i\times P_i)$$

引起名义GDP变化的因素有两个：(1) 产品和劳务实际产出量的变化；(2) 市场价格的变化。

实际GDP是指按不变价格计算的GDP。计算公式为：

$$\text{实际 GDP}=\sum_{i=1}^{n}(Q_i\times P'_i)$$

为了分析比较生产水平的实际增长幅度，往往需要把按当年价格计算的名义GDP调整为按不变价格计算的实际GDP。调整方法是：把某年选定为基年，那么该年的价格水平即基年价格为不变价格。比如，如果把2003年作为基年，那么2004年的实际GDP都是按2003年的市场价格计算的。

$$\text{实际 GDP}=\frac{\text{名义 GDP}}{\text{价格指数}}$$

$$\text{价格指数}=\frac{\sum(Q_i\times P_i)}{\sum(Q_i\times P'_i)}\times 100$$

这一价格指数也叫做GDP平减指数，表明名义GDP是实际GDP的倍数。

24.【答案】国民经济核算的概念包括了好几个总量，这里把从国内生产总值到个人可支配收入这五个总量及其关系概述如下：

(1) 国内生产总值(gross domestic product，GDP)。

国内生产总值是指一个国家(或地区)在本国(或地区)领土上，在一定时期内生产的全部最终产品（产品和劳务）按当年的市场价格所计算出来的市场价值。

（2）国内生产净值（net domestic product，NDP）。

国内生产净值是指一个国家（或地区）一年中的国内生产总值（GDP）减去生产过程中消耗掉的资本（折旧费）所得出的净增长量。

NDP＝GDP－资本折旧

（3）国民收入（national income，NI）。广义的国民收入泛指国民生产总值、国内生产净值等经济活动总量。

NI＝NDP－间接税－企业转移支付＋政府补助金

（4）个人收入（personal income，PI）。个人收入是指个人实际得到的收入。

PI＝NI－企业所得税－社会保险费(税)－企业未分配利润
　　＋政府给个人的转移支付

（5）个人可支配收入（disposable personal income，DPI）。个人可支配收入是指个人可实际使用的全部收入，即个人收入中缴纳个人所得税后剩下的部分。

DPI＝PI－个人所得税

综合相互关系如下：

GDP－资本折旧＝NDP
NDP－间接税－企业转移支付＋政府补助金＝NI
NI－企业所得税－社会保险费(税)－企业未分配利润＋政府给个人的转移支付＝PI
PI－个人所得税＝DPI

25.**【答案】**四部门经济是包括家庭、企业、政府和国外等四个部门的经济，即在三部门之外增加了国外部门，四部门经济也叫开放经济。现实经济生活中的经济大都是四部门经济。四部门经济要正常循环，除保证商品市场、金融市场、要素市场和政府收支均衡外，还必须保证国际收支平衡，即国际收支大体相等。

对于四部门经济，即把国外部门引进来以后的经济，我们知道，按照最终产品的归属，有：

$$\text{GDP}=C+I+G+(X-M)$$

按照销售最终产品的资金用途，有：

GDP＝工资＋利息＋租金＋利润等
　　＝消费＋储蓄＋税收＋对国外部门的转移支付
　　$=C+S+T+K_r$

于是，我们得到$C+I+G+(X-M)=C+S+T+K_r$，化简可得：

$$I+G+(X-M)=S+T+K_r \quad \text{或者} \quad I=S+(T-G)+(K_r+M-X)$$

进一步地，我们把上式写成：

$$I=S_p+S_g+S_r$$

这里，S_p是个人部门的储蓄；S_g是政府部门的储蓄，即预算盈余；S_r是国外部门的储蓄，即本国的贸易赤字。

需要注意的是，本国对国外部门的转移支付跟本国的进口一样，形成本国的赤字压力。

26. **【答案】**目前，核算国内生产总值有三种方法：生产法、支出法和收入法。

（1）生产法。

生产法又称增值法，是从生产各环节中创造的产品和劳务的价值入手，剔除生产环节中投入的中间产品（产品和劳务）的价值，得到新增加价值，相加获得 GDP 的一种方法。

（2）支出法。

支出法是通过核算在一定时期内整个社会购买最终产品的总支出来计算 GDP 的方法。用该法核算的 GDP 等于经济社会在一定时期内家庭的消费、企业的投资、政府的购买和国际部门的净出口之和，可表示为下表：

国内生产总值的构成

消费	投资	政府购买	净出口
（1）耐用品支出 （2）非耐用品支出 （3）劳务支出	（1）固定资产投资 （2）存货投资	各级政府购买产品和劳务的支出	（1）出口（+） （2）进口（−）

（3）收入法。

收入法即用要素收入亦即企业生产成本核算 GDP。要素收入包括各生产要素的报酬、间接税、折旧和企业未分配利润等。因此，按收入法计得的国内生产总值＝工资＋利息＋利润＋租金＋间接税＋折旧＋企业未分配利润等。

从理论上来讲用三种方法计算出的 GDP 是相等的，其区别见下表：

GDP 三种计算方法的比较

	支出法	收入法	生产法
分析角度	使用角度	分配角度	生产角度
指标实质	经济主体支出总额	要素所有者报酬总和	第一、第二、第三产业增加值之和
要素构成	C、I、G、$X-M$	工资、利息、利润、租金、间接税、折旧、企业未分配利润等	各部门的增加值
目的	分析总量变化和使用比例	分析总量变化和分配比例	分析总量变化和生产比例

五、计算题

1. **【答案】**（1）NDP＝GDP－资本折旧＝GDP－(总投资－净投资)

＝6 000－(800－300)＝5 500（亿元）

（2）用支出法核算的 GDP＝$C+I+G+NX$，于是有：

净出口＝GDP－总投资－消费－政府购买

　　＝6 000－800－400－1 100＝3 700（亿元）

（3）政府预算盈余＝政府税收－政府购买－政府转移支付，因此，政府税收减去政府转移支付后的收入＝政府购买＋政府预算盈余＝1 100＋300＝1 400（亿元）。

（4）DPI＝PI－个人所得税

＝[NI－企业所得税－社会保险费(税)－企业未分配利润＋政府给个人的转移支付]－个人所得税

＝[(NDP－间接税－企业转移支付＋政府补助金)－企业所得税－社会保险费(税)－企业未分配利润＋政府给个人的转移支付]－个人所得税

＝NDP－[(间接税＋企业所得税＋个人所得税)－(政府补助金＋政府给个人的转移支付)]－企业转移支付－社会保险费(税)－企业未分配利润

＝NDP－政府税收减去政府转移支付后的收入－企业转移支付－社会保险费(税)－企业未分配利润

＝5 500－1 400－0－0－0

＝4 100（亿元）

（5）个人可支配收入＝个人储蓄＋消费，于是有：

个人储蓄＝个人可支配收入－消费＝4 100－400＝3 700(亿元)

2.【答案】(1) 2018 年名义 GDP＝$\sum$(产品当期价格×当期数量)

＝3×25＋15×50＋12×40＋10×30＋4×60

＝1 845（美元）

2020 年名义 GDP＝$\sum$(产品当期价格×当期数量)

＝3.2×30＋16×60＋14×50＋11×35＋5×70

＝2 491（美元）

(2) 2020 年的实际 GDP＝$\sum$产品基期（2018 年）价格×当期数量

＝3×30＋15×60＋12×50＋10×35＋4×70＝2 220（美元）

(3) 2020 年的国内生产总值平减指数＝2020 年名义 GDP÷2020 年实际 GDP

＝2 491÷2 220＝112.2％

可见，2020 年价格比 2018 年价格上升了 12.2％。

3.【答案】(1) 由于面包是最终产品，其价值是 100 万美元，因此该社会的 GDP 为 100 万美元。

(2) 小麦种植阶段新增价值 20 万美元；面粉制造阶段新增价值 30 万美元，即 50－20＝30（万美元）；面包制作阶段新增价值 50 万美元，即 100－50＝50（万美元）；三个阶段共增值 20＋30＋50＝100（万美元）。

(3) 在生产活动中，所获工资共计：15＋10＋20＝45（万美元）。在生产活动中，所获利润共计：(20－15)＋(30－10)＋(50－20)＝55（万美元）。用收入法计得的 GDP＝45＋55＝100（万美元）。

可见，用最终产品法、增值法和收入法计得的GDP是相同的。

4.【答案】(1) 用S代表储蓄，用y_D代表个人可支配收入，则$S=y_D-C=820-760=60$（亿美元）。

(2) 用I代表投资，用S_p、S_g和S_r分别代表私人部门、政府部门和国外部门的储蓄，则$S_g=T-G=BS$，在这里，T代表政府税收收入，G代表政府购买，BS代表预算盈余，在本题中，$S_g=BS=-40$。

S_r表示国外部门的储蓄，即国外的出口减去进口，对本国来说，则是进口减去出口，在本题中为20，因此$I=S_p+S_g+S_r=60+(-40)+20=40$（亿美元）。

(3) 从$\text{GDP}=C+I+G+(X-M)$中可知，政府购买$G=1\,000-760-40-(-20)=220$（亿美元）。

5.【答案】(1) 用支出法核算GDP是通过$\text{GDP}=C+I+G+NX$计算的。

企业乙的50 000个面包是卖给本国消费者的，应属于消费；进口的15 000个面包也属于消费，因为迷你国没有生产汉堡包，面包就是最终产品，所以：

$$C=50\,000\times2+15\,000\times1=115\,000\text{（元）}$$

没卖掉的5 000公斤小麦属于存货投资，也是投资的一部分，即：

$$I=5\,000\times3=15\,000\text{（元）}$$
$$G=0$$
$$NX=25\,000\times3-15\,000\times1=60\,000\text{（元）}$$

故 $$\text{GDP}=C+I+G+NX=190\,000\text{（元）}$$

(2) 用生产法核算GDP是通过最终产品的价值减去投入品的价值计算的。

企业甲没有投入品，企业乙则投入了小麦，所以：

$$\text{GDP}=50\,000\times3+(50\,000\times2-20\,000\times3)=190\,000\text{（元）}$$

(3) 2016年GDP平减指数$=190\,000/180\,000=105.56\%$

$$2016\text{年通货膨胀率}\ \pi=\frac{190\,000-180\,000}{180\,000}=5.56\%$$

六、论述题

【答案】(1) 肯尼迪的话有一定的道理，他认为GDP其实并不能衡量一切，因此反对搞GDP崇拜，或者为了GDP数字而损失那些GDP不能衡量的幸福。

GDP又称国内生产总值，是指经济社会（即一国或一地区）在一定时期内（一般都是一年）运用生产要素所生产的全部最终产品（产品和劳务）的市场价值；GNP又称国民生产总值，是指一国国民所拥有的全部生产要素在一定时期内（一般都是一年）所生产的全部最终产品（产品和劳务）的市场价值。

GDP是现代国际社会用来衡量各国经济发展水平的极为重要的标准。虽然GDP概念被普遍运用，但是它在衡量各国的经济活动时，并非一个完美无缺的标准。作为衡量一国经济水平的标准，GDP有以下几个缺点：

①没有充分地反映所有的经济活动。

首先，GDP 统计基于合法、公开的市场交易，那些对国民收入有影响的非法、非公开的市场交易就无法得到反映，例如走私。

其次，几乎所有国家都不同程度地存在地下经济，例如逃税或漏税的生产经营活动，都无法计入 GDP。

最后，一些自给性的生产与服务、物物交换等经济活动也无法在 GDP 中得到反映，但这些内容又确实影响着社会福利状况。例如，如果两个家庭主妇都自己从事家务劳动，则这一劳务无法计入 GDP，但如果她们互相为对方提供家务劳动服务，并且领取劳务报酬，则劳务报酬是要计入 GDP 的。

②不能真实地反映国民的福利享受状况。

首先，国民的福利享受水平不仅取决于经济总量，还取决于收入分配结构。同样的人均 GDP，分配结构不同，国民的福利享受状况会有很大的差异，但分配结构在 GDP 中是没有体现的。

其次，国民的福利享受状况不仅取决于物质条件，还取决于精神享受，如工作中的愉快程度、人际关系、闲暇时间等，这些也难以在 GDP 中反映出来。

最后，破坏和浪费资源的重复建设虽然能推高 GDP，但并不能提高甚至可能降低人们的福利享受水平。例如，广场建好又挖，挖了再建，虽然 GDP 增加了，但市民却长时间不能在广场上进行休闲活动。

③没有充分地反映产品结构与质量。

按照 GDP 的统计原理，生产出来的产品无论质量好坏，无论是否能销售出去，都会计入 GDP（没卖掉的按存货投资计入）。那些没卖掉的产品不仅不能带给消费者效用，甚至可能造成无谓的劳动，减少人们的福利。

④没有充分地反映社会成本。

GDP 统计里没有计量社会成本，例如生态环境的破坏，但生态环境的破坏也是一种社会代价，必然造成某些减少社会福利的后果，例如水灾、旱灾、沙漠化、水污染等，这些后果即使不会在近年内出现，也会在几年后出现，然后我们的子孙后代不得不承受我们强加给他们的后果。

（2）虽然 GDP 有很多弊端，但它依然是目前最重要的经济发展衡量指标之一。因为 GDP 很好地计量了市场经济的数量，能对市场上不同类别的产品和劳务——例如苹果、课桌、理财产品、网络游戏、艺术作品等——的社会贡献进行比较规范的量化，便于计量经济状态。而且，GDP 虽然不能代表一切，但它是我们享受教育、社保、医疗、衣食住行等方面产品和劳务的基本保障，迄今为止，我们依然很关注 GDP。只不过，现在欧美开始倾向于关注绿色 GDP。所谓绿色 GDP，是指剔除对环境的破坏的 GDP，这算是对 GDP 存在的问题做了一些修正。

【提示】论述题一般需要先阐述相关经济学原理，再使用该原理分析相关问题，分析时力求：①观点明确；②逻辑严谨；③条理清晰；④回答完整；⑤忌答非所问。论述题字数范围比较宽，但大部分都可控制在 400～900 字。更详细的作答思路和示例可关注微信公众号“王海滨老师”，点击菜单栏“精品文章/精品文章合集/论述题怎么作答?”，或微信扫描二维码查看。

第 13 章

国民收入的决定：收入—支出模型

重难点提示

本章的重难点包括：均衡产出；凯恩斯的消费理论与消费函数；两部门经济中国民收入的决定及其变动；简单收入决定的动态模型；政府购买乘数、税收乘数、政府转移支付乘数及平衡预算乘数。

内容精要

一、均衡产出

均衡产出是和总需求相一致的产出，也就是经济社会的收入正好等于全体居民和企业想要有的支出。

当达到均衡时，非计划存货投资等于零。

二、凯恩斯的消费理论

凯恩斯的消费理论又称绝对收入消费理论，强调绝对收入决定当前消费。消费函数用公式表示为：$c=\alpha+\beta y$，其中 α 为自发消费，β 为边际消费倾向。其核心是消费取决于绝对收入水平，边际消费倾向递减。

边际消费倾向：增加的 1 单位收入中用于增加消费部分的比例。用公式表示为：$MPC=\beta=\frac{\Delta c}{\Delta y}$，或 $MPC=\beta=\frac{\mathrm{d}c}{\mathrm{d}y}$。

平均消费倾向：任一收入水平上消费支出在收入中的比例。用公式表示为：$APC=c/y$。

边际消费倾向递减规律：凯恩斯宏观经济理论的三大心理规律之一，认为随着收入的不断增加，消费增加的比例越来越小。

三、 两部门经济中国民收入的决定及变动

（1）两部门经济中收入的决定——使用消费函数决定收入。

$$\begin{cases} y=c+i \\ c=\alpha+\beta y \end{cases} \Rightarrow y=\frac{\alpha+i}{1-\beta}$$

用图示法求解则如图 13－1 所示。

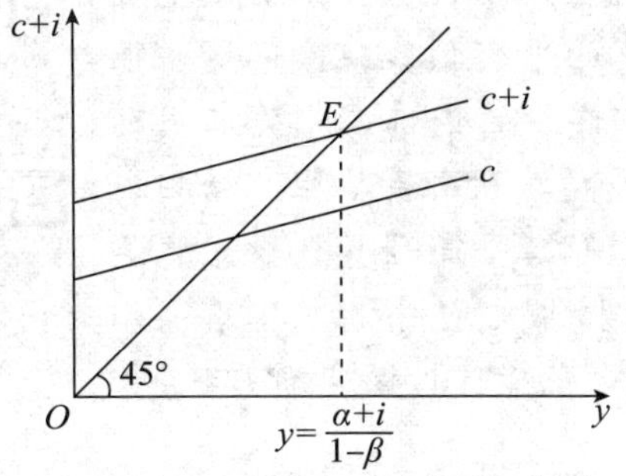

图 13－1　消费加投资曲线和 45°线相交决定收入

（2）两部门经济中收入的决定——使用储蓄函数决定收入。

$$\begin{cases} i=s=y-c \\ s=-\alpha+(1-\beta)y \end{cases} \Rightarrow y=\frac{\alpha+i}{1-\beta}$$

用图示法求解则如图 13－2 所示。

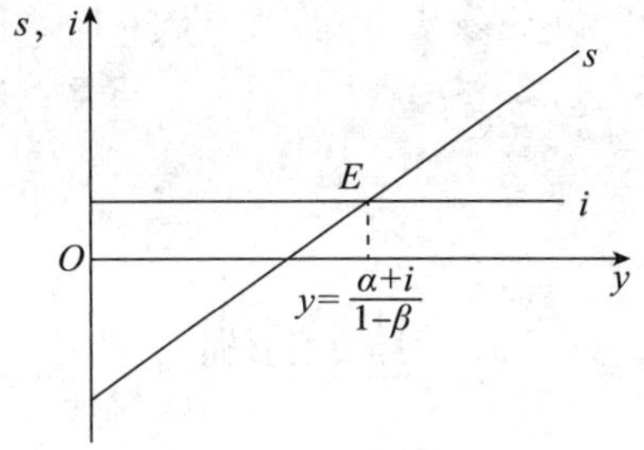

图 13－2　储蓄曲线和投资曲线相交决定收入

四、 乘数理论

乘数指的是总需求中的某个支出变量的变化所引起的国民收入变化的倍数，或者说国民收入的变化量与引起这种变化的总需求变量的增加量之间的比率关系。

在三部门条件下，设税收 $T=t_0+ty$，均衡收入水平为：$y=\frac{\alpha+i+g-\beta t_0+\beta t_r}{1-\beta(1-t)}$。

（1）投资乘数 $k_i=\frac{\Delta y}{\Delta i}=\frac{1}{1-\beta(1-t)}$。

（2）政府购买乘数 $k_g=\frac{\Delta y}{\Delta g}=\frac{1}{1-\beta(1-t)}$。

（3）税收乘数 $k_T=\frac{\Delta y}{\Delta T}=-\frac{\beta}{1-\beta(1-t)}$。

（4）政府转移支付乘数 $k_{tr}=\frac{\Delta y}{\Delta t_r}=\frac{\beta}{1-\beta(1-t)}$。

（5）平衡预算乘数 $k_b=\frac{1-\beta}{1-\beta(1-t)}\leqslant 1$。

【提示】（1）在以上乘数里，令 $t=0$，则为定量税下的乘数；（2）对比例税下的平衡预算乘数问题，很多同学很迷惑，编者对此有详细的论证，相关证明可关注微信公众号“王海滨老师”，点击菜单栏“精品文章/精品文章合集/比例税下税收/平衡预算乘数究竟是多少？［权威答案］（1）”“精品文章/精品文章合集/比例税下税收/平衡预算乘数究竟是多少？［权威答案］（2）”，或微信扫描二维码查看。

五、四部门经济中国民收入的决定

四部门经济中均衡收入 $y=\frac{1}{1-\beta(1-t)+\gamma}(\alpha+i+g-\beta t_0+\beta t_r+x-m_0)$

对外贸易乘数 $k_x=\frac{1}{1-\beta(1-t)+\gamma}$

【提示】在四部门经济中，即使在定量税（$t=0$）下，平衡预算乘数也小于1，因为 $k_b=\frac{1-\beta}{1-\beta+\gamma}$。

习题精编

一、名词解释

1. 边际消费倾向
2. 乘数效应
3. 引致需求
4. 节俭悖论
5. 政府购买乘数
6. 税收乘数
7. 政府转移支付乘数
8. 平衡预算乘数

二、 判断题

1. 如果其他因素不变而边际消费倾向减小，国民收入将会增加。

2. 边际消费倾向和平均消费倾向总是大于零而小于 1。

3. 政府购买的变化直接影响总需求，但税收和转移支付则是通过它们对私人消费和投资的影响间接影响总需求。

4. 边际进口倾向越小，自发投资变化对均衡产出的影响就越小。

5. 当存在比例所得税时，增加政府购买将增加预算赤字。

6. 考虑一个封闭经济，边际消费倾向为 0.8，所得税税率为 50%，假设投资 i 为外生变量。如果政府购买 g 增加 100，那么产出 y 的变化为 50。

7. 按照凯恩斯理论，市场总需求取决于价格和总收入，但与收入分配无关。

8. 在每一收入水平上意愿投资额的减少会减少总需求，但总需求的减少小于投资额的减少。

9. 开放经济中的投资乘数大于三部门经济中的投资乘数。

10. 边际储蓄率越低，政府购买对 GDP 的贡献就越大。

11. 平均消费倾向递减是因为边际消费倾向递减。

12. 宏观经济学通常可假定均衡产量由总需求决定，是因为社会经济资源一般都存在闲置情况。

13. 与消费不一样，进口不是可支配收入的函数，而是收入的函数。

三、 选择题

1. 凯恩斯认为，有效需求不足是导致失业的原因，而有效需求不足是三大基本心理规律发挥作用的结果，这三大心理规律不包括（　　）。

A. 边际报酬递减规律　　B. 边际消费倾向递减规律

C. 流动性偏好规律　　D. 资本边际效率递减规律

2. 假设有一个经济，政府购买为 300，没有转移支付，预算赤字为−24，国内居民储蓄为 244，消费为 960，贸易赤字为 18，那么，下列哪一项正确？（　　）

A. 可支配收入为 1 204　　B. 国民收入为 1 480

C. 投资为 238　　D. 以上都正确

3. 在收入—支出分析中，假设总支出位于 45°线以上，总存货（　　）。

A. 超过计划存货，所以厂商降低产量　　B. 少于计划存货，所以厂商降低产量

C. 超过计划存货，所以厂商提高产量　　D. 少于计划存货，所以厂商提高产量

4. 以下说法不正确的是（　　）。

A. 在支出 $E=c+i$ 中，i 包括计划存货投资和非计划存货投资

B. 在收入 $y=c+i$ 中，i 包括计划存货投资和非计划存货投资

C. 投资 i 包括计划存货投资和非计划存货投资

D. 非计划存货投资可能大于 0，也可能小于 0

5. 一国的基尼系数原来是 0.5，如果某项政策使得该国的洛伦茨曲线变得近似于直线，那么在总收入不变的情况下，本国居民总的消费需求将会（　　）。

A. 减少　　B. 不变　　C. 增加　　D. 三者都不是

6. 假设两部门经济中收入 $y=6\ 000$，消费 $c=4\ 800$，投资 $i=1\ 600$，此时有（　　）。

A. 经济处于均衡状态　　B. 非计划存货投资小于 0

C. 储蓄为负数　　D. 储蓄大于投资

7. 乘数的作用必须在以下哪个条件下才可发挥？（　　）

A. 经济实现了充分就业　　B. 总需求大于总供给

C. 政府支出等于政府税收　　D. 经济中存在闲置资源

8. 如果消费函数是 $c=100+0.75(y-T)$。在短期均衡中，税收减少 1 亿元的效果是（　　）。

A. 如果均衡利率保持不变，均衡产出增加 1 亿元

B. 如果均衡利率保持不变，均衡产出增加 3 亿元

C. 如果均衡利率上升，均衡产出增加 1 亿元

D. 如果均衡利率上升，均衡产出增加 3 亿元

9. 在引入国际市场的四部门模型中，乘数效应（　　）。

A. 变大　　B. 变小　　C. 不变　　D. 都有可能

10. 一国只征收定量税，在执行平衡预算的前提下，如果政府税收增加 10%，那么该国的国民收入将（　　）。

A. 减少，且小于 10%　　B. 减少，且等于 10%

C. 增加，且等于 10%　　D. 增加，且小于 10%

11. 如果在消费—收入图形上，消费曲线向下移动，则这意味着（　　）。

A. 由于收入减少而导致消费减少

B. 由于收入增加而导致消费增加

C. 由于非收入的其他原因而导致消费减少

D. 由于非收入的其他原因而导致消费增加

12. 消费的增加在下述哪种情况下很可能难以拉动投资增加？（　　）

A. 社会上有大量闲置劳动力　　B. 企业没有闲置设备

C. 生产厂商数量不够多　　D. 企业普遍存在大量产成品存货

13. 在简单凯恩斯乘数中，乘数的重要性依赖于（　　）。

A. 投资函数的斜率　　B. 消费函数的斜率

C. 实际货币供给量　　D. 实际利率

14. 下面哪一种情况可能使国民收入增加得最多？（　　）

A. 政府对高速公路的养护开支增加 250 亿元

B. 政府转移支付增加 250 亿元

C. 个人所得税减少 250 亿元

D. 以上增加都一样多

15. 在四部门经济中，若投资、储蓄、政府购买、税收、出口和进口都减少，则均衡

国民收入（　　）。

A. 必然增加　　B. 不变　　C. 必然减少　　D. 不能确定

16. 若三部门经济的消费函数为 $c=150+0.8(y-t)$，且政府税收 t 与企业投资支出 i 同时增加 50 亿元，则均衡国民收入将（　　）。

A. 增加 100 亿元　　B. 减少 50 亿元

C. 增加 50 亿元　　D. 保持不变

17. 假设一国居民的边际消费倾向是 0.8，平均所得税税率是 0.25，此时，如果中央政府决定增加该国西部高速公路建设财政资金 50 亿元，假定其他经济环境不变，那么，根据简单乘数模型，这一政策将会使该国 GDP 发生怎样的变化？（　　）

A. 下降 50 亿元　　B. 上升 125 亿元

C. 下降 125 亿元　　D. 上升 50 亿元

18. 假设某经济的边际消费倾向为 0.8，边际进口倾向为 0.2，比例税率为 0.2，则该经济的政府转移支付乘数为（　　）。

A. 8/7　　B. 10　　C. 10/7　　D. 18/7

19. 在封闭经济中政府只收定量税，且将新征税收 100 亿美元全部用于基础设施建设。这一举措的净效应是（　　）。

A. 该经济的 GDP 增加 100 亿美元

B. 该经济的 GDP 增加量等于 100 亿美元乘以政府购买乘数

C. GDP 保持不变，因为税收增加额恰好抵消了政府购买的增加额

D. 判断不出 GDP 增加程度

20. 在两部门经济中，均衡发生于（　　）之时。

A. 实际储蓄等于实际投资

B. 实际的消费加实际的投资等于产出值

C. 计划储蓄等于计划投资

D. 总支出等于企业部门的收入

21. 税收对投资乘数的影响是（　　）。

A. 使乘数变大　　B. 使乘数变小

C. 乘数保持不变　　D. 与税收的种类有关

22. 在短期内，当经济处于均衡状态时，（　　）。

A. 社会可能实现了充分就业

B. 社会可能没有实现充分就业

C. 可能存在通货膨胀缺口，也可能存在通货紧缩缺口

D. 以上都正确

23. 假设我国（有进出口贸易）某年的 $\beta=0.8$，政府购买减少了 100 亿元，由此产生的政府财政盈余通过减少等额的税收来抵消，那么对国民收入的影响为（　　）。

A. 减少不足 100 亿元

B. 减少 100 亿元

C. 减少多于 100 亿元

D. 政府购买减少额为税收所抵消，故对国民收入没有影响

24. 若消费函数为 $c=\alpha+\beta y$，$\alpha>0$，$\beta>0$，则边际消费倾向（　　）。

A. 小于平均消费倾向　　B. 大于平均消费倾向

C. 等于平均消费倾向　　D. 以上都有可能

25. 当税收由比例税改为定量税时，（　　）。

A. 投资乘数变小　　B. 政府购买乘数变大

C. 投资乘数不变　　D. 税收乘数不变

26. 边际储蓄倾向若为 0.20，则边际消费倾向为（　　）。

A. 0.20　　B. 0.80　　C. 1.0　　D. 1.20

27. 就定量税而言，税收乘数和政府转移支付乘数的唯一区别是（　　）。

A. 前者总比后者小 1　　B. 前者为负，后者为正

C. 后者为负，前者为正　　D. 两者互为倒数

四、简答题

1. 实现经济中总收入与总支出相等的机制是什么？

2. 简要说明投资乘数原理，并指出这里结论成立的条件。

3. 在简单凯恩斯模型中，乘数理论怎样描述通过减税扩张财政的产出效应？请予以简要说明。

4. 税收、政府购买和政府转移支付对总支出的影响方式有何区别？

5. 怎样理解凯恩斯的“有效需求”概念？假如某一年的总供给大于总需求，同时存在失业，国民收入和就业将发生什么变化？凯恩斯认为应采取何种对策？

6. 在均衡产出水平上，厂商的计划投资和非计划投资是否都为零？

7. 什么是消费倾向？能否说边际消费倾向和平均消费倾向一般都大于 0 而小于 1？

8. 假定经济在均衡状态 $y_0=1\,000$ 下运行，如果政府进行一次财政改革，税率 t 提高 0.05，政府购买增加 50，预算盈余是上升还是下降？为什么？

9. 简述凯恩斯的消费理论。

10. 除收入外，还有哪些因素影响消费？它们如何起作用？

11. 简述投资乘数的形成原因及推导过程。

12. 简述定量税下三部门经济中的各乘数及其推导过程。

13. 凯恩斯曾经提出一个著名的“挖坑理论”，即在经济不景气时，只要每个人都尽量找人挖坑，然后再请人填上，就可以刺激经济。请结合宏观经济学基本原理，对“挖坑理论”的逻辑机理进行解释；请结合我国实际，谈一谈“挖坑理论”在实践中出现了怎样的扭转现象。

五、证明题

1. 证明：比例税条件下的平衡预算乘数 $k_b<1$。

2. 设 $c=\alpha+\beta y_d$，$y_d=y-T$，$T=T_0+ty$，$i=i$，$g=g$。试用两种数理方法证明 $s=i-(T-g)$。

六、计算题

1. 假设消费函数为 $c=\alpha+\beta y_d$，y_d 为居民可支配收入，税收为定量税和比例税之和，即 $T=t_0+ty$，其中 t_0 为定量税，t 为比例税税率，投资为 i，政府购买为 g，试求均衡的国民收入水平。

2. 假设岛上生活着两位居民，即 R 和 F。R 只会制作泥罐、弓箭等工具，F 则只会耕种，为了生存，他们必须进行交换。某一年 R 制造了价值 400 元的工具并全部卖给 F；F 在年初本以为 R 将会购买价值 400 元的粮食，考虑到自己能消费价值 800 元的粮食，于是 F 当年耕种生产了价值 1 200 元的粮食，然而当两者交易时，F 发现 R 只购买并消费了价值 200 元的粮食。

（1）计算 R 的产出、储蓄、实际投资和计划投资。

（2）计算 F 的产出、储蓄、实际投资和计划投资。

（3）对整体经济而言，总产出、总储蓄、实际总投资和计划总投资各为多少？

（4）对整体经济而言，非计划存货投资是多少？

3. 假设某经济社会的消费函数为 $c=100+0.9y$，投资为 50。

（1）求均衡收入、消费和储蓄。

（2）如果当时实际产出（即 GDP 或收入）为 2 000，企业的非计划存货投资为多少？

（3）若投资增至 100，求增加的收入。

（4）若消费函数变为 $c=100+0.6y$，投资仍为 50，收入和储蓄各为多少？投资增至 100 时收入增加多少？

（5）消费函数变动后，乘数有何变化？

4. 在一个封闭经济中，有如下方程：

$$y=c+i+g \qquad \text{（收入恒等式）}$$

$$c=100+0.9y_d \qquad \text{（消费函数）}$$

若投资 $i=300$ 亿美元，政府购买 $g=160$ 亿美元，税率 $t=0.2$，$t_0=0$，问：

（1）当收支平衡时，收入水平为多少？投资乘数、政府购买乘数、税收乘数各为多少？

（2）假设政府购买 g 增加到 300 亿美元，新的均衡收入为多少？

（3）假定投资从 300 亿美元增至 398 亿美元，新的均衡收入为多少？

（4）假设投资不是外生变量，而是内生地由方程 $i=300+0.2y$ 决定，新的均衡收入水平和投资乘数、政府购买乘数、税收乘数各为多少？

（5）假设税率 t 提高到 0.4，新的均衡收入水平为多少？

5. 假定某经济社会的消费函数 $c=30+0.8y_d$，净税收 $t=50$，投资 $i=60$，政府购买 $g=50$，净出口函数 $nx=50-0.05y$，求：

（1）均衡收入。

（2）在均衡收入水平上的净出口余额。

（3）投资乘数。

（4）投资从 60 增加到 70 时的均衡收入和净出口余额。

（5）当净出口函数从 $nx=50-0.05y$ 变为 $nx=40-0.05y$ 时的均衡收入和净出口余额。

（6）变动国内自发投资 10 和变动自发净出口 10 对均衡收入、净出口余额的影响哪一个更大？为什么？

6. 假定上题中消费函数、投资、政府购买及净出口函数都不变，但税收从定量税变为比例税，其税收函数 $T=6.25+0.15y$。

（1）试求均衡收入。

（2）若投资从 60 增加到 70，均衡收入增加多少？

（3）为什么本题中投资增加 10 所增加的收入比上题中投资增加 10 所增加的收入要少一些？

7. 假定在某个三部门经济中，初始均衡状态的已知变量为：税率 $t=0.2$，均衡收入 $y_0=100$ 万元，边际消费倾向 $\beta=0.8$。现在设税率降至 $t'=0.1$，政府购买减少 10 万元，即 $\Delta g=-10$ 万元。求新的均衡收入 y'、税收变化量 ΔT 和政府预算盈余的变化 ΔBS。

8. 假设某一经济的消费函数 $c=100+0.8y_d$，其中 $y_d=y-ty+t_r$，投资 $i=50$，政府购买 $g=200$，政府转移支付 $t_r=62.5$，税率 $t=0.25$。

（1）求均衡总产出。

（2）求投资乘数、政府购买乘数、税收乘数、政府转移支付乘数、平衡预算乘数。

（3）假定该社会达到充分就业时总产出为 1 200，试问用增加政府购买、减税或在增税的同时将增加的税收用于增加政府购买的方式来实现充分就业，则各需多少？

习题答案

一、名词解释

1. **【答案】**边际消费倾向是指在增加的 1 单位收入中用于增加消费部分的比率，用公式可表示为：$MPC=\Delta c/\Delta y$。式中，Δc 表示增加的消费，Δy 表示增加的收入。如果消费函数为线性函数，即 $c=\alpha+\beta y$，则 $MPC=\beta$。

一般认为，随着收入的增加，消费也会增加，但消费的增加不及收入增加多，即$\Delta c<\Delta y$，所以有 $0<MPC<1$。另外，凯恩斯还认为边际消费倾向是递减的，即 MPC 随着收入的增加而变得越来越小，作为三个基本心理规律之一，边际消费倾向递减规律被凯恩斯用来分析造成 20 世纪 30 年代大萧条的原因。

2. **【答案】**（1）在凯恩斯的国民收入决定理论中，乘数效应考察投资、消费、政府购买等变化一定量对收入水平的影响程度。例如，增加 100 亿美元的投资。首先这 100 亿美元投资会以工资、利息、利润等方式成为生产要素所有者的收入。

如果边际消费倾向 $\beta=0.8$，在不考虑税收的情况下，这 100 亿美元的收入增加会使人们的消费增加 80 亿美元，这 80 亿美元会再成为一些要素所有者的收入，这些收入再导致消费增加，如此反复，最终会使收入增加 $100+80+64+\cdots+100\times0.8^n=500$ 亿美元。增加 100 亿美元投资，收入增加 500 亿美元，这就是乘数效应。

投资乘数就是收入变化与对应投资支出变化的比率，它的大小与边际消费倾向有关，本例中的投资乘数为 5。

（2）乘数效应不考虑货币因素对收入的影响。如果考虑货币因素的影响，收入增加会使利率上升，从而投资减少，这又使收入减少，因此最终的收入增加幅度小于不考虑货币因素时的收入增加幅度。

3. **【答案】**凯恩斯的消费理论认为在众多影响消费的因素中，有决定意义的是收入。同时，凯恩斯认为，随着收入的增加，消费也会增加，但是消费的增加不及收入的增加多。因此消费可以近似表示为自发消费和引致消费之和，用公式表示为：$c=\alpha+\beta y$。其中，α 是消费者为满足基本生活需要所必需的消费部分；而引致消费，即引致需求，指的是收入引致的消费，是边际消费倾向 β 和收入 y 的乘积。

4. **【答案】**传统的观点认为勤俭节约是一种美德，但是凯恩斯却提出了与之相矛盾的观点。根据凯恩斯的国民收入决定理论，国民产出由包含消费支出的总需求决定，也就是说，消费支出的增加会引起国民产出的增加，消费支出的减少会引起国民产出的减少，即消费变动与国民产出变动呈正向变动关系。同时由凯恩斯的消费理论知道消费与储蓄具有互补关系，因而可得出储蓄变动与国民产出变动呈反向变动关系。也就是说，增加储蓄会减少国民产出，使国家经济衰退，对于社会来讲是恶的；而减少储蓄会增加国民产出，使经济繁荣，对于社会来讲是好的。这种矛盾被称为“节俭悖论”。

【补充】节俭悖论的数学证明过程，可关注微信公众号“王海滨老师”，点击菜单栏“精品文章/精品文章合集/减少消费就可以增加储蓄？NO!”，或微信扫描二维码查看。

5. **【答案】**所谓政府购买乘数，是指收入变动与引起这种变动的政府购买变动的比率。$k_g=\frac{\Delta y}{\Delta g}$。$k_g$一般为正值，与投资乘数相等。在三部门条件下，设税收 $T=t_0+ty$，均衡收入水平为 $y=\frac{\alpha+i+g-\beta t_0+\beta t_r}{1-\beta(1-t)}$，则政府购买乘数 $k_g=\frac{\Delta y}{\Delta g}=\frac{1}{1-\beta(1-t)}$。

6. **【答案】**税收乘数是指收入变动与引起这种变动的税收额变动的比率。其中税收额变动可能是税收中定量税部分的变动，也可能是税率暂时性变动导致的总税额的暂时性变动。$k_T=\frac{\Delta y}{\Delta T}$，$k_T$一般为负值，表示收入随着税收的增加而减少。在三部门条件下，设税收 $T=t_0+ty$，均衡收入水平为 $y=\frac{\alpha+i+g-\beta t_0+\beta t_r}{1-\beta(1-t)}$，则税收乘数 $k_T=\frac{\Delta y}{\Delta T}=-\frac{\beta}{1-\beta(1-t)}$。

7. **【答案】**政府转移支付乘数是指收入变动与引起这种变动的政府转移支付变动的比率。$k_{tr}=\frac{\Delta y}{\Delta t_r}$，$k_{tr}$一般为正值，表示收入随着转移支付的增加而增加。在三部门条件下，均衡收入水平为 $y=\frac{\alpha+i+g-\beta t_0+\beta_{tr}}{1-\beta(1-t)}$，则政府转移支付乘数$k_{tr}=\frac{\Delta y}{\Delta t_r}=\frac{\beta}{1-\beta(1-t)}$。

8.【答案】平衡预算乘数是指政府购买和税收同时以相等数量增加或减少时，国民收入变动与政府收支（税收或政府购买）变动的比率。在三部门条件下，设税收 $T=t_0+ty$，平衡预算乘数 $k_b=k_g+k_T=\frac{1-\beta}{1-\beta(1-t)}$，如果 $t=0$，则 $k_b=1$，如果 $t>0$，则 $k_b<1$。而在四部门经济中，由于 $k_b=\frac{1-\beta}{1-\beta(1-t)+\gamma}$，所以无论税率 t 取什么值，都有 $k_b<1$。

二、 判断题

1～5：FFTFT　　6～10：FFFFT　　11～13：FTT

1.【答案】F。假设一个简单的两部门模型，$y=c+i=\alpha+\beta y+i\Rightarrow y=\frac{\alpha+i}{1-\beta}$，这里 β 为边际消费倾向，当 β 减小时，国民收入显然会减少。

2.【答案】F。边际消费倾向总是大于零而小于 1，因为一般来说，消费者增加收入后，既不会一点消费也不增加，也不会把增加的收入全部用于消费。平均消费倾向不一定总是大于零而小于 1，当人们收入很低时，即使是借钱也得用于消费，此时平均消费倾向大于 1。

3.【答案】T。从三部门国民收入决定模型 $y=c+i+g=\alpha+\beta(y-t+t_r)+i+g$ 可以看出，政府购买 g 直接作用于国民收入，而税收和转移支付首先影响个人的可支配收入 $y_d=y-t+t_r$，然后影响消费和投资决策，对国民收入产生间接影响。

4.【答案】F。四部门经济中的投资乘数表达式为：$k_i=\frac{1}{1-\beta(1-t)+\gamma}$。因此，边际进口倾向 γ 减小会使投资乘数增大。

5.【答案】T。设边际消费倾向为 β，税率为 t，$0<\beta<1$，$0<t<1$，政府购买增加 Δg，由于乘数效应，国民收入增加 $\Delta y=\Delta g\times\frac{1}{1-\beta(1-t)}$，所得税增加 $\Delta T=\Delta y\times t=\Delta g\times\frac{t}{1-\beta(1-t)}$，此时预算盈余变化为：$\Delta BS=\Delta T-\Delta g=\Delta g\times\frac{(\beta-1)(1-t)}{1-\beta(1-t)}<0$，预算盈余增量为负，即预算赤字增加。

6.【答案】F。封闭经济中的政府购买乘数 $k_g=\frac{1}{1-\beta(1-t)}=5/3$，$\Delta y=k_g\times\Delta g=100\times5/3=500/3$。

7.【答案】F。由于高收入家庭的边际消费倾向较小，低收入家庭的边际消费倾向较大，因此，国民收入分配越是平均，全国平均的边际消费倾向就会越大，而收入分配越是不平均，则全国平均的边际消费倾向就会越小。此外，收入不同的人的偏好不同，也会影响到市场总需求。

8.【答案】F。总需求的减少应大于投资额的减少，这是由投资的乘数效应引起的。

9.【答案】F。在四部门经济中，由于引入外贸因素，在由投资增加引起的扩大的需求中，有一部分需求会因购买进口商品而漏出，因此，开放经济中的投资乘数小于三部门经济中的投资乘数。

10. **【答案】** T。边际储蓄率越低，则边际消费倾向 β 越大。根据政府购买乘数的计算公式 $k_g=\dfrac{1}{1-\beta}$，β 越大则政府购买乘数 k_g 越大，从而政府购买对 GDP 的贡献就越大。

11. **【答案】** F。即使边际消费倾向不变，平均消费倾向也会随着 y 的增加而递减。

12. **【答案】** T。社会经济资源一般都存在闲置情况，劳动力不总处于充分就业状态，即使是充分就业时，社会也有 5%～6%的劳动力处于所谓自然失业率状态。因此，一旦市场对产品的需求增加，企业就有相当大的余地通过提高生产资源的利用率来增加生产。同样，当需求下降时，企业通过降低生产资源的利用率来减少生产。因此，把经济社会作为一个整体看，可以把整个社会的产量看作是由总需求决定的。在短期内，总需求的波动会引起 GDP 的波动。

13. **【答案】** T。消费者、企业、政府都会购买国外的产品或劳务，而只有消费者的支出与可支配收入有关，企业和政府的支出与可支配收入都没有关系，所以进口表示为收入而非可支配收入的函数更合适。

三、 选择题

1～5：ADDAC　　6～10：BDBBD　　11～15：CDBAD　　16～20：CBCAC

21～25：DDAAB　　26～27：BB

1. **【答案】** A。在凯恩斯的逻辑里，资本主义发生危机的一个重要原因是有效需求不足，从而生产过剩，爆发危机。按照凯恩斯的分析，由于边际消费倾向递减规律、流动性偏好规律、资本边际效率递减规律这三大心理规律的存在，宏观经济在完全自由的市场经济中无法实现均衡，结果就会出现经济危机。要解决经济危机，就需要政府出面对经济运行进行干预，增加全社会的有效需求，抵消三大心理规律对宏观经济的负面影响。

2. **【答案】** D。经济均衡条件为 $y=c+i+g+nx$，变形得：$y-c-t+(t-g)=i+nx$。根据题干可知国内居民储蓄 $y-c-t=244$，预算赤字 $t-g=-24$，代入均衡条件公式可解得投资 $i=238$，C 正确。把相关已知参数代入均衡条件可求得国民收入 $y=c+i+g+nx=960+238+300-18=1\,480$，B 正确。已知财政预算赤字为 $t-g=-24$，可求得政府税收 $t=-24+g=-24+300=276$。由此可求得可支配收入 $y_d=y-t=1\,480-276=1\,204$，A 也正确。

3. **【答案】** D。基础解法：位于 45°线以上的点，$E=$消费$+$计划投资$>y=$消费$+$计划投资$+$非计划存货投资，显然，非计划存货投资<0，即总存货少于计划存货，所以厂商要提高产量增加存货。

应试解法：位于 45°线以上和左侧是一样的，画图即知，45°线左侧的产量低于均衡产量，显然此时应提高产量。既然要提高产量，必然是目前的存货少了，即少于计划存货。

> **【提示】** 应试解法可以在考试时节约答题时间，一般也不会出错，但不适合处于基础学习阶段的读者。处于基础学习阶段的读者宜使用基础解法，这种解法有利于梳理知识点的内在逻辑。

4. **【答案】** A。支出 E 是计划支出量，不含非计划存货投资，收入 y 是实际收入量，含非计划存货投资。

5.【答案】C。洛伦茨曲线变得近似于直线，表明该国收入分配更加公平，因为边际消费倾向是递减的，富人的边际消费倾向较小，所以，如果平均分配财富，社会的总消费量会提高。

6.【答案】B。$c+i>y$，即支出>产出，多余的支出自然是购买往年的存货，所以今年的存货投资减少，即非计划存货投资小于0。

7.【答案】D。假设一种极端情况：社会资源全部被利用到极致——已经无法增加哪怕1单位劳动量，也无法增加生产所需的哪怕1单位资本或土地。此时政府增加一笔购买需求——10万台电脑，唯一的结果就是政府和民间争抢所生产的电脑，政府抢到了多少台，民间就只能少买多少台。GDP不会有任何增加。

再假设另一种极端情况：社会还有超大量资源闲置——大量生产电脑的设备和劳动力闲置，此时政府增购10万台电脑，企业只需把闲置劳动力和设备动用起来即可轻松满足需求，这才会导致GDP增加。

8.【答案】B。$y=c+i+g=100+0.75(y-T)+i+g$，整理得：$y=400-3T+4i+4g$，所以，当税收$T$减少1亿元时，均衡产出$y$增加3亿元。如果均衡利率上升，则会减少投资，从而产出增加会少于3亿元。

9.【答案】B。因为有进口“漏出”。

10.【答案】D。在执行平衡预算的前提下，增税必增加同等额度的政府购买，此时国民收入增加额与税收增加额相同，但由于国民收入和税收的基数不同，因此，国民收入增加比例小于税收增加比例。

11.【答案】C。如果是均衡点沿着消费曲线移动，那么就是由于收入增加而导致消费变化，但如果整条消费曲线平移，则肯定不是收入原因，而是其他原因导致消费变化。消费曲线向下移动表示消费减少（在所有收入水平上均比以前少），向上移动则表示消费增加（在所有收入水平上均比以前多）。

【链接】请对照需求曲线、供给曲线移动的原因与均衡点沿着需求曲线、供给曲线移动的原因。

12.【答案】D。如果企业普遍存在大量产成品存货，那么消费增加就只会消化企业库存，企业不会扩大生产规模去生产更多产品。只有在消费增加足以使企业认为在现有生产规模下无法满足市场需求时，企业才会增加投资，扩大企业生产规模，以满足产品的市场需求。

13.【答案】B。投资乘数$k_i=\dfrac{1}{1-\beta}$，政府购买乘数$k_g=\dfrac{1}{1-\beta}$，税收乘数$k_t=-\dfrac{\beta}{1-\beta}$，由此可知乘数的重要性取决于边际消费倾向$\beta$，即消费函数的斜率。

14.【答案】A。政府购买乘数$k_g=\dfrac{1}{1-\beta}$，政府转移支付乘数$k_{tr}=\dfrac{\beta}{1-\beta}$，税收乘数$k_t=-\dfrac{\beta}{1-\beta}$。显然政府购买乘数最大。

15.【答案】D。投资i、政府购买g、出口x减少，使得均衡国民收入y减少；税收t、进口m减少，使得均衡国民收入y增加。由于不知道各个变量变化的具体数量，故不能确定均衡收入如何变化。

16. **【答案】** C。根据三部门国民收入决定模型有 $y=c+i+g=150+0.8(y-t)+i+g$，化简得：$y=750+5i+5g-4t$，据此可知 $k_i=5$，$k_t=-4$。当投资 i 增加 50 亿元时，均衡国民收入增加 $\Delta y=\Delta i\times k_i=50\times 5=250$（亿元）；同理，当政府税收 t 增加 50 亿元时，均衡国民收入 y 减少 200 亿元。因此，当两项财政政策同时实施时，y 最终增加 50 亿元。

17. **【答案】** B。$k_g=\dfrac{1}{1-\beta(1-t)}=\dfrac{1}{1-0.8\times(1-0.25)}=2.5$，所以当政府购买增加 50 亿元时，均衡国民收入水平提高 $50\times 2.5=125$（亿元）。

18. **【答案】** C。政府转移支付乘数$k_{tr}=\dfrac{\beta}{1-\beta(1-t)+\gamma}=\dfrac{0.8}{1-0.8\times(1-0.2)+0.2}=\dfrac{10}{7}$。

19. **【答案】** A。在封闭经济中，在定量税下 $k_b=1$，所以当政府将新征税收全部用于政府购买时，国民收入增加量等于新征税收。

20. **【答案】** C。在两部门经济中，均衡发生在计划储蓄等于计划投资，也即消费加投资等于收入的时候。

21. **【答案】** D。税收对投资乘数的影响取决于税收的种类。如果征收的是定量税，对投资乘数没有影响；如果征收的是比例税，会使投资乘数变小。

22. **【答案】** D。在短期，当经济处于均衡状态时，计划产量与计划支出相等，但这个均衡产量未必就是实现充分就业的产量。如果在均衡产量水平上，愿意工作的全部劳动力都被雇用，那只是一个巧合。因此，在短期均衡时，社会可能实现了充分就业，也可能没有实现（如在经济萧条期，大量工人失业），甚至有可能实际雇佣量超过正常情况下充分就业的水平（例如社会需求紧急扩张，企业为满足需求，加班加点地生产，超额使用劳动力）。如果在均衡产量水平上，就业高于充分就业水平，则称其为存在通货膨胀缺口；反之，如果就业低于充分就业水平，则称其为存在通货紧缩缺口。

23. **【答案】** A。我国不是封闭经济，$k_b<1$，因此政府购买和税收均减少 100 亿元时，国民收入减少不足 100 亿元。

24. **【答案】** A。$APC=c/y=(\alpha+\beta y)/y=\beta+\alpha/y>\beta$，即边际消费倾向小于平均消费倾向。

25. **【答案】** B。当税收为比例税时，$k_i=k_g=\dfrac{1}{1-\beta(1-t)}$；当税收为定量税时，$k_i=k_g=\dfrac{1}{1-\beta}$。由此可知，当税收由比例税改为定量税时，投资乘数和政府购买乘数都变大了。

26. **【答案】** B。边际消费倾向$=1-$边际储蓄倾向$=1-0.20=0.80$。

27. **【答案】** B。在采取定量税的三部门经济中，$y=\dfrac{\alpha+i+g+\beta t_r-\beta t}{1-\beta}$，$k_t=-\dfrac{\beta}{1-\beta}$，$k_{tr}=\dfrac{\beta}{1-\beta}$，二者的绝对值相等，但前者为负，后者为正。

四、简答题

1.【答案】（1）实现总收入与总支出相等的机制是储蓄等于投资。在最简单的两部门经济中，假定一个经济社会只有家庭和企业两个行为主体。从要素主体获得的收入的使用角度看，收入要么用于消费，要么用于储蓄，因此总收入 $y=c+s$。从经济的总支出角度看，一个经济由家庭的消费支出和企业的投资支出构成，因此总支出 $y=c+i$。由于投资是由储蓄转化而来的，储蓄也全部转化为投资，否则就会用于消费，因此有 $i=s$，从而经济总收入等于总支出。

（2）在三部门经济中，经济行为主体包括家庭、企业和政府。从收入的使用角度看，在缴纳政府税收后，收入要么用于消费，要么用于储蓄。因此总收入 $y=c+s+t$。从总支出的角度看，家庭有消费支出，企业有投资支出，政府有政府购买支出，因此总支出 $y=c+i+g$。政府储蓄部分为 $t-g$，投资是由储蓄转化而来，政府储蓄加上私人储蓄会全部转化为投资，因此有 $t-g+s=i$。这时有总收入等于总支出。

（3）在四部门经济中，储蓄包括私人储蓄、政府储蓄和国际部门储蓄，同样的道理，也与投资相等。因此有总收入等于总支出。

2.【答案】（1）投资乘数原理：假如国家增加（或减少）一笔自发投资支出（以 Δi 表示），那么由此引起的国民收入增加量（或减少量）（以 Δy 表示）是这笔投资的若干倍，即 $\Delta y=k_i\Delta i$，其中 k_i 被称为投资乘数。其作用机制是，社会中的各经济部门是相互关联的，某一部门新增一笔投资不仅会增加本部门的收入，而且会在国民经济其他部门中引起连锁反应，从而增加这些部门的投资与收入。投资乘数是把“双刃剑”：一方面，当投资增加时，它所引起的收入增加要大于所增加的投资；另一方面，当投资减少时，它所引起的收入减少也要大于所减少的投资。在经济萧条时增加投资可以使国民经济迅速走向繁荣和高涨，在经济繁荣时减少投资也可以使国民经济避免发展过热。

（2）投资乘数的大小与居民的边际消费倾向有关。居民的边际消费倾向越大，投资乘数就越大；居民的边际消费倾向越小，投资乘数就越小。$k_i=\Delta y/\Delta i=\dfrac{1}{1-\beta}$，或 $k_i=\dfrac{1}{1-MPC}=\dfrac{1}{MPS}$，式中，$\Delta y$ 是增加的收入，Δi 是增加的投资，MPC 或 β 是边际消费倾向，MPS 是边际储蓄倾向。

（3）乘数作用的发挥要受到一些基本条件的限制：

①经济中存在没有得到充分利用的资源；

②经济中不存在“瓶颈部门”，或瓶颈约束程度较小。

投资乘数的作用还会受到一些具体现实条件的限制：

①如果投资部门和生产部门增加的收入被用来偿还债务，投资乘数的作用就要缩小；

②如果增加的收入被用来购买消费品的存货，投资乘数的作用也将缩小；

③如果增加的收入被用来购买外国商品，投资乘数的作用也会缩小。

3.【答案】考虑包括政府部门在内的三部门经济，社会的总需求等于消费需求、投资需求和政府购买之和，即总支出 $AE=c+i+g$，其中消费是可支配收入的函数，即 $c=$

$\alpha+\beta y_d$，y_d表示可支配收入。又知可支配收入 $y_d=y-t+t_r$，其中 t 表示税收，t_r表示政府转移支付，因而可获得消费函数为：$c=\alpha+\beta(y-t+t_r)$。

社会的总产出水平总是趋向均衡水平，即总产出等于总需求，$y=AE=\alpha+\beta(y-t+t_r)+i+g$，整理得：

$$y=\frac{\alpha+i+g-\beta t+\beta t_r}{1-\beta}$$

由上述公式可知：

$$\frac{\Delta y}{\Delta t}=-\frac{\beta}{1-\beta}$$

上式表明当税收增加 Δt 时，国民产出减少$\frac{\beta}{1-\beta}\Delta t$。国民产出的变化与税收变化之比被称为税收乘数，记为 k_t，说明税收的减少会引起乘数倍的国民产出的增加。其作用机制是税收减少会使可支配收入相应增加，进而使消费支出增加，这会引起有效需求的扩张，从而促使由需求决定的国民产出增加。

4. **【答案】**总支出由消费、投资、政府购买和净出口四部分组成。

税收并不直接影响总支出，它的变化会影响人们的可支配收入，从而影响到人们的消费水平，进而对总支出水平产生影响。税收的变化与总支出的变化是反方向的，当税收增加（税率上升或税收基数增加）时，人们的可支配收入减少，从而消费减少，总支出因而减少。总支出的减少量是税收增加量的税收乘数倍，反之亦然。

政府购买是总支出的组成部分，因而其变化直接影响总支出，两者的变化是同方向的；总支出的变化量也数倍于政府购买变化量，这个倍数就是政府购买乘数。

政府转移支付对总支出的影响方式类似于税收，是间接影响总支出，也是通过改变人们的可支配收入影响消费支出及总支出。但与税收不同的是，政府转移支付与总支出是同方向变化的，这两个变量之间有一定的倍数关系，但倍数小于政府购买乘数。

上述三个变量（税收、政府购买和政府转移支付）都是政府可以控制的变量，控制这些变量的政策被称为财政政策。

5. **【答案】**有效需求理论是凯恩斯理论的基石。凯恩斯认为有效需求是指社会上产品的总供给价格和总需求价格达到均衡状态时的总需求。产品的供给价格指的是导致企业愿意雇用相应数量工人生产一定数量产品时所必须获得的收益，这个收益正好等于生产这些产品所必需的生产要素的成本加上预期的利润。社会上所有产品的供给价格之和就是总供给价格。产品的需求价格是指企业预期的社会上人们用来购买其产品的价格。总需求价格是全部企业预期的社会上人们愿意用来购买全部产品的价格的总和。总供给价格和总需求价格都随就业量的增加而增加。总需求价格大于总供给价格说明在一定就业量下，产品的预期收益将大于诱致这一就业量所必需的收益，这时企业有利可图，因而企业会扩大生产，增加就业；相反，则企业会缩减生产，减少就业。只有当总供给价格和总需求价格相等时，企业将获得最大预期利润，扩大生产将使收益抵不上成本，缩小生产将无法获得最大收益，因而企业生产既不扩大，也不缩小，达到均衡状态，这时的总需求水平就是有效需求。

因此，假定某一年的总供给大于总需求，同时存在失业，表明有效需求不足，于是失业率就会上升，国民收入水平就会下降。凯恩斯认为，这时就需要政府出来用扩张总需求的财政政策（如增加政府购买或降低税收）或货币政策（如增加货币供给）对经济加以干预，以降低失业率，提高国民收入水平。

6.【答案】首先弄清楚计划存货投资和非计划存货投资的含义。这两个概念源于计划支出和实际支出。实际支出是在经济活动中已经发生的支出，属于 GDP 的内容，用 $Y=C+I$ 表示。而计划支出是指意愿的、实际想要的支出，用 $E=c+i$ 表示，这里的消费支出和投资支出就是居民和企业实际想要的水平。显然，居民可以控制自己的消费，愿意消费多少就支出多少，实际消费支出＝计划消费支出。但是投资不一样，当企业生产的产品不能及时卖出去时，这部分就变成了非计划存货投资，属于实际投资的一部分，但不是计划投资的一部分。因此，实际投资＝计划投资＋非计划存货投资。

在均衡产出水平，根据定义有实际支出＝计划支出，即 $Y=E$。根据前面的分析，意味着当产出达到均衡水平时，有实际投资＝计划投资。非计划存货投资必然为零，但计划投资不必然为零。

【补充】 令企业的计划投资为 $I_{计}$，非计划存货投资为 $I_{非}$。如图 13－3（a）所示，$GDP>C+I_{计}+G$，即企业生产的产品比政府＋消费者＋企业需要购买的产品更多，卖不掉的产品只能存到仓库里去，导致存货增加，这些存货被核算为生产者自己购买，即生产者的非计划存货投资，有 $I_{非}>0$，$I_{非}$ 为图中深灰色阴影部分面积。如图 13－3（b）所示，$GDP<C+I_{计}+G$（注意 G 包括斜线阴影部分面积），即企业生产的产品比社会需要购买的产品少，生产者不得不搬出往年的存货来应付市场需求，导致存货减少，即 $I_{非}<0$，$I_{非}$ 为图中斜线阴影部分面积。注意，实际上，在图 13－3（b）中，C、$I_{计}$、G 中都包括 $I_{非}$，但为了方便理解，图 13－3 假设 $I_{非}$ 只存在于 G 之中，即仓库里的存货搬出来后只用来满足政府购买需求，故在图 13－3（b）中，斜线阴影部分面积被包括在 G 之中。

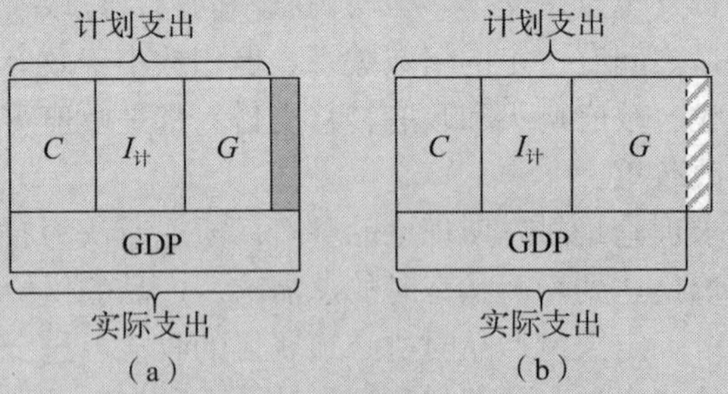

图 13－3 非计划存货投资示意图

由此可以得出结论：计划支出＝$C+I_{计}+G$，实际支出＝$C+I_{计}+G+I_{非}$。如果 $I_{非}>0$，则实际支出＞计划支出，即图 13－3（a）中的情况；如果 $I_{非}<0$，则实际支出＜计划支出，即图 13－3（b）中的情况。

7.【答案】消费倾向表示的是消费支出和收入之间的关系，又称消费函数。消费支出和收入的关系可以从两个方面加以考察：一是考察消费支出变动量和收入变动量的关系，也就是边际消费倾向，可以用 MPC 表示，$MPC=\frac{\mathrm{d}c}{\mathrm{d}y}$；二是考察一定收入水平上消费支出和该收入总量的关系，即平均消费倾向，用 APC 表示，$APC=\frac{c}{y}$。

一般情况下，$0<MPC<1$，因为，消费者习惯于把增加的收入分作两部分，一部分用于增加消费，另一部分用于储蓄，即 $\Delta y=\Delta c+\Delta s$，因此有 $0<\frac{\Delta c}{\Delta y}=1-\frac{\Delta s}{\Delta y}<1$。

而 APC 一般大于 0，但未必小于 1。一般而言，哪怕没有任何收入，人们为了生存，也必须消费，因此消费水平 $c>0$，也就有 $APC=\frac{c}{y}>0$。同时，由于在收入很低甚至是零时也必须消费，因而消费可以大于收入，这时，平均消费倾向就会大于 1。例如，在图 13-4 中，当收入低于 y_0时，消费曲线上任一点和原点的连线与横轴所形成的夹角总是大于 45°，这时就有 $APC=\frac{c}{y}>1$。

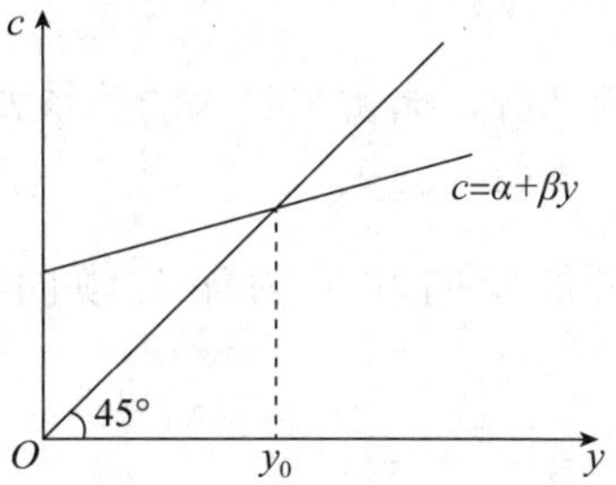

图 13-4 消费曲线

8. **【答案】** 设在初始状态下，$y_0=\frac{\alpha+i+g}{1-\beta(1-t)}=1\ 000$。

增加税率和政府购买后，均衡收入为 $y_1=\frac{\alpha+i+g+50}{1-\beta(1-t-0.05)}=\frac{\alpha+i+g+50}{1-\beta(1-t)+0.05\beta}$。

因为 $\beta<1$，即 $0.05\beta<0.05$，所以 $50>1\ 000\times0.05\beta$。由此可知 $\frac{\alpha+i+g+50}{1-\beta(1-t)+0.05\beta}>1\ 000$。也就是财政改革之后，均衡收入上升了。

$$\Delta BS=\Delta T-\Delta g>0.05\times y_0-50=0.05\times1\ 000-50=0$$

可见预算盈余增加了。

【补充】 也可以进行更具体的假设，例如设 $\alpha+i+g=400$，$\beta=0.8$，$t=0.25$，则

$$y_0=\frac{\alpha+i+g}{1-\beta(1-t)}=\frac{400}{1-0.8\times(1-0.25)}=1\ 000$$

财政改革后，新均衡收入 $y_1=\frac{\alpha+i+g+50}{1-\beta(1-t-0.05)}=\frac{450}{0.44}\approx1\ 023$。

所以 $\Delta BS=\Delta T-\Delta g>0.05\times1\ 000-50=0$，可见预算盈余增加了。

9. **【答案】** 凯恩斯的消费理论又称绝对收入理论，强调绝对收入决定当前消费。在短期中，消费取决于收入，消费与收入之间的关系即消费倾向。

(1) 消费函数。

①消费与收入的关系叫做消费函数或消费倾向，用公式表示是：$c=c(y)$。

②边际消费倾向、平均消费倾向及其递减规律。

边际消费倾向：增加的 1 单位收入中用于增加消费部分的比例。用公式表示为：$MPC=\beta=\frac{\Delta c}{\Delta y}$或$MPC=\beta=\frac{\mathrm{d}c}{\mathrm{d}y}$。

平均消费倾向：任一收入水平上消费支出在收入中的比例。用公式表示为：$APC=\frac{c}{y}$。

边际消费倾向递减规律：随着收入的不断增加，每增加 1 单位收入，消费增加的比例越来越小。

一般用线性消费函数来研究消费现象，$c=\alpha+\beta y$，其中 α 为自发消费，β 为边际消费倾向，且 $0<\beta<1$。

（2）储蓄函数。

储蓄是指收入中未被消费的部分，储蓄与收入的关系就是储蓄函数。对于线性消费函数，相应的储蓄函数为：$s=-\alpha+(1-\beta)y$。

类似地，可以定义边际储蓄倾向和平均储蓄倾向为：$MPS=\frac{\Delta s}{\Delta y}$或$MPS=\frac{\mathrm{d}s}{\mathrm{d}y}$，$APS=\frac{s}{y}$。

（3）消费函数和储蓄函数的关系。

①消费函数和储蓄函数之和等于收入。

对于线性消费函数，储蓄函数的图形推导如图 13－5 所示。

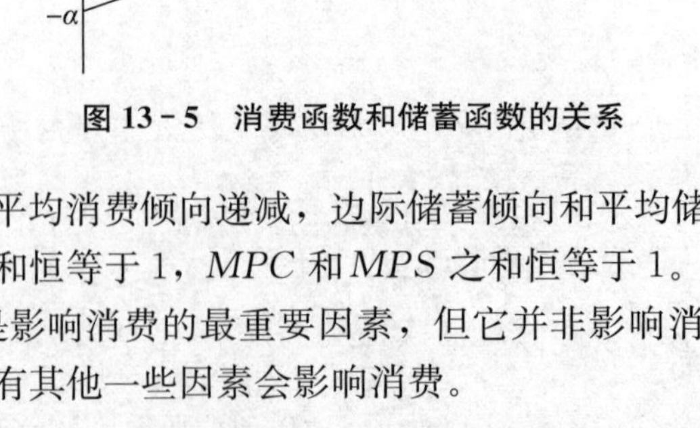

图 13－5　消费函数和储蓄函数的关系

②边际消费倾向和平均消费倾向递减，边际储蓄倾向和平均储蓄倾向递增。

③APC 和 APS 之和恒等于 1，MPC 和 MPS 之和恒等于 1。

10.**【答案】**收入是影响消费的最重要因素，但它并非影响消费的全部原因。在日常生活中，除了收入，还有其他一些因素会影响消费。

（1）利率。

传统看法认为，提高利率可以刺激储蓄，但现代西方经济学家认为，提高利率是否会刺激储蓄，要根据利率变动对储蓄的替代效应和收入效应而定。

一方面，当利率提高时，人们认为减少当前消费、增加将来消费比较有利，因此会增加储蓄。利率提高使得储蓄增加是利率变动对储蓄的替代效应。另一方面，利率提高使人们将来的利息收入增加，会使他们认为自己更加富有，以致增加当前消费，从而减少储蓄。这种储蓄的减少是利率变动对储蓄的收入效应。利率如何影响储蓄，必须视替代效应与收入效应的总和而定。

一般而言，对低收入者来说，利率提高主要会发生替代效应，利率提高会导致储蓄增加、消费减少。对高收入者来说，利率提高主要会发生收入效应，从而可能会减少储蓄、增加消费。

（2）价格水平。

价格水平的变动通过实际收入水平的变化而影响消费。当货币收入（名义收入）不变时，若价格水平上升，则实际收入下降。如果消费者想要保持原有的生活水平，则平均消费倾向就会变大。反之，若价格水平下跌，则平均消费倾向就会变小。

（3）收入分配。

我们知道，高收入家庭的边际消费倾向较小，低收入家庭的边际消费倾向较大，因此，国民收入分配越是平均，全国平均的边际消费倾向就会越大，而收入分配越是不平均，则全国平均的边际消费倾向就会越小。

11.**【答案】**投资乘数是投资引起的收入增加量与投资增加量之比，也就是投资增加 1 单位，国民收入增加的倍数，$k=\frac{\Delta y}{\Delta i}$。

（1）投资乘数的形成原因。

投资乘数存在的根本原因在于，每个消费者都会把收入的一部分用于消费，因此，产生如下的消费增量循环：投资增加→群体 1 销量增加，故而其收入增加→群体 1 消费增加→群体 2 销量增加，故而其收入增加→群体 2 消费增加……

如此循环下去，投资增加 1 单位后，整个社会的消费量会增加几倍，也就导致 GDP 大量增加，其增加额超过初始投资的增加额。

（2）公式推导（不考虑税收）。

$$\Delta y=\Delta i+\Delta c_1+\Delta c_2+\cdots+\Delta c_{n-1}+\cdots$$

因为 $y=\frac{\alpha+i}{1-\beta}$，所以 $k=\frac{\Delta y}{\Delta i}=\frac{1}{1-\beta}$。

（3）图形推导（不考虑税收）见图 13－6。

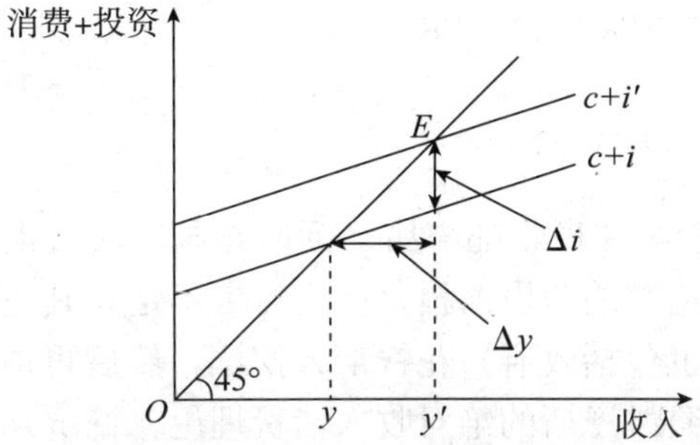

图 13－6　乘数效应

12.【答案】在三部门条件下，对于定量税的情况，有 $y=c+i+g$，$c=\alpha+\beta y_d=\alpha+\beta(y-t+t_r)$，联立解得均衡收入水平为：

$$y=\frac{\alpha+i+g-\beta t+\beta t_r}{1-\beta} \quad ①$$

由此可得各类乘数：

（1）投资乘数。

投资乘数是指收入变动与引起这种变动的投资变动的比率，由式①可得到：$k_i=\frac{dy}{di}=\frac{1}{1-\beta}$。$k_i$为正值，表示收入与投资正向变化。

（2）政府购买乘数。

政府购买乘数是指收入变动与引起这种变动的政府购买变动的比率。由式①可得到：$k_g=\frac{dy}{dg}=\frac{1}{1-\beta}$。$k_g$为正值，它与投资乘数相等。

（3）税收乘数。

税收乘数是指收入变动与引起这种变动的税收额变动的比率。由式①可得到：$k_t=\frac{dy}{dt}=-\frac{\beta}{1-\beta}$。$k_t$为负值，表示收入随着税收的增加而减少。

（4）政府转移支付乘数。

政府转移支付乘数是指收入变动与引起这种变动的政府转移支付变动的比率。由式①可得到：$k_{t_r}=\frac{dy}{dt_r}=\frac{\beta}{1-\beta}$。$k_{t_r}$为正值，表示收入与政府转移支付正向变化。

（5）平衡预算乘数。

平衡预算乘数是指税收和政府购买同时以相等数量增加或减少时国民收入变动与政府收支变动的比率。

$$dy=k_g dg+k_t dt=\frac{1}{1-\beta}dg+\frac{-\beta}{1-\beta}dt$$

因为 $dg=dt$，所以：

$$dy=\frac{1}{1-\beta}dg+\frac{-\beta}{1-\beta}dg=\frac{1-\beta}{1-\beta}dg=dg$$

$$k_b=\frac{dy}{dg}=\frac{dy}{dt}=1$$

k_b为 1，意味着政府购买和税收都增加 x 元时，国民收入也会增加 x 元。

13.【答案】“挖坑理论”的假设前提是社会需求不足，其逻辑机理是：在社会需求不足的情况下，如果有人（也包括政府）花钱请人挖坑，然后再请人填上，那么，挖坑和填坑的人就会得到收入。按照凯恩斯的绝对收入消费理论，挖坑和填坑的人得到的收入里必然有一部分（例如80%）要被消费掉，假设这个消费是买面包，那么，面包商就得到一笔收入，他们也会从多赚的收入中拿出一部分来增加消费……假设边际消费倾向 β 为 0.8，并且挖坑和填坑所支付的劳动报酬是 1 万元，那么，按照乘数理论，GDP 将增加 1/(1−0.8)=5 万元。因此，挖坑和填坑就达到了刺激经济的效果。

这一理论的假设前提是社会有效需求不足，具体到挖坑的例子中就是，假设请人来挖坑的人本来没打算花掉这笔钱。但是，如果请人挖坑的人本来打算把这笔钱用于购买面包，那么，挖坑后他就没有钱买面包了，因此，挖坑和填坑的人得到的收入原本是面包商的收入，即使不挖坑，通过买面包也一样可以达到刺激经济的效果。通过乘数理论的计算可知，挖坑和填坑与买面包对经济的刺激效果是一样的，但买面包是有效的经济活动，而挖坑和填坑是无效的经济活动，并不能增加社会福利。

从我国目前的经济实际情况看，我国基础设施并不完备，因此没有必要“挖坑”。在经济不景气时，例如在 2008 年金融危机时期，政府的做法是投资 4 万亿元资金从事基础设施建设，而不是“挖坑”。

五、证明题

1.**【答案】**先设经济是封闭经济，消费 $c=\alpha+\beta y_d$，税收 $T=t_0+ty$，在初始状态下，均衡收入为：

$$y=\frac{\alpha+i+g-\beta t_0+\beta t_r}{1-\beta(1-t)}$$

此时政府实施平衡预算措施，增加税收额 ΔT，同时增加政府购买 Δg，且 $\Delta g=\Delta T$，实施后有 $g'=g+\Delta g$，$T'=T+\Delta T=(t_0+\Delta T)+ty$，可解得新均衡收入为：

$$y'=\frac{\alpha+i+(g+\Delta g)-\beta(t_0+\Delta T)+\beta t_r}{1-\beta(1-t)}$$

$$\begin{aligned}\Delta y &=y'-y\\ &=\frac{\alpha+i+(g+\Delta g)-\beta(t_0+\Delta T)+\beta t_r}{1-\beta(1-t)}-\frac{\alpha+i+g-\beta t_0+\beta t_r}{1-\beta(1-t)}\\ &=\frac{\Delta g-\beta\Delta T}{1-\beta(1-t)}\\ &=\frac{\Delta g-\beta\Delta g}{1-\beta(1-t)}\\ &=\frac{1-\beta}{1-\beta(1-t)}\Delta g\end{aligned}$$

所以平衡预算乘数 $k_b=\frac{\Delta y}{\Delta g}=\frac{1-\beta}{1-\beta(1-t)}<1$。

再假设经济是开放经济，$nx=x-m_0-\gamma y$，同理可得均衡收入为：

$$y=\frac{\alpha+i+g-\beta t_0+\beta t_r+x-m_0}{1-\beta(1-t)+\gamma}$$

实施平衡预算措施后，新均衡收入为：

$$y'=\frac{\alpha+i+(g+\Delta g)-\beta(t_0+\Delta T)+\beta t_r+x-m_0}{1-\beta(1-t)+\gamma}$$

$$\Delta y=y'-y$$

$$=\frac{\alpha+i+(g+\Delta g)-\beta(t_0+\Delta T)+\beta t_r+x-m_0}{1-\beta(1-t)+\gamma}-\frac{\alpha+i+g-\beta t_0+\beta t_r+x-m_0}{1-\beta(1-t)+\gamma}$$

$$=\frac{1-\beta}{1-\beta(1-t)+\gamma}\Delta g$$

所以平衡预算乘数 $k_b=\frac{\Delta y}{\Delta g}=\frac{1-\beta}{1-\beta(1-t)+\gamma}<1$。

所以，无论是封闭经济还是开放经济，在比例税条件下都有平衡预算乘数 $k_b<1$。

2.【答案】方法一：

由 $i=s+(T-g)$ 可知，$s=i-(T-g)$。

方法二：

均衡收入 $y=(\alpha-\beta T_0+i+g)/[1-\beta(1-t)]$

$$\begin{aligned}s&=y_d-c\\&=y_d-\alpha-\beta y_d\\&=(1-\beta)y_d-\alpha\\&=(1-\beta)(y-T_0-ty)-\alpha\\&=(1-\beta)(1-t)y-(1-\beta)T_0-\alpha\\&=(1-\beta+\beta t)y-ty-(1-\beta)T_0-\alpha\\&=[1-\beta(1-t)]\times(\alpha-\beta T_0+i+g)/[1-\beta(1-t)]-ty-(1-\beta)T_0-\alpha\\&=i+g-(T_0+ty)\\&=i-(T-g)\end{aligned}$$

【提示】这就是“节俭悖论”，即只要投资、税收、政府购买都不变，个人减少消费并不能增加储蓄。如果是在定量税下，这一结论证明起来就更简单，读者可以自己试一下。

六、计算题

1.【答案】方法一：均衡产出法。

已知 $y_d=y-t_0-ty$，$c=\alpha+\beta y_d$，代入均衡方程式，有：$y=c+i+g=\alpha+\beta(y-t_0-ty)+i+g$，整理得：

$$y=\frac{\alpha+i+g-\beta t_0}{1-\beta(1-t)}$$

方法二：储蓄—投资均衡法。

根据消费函数可以知道，储蓄函数为：

$$s=-\alpha+(1-\beta)y_d=-\alpha+(1-\beta)(y-t_0-ty)$$

以上储蓄为私人储蓄，可表示为 $s_p=-\alpha+(1-\beta)(y-t_0-ty)$。总储蓄等于私人储蓄 s_p 加上政府储蓄 s_g，其中 $s_g=T-g=t_0+ty-g$。所以，总储蓄为：

$$s=s_p+s_g=-\alpha+(1-\beta)(y-t_0-ty)+t_0+ty-g$$
$$=-\alpha-g+\beta t_0+[1-\beta(1-t)]y$$

由储蓄—投资均衡方程式，得到：

$$i=s=-\alpha-g+\beta t_0+[1-\beta(1-t)]y$$

整理得：

$$y=\frac{\alpha+i+g-\beta t_0}{1-\beta(1-t)}$$

2. **【答案】** R 与 F 的生产和支出情况如下表所示：

生产		支出	
事情	归类	事情	归类
R 生产工具 400 元	R 的产出 R 的收入	出售给 F 400 元 购买 F 的粮食 200 元	F 的计划投资 R 的消费
F 生产粮食 1 200 元	F 的产出 F 的收入	自己消费 800 元 购买 R 的工具 400 元 自己的存货投资 200 元 出售给 R 200 元	F 的消费 F 的计划投资 F 的非计划存货投资 R 的消费

(1) R 生产了价值 400 元的工具，且都卖出去了，所以产出＝收入＝400(元)。

R 的消费是购买了 F 的粮食 200 元，所以储蓄＝收入－消费＝400－200＝200(元)。

R 并没有投资，因此实际投资＝计划投资＝0(元)。

(2) F 生产了价值 1 200 元的粮食，所以产出＝收入＝1 200(元)。

F 消费了价值 800 元的粮食，所以消费＝800(元)，储蓄＝收入－消费＝1 200－800＝400(元)。

F 购买了 R 的工具 400 元，这是计划投资，即计划投资＝400(元)。

F 有 200 元的粮食没卖出去，成为自己的存货，所以非计划存货投资＝200(元)。

(3) 由 (1) 和 (2) 可知，对整体经济而言，

总产出＝R 的产出＋F 的产出＝400＋1 200＝1 600(元)

总储蓄＝R 的储蓄＋F 的储蓄＝200＋400＝600(元)

实际总投资＝R 的实际投资＋F 的实际投资＝0＋600＝600(元)

计划总投资＝R 的计划投资＋F 的计划投资＝0＋400＝400(元)

(4) 对整体经济而言，非计划存货投资＝R 的非计划存货投资＋F 的非计划存货投资＝0＋200＝200(元)。

【总结】岛上的 GDP 如下表所示：

单位：元

名目	R	F	合计
产出	400	1 200	1 600
消费	200	800	1 000
投资	0	600	600
计划投资	0	400	400
非计划存货投资	0	200	200
储蓄	200	400	600

3.【答案】(1) 根据国民收入决定公式有：

$$y=c+i=100+0.9y+50 \Rightarrow y=\frac{100+50}{1-0.9}=1\ 500$$

消费函数为：

$$c=100+0.9y=100+0.9\times1\ 500=1\ 450$$

储蓄函数为：

$$s=y-c=1\ 500-1\ 450=50$$

(2) 当实际产出 $y=2\ 000$ 时：

计划产出 $PE=c+i=100+0.9\times2\ 000+50=1\ 950$

企业的非计划存货投资 $=2\ 000-1\ 950=50$

(3) 若投资增至 100，则根据均衡收入公式有：

$$y=\frac{100+100}{1-0.9}=2\ 000$$

$$\Delta y=2\ 000-1\ 500=500$$

(4) 当消费函数发生变化时，根据国民收入决定公式有：

$$y=c+i=100+0.6y+50 \Rightarrow y=\frac{100+50}{1-0.6}=375$$

消费函数为：

$$c=100+0.6y=100+0.6\times375=325$$

储蓄函数为：

$$s=y-c=375-325=50$$

若投资增至 100，则收入为：

$$y=\frac{100+100}{1-0.6}=500$$

$$\Delta y=500-375=125$$

（5）当消费函数为 $c=100+0.9y$ 时，乘数 $k_i=\frac{1}{1-\beta}=\frac{1}{1-0.9}=10$。

当消费函数为 $c=100+0.6y$ 时，乘数 $k_i=\frac{1}{1-\beta}=\frac{1}{1-0.6}=2.5$。

即乘数从 10 变成了 2.5。

4. **【答案】**（1）将消费函数代入收入恒等式，有：

$$\begin{aligned}y&=c+i+g=\alpha+\beta y_d+i+g=\alpha+\beta(y-T)+i+g\\&=\alpha+\beta(y-t_0-ty)+i+g=\alpha+\beta(1-t)y-\beta t_0+i+g\end{aligned}$$

化简求解得：

$$y=\frac{\alpha+i+g-\beta t_0}{1-\beta(1-t)}=\frac{100+300+160-0.9\times 0}{1-0.9\times(1-0.2)}=2\ 000(\text{亿美元})$$

投资乘数为：

$$k_i=\frac{1}{1-\beta(1-t)}=\frac{1}{1-0.9\times(1-0.2)}=\frac{25}{7}$$

政府购买乘数为：

$$k_g=\frac{1}{1-\beta(1-t)}=\frac{1}{1-0.9\times(1-0.2)}=\frac{25}{7}$$

税收乘数为：

$$k_T=-\frac{\beta}{1-\beta(1-t)}=-\frac{0.9}{1-0.9\times(1-0.2)}=-\frac{45}{14}$$

（2）解法一：用均衡公式求解。

$$y=\frac{\alpha+i+g'-\beta t_0}{1-\beta(1-t)}=\frac{100+300+300-0.9\times 0}{1-0.9\times(1-0.2)}=2\ 500(\text{亿美元})$$

解法二：用乘数原理求解。

$$\Delta g=300-160=140(\text{亿美元})$$

所以有：

$$\Delta y=k_g\times\Delta g=\frac{25}{7}\times 140=500$$

$$y'=y+\Delta y=2\ 000+500=2\ 500(\text{亿美元})$$

（3）本小题与（2）相同，也可用两种解法，此处暂用解法一。

$$y''=\frac{\alpha+i'+g-\beta t_0}{1-\beta(1-t)}=\frac{100+398+160-0.9\times 0}{1-0.9\times(1-0.2)}=2\ 350(\text{亿美元})$$

（4）$y=c+i+g=\alpha+\beta y_d+i_0+\gamma y+g=\alpha+\beta(y-T)+i_0+\gamma y+g$

$=\alpha+\beta(y-t_0-ty)+i_0+\gamma y+g=\alpha+\beta(1-t)y-\beta t_0+i_0+\gamma y+g$

解得：

$$y=\frac{\alpha+i_0+g-\beta t_0}{1-\beta(1-t)-\gamma}=\frac{100+300+160}{1-0.9\times(1-0.2)-0.2}=7\ 000\text{（亿美元）}$$

投资乘数为：

$$k_i=\frac{1}{1-\beta(1-t)-\gamma}=\frac{1}{1-0.9\times(1-0.2)-0.2}=12.5$$

政府购买乘数为：

$k_g=k_i=12.5$

税收乘数为：

$$k_T=-\frac{\beta}{1-\beta(1-t)-\gamma}=-\frac{0.9}{1-0.9\times(1-0.2)-0.2}=-\frac{45}{4}$$

（5）$y=\dfrac{\alpha+i+g-\beta t_0}{1-\beta(1-t)}=\dfrac{100+300+160}{1-0.9\times(1-0.4)}=1\ 217$（亿美元）。

【提示】 在只有定量税的前提下用 k_t 表示税收乘数一般没问题，但在含比例税的时候（即 $T=t_0+ty$），因 t 用于表示税率，所以税收乘数一般用 k_T 表示，而用 k_t 表示边际税率乘数。关于边际税率乘数，考研也考过。

5. **【答案】**（1）可支配收入 $y_d=y-t=y-50$，根据国民收入决定公式，均衡收入为：

$y=c+i+g+nx=30+0.8y_d+60+50+50-0.05y$

$=190+0.8(y-50)-0.05y$

求解得均衡收入为：

$y=600$

（2）净出口余额为：

$nx=50-0.05y=50-0.05\times600=20$

（3）$k_i=\dfrac{1}{1-\beta+\gamma}=\dfrac{1}{1-0.8+0.05}=4$。

（4）根据乘数原理，投资增加引起的均衡收入变化为：

$\Delta y=k_i\times\Delta i=4\times(70-60)=40$

所以，新的均衡收入为：

$y'=y+\Delta y=600+40=640$

新的净出口余额为：

$nx=50-0.05y'=50-0.05\times640=18$

（5）当净出口函数变为 $nx=40-0.05y$ 时，有：

$y=c+i+g+nx=30+0.8y_d+60+50+40-0.05y$

求解得新的均衡收入为：

$y=560$

新的净出口余额为：

$nx=40-0.05y=40-0.05\times560=12$

（6）由（4）、（5）可知，自发投资乘数和对外贸易乘数是相同的，均为：

$k_i=k_x=4$

变动国内自发投资 10 和变动自发净出口 10 对均衡收入的影响是相同的，投资增加 10 引起均衡收入增加 40，自发净出口减少 10 引起均衡收入减少 40。

但是，两者变动对净出口的影响不同：

假定净出口函数为：

$nx=nx_0-\gamma y$

当自发投资变化时，净出口变化：

$\Delta nx=-\gamma\Delta y$

而当自发净出口变化时，净出口变化：

$\Delta nx=\Delta nx_0-\gamma\Delta y$

显然，自发净出口变化对净出口的影响更大。

例如，若自发投资增加 10，则 $\Delta nx=-\gamma\Delta y=-0.05\times40=-2$；若自发净出口增加 10，则 $\Delta nx=\Delta nx_0-\gamma\Delta y=10-0.05\times40=8$。

6. **【答案】**（1）

$$\begin{aligned}y&=c+i+g+nx\\&=\alpha+\beta y_d+i+g+nx_0-\gamma y\\&=\alpha+\beta(y-t_0-ty)+i+g+nx_0-\gamma y\end{aligned}$$

求解得均衡收入：

$$\begin{aligned}y&=\frac{\alpha+i+g-\beta t_0+nx_0}{1-\beta(1-t)+\gamma}\\&=\frac{30+60+50-0.8\times6.25+50}{1-0.8\times(1-0.15)+0.05}\\&=500\end{aligned}$$

（2）$k_i=\frac{1}{1-\beta(1-t)+\gamma}=\frac{1}{1-0.8\times(1-0.15)+0.05}=\frac{1}{0.37}=2.7$，所以 $\Delta y=k_i\times\Delta i=(70-60)\times\frac{1}{0.37}=27$。

（3）本题中投资增加10所带来的均衡收入增加为27，而上题中投资增加10所带来的均衡收入增加为40（＝640－600）。之所以会有这种区别，是因为本题中的税收是以比例税形式收取的，因而投资乘数变小了。在上题中，投资乘数为 $k_i=\dfrac{1}{1-\beta+\gamma}=4$，而在本题中，投资乘数为 $k_i=\dfrac{1}{1-\beta(1-t)+\gamma}=2.7$，比例税使得投资乘数变小了。

7.【答案】根据三部门国民收入的决定公式 $y=c+i+g$，求解得均衡收入：

$$y_0=\frac{\alpha+i+g}{1-\beta(1-t)}=\frac{\alpha+i+g}{1-0.8\times(1-0.2)}=100(\text{万元})$$

解得：

$$\alpha+i+g=100\times[1-0.8\times(1-0.2)]=36(\text{万元})$$

代入新的均衡收入公式，得：

$$y=\frac{\alpha+i+g+\Delta g}{1-\beta(1-t')}=\frac{36-10}{1-0.8\times(1-0.1)}=92.86(\text{万元})$$

税收变化量为：

$$\Delta T=t'y-ty=0.1\times92.86-0.2\times100=-10.71(\text{万元})$$

政府预算盈余变化量为：

$$\Delta BS=\Delta T-\Delta g=-10.71-(-10)=-0.71(\text{万元})$$

8.【答案】（1）根据三部门国民收入决定公式有：

$$\begin{aligned}y&=c+i+g\\&=\alpha+\beta y_d+i+g\\&=\alpha+\beta(y-ty+t_r)+i+g\end{aligned}$$

整理求解得均衡总产出：

$$y=\frac{\alpha+i+g+\beta t_r}{1-\beta(1-t)}=\frac{100+50+200+0.8\times62.5}{1-0.8\times(1-0.25)}=1\,000$$

（2）在比例税下，有：

投资乘数 $k_i=\dfrac{1}{1-\beta(1-t)}=\dfrac{1}{1-0.8\times(1-0.25)}=2.5$

政府购买乘数 $k_g=k_i=2.5$

税收乘数 $k_T=\dfrac{-\beta}{1-\beta(1-t)}=\dfrac{-0.8}{1-0.8\times(1-0.25)}=-2$

政府转移支付乘数 $k_{tr}=\dfrac{\beta}{1-\beta(1-t)}=\dfrac{0.8}{1-0.8\times(1-0.25)}=2$

平衡预算乘数 $k_b=k_g+k_T=2.5-2=0.5$

（3）如果充分就业总产出为1 200，而现在求出的均衡总产出为1 000，则均衡总产出

IS 曲线的斜率为$-\frac{1-\beta(1-t)}{d}$，显然曲线的斜率不仅受到β和d的影响，还取决于t。

d是投资需求对于利率变动的反应程度，表示投资对于利率变化的敏感程度。d值越大，投资对于利率变化越敏感，*IS* 曲线斜率的绝对值就越小，即 *IS* 曲线越平缓。

t表示边际税率，即增加的税收在增加的收入中的比例。税率t越小，*IS* 曲线就越平缓。

（3）*IS* 曲线的移动。

根据三部门经济 *IS* 曲线的代数表达式可以知道曲线的移动主要受到以下因素影响：

①投资i和政府购买g的变动。如果i或者g增加，*IS* 曲线将向右平移，反之，则向左平移。移动的距离等于投资乘数或政府购买乘数乘以变动量。

②储蓄意愿增大意味着自发消费α减少了，*IS* 曲线向左平移，反之，则向右平移。移动的距离等于自发消费乘数乘以储蓄变化量。

③增加税收，企业的投资需求和居民的消费需求会减少，那么 *IS* 曲线向左平移；反之，则向右平移。移动的距离等于税收乘数的绝对值乘以税收变化量。

三、 利率的决定

利率是由货币的供给量和货币的需求量决定的。货币的实际供给量（用m表示）一般由国家控制，是一个外生变量。因此，对于货币市场需要分析的主要是货币的需求量。

（1）流动性偏好与货币需求函数。

货币需求又称“流动性偏好”，是指由于货币具有使用上的灵活性，人们宁肯牺牲利息收入而储存不生息的货币来保持财富的心理倾向。

货币需求的三个心理动机包括：

①交易动机，是指个人和企业需要货币是为了进行正常的交易活动。出于交易动机的货币需求量主要取决于收入，收入越高，交易数量就越大。

②谨慎动机（预防动机），是指为预防意外支出而持有一部分货币的动机，如个人或企业为应付事故、失业、疾病等意外事件而需要事先持有一定数量的货币。从全社会看，这一货币需求量大体上也和收入成正比，是收入的函数。

交易动机和谨慎动机产生的全部实际货币需求量用L_1表示：$L_1=L_1(y)=ky$。

③投机动机，是指人们为了抓住购买有价证券的有利时机而在手边持有一部分货币的动机。对货币的投机需求和利率成反比，表示为$L_2=L_2(r)=-hr$。

货币的总需求L是人们对货币的交易需求、预防需求和投机需求的总和。因此，货币的总需求函数为：

$$L=L_1+L_2=L_1(y)+L_2(r)=ky-hr$$

（2）流动性偏好陷阱。

当利率极低时，人们会认为利率不大可能继续下降，也就是有价证券的市场价格不太可能上升而只会跌落，因而会将有价证券全部换成货币。人们不管有多少货币都愿意持有在手中，这种情况被称为流动性偏好陷阱或凯恩斯陷阱。

（3）货币供求均衡和利率的决定。

货币供给 M1 是一个存量概念，它是一个国家在某一时点上所保持的不归政府和银行所有的硬币、纸币和银行活期存款的总和。M1＝硬币＋纸币＋银行活期存款。货币供给量由国家用货币政策来调节，是一个外生变量，其大小与利率高低无关，因此货币供给曲线是一条垂直于横轴的直线。

货币市场均衡：货币的供给＝货币的需求⇔$m=L$。

四、*LM* 曲线

（1）*LM* 曲线。

在货币市场达到均衡时（有 $L=m$），表示收入（或产出）水平 y 和利率 r 之间函数关系的曲线，叫 *LM* 曲线。

LM 曲线的代数表达式为：

$$r=\frac{ky}{h}-\frac{m}{h}$$

（2）*LM* 曲线的斜率。

LM 曲线的斜率为 k/h，所以 *LM* 曲线斜率的大小取决于以下两个因素：

①货币需求对收入的敏感系数 k。h 一定时，k 越大，*LM* 曲线的斜率越大，*LM* 曲线越陡峭。

②货币需求对利率的敏感系数 h。k 一定时，h 越大，*LM* 曲线的斜率越小，*LM* 曲线越平缓。

LM 曲线的三个区域：

①凯恩斯区域：利率降到很低，以致货币的投机需求无限大，从而 *LM* 曲线为水平线。

②中间区域：*LM* 曲线的斜率为正值，*LM* 曲线由左下方向右上方倾斜。

③古典区域：当利率上升到很高时，货币的投机需求将等于零，*LM* 曲线的斜率无穷大，从而 *LM* 曲线为垂直线。

（3）*LM* 曲线的移动。

由 *LM* 曲线的表达式 $r=\frac{ky}{h}-\frac{m}{h}=\frac{ky}{h}-\frac{M}{Ph}$ 可知，造成 *LM* 曲线移动的因素只能是：

①名义货币供给量 M 的变动。在价格水平不变时，M 增加，*LM* 曲线向右下方平移，反之，*LM* 曲线向左上方平移。

②价格水平 P 的变动。价格水平 P 上升，实际货币供给量 m 就变小，*LM* 曲线向左上方平移，反之，*LM* 曲线向右下方平移。

五、*IS—LM* 分析

（1）两个市场同时均衡的利率和收入。

IS 曲线和 *LM* 曲线的交点表示产品市场和货币市场同时实现均衡的利率和收入。

两个市场的失衡及调整：

①若收入和利率组合点位于 IS 曲线左下方，则 $i>s$，意味着有超额产品需求，从而导致收入上升，组合点右移；若收入和利率组合点位于 IS 曲线右上方，则 $i<s$，意味着有超额产品供给，从而导致收入下降，组合点左移。

②若收入和利率组合点位于 LM 曲线左上方，则 $L<M$，意味着有超额货币供给，从而导致利率下降，组合点下移；若收入和利率组合点位于 LM 曲线右下方，则 $L>M$，意味着有超额货币需求，从而导致利率上升，组合点上移。

（2）均衡收入和利率的变动。

在 IS 曲线与 LM 曲线的交点处同时实现了产品市场和货币市场的均衡，然而，这一均衡不一定是充分就业的均衡。如图 14－1 所示，IS 曲线与 LM 曲线的交点 E 决定的均衡收入和利率分别是 y_0 和 r_0，而充分就业的收入是 y_f，均衡收入低于充分就业收入。此时，单纯依靠市场调节无法实现充分就业均衡，因此需要政府的财政政策或货币政策的调整，具体表现为扩张的财政政策（增加政府购买或减少税收，使得 IS 曲线向右上方移动至新的均衡点 E'）或扩张的货币政策（增加货币供给，使得 LM 曲线向右下方移动至新的均衡点 E''）。

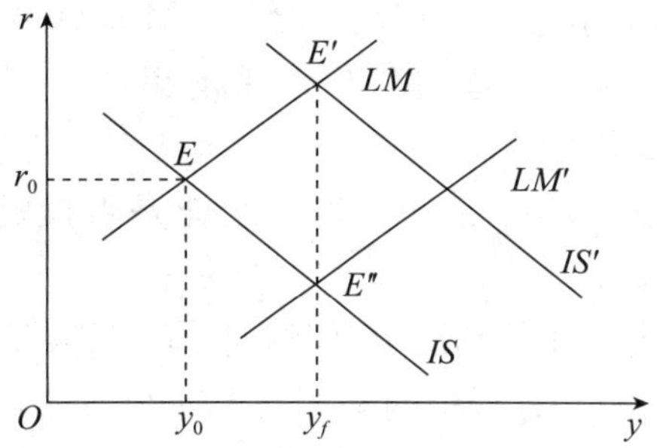

图 14－1　均衡利率和收入

【总结】在两部门经济中，产品市场和货币市场均衡时的收入和利率：

（1）投资函数：$i=i(r)=e-dr$

（2）储蓄函数：$s=s(y)=-\alpha+(1-\beta)y$

（3）产品市场均衡条件：$i(r)=s(y)$

$$\Rightarrow r=\frac{\alpha+e}{d}-\frac{1-\beta}{d}y$$

（4）货币需求：$L=L_1(y)+L_2(r)=ky-hr$

（5）货币供给：$m=M/P$

（6）货币市场均衡条件：$m=L$

$$\Rightarrow r=\frac{k}{h}y-\frac{M}{Ph}$$

习题精编

一、名词解释

1. IS 曲线

2. q 理论
3. 凯恩斯陷阱
4. 狭义的货币供给与广义的货币供给
5. 流动性偏好
6. LM 曲线

二、 判断题

1. 当企业使用自有资金扩大生产时，合意资本存量实际上不受利率高低的影响。
2. 在其他条件不变时，货币供给的增加将使 LM 曲线向右移动。
3. 货币的交易需求反映了货币的交换媒介职能。
4. LM 曲线不变，IS 曲线向右上方移动会增加收入和降低利率。
5. 当物价下降时，LM 曲线会向左上方移动。
6. 如果 LM 曲线是完全垂直的，那么财政政策在增加就业方面是无效的。
7. 在 LM 曲线的水平部分，货币需求不受利率的影响。
8. 货币需求对利率变动的敏感程度提高，会使 LM 曲线变得更陡峭。
9. 实际货币供给量的增加可以通过价格水平的提高或者名义货币供给量的增加来达到。
10. 根据托宾 q 理论，在其他因素不变时，企业是否投资取决于企业股票价格的高低，股票价格上升则减少投资。
11. 根据托宾 q 理论，当企业的利润上升时，q 值下降，这时是投资的最好时机。
12. 在 $IS—LM$ 模型中，IS 方程中的利率与 LM 方程中的利率都是指名义利率而不是实际利率。
13. 货币市场和产品市场同时达到均衡出现在各种收入水平和利率上。

☆[①]14. 从利率变动的实际效应来看，由于各种原因，目前我国居民的货币需求对利率变动的敏感度一般较高。

三、 选择题

1. 关于托宾 q 理论，下列错误的是（　　）。

A. 反映了资本现在以及未来的预期收益

B. 如果 $q>1$，企业已有资本的证券市场价值大于其重置成本

C. 托宾 q 值对短暂的衰退更为敏感

D. 其他条件一定时，企业是否投资取决于股票价格的高低

---

① “☆”表示此题涉及大部分本科教材里没有讲过的知识点。这类题目可以细分为三类：一是涉及中级宏观经济学知识点；二是实际上属于货币银行学或国际金融的知识点；三是属于较偏的知识点。有必要说明的是，本书选入的此类习题 100%来自各大高校历年考研真题，对于此类题目，读者可按自己的需要酌情选做。

2. 狭义的货币供给是指（　　）。

A. 现金与活期存款之和

B. 活期存款与定期存款之和

C. 现金与商业银行的定期存款之和

D. 商业银行定期存款与准备金之和

3. 根据货币需求理论，不影响货币需求的因素是（　　）。

A. 债券的预期收益　　B. 产品和劳务的相对价格

C. 一般物价水平　　D. 预期的通货膨胀率

4. 所谓“凯恩斯陷阱”一般产生于债券价格的（　　）。

A. 高位区　　B. 低位区　　C. 中位区　　D. 无法判断

5. 当利率很低时，购买债券的风险（　　）。

A. 很小　　B. 很大　　C. 可能大也可能小　　D. 不变

6. 凯恩斯认为在极端情形下，当利率低到一定程度时，（　　）。

A. 出于交易动机的货币需求将趋于无穷大

B. 出于预防动机的货币需求将趋于无穷小

C. 出于投机动机的货币需求将趋于无穷大

D. 出于投机动机的货币需求将趋于无穷小

7. 利率从根本上是由货币市场（　　）。

A. 供给决定　　B. 需求决定

C. 政府决定　　D. 供求两个因素决定

8. 假定货币供给量不变，货币的交易需求和预防需求的减少将导致货币的投机需求（　　）。

A. 增加　　B. 不变　　C. 减少　　D. 不确定

9. 如果货币需求对利率的弹性无穷大，那么中央银行增加货币供给会使（　　）。

A. 利率下降　　B. 产出增加

C. 投资增加　　D. 以上都不是

10. *LM* 曲线向右下方移动是因为（　　）。

A. 货币的需求减少或货币的供给减少

B. 货币的需求增加或货币的供给减少

C. 货币的需求减少或货币的供给增加

D. 货币的需求增加或货币的供给增加

11. 当货币需求对利率的敏感度降低时，*LM* 曲线将（　　）。

A. 向左上方移动　　B. 向右下方移动

C. 变平缓　　D. 变陡峭

12. 假定名义货币供给量不变，价格总水平上升将导致一条向右上方倾斜的 *LM* 曲线上的一点（　　）。

A. 沿原 *LM* 曲线向右上方移动

B. 沿原 *LM* 曲线向左下方移动

C. 向右移动到另一条 *LM* 曲线上

D. 向左移动到另一条 LM 曲线上

13. 下列（　　）假设不构成 $IS—LM$ 模型的基础。

A. 货币供给与利率负相关　　B. 所有债券有同样的利率

C. 货币需求与产量正相关　　D. 有两种金融资产：货币和债券

14. 假定货币需求函数为 $L=ky-hr$，货币供给为 M/P，价格 $P=1$。如果其他条件不变，货币供给增加 10 亿美元，则 LM 曲线（　　）。

A. 右移 10 亿美元

B. 右移 $10k$ 亿美元

C. 右移 $10/k$ 亿美元

D. 右移 $k/10$ 亿美元

15. 下列哪一种说法是正确的？（　　）

A. 如果没有货币的投机需求，则 LM 曲线是水平的

B. 如果没有货币的投机需求，则 LM 曲线是垂直的

C. 如果 LM 曲线斜率为正，增加实际货币供给对 LM 曲线没有影响

D. 如果 LM 曲线垂直，增加实际货币供给对 LM 曲线没有影响

16. 引起 LM 曲线变得平坦的原因有（　　）。

A. 货币需求对收入的敏感度提高

B. 货币需求对利率的敏感度提高

C. 投资需求对利率的敏感度提高

D. 投资需求对利率的敏感度降低

17. 水平状的 LM 曲线表示（　　）。

A. 利率对货币投机需求影响最大

B. 利率对货币投机需求影响最小

C. 货币需求对利率影响不确定

D. 以上都不对

18. 在 $IS—LM$ 模型中，公务员涨薪对国民经济的影响是导致（　　）。

A. 消费上升，投资上升　　B. 消费上升，投资下降

C. 消费下降，投资上升　　D. 消费下降，投资下降

19. 如果综合考虑产品市场和货币市场的均衡，则政府购买乘数与（　　）无直接关系。

A. 平均消费倾向　　B. 税率

C. 边际消费倾向　　D. 投资对利率的敏感度

20. 处于 IS 曲线和 LM 曲线交点下方的一个点表示（　　）。

A. 投资小于储蓄，货币需求小于货币供给

B. 投资大于储蓄，货币需求小于货币供给

C. 投资小于储蓄，货币需求大于货币供给

D. 投资大于储蓄，货币需求大于货币供给

21. 在图 14-2 的 $IS—LM$ 模型中，A 点将怎样调整？（　　）

A. r 下降，y 上升　　B. r 下降，y 下降

C. r 上升，y 上升　　　　D. r 上升，y 下降

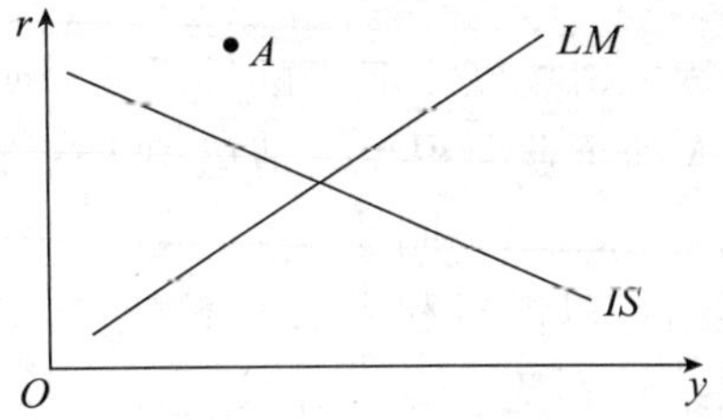

图 14-2　IS—LM 模型

22. 假定当前的均衡产出低于充分就业的产出，根据 IS—LM 模型，如果政府希望产出增加，但又不希望利率上升，应该怎么做？（　　）

A. 增加政府支出同时减少货币供给

B. 增加政府支出同时增加货币供给

C. 减少政府支出同时减少货币供给

D. 减少政府支出同时增加货币供给

23. 在减税政策下，最可能出现的长期结果是（　　）。

A. 失业率降低，但会伴随着价格和利率的提高

B. 利率上升，但价格和失业率不变

C. 消费、投资和就业都增加

D. 消费增加，投资下降，产出保持不变

四、简答题

1. 什么是投资需求的利率弹性？假定投资需求函数为 $i=e-dr$，则 d 是否为投资需求的利率弹性？

2. 影响 IS 曲线斜率的因素主要有哪些？

3. 当边际税率和边际进口倾向变大时，IS 曲线的斜率会发生什么变化？

4. 当消费函数中的自发消费支出和边际消费倾向变动时，IS 曲线会有什么变动？

5. 在一个三部门经济中，引起 IS 曲线移动的因素有哪些？

6. 流动性偏好理论的主要内容是什么？

7. 简述 LM 曲线三个区域的经济意义。

8. 请用四方图的方法推导 LM 曲线。

9. 影响 LM 曲线斜率和移动的因素有哪些？

10. 什么是 IS—LM 模型？

11. IS 曲线向右下方倾斜及 LM 曲线向右上方倾斜的假定条件是什么？

12. 如果经济中的收入和利率组合不在 IS 曲线和 LM 曲线的交点上，市场能否使产品市场和货币市场的这种非均衡走向均衡？

13. 研究 IS 曲线和 LM 曲线的斜率及其决定因素有什么意义？

14. 简述凯恩斯经济理论的基本纲要。

15. IS 曲线和 LM 曲线相交所形成的均衡收入是否就是充分就业的国民收入？为什么？

16. 投资是将产品市场与货币市场联系起来的关键变量吗？

17. 如果一国政府削减个人和企业所得税，请运用 $IS—LM$ 模型说明在以下两种情况下减税的经济效果，并解释为什么结果不同。

（1）中央银行调整货币供给量以保持利率水平不变。

（2）中央银行保持货币供给量不变。

18. 有两种特殊情况使增加货币供给导致 LM 曲线右移的货币政策对均衡产出不发生作用，使用 $IS—LM$ 模型分析这两种情况。

19. 请利用 $NI—AE$ 模型与 $IS—LM$ 模型，作图比较说明在两个不同模型下，增加政府购买 Δg 后的乘数效果大小（提示：$NI—AE$ 模型就是第 13 章所讲的收入—支出模型）。

五、 计算题

1. 假定一个企业由发行股票建立，每股年收益 $R=1.8$ 元，市场利率为 $r=10\%$，企业共发行了 10 000 万股，厂商实际资本的重置成本为 125 000 万元。

（1）求该企业的市价和 q 值，此时企业股东愿意追加投资扩大规模吗？

（2）假设该企业投资受损，股票的每股年收益下滑到 1.1 元，企业股东愿意再追加投资扩大规模吗？

（3）接第（2）问，由于央行实施扩张性货币政策，市场利率 r 从 10%降至 8%，企业股东愿意再追加投资扩大规模吗？

2. 设某国经济可以用以下等式描述：$c=90+0.9y_d$；$i=200-1\ 000r$；$L=y-1\ 000r$；$t=\frac{1}{3}y$；$g=710$；$M/P=2\ 220$。

（1）求 IS 曲线和 LM 曲线的表达式。

（2）均衡国民收入水平、均衡利率水平为多少？

（3）私人消费及投资各为多少？政府有预算赤字还是盈余？其值为多少？

3. 在某两部门经济中，假设货币需求为 $L=0.2y$，货币供给为 $m=200$，消费为 $c=100+0.8y$，投资为 $i=140-5r$。

（1）求 IS 方程和 LM 方程，并画出 IS 曲线和 LM 曲线。

（2）若货币供给从 200 增加到 220，LM 曲线如何移动？均衡收入、利率、消费和投资各为多少？

（3）为什么均衡收入增加量等于 LM 曲线移动量？

4. 西山国是一个封闭经济体，消费函数 $c=200+0.75y_d$，投资函数 $i=200-25r$，货币需求函数 $M/P=y-100r$，政府购买 g 和税收 T 均为 100，名义货币供给量 $M=1\ 000$，物价水平 $P=2$。

（1）经济均衡时利率、产出、消费、投资分别为多少？

（2）假设政府利用货币政策刺激投资，使经济均衡时的投资增加 100%，给定价格水平不变，那么应该如何设定名义货币供给量？

5. 考虑如下经济：消费函数是 $c=200+0.75(y-t)$，投资函数是 $i=200-25r$，政府购买和税收都是 100。

(1) 针对这个经济，画出 r 在 0～8 之间的 IS 曲线。

(2) 在该经济中，货币需求函数 $(M/P)^d=y-100r$，货币供给 $M=1\ 000$，物价水平 $P=2$，针对这个经济，画出 r 在 0～8 之间的 LM 曲线。

(3) 找出均衡利率 r 和均衡收入水平 y。

6. 在某经济中，$c=100+0.8(y-t)$，$i=200-1\ 000r$，$g=t=550$，货币需求 $L=y-10\ 000r$，实际货币供给量 $m=900$。

(1) 写出 IS、LM 方程。

(2) 两个市场同时达到均衡时的收入、利率、消费、投资各为多少？

(3) 若充分就业产量水平为 2 000，想通过增加政府购买达到充分就业，需增加多少支出？这时利率是多少？

7. 假定 (a) 消费函数为 $c=50+0.8y$，投资函数为 $i=100-5r$；(b) 消费函数为 $c=50+0.8y$，投资函数为 $i=100-10r$；(c) 消费函数为 $c=50+0.75y$，投资函数为 $i=100-10r$（价格水平都不变）。

(1) 求 (a)、(b) 和 (c) 的 IS 曲线。

(2) 比较 (a) 和 (b)，说明投资对利率更为敏感时，IS 曲线的斜率将发生什么变化。

(3) 比较 (b) 和 (c)，说明边际消费倾向变动时，IS 曲线的斜率将发生什么变化。

8. 假定名义货币供给量用 M 表示，价格水平 $P=1$，货币需求用 $L=ky-hr$ 表示。

(1) 求 LM 曲线的代数表达式，找出 LM 曲线斜率的表达式。

(2) 找出 $k=0.20$、$h=10$，$k=0.20$、$h=20$，$k=0.10$、$h=10$ 时，LM 曲线斜率的值。

(3) 当 k 变小时，LM 曲线的斜率如何变化？当 h 增大时，LM 曲线的斜率如何变化？

(4) 若 $k=0.2$，$h=0$，LM 曲线如何变化？

9. 已知 IS 方程为 $y=550-1\ 000r$，边际储蓄倾向 $MPS=0.2$，利率 $r=0.05$。

(1) 如果政府购买增加 5 单位，新旧均衡收入分别为多少？

(2) IS 曲线如何移动？

10. 假定某经济中有：$c=100+0.75y_d$，$i=125-600r$，$g=50$，$t=20+0.2y$，$t_r=0$。

(1) 推导 IS 方程。

(2) 求 IS 曲线的斜率。

(3) 当 $r=15\%$时，y 是多少？如果充分就业收入 $y_f=465$，应增加多少政府购买才能实现充分就业？

(4) 当政府购买增加 $\Delta g=10$ 时，收入增加多少？

11. 经济的充分就业产出水平为 700，在 $P=2$ 时，总需求等于总供给。IS 方程为 $y=1\ 000-30r$，这时 $c=30+0.8y_d$，$i=150-6r$，$t=100$，$g=100$。LM 方程为 $y=500+$

$20r$，这时 $M=200$，$P=2$，货币需求为 $0.2y-4r$。

（1）当政府购买增加15，总需求扩大，价格水平上升到 $P=2.22$ 时，IS、LM 方程如何变化？

（2）求解在 $P=2$、$g=100$ 和 $P=2.22$、$g=115$ 水平下的 r、c 和 i。

（3）政府购买的增加对产出构成有何影响？

12. 如果货币需求 $L=ky-hr+\beta\sigma_y^2$，k，h，$\beta>0$，其中 σ_y^2 代表收入方差。

（1）求 LM 方程。

（2）简要说明影响 LM 曲线斜率和引起 LM 曲线移动的因素。

（3）收入不确定性影响 LM 曲线的原理是什么？

（4）结合 IS—LM 图示说明收入不确定性增加对均衡产出和利率的影响，以及该影响效应与 β 之间的关系。

13. 假设在一个三部门经济中，消费 $c=100+0.8y_d$，投资 $i=150-6r$，政府购买 $g=260$，政府税收 $t=200$。货币供给 $M=150$，货币需求 $L=0.2y-4r$，物价水平 $P=1$。

（1）均衡利率与均衡国民收入是多少？

（2）如果政府购买增加60单位，新的均衡国民收入与均衡利率是多少？挤出效应是多少？

（3）通过变动货币供给来使利率恢复到第（1）问的利率水平，需要变动多少货币量？

★[①]14. 假设一个封闭经济体，请用 IS—LM 曲线分析下面两种不同假设：（A）消费同时受收入和利率影响，高收入能刺激高消费，但高利率却会抑制消费，也就是 $c=c(y, r)$，$c_y>0$，$c_r<0$（提示：$c_y=\partial c/\partial y$，$c_r=\partial c/\partial r$）；（B）消费只受收入的影响，也就是 $c=c(y)$，$c_y>0$。实际货币供给量为 m，忽略价格和税收的影响。IS—LM 曲线方程如下：

$$IS:\ y=c+i(r)+g$$

$$LM:\ m=k(y)+L(r)$$

（1）求 IS 曲线在这两种假设下的斜率，IS 曲线在哪种情况下更陡？

（2）在哪种假设下，增加货币供给对均衡产出的边际影响更大，也就是 $\frac{\mathrm{d}y}{\mathrm{d}m}$ 更大？

（3）请参考（1）的答案画出 IS—LM 曲线，并用图说明增加货币供给后，在哪种情况下收入增量更大。

六、论述题

1. 凯恩斯主义认为，经济萧条的根源是消费需求和投资需求所构成的总需求不足以实现充分就业，其理论框架包含若干要点，请列举出来。

2. 结合图形分析产品市场与货币市场的相互影响过程。

---

① “★”表示此题难度较大，其难度大约相当于国内财经名校研究生入学考试中的难题，对于此类题目，读者可按自己的需要酌情选做。

习题答案

一、 名词解释

1.【答案】IS 曲线是描述满足产品市场均衡条件的利率与收入关系的曲线。IS 曲线上的任何一点都代表一定的利率和收入的组合，在这样的组合下，投资和储蓄都是相等的，即 $I=S$，从而产品市场是均衡的，因此这条曲线被称为 IS 曲线，如图 14－3 所示。

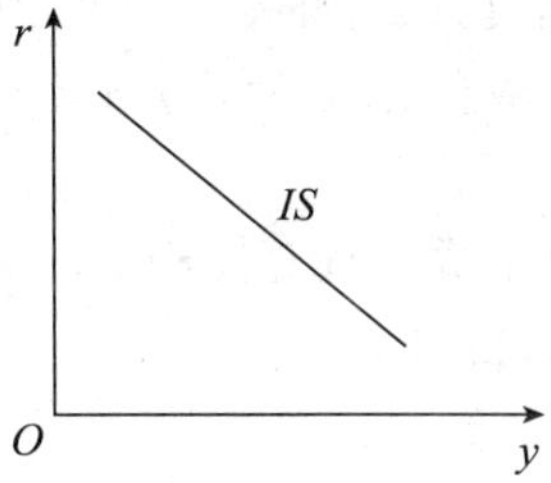

图 14－3　*IS* 曲线

在一个三部门经济中，如果消费 $c=\alpha+\beta y_d$，税收 $T=ty$，投资 $i=e-dr$，$t_r=0$，则有 IS 曲线函数为 $r=\dfrac{\alpha+e+g}{d}-\dfrac{1-\beta(1-t)}{d}y$，可知，$IS$ 曲线斜率为负，即向右下方倾斜。IS 曲线斜率的大小，即利率变动对国民收入的影响程度，取决于以下三个因素：利率对投资需求的影响系数 d、边际消费倾向 β、税率 t。

2.【答案】诺贝尔经济学奖获得者、经济学家詹姆斯·托宾提出，企业根据以下比率做出投资决策，这一比率现在被称为托宾 q 值：

$$q=\frac{\text{企业的股票市场价值}}{\text{企业的重置成本}}$$

托宾的推理是，净投资应该取决于 $q>1$ 还是 $q<1$。如果 $q>1$，那么企业的股票市场价值大于其重置成本，在这种情况下，经理人可以通过购买更多的资本来提高其企业的股票市场价值；相反，如果 $q<1$，股票市场对企业的估价就小于其重置成本，在这种情况下，当资本损耗时，经理人不会更换资本。

托宾 q 理论既考虑资本的现期获利性，也考虑资本的未来预期获利性。无论是资本的现期获利性增加还是资本的未来预期获利性增加，都会反映在现在的股票市场价值上，股票市场价值的上升使得经理人认为投资的边际产量会大于边际成本，于是企业更愿意投资。

【补充】国内部分教材对托宾 q 理论的解释与国外主流教材不太一样，考试时需要按照参考书选择答案。关于这两种解读更多的分析对比，可关注微信公众号“王海滨老师”，点击菜单栏“精品文章/精品文章合集/托宾本人对于‘q’的解释与中国教材不一样”，或微信扫描二维码查看。

3.【答案】凯恩斯陷阱又称流动性陷阱或灵活陷阱，是凯恩斯的流动性偏好理论中的一个概念，具体是指当利率水平极低时，人们对货币的需求趋于无限大，货币当局即使增加货币供给也不能降低利率，从而不能增加投资引诱的一种经济状态。

当利率极低时，有价证券的价格会达到很高，人们为了避免因有价证券价格跌落而遭受损失，几乎每个人都宁愿持有现金而不愿持有有价证券，这意味着货币需求会变得完全有弹性，人们对货币的需求量趋于无限大，表现为流动性偏好曲线或货币需求曲线的右端会变成水平线。在此情况下，货币供给的增加不会使利率下降，从而也就不会增加投资引诱和有效需求，当经济出现上述状态时，就称之为凯恩斯陷阱。

4.【答案】狭义的货币供给是指硬币、纸币和银行活期存款的总和，一般用 M1 表示；在狭义的货币供给的基础上加上定期存款，则得到广义的货币供给，一般用 M2 表示；在 M2 上再加上个人和企业所持有的政府债券等流动资产或货币近似物，便是意义更为广泛的货币供给 M3。

5.【答案】流动性偏好是指由于货币具有使用上的灵活性，人们宁肯牺牲利息收入而储存不生息的货币来保持财富的心理倾向。

货币需求的三个心理动机包括：

（1）交易动机，是指个人和企业需要货币是为了进行正常的交易活动。出于交易动机的货币需求量主要取决于收入，收入越高，交易数量就越大。

（2）谨慎动机（预防动机），是指为预防意外支出而持有一部分货币的动机，如个人或企业为应付事故、失业、疾病等意外事件而需要事先持有一定数量的货币。从全社会看，这一货币需求量大体上也和收入成正比，是收入的函数。

交易动机和谨慎动机产生的全部实际货币需求量用 L_1 表示：$L_1=L_1(y)=ky$。

（3）投机动机，是指人们为了抓住购买有价证券的有利时机而在手边持有一部分货币的动机。对货币的投机需求与利率成反比，表示为 $L_2=L_2(r)=-hr$。

货币的总需求 L 是人们对货币的交易需求、预防需求和投机需求的总和。

6.【答案】LM 曲线是货币市场均衡时收入与利率组合的轨迹。在货币市场上，货币需求主要取决于两个因素，货币的交易需求（L_1）与收入正相关，货币的投机需求（L_2）一般与利率负相关。当货币需求超过供给时利率会上升，反之会下降，当货币需求与供给相等时，经济实现了货币市场的均衡，这一均衡点的轨迹就是 LM 曲线，如图 14－4 所示。

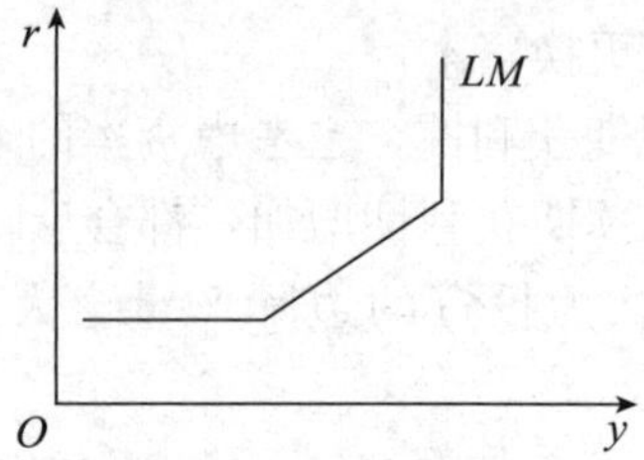

图 14－4 *LM* 曲线

一般情况下，LM 曲线可以分为三个区域。当利率极低时，货币的投机需求无穷大，人们会把所有货币都持在手中，经济处于凯恩斯陷阱，此时 LM 曲线水平，这一区域被称为凯恩斯区域；当利率极高时，货币的投机需求为零，人们只会持有交易性需求对应的货币，不会为投机而持有货币，LM 曲线垂直，这一区域被称为古典区域；凯恩斯区域与古典区域之间的区域被称为中间区域。

二、判断题

1～5：FTTFF　　6～10：TFFFF　　11～14：FFFF

1. **【答案】**F。无论是自有资金还是外借资金，其资本的租金成本都是一样的，因此自有资金也一样受利率高低的影响。自有资金如果不用于自己企业的扩大生产，而是用于对外放贷，也可以获得按实际利率计算的收益，因此，自有资金的租金成本与外借资金是相同的。

2. **【答案】**T。在其他条件不变时，货币供给的增加将使 r 下降，从而使投资需求增加，进而使收入增加，于是 LM 曲线向右移动。

3. **【答案】**T。交易需求是指个人和企业需要货币是为了进行正常的交易活动，故反映了货币的交换媒介职能。按照凯恩斯货币需求理论，货币需求有三种类型：交易需求、预防需求、投机需求。

4. **【答案】**F。LM 曲线是向右上方倾斜的，IS 曲线向右上方移动会增加收入和提高利率。

5. **【答案】**F。在名义货币供给量保持不变的条件下，物价的下降将导致实际货币供给量增加，从而 LM 曲线向右下方平移。

6. **【答案】**T。通常要增加就业就应该采取扩张性财政政策，使得 IS 曲线右移，从而使产出扩张，但是当 LM 曲线垂直时，意味着 IS 曲线右移只会使得其与 LM 曲线的交点向上变动，即均衡利率提高，而不会使得均衡收入有所变化，所以财政政策无效。

7. **【答案】**F。货币需求中的交易需求、预防需求不取决于利率，但投机需求此时对利率极为敏感。

8. **【答案】**F。货币需求对利率的敏感系数 h 越大，LM 曲线的斜率 k/h 越小，LM 曲线越平缓。

9. **【答案】**F。实际货币供给量 $m=M/P$，这里 M 是名义货币供给量，M 增加时 m 是增加的。但是，当价格水平 P 提高时，实际货币供给量 m 减少。

10. **【答案】**F。股票价格上升，则 q 值上升，所以要增加投资。

11. **【答案】**F。企业利润增加时 q 值上升（不是下降），投资需求会增加，但未必是最好时机，要看 q 值是否大于 1。

12. **【答案】**F。IS—LM 模型是短期模型，这个模型里的价格是固定不变的外生变量，不存在名义利率与实际利率之分。或者说，IS—LM 模型里的利率是剔除通货膨胀率（即假设价格不变）的实际利率。

13. **【答案】**F。在产品市场和货币市场上，分别有一系列利率和收入的组合使得这两个市场达到均衡，但使两个市场同时达到均衡的利率与收入组合却只有一组，这一组合由 IS 曲线和 LM 曲线的交点确定。

14. **【答案】**F。我国的资本市场不是很发达，因而人们的投机需求并不旺盛，即货币需求对利率变动的敏感度不高。

三、选择题

1～5：CABAB　　6～10：CDADC　　11～15：DDACB　　16～20：BABAD
21～23：BBD

1.【答案】C。当企业预期衰退是短暂的时，仍然会继续投资，因为企业认为现在投资对未来是有利的，所以暂时的衰退对托宾 q 值的影响不大。

2.【答案】A。狭义的货币供给也就是货币层次中的 M1，相当于现金＋活期存款。

【补充】关于货币供给层次的划分，国际上各个国家都略有差异，大体总结下来为以下几个层次：

M0：流通中的现金。

M1：M0＋活期存款。

M2：M1＋定期存款。

M3：M2＋个人或企业持有的流动资产或“货币近似物”。

3.【答案】B。债券的预期收益高（此时债券价格低，利率高），则人们会持有债券而非货币，货币的投机需求会减少；一般物价水平上升，必然导致交易性货币需求量增加；预期的通货膨胀率会导致实际的通货膨胀，也就是一般物价水平上升。产品和劳务的相对价格的改变不会必然导致整体价格水平变化，例如若产品价格上升但劳务价格下降，则整体价格水平可能上升、下降或不变。

4.【答案】A。凯恩斯陷阱是指利率足够低，债券价格足够高，所有人都预期债券价格后面只会下降，于是，所有人都持有现金，而不愿持有债券。

5.【答案】B。当利率 r 很低时，债券价格很高。人们预期债券价格不大可能再升高，购买债券的风险很大，此时无论货币供给增加多少，人们都会持有货币，而不会购买债券。

6.【答案】C。在极端情形下，当利率低到一定程度时，人们认为债券价格很高，已经不可能再上升，持有债券的风险很大，从而人们都希望持有货币而不愿持有债券。在这种情况下，出于投机动机的货币需求将趋于无穷大，此时，即便继续增加货币供给，人们也不会去购买债券，从而利率不再下降。

7.【答案】D。利率被视为货币的价格或借入货币的价格。凯恩斯则把利率看作是“使用货币的代价”，货币供给由中央银行控制（货币供给为外生变量），而货币需求取决于人们心理上的“流动性偏好”，货币供给和货币需求共同决定利率水平。

8.【答案】A。当货币供给量不变时，L_1减少使得 L 减少，进而使得货币供求失衡，供大于求，利率 r 下降，这又使得 L_2增加，直到货币市场进入新的均衡。反过来也是一样，如果 L_1因故增加，也会通过利率传导导致 L_2减少。

9.【答案】D。当货币需求对利率的弹性无穷大时，利率已经极低，债券的价格也就已经极高了，人们认为债券价格不可能再涨，接下来只会跌，因此人们用来投机的货币全部留在手上，绝不拿去购买债券。中央银行增加的货币供给全部被持在手上，中央银行增加货币供给不会使利率下降，因而投资和产出都不会增加。

10.【答案】C。LM 曲线向右下方移动意味着在收入既定的情况下，均衡利率水平下降，造成利率下降的原因自然是货币的供给增加了或者是货币的需求减少了。

【提示】 货币供给增加导致 LM 曲线向右下方移动不难理解，但货币需求减少导致 LM 曲线向右下方移动可能在理解上有些费事，需要解释一下。

货币需求函数 $L=ky-hr$ 是一个不精确的表达式，按这个表达式，$L_2=-hr$，这意味着当 r 为正值时，L_2为负值，显然不符合现实。其实应该是这样的：$L=ky+A-hr$，其中 $L_2=A-hr$（经济学模型为了简化，一般把 A 略去，因为作为整体来看，ky 可以部分替代 A 的功能，让 r 为正值时 L_2为负值的情况不出现）。这样的话，LM 曲线方程可以写为 $r=\frac{A}{h}-\frac{M}{hP}+\frac{k}{h}y$，货币需求减少可以表现为 A 减少，这样曲线就向右下方移动了。

11. **【答案】** D。LM 曲线的表达式为 $r=\frac{k}{h}y-\frac{M}{hP}$。$h$ 表示货币需求对利率的敏感度。当 h 降低时，LM 曲线的斜率会变大，从而变得陡峭。

12. **【答案】** D。利率升降只会导致 LM 曲线上的点沿着曲线移动；价格升降则会导致 LM 曲线本身移动。价格上升，则实际货币供给减少，LM 曲线左移。

【提示】 这一点跟供求曲线的变动有点类似。以供给曲线为例，价格升降只会导致供给曲线上的点沿着曲线移动；其他影响供给的因素的变动则会导致供给曲线本身移动。

13. **【答案】** A。LM 曲线假设货币供给是外生变量，即是由中央银行决定的，和利率没有因果关系。

14. **【答案】** C。由 $L=M/P$ 得 LM 曲线方程为 $y=\frac{M}{kP}+\frac{h}{k}r$，货币供给增加 10 亿美元即 $\Delta M=10$（亿美元），可解得 $\Delta y=\frac{\Delta M}{kP}=\frac{10}{kP}=\frac{10}{k}$（亿美元），即 LM 曲线右移 $10/k$ 亿美元。

15. **【答案】** B。如果没有投机需求，则货币只有交易需求，$m=L=ky$，货币供给不变，则交易需求不变，收入不变，即 LM 曲线为垂直线。

16. **【答案】** B。方法一：LM 曲线方程为 $r=-\frac{M}{hP}+\frac{k}{h}y$，可知导致 LM 曲线变平坦的原因有两个：一是 k 变小；二是 h 变大。

方法二：收入上升 1 单位后，引起 L_1增加对应的 1 单位，进而挤压了等量的给 L_2的货币供给量，利率因货币供不应求而上升。h 提高，即货币的投机需求（L_2）对利率更敏感，此时利率只需小幅上升即可引起 L_2下降足够的数量。也就是收入上升后，对应的利率上升幅度更小，LM 曲线变得更平坦。k 提高，即货币的交易需求（L_1）对收入更敏感，收入上升 1 单位后，L_1的增加幅度超过对应的 1 单位，进而挤压了更多的给 L_2的货币供给量，利率必须上升更大的幅度才能实现货币市场均衡。也就是收入上升后，对应的利率上升幅度更大，LM 曲线变得更陡峭。

17. **【答案】** A。LM 曲线方程为 $r=-\frac{M}{hP}+\frac{k}{h}y$，一般情况下，$k$ 是比较稳定的，h

则变动较大。当 LM 曲线为水平状时，有 $h\to\infty$，即货币投资需求对利率极其敏感，也就是利率对货币投机需求影响最大。

18.【答案】B。政府增加公务员的工资，公务员个人收入增加，消费会随之上升。另外，增加公务员的工资属于增加政府购买，会产生挤出效应，导致利率上升，私人投资下降。

19.【答案】A。设消费 $c=\alpha+\beta y_d$，税收 $T=t_0+ty$，投资 $i=e-dr$，则 IS 曲线可表示为 $r=\frac{\alpha-\beta t_0+\beta t_r+e+g}{d}-\frac{1-\beta(1-t)}{d}y$，$LM$ 曲线可表示为 $r=-\frac{1}{h}\cdot\frac{M}{P}+\frac{k}{h}y$，联立解得均衡收入 $y=\dfrac{\alpha-\beta t_0+\beta t_r+e+g+\frac{d}{h}\cdot\frac{M}{P}}{1-\beta(1-t)+\frac{dk}{h}}$，政府购买乘数 $k_g=\frac{\mathrm{d}y}{\mathrm{d}g}=\dfrac{1}{1-\beta(1-t)+\frac{dk}{h}}$，显然与 B、C、D 都有直接关系，平均消费倾向虽然因为与边际消费倾向也有关联，所以与乘数有间接关系，但它们之间没有直接关系。

20.【答案】D。IS 曲线左下方的点表示储蓄小于投资；LM 曲线右下方的点表示货币需求大于货币供给。

【提示】对于在 IS—LM 模型中，当经济处于非均衡点时，投资与储蓄的大小关系，或者货币需求与货币供给的大小关系，编者在微信公众号里提供了 3 个视角的详细讲解，可关注微信公众号“王海滨老师”，点击菜单栏“精品文章/精品文章合集/IS—LM 非均衡状态的‘6’字秒杀法”，或微信扫描二维码查看。

21.【答案】B。A 点有超额产品供给，所以 y 会下降，同时又有超额货币供给，所以 r 会下降。

【提示】在 IS—LM 模型中，当经济处于非均衡点时，经济的调整轨迹是逆时针旋转，且越来越接近均衡点，类似于“6”字。更多的讲解可关注微信公众号“王海滨老师”，点击菜单栏“精品文章/精品文章合集/IS—LM 非均衡状态的‘6’字秒杀法”，或微信扫描二维码查看。

22.【答案】B。如图 14-5 所示，当前均衡产出 $y_1<$ 充分就业的产出 y_f，此时增加政府支出导致 IS 曲线由 IS_1 右移到 IS_2，同时增加货币供给使得 LM_1 右移到 LM_2，新的均衡产出刚好等于 y_f 但利率没有变化。

【补充】一般情况下，政府支出就是指政府购买。转移支付虽然也是政府的支出，但一般把它归类到“负税收”里，于是净税收等于税收减去转移支付。

23.【答案】D。如图 14-6 所示，假设在初始状态下，经济刚好达到充分就业，$y_1=y_f$，y_f 表示充分就业的国民收入。在短期内，减税使 IS_1 曲线右移到 IS_2，利率 r_1 上升到 r_2，收入 y_1 上升到 y_2。在长期内，由于 $y_2>y_f$，这种“人为拔高”的国民收入会使物价 P 上升，从而使实际货币余额 M/P 减少，这又使 LM_1 曲线左移到 LM_2，最后收入 y_2 又下降到 y_1，但利率 r_2 继续上升到 r_3。在这个新的均衡下，消费因为税收减少而增加，投

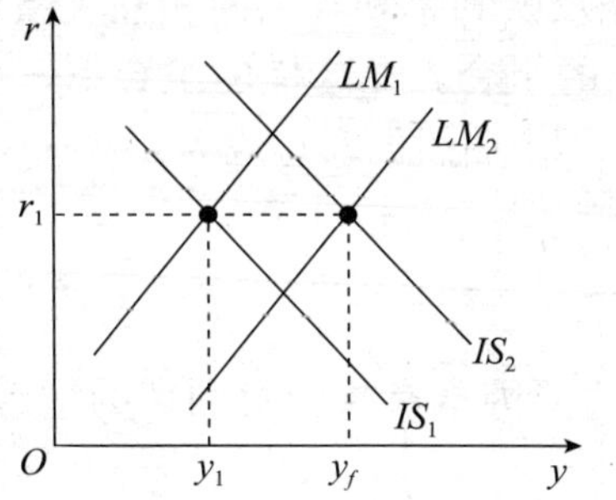

图 14－5　增加政府支出同时增加货币供给

资因为利率上升而下降，产出保持不变。

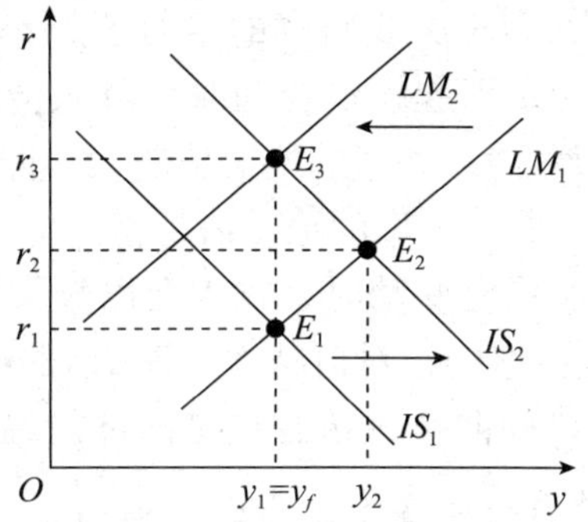

图 14－6　减税的短期和长期效果

四、 简答题

1.【答案】投资需求的利率弹性是指投资需求量对利率变动的反应程度，用投资需求变动的百分比与利率变动的百分比的比率来表示，可用公式表示为：

$$e_i = \text{投资需求变动的百分比}/\text{利率变动的百分比} = \frac{\mathrm{d}i}{\mathrm{d}r} \cdot \frac{r}{i}$$

假定投资需求函数为 $i=e-dr$，则投资需求的利率弹性可表示为：

$$e_i = \frac{\mathrm{d}i}{\mathrm{d}r} \cdot \frac{r}{i} = -d \cdot \frac{r}{i}$$

显然，d 和投资需求的利率弹性 e_i 不是一回事，它指的是投资对利率变动的敏感程度。

例如，如果投资需求函数为 $i=6\ 000-900r$，那么 $d=900$ 是一个固定数值，而对应于不同的利率却有不同的 e_i。当 $r=5$ 时（通常，$r=5$ 表示利率为 5%），投资需求的利率弹性 $e_i=-900\times5/1\ 500=-3$。它表示在这一利率水平上（利率为 5%），投资增加或减少的百分比为利率下降或提高的百分比的 3 倍。

而当 $r=6$ 时，其弹性值变为：$e_i=-900\times6/600=-9$。它表示在利率为 6%时，投资增加或减少的百分比为利率下降或提高的百分比的 9 倍。

2. 【答案】IS 曲线是一条反映利率和收入间相互关系的曲线，这条曲线上的任何一点都代表着一定的利率和收入的组合。在这样的组合下，投资和储蓄都是相等的，即有 $i=s$，从而产品市场是均衡的。IS 曲线的表达式为：

$$r=\frac{\alpha+e+g}{d}-\frac{1-\beta(1-t)}{d}y$$

(1) 影响 IS 曲线斜率的主要因素有投资对利率的敏感系数 d、边际消费倾向 β、税率 t。

①投资对于利率的敏感系数 d。d 值越大，即投资对利率变化越敏感，IS 曲线斜率的绝对值就越小，即 IS 曲线越平缓。因为投资对利率敏感时，利率较小的变动就会引起投资较大的变化，进而引起收入较大的变化。反之，d 值越小则 IS 曲线越陡峭。

②边际消费倾向 β。β 越大，IS 曲线斜率的绝对值越小，即 IS 曲线越平缓。β 越大意味着支出乘数越大，当利率变动引起投资变动时，收入会以较大幅度变动，所以 IS 曲线越平缓。反之，β 越小，则 IS 曲线斜率的绝对值越大，即 IS 曲线越陡峭。

③税率 t。税率 t 越小，IS 曲线斜率的绝对值越小，即 IS 曲线越平缓。t 越小意味着支出乘数越大，当利率变动引起投资变动时，收入会以较大幅度变动，所以 IS 曲线越平缓。反之，t 越大，则 IS 曲线斜率的绝对值越大，即 IS 曲线越陡峭。

3. 【答案】既然有边际进口倾向，意味着这是四部门经济。在四部门经济中，IS 曲线的斜率为 $-\frac{1-\beta(1-t)+\gamma}{d}$。从这个式子中可知，当边际税率 t 和边际进口倾向 γ 变大而其他情况不变时，IS 曲线斜率的绝对值会变大，即 IS 曲线会变得更为陡峭，其根本原因是，税收、进口和储蓄一样，是一种漏出，因此，提高边际税率和边际进口倾向与提高边际储蓄倾向一样，会使得以同等的收入产生一个相对更大的储蓄量，从而抑制了当前产出的增幅。所不同的只是，提高边际税率是提高政府的边际储蓄倾向，提高边际进口倾向是提高国外部门的边际储蓄倾向。

4. 【答案】两部门经济的 IS 曲线的代数表达式为 $r=\frac{\alpha+e}{d}-\frac{1-\beta}{d}y$。显然，消费函数中的自发消费支出 α 增加会使 IS 曲线向右上方平行移动，α 减少会使 IS 曲线向左下方平行移动。这是因为自发消费支出的变化与政府购买或自发投资支出的变化性质相同，它们的增加都会通过乘数效应引起均衡产出更大幅度的增加，即同样的利率会对应更高的产出，也就是 IS 曲线向右上方平行移动了。边际消费倾向 β 增大会使 IS 曲线斜率的绝对值变小，从而使 IS 曲线变得更平缓；β 变小会使 IS 曲线斜率的绝对值变大，从而使 IS 曲线变得更陡峭。这是因为边际消费倾向的变化影响的是乘数本身，如果边际消费倾向增大，则乘数变大了，利率下降 1 单位导致投资增加对应的 1 单位后，更大的乘数会引起更大幅度的收入增加，因此 IS 曲线变得更平缓。反之，边际消费倾向变小，则乘数变小，IS 曲线变得更陡峭。

5. 【答案】在一个三部门经济中，t 表示政府税收，t_r 表示转移支付，g 表示政府购买，则均衡的国民收入等于：

$$y=c+i+g=\alpha+\beta(y-t+t_r)+e-dr+g$$

求解得：$y=\frac{\alpha+e+g-\beta t+\beta t_r}{1-\beta}-\frac{d}{1-\beta}r$。

根据这个三部门经济的 IS 曲线代数表达式可以知道，引起 IS 曲线移动的因素主要包括自发性投资的变动、自发性消费的变动、政府购买的变动、政府转移支付的变动以及税收的变动。

（1）自发性投资 e 增加，会通过乘数效应引起均衡收入更大幅度的增加，IS 曲线将向右平移；反之，自发性投资 e 减少，则 IS 曲线向左平移。移动距离等于投资乘数乘以投资变化量。

（2）自发性消费 α 增加，与自发性投资增加原理相同，IS 曲线向右平移；反之，自发性消费 α 减少，则 IS 曲线向左平移。移动距离等于自发性消费乘数乘以自发性消费变化量。

（3）增加政府购买，与自发性投资增加原理相同，IS 曲线向右平移；反之，则向左平移。移动距离等于政府购买乘数乘以政府购买变化量。

（4）增加税收意味着居民的可支配收入减少，从而消费需求会减少，然后也会通过乘数效应引起均衡收入减少，IS 曲线向左平移；反之，则向右平移。移动距离等于税收乘数的绝对值乘以税收变化量。

（5）转移支付增加与税收减少的原理相同，会引起居民可支配收入增加，再通过乘数效应引起均衡收入增加，IS 曲线向右平移；反之，则向左平移。移动距离等于转移支付乘数乘以转移支付变化量。

6.**【答案】**流动性偏好是指由于货币具有使用上的灵活性，人们宁肯牺牲利息收入而储存不生息的货币来保持财富的心理倾向。这种流动性偏好存在的原因在于人们的交易动机、谨慎动机（预防动机）和投机动机。

交易动机是指个人和企业需要货币是为了进行正常的交易活动。出于交易动机的货币需求量主要取决于收入，收入越高，交易数量就越大。谨慎动机是指为预防意外支出而持有一部分货币的动机，如个人或企业为应付事故、失业、疾病等意外事件而需要事先持有一定数量的货币。从全社会看，这一货币需求量大体上也和收入成正比，是收入的函数。交易动机和谨慎动机产生的全部实际货币需求量用 L_1 表示，有：

$$L_1=L_1(y)=ky$$

投机动机是指人们为了抓住购买债券的有利时机而在手边持有一部分货币的动机。当利率较高时，债券的价格较低，此时人们认为接下来债券的价格很可能会上涨，于是更愿意购买债券，对持有不生息货币的兴趣较小，即货币需求较小。当利率较低时，债券价格较高，人们更愿意抛售债券，待其价格下跌后再入手，此时人们更愿意手持货币伺机而动，对货币的需求较大。这一投机动机对货币的投机需求与利率成反比，表示为：

$$L_2=L_2(r)=-hr$$

总的货币需求 $L=L_1+L_2=ky-hr$。

另外，凯恩斯还认为，货币需求并不完全是简单的线性函数。当利率极低时，此时债券价格极高，人们认为用货币购买债券的风险极大，债券只会跌，不会涨，因此人们愿意无限量地持有货币，不肯去买债券。这时，货币投机需求成为无限大，从而使 LM 曲线呈水平状态，这种情况被称为凯恩斯陷阱，或流动性偏好陷阱。

7.【答案】依据货币需求曲线斜率的变动，如图 14－7 所示，LM 曲线可分为三个区域：

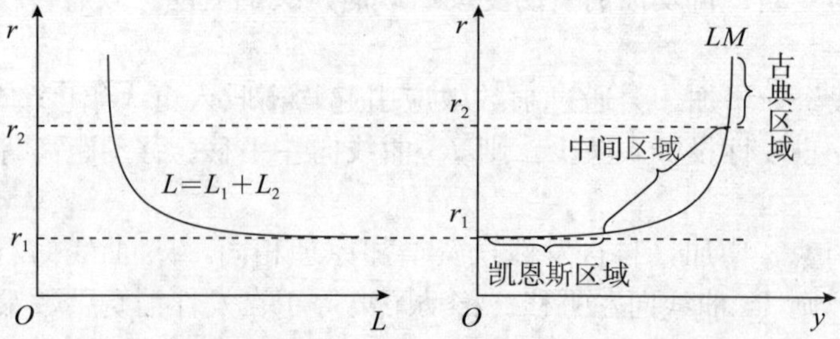

（a）货币需求曲线　　（b）LM曲线

图 14－7　货币需求曲线与 LM 曲线的关系

（1）古典区域。古典区域是指当货币需求曲线的斜率变得无穷大，货币需求曲线垂直从而 LM 曲线也垂直的区域。

此区域的经济意义为：

①货币的投机需求对利率已毫无敏感性，不论利率如何变动，货币的投机需求均为零。

②财政政策无效论，即如果实行扩张性财政政策使 IS 曲线向右上方移动，只会提高利率而不会使收入增加。

③货币政策有效论，即如果实行使 LM 曲线右移的扩张性货币政策，则不但会降低利率，还会提高收入水平。

（2）凯恩斯区域。凯恩斯区域是指当货币需求曲线的斜率为零，货币需求曲线水平从而 LM 曲线也水平的区域。

此区域的经济意义为：

①货币需求的利率弹性无穷大，货币投机需求无限大。此时利率很低，债券价格极高，人们认为用货币购买债券的风险极大，债券价格只会跌，不会涨，因此买债券很可能亏损，人们愿意长期持有货币，不肯去买债券。

②财政政策有效，即扩张性财政政策使 IS 曲线向右移动，收入水平会在利率不发生变化的情况下提高，财政政策有很大效果。

③货币政策无效，即实行扩张性货币政策，增加货币供给，既不能降低利率，也不能增加收入。

（3）中间区域。中间区域是指货币需求曲线介于垂直和水平之间的区域，即斜率为正从而 LM 曲线斜率也为正的区域，这一区域介于凯恩斯区域和古典区域之间。

此区域的经济意义为：

①货币需求对利率的敏感性居中，货币需求的利率弹性居中。

②货币政策和财政政策均可发挥一定的效果。

综上所述，当货币需求曲线斜率由无穷大逐渐变为零（也即斜率绝对值逐渐减小）时，经济社会对货币的投机需求由零逐渐增加为无穷大，经济社会由古典区域向凯恩斯区域过渡，在货币需求曲线斜率绝对值逐渐减小的过程中，货币政策由有效变为无效，财政政策由无效变为有效。

8. **【答案】** LM 曲线是货币市场均衡即货币需求等于货币供给时 r 与 y 对应关系的点的集合。其函数表达式为 $ky-hr=m$，等式左边 $ky-hr$ 表示交易需求和投机需求之和，等式右边 m 表示实际货币供给。

图 14－8（a）为货币的投机需求 L_2，L_2是利率 r 的减函数，表示利率下降时投机需求会增加，反之，利率上升时投机需求会减少。图 14－8（b）表示当实际货币供给 m 固定时，如何将其划分为投机需求与交易需求两部分，它是一条与两轴成 45°的直线，确保 $L_1+L_2=m$。图 14－8（c）是货币的交易需求 L_1，L_1是收入的增函数，表示收入上升时，交易需求也增加，反之亦然。图 14－8（d）就是表示货币市场均衡时的 LM 曲线。

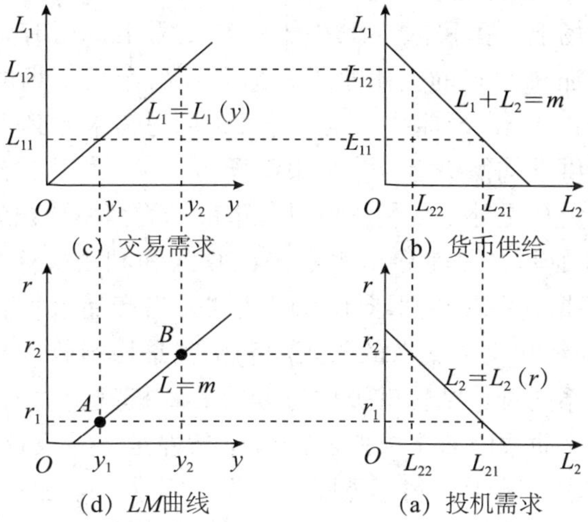

图 14－8　LM 曲线的推导

在图 14－8（a）中，假设利率为 r_1，则货币投机需求 L_2为 L_{21}；在图 14－8（b）中，可知此时交易需求为 L_{11}；再看图 14－8（c），此时对应的收入为 y_1；最后在图 14－8（d）中，把利率 r_1与收入 y_1结合起来，就形成了 LM 曲线上的 A 点。用同样的方法，也可以在图 14－8（d）中得到 B 点。

将一系列使货币均衡的收入和利率的组合连接起来，就描绘出了 LM 曲线。LM 曲线上的任一点所表示的收入与所对应的利率都会使货币供给 m 等于货币需求 $L(L=L_1+L_2)$。

9. **【答案】** LM 曲线的代数表达式为 $r=\frac{k}{h}y-\frac{m}{h}=\frac{k}{h}y-\frac{M}{Ph}$，由此可知：

（1）影响 LM 曲线斜率的因素有：

①货币需求对收入的敏感程度 k。k 越大，货币的交易需求 L_1对收入越敏感，收入上升 1 单位后，L_1增加的幅度超过对应的 1 单位，进而挤压了更多的给 L_2的货币供给量，利率必须上升更大的幅度才能让 L_2下降到对应的数量，实现货币市场均衡。也就是收入上升后，对应的利率上升幅度更大，LM 曲线就变得更陡峭。反之，k 越小，则 LM 曲线越平坦。

②货币需求对利率的敏感程度 h。h 越大，货币的投机需求 L_2对利率越敏感，此时利

率只需小幅上升即可引起 L_2 下降足够的数量。也就是收入上升后，对应的利率上升幅度更小，*LM* 曲线就变得更平坦。反之，*h* 越小，则 *LM* 曲线越陡峭。

（2）影响 *LM* 曲线移动的因素有：

①名义货币供给量 *M*。*M* 增加，则在同等收入水平下，利率下降，所以 *LM* 曲线向右下方移动。反之，*M* 减少则 *LM* 曲线向左上方移动。

②价格水平 *P*。若价格水平 *P* 上升，实际货币供给量 *m* 就变小，与 *M* 减少的原理相同，*LM* 曲线向左上方移动。反之，*P* 下降则 *LM* 曲线向右下方移动。

【提示】 在讨论 *LM* 曲线的移动时，一般假设 *h* 和 *k* 的值不变。若 *h* 与 *k* 变化，则 *LM* 曲线发生转动。

10. **【答案】** *IS—LM* 模型是应用 *IS* 曲线和 *LM* 曲线来分析产品市场和货币市场的一般均衡模型。在产品市场上，国民收入取决于总有效需求，而有效需求取决于消费、投资、政府购买和净出口加总起来的支出水平，据此导出产品市场的均衡条件为：$i(r)=s(y)$。根据这一条件可以求出 *IS* 曲线。这一条件说明总需求尤其是投资需求受利率影响，而利率则由货币市场的供求均衡决定。当货币市场均衡时，货币供给等于货币需求。货币供给由国家货币当局决定，是外生变量。所以货币市场均衡主要由货币需求决定，而货币需求取决于国民收入和利率，因而导出表示国民收入和利率关系的货币市场均衡条件：$m=L_1(y)+L_2(r)$。根据这一条件可求出 *LM* 曲线。当产品市场和货币市场同时达到均衡时，*IS* 曲线和 *LM* 曲线相交，交点的收入和利率就是均衡收入和均衡利率。这一描述和分析两个市场相互联系的理论结构就被称为 *IS—LM* 模型。

11. **【答案】**（1）*IS* 曲线向右下方倾斜的假定条件是：①投资需求是利率的减函数，即利率上升时，投资需求会减少，利率下降时，投资需求会增加；②消费是收入的函数，消费没有收入增加得快，即边际消费倾向 $0<\beta<1$。根据储蓄函数 $s=-\alpha+(1-\beta)y$ 可知，收入是储蓄的增函数。那么，当利率下降时，投资必然增加，为了实现投资等于储蓄，则储蓄必须增加，而储蓄又只有在收入增加时才能增加。这样，较低的利率必须和较高的收入配合，才能保证产品市场的均衡。于是当在坐标图上纵轴表示利率、横轴表示收入时，*IS* 曲线就必然向右下方倾斜。

（2）*LM* 曲线向右上方倾斜的假定条件是货币需求随利率上升而减少，随收入上升而增加。如果这些条件成立，则当货币供给既定时，若利率上升，货币的投机需求减少（即人们认为债券价格下降时，购买债券从投机角度看风险变小，因而愿意买进债券而少持有货币），为保持货币市场供求均衡，货币的交易需求必须相应增加，而货币的交易需求又只有在收入增加时才会增加，于是，较高的利率必须和较高的收入相结合，才能使货币市场达到均衡。如果这些条件不成立，则 *LM* 曲线不一定向右上方倾斜。比如，如果货币的投机需求为零，这时只剩下交易需求，货币需求是收入的函数，和利率无关，那么在这种情况下，*LM* 曲线就是一条垂直线。反之，凯恩斯认为，当利率下降到足够低的水平时，人们对货币的投机需求将是无限大的（即认为这时债券价格太高，只会下降，不会再上升，从而购买债券风险太大，因而人们手头不管有多少货币，都不再愿意购买债券），从而进入流动性陷阱，使 *LM* 曲线呈水平状。

12. **【答案】** 只要投资、储蓄能随产品市场供求而变动，利率能随货币市场供求而变动，则产品市场和货币市场中的非均衡必定是不稳定的，可以通过调整最终趋于均衡。

如图 14－9 所示，*IS* 曲线和 *LM* 曲线将坐标平面分成了四个区域：Ⅰ、Ⅱ、Ⅲ和Ⅳ，这四个区域中的点既不在 *IS* 曲线上，也不在 *LM* 曲线上，是一些非均衡的点。

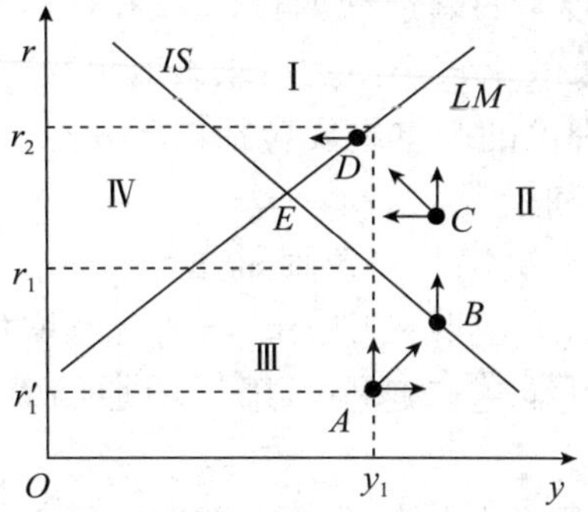

图 14－9 市场均衡过程

例如，假定经济处于图 14－9 中的 *A* 点，*A* 点在Ⅲ区域中，所表示的收入和利率组合处于不均衡状态。

对于 *A* 点而言，收入为 y_1，如果要实现产品市场均衡，利率应该是 r_1，但当前实际利率是 $r_1'<r_1$，利率过低导致投资需求过多，也就是有超额产品需求，于是收入会增加(按照常理也很容易理解，利率下降刺激投资，进而刺激经济，引起国民收入上升)。如果要实现货币市场均衡，利率应该是 r_2，但当前利率 $r_1'<r_2$，利率过低导致货币投机需求过多，交易需求一致但投机需求过多，即当前存在超额货币需求，于是利率也会上升。收入和利率的全面上升，使得经济从 *A* 点向右上方移动到 *B* 点。

在 *B* 点上，产品市场已经均衡，收入没有变动的压力。但货币市场情况与 *A* 点一样，于是利率还会继续上升，使得经济又从 *B* 点移动到 *C* 点。

在 *C* 点上，产品市场情况与 *A* 点相反，故收入会下降。但货币市场情况仍然与 *A* 点相同，利率还会继续上升。经济会在两种移动压力下，从 *C* 点移动到 *D* 点。

依此类推，经济在 *D* 点会有收入下降的压力，但利率没有变动的压力，于是经济继续移动下去。

最终经济在 *IS* 曲线和 *LM* 曲线的交点 *E* 点实现均衡，在 *E* 点同时实现产品市场和货币市场的均衡。

13. **【答案】**研究 *IS* 曲线和 *LM* 曲线的斜率及其决定因素，主要是为了分析有哪些因素将会影响到财政政策和货币政策的效果。

当 *IS* 曲线比较陡峭而 *LM* 曲线比较平坦时，运用财政政策变动 *IS* 曲线引起的收入变化明显，显然财政政策的效果较大；运用货币政策变动 *LM* 曲线引起的收入的变化较小，因而货币政策的效果较小。相反，当 *IS* 曲线较平坦而 *LM* 曲线较陡峭时，财政政策的效果较小，而货币政策的效果较大。

因此，我们认为，一方面，当 *IS* 曲线比较陡峭，即曲线斜率的绝对值较大时，财政政策的效果较大；相反，当 *IS* 曲线比较平坦，即曲线斜率的绝对值较小时，财政政策的效果较小。另一方面，当 *LM* 曲线比较陡峭，即曲线的斜率较大时，货币政策的效果较大；相反，当 *LM* 曲线比较平坦，即曲线的斜率较小时，货币政策的效果较小。

可见，通过分析 IS 曲线和 LM 曲线的斜率以及它们的决定因素，就可以比较直观地了解财政政策和货币政策效果的决定因素：使 IS 曲线斜率绝对值较小的因素（如投资对利率较敏感，边际消费倾向较大从而投资乘数较大，边际税率较小从而税收乘数的绝对值较大），以及使 LM 曲线斜率较大的因素（如货币需求对利率较不敏感以及货币需求对收入较为敏感），都是使财政政策效果较小而货币政策效果较大的因素。反之亦然。

14. **【答案】**凯恩斯经济理论的基本纲要包括以下几点：

（1）国民收入取决于消费和投资。

（2）消费由消费倾向和收入决定。消费倾向分为平均消费倾向和边际消费倾向。边际消费倾向大于 0 而小于 1，因此，当收入增加时，消费也增加。但在增加的收入中，用于增加消费的部分所占的比例可能越来越小，用于增加储蓄的部分所占的比例可能越来越大。

（3）消费倾向比较稳定。因此，国民收入的波动主要来自投资的变动。投资的增加或减少会通过投资乘数引起国民收入的多倍增加或减少。投资乘数与边际消费倾向有关。由于边际消费倾向大于 0 而小于 1，因此，投资乘数大于 1。

（4）投资由利率和资本边际效率决定，投资与利率呈反方向变动关系，与资本边际效率呈正方向变动关系。

（5）利率取决于流动性偏好与货币数量。流动性偏好是货币需求，由 L_1 和 L_2 组成，其中 L_1 来自交易动机和谨慎动机，L_2 来自投机动机。货币数量 m 是货币供给，由满足交易动机与谨慎动机的货币和满足投机动机的货币组成。

（6）资本边际效率由预期收益和资本资产的供给价格或者说重置成本决定。

15. **【答案】**IS 曲线和 LM 曲线相交时所形成的均衡收入表示的是产品市场和货币市场同时达到均衡时的收入。仅仅表示产品市场供求均衡及货币市场供求均衡，但并不意味着这一收入就是充分就业的国民收入。

当整个社会的有效需求严重不足时，即便利率很低，企业的投资意愿也很弱，这会使较低的收入和较低的利率相结合达到产品市场的均衡，即 IS 曲线离 IS 曲线坐标图上的原点 O 较近。当这样的 IS 曲线和 LM 曲线相交时，交点上的收入往往就是非充分就业的均衡收入。这意味着社会上有闲置资源存在。

16. **【答案】**是的。

在产品市场上，投资是利率的函数，与利率呈反向变动关系，利率变动对投资的影响很显著，进而对产品市场上均衡国民收入的影响也很显著。反过来，在货币市场上，利率对货币需求的影响也很显著。

利率是在货币市场上由实际货币供给和货币需求决定的。当货币供给增加时，利率下降，反之则利率上升，因此，货币市场的货币供求通过利率变动影响产品市场的均衡。反过来，在产品市场上，收入上升则货币需求增加，从而又导致货币市场的利率上升，反之，收入下降会导致货币市场的利率下降。政府如果要保证财政政策的效果，往往又会通过货币市场控制利率，通过利率影响产品市场上的均衡收入。

17. **【答案】**（1）如图 14－10 所示，设在初始状态下，利率为 r_1，收入为 y_1。此时政府削减个人和企业所得税，假设减税量为 ΔT，减税使得 IS 曲线向右移动，从 IS_1 右移到 IS_2，移动量为 $|k_T| \times \Delta T$，其中 k_T 表示税收乘数。由于中央银行要保持利率水平不变，

而 IS 曲线移动使国民收入增加，带来利率上升的压力，中央银行必须增加货币供给，让 LM 曲线也向右移动，中央银行控制 ΔM 使得 LM 曲线的移动量也是 $|k_T| \times \Delta T$，由 LM_1 右移到 LM_2，此时利率仍为 r_1，产出增加到 y_2。

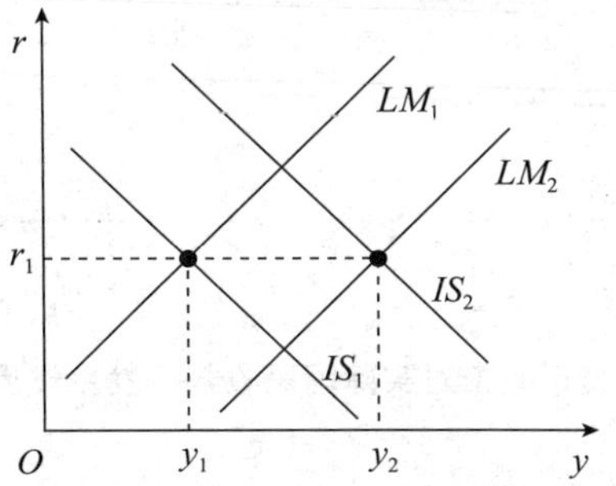

图 14－10　中央银行保持利率水平不变

（2）如图 14－11 所示，设在初始状态下，利率为 r_1，收入为 y_1。此时政府减税 ΔT，IS 曲线向右移动 $|k_T| \times \Delta T$，由 IS_1 右移到 IS_2。当中央银行保持货币供给量不变时，LM 曲线保持不变，此时利率增加到 r_3，产出增加到 y_3，产出增加、利率上升。但是与保持利率不变的情况相比，产出增加量要小一些。

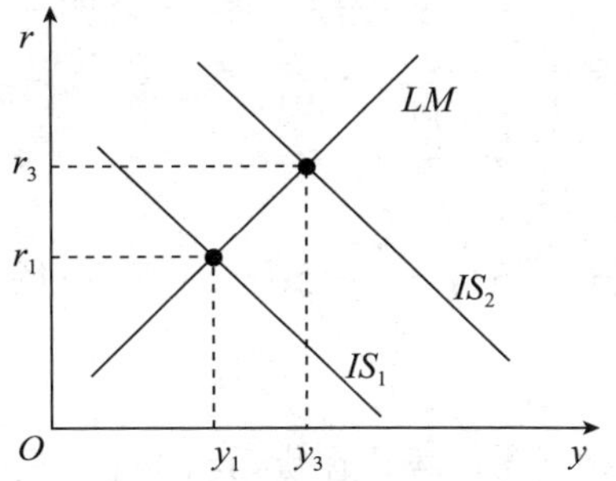

图 14－11　中央银行保持货币供给量不变

（3）经过比较，如果一国政府削减个人和企业所得税，在中央银行保持利率水平不变时，最终结果为利率不变，产出增加；在中央银行保持货币供给量不变时，最终结果为利率上升，产出增加。但是由于前者货币供给的增加抵消了利率上升的挤出效应，所以减税后产出增加幅度更大。

18. **【答案】** 如图 14－12（a）所示，当 IS 曲线垂直时，政府增加货币供给，致使 LM_1 右移到 LM_2，货币供给增加导致利率从 r_1 下降到 r_2。但由于 IS 曲线垂直，投资需求的利率系数为零，即不管利率如何变动，投资都不会变，因此，即使货币政策能改变利率，也无法对国民收入产生影响，实际国民收入始终为 y_1。

如图 14－12（b）所示，当 LM 曲线水平时，政府增加货币供给，致使 LM_1 右移到 LM_2，但由于 LM 曲线水平，说明货币需求的利率弹性为零，用增加货币供给的方法来降低利率刺激投资就完全失去了效果，货币增加不会导致利率有任何变化，利率始终为 r_1 不变，因此，增加货币供给无法刺激投资的增加，也就无法刺激国民收入的增加，国民收入始终为 y_1。

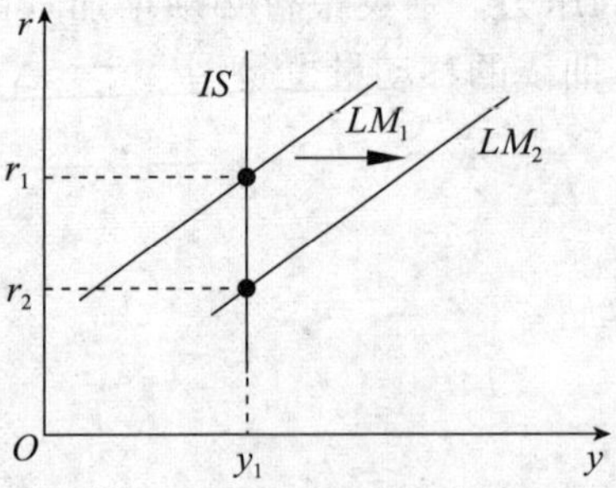

（a）IS曲线垂直

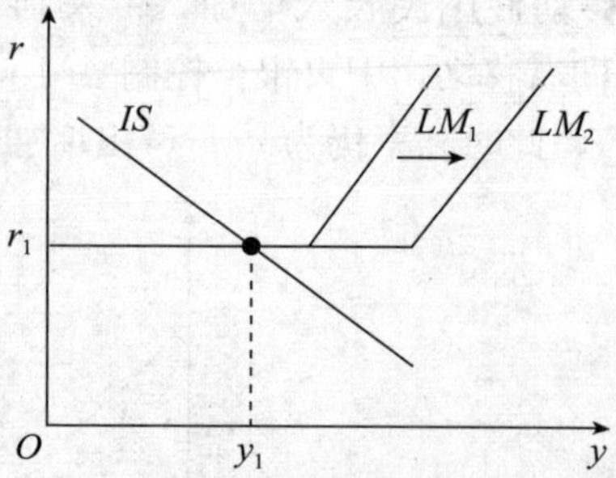

（b）LM曲线水平

图 14-12　货币政策对实际国民收入不发生作用的两种情况

19.【答案】(1) NI—AE 模型。

NI—AE 模型只考虑产品市场，并且假设利率 r 是固定不变的。设消费 $c=\alpha+\beta y$，投资 $i=i$，政府购买 $g=g$，则合意的计划支出 $PE=c+i+g=\alpha+\beta y+i+g$，而实际支出 $AE=$产出 y，计划支出与实际支出相等时经济实现均衡，此时有 $y=\alpha+\beta y+i+g$，解得均衡产出 $y=\dfrac{\alpha+i+g}{1-\beta}$。

政府购买乘数 $k_g=\dfrac{\Delta y}{\Delta g}=\dfrac{1}{1-\beta}$。如果政府购买增加 Δg，均衡产出增量 $\Delta y=k_g\times\Delta g=\dfrac{\Delta g}{1-\beta}$。

(2) IS—LM 模型。

IS—LM 模型假设利率是可变的，$i=e-dr$，产品市场均衡时可以得出 IS 曲线方程为 $y=\dfrac{\alpha+e+g}{1-\beta}-\dfrac{d}{1-\beta}r$。

同时，IS—LM 模型还考虑货币市场，在货币市场上，货币需求 $L=ky-hr$，货币供给由中央银行控制，为外生变量 m，货币市场均衡时可以得出 LM 曲线方程 $y=\dfrac{m}{k}+\dfrac{h}{k}r$。

联立 IS 和 LM 曲线方程得到均衡产出 $y=\dfrac{\alpha+e+g+dm/h}{1-\beta+dk/h}$。

政府购买乘数 $k_g=\dfrac{\Delta y}{\Delta g}=\dfrac{1}{1-\beta+dk/h}$。如果政府购买增加 Δg，均衡产出增量 $\Delta y=k_g\times\Delta g=\dfrac{\Delta g}{1-\beta+dk/h}$。

(3) 对比可以知道，IS—LM 模型中增加政府购买 Δg 后的乘数效果较小。

在图 14-13 中，上图表示 NI—AE 模型，下图表示 IS—LM 模型。

在 NI—AE 模型中，政府购买增加 Δg，$c+i+g$ 曲线向上平移 Δg，引起收入增加 $\Delta y=y_2-y_1=\dfrac{1}{1-\beta}\Delta g$。

在 IS—LM 模型中，以上变化表现为 IS 曲线向右平移 $\Delta y=\dfrac{1}{1-\beta}\Delta g$ 的距离。如果市场利率 r 不变，则新的均衡收入为 $y_2=y_1+\Delta y$。但如果同时考虑货币市场均衡，则利率

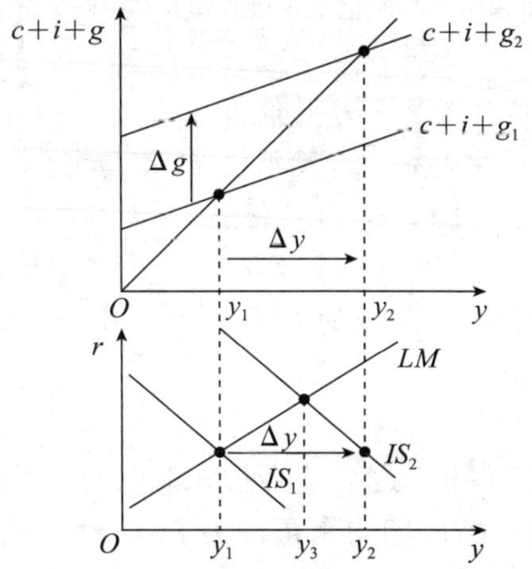

图 14－13　政府购买增加 Δg 后的乘数效果

r 会因为国民收入增加而上升，r 上升导致 $i=e-dr$ 下降，进而最终的均衡收入小于 y_2，均衡收入为 y_3，$y_3-y_1<\Delta y$。

【补充】 NI—AE 模型（NI—AE model）是 2020 年全国科学技术名词审定委员会公布的经济学名词。NI（national income）表示国民收入，AE（aggregate expenditure）表示总支出，注意这个 AE 是包括非计划存货投资的。

五、计算题

1. **【答案】**(1) 企业的股票市场价值＝股数×每股价值

＝股数×每股年收益/市场利率

＝10 000×1.8/10%

＝180 000(万元)

q＝企业的股票市场价值/企业的重置成本

＝180 000/125 000

＝1.44

$q>1$，说明企业前景乐观，企业股东此时愿意追加投资扩大规模。

(2) 企业的股票市场价值＝股数×每股价值

＝股数×每股年收益/市场利率

＝10 000×1.1/10%

＝110 000(万元)

q＝企业的股票市场价值/企业的重置成本

＝110 000/125 000

＝0.88

$q<1$，说明企业前景不乐观，企业股东此时不愿意追加投资扩大规模。

这种不乐观可能是由于职业经理人能力有限，也可能是由于市场变化（例如产业转型等)，但很明显的情况就是如果企业不能成功转型、提升股价，投资人是不愿意再追加投资的。

(3) 企业的股票市场价值＝股数×每股价值
＝股数×每股年收益/市场利率
＝10 000×1.1/8%
＝137 500(万元)

q＝企业的股票市场价值/企业的重置成本
＝137 500/125 000
＝1.1

$q>1$，说明企业前景又变得乐观了，企业股东此时愿意追加投资扩大规模。

2.【答案】(1) 三部门产品市场均衡条件为 $i=s+(t-g)$，已知 $i=200-1\,000r$，$t=\frac{1}{3}y$，$g=710$。储蓄函数 $s=y_d-c=y_d-90-0.9y_d=-90+0.1y_d=-90+0.1(y-t)=-90+\frac{1}{15}y$。代入均衡条件得：$200-1\,000r=-90+\frac{1}{15}y+\left(\frac{1}{3}y-710\right)$，求解得 IS 曲线的表达式：$y=2\,500-2\,500r$。

货币市场均衡条件为 $L=M/P$，其中货币需求函数 $L=y-1\,000r$，实际货币供给 $M/P=2\,220$，代入可以得到 LM 曲线的表达式：$y=2\,220+1\,000r$。

(2) 联立求解 IS 方程和 LM 方程可得：$y=2\,300$；$r=8\%$。

(3) 把均衡收入代入消费函数可得：$c=90+0.9y_d=90+0.9\times(y-1/3y)=1\,470$；把均衡利率代入投资函数可得：$i=200-1\,000r=120$；税收 $t=\frac{1}{3}y=\frac{2\,300}{3}$，政府预算$=t-g=\frac{2\,300}{3}-710=\frac{170}{3}$，有预算盈余。

3.【答案】(1) 已知 $L=0.2y$，$m=200$，根据 $L=m$ 的均衡条件，易得 LM 方程：$y=1\,000$。

已知 $c=100+0.8y$，$i=140-5r$，根据 $y=c+i$ 的均衡条件，得 IS 方程：$y=1\,200-25r$。如图 14-14 所示，LM 曲线垂直于 y 轴，可得均衡收入和均衡利率分别为 $y=1\,000$，$r=8$。

(2) 货币供给增加至 220 后，由 $L=m$ 得 $0.2y=220$，即 $y=1\,100$。此即为新的 LM 曲线，即 LM 曲线向右移动 100 单位，至 LM'（如图 14-14 所示）。

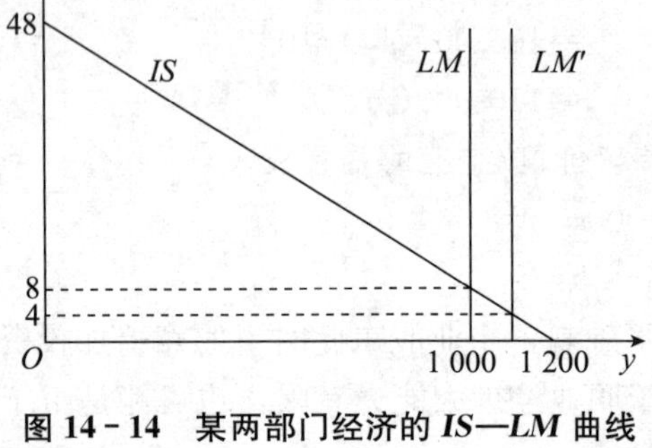

图 14-14　某两部门经济的 *IS*—*LM* 曲线

联立 IS 方程与 LM′方程：

$$\begin{cases} y=1\,200-25r \\ y=1\,100 \end{cases}$$

解得均衡收入和均衡利率分别为 $y=1\,100$，$r=4$。

此时，$c=100+0.8y=100+0.8\times1\,100=980$，$i=140-5r=140-5\times4=120$。

（3）均衡收入增加量等于 LM 曲线移动量，即 $\Delta y=\Delta m=100$，原因在于货币需求函数 $L=0.2y$，货币需求与利率无关，只和收入有关，新增货币量全部用于满足交易需求，从而使得均衡收入增加量等于 LM 曲线移动量。

4. **【答案】**（1）$y=c+i+g=200+0.75(y-100)+200-25r+100$，整理得 IS 曲线：

$$y=1\,700-100r$$

由 $y-100r=M/P=1\,000/2$ 整理得 LM 曲线：

$$y=500+100r$$

联立 IS 方程与 LM 方程，解得均衡产出和均衡利率分别为 $y=1\,100$，$r=6$。

所以消费 $c=200+0.75y_d=200+0.75\times(1\,100-100)=950$，投资 $i=200-25r=200-25\times6=50$。

（2）设名义货币供给量增加 ΔM，此时由 $y-100r=(M+\Delta M)/P=(1\,000+\Delta M)/2$ 整理得 LM′曲线：

$$y=500+\Delta M/2+100r$$

联立 IS 方程与 LM′方程，解得新的均衡产出 $y=1\,100+\Delta M/4$，均衡利率 $r'=6-\Delta M/400$。

所以新的投资 $i'=200-25r'=200-25\times(6-\Delta M/400)=50+\Delta M/16$。

依题意得 $i'=2i=2\times50=100$，所以有 $50+\Delta M/16=100$，解得 $\Delta M=800$，即新的名义货币供给量 $M'=M+\Delta M=1\,000+800=1\,800$。

5. **【答案】**（1）根据均衡公式：$y=c+i+g$，把 $c=200+0.75(y-t)$，$i=200-25r$，$t=g=100$ 代入公式得 IS 方程：$y=1\,700-100r$，IS 曲线如图 14-15 所示。

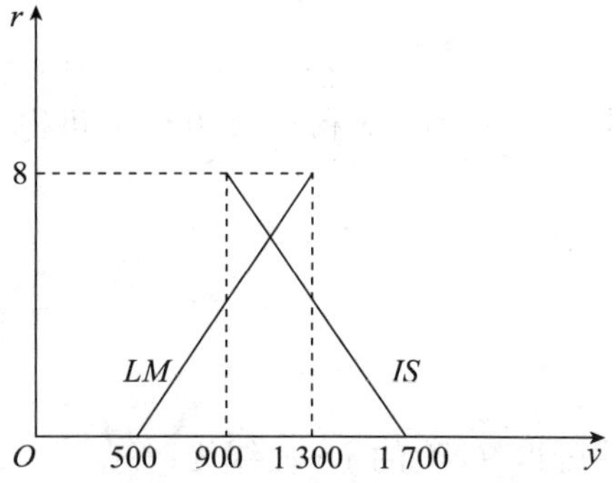

图 14-15　IS、LM 曲线

（2）根据货币需求函数 $(M/P)^d=y-100r$，货币供给 $M=1\ 000$，物价水平 $P=2$，求得 LM 方程为 $500=y-100r$，其图形如图 14－15 所示。

（3）联立 IS、LM 方程有：

$$\begin{cases}y=1\ 700-100r\\500=y-100r\end{cases}$$

解得 $r=6$，$y=1\ 100$，即均衡利率为 6%，均衡收入为 1 100。

6.**【答案】**（1）产品市场国民收入均衡条件为：

$$y=c+i+g=100+0.8(y-550)+200-1\ 000r+550$$

化简得 IS 方程为：

$$y=2\ 050-5\ 000r$$

货币市场均衡条件为：$m=L\Rightarrow 900=y-10\ 000r$，整理得 LM 方程为：$y=900+10\ 000r$。

（2）当产品和货币两个市场同时达到均衡时，联立 IS、LM 两方程求解得均衡利率和均衡收入分别为：$r=7.67\%$，$y=1\ 666.67$。消费和投资分别为：

$$c=100+0.8(y-t)=993.33$$
$$i=200-1\ 000r=123.33$$

（3）在均衡产出为充分就业产量 $y=2\ 000$ 时，货币市场均衡为 $m=L\Rightarrow 900=2\ 000-10\ 000r$，求解得到利率为 11%。

变动政府购买以在充分就业水平处实现均衡意味着产品市场有：

$$y=c+i+g\Rightarrow 2\ 000=100+0.8\times(2\ 000-550)+200-1\ 000r+g$$

整理可得 $g=540+1\ 000r$，把利率 $r=11\%$ 代入解得：

$$g=650$$
$$\Delta g=650-550=100$$

即政府购买需增加 100。

7.**【答案】**（1）由 $c=\alpha+\beta y$，$i=e-dr$ 和国民收入均衡条件 $y=c+i$ 可知：IS 曲线将为：$r=\frac{\alpha+e}{d}-\frac{1-\beta}{d}y$。

于是由（a）的已知条件 $c=50+0.8y$ 和 $i=100-5r$ 可得（a）的 IS 曲线为：

$$r=\frac{100+50}{5}-\frac{1-0.8}{5}y$$

即 $$r=30-\frac{1}{25}y \quad ①$$

同理由（b）的已知条件可得（b）的 IS 曲线为：

$$r=\frac{100+50}{10}-\frac{1-0.8}{10}y$$

即　　$r=15-\frac{1}{50}y$　　②

同样由（c）的已知条件可得（c）的 IS 曲线为：

$$r=\frac{100+50}{10}-\frac{1-0.75}{10}y$$

即　　$r=15-\frac{1}{40}y$　　③

（2）由（a）和（b）的投资函数比较可知，（b）的投资行为对利率更为敏感，而由（a）和（b）的 IS 方程①和②比较可知，（b）的 IS 曲线斜率的绝对值要小于（a）的 IS 曲线斜率的绝对值，这说明在其他条件不变的情况下，投资对利率越敏感即 d 越大，IS 曲线斜率的绝对值越小。

（3）由（b）和（c）的消费函数比较可知，（b）的边际消费倾向较大，而由（b）和（c）的 IS 方程②和③比较可知，（b）的 IS 曲线斜率的绝对值要小于（c）的 IS 曲线斜率的绝对值，说明在其他条件不变的情况下，边际消费倾向越大即 β 越大，IS 曲线斜率的绝对值越小。

8. **【答案】**（1）由于 $P=1$，因此，LM 曲线的代数表达式为：

$$\frac{M}{P}=L\Rightarrow M=L=ky-hr\Rightarrow r=-\frac{M}{h}+\frac{k}{h}y$$

其斜率的代数表达式为 k/h。

（2）当 $k=0.20$，$h=10$ 时，LM 曲线的斜率为：

$$\frac{k}{h}=\frac{0.20}{10}=0.02$$

当 $k=0.20$，$h=20$ 时，LM 曲线的斜率为：

$$\frac{k}{h}=\frac{0.20}{20}=0.01$$

当 $k=0.10$，$h=10$ 时，LM 曲线的斜率为：

$$\frac{k}{h}=\frac{0.10}{10}=0.01$$

（3）由于 LM 曲线的斜率为$\frac{k}{h}$，因此当 k 变小时，LM 曲线的斜率变小，曲线变得更平缓；当 h 增大时，LM 曲线的斜率变小，曲线变得更平缓。这一结论和（2）中的结果吻合。

（4）若 $k=0.2$，$h=0$，则 LM 曲线为：$M=0.2y\Rightarrow y=5M$。

此时 LM 曲线为一条垂直于横轴 y 的直线，$h=0$ 表明货币的投机需求与利率的大小无关，这正好是 LM 曲线的古典区域情况。

9. **【答案】**（1）当 $r=0.05$ 时，$y=550-1\,000r=550-50=500$。

由 $MPS=0.2$ 可知 $MPC=1-MPS=0.8$，因此政府购买乘数 $k_g=\frac{1}{1-\beta}=\frac{1}{1-0.8}=5$，政府购买增加 $\Delta g=5$，于是 $\Delta y=k_g\Delta g=5\times5=25$，故新的均衡收入为：$y'=y+\Delta y=500+$

25=525。

（2）政府购买增加意味着 IS 曲线向右平移，移动距离为 $\Delta y=k_g\Delta g=5\times5=25$，故新的 IS 曲线为 $y=550-1\ 000r+25=575-1\ 000r$。

10.【答案】（1）产品市场均衡时国民收入为：

$$\begin{aligned}y&=c+i+g=100+0.75y_d+125-600r+50=275+0.75(y-t+t_r)-600r\\&=275+0.75(y-20-0.2y)-600r=260+0.6y-600r\end{aligned}$$

简化整理得 IS 方程为：$y=650-1\ 500r$。

（2）IS 曲线的斜率为：$-1/1\ 500=-0.000\ 667$。

（3）当 $r=0.15$ 时，$y=650-1\ 500r=650-225=425$。

充分就业收入 $y_f=465$，缺口 $\Delta y=465-425=40$，这时政府购买乘数 $k_g=\frac{1}{1-\beta(1-t)}=\frac{1}{1-0.75\times(1-0.2)}=2.5$，故要实现充分就业，需增加政府购买 $\Delta g=\frac{\Delta y}{k_g}=\frac{40}{2.5}=16$。

（4）当 $\Delta g=10$ 时，收入增加为 $\Delta y=k_g\Delta g=2.5\times10=25$。

11.【答案】（1）当政府购买从 100 增加到 115 时，产品市场均衡变为：

$$y=c+i+g=30+0.8(y-100)+150-6r+115$$

化简整理得 IS 方程为：$y=1\ 075-30r$。

在 $P=2.22$ 时，货币市场均衡为：

$$\frac{M}{P}=\frac{200}{2.22}=L=0.2y-4r$$

求解得 LM 方程为：$y=450.45+20r$。

（2）在 $P=2$、$g=100$ 时，利率 r 可从 IS 方程和 LM 方程联立求解：

$$\begin{cases}y=1\ 000-30r & IS\\y=500+20r & LM\end{cases}$$

可得 $r=10$，此时 $c=510$；$i=90$。

在 $P=2.22$、$g=115$ 时，货币市场与产品市场同时达到均衡时有：

$$\begin{cases}y=1\ 075-30r & IS\\y=450.45+20r & LM\end{cases}$$

求解可得：$r=12.5$；$c=510$；$i=75$。

（3）消费没有变化；但是增加 15 的政府购买挤出了 15 的私人部门投资。

12.【答案】（1）设实际货币余额为 $m=M/P$，当货币市场达到均衡时，有 $L=m$，即 $ky-hr+\beta\sigma_y^2=M/P$，整理得 LM 曲线：

$$r=\frac{\beta}{h}\sigma_y^2-\frac{M}{hP}+\frac{k}{h}y$$

（2）$\frac{\mathrm{d}r}{\mathrm{d}y}=\frac{k}{h}$，可知，$k$ 和 h 影响 LM 曲线的斜率：当其他条件不变时，k 越大则斜率

越大，k 越小则斜率越小；h 越小则斜率越大，h 越大则斜率越小。

由 LM 方程可知，β、σ_y^2、M、P 影响 LM 曲线的移动：β、σ_y^2、P 增大则 LM 曲线向左上方移动，反之则向右下方移动；M 增大则 LM 曲线向右下方移动，反之则向左上方移动。

【提示】 h 虽然也影响 LM 曲线的截距，但它还影响 LM 曲线的斜率，这种复合变化不算作移动。

（3）由于收入不确定性的存在，人们为了应付不确定性而不得不专门持有货币，使得可用于交易需求和投机需求的货币供给减少，也就是说，与没有收入不确定性的情况相比，收入不确定性的存在使一部分货币退出流通，使实际货币供给减少，因此它使 LM 曲线向左上方移动。

（4）如图 14－16 所示，设 IS 曲线与 LM_1 曲线的交点是初始均衡点，此时均衡产出为 y_1，均衡利率为 r_1。假设 σ_y^2 增加，使 LM 曲线上移了 Δr，LM_1 曲线上移至 LM_2 曲线位置，此时均衡产出为 y_2，$y_2<y_1$，均衡利率为 r_2，$r_2>r_1$。收入不确定性增加使均衡产出减少，均衡利率提高。

假设 β 增大，则 $\beta\sigma_y^2$ 更大，LM 曲线上移的幅度更大。如图 14－17 所示，LM 曲线上移的幅度超过 Δr，LM_1 上移至 LM_3，此时均衡产出为 y_3，$y_3<y_2$，均衡利率为 r_3，$r_3>r_2$。所以 β 越大，收入不确定性增加对均衡产出和利率的影响效应越大；反之，β 越小，收入不确定性增加的影响效应也越小。

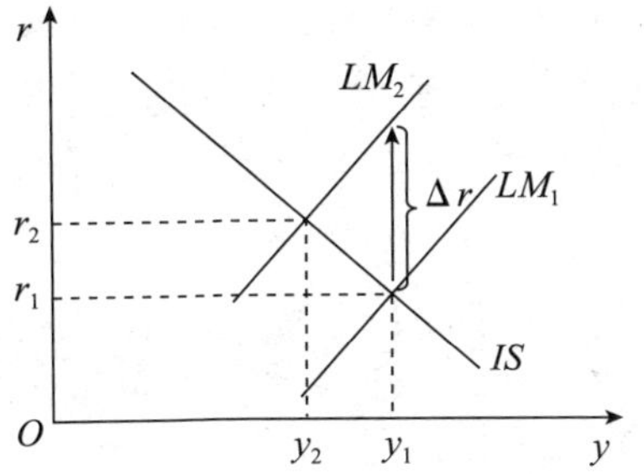

图 14－16　收入不确定性增加的影响

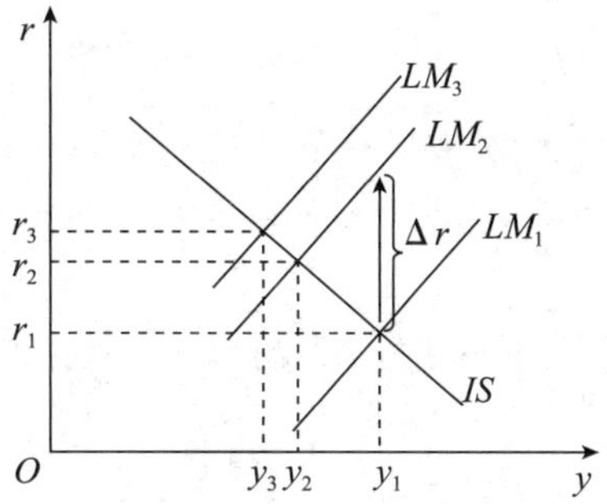

图 14－17　影响效应与 β 之间的关系

13. **【答案】**（1）产品市场均衡时有：$y=c+i+g=100+0.8(y-200)+150-6r+260$，整理得 IS 曲线方程：

$$y=1\ 750-30r$$

由 $M/P=L$ 得 $150/1=0.2y-4r$，整理得 LM 曲线方程：

$$y=750+20r$$

联立 IS 曲线方程和 LM 曲线方程，解得均衡国民收入 $y=1\ 150$，均衡利率 $r=20$。

（2）政府购买增加后，$g'=g+60=320$，产品市场均衡时有 $y=c+i+g'=100+0.8(y-200)+150-6r+320$，整理得 IS' 曲线方程：

$$y=2\ 050-30r$$

联立 IS' 曲线方程和 LM 曲线方程，解得新的均衡国民收入 $y=1\ 270$，新的均衡利率

$r=26$。

方法一：

若无挤出效应，即政府购买增加不推高利率，则利率固定为 $r=20$，代入 IS' 曲线方程得 $y=1\ 450$，这就是无挤出效应时的国民收入。所以，挤出效应为 $1\ 450-1\ 270=180$。

方法二：

挤出效应是利率上升导致投资减少，进而引起产出的减少。$\Delta r=26-20=6$，挤出的投资为 $\Delta i=\frac{\Delta i}{\Delta r}\times\Delta r=6\times6=36$，减少的产出为 $\Delta y=k_i\times\Delta i=\frac{1}{1-0.8}\times36=180$。

(3) 设当货币供给为 M' 时，利率可恢复到第 (1) 问的利率水平。

方法一：

由 $M'/P=L$，得 $M'/1=0.2y-4r$，整理得 LM' 曲线方程为：

$$y=5M'+20r$$

联立 IS' 曲线方程和 LM' 曲线方程，得 $2\ 050-30r=5M'+20r$，代入 $r=20$，得 $M'=210$，则需要变动的货币量为 $\Delta M=210-150=60$。

方法二：

此时会有 $r=20$，$y=1\ 450$，所以有：

$$1\ 450=5M'+20\times20$$

解得 $M'=210$，则需要变动的货币量为 $\Delta M=210-150=60$。

【提示】 方法一的原理是，求出 IS' 曲线和 LM' 曲线的交点 E_3（如图 14-18 所示）的 r 值，这个 r 值是 M' 的函数，同时 E_3 对应的利率应该是 $r=20$，代入 r 就可以解得 M' 的值。

当然也可以解出 E_3 的 y 值，再把 $y=1\ 450$ 代入解得 M' 的值。这两个方法没有本质区别。

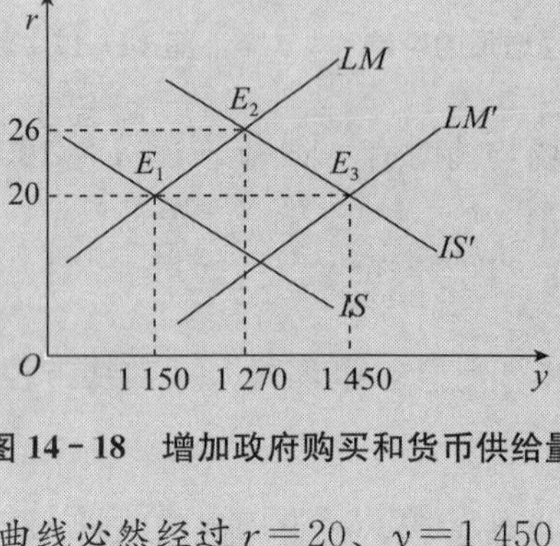

图 14-18 增加政府购买和货币供给量

方法二的原理是，LM' 曲线必然经过 $r=20$、$y=1\ 450$ 的点，把 r、y 代入 LM' 方程即可解得 M' 的值。

刷题时尽量尝试多种解法，掌握的解法越多，对经济学原理的理解就越扎实。

14. **【答案】**(1) 当消费同时受收入和利率影响时，IS 曲线的方程为：

$$y=c(y,r)+i(r)+g$$

对方程两边求全微分有：

$$dy=c_y dy+c_r dr+i_r dr+0 \quad ①$$

其中，$c_y=\partial c/\partial y$，$c_r=\partial c/\partial r$，$i_r=di/dr$，且有 $c_r<0$，$i_r<0$。

在 A 情况下，IS 曲线的斜率$\frac{dr}{dy}=\frac{1-c_y}{c_r+i_r}=-\frac{1-c_y}{|c_r|+|i_r|}$。

在 B 情况下，可理解为 $c_r=0$，IS 曲线的斜率$\frac{dr}{dy}=-\frac{1-c_y}{|i_r|}$。

由于$|c_r|>0$，就有$|c_r|+|i_r|>|i_r|$，所以$\frac{1-c_y}{|c_r|+|i_r|}<\frac{1-c_y}{|i_r|}$，可知，IS 曲线在 B 情况下更陡。

【提示】按常理也可以得出在 A 情况下更平坦的结论。在 A 情况下，r 下降通过消费 c 和投资 i 两个途径导致收入 y 增加，所以 y 的增幅会更大，也就是 IS 曲线更平坦。

（2）由 LM 曲线方程 $m=k(y)+L(r)$ 求全微分有：

$$dm=k_y dy+L_r dr \quad ②$$

其中，$k_y>0$，$L_r<0$。

由（1）可得 $dr=\frac{1-c_y}{c_r+i_r}dy$，代入②得：

$$dm=k_y dy+L_r\frac{1-c_y}{c_r+i_r}dy$$

在 A 情况下，消费同时受收入和利率影响，整理得：

$$\frac{dy}{dm}=\frac{1}{k_y+\frac{L_r(1-c_y)}{c_r+i_r}}=\frac{1}{k_y+\frac{|L_r|(1-c_y)}{|c_r|+|i_r|}}$$

在 B 情况下，消费只受收入影响，可理解为 $c_r=0$，于是有：

$$\frac{dy}{dm}=\frac{1}{k_y+\frac{|L_r|(1-c_y)}{|i_r|}}$$

因为$|c_r|+|i_r|>|i_r|$，所以$\frac{1}{k_y+\frac{|L_r|(1-c_y)}{|c_r|+|i_r|}}>\frac{1}{k_y+\frac{|L_r|(1-c_y)}{|i_r|}}$，即在 A 情况下，增加货币供给对均衡产出的边际影响更大。

（3）当消费同时受收入和利率影响时，IS 曲线更平坦，如图 14－19 所示，IS_A曲线更平坦，IS_B曲线更陡峭。增加货币供给后，LM 曲线右移，从 LM_1 移动到 LM_2。在 A 情况下，均衡收入从 y_1增加到 y_A；在 B 情况下，均衡收入从 y_1增加到 y_B。$y_A>y_B$，可见，在 A 情况下，增加货币供给后收入增量更大。

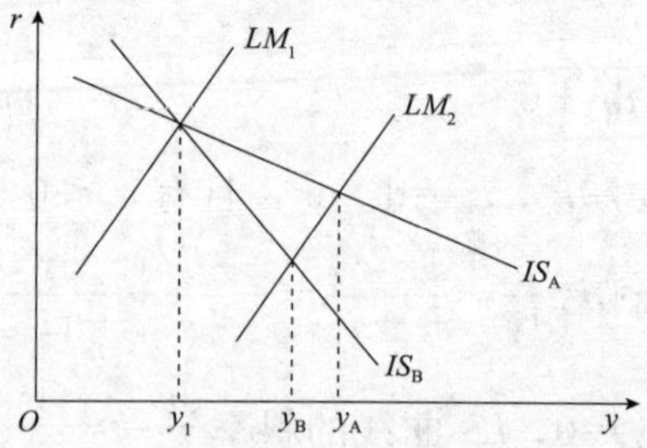

图 14-19　增加货币供给对收入的影响因 *IS* 曲线的斜率而异

六、论述题

1.【答案】凯恩斯经济理论框架的若干要点如下：

（1）国民收入取决于消费和投资。

（2）消费由消费倾向和收入决定。消费倾向分为平均消费倾向和边际消费倾向。边际消费倾向大于 0 小于 1，因此，当收入增加时，消费也增加。但边际消费倾向是递减的，即随着收入的增加，用于增加消费的部分所占比例会越来越小，用于增加储蓄的部分所占比例会越来越大。

（3）短期内消费倾向相对比较稳定，国民收入波动主要来自投资的变动。投资的增加或减少会通过投资乘数引起国民收入的多倍增加或相应程度的减少。投资乘数大于 1，大小与边际消费倾向有关。

（4）投资与利率呈反方向变动关系，利率越高，合意的投资越少，反之，利率越低，则合意的投资越多。

（5）利率取决于流动性偏好与货币数量。流动性偏好是货币需求，由 L_1 和 L_2 组成，其中 L_1 来自交易动机和谨慎动机，L_2 来自投机动机。货币数量 m 是货币供给，由满足交易动机和谨慎动机的货币和满足投机动机的货币组成。

（6）凯恩斯认为，形成资本主义经济萧条的根源是消费需求和投资需求所构成的总需求不足以实现充分就业。

消费需求不足是由于边际消费倾向小于 1，即人们不会把增加的收入全用来增加消费，而投资需求不足是由于资本边际效率在长期内递减。为解决有效需求不足，必须发挥政府的作用，用财政政策和货币政策来实现充分就业。财政政策就是通过政府增加支出或减少税收以增加总需求，通过乘数原理引起收入多倍增加。货币政策就是通过增加货币供给量以降低利率，刺激投资，从而增加收入。由于存在流动性偏好陷阱，因此货币政策效果有限，增加收入主要依靠财政政策的实施。

2.【答案】产品市场和货币市场的相互影响可以用 *IS—LM* 模型来说明。

（1）在产品市场上，国民收入决定于消费、投资、政府购买和净出口加起来的总支出或者说总需求水平，而总需求尤其是投资需求要受到利率影响，利率则由货币市场供求情况决定，也就是说，货币市场要影响产品市场；另一方面，产品市场上所决定的国民收入又会影响货币需求，从而影响利率，这又是产品市场对货币市场的影响。

（2）产品市场的变动对货币市场的影响。

在产品市场上，消费、投资、政府购买和税收等变动都会导致收入和利率的变动。以投资增加为例来说明。

投资增加将导致需求增加，表现为 *IS* 曲线向右移动，如图 14－20 所示，*IS* 曲线由 IS_1移动到 IS_2。投资增加导致产出增加，进而增加了交易需求。

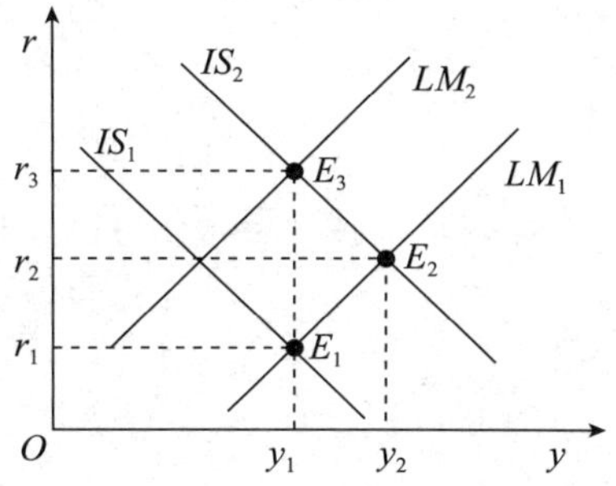

图 14－20　产品市场变动的影响

在短期，在货币供给不变的情况下，交易需求 L_1的增加压缩了原本提供给投机需求 L_2的货币供给量，引起利率下降，于是 L_2减少，最终实现新的货币市场均衡。表现在图 14－20 中就是均衡点由 E_1移动到 E_2，产出由 y_1增加到 y_2，利率由 r_1上升到 r_2。

在长期，产品市场过热造成价格水平 *P* 上升，这意味着在货币市场上实际货币供给量（M/P）减少，*LM* 曲线向左移动，利率将进一步上升至 r_3，产出水平将会回落至 y_1。

（3）货币市场的变动对产品市场的影响。

货币市场的变动主要表现为价格上涨或货币供给量的变动。以名义货币供给量 *M* 的增加为例进行说明。

在短期，在政府增加名义货币供给量后，在价格水平不变的情况下，实际货币供给（M/P）增加，*LM* 曲线向右移动。如图 14－21 所示，LM_1曲线移动至 LM_2，这将导致原有的货币供给大于需求，供大于求导致利率下降。而利率下降将会刺激投资，导致产品市场的扩张和均衡收入的增加。在图 14－21 中，利率由 r_1下降至 r_2，均衡产出由 y_1 上升至 y_2。

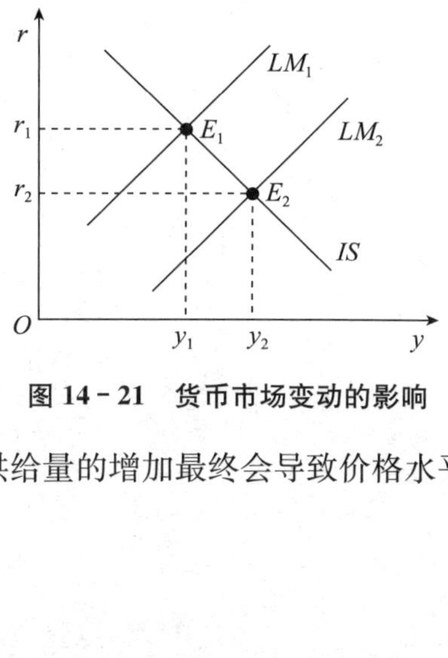

图 14－21　货币市场变动的影响

在长期，由于名义货币供给量的增加最终会导致价格水平的上升，且上升幅度与名义货币供给量的增加幅度一致，因此，实际货币供给量将回落至原来的水平，LM 曲线也将向左移回至原来的水平，均衡点及其对应的均衡产出和利率也将移回至原来的水平。也就是说，在长期名义货币供给量的变动对产品市场没有影响。

第 15 章

国民收入的决定：*AD*—*AS* 模型

重难点提示

本章的重难点包括：总需求曲线、总需求曲线的移动、总供给曲线、总供给曲线的分类、总需求—总供给模型。

内容精要

一、 总需求和总需求曲线

总需求是指整个经济社会在每一个价格水平下对产品和劳务的需求总量，它由消费需求、投资需求、政府需求和国外需求构成。

总需求函数表示产品市场和货币市场同时达到均衡时的价格水平与国民收入之间的对应关系，描述这一函数的曲线被称为总需求曲线。

总需求曲线向右下方倾斜，表示：价格水平越高，需求总量越小；价格水平越低，需求总量越大。这是因为：

（1）财富效应：价格水平下降，使人们持有的货币的购买力上升，人们会变得相对富裕，于是人们的消费水平就相应地增加。该效应也称实际余额效应、庇古效应。

（2）利率效应：价格水平下降使得交易性货币需求减少，引起利率下降，投资增加，进而产出增加。

（3）汇率效应：价格水平下降使得国内产品更便宜，净出口增加，均衡产出也就增加了。

二、 总需求曲线的移动

无论是扩张性财政政策还是扩张性货币政策，都会使总需求曲线向右移动，同样，紧缩性财政政策和紧缩性货币政策将使总需求曲线向左移动。

总需求曲线较为直观地说明了财政政策和货币政策都是旨在影响总需求的需求管理政策。

三、 宏观生产函数和总供给

总供给是经济社会所提供的总产量（或国民收入），即经济社会投入的基本资源（劳动力、生产性资本存量和技术）所生产的产量。

宏观生产函数又称总量生产函数，是指整个国民经济的生产函数，它表示总量投入和总产出之间的关系，即 $y=f(N, K)$。

(1) 短期：资本存量和技术不变，$y=f(N, \bar{K})$。在短期，经济社会的产出 y 取决于就业量 N。当达到充分就业时，社会的产量为潜在产量水平 y_f。

(2) 长期：技术水平、资本存量、充分就业量都会变化，$y_f=F(N^*, K^*)$。N^* 为各个短期中的充分就业量，K^* 为各期的资本存量。

四、 总供给曲线及其分类

总供给函数表示总产出与一般价格水平之间的对应关系，描述这种关系的曲线被称为总供给曲线。

长期总供给曲线是一条位于经济的潜在产量或充分就业水平的垂直线，可表示为 $y=F(N, K, R, A)$，R 为整个社会的自然资源数量，A 为整个社会的技术水平状态。在长期，劳动、资本、自然资源和技术水平一般都是稳定增长的，推动长期总供给曲线向右移动。

短期总供给曲线争议较多，综合来看有三种：

(1) 古典总供给曲线。

古典学派认为价格和工资具有伸缩性，调整速度很快，甚至可以立即调整。因此，总供给曲线是一条位于经济的潜在产量或充分就业产量水平的垂直线。

(2) 凯恩斯总供给曲线。

凯恩斯认为货币工资和价格水平之间的调整速度很慢，甚至根本不能进行调整，因此总供给曲线为一条水平线。

(3) 常规总供给曲线。

在一般情况下，总供给曲线位于古典总供给曲线和凯恩斯总供给曲线这两个极端之间。

五、 总需求—总供给模型

总需求—总供给模型是把总需求与总供给结合在一起来分析国民收入与价格水平的决定及其变动的国民收入决定模型。在图 15 - 1 中，横轴代表国民收入（y），纵轴代表价格水平（P），AD_1代表初始短期总需求曲线，AS_1代表初始短期总供给曲线。最初，经济在

E_1点实现了均衡，均衡收入为 y_1，价格水平为 P_1。这时 E_1点又在长期总供给曲线 $LRAS$ 上，所以 y_1代表充分就业的国民收入水平。在短期内，政府通过扩张性政策增加总需求，从而使总需求曲线从 AD_1向右上方平行移动到了 AD_2，AD_2与短期总供给曲线 AS_1相交于 E_2点。国民收入从 y_1增加到 y_2，价格水平从 P_1上升到 P_2。但是，价格的上升必然引起工资增加，进而引起总供给减少，短期总供给曲线从 AS_1向左上方平行移动到 AS_2，与 AD_2相交于 E_3。这时，国民收入从 y_2减少到 y_1，价格水平从 P_2上升到 P_3。

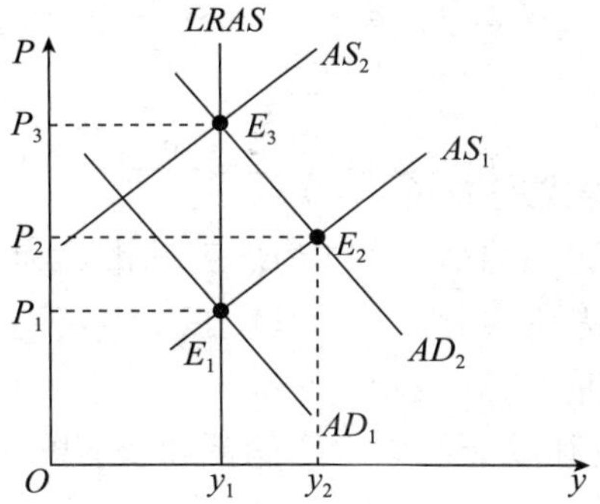

图 15-1　总需求—总供给模型

习题精编

一、 名词解释

1. 总需求曲线
2. 财富效应
3. 总供给曲线
4. 古典总供给曲线
5. 常规总供给曲线
6. 利率效应

二、 判断题

1. 总供给曲线越平坦，货币供给增加对 GDP 的影响越大。
2. 物价水平下降将引起总需求曲线向右移动。
3. 当存在攀比效应（bandwagon effect）时，该产品市场的需求曲线更加平坦。
4. 若央行仅关心保持价格稳定，当石油价格外生性增长时，央行应该增加货币供给。
5. 短期总供给曲线的斜率反映了利率调整机制。
6. 凯恩斯主义认为劳动市场并不是完全竞争的，工资是刚性的（短期内），劳动市场不是经常处于充分就业状态，而是经常处于低于充分就业的状态。
7. 根据黏性工资模型，总供给曲线之所以向右上方倾斜，是因为使利率上升的事件并不都会使工资上涨。

8. 价格水平的非预期上升会使向上倾斜的总供给曲线移动，而价格水平预期中的上升则只会使均衡点沿原总供给曲线移动。

9. 长期总供给曲线所表示的总产出是经济中的潜在产出水平。

10. 短期总供给曲线和长期总供给曲线都是向右上方倾斜的曲线，区别是斜率不同。

11. 在长期总供给水平，由于生产要素等得到了充分利用，因此经济中不存在失业。

三、 选择题

1. *AD* 曲线上的任一点均代表了（　　）。

A. 产品市场和劳动市场达到均衡　　B. 劳动市场和货币市场达到均衡

C. 产品市场和货币市场达到均衡　　D. 三个市场同时达到均衡

2. 总需求的组成部分包括（　　）。

①消费和净出口　②投资和政府购买　③储蓄和政府购买　④消费和储蓄

A. ①②　　B. ②③　　C. ①④　　D. ③④

3. 政府对不利的供给冲击实行紧缩性货币政策，结果将是（　　）。

A. 通货膨胀率和自然失业率都很低　　B. 通货膨胀率降低，失业率上升

C. 通货膨胀率和失业率都上升　　D. *AS* 曲线回到原来的位置

4. 如果政府购买增加，名义货币供给量减少，那么我们可以预期在中期内（　　）。

A. 总需求和价格将下降，利率将上升

B. 总需求和利率、价格将上升

C. *AD* 曲线将向右移动，*AS* 曲线将向上移动

D. 利率将上升，总需求和价格可能上升、下降或不变

5. 下列哪一项是一条向右上方倾斜的 *AS* 曲线所不具有的性质？（　　）

A. 如果工资对失业率的变化不敏感，那么 *AS* 曲线将非常平坦

B. *AS* 曲线的位置取决于预期的价格水平

C. 如果实际通货膨胀率高于预期通货膨胀率，那么 *AS* 曲线将向右移动

D. 如果产出低于充分就业水平，那么 *AS* 曲线将向右移动

6. 当经济处于潜在国民生产总值水平时，政府支出增加的长期效果是（　　）。

A. 价格不变，产出在乘数作用下上升　　B. 价格下降，利率上升

C. 价格上升，产出不变　　D. 价格下降，产出不变

7. 关于短期总供给曲线，下列描述错误的是（　　）。

A. 凯恩斯主义的短期总供给曲线是一条水平线

B. 短期总供给曲线通常有“萧条区”“中间区”和“产量极限区”三个区域

C. 古典经济学的短期总供给曲线也类似于凯恩斯主义的短期总供给曲线

D. 古典经济学的短期总供给曲线是一条始终位于潜在收入水平的垂直线

8. 2008 年金融危机之后，日本出现了较高的失业率，此时我们可以假定其总供给曲线斜率为正。假如日本当局采取增加税收的政策，那么对日本经济的影响将是（　　）。

A. 价格上升，产量增加　　B. 价格上升，产量不变

C. 产量增加，价格不变　　D. 价格下降，产量减少

9. 假设已实现充分就业，且总供给曲线为一条垂直线，则减税会导致（　　）。

A. 实际产出水平和价格水平上升　　B. 价格水平上升，而实际产出不变

C. 实际产出上升，而价格水平不变　　D. 实际产出水平和价格水平均不变

10. 与上题中的假设相同，名义货币供给量增加会导致（　　）。

A. 实际货币供给增加　　B. 实际货币供给不变

C. 实际产出同比例增加　　D. 利率水平下降

11. 假设某国某年出现严重的自然灾害，使当年所有农作物产量锐减，则会出现（　　）。

A. 总供给减少、价格水平上升、国民收入减少的滞胀现象

B. 总供给减少、价格水平下降、国民收入减少的经济衰退现象

C. 总需求减少、价格水平上升、国民收入减少的滞胀现象

D. 总需求减少、价格水平下降、国民收入减少的经济衰退现象

12. 在需求约束均衡条件下，（　　）。

A. 增加 *AD* 和 *AS* 均不会提高国民收入

B. 增加 *AD* 和 *AS* 均可以提高国民收入

C. 增加 *AD* 不会提高国民收入，但增加 *AS* 可以提高国民收入

D. 增加 *AD* 可以提高国民收入，但增加 *AS* 不会提高国民收入

13. 信息革命会使得（　　）。

A. 短期和长期总供给曲线都左移

B. 短期和长期总供给曲线都右移

C. 短期总供给曲线不变，长期总供给曲线右移

D. 短期总供给曲线右移，长期总供给曲线不变

14. *AD* 曲线和 *LRAS*（长期总供给）曲线的交点表示（　　）。

A. 充分就业

B. 充分就业，产品市场和货币市场同时均衡

C. 货币市场均衡，产品市场均衡

D. 都不正确

15. 长期总供给的影响因素不包括（　　）。

A. 技术进步　　B. 人口增长

C. 储蓄增加　　D. 资本存量增加

16. 当总供给曲线为正斜率，单位原材料的实际成本增加时，总供给曲线会移向（　　）。

A. 右方，价格水平下降，实际产出增加

B. 左方，价格水平下降，实际产出增加

C. 右方，价格水平上升，实际产出减少

D. 左方，价格水平上升，实际产出减少

17. 如果工人生产率提高了一倍，而工资不变，总供给曲线会（　　）。

A. 内移　　B. 外移　　C. 位置不变　　D. 不确定

18. 当一国经济存在大量的闲置资源时，（　　）。

A. 总需求的增加对产出没有影响

B. 总供给通常不会发生变动

C. 总需求的增加使产出增加，对价格几乎没有影响

D. 总供给的增加使产出增加及价格提高

19. 对于长期总供给曲线，下列说法正确的是（　　）。

A. 如果价格水平上涨，曲线向右平移

B. 如果税收增加，曲线向左平移

C. 如果劳动生产率提高，曲线向右平移

D. 如果政府支出减少，曲线向左平移

20. 为应对 2008 年金融危机的影响，我国政府及时出台了 4 万亿元投资政策，并配以适度宽松的货币政策，放松信贷，增加货币供给。货币供给量的增加会使（　　）。

A. *LM* 曲线向左上方移动　　B. *IS* 曲线向左上方移动

C. *AS* 曲线向右上方移动　　D. *AD* 曲线向右上方移动

21. 在通常情况下，总需求曲线向右下方倾斜是由于（　　）。

A. 价格水平上升时，投资会减少　　B. 价格水平上升时，消费会减少

C. 价格水平上升时，净出口会减少　　D. 以上几个因素都是

22. 在宏观经济学的基本假定中，投资支出是利率的函数，因此，当投资支出对利率变化比较敏感时，（　　）。

A. 总需求曲线更趋平缓　　B. 总需求曲线更趋陡峭

C. 对总需求曲线无影响　　D. 总供给曲线更趋平缓

23. 在（　　）的情况下，*AD* 曲线将更加陡峭。

A. 货币需求对国民收入不敏感

B. 所得税税率降低

C. 投资对利率比较敏感

D. 货币需求对利率比较敏感

24. 长期以来中国一直存在着内需不足的问题，中国政府也一直通过政策来调整中国的总需求，以下政策对总需求曲线的影响正确的是（　　）。

A. 当其他条件不变时，政府支出减少时会右移

B. 当其他条件不变时，价格水平上升时会左移

C. 当其他条件不变时，税收减少时会左移

D. 当其他条件不变时，名义货币供给增加时会右移

25. 当经济沿着给定的总需求曲线移动时，（　　）将保持不变。

A. 实际收入　　B. 名义货币供给

C. 物价总体水平　　D. 实际货币余额

26. 下列哪种说法解释了总需求曲线向下倾斜的原因？（　　）

A. 较低的物价水平使实际余额增加，因此 *LM* 曲线右移，且收入水平上升

B. 较低的物价水平迫使央行增加货币供给，因此 *LM* 曲线右移，且收入水平上升

C. 较低的物价水平使政府减少了税收，因此 *IS* 曲线右移，且收入水平上升

D. 以上均正确

27. 根据 IS—LM 模型，总需求曲线向右移动的原因可能是（ ）。

A. 名义货币量不变，物价水平上升

B. 名义货币量不变，物价水平下降

C. 名义货币量与物价水平都不变，政府购买增加

D. 名义货币量与物价水平都不变，政府购买减少

28. 根据 IS—LM 模型，引起沿着总需求曲线向左上方移动的原因可能是（ ）。

A. 自发支出不变，名义货币供给不变，物价水平上升

B. 自发支出不变，名义货币供给不变，物价水平下降

C. 名义货币供给与物价水平不变，自发支出增加

D. 名义货币供给与物价水平不变，自发支出减少

29. 当劳动的边际产出函数 $MP_N=802-2N$，产品的价格水平是 2 美元，每单位劳动的成本是 4 美元时，劳动的需求量是（ ）。

A. 40 单位　B. 399 单位　C. 400 单位　D. 500 单位

30. 宏观经济理论中的古典模型主张的总供给曲线是（ ）。

A. 垂直线　B. 反 L 形折线

C. 向右上方倾斜的曲线　D. 向右下方倾斜的曲线

31. 在下列哪种情况存在时，总供给与价格水平正相关？（ ）

A. 摩擦性与结构性失业存在

B. 劳动供给立即对劳动需求的变化做出调整

C. 劳动需求立即对价格水平的变化做出调整，但劳动供给不受影响

D. 劳动供给立即对价格水平的变化做出调整，但劳动需求不受影响

32. 古典总供给曲线存在的前提是（ ）。

A. 产出水平由劳动供给等于劳动需求的就业水平决定

B. 劳动市场的均衡不受劳动供给曲线移动的影响

C. 劳动需求和劳动供给立即对价格水平的变化做出调整

D. 劳动市场的均衡不受劳动需求曲线移动的影响

33. 下列哪种情况会导致总供给曲线向右移动？（ ）

A. 其他情况不变而厂商对劳动的需求增加

B. 其他情况不变而所得税增加

C. 其他情况不变而原材料涨价

D. 其他情况不变而劳动生产率下降

34. 垂直的长期总供给曲线表明，如果价格可以充分调整，那么（ ）。

A. 在任何价格水平下，潜在的和实际的国民收入都是一致的

B. 产出仅仅取决于总需求水平

C. 均衡的实际国民收入不能确定

D. 价格水平仅由总供给确定

35. 在下列选项中，可能造成总供给曲线向右上方倾斜的是（ ）。

A. 在所有产品提价时，工人认识到了自己生产产品的相对价格没有发生变化

B. 政府实行投资津贴政策

C. 政府扩大基础设施建设

D. 工资黏性

36. 投资增加会使价格水平短期（　　），长期（　　）。

A. 提高；进一步提高　　B. 提高；下降

C. 下降；进一步下降　　D. 下降；提高

37. 若宏观经济的均衡产出低于潜在产出，则在政府不干预的情况下，产出将（　　），价格水平将（　　），最终实现充分就业。

A. 减少；上升　　B. 减少；下降

C. 增加；上升　　D. 增加；下降

四、简答题

1. 总供给曲线的理论来源是什么?

2. 影响总供给曲线移动的因素都有哪些?

3. 影响总需求曲线移动的因素都有哪些?

4. 试通过黏性价格模型推导常规总供给曲线的方程。

5. 总供给曲线在短期、中期、长期形状会有何不同?

6. 在西方经济学中，总需求是短期中影响国民总产出的最重要因素。请问：

(1) 总需求主要包括哪些内容?

(2) 减税政策会怎样影响总需求?

(3) 政府在公开市场买进债券又会怎样影响总需求?

7. 简要说明总需求曲线的推导过程。

8. 试用黏性工资理论推导说明总供给曲线是向上倾斜的。

9. 试推导现代主流经济学的短期总供给曲线并指出其经济含义。

10. 利用总供求模型的图形，说明物价下跌是如何产生的。

11. 对微观经济学的供求模型和宏观经济学的 *AD*—*AS* 模型加以比较，并说明二者的异同。

12. 说明收入—支出模型、*IS*—*LM* 模型、*AD*—*AS* 模型之间的内在联系。

13. 请运用总需求曲线和总供给曲线的互动，说明宏观经济的萧条、高涨和滞胀的状态。

14. 比较 *AS*—*AD* 模型和 *IS*—*LM* 模型中政府购买增加的挤出效应机制。

15. 假设某岛国初始处于长期均衡，产出等于自然产出水平，政府财政盈余太高，因此该国计划减少税收以减少财政盈余。

(1) 运用 *AD*—*AS* 模型，画图并简述减税对价格水平和产出的短期与长期影响。

(2) 运用 *IS*—*LM* 模型，画图并简述减税对利率和产出的短期与长期影响。

16. 假设经济在开始时处于长期均衡状态，分别分析以下各个事件对经济的影响：

(1) 社会盛行节俭之风，家庭普遍决定压缩消费支出（表现为在 $c=\alpha+\beta y_d$ 中 α、β 同时下降）。

（2）今年全球洪涝灾害非常严重，导致全球大量农作物被淹死。

（3）人民币升值了。

（4）由于民族情绪爆发，中日互停贸易往来。

五、证明题

用数学方法证明宏观经济学中的总需求函数 $y=f(P)$ 的斜率为负数（设 $c=\alpha+\beta y$，$i=e-dr$，$L=ky-hr$）。

六、计算题

1. 假定经济由四部门组成：$y=c+i+g+nx$，其中，消费 $c=300+0.8y_d$；投资 $i=200-1\,500r$；政府购买 $g=200$，税率 $t=0.2$；净出口函数 $nx=100-0.04y-500r$；实际货币需求 $L=0.5y-2\,000r$；名义货币供给 $M=550$。

（1）试求总需求函数。

（2）求价格水平 $P=1$ 时的利率和国民收入，并证明私人部门、政府部门和国外部门的储蓄总和等于企业投资。

2. 假定某国经济的总量生产函数为 $y=5K^{0.2}N^{0.8}$，且 $K=32$。

（1）试求用实际工资表示的劳动力需求函数。

（2）试求以实际工资为自变量的产出表达式。

（3）根据黏性工资模型，假设名义工资固定在 $W=2$，求总供给曲线的方程。

3. 设某一两部门经济由下述关系式描述：消费函数为 $c=100+0.8y$，投资函数为 $i=150-600r$，货币需求函数为 $L=0.2y-400r$，名义货币供给量为 $M=150$。

（1）试求 *IS* 方程、*LM* 方程。

（2）试求总需求函数。

（3）若 $P=1$，均衡的收入和利率各为多少？

（4）若该经济的总供给函数为 $y=425+150P$，求均衡的收入和价格水平。

4. 设总供给曲线 *AS* 为 $Y_s=2\,000+P$，总需求曲线 *AD* 为 $Y_d=2\,400-P$。

（1）求均衡点。

（2）如果总需求曲线向左平移 10%，求新均衡点，并与（1）比较。

（3）如果总需求曲线向右平移 10%，求新均衡点，并与（1）比较。

（4）如果总供给曲线向左平移 10%，求新均衡点，并与（1）比较。

5. 假定在产品市场上消费 $c=90+0.8y_d$，投资 $i=150-6r$，税收 $T=100$，政府支出 $g=100$；在货币市场上，名义货币供给 $M=200$，价格水平 $P=1$，货币需求函数 $L=0.4y-4r$。劳动供给为 $N_s=70+5\dfrac{W}{P}$，劳动需求为 $N_d=175-12.5\dfrac{W}{P}$。

（1）求均衡产出 y、利率 r、就业量 N 及名义工资 W。

（2）在价格水平保持不变时，增税 20 元，货币市场和产品市场的均衡如何变化？

（3）若要保持原有的均衡产出不变，计算增税引起的价格水平的变化及对 LM 曲线的影响。

（4）求解不同价格水平下的总需求函数。

6. 已知经济中的消费函数为 $C=200+0.75\times(Y-T)$，投资函数为 $I=200-25r$，实际余额需求为 $L=Y-100r$，r 表示实际利率，令 G、M 和 P 分别表示政府购买、名义货币供给量和价格水平。

（1）推导该经济中的 IS 曲线、LM 曲线和 AD 曲线。

（2）计算政府购买增加 1 单位导致的利率、产出的变动量及挤出效应。

（3）如果名义货币供给量增加 1 单位，产出的变动量是多少？解释名义货币供给量的变动为什么具有产出效应。

（4）如果已知条件中描述的是古典长期经济，总产出由生产能力预先确定，分析政府购买 G、名义货币供给量 M 的增加产生的结果。

（5）如果进口函数为 $M=100+0.05Y$，求开放经济的 IS 曲线。

7. 假定在一个四部门经济中，消费 $c=800+0.8y_d$，投资 $i=200-80r+0.1y$，净出口 $nx=100-0.1y-20r$，货币需求 $L=0.3y-100r$，政府购买 $g=300$，税收 $T=0.25y$，名义货币供给量 $M=700$。

（1）试求 AD 方程。

（2）假如价格水平始终保持不变且为 1，根据题意，若政府购买增到 370，求解这样的政府购买增加会产生多大的挤出效应。

8. 已知某宏观经济中的总量生产函数 $y=K^{\alpha}N^{\beta}$，$\alpha+\beta=1$，K 和 N 为两个生产要素，它们相应的价格分别为 C 和 W，产出 y 的价格为 P，请回答以下问题：

（1）写出劳动需求函数。

（2）写出总供给函数。

（3）设 $\alpha=\beta=0.5$，$K=500$，$W=25$，$W/P=1$，写出现代主流经济学的常规总供给函数和古典学派的总供给函数。

9. 设在某封闭经济内，在劳动市场上，供给函数为 $N^s=70+5\dfrac{W}{P}$，需求函数为 $N^d=160-10\dfrac{W}{P}$。在产品市场上，总产出函数为 $y=15N-0.01N^2$，投资 $i=300-4\,000r$，消费 $c=95+0.75y_d$，税收 $T=100+0.2y$，政府购买为 g；在货币市场上，名义货币供给量为 M，货币需求为 $L=0.2y-2\,000r$。

（1）写出 IS 方程、LM 方程以及总需求函数。

（2）假设工资和物价是灵活的，写出总供给函数。

（3）若 $g=400$，$M=200$，计算均衡的产量、价格、工资和利率水平。

（4）若其他条件不变，货币供给量扩大为 300，求新的总需求曲线、均衡产量、物价、工资和利率。

10. 由三部门组成的经济的消费函数 $c=80+0.8y_d$，投资函数 $i=20-5r$，货币需求函数 $L=0.4y-10r$，政府购买 $g=20$，税收 $T=0.25y$，名义货币供给量 $M=90$，充分就业的国民收入为 285。

（1）若价格水平 $P=2$，则 IS—LM 决定的均衡国民收入与利率各为多少？

（2）若总供给曲线为 $y=235+40P$，则总需求曲线与总供给曲线决定的均衡国民收入和价格各为多少？

（3）若通过变动政府购买而实现充分就业，则政府购买的变动量与价格水平是多少？

（4）若通过变动名义货币供给量而实现充分就业，则需要如何变动名义货币供给量？

11. 假设 AD—AS 模型为 $y=\bar{y}+25(P-P^e)$，$y=50+4M-50P$，这里 $\bar{y}$、P^e 分别为充分就业的产出、预期价格。

（1）在经济处于均衡状态时，$\bar{y}=100$，$P=1$，请计算货币存量水平 M。

（2）若货币当局没有预期地突然决定将该货币存量降低 30%，那么，价格 P 和收入 y 各为多少？

（3）当经济恢复长期均衡时，价格 P 和收入 y 又分别为多少？请画图说明调整过程。

12. 假定一国总消费、总投资、总货币需求函数分别为 $C=C_y\times Y$，$I=I_y\times Y+I_r\times r$，$M/P=L_y\times Y+L_r\times r$，根据下表中的宏观经济数据回答问题：

总消费	总投资	M/P	总生产	利率	价格指数
80	9.75	79.75	100	5	1
84	10.3	83.8	105	4	1
88	10.8	87.8	110	4	1

（1）估计方程组的参数 C_y，I_y，I_r，L_y，L_r。

（2）写出这个国家的 IS 方程 $r=IS(Y,G,NX)$ 和 LM 方程 $r=LM(Y,M,P)$，以及总需求方程 $P=D(Y,G,NX,M)$ 和总供给方程 $P=S(Y)$。

（3）增加 1 单位财政支出 G、1 单位净出口 NX 和 1 单位名义货币供给量 M 将使总产出和物价水平变动多少？

13. 设一个经济的总需求方程为 $y=600+g+M/P_t$，价格调整方程为 $\pi_t=\pi^e+(y_{t-1}-y^*)/y^*$。其中，$P_0=1$，$P_t=P_{t-1}+\pi_t$，自然总产出 $y^*=1\ 500$，政府购买 $g=200$，名义货币供给量 $M=550$，预期的通货膨胀率 $\pi^e=\pi_{t-1}$，$\pi_0=0$。试求这个经济从 $t=0$ 开始至 $t=3$ 的运行路径（即按顺序列出各期的通货膨胀率、价格水平和总产出）。

★14. 假设在一个生产能力过剩的经济中，消费函数为 $c=200+0.75(y-T)$，计划投资、政府购买和税收都是 100，请回答如下 9 个问题：

（1）均衡的收入水平是多少？均衡的储蓄水平是多少？

（2）如果政府购买增加到 125，新的均衡收入是多少？

（3）假设充分就业的收入为 1 600，政府要实现充分就业，如果采取调整政府购买政策，政府购买应该是多少？如果采取税收政策，税收应该是多少？平衡预算政策能否实现同样的目标？为什么？

（4）当一个社会变得更加节约时，比方说，边际消费倾向从 0.75 降为 0.70 时，均衡收入是增加了还是减少了？（通过计算说明。）

（5）你对（4）的回答被称为节俭悖论，请用所学原理解释为什么会存在节俭悖论。

（6）你怎样理解消费和储蓄的关系？储蓄是不是越少越好？为什么？

（7）假设这个经济受到货币市场的影响，货币需求函数为 $L=y-100r$，同时投资不再是 100，而是随着利率的变化而变化：$i=200-25r$。如果货币量为 1 000，物价水平为 2，请问均衡的收入水平是多少？

（8）延续（7）的条件，如果中央银行将货币供给从原来的 1 000 增加到 1 200，新的均衡收入是多少？请用经济学原理解释为什么收入会有这样的变化。

（9）你能否推导出总需求方程？

★15. 假设一个国家的宏观经济可以表述为下面三个方程：

商品市场均衡 IS 曲线：$y=c(y)+i(y,\ r)+g$，其中 $c_y=\frac{\mathrm{d}c}{\mathrm{d}y}\in(0,\ 1)$，$i_y>0$，$i_r<0$。货币市场均衡 LM 曲线：$\frac{M}{P}=L(y,\ r)$，其中 $L_y>0$，$L_r<0$。短期总供给 AS 曲线：$P=Ay$，$A>0$。请回答以下问题：

（1）利用全微分公式［即对于可微函数 $y=f(x_1,\ x_2)$，有 $\mathrm{d}y=f_1\mathrm{d}x_1+f_2\mathrm{d}x_2$，其中 $f_i=\frac{\partial f}{\partial x_i}$］，将三个方程写为 $H\times\begin{bmatrix}\mathrm{d}y\\ \mathrm{d}r\\ \mathrm{d}P\end{bmatrix}=\begin{bmatrix}\mathrm{d}g\\ \mathrm{d}M\\ \mathrm{d}A\end{bmatrix}$ 的形式，其中 H 为 3×3 阶矩阵。

（2）证明当 $\frac{1-c_y-i_y}{i_r}<-\frac{L_y}{L_r}$ 时，行列式 $|H|<0$，参照 IS—LM 曲线的斜率，说明这一条件的经济学含义。利用克莱姆法则，分析 $\frac{\mathrm{d}y}{\mathrm{d}g}$、$\frac{\mathrm{d}y}{\mathrm{d}M}$ 和 $\frac{\mathrm{d}y}{\mathrm{d}A}$ 的正负号，并说明其经济学含义。

七、论述题

1. 有人说，在宏观经济分析中，短期看需求，长期看供给。如何理解这句话？
2. 试用总需求—总供给模型分析经济的长期动态调整过程。

习题答案

一、名词解释

1. **【答案】** 总需求是指整个经济社会在每一个价格水平下对产品和劳务的需求总量，它由消费需求、投资需求、政府需求和国外需求构成。总需求函数表示产品市场和货币市场同时达到均衡时的价格水平与国民收入之间的对应关系，描述这一函数的曲线被称为总需求曲线。在以价格为纵轴、产出为横轴的坐标中，总需求曲线向右下方倾斜。

总需求曲线向右下方倾斜有以下这些原因：（1）利率效应。价格水平变动引起利率同方向变动，进而使投资和产出水平反方向变动。（2）财富效应。价格水平上升（下降），使人们所持有货币的购买力降低（提高），人们会变得相对贫穷（富裕），于是人们的消费水平就相应地降低（提高）。（3）汇率效应。价格上升或下降引起净出口减少或增加。

2. **【答案】** 财富效应也称实际余额效应，是指由于价格水平上升，人们所持有货币的购买力降低，人们变得相对贫穷，于是人们的消费水平就相应地减少，反之，价格水平下降则消费增加。由财富效应可以看到社会的需求总量和价格水平之间具有反方向变动关系。财富效应首先是由英国经济学家 A.C. 庇古于 1943 年提出来的，最初被称作庇古效应，在 20 世纪五六十年代由帕廷金加以发展，而后，财富效应成为由弗里德曼发展起来的现代货币数量论的组成部分。

3.【答案】总供给是指经济社会在每一价格水平上提供的产品和劳务的总量，总供给函数表示总产出与一般价格水平之间的对应关系，描述这种关系的曲线被称为总供给曲线。在以价格为纵轴、产出为横轴的坐标系中，总供给曲线向右上方倾斜。

总供给曲线是根据生产函数和劳动市场的均衡推导得到的，当资本存量一定时，总产出水平随着就业量的增加而提高，但边际产出递减。就业量取决于劳动市场的均衡，劳动需求等于劳动供给决定了劳动市场的均衡就业量。总供给曲线的斜率取决于劳动市场对货币工资变动能作何反应的假定。在短期，就业量的变化是引起总供给水平变化的最重要的因素；在长期，资本积累的变化、技术进步等都会影响总供给水平。

4.【答案】如果工资和物价可以自由变化，那么，就业量的决定就会完全独立于价格水平的变化。因为物价上升时，名义工资水平就会同比例上升，劳动市场将恢复到原来的均衡状态，就业量也恢复到原来的水平。这样，就业量就不随着物价水平的变化而变化，从而总产出也不随着价格水平的变化而变化。因此，当价格水平具有完全的伸缩性时，实际产出量主要由潜在产出决定，不受价格水平的影响。总供给曲线是一条位于充分就业产出水平的垂直线，可被称为长期总供给曲线或古典总供给曲线。

5.【答案】当名义工资具有向下调整的黏性时，总供给曲线就是一条向右上方倾斜的曲线。这时，在现实经济中即使存在失业，工资水平也不会下降；但当劳动力处于过度需求状态时，工资却可向上调整。这样，在黏性的名义工资水平下，如果物价上升，实际工资水平就会下降，劳动力需求就会扩大，经济的就业量和总产出就会增加，总供给曲线就会向上倾斜，总产出随着价格水平的提高而提高。可把这条供给曲线称为常规总供给曲线。

6.【答案】物价水平是货币需求量的一个决定因素。物价水平越低，家庭购买它想要的产品与劳务需要持有的货币就越少。因此，当物价水平下降时，家庭通过把一些钱借出去而努力减少货币持有量。例如，家庭会用它的超额货币去购买有利息的债券。或者，家庭也许会把超额货币存入有利息的储蓄账户，而银行将用这些资金发放更多的贷款。在这两种情况下，由于家庭努力把自己的一些货币换为有利息的资产，因而对货币的需求减少，利率下降。反过来，较低的利率又鼓励想为新工厂和设备投资的企业和想为新住房投资的家庭借款。因此，较低的物价水平降低了利率，鼓励了更多的投资，从而增加了对产品与劳务的需求量。

二、 判断题

1～5：TFTFF　　　　6～10：TTFTF　　　　11：F

1.【答案】T。扩张性财政政策和货币政策都会导致总需求曲线右移。货币供给增加是扩张性货币政策，总供给曲线越平坦，则货币供给增加导致总需求曲线右移所带来的国民收入增加就越大。

2.【答案】F。P 是总需求曲线的内生变量，P 变化只会使均衡点沿着总需求曲线移动。只有外生变量（P 和 Q 以外的变量）的变动才会引起总需求曲线形状、位置的变化。

3.【答案】T。攀比效应是指一种赶潮流的欲望，即想拥有一件几乎所有人都已拥有的商品，或想沉溺于时髦之中。攀比效应反映了消费者的商品需求量随着其他消费者购买数量的增加而增加的情形，因而攀比效应增加了需求量对价格变动的反应，从而使得需求更富有弹性，即产品市场的需求曲线更加平坦。

4.【答案】F。增加货币供给必然会推动总需求扩张，这时石油价格上升意味着总供给曲线向左上方移动，总需求和总供给新的均衡意味着价格水平的上升。显然，这不符合央行维持价格稳定的目标。

5.【答案】F。短期总供给曲线揭示的是价格水平与收入（或产出）之间的函数关系，其斜率反映的是价格调整机制，而非利率调整机制。

6.【答案】T。这是凯恩斯主义的基本假设，凯恩斯主义产生于 20 世纪 30 年代，当时西方世界都处于严重的大萧条时期，经济社会存在大量的失业人口和生产力，凯恩斯的最重要的著作《就业、利息和货币通论》基本上是针对这种状态而撰写的。

7.【答案】T。黏性工资模型认为工人与企业的合约是长期合约，在经济状况变化时，名义工资并不能迅速调整。黏性工资模型在这种黏性下分析物价水平和产出水平的变化情况，进而解释短期总供给曲线的向右上方倾斜。利率上升或者说产出增加并不一定意味着工资上涨。

8.【答案】F。向上倾斜的总供给曲线的方程为 $y=y_f+\lambda(P-P^e)$，式中，只有 y 和 P 是内生变量，y_f、λ、P^e 均为外生变量。内生变量（如实际物价水平 P）的变化会导致曲线上的点沿原曲线移动；外生变量（如预期物价水平 P^e）的变化会导致曲线位置的改变。因此，价格水平的非预期上升（即 P 上升）会使均衡点沿原总供给曲线右移；价格水平预期中的上升（即 P^e 上升）会使原总供给曲线左移。

9.【答案】T。长期总供给曲线在图形上表示为一条垂直于横轴的直线，其所表示的产出水平为经济中的潜在产出水平。

10.【答案】F。短期总供给曲线为一条向右上方倾斜的直线，而长期总供给曲线是一条垂直于横轴的直线。

11.【答案】F。长期总供给水平表示的是经济中的潜在产出（或称自然产出）水平，在这个水平经济中的各要素都得到了充分利用，此时的失业率达到自然失业率水平，并不是说经济中不存在失业。

三、选择题

1～5：CABDC	6～10：CCDBB	11～15：ADBBC	16～20：DBCCD
21～25：DADDB	26～30：ACACA	31～35：CCAAD	36～37：AD

1.【答案】C。AD 曲线是由 IS—LM 曲线的均衡点推导而来的，IS—LM 曲线的均衡点表示产品市场和货币市场的均衡，与劳动市场是否均衡没有关系。

2.【答案】A。总需求分为消费需求（消费）、投资需求（投资）、政府需求（政府购买）以及国外需求（净出口）。

3.【答案】B。紧缩性货币政策使 AD 曲线向左下方移动，会导致价格水平下降和产出下降，从而降低通货膨胀率，但产出的下降同时导致了失业率的上升。

4.【答案】D。首先区分短期、中期与长期总供给曲线的区别。凯恩斯主义认为，由于价格在短期（几个月或更短）固定，厂商可以在给定的价格水平下提供无限量商品而不会引起原材料的价格等成本上升，因此短期总供给曲线是水平的。古典模型则对长期中垂直的总供给曲线做出阐述。在长期，工资和物价都具有充分伸缩性，名义工资将与物价按相同比例变动，产量将保持在充分就业水平，因此长期总供给曲线是一条垂直线。中期总供给曲线适用于几年的情况，这种总供给曲线向上倾斜，因为工资和价格的调整是缓慢的，而且不一样。

如图 15-2（a）所示，政府购买增加会使 IS 曲线右移，同时名义货币供给量减少会使 LM 曲线左移，这两方面的共同作用会使利率上升，但是收入的变化是不确定的。如图 15-2（b）所示，政府购买增加会使总需求曲线从 AD_1 右移到 AD_2，而名义货币减少又会使总需求曲线从 AD_2 左移到 AD_3（或 AD'_3），AS 曲线不变，这样总需求和价格的变化也是不确定的。

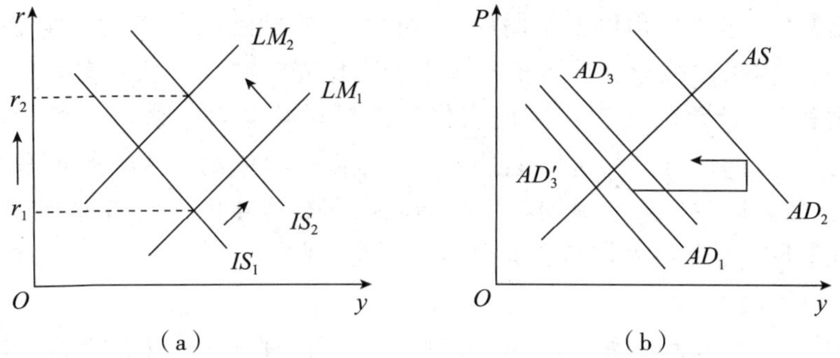

图 15-2　政府购买增加及名义货币供给量减少

5.【答案】C。选项 A：根据黏性工资理论，如果工资对失业率的变化不敏感，即当失业率波动较大（也即收入的变化较大）时，对工资的影响较小（也即价格的变化较小），从而价格对收入的变化不敏感，AS 曲线较平坦。选项 D：如图 15-3 所示，当产出低于充分就业水平 y_f 时，在总需求曲线不变的条件下，由于失业率较高，劳动市场供大于求，随着时间的推移，工资会逐渐下降并带动物价水平下降，从而预期价格水平 P^e 下降，AS

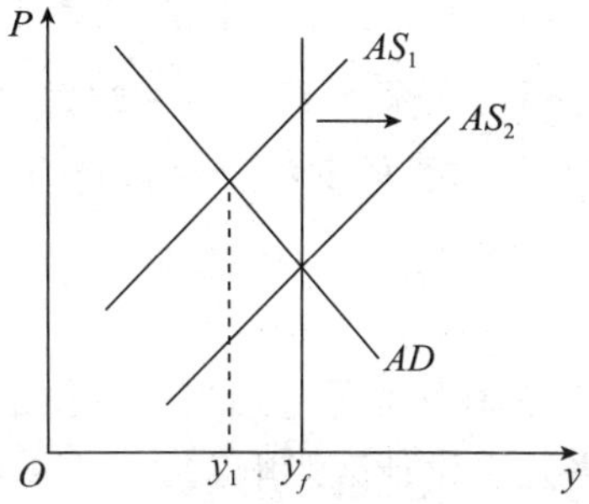

图 15-3　AD—AS

曲线右移直到达到充分就业水平 y_f。选项 B、C：AS 曲线为 $y=y_f+\lambda(P-P^e)$，如果实际通货膨胀率高于预期通货膨胀率，即 $P>P^e$，则 $y>y_f$，根据对选项 D 的分析可知，AS 曲线会左移。

【提示】AS 曲线与附加预期的菲利普斯曲线是描述同一件事情的两个不同视角，AS 曲线中的 P 和 P^e 对应后者中的 π 和 π^e。

6. **【答案】**C。此时 AS 曲线垂直，产能无法增加，产出就无法增加，如果需求增加，只会引起需求拉动的通货膨胀。

7. **【答案】**C。古典经济学假定在劳动市场中工资具有灵活变动性质，劳动市场经常可达到出清状态，故古典短期总供给曲线是一条始终处于潜在收入水平的垂直线。

8. **【答案】**D。增加税收是一种紧缩性财政政策，而财政政策和货币政策都是需求管理政策，增加税收会减少总需求，使总需求曲线向左下方移动，在总供给曲线有正斜率的情况下，会导致价格下降，产量减少。

9. **【答案】**B。减税是一种扩张性财政政策，会刺激总需求的上升，导致总需求曲线向右上方移动，但是由于总供给曲线为垂直线，因此总需求曲线的移动并不能带来实际产出的增加，反而会促使价格水平上升，产生通货膨胀。

10. **【答案】**B。名义货币供给量增加，导致总需求曲线向右移动，在总供给曲线垂直的时候，右移的总需求曲线只会导致价格水平提高相同的幅度，从而实际货币供给不变。

11. **【答案】**A。严重的自然灾害使农作物产量锐减会对总供给造成冲击，使总供给曲线向左移动，一方面使农产品价格上升，另一方面使总供给减少，从而导致成本推动的通货膨胀，国民收入减少，经济衰退，出现滞胀，即经济停止增长和通货膨胀并存。

12. **【答案】**D。需求约束是指造成总需求不足、收入偏低的原因在需求方面，因此只有增加总需求才能变动收入。

13. **【答案】**B。信息革命是一种技术进步，会间接促进生产力的提高，因此短期和长期总供给曲线都将因为信息革命而向右移动。

14. **【答案】**B。AD 曲线由 IS—LM 模型推导而来，其上各点都满足货币市场和产品市场均衡，而 $LRAS$ 曲线上的点都是充分就业点。

15. **【答案】**C。影响长期总供给的因素有人口增长、技术进步、资本存量增加等，一般来说影响长期总供给的都是外生因素，所以储蓄不影响长期总供给。

16. **【答案】**D。单位原材料的实际成本增加是一种对总供给的冲击，会导致总供给减少，总供给曲线左移，从而使价格水平上升，实际产出减少。

【提示】短期总供给曲线的移动与微观经济学中供给曲线的移动，基本原理是相同的，不同的是总供给曲线的移动因素里还包括预期价格 P^e。

17. **【答案】**B。在工资不变的情况下劳动生产率提高会增加总供给，使总供给曲线向右移动，即外移。

18. **【答案】**C。经济存在大量闲置资源，相当于总供给曲线处在水平部分，因此增加总需求会使产出增加，而对价格几乎没什么影响。

19. **【答案】**C。四个选项中只有劳动生产率提高才能影响长期总供给。税收和政府支出是影响总需求的政策，而价格水平一般被认为是内生变量，不会影响曲线的移动。

20.【答案】D。货币供给量增加是扩张性货币政策，扩张性财政、货币政策都会使总需求曲线右移。货币供给量增加也会使 *LM* 曲线右移，但不影响 *IS* 曲线的位置。

21.【答案】D。当价格水平上升时，根据凯恩斯的货币需求函数，实际利率上升，因而投资减少，消费也减少。价格水平上升会导致出口下降，进口增加，因而净出口也会减少。

22.【答案】A。当投资支出对利率变化比较敏感时，价格下降 1 单位，引起利率下降对应的 1 单位，但这会导致投资支出大幅度增加，产出也就大幅度增加，即价格的变化对应于更多的产出变化，总需求曲线更加平缓。

23.【答案】D。设消费函数为 $c=\alpha+\beta(1-t)y$，投资函数为 $i=e-dr$，代入 $y=c+i$ 得：

$$r=\frac{\alpha+e}{d}-\frac{1-\beta(1-t)}{d}y \qquad ①$$

设货币需求函数为：$L=ky-hr$，代入 $L=M/P$，得：

$$r=-\frac{M}{hP}+\frac{k}{h}y \qquad ②$$

联立①②，消去 r，得 *AD* 曲线方程：

$$y=\frac{h(\alpha+e)}{h[1-\beta(1-t)]+kd}+\frac{Md}{h[1-\beta(1-t)]+kd}\cdot\frac{1}{P}$$

其一阶导数为：

$$\frac{\mathrm{d}y}{\mathrm{d}P}=-\frac{M}{\dfrac{h[1-\beta(1-t)]}{d}+k}\cdot\frac{1}{P^2}$$

AD 曲线陡峭即 $\left|\frac{\mathrm{d}P}{\mathrm{d}y}\right|$ 较大，也就是 $\left|\frac{\mathrm{d}y}{\mathrm{d}P}\right|$ 较小。

货币需求对国民收入不敏感，即 k 较小，则 *AD* 曲线更平缓，A 错。所得税税率小，即 t 较小，*AD* 曲线也是更平缓，B 错。投资对利率敏感，即 d 较大，*AD* 曲线还是更平缓，C 错。货币需求对利率敏感，即 h 较大，*AD* 曲线更陡峭，D 正确。

也可以换一种方式来理解。P 下降则 M/P 增加，所以 P 下降相当于货币供给 M 增加的效果，会引起利率 r 下降，投资 i 增加，最终均衡收入 y 增加。在这个过程中，导致最终均衡收入增量 Δy 变小的因素，就是使得 *AD* 曲线陡峭的因素。

P 下降即 M/P 增加后，投资 i 上升，收入 y 增加。此时 k 较小则 y 增加后交易性货币需求 L_1 增幅较小，导致投机性货币需求的供给较多，也会引起利率进一步下降，投资进一步增加，均衡收入增量 Δy 也就更大，所以 *AD* 曲线更平缓。

所得税税率降低即 t 较小，这使得投资乘数更大，投资增加后 *IS* 曲线右移幅度更大，也导致 Δy 更大，*AD* 曲线更平缓。

投资对利率敏感，则利率下降后投资增加比较多，也会导致 Δy 更大，*AD* 曲线更平缓。

如果货币需求对利率更敏感，价格下降导致 M/P 增加，引起利率下降，但利率只需要下降一点点，对利率敏感的货币需求就实现了新的供求均衡，所以投资增幅也就少了，Δy 也就少了，AD 曲线更陡峭了。

【提示】前面使用的数学方法是编者更推荐的方法，这个方法出错的概率更小。后面使用的是经济学逻辑推理，对经济学功底要求更高，考场上不太推荐使用，但平时练习时却强烈建议多用，因为只有你能从经济学逻辑上把结论推出来，你才真正地理解了它，这对于夯实经济学基础很重要。

24. **【答案】**D。名义货币供给增加是扩张性货币政策，在同一价格水平，利率水平会下降，刺激投资增加进而增加产出，因而在同一价格水平下产出变大，总需求曲线向右移动。政府支出减少是紧缩性财政政策，会降低总需求，导致总需求曲线向左移动。减少税收是一种扩张性财政政策，会使总需求曲线向右移动。价格水平是内生变量，它的变化只使对应点沿同一条总需求曲线移动，不会引起总需求曲线的移动。

25. **【答案】**B。名义货币供给的变化会影响总需求，导致总需求曲线移动，因此当经济沿着给定的总需求曲线移动时，名义货币供给是不变的。

26. **【答案】**A。物价水平下降使实际货币供给增加，其效果相当于扩张性货币政策，从而导致 LM 曲线右移，在 IS 曲线不变的情况下，总产出增加，收入水平上升，其他选项本身毫无逻辑性。

27. **【答案】**C。名义货币量和物价水平保持不变，政府购买增加是扩张性财政政策，通过刺激总需求导致总需求曲线右移。选项 A、B 都会导致经济均衡点沿总需求曲线移动。

【提示】总需求曲线左右移动和沿着总需求曲线的移动是两种不同的经济活动，前者要求保持物价水平不变，而后者要求物价水平发生变化，这一点和微观经济学里需求与需求量的变动、供给与供给量的变动是相同的。

28. **【答案】**A。详见前一题的解析。

29. **【答案】**C。劳动市场的均衡条件是产品的价格等于边际成本，$2\times(802-2N)=4$，解得 $N=400$ 单位。

【提示】同样的原理在微观经济学要素理论部分有讲。

30. **【答案】**A。古典学派的依据是萨伊定律，即供给自动创造需求，这意味着工资和价格都是有充分弹性的，能迅速消除任何超额的供给和需求，使市场出清，并迅速恢复充分就业。古典宏观经济学家得出结论：经济总是在充分就业或潜在产出水平上运行，总供给曲线是在充分就业的产量水平上垂直的直线。

31. **【答案】**C。总供给与价格水平正相关即总供给曲线向右上方倾斜，促使总供给曲线向右上方倾斜的一个重要因素是投入要素价格的黏性。以价格上升为例，劳动力需求方（企业）对此做出的直接反应是增加产量，而此时若劳动力供给不受影响，则工资不变，企业增加产量通常能够盈利，因此更高的价格导致更高的总产量，总供给与价格水平正相关。

32. **【答案】**C。劳动需求和劳动供给立即对价格水平的变化做出调整是古典总供给曲线存在的前提。

33.【答案】A。厂商对劳动的需求增加说明厂商有扩大生产的需求，而其他情况不变保证了工资和价格水平没有随之提高，从而总供给增加，总供给曲线右移，选项 B、C、D 都会使厂商的总产量下降而导致总供给曲线左移。

34.【答案】A。垂直的长期总供给曲线表明，如果价格可以充分调整，产出始终在潜在产出水平上；对于选项 B，产出取决于总供给水平；对于选项 C，均衡的实际国民收入可以由总供给水平来确定；对于选项 D，价格水平由总需求决定。此题通过 AD—AS 曲线图可以很容易地得出正确答案。

35.【答案】D。A 中工人认识到了相对价格未变，这就有可能使总供给曲线不向右上方倾斜；B 作为总供给模型的外生变量，可能引起总供给曲线向右下方移动；C 是对总需求的影响；D 中工资黏性使得货币工资水平稳定，在这种情况下价格水平的上升会降低实际工资，使得企业支出的劳动成本下降，企业会因此增加雇员人数，进而使社会总产出提高，因此总供给曲线将向右上方倾斜。

36.【答案】A。投资增加肯定不会使价格水平短期下降，所以 C、D 可以排除。在短期，*AS* 曲线是向右上方倾斜的，投资增加使得 *AD* 曲线右移，价格上升；在长期，*AS* 曲线是垂直的，*AD* 曲线右移导致的价格上升幅度更大。

37.【答案】D。如图 15－4 所示，总需求曲线为 *AD*，短期总供给曲线为 $SRAS_1$，经济在 *A* 点达到均衡，均衡产出 $y<$ 潜在产出 y_f，此时由于未实现充分就业，生产资源供过于求，长期内工资下降，生产成本减少，导致短期总供给曲线右移。这一过程直到新均衡产出等于潜在产出为止，此时短期总供给曲线为 $SRAS_2$，$y=y_f$，实现了充分就业。

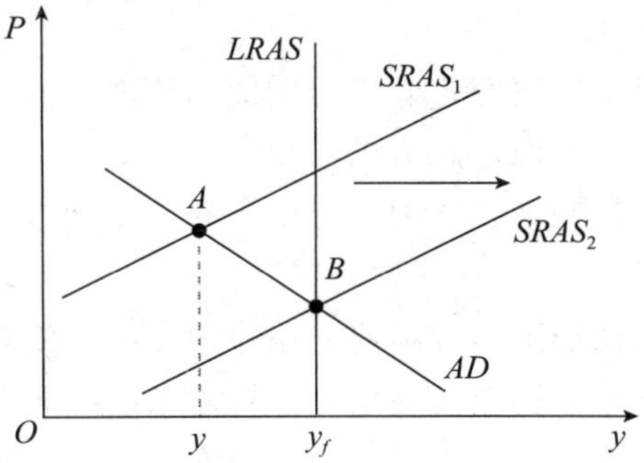

图 15－4　均衡产出低于充分就业产出

四、简答题

1.【答案】总供给曲线阐述了国民收入与一般价格水平之间的依存关系。它是根据生产函数和劳动市场的均衡推导得到的。

总供给是指经济社会所能提供的总产量，一个经济社会的生产函数可表示为 $y=f(N, K)$，其中 y 为总产出，N 为整个社会的就业水平，K 为整个社会的资本存量。宏观经济学假设在短期内总产出量随着总就业量的增加而增加，且技术不变，K 为常数。因此在一定时期、一定条件下，总供给将主要由经济的总就业水平决定，而经济的总就业水平由劳动市场决定。由劳动均衡条件 $N^s(W/P)=N^d(W/P)$ 解出均衡就业量 N_0，代入生产函数便可求出总供给。

在资本存量一定时，国民收入水平随着就业量的增加而增加，就业量取决于劳动市场的均衡，所以总供给曲线的理论来源于生产函数和劳动市场均衡的理论。

2. **【答案】**促使总供给曲线移动的主要因素大致有：

（1）天灾人祸。严重的自然灾害或战争会减少经济中的资本数量，从而使任一数量的劳动能够生产的产量都减少了，于是总供给曲线会左移。

（2）技术变化。例如，技术进步会使既定的资源生产出更多的产量，从而使总供给曲线右移。

（3）风险承担意愿的变化。如果经济生活中的风险增加，厂商愿意供给的数量就会减少，从而总供给曲线会左移。

（4）进口商品价格的变化。如果进口商品价格上升，厂商的生产成本会上升，从而使厂商在原有产品价格水平上减少生产，进而使总供给曲线左移。

（5）劳动意愿的变化。如果人们更偏好闲暇，在既定工资水平上劳动供给会减少，从而使总供给曲线左移。

（6）生产要素成本的变化。生产要素例如石油的成本上升导致总供给曲线左移，反之则右移。

3. **【答案】**在给定的价格水平上，任何使总支出曲线向上或向下移动的因素，都会使总需求曲线移动。这些因素主要有：

（1）在价格水平既定时，任何使消费者支出增加的事件（如减税、股市高涨）都使总需求曲线向右移动。在价格水平既定时，任何使消费者支出减少的事件（如增税、股市低迷）都使总需求曲线向左移动。

（2）在价格水平既定时，任何使企业投资增加的事件（如对未来乐观，或由于货币当局增加货币供给引起利率下降）都使总需求曲线向右移动。在价格水平既定时，任何使企业投资减少的事件（如对未来悲观，或由于货币当局减少货币供给引起利率上升）都使总需求曲线向左移动。

（3）政府购买增加（如增加国防或高速公路建设支出）使总需求曲线向右移动。政府购买减少（如削减国防或高速公路建设支出）使总需求曲线向左移动。

（4）在价格水平既定时，任何增加净出口的事件（如国外经济繁荣、引起汇率下降的投机）都使总需求曲线向右移动。在价格水平既定时，任何减少净出口的事件（如国外经济衰退、引起汇率上升的投机）都使总需求曲线向左移动。

总而言之，无论是扩张性财政政策还是扩张性货币政策，都会使总需求曲线向右移动，无论是紧缩性财政政策还是紧缩性货币政策，都会使总需求曲线向左移动。

4. **【答案】**假设经济中有两类企业，一类企业的价格是黏性的，此类企业所占比例为 $b(0<b<1)$，另一类企业的价格是弹性的，此类企业所占比例为 $1-b$。

弹性价格企业的合意定价 $p=P+a(y-y_f)$，其中，P 表示总体价格水平，y 表示实际收入，y_f 表示充分就业收入，a 为系数。

黏性价格企业的合意定价 $p=EP+a(Ey-Ey_f)$，其中，E 代表对应变量的预期值，为简便起见，假设这类企业预期产出处于自然水平，因此 $p=EP$。

此时，经济总体价格水平 $P=bEP+(1-b)[P+a(y-y_f)]$，整理得：

$$y=y_f+\frac{b}{a(1-b)}(P-EP)=y_f+\lambda(P-EP)$$

其中，$\lambda=\frac{b}{a(1-b)}$，这就是常规总供给曲线的方程。

常规总供给曲线的方程表达了实际价格水平与实际产出的正相关关系。当实际价格水平超出自然水平时，实际产出会超出充分就业产出；反之，当实际价格水平低于自然水平时，实际产出会低于充分就业产出。

5.【答案】总供给曲线（AS 曲线）描述了整体企业对产品与服务的供给量与一般价格水平之间的关系。由于在不同时间范围内价格的灵活程度不同，因此不同时间框架所对应的总供给曲线的特征也有所区别（见图 15－5）。

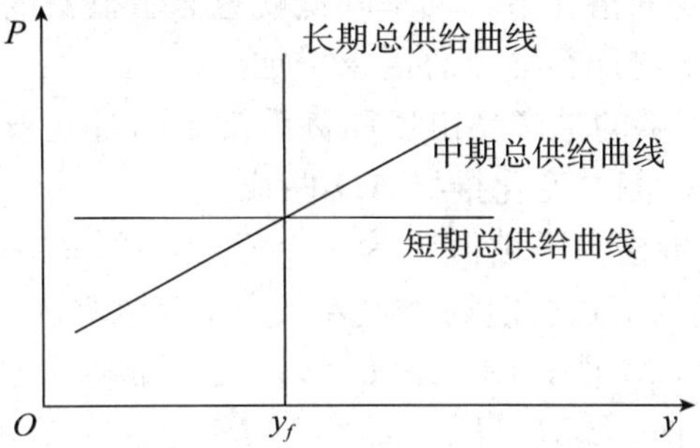

图 15－5　总供给曲线

（1）短期总供给曲线。

在短期，工资和物价是刚性的，表现在总供给曲线上，就是厂商在现有价格水平上愿意供给所需要的任何数量的商品。其含义或基本思想是：由于存在失业，厂商可以在现有价格水平上获得它们所需要数量的劳动，因此，它们的平均生产成本被假定为不随产出水平而变化。于是，它们愿意按现行价格水平提供需求所要求的数量。所以，短期总供给曲线是水平的。

（2）中期总供给曲线。

在中期，工资和物价不如短期那样是刚性的，但由于菜单成本以及合同的长期性等原因，它们也不是完全弹性的，而是黏性的，因此，当物价上升时，企业的工资不会立即同比例上升，而是由于黏性而上升得比较慢，这就导致企业有更多利润，从而促进企业增加产出。所以，在中期，总供给曲线是向右上方倾斜的，随着价格水平的上涨，对产品与服务的总供给会增加。

（3）长期总供给曲线。

在长期，工资和物价是弹性的，社会总供给由经济中的资本、劳动以及技术等实际因素决定，一般价格水平（P）并不会对总供给产生影响。对应的长期总供给曲线（$LRAS$）是一条位于充分就业产出水平的垂直线。

6.【答案】（1）总需求是经济社会对产品和劳务的需求总量，这一需求总量通常用产出水平表示。总需求由消费需求、投资需求、政府需求和国外需求构成。在不考虑国外需求的情况下，经济社会的总需求是指在价格、收入和其他经济变量既定的条件下，家庭部门、企业部门和政府将要支出的数量，因此总需求衡量的是经济中各种行为主体的总支出。总需求包括消费需求、投资需求、政府需求和国外需求，因此其表达式可以表示为$y=c+i+g+(x-m)$。

（2）减税政策会导致总需求增加。原因在于消费是可支配收入的函数，可支配收入越高，人们的消费需求就越大，可支配收入越低，人们的消费需求就越小。人们的可支配收入等于国民收入减去税收，再加上政府转移支付。在其他经济变量不变的情况下，减税政策会导致人们的可支配收入增加，从而消费需求增加，继而导致总需求增加。

（3）政府在公开市场买进债券并不会直接影响总需求，但会间接导致总需求增加。政府在公开市场买进债券实际上是扩大货币供给量，在货币需求不变的情况下，货币供给量增加会降低利率水平。投资是利率的函数，投资的大小取决于借款的预期收益和成本的比较，在投资的预期收益不变的情况下，利率降低就意味着投资的成本降低，因此利率降低会刺激投资需求，投资需求增加会导致总需求增加。

7.**【答案】**AD 曲线表示的是产品市场和货币市场同时处于均衡时价格水平和产出水平的关系。以下从 IS—LM 图的变化推导 AD 曲线。

在 IS—LM 模型中，价格水平被假定为一个常数，在价格水平固定且货币供给量已知时，IS 曲线和 LM 曲线的交点决定均衡收入（产量）水平。

图 15－6（a）为 IS—LM 图，图 15－6（b）表示价格水平和总需求量之间的关系，即 AD 曲线。当价格为 P_1时，LM（P_1）曲线与 IS 曲线交于 E_1点，E_1点表示的国民收入和利率分别为 y_1和 r_1。将 P_1和 y_1标在图 15－6（b）中便得到 AD 曲线上的 D_1点。现假设价格由 P_1降到 P_2，由于 P 的下降，LM（P_1）曲线向右下方移动到 LM（P_2），与 IS 曲线交于 E_2点，E_2点表示的国民收入和利率分别为 y_2和 r_2。P_2和 y_2在图 15－6（b）中又对应 D_2点。

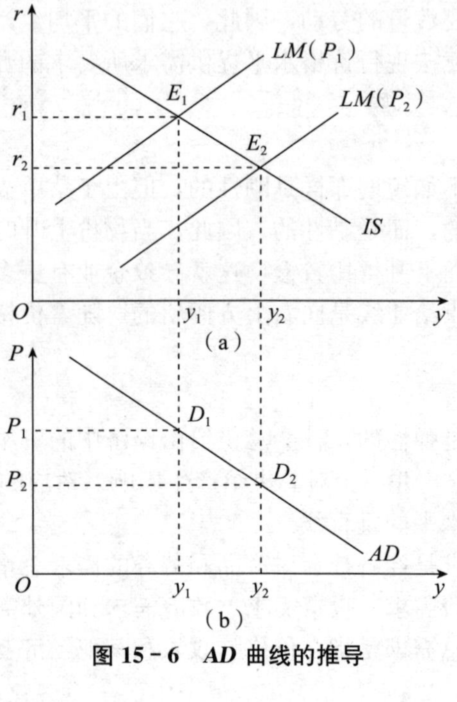

图 15－6　AD 曲线的推导

按照同样的程序，随着价格 P 的连续变动，LM 曲线和 IS 曲线有无穷多个交点，每一点都代表一个特定的 y 和 r，于是就有无穷多个 P 与 y 的组合点，这些点的连线即是图 15－6（b）中的 AD 曲线。

8. **【答案】** 黏性工资理论认为，名义工资一般由长期合同确定，因此当经济状况变动时，名义工资不能迅速调整，这样经济学家认为短期中名义工资是黏性的。

工人在与企业谈判时，确定的名义工资 $W-w\times P^e$，w 是目标实际工资，P^e 是预期物价水平。实际工资为 $W/P=w\times(P^e/P)$，物价水平的变化会引起实际工资的变动。

黏性工资理论假定劳动市场的均衡就业量由企业的劳动需求决定，工人是按照事先决定的工资提供企业希望购买的劳动量，即企业的劳动雇佣函数是 $N=N^d(W/P)$。如图 15－7（a）所示，当物价水平由 P_1 上升到 P_2 时，实际工资降低，使得劳动需求由 N_1 增加到 N_2。产出由生产函数 $y=f(N)$ 决定，在劳动量增加的情况下，产出也随之增加，如图 15－7（b）所示。图 15－7（c）就是表示物价水平与产出之间关系的总供给曲线。当物价水平从 P_1 上升到 P_2 时，产出由 y_1 增加到 y_2，总供给曲线是向上方倾斜的。这是短期的情况。在长期，由于工资率会对劳动市场供求的变动做出完全的反应，因而总供给曲线是一条垂直线。

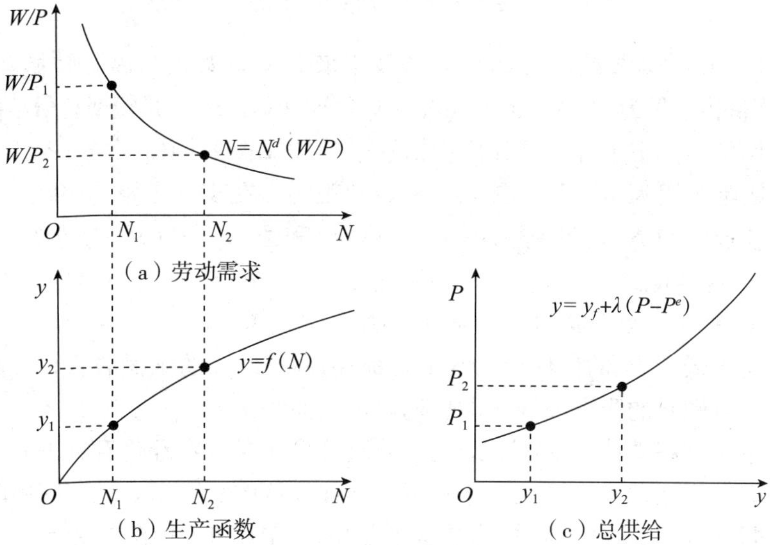

图 15－7　总供给曲线的推导

9. **【答案】**（1）在现代主流经济学中，由于经济始终存在非自愿失业，短期总供给曲线是一条向右上方倾斜的曲线。

（2）现代主流经济学的短期总供给曲线理论有两个假设：①货币工资具有黏性，变动很缓慢；②人们有“货币幻觉”，只注意货币的票面价值，而忽视货币的实际购买力。其推导过程如图 15－8 所示。

假设劳动市场处于图 15－8（a）中的均衡点 E 点，在该点，实际工资水平和就业量分别为 W/P_0 和 N_0。图 15－8（b）是生产函数，表示就业量和国民收入之间的关系。该图表明，当就业量为 N_0 时，相应的国民收入为 y_0。这相当于把 N_0 代入生产函数，以求得 y_0 的数值。

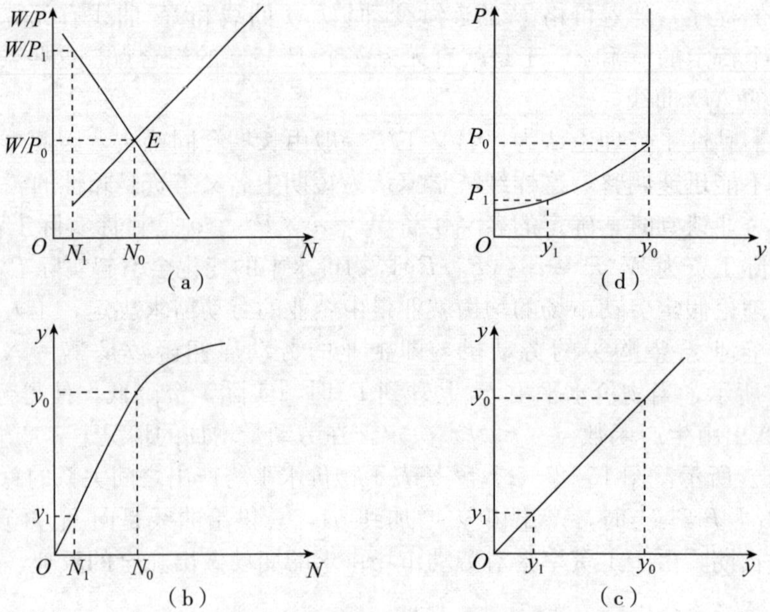

图 15-8　通过图形转换得到短期总供给曲线

图 15-8（c）中的斜线是一条 45°线，该线用来把 y_0 的数值从纵轴转换到横轴。图 15-8（d）表示，当价格水平为 P_0 时，国民收入为 y_0，即（y_0，P_0）是短期总供给曲线上的一点。

现在，假设价格水平下降，譬如说价格水平为图 15-8（d）中的 P_1。在货币工资不变的情况下，实际工资为 W/P_1。图 15-8（a）表明，在实际工资为 W/P_1 的情况下，劳动市场的均衡就业量为 N_1，N_1 通过图 15-8（b）和图 15-8（c）的转换，推导出图 15-8（d）中的 y_1，这样得到图 15-8（d）中的点（y_1，P_1）。由于 y_1 和 P_1 分别小于 y_0 和 P_0，所以点（y_1，P_1）处于点（y_0，P_0）的左下方。

事实上，对于低于 P_0 的任何价格水平，都存在低于 y_0 的国民收入，连接这些点可以得到一条向右上方倾斜的光滑曲线，即短期总供给曲线。

（3）现代主流经济学的短期总供给曲线的政策含义是，在经济存在非自愿失业的情况下，国家应采取扩张性财政政策或货币政策，增加经济的总需求，提高国民收入。

10.**【答案】**一国的总产出和物价总水平是由总需求和总供给的相互关系决定的。下面利用总需求曲线和总供给曲线进行研究。

（1）总需求收缩导致市场供过于求，从而导致物价下跌。假设总供给不变，总需求减少，由 AD_0 移动至 AD_1，则均衡价格由 P_0 下降到 P_1，总产出相应减少，如图 15-9 所示。

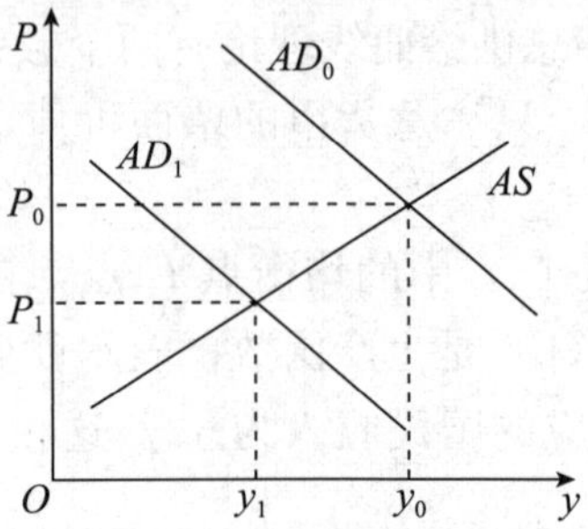

图 15-9　总需求曲线左移

（2）由于技术进步等因素导致成本下降，劳动生产率提高，从而会刺激企业在价格不变时增加产出。如果总需求不变，那么总供给的增加就会导致物价下跌，总产出增加，如图 15－10 所示。

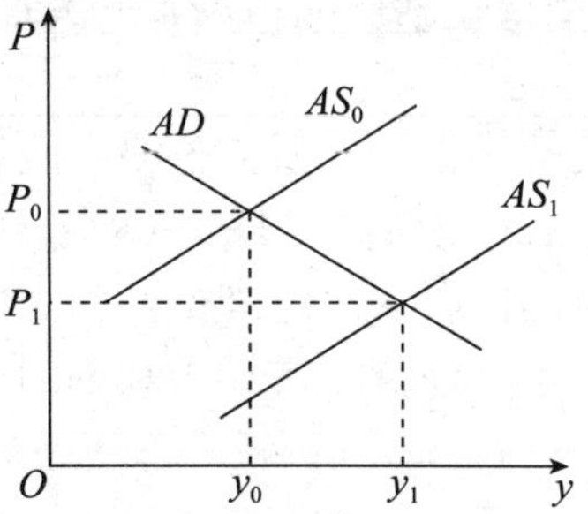

图 15－10　总供给曲线右移

（3）总需求与总供给的同时变化。总需求曲线左移和总供给曲线右移，就会使得物价大幅度下跌，但均衡产量变化不大或者不变，如图 15－11 所示。

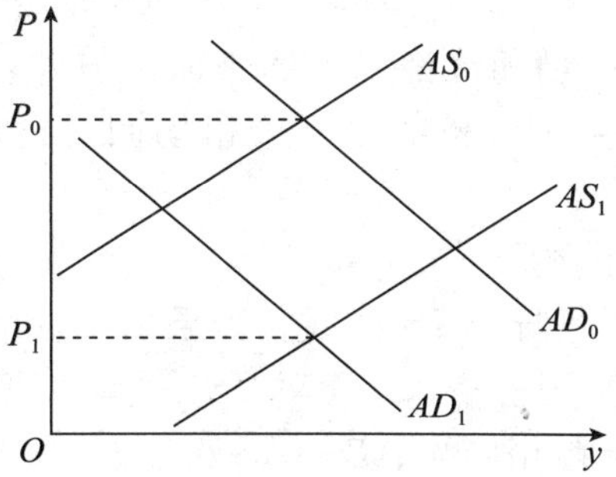

图 15－11　总需求曲线左移和总供给曲线右移

11. **【答案】**二者在"形式"上有一定的相似之处，微观经济学的供求模型主要说明单个商品价格和数量的决定。宏观经济学的 AD—AS 模型主要说明总体经济的价格水平和国民收入的决定。二者在图形上都用两条曲线来表示，在价格为纵坐标、数量（产出）为横坐标的坐标系中，向右下方倾斜的为需求曲线，向右上方延伸的为供给曲线。

但二者在内容上有很大的不同：

（1）两模型涉及的对象不同。微观经济学的供求模型着眼于微观市场，研究的是单个厂商或者单个市场的供求情况；而宏观经济学的 AD—AS 模型着眼于宏观市场，研究的是整个国民经济中所有市场汇总在一起的供求情况。

（2）各自的理论基础不同。微观经济学的供求模型中的需求曲线的理论基础是消费者行为理论，而供给曲线的理论基础主要是成本理论和市场理论，它们均属于微观经济学的内容。宏观经济学中的总需求曲线的理论基础主要是产品市场均衡理论和货币市场均衡理论，而总供给曲线的理论基础主要是劳动市场理论和总量生产函数，这些均属于宏观经济学的内容。

（3）各自的功能不同。微观经济学的供求模型在说明商品价格和数量决定的同时，还可用来说明需求曲线和供给曲线移动对商品价格和数量的影响，这一模型只解释微观市场的一些现象和结果。宏观经济学的 AD—AS 模型在说明价格水平和产出水平决定的同时，可以用来解释宏观经济的波动现象，还可以用来说明政府运用宏观经济政策干预经济的结果。

12.【答案】收入—支出模型仅包括产品市场，研究产品市场均衡时国民收入的决定。IS—LM 模型考察的是产品市场均衡、货币市场均衡时的收入与利率决定。AD—AS 模型包括产品市场、货币市场以及劳动市场，研究价格、收入和利率的同时决定。

（1）收入—支出模型、IS—LM 模型、AD—AS 模型各自的基本特征。

收入—支出模型被称为简单国民收入决定理论，因为它仅考虑到产品市场，不涉及货币市场和劳动市场。在分析中，不考虑货币市场中利率的变化，因此投资被作为外生变量进行分析。

IS—LM 模型将产品市场和货币市场结合起来进行分析，用来确定产品市场和货币市场同时达到均衡时的利率和收入水平。与收入—支出模型不同的是，IS—LM 模型中的投资是一个内生变量，受利率和收入水平的影响。

IS—LM 模型和收入—支出模型都属于短期分析，在分析过程中都假定价格不变，即认为价格是刚性的。而 AD—AS 模型属于中期和长期分析，该模型取消了价格水平固定不变的假定，着重说明产量和价格水平的关系。另外，AD—AS 模型将产品市场、货币市场和劳动市场结合起来，分析的是三个市场同时达到均衡时产量和价格水平的关系。

（2）三个模型之间的内在联系。

利用收入—支出模型可以推导出 IS 曲线，如果再把货币市场均衡纳入考察范围，就拓展为 IS—LM 模型。利用不同价格水平下的 IS—LM 模型可以推导出 AD 曲线，如果再把劳动市场纳入考察范围，就拓展为 AD—AS 模型。

13.【答案】宏观经济中的萧条、高涨和滞胀反映的是不同的收入水平及价格水平状态，可以用总需求曲线与总供给曲线的变动来解释，如图 15 - 12 和图 15 - 13 所示，AD 表示总需求曲线，AS 表示总供给曲线。

（1）如图 15 - 12 所示，总需求曲线 AD 和总供给曲线 AS 交于 E 点，这时产量和价格水平分别为 y_0 和 P_0，分别低于充分就业时的产量水平 y_f 及充分就业时的价格水平，因而经济处于萧条状态。

（2）如图 15 - 12 所示，由于总需求增加，总需求曲线从 AD 向右移动到 AD'，这时总供给曲线 AS 和新的总需求曲线 AD' 交于 E' 点，该点的产量或收入为 y'，价格水平为 P'，二者分别高于充分就业时的产量水平 y_f 及充分就业时的价格水平，因而表示经济处于高涨状态。

（3）现在假定总需求曲线 AD 不变，总供给曲线因受到供给冲击（如石油价格和工资等提高）而向左移动。如图 15 - 13 所示，总供给曲线由 AS 左移至 AS'，总需求曲线 AD 和新的总供给曲线 AS' 的交点 E' 决定的产量或收入为 y'，价格水平为 P'，这个产量低于原来的产量 y_0，而价格水平却高于原来的价格水平 P_0，这种情况表示经济处于滞胀状态，即经济停滞和通货膨胀并存的状态。

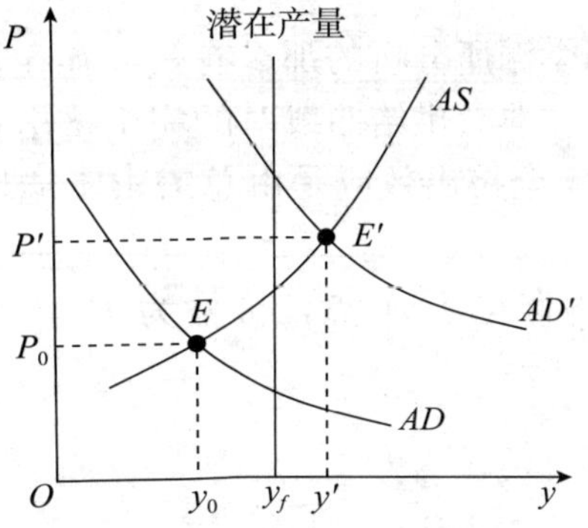

图 15－12　萧条状态与高涨状态

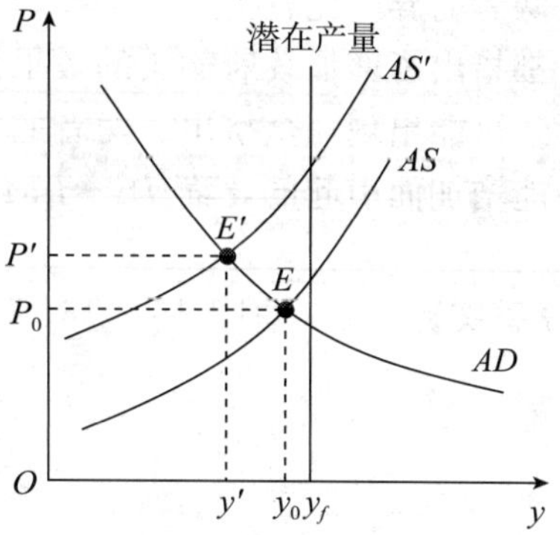

图 15－13　滞胀状态

14.【答案】(1) AS—AD 模型中的挤出效应分析。

在总供给曲线处于古典总供给曲线区域时，对应的总供给曲线垂直。此时，增加政府购买不能增加产出，只会造成物价上涨。

如图 15－14 所示，初始均衡位于 E 点，对应的就业为充分就业。增加政府购买后，总需求曲线从 AD 移动到 AD'，价格水平上升为 P'。也就是说，对产品需求的增加只会带来较高的价格，而不是较高的产量。此时，增加政府购买存在挤出效应，且是完全挤出。

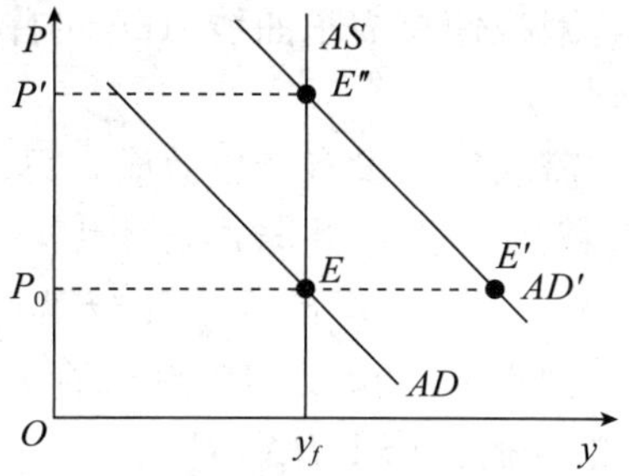

图 15－14　AS—AD 模型中的挤出效应分析

(2) IS—LM 模型中的挤出效应分析。

如果 LM 曲线为垂直的，增加政府购买对均衡收入水平无影响，只会提高利率。如图 15－15 所示，增加政府购买使 IS 曲线移动到 IS'，当 LM 曲线垂直时，增加政府购买不会改变均衡收入水平，只是提高了均衡利率。在这种情况下，利率提高挤出的私人支出（特别是投资）量等于政府购买的增加量。所以，如果 LM 曲线为垂直的，就会发生完全挤出。

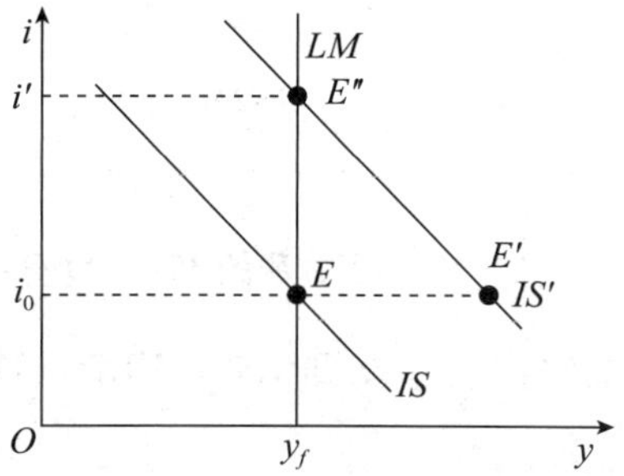

图 15－15　IS—LM 模型中的挤出效应分析

（3）两者的异同比较。

两者都指出了增加政府购买的效果没有凯恩斯学派所分析的那么有效，存在着挤出效应，甚至还可能出现完全挤出。两者的区别在于，古典总供给曲线时的完全挤出效应是由总供给不能增加而引起的，而 IS—LM 模型中的完全挤出效应是由总需求不能增加而引起的。

15.【答案】（1）如图 15－16 所示，初始均衡位于 A 点，价格为 P_1，均衡产出为 y_1。

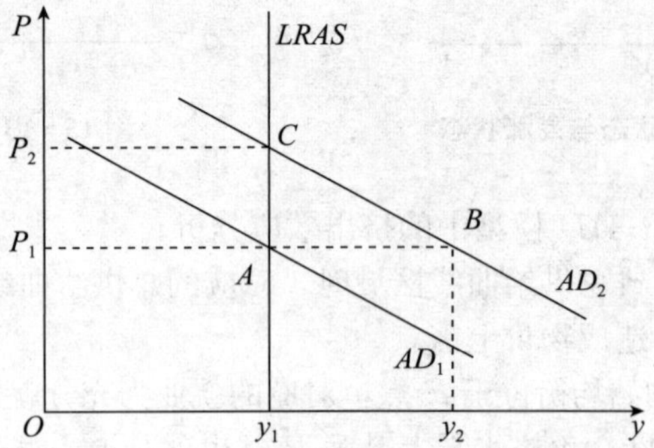

图 15－16　某岛国减税的 *AD*—*AS* 分析

在短期内，价格是黏性的，减税使总需求曲线 AD_1 向右移动到 AD_2，均衡点为 B 点，均衡价格不变，均衡产出增加到 y_2。

在长期内，价格是弹性的，需求扩大没有产出效应，只是拉动价格上涨，市场均衡点由 A 点沿着长期总供给曲线上移到 C 点，此时产出不变，价格上升到 P_2。也可以理解为，由于在 B 点失业率低于自然失业率，产出高于充分就业产出水平，在工资和物价可以调整时，价格就会因需求拉动而上升，市场均衡点沿着 B 点向左上方移动到 C 点，此时均衡产出依然为初始的 y_1，但均衡价格上升到 P_2。

（2）如图 15－17 所示，初始均衡位于 A 点，此时均衡产出为 y_1，均衡利率为 r_1。

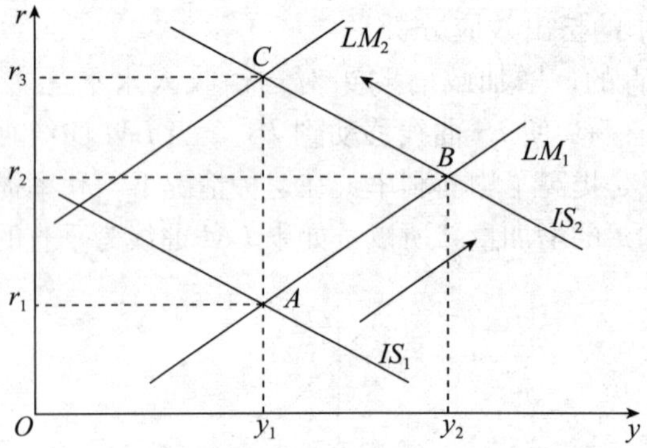

图 15－17　某岛国减税的 *IS*—*LM* 分析

在短期内，减税使得 IS_1 曲线向右移动到 IS_2，均衡点移动到 B 点，均衡产出增加到 y_2，利率上升到 r_2。

在长期内，产出增加导致物价上升，物价上升使得实际货币供给减少，LM_1 曲线向左

移动到 LM_2，产出恢复到初始的 y_1，利率上升到 r_3。

16. **【答案】**（1）α 下降使得均衡国民收入按乘数减少，效果类似于投资下降或者政府购买减少；β 下降使得乘数减小，即如果政府为了刺激经济而实施扩张性财政政策，财政政策的效果会比以前小。

（2）全球大量农作物被淹死必然导致全球性的农产品减产，由于农产品的需求弹性小，因而必然导致全球范围的粮食价格上涨，进而导致社会生产成本上升，AS 曲线向左上方移动，出现经济停滞和成本推动的通货膨胀并存的滞胀现象。

（3）人民币升值导致出口产品的相对价格上升，出口减少，相反，进口产品的相对价格下降，进口增加，因此净出口 NX 会下降，AD 曲线向左移动，GDP 减少。

（4）由于中日互为贸易大国，并且中国对日本的出口额略高于进口额，属于双边贸易顺差，互停贸易往来的直接结果是双方的出口都减少，而中国的出口减少得更多。同时，两国的进口也会减少，原本对日本/中国商品的进口需求会转成国内需求或者对其他国外商品的进口需求，但并不能全部转移，还有少量进口的消失并没有得到弥补。出口的减少使得 GDP 按乘数减少，进口减少使得两国国民的福利享受都减少了。

五、证明题

【答案】总需求函数表示收入和价格水平之间的关系，总需求函数可以从产品市场与货币市场的同时均衡中得到（以两部门经济为例）。IS 方程为：

$$y=\frac{\alpha+e-dr}{1-\beta}(\alpha,\ \beta,\ d,\ e>0) \qquad ①$$

LM 方程为：

$$\frac{M}{P}=L_1(y)+L_2(r)=ky-hr \qquad ②$$

把方程①和方程②联立求解得：

$$\frac{M}{P}=\frac{kd+h-h\beta}{d}y-\frac{h(\alpha+e)}{d}$$

整理得：

$$y=\frac{Md}{kd+h-h\beta}\cdot\frac{1}{P}+\frac{h(\alpha+e)}{kd+h-h\beta}$$

对 y 关于 P 求偏导数并整理得：

$$\frac{\mathrm{d}y}{\mathrm{d}P}=-\frac{Md}{kd+h(1-\beta)}\cdot\frac{1}{P^2}$$

因为 M，d，k，$h>0$，$\beta<1$，所以 $\frac{\mathrm{d}y}{\mathrm{d}P}<0$，即总需求函数的斜率为负数。

六、计算题

1.【答案】（1）把消费函数、投资函数、政府购买、净出口函数代入产品市场均衡条件，可以得到：

$$y=c+i+g+nx=300+0.8(y-0.2y)+200-1\ 500r+200+100-0.04y-500r$$

化简可得 IS 方程：

$$y=2\ 000-5\ 000r$$

货币市场均衡：

$$\frac{M}{P}=L\Rightarrow\frac{550}{P}=0.5y-2\ 000r$$

化简得 LM 方程：

$$y=\frac{1\ 100}{P}+4\ 000r$$

联立求解 IS、LM 方程可以得到总需求函数：

$$y=\frac{8\ 000}{9}+\frac{5\ 500}{9P}$$

（2）把价格水平 $P=1$ 代入总需求函数，得：

$$y=\frac{8\ 000}{9}+\frac{5\ 500}{9P}=\frac{8\ 000+5\ 500}{9}=1\ 500$$

代入 IS 方程，求得均衡利率 $r=0.1$。

可支配收入 $y_d=(1-t)y=0.8\times1\ 500=1\ 200$

私人部门储蓄 $S_p=y_d-c=0.2y_d-300=-60$

政府部门储蓄 $S_g=T-g=0.2y-200=100$

国外部门储蓄 $S_r=-nx=0.04y+500r-100=10$

储蓄总和 $S=S_p+S_g+S_r=-60+100+10=50$

企业投资 $i=200-1\ 500r=50=S$

也就是说，私人部门、政府部门和国外部门的储蓄总和等于企业投资。

2.【答案】（1）对 $y=5K^{0.2}N^{0.8}$ 关于 N 求偏导数，有：

$$\frac{\partial y}{\partial N}=5K^{0.2}(0.8N^{-0.2})=4K^{0.2}N^{-0.2} \qquad ①$$

把 $K=32$ 代入式①，得：

$$\frac{\partial y}{\partial N}=4K^{0.2}N^{-0.2}=4\times32^{0.2}\times N^{-0.2}=8N^{-0.2}$$

在均衡的情况下，劳动力获得的工资等于劳动的边际产品，即：

$$W/P=MP_N=\frac{\partial y}{\partial N}$$

因此，实际工资 $W/P=8N^{-0.2}$。

整理得到用实际工资表示的劳动力需求函数：

$$N=8^5/(W/P)^5$$

（2）把 $K=32$，$N=8^5/(W/P)^5$ 代入产出函数 $y=5K^{0.2}N^{0.8}$，求解得：

$$y=5K^{0.2}N^{0.8}=5\times2\times[8^5/(W/P)^5]^{0.8}=40\ 960/(W/P)^4$$

即以实际工资为自变量的产出表达式为 $y=40\ 960/(W/P)^4$。

（3）把 $W=2$ 代入 $y=40\ 960/(W/P)^4$ 得：

$$y=40\ 960/(W/P)^4=40\ 960/(2/P)^4=2\ 560P^4$$

即总供给曲线为 $y=2\ 560P^4$。

【提示】本题看似复杂，其实考查的还是基本的知识，其中涉及微观经济学中提到的一个完全竞争要素市场的原则，即劳动的边际产品等于实际工资，读者只要对西方经济学中的基本概念掌握到位，解答此题就并不困难。

3. **【答案】**（1）产品市场均衡：

$$y=c+i=100+0.8y+150-600r$$

化简得 IS 方程：$r=-\frac{1}{3\ 000}y+\frac{5}{12}$。

货币市场均衡：

$$\frac{M}{P}=L\Rightarrow\frac{150}{P}=0.2y-400r$$

化简得 LM 方程：$r=\frac{1}{2\ 000}y-\frac{3}{8P}$。

（2）由 IS、LM 方程联立解出总需求函数，即：

$$r=-\frac{1}{3\ 000}y+\frac{5}{12}=\frac{1}{2\ 000}y-\frac{3}{8P}$$

化简得：$y=\frac{450}{P}+500$。

（3）当 $P=1$ 时，由总需求函数得：

$$y=\frac{450}{1}+500=950$$

将 y 代入 IS 方程得：$r=-\frac{1}{3\ 000}y+\frac{5}{12}=0.1$。

（4）联立总需求和总供给函数有：

$$\frac{450}{P}+500=425+150P$$

解得 $P=2$，将 $P=2$ 代入总需求函数得：$y=\frac{450}{2}+500=725$。

【总结】本题比较简单，但确实是一道很典型的题目，我们可以对此类题目的具体步骤予以总结，求解这类题目主要包括三步：

第一，根据产品市场均衡求出 *IS* 曲线；

第二，根据货币市场均衡求出 *LM* 曲线；

第三，结合产品市场均衡和货币市场均衡求出总需求曲线。

4.**【答案】**（1）联立 *AD*、*AS* 方程得 $2\,000+P=2\,400-P$，解得：

$$P=200$$
$$Y=2\,000+200=2\,200$$

（2）总需求曲线向左平移 10%，即横截距减少 10%，平移后的横截距为 $2\,400\times(1-10\%)=2\,160$，即总需求曲线为 $Y_d=2\,160-P$。

由 $2\,160-P=2\,000+P$ 解得：

$$P=80$$
$$Y=2\,000+80=2\,080$$

此时，均衡价格比（1）低，均衡产量比（1）小，因为需求减少，所以均衡价格和产量都下降。

（3）平移后横截距为 $2\,400\times(1+10\%)=2\,640$，总需求曲线为 $Y_d=2\,640-P$。

由 $2\,640-P=2\,000+P$ 解得：

$$P=320$$
$$Y=2\,000+320=2\,320$$

此时，均衡价格比（1）高，均衡产量比（1）大，因为需求增加，所以均衡价格和产量都上升。

（4）平移后总供给曲线的横截距为 $2\,000\times(1-10\%)=1\,800$，总供给为 $Y_s=1\,800+P$。

由 $1\,800+P=2\,400-P$ 解得：

$$P=300$$
$$Y=1\,800+300=2\,100$$

此时，均衡价格比（1）高，均衡产量比（1）小，因为供给减少，所以均衡价格上升，均衡产量下降。

5.**【答案】**（1）由产品市场均衡条件 $y=c+i+g=90+0.8(y-100)+150-6r+100$ 整理得 *IS* 方程：

$$r=\frac{130}{3}-\frac{1}{30}y$$

由货币市场均衡条件 $L=0.4y-4r=M/P=200/1$ 整理得 LM 方程：

$$r=0.1y-50$$

联立 IS、LM 方程解得：均衡产出 $y=700$，均衡利率 $r=20$。

联立劳动供给和需求得 $N_s=70+5\dfrac{W}{P}=N_d=175-12.5\dfrac{W}{P}$，解得实际工资 $\dfrac{W}{P}=6$，均衡就业量 $N=100$。故名义工资 $W=6\times P=6\times 1=6$。

(2) 在价格水平保持不变但增税时，LM 方程不变，IS 方程会变化。

增税后，$y=c+i+g=90+0.8(y-120)+150-6r+100$，整理得 IS' 方程：

$$r=\frac{122}{3}-\frac{1}{30}y$$

联立 IS' 和 LM 方程解得：均衡产出 $y=680$，均衡利率 $r=18$。

所以，增税这种紧缩性财政政策将导致均衡产出与均衡利率双双下降。

(3) 若保持原有均衡产出不变，则这时均衡产出 $y=700$，由 IS' 方程可得均衡利率：$r=\dfrac{122}{3}-\dfrac{1}{30}\times 700=\dfrac{52}{3}$。

此时货币需求 $L=0.4y-4r=0.4\times 700-4\times\dfrac{52}{3}=\dfrac{632}{3}$。

由 $L=M/P$ 得，价格水平 $P=M/L=200\div\dfrac{632}{3}=\dfrac{75}{79}$。

由于价格水平下降，所以实际货币供给增加，LM 曲线向右移动。

(4) 货币市场均衡条件为 $200/P=0.4y-4r$，整理得 LM' 曲线函数：

$$r=0.1y-50/P$$

联立 IS 和 LM' 方程得 AD 曲线的方程：$y=325+375/P$。

6. **【答案】**(1) $Y=C+I+G=200+0.75\times(Y-T)+200-25r+G$

整理得 IS 曲线：

$$Y=1\,600+4G-3T-100r$$

由 $L=Y-100r=M/P$ 整理得 LM 曲线：

$$Y=M/P+100r$$

联立 IS、LM 方程可解得 AD 曲线：$Y=800+2G-\dfrac{3}{2}T+\dfrac{M}{2P}$。

(2) 由 AD 曲线可知，G 增加 1 单位，产出 Y 增加 2 单位。

G 增加 1 单位后，IS 曲线右移，但 LM 曲线并未移动，因此 G 增加后的均衡点依然在原 LM 曲线上，由 LM 曲线整理得：

$$r=-M/100P+Y/100$$

所以，当 G 增加 1 单位时，Y 增加 2 单位，r 提高 $2/100=0.02$ 单位。

由于 r 提高 0.02 单位，I 减少 $25\times 0.02=0.5$ 单位。

（3）由 AD 曲线可知，名义货币供给量增加 1 单位，产出增加$\frac{1}{2P}$单位。

名义货币供给量增加会导致利率下降，刺激投资，从而具有产出效应。

（4）由于总产出由生产能力预先确定，任何扩张性的财政、货币政策都不能使得总产出增加，此时政府购买 G 增加的结果只能是利率提高，导致私人投资等额减少，从而产出不变。如果增加名义货币供给量 M，由于在长期里货币是中性的，M 的增加只会导致价格水平 P 的等比例提高，从而实际货币供给量 $m=M/P$ 保持不变。

（5）$Y=C+I+G+NX=200+0.75\times(Y-T)+200-25r+G-100-0.05Y$

整理得开放经济的 IS 曲线：

$$Y=1\,000+\frac{10}{3}G-\frac{5}{2}T-\frac{250}{3}r$$

7.【答案】（1）产品市场均衡为：

$$y=c+i+g+nx$$

整理化简可得 IS 方程为：

$$r=-0.004y+14 \tag{①}$$

货币市场均衡为：

$$\frac{M}{P}=L\Rightarrow\frac{700}{P}=0.3y-100r$$

化简可得 LM 方程为：

$$r=0.003y-\frac{7}{P} \tag{②}$$

联立式①、式②可求得 AD 方程：

$$r=-0.004y+14=0.003y-\frac{7}{P}$$

化简得：

$$y=\frac{1\,000}{P}+2\,000$$

（2）若政府购买增到 $g=370$，把有关参数代入产品市场均衡条件 $y=c+i+g+nx$，可得 IS 方程为：

$$r=-0.004y+14.7 \tag{③}$$

变形为：

$$r=-0.004(y-175)+14$$

上式是由原 IS 曲线右移 175 得到的，即在同等利率下，y 增加 175。

LM 曲线不变，在 $P=1$ 的情况下，联立式③和式②求解可得：均衡国民收入 $y=$

3 100，原国民收入为 $y=\frac{1\ 000}{1}+2\ 000=3\ 000$，增量为 100，说明有挤出效应，其原因是增加政府购买引起利率上升，从而减少了私人投资。挤出量为 175－100＝75。

8.**【答案】**(1) 由已知条件可得利润函数为：

$$\pi=Py-(CK+WN)=PK^{\alpha}N^{\beta}-(CK+WN)$$

利润最大化的劳动投入条件是 $\frac{\partial \pi}{\partial N}=P\beta K^{\alpha}N^{\beta-1}-W=0$，解得：

$$N=\left(\frac{W}{\beta PK^{\alpha}}\right)^{\frac{1}{\beta-1}}=\left(\frac{W}{\beta PK^{\alpha}}\right)^{-\frac{1}{\alpha}}=\beta^{\frac{1}{\alpha}}K\left(\frac{W}{P}\right)^{-\frac{1}{\alpha}}$$

若 K、α、β 给定，劳动需求函数可以简写为：$N=f(W/P)$。
显然，劳动需求是实际工资的减函数。
(2) 将劳动需求函数代入总量生产函数可得总供给函数：

$$y=K^{\alpha}N^{\beta}=K^{\alpha}\beta^{\frac{\beta}{\alpha}}K^{\beta}\left(\frac{W}{P}\right)^{-\frac{\beta}{\alpha}}=K\left(\frac{\beta P}{W}\right)^{\frac{\beta}{\alpha}}$$

可见，总供给是价格水平的增函数。
(3) 将 $\alpha=\beta=0.5$，$K=500$，$W=25$ 代入总供给函数，得：

$$y=K\left(\frac{\beta P}{W}\right)^{\frac{\beta}{\alpha}}=500\times\left(\frac{0.5P}{25}\right)^{\frac{0.5}{0.5}}=10P$$

它表明在技术条件给定、短期资本存量不变、工资黏性的假设下，总供给是价格水平的增函数，这正是现代主流经济学的观点。

由 $W/P=1$，$W=25$，得 $P=25$，代入总供给函数得：

$$y=10P=10\times25=250$$

劳动市场的竞争性导致充分就业的实现，而实际工资为一个常数。这样，产出是充分就业的产出，不受价格的影响，这正是古典学派的观点。

【提示】本题第 (3) 问中的结论不一定需要 $W/P=1$，只要 $W/P=$ 常数 k 就可以。

9.**【答案】**(1) 产品市场均衡条件为 $y=c+i+g=95+0.75(y-100-0.2y)+300-4\ 000r+g$，整理得 IS 方程为：

$$r=-0.000\ 1y+0.08+g/4\ 000$$

货币市场均衡条件为 $M/P=L=0.2y-2\ 000r$，整理得 LM 方程为：

$$r=0.000\ 1y-\frac{M}{2\ 000P}$$

联立 IS、LM 方程得：

$$r=-0.000\ 1y+0.08+g/4\ 000=0.000\ 1y-\frac{M}{2\ 000P}$$

化简得总需求函数：$y=1.25g+2.5\dfrac{M}{P}+400$。

（2）劳动市场均衡条件为 $N^s=N^d$，即 $70+5\dfrac{W}{P}=160-10\dfrac{W}{P}$，解得$\dfrac{W}{P}=6$。代入劳动市场均衡条件可得：

$$N^s=N^d=160-10\frac{W}{P}=160-10\times 6=100$$

$$y=15N-0.01N^2=15\times 100-0.01\times 100^2=1\ 400$$

即总供给函数为 $y=1\ 400$。

（3）将 $g=400$，$M=200$ 代入总需求函数得：

$$y=1.25\times 400+2.5\times 200/P+400=900+500/P$$

与总供给函数 $y=1\ 400$ 联立求解得：

均衡产量 $y=1\ 400$

价格 $1\ 400=900+500/P\Rightarrow P=1$

工资 $W/P=6\Rightarrow W=6$

利率 $r=0.000\ 1y-\dfrac{M}{2\ 000P}=0.000\ 1\times 1\ 400-\dfrac{200}{2\ 000}=0.04$

（4）总需求曲线变为：

$$y=1.25\times 400+2.5\times 300/P+400=900+750/P$$

与总供给函数 $y=1\ 400$ 联立求解得：

均衡产量 $y=1\ 400$

价格 $1\ 400=900+750/P\Rightarrow P=1.5$

工资 $W/P=6\Rightarrow W=9$

利率 $r=0.000\ 1y-\dfrac{M}{2\ 000P}=0.000\ 1\times 1\ 400-\dfrac{300}{2\ 000\times 1.5}=0.04$

10.【答案】（1）产品市场均衡为：

$$y=c+i+g=80+0.8(y-0.25y)+20-5r+g$$

化简得 IS 方程：

$$0.4y=100-5r+g$$

货币市场均衡为：

$$\frac{M}{P}=0.4y-10r$$

联立求得总需求函数：

$$\frac{M}{P}=1.2y-200-2g$$

将 $M=90$，$P=2$，$g=20$ 代入求解得：

均衡收入 $y=237.5$

利率 $0.4y-10r=45\Rightarrow r=0.04\times237.5-4.5=5$

（2）总需求函数为：

$$\frac{M}{P}=1.2y-200-2g\Rightarrow\frac{90}{P}=1.2y-240$$

联立总需求函数和总供给函数：

$$\begin{cases}\dfrac{90}{P}=1.2y-240\\ y=235+40P\end{cases}$$

求解得：$P=1$（已舍去无意义的负值），$y=275$。

（3）将充分就业的国民收入 $y=285$ 代入总供给函数得：

$$y=235+40P\Rightarrow285=235+40P$$

求解得：$P=1.25$。

将 $P=1.25$ 代入总需求函数得：

$$\frac{M}{P}=1.2y-200-2g\Rightarrow\frac{90}{1.25}=1.2\times285-200-2g$$

求解得：$g=35$，$\Delta g=35-20=15$。

政府需要增加 15 单位的政府购买来实现充分就业。

（4）同样，当充分就业时，$P=1.25$，代入总需求函数得：

$$\frac{M}{P}=1.2y-200-2g\Rightarrow\frac{M}{1.25}=1.2\times285-200-2\times20$$

求解得：$M=127.5$，$\Delta M=127.5-90=37.5$。

即应增加 37.5 单位的名义货币供给量来实现充分就业。

11.**【答案】**（1）在经济处于均衡状态时，$y=100$，$P=1$。将其代入总需求函数 $y=50+4M-50P$，可以得到 $100=50+4M-50\times1$，求解得到 $M=25$。

（2）经济均衡条件下的 $P^e=P=1$，若货币当局没有预期地突然决定将该货币存量降低 30%，预期价格不变，则货币存量为 $M'=M\times(1-30\%)=25\times(1-30\%)=17.5$。

AD 曲线表示为：

$$y=50+4M-50P=50+4\times17.5-50P=120-50P$$

AS 曲线表示为：

$$y=\bar{y}+25(P-P^e)=100+25P-25\times1=75+25P$$

当经济均衡时，$AD=AS$，求解得到：$P=0.6$，$y=90$。

（3）当经济恢复均衡时，经济又处于充分就业状态，所以国民收入 $y=\bar{y}=100$，根据

AD 曲线，$100=50+4\times17.5-50P$，解得价格水平 $P=0.4$。调整过程如图 15-18 所示。

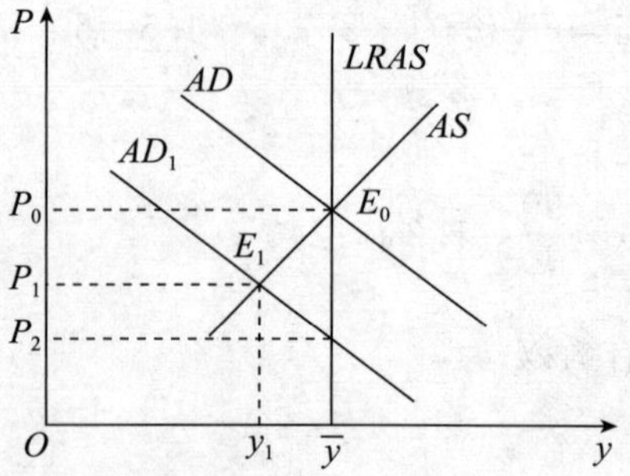

图 15-18　经济调整过程

在初始状态时，经济处于充分就业状态，长期总供给曲线为 $y=\bar{y}$，短期总供给曲线为 $y=\bar{y}+25(P-P^e)$，AS 曲线和 AD 曲线相交于 E_0 点，此时的均衡收入为 $\bar{y}$，物价为 P_0。减少货币供给量，AD 曲线左移到 AD_1，在短期内 AD_1 和 AS 相交，此时的均衡产出为 $y_1=90$，物价为 $P_1=0.6$。在长期内，AD_1 和 $LRAS$ 相交，均衡产出为 $\bar{y}=100$，物价水平为 $P_2=0.4$。

12. **【答案】**（1）通过表中数据易知 $C_y=80\div100=84\div105=88\div110=0.8$。

联立方程：

$$10.8=I_y\times110+I_r\times4$$
$$10.3=I_y\times105+I_r\times4$$

解得：$I_y=0.1$，$I_r=-0.05$。

联立方程：

$$87.8=L_y\times110+L_r\times4$$
$$83.8=L_y\times105+L_r\times4$$

解得：$L_y=0.8$，$L_r=-0.05$。

（2）联立 $Y=C+I+G+NX$，$C=0.8Y$，$I=0.1Y-0.05r$，解得 IS 方程：

$$r=-2Y+20G+20NX$$

由货币需求函数 $M/P=0.8\times Y-0.05r$ 整理得 LM 方程：

$$r=16Y-20M/P$$

联立 IS 和 LM 方程可得总需求方程：

$$P=\frac{M}{0.9Y-G-NX}$$

根据题中价格水平一直未变可知，总供给方程为 $P=1$。

（3）将 $P=1$ 代入总需求方程中可得：

$$Y=\frac{M+G+NX}{0.9}$$

所以增加 1 单位财政支出 G，总产出增加 1/0.9，价格水平不变。
增加 1 单位净出口 NX，总产出增加 1/0.9，价格水平不变。
增加 1 单位名义货币供给量 M，总产出增加 1/0.9，价格水平不变。
13. **【答案】** 当 $t=0$ 时，有：

$$P_0=1,\ \pi_0=0$$

$$y_0=600+200+\frac{550}{P_0}=1\ 350$$

当 $t=1$ 时，有：

$$\pi_1=\pi^e+(y_0-y^*)/y^*=\pi_0+(y_0-y^*)/y^*=0+\frac{1\ 350-1\ 500}{1\ 500}=-0.1$$

$$P_1=P_0+\pi_1=1-0.1=0.9$$

$$y_1=600+g+M/P_1=600+200+\frac{550}{0.9}\approx 1\ 411.11$$

当 $t=2$ 时，有：

$$\pi_2=\pi^e+(y_1-y^*)/y^*=\pi_1+(y_1-y^*)/y^*=-0.1+\frac{1\ 411.11-1\ 500}{1\ 500}\approx -0.16$$

$$P_2=P_1+\pi_2=0.9-0.16=0.74$$

$$y_2=600+g+M/P_2=600+200+\frac{550}{0.74}\approx 1\ 543.24$$

当 $t=3$ 时，有：

$$\pi_3=\pi^e+(y_2-y^*)/y^*=\pi_2+(y_2-y^*)/y^*=-0.16+\frac{1\ 543.24-1\ 500}{1\ 500}\approx -0.13$$

$$P_3=P_2+\pi_3=0.74-0.13=0.61$$

$$y_3=600+g+M/P_3=600+200+\frac{550}{0.61}\approx 1\ 701.64$$

14. **【答案】**（1）由已知可以得到：

$$y=c+i+g=200+0.75(y-100)+100+100$$

求解得均衡收入：$y=1\ 300$。
均衡时储蓄水平：

$$s=y_d-c=y-T-200-0.75(y-T)=0.25\times(1\ 300-100)-200=100$$

（2）如果政府购买增加到 125，则：

$$y=c+i+g=200+0.75(y-100)+125+100$$

求解得新的均衡收入：$y=1\ 400$。
（3）①政府要实现充分就业，如果采取调整政府购买政策，则：

$$\Delta g=\Delta y/k_g=(1\ 600-1\ 300)/\left(\frac{1}{1-0.75}\right)=75$$

$$g'=g+\Delta g=100+75=175$$

实现充分就业的政府购买为：$g=175$。

②政府要实现充分就业，如果采取税收政策，则：

$$\Delta t=\Delta y/k_t=(1\,600-1\,300)/\left[-\left(\frac{0.75}{1-0.75}\right)\right]=-100$$

$$T'=T+\Delta t=100-100=0$$

实现充分就业的政府征税额为：$T=0$。

③政府要实现充分就业，如果采取平衡预算政策，则：

$$g=T$$

$$y=c+i+g=200+0.75(y-T)+100+g$$

$$1\,600=300+0.75(1\,600-g)+g$$

$$g=400$$

$$g=T=400$$

因此，平衡预算政策也能实现目标，此时政府购买等于税收收入，$g=T=400$。

（4）由 $y=c+i+g=200+0.7(y-100)+100+100=330+0.7y$ 可得均衡收入为：$y=1\,100$。

与（1）相比，边际消费倾向从 0.75 降为 0.70，均衡收入却减少了，这就是“节俭悖论”。

（5）节俭悖论是指节制消费增加储蓄会增加个人财富，对个人是件好事，但由于会减少国民收入引起萧条，对国民经济是件坏事。根据凯恩斯的总需求决定国民收入的理论，节俭对于经济增长并没有什么好处。实际上，这里蕴含着一个矛盾：公众节俭，降低消费，增加储蓄，往往会导致社会收入减少。因为在既定的收入中，消费与储蓄呈反方向变动关系，即消费增加储蓄就会减少，消费减少储蓄就会增加。所以，储蓄与国民收入呈反方向变动关系，储蓄增加国民收入就减少，储蓄减少国民收入就增加。根据这种看法，增加消费减少储蓄会通过增加总需求而引起国民收入增加，就会促进经济繁荣；反之，就会导致经济萧条。由此可以得出一个蕴含逻辑矛盾的推论：节制消费增加储蓄会增加个人财富，对个人是件好事，但由于会减少国民收入引起萧条，对国民经济却是件坏事。节俭悖论说明：节俭减少了支出，迫使厂家削减产量，解雇工人，从而减少了收入，最终减少了储蓄。储蓄为个人致富铺平了道路，然而如果整个国家加大储蓄，将使整个社会陷入萧条和贫困。

（6）①对于个人而言，在一定时期内，在既定的收入下，消费和储蓄存在着此消彼长的关系：消费越多，储蓄就越少；储蓄越多，消费就越少。但是，在适当的条件下，如果将储蓄视为一种投资行为，则现在适当减少消费，增加储蓄，有可能提高未来的消费水平，从而使消费者的福利水平获得提高。

②储蓄不是越少越好。根据资本存量的黄金律，适当的储蓄使得人均资本存量在长期中能够达到黄金律水平，从而将在长期中使人们的消费水平达到最优，经济福利实现最优化。

（7）产品市场均衡为：

$$y=c+i+g=200+0.75(y-100)+200-25r+100$$

化简得 IS 方程为：

$$y=1\,700-100r \quad ①$$

货币市场均衡为：

$$\frac{M}{P}=L=y-100r$$

$$\frac{1\,000}{2}=y-100r$$

化简得 LM 方程为：

$$y=500+100r \quad ②$$

联立方程①和方程②可得均衡的收入水平为：$y=1\,100$。

(8) 如果中央银行将货币供给从原来的 1 000 增加到 1 200，则货币市场均衡为：

$$\frac{M}{P}=L=y-100r$$

$$\frac{1\,200}{2}=y-100r$$

化简可得新的 LM 方程为：

$$y=600+100r \quad ③$$

联立方程①和方程③可得均衡的收入水平为：$y=1\,150$。

导致均衡收入水平提高的原因是货币供给的增加，它降低了利率，增加了投资需求，从而使经济中的总需求增加了，产出水平也提高了。

(9) 总需求曲线揭示了产品市场和货币市场均衡时价格和产出之间的关系。

货币市场均衡为：

$$\frac{M}{P}=L=y-100r$$

$$\frac{1\,000}{P}=y-100r$$

由此可得新的 LM 方程为：

$$y=\frac{1\,000}{P}+100r \quad ④$$

联立方程①和方程④可得：$y=850+\frac{500}{P}$，即为总需求方程。

【提示】本题看似复杂，但是只要一步步做，其实也不难，考点比较清晰，做题思路也比较明确，按照我们所学过的 IS—LM 基本理论，仔细分析会发现真的是“柳暗花明又一村”。所以当读者面对综合性较强的题目时，一定要心平气和，综合性越强的题目，一般做起来越容易。当然，读者需要对宏观经济学的知识点比较熟悉，对理论框架比较清楚。

15.【答案】（1）IS 方程的微分形式为：

$$dy=c_y dy+i_y dy+i_r dr+dg$$

LM 方程的微分形式为：

$$\frac{P\cdot dM-M\cdot dP}{P^2}=L_y dy+L_r dr$$

AS 方程的微分形式为：

$$dP=y dA+A dy$$

上述三个线性方程的矩阵形式为：

$$\begin{bmatrix}1-c_y-i_y & -i_r & 0\\ PL_y & PL_r & \frac{M}{P}\\ -\frac{A}{y} & 0 & \frac{1}{y}\end{bmatrix}\times\begin{bmatrix}dy\\ dr\\ dP\end{bmatrix}=\begin{bmatrix}dg\\ dM\\ dA\end{bmatrix}$$

（2）将行列式展开可以得到：

$$|H|=\frac{A}{y}\frac{M}{P}i_r+\frac{1}{y}[(1-c_y-i_y)PL_r+PL_y i_r]$$

因为 $i_r<0$，所以$\frac{A}{y}\frac{M}{P}i_r<0$；当$\frac{1-c_y-i_y}{i_r}<-\frac{L_y}{L_r}$，即（$1-c_y-i_y)L_r+L_y i_r<0$ 时，上式中的后一项也小于零，所以$|H|<0$。

IS 曲线的斜率为：

$$K_{IS}=\frac{dr}{dy}=\frac{1-c_y-i_y}{i_r}$$

LM 曲线的斜率为：

$$K_{LM}=\frac{dr}{dy}=-\frac{L_y}{L_r}$$

因此，上述条件可以表示为：$K_{IS}<K_{LM}$。

根据克莱姆法则有：

$$dy=\frac{\begin{vmatrix}dg & -i_r & 0\\ dM & PL_r & \frac{M}{P}\\ dA & 0 & \frac{1}{y}\end{vmatrix}}{|H|}=\frac{\frac{PL_r}{y}dg+\frac{i_r}{y}dM-\frac{M}{P}i_r dA}{|H|}$$

所以有：

$$\frac{\mathrm{d}y}{\mathrm{d}g}=\frac{PL_r}{y|H|};\ \frac{\mathrm{d}y}{\mathrm{d}M}=\frac{i_r}{y|H|};\ \frac{\mathrm{d}y}{\mathrm{d}A}=\frac{-Mi_r}{P|H|}$$

因为 $|H|<0$，$L_r<0$，所以 $\frac{\mathrm{d}y}{\mathrm{d}g}>0$，即政府购买增加，国民收入增加。

因为 $|H|<0$，$i_r<0$，所以 $\frac{\mathrm{d}y}{\mathrm{d}M}>0$，$\frac{\mathrm{d}y}{\mathrm{d}A}<0$，即政府增加货币供给，国民收入增加；短期总供给曲线斜率越大，国民收入就越少。

【提示】本题可以被归为“纸老虎题”，看着吓人，其实不难。本题所使用的高等数学和线性代数知识都是最基础的知识，稍微有点高等数学和线性代数基础的人都不会被难倒，而除了这一点之外，本题就没什么地方有难度了。这种“纸老虎题”在证明题、计算题中比较常见。

七、论述题

1.**【答案】**（1）在短期，价格、工资缺乏伸缩性，往往在某一预先决定了的水平上保持不变。在短期，总供给曲线平坦，价格水平固定。所以在短期，产量只取决于总需求且价格不受产量水平的影响。

在长期，价格、工资被认为具有充分的伸缩性，并且能够对需求和供给的变化做出及时有效的反应。在长期，总供给曲线是垂直的，产出水平只取决于总供给，价格水平则取决于总需求和总供给两者。很高的通货膨胀率都是由总需求的变化引起的。

（2）在宏观经济分析中，短期看需求，长期看供给，主要是说明在短期和长期，需求和供给对国民经济产出的不同影响。下面分别加以说明：

①短期看需求。

在短期，厂商不愿调整工资与价格而倾向于更容易进行的改变产量活动，因而总供给曲线是平坦的，影响产量的因素在于需求。如图 15－19 所示，AS 为一条水平的短期总供给曲线，此时产量只取决于总需求而价格不受产量水平的影响。若总需求增加，AD_1 曲线右移至 AD_2，产出则从 y_1 增加到 y_2，而价格水平不变。此种情形即为凯恩斯供给曲线下的情形。

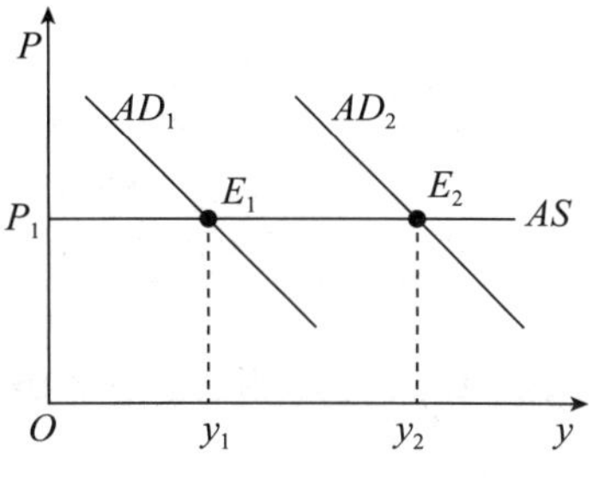

图 15－19　短期中的总需求与总供给

②长期看供给。

在长期，价格、工资被认为具有充分的伸缩性，经济位于自然产出水平，因而总供给曲线是垂直的。相比之下，价格水平是可以取任何值的。如图 15－20 所示，经济初始均衡点位于点 E_1，若总需求增加使得总需求曲线从 AD_1 右移至 AD_2，由于总供给不变，总需求的增加最终使得物价水平从 P_1 上涨到 P_2，但产出不变。由此得出，在长期，产量只取决于总供给，而价格则取决于总供给与总需求两者。此种情况为古典供给曲线下的情形。

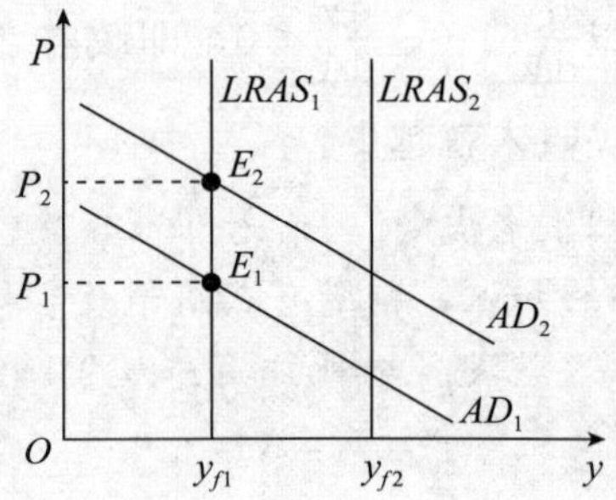

图 15－20　长期中的总需求与总供给

在长期，技术进步、人口增长等因素引起长期总供给曲线向右移动，如图 15－20 所示，从 $LRAS_1$ 右移到 $LRAS_2$。无论总需求曲线是 AD_1 还是 AD_2，产出都从 y_{f1} 增加到 y_{f2}。因此，在长期，总供给的增加决定了国民收入的增长。

因此在宏观经济分析中，“短期看需求，长期看供给”概括了在长期和短期，总需求和总供给模型中需求和供给变动对经济均衡的影响。

2. **【答案】**总需求与总供给共同决定了均衡收入和价格水平，总需求或总供给的变化会使均衡收入和价格水平发生变化，而价格水平的变化又会影响生产成本，进而引起总供给的变化。下面以扩张性政策为例来分析总需求变化所引起的经济的动态调整过程。

（1）短期调整。

如图 15－21 所示，假设经济初始均衡点为 E_0，此时产出为充分就业产出 y_0，价格水平为 P_0。然后政府实施扩张性政策引起 AD_0 曲线右移到 AD_1，短期均衡点移动到 E_1 点，产出从 y_0 增加到 y_1，价格从 P_0 上升到 P_1。

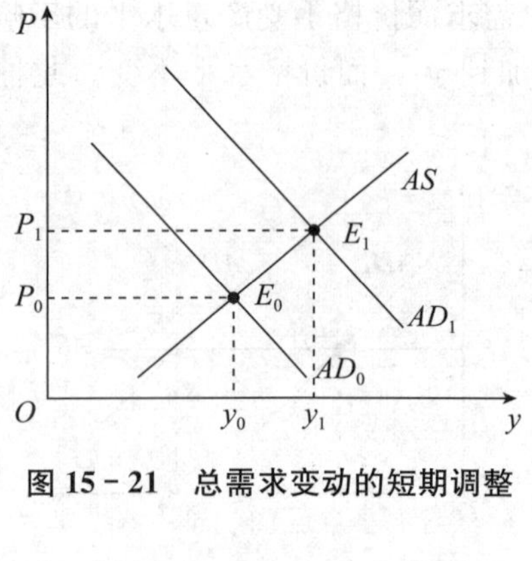

图 15－21　总需求变动的短期调整

（2）中期调整。

如图 15－22 所示，从中期看，调整过程并没有结束。因为价格上升会影响下期供给，下期的生产成本上升，总供给会减少，原 AS 曲线（现改称 AS_0）向左移动到 AS_1，新均衡点为 E_2 点，此时，产量下降为 y_2，而价格水平进一步上升到 P_2。

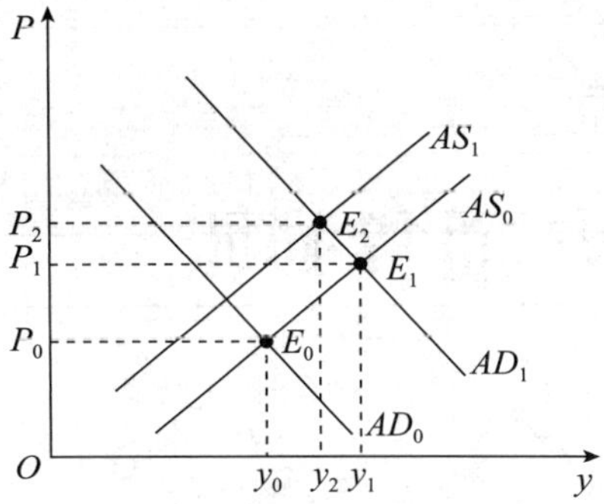

图 15－22 总需求变动的中期调整

在中期，扩张性政策对增加国民收入的作用减弱了，而对提高价格的作用却加强了。扩张性政策对增加国民收入的作用短期大于中期，而对提高价格的影响却是中期大于短期。

（3）长期调整。

在长期，只要产量与就业大于原始的充分就业产出 y_0，价格和工资就会继续上升，总供给曲线就会继续向左移动，直至形成使产量与就业回到原来的充分就业水平的新的均衡点。如图 15－23 所示，在长期内，AS 曲线最终移动到 AS_2，产出恢复到原始的 y_0，但价格水平上涨到 P_3。

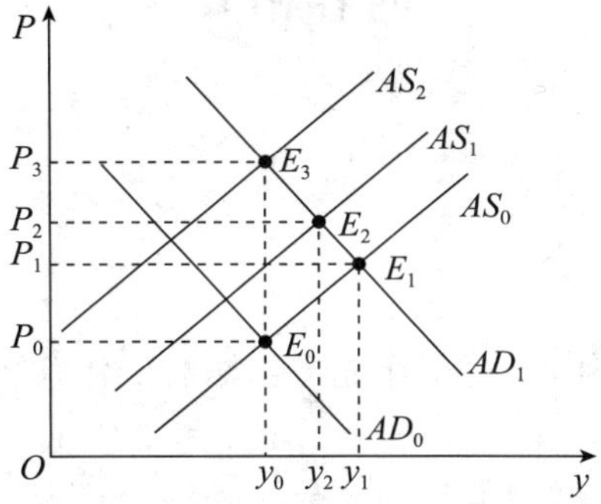

图 15－23 总需求变动的长期调整

在长期，工资和价格有进行充分调整的时间，从而其最后结果与古典总供给曲线下的情形相同。其差别在于调整过程。当总供给曲线呈古典总供给曲线这种垂直线时，总需求的增加直接引起价格同比例上升，并没有使实际产量增加。而在现代凯恩斯主义总需求—总供给模型中，总需求的增加使短期、中期产量与价格都发生了变化，只有在长期，总需求的增加只影响价格而不影响产量。短期中调整的情况更接近凯恩斯主义总供给曲线下的情况，即产量变动大，价格变动小，而且，工资对就业量变动的反应越慢，即工资越富有黏性，产量变动就越大，价格变动就越小。总需求变动所引起的调整过程的快慢取决于工资对就业量变动反应的快慢，即工资黏性的大小。

第 16 章 失业与通货膨胀

重难点提示

本章的重难点包括：失业的概念和原因、自然失业率、奥肯定律、通货膨胀的描述及其分类、通货膨胀的原因、通货膨胀的经济效应、菲利普斯曲线。

内容精要

一、 失业的描述

1. 失业的概念

失业是指在一定年龄范围内，有工作能力，愿意工作并积极寻找工作而未能按当时通行的实际工资水平找到工作的人。

失业率是指失业人数占劳动力数量的百分比，用公式表示为：

$$失业率=\frac{失业人数}{劳动力数量}\times 100\%$$

$$劳动力参与率=\frac{劳动力数量}{成年人口总数}\times 100\%$$

【总结】 人口群体分类如图 16－1 所示。

- 全部人口
  - 未成年人
  - 成年人
    - 劳动力
      - 就业者
      - 失业者
    - 非劳动力

图 16－1 人口群体分类

（1）在家庭企业中从事无报酬工作的人被计为就业者；

（2）劳动力失去工作但在此前 4 个星期中还在寻求工作的，被计为失业者，超过 4 个星期不寻求工作的被计为非劳动力；

（3）想工作但丧失信心因此放弃求职的人、退休者、全职家务者、全职大学生，都计入非劳动力；

（4）符合退休条件但还在继续正常工作的人，则继续被计为就业者（自然也被计为劳动力）。

2. 失业的原因

（1）摩擦性失业是指在生产过程中因难以避免的摩擦而造成的短期、局部性失业。这种失业在性质上是过渡性或短期性的。

（2）结构性失业是指由劳动力的供给和需求不匹配所造成的失业，其特点是既有失业，又有职位空缺，失业者或者没有合适的技能，或者居住地点不当，因此无法填补现有的职位空缺。

3. 自然失业率

自然失业率是指经济社会在正常情况下的失业率，它是劳动市场处于供求稳定状态时的失业率，这里的稳定状态被认为是既不会造成通货膨胀也不会导致通货紧缩的状态。由于摩擦性失业的普遍性和不可避免性，宏观经济学认为，经济社会在任何时期总存在着一定比率的失业人口。

自然失业率：$\frac{U}{N}=\frac{l}{l+f}$，其中，$l$ 表示离职率，f 表示就职率。

二、 奥肯定律

其主要内容是：失业率每高于自然失业率 1 个百分点，实际 GDP 将低于潜在 GDP 2 个百分点。

奥肯定律公式：

$$\frac{y-y_f}{y_f}=-\alpha(u-u^*)$$

三、 通货膨胀的描述及其分类

通货膨胀是指经济社会中的大多数产品和劳务的价格在一个时期内持续和显著地上涨。

通货膨胀率为从一个时期到另一个时期价格水平变动的百分比。用公式表示就是：

$$\pi_t=\frac{P_t-P_{t-1}}{P_{t-1}}$$

式中，π_t 为 t 时期的通货膨胀率，P_t 和 P_{t-1} 分别为 t 时期和（$t-1$）时期的价格水平。

1. 按照价格上升的速度进行分类

（1）温和的通货膨胀，年通货膨胀率在 10%以内。

（2）奔腾的通货膨胀，年通货膨胀率在10%以上和100%以内。

（3）超级通货膨胀，年通货膨胀率在100%以上。

2. 按照人们的预料程度加以区分

（1）未预期到的通货膨胀，即价格上升的速度超出人们的预料，或者人们根本没有想到价格会上涨的通货膨胀。

（2）预期到的通货膨胀，具有自我维持的特点，又称惯性的通货膨胀。

四、通货膨胀的原因

1. 货币现象的通货膨胀

按照交易方程 $MV=Py$ 可得通货膨胀公式 $\pi=\hat{m}-\hat{y}+\hat{v}$，其中 π 为通货膨胀率，$\hat{m}$ 为货币增长率，$\hat{y}$ 为产量增长率，$\hat{v}$ 为货币流通速度变化率，但由于货币流通速度比较稳定，所以通货膨胀率 $\pi=\hat{m}-\hat{y}$，即通货膨胀率等于货币增长率减去产量增长率。

在长期内，实际产量增长率是稳定的，因此，在长期内，货币增长率的变化一对一地导致通货膨胀率的变化。

2. 需求拉动的通货膨胀

需求拉动的通货膨胀，又称超额需求通货膨胀，是指总需求超过总供给所引起的一般价格水平的持续显著上涨，解释为“过多的货币追求过少的商品”。

3. 成本推动的通货膨胀

成本推动的通货膨胀，又称成本通货膨胀或供给通货膨胀，是指在没有超额需求的情况下，由于供给方面成本的提高而引起的一般价格水平持续和显著的上涨。它又可以分为工资推动的通货膨胀及利润推动的通货膨胀（这里的利润通常为垄断利润）。

4. 结构性通货膨胀

结构性通货膨胀是指由于经济结构因素的变动，出现一般价格水平的持续上涨。由于生产部门的生产率提高的速度不同，两个部门的工资增长也应当有区别。但是，生产率提高慢的部门要求工资增长向生产率提高快的部门看齐，结果使全社会工资增长速度超过生产率增长速度，因而引起通货膨胀。

五、通货膨胀的成本

1. 预期到的通货膨胀的成本

（1）菜单成本。菜单成本包括决定新价格的成本、印刷新价格表和目录的成本、把这些新价格表和目录送给中间商与顾客的成本、为新价格做广告的成本，甚至包括处理顾客对价格变动恼怒的成本。

（2）鞋底成本。为了减少通货膨胀造成的损失需要频繁去银行而产生的成本。

（3）税收扭曲。由于所得税的税率不会对预期到的通货膨胀做出充分调整，因此通货膨胀会对经济中的当事人产生一种成本。

（4）资源配置不当。通货膨胀会扭曲商品的相对价格，进而扭曲消费者的决策，这样市场就不能把资源配置到最好的用途中。

（5）混乱与不便。货币作为计价单位，是人们用来度量价格和记录债务的尺度，通货膨胀使得这种尺度自身不断地变化，会导致人们不能很好地纵向比较产品和服务的价格。

2. 未预期到的通货膨胀的成本

（1）不确定性增加。未预期到的通货膨胀会导致工人工资的上涨幅度不合适，工作的时间以及是否雇用该工人的决策会因此而被误导。另外，储蓄、投资等决策也会因此而受到影响。未预期到的通货膨胀往往会降低经济福利。

（2）不合意的财富再分配。通货膨胀使债权人受损，但使债务人受益，也使有固定货币收入的人受损，同时对储蓄者不利。

（3）相对价格变动性的增加。未预期到的通货膨胀使得相对价格扭曲更加明显，企业对产品需求的估算与实际情况相差更远，这些会导致更严重的部分产品生产过剩而部分产品生产不足，带来经济的低效率和资源的不当配置。

六、菲利普斯曲线

菲利普斯曲线是菲利普斯根据现实统计资料所给出的反映货币工资变动与失业率之间相互关系的曲线。

货币工资增长率与失业率具有负相关的函数关系，即货币工资增长率越高，失业率越低；失业率越高，货币工资增长率越低。菲利普斯曲线自左上方向右下方倾斜。由于工资成本是产品价格的重要构成部分，因而通货膨胀率与货币工资增长率之间存在相当稳定的正比例关系（两者的差额为劳动生产率的增长率）。通常，可以用通货膨胀率替代货币工资增长率来描述菲利普斯曲线：通货膨胀率越高，失业率越低；反之亦然。

公式表示为：$\pi=-a(u-u^*)$，u^* 代表自然失业率，参数 a 衡量价格对于失业率的反应程度。

习题精编

一、名词解释

1. 自然失业率
2. 摩擦性失业
3. 充分就业
4. 成本推动的通货膨胀
5. 奥肯定律
6. 费雪效应
7. 通货膨胀税
8. 滞胀
9. 菲利普斯曲线
10. 附加预期的菲利普斯曲线

11. 长期菲利普斯曲线

12. 牺牲率

13. 痛苦指数

二、 判断题

1. 自然失业率是没有摩擦性失业时的失业率。

2. 自然失业率不受政策变动的影响。

3. 失业救济金的提高有助于降低自然失业率。

4. 如果就业人数上升，那么失业率必定下降。

5. 如果政府通过 50 美元/小时的最低工资法，以前工资低于 50 美元/小时的工人未必都能看到他们的工资上涨。

6. 只有不存在任何失业时，经济才实现了充分就业。

7. 对通货膨胀的预期会加剧实际的通货膨胀。

8. 和中国相比，美国全职家庭主妇更为普遍，所以美国失业率高于中国失业率。

9. 理性预期学派认为，如果中央银行公开宣布提高货币增长率，结果会是失业率不变而通货膨胀率上升。

10. 从长期来看，通货膨胀率由货币增长率、货币流通速度变化率和产量增长率决定。

11. 通货膨胀使得收入和财富从债务人手中转移到债权人手中。

12. 通货紧缩比通货膨胀容易导致银行体系很快出现大面积的坏账。

13. 即使通货膨胀被完全预期到了，通货膨胀也是有成本的。

14. 超级通货膨胀可能扭曲价格体系，但是并不对实际产出造成任何影响。

15. 如果菲利普斯曲线在长期内有效，说明预期在长期内是无效的。

16. 由于通货膨胀导致人们持有更少的货币，因而形成通货膨胀的菜单成本。

17. 菲利普斯曲线表述的关系表明治理通货膨胀的最有力措施是工资和物价管制。

18. 凯恩斯学派的菲利普斯曲线的政策含义是：当通货膨胀率过高时，可使用紧缩性经济政策使失业率提高，从而降低通货膨胀率；反之亦然。

19. 附加预期的菲利普斯曲线表明，在短期中通货膨胀率和失业率之间存在替代关系，而在长期中这种替代关系并不存在。

20. 假设某菲利普斯曲线为 $\pi=\pi_{-1}-0.75(u-5\%)$，则要使通货膨胀率下降 9 个百分点，需要使失业率提高到 12%。

21. 理性预期学派认为长期和短期的菲利普斯曲线完全相同。

22. 假定某国为了把通货膨胀率从 30%降低到 5%，使得失业率从 2%提高到了 17%，且奥肯定律表示失业率每提高 1 个百分点，GDP 就损失 2 个百分点，则该经济降低通货膨胀率的牺牲率为 1.2。

23. 一个稳定的、每年 4%左右的通货膨胀率要比一个不稳定但平均起来也是 4%的通货膨胀率更理想。

三、选择题

1. 劳动力参与率反映的是（　　）。

A. 劳动力数量占成年人口总数的比率　　B. 成年人就业比率

C. 劳动力就业比率　　D. 劳动力就业比率与失业比率之和

2. 社会技术进步导致部分人不适应工作岗位的要求，由此产生的失业属于（　　）。

A. 自愿失业　　B. 结构性失业

C. 需求不足的失业　　D. 摩擦性失业

3. 某国 2016 年 12 月总人口是 200 万，成年人口是 160 万，劳动力数量为 120 万，未达到退休年龄的劳动力人口为 100 万，失业人数为 6 万，该国的失业率为（　　）。

A. 3%　　B. 3.75%　　C. 5%　　D. 6%

4. 如果实际 GDP 快速增长，下面哪种情况最不可能发生？（　　）

A. 经济过热　　B. 失业率下降

C. 通货膨胀　　D. 农产品滞销

5. 测量得到的失业率可能比实际的失业率低是因为（　　）。

A. 测量的失业率不包括摩擦性失业

B. 丧失信心的工人被算在劳动力之外

C. 一些不努力寻找工作的人被算为失业者

D. 测量的失业率不包括青年的失业

6. 关于自然失业率的描述，错误的是（　　）。

A. 劳动市场供求均衡

B. 既不造成通货膨胀又不造成通货紧缩

C. 失业率$=l/(f-l)$，l 为离职率，f 为就职率

D. 在自然失业率状态下存在摩擦性失业

7. 假设一国劳动市场初始的离职率（l）为 0.01，失业人口就职率为 0.19，2009 年该国政府推出再就业工程，将失业人员的就职率提高到 0.24，请问，该政策对该国劳动市场的自然失业率将产生怎样的影响？（　　）

A. 自然失业率将保持不变　　B. 自然失业率将提高 2 个百分点

C. 自然失业率将下降 2 个百分点　　D. 自然失业率将下降 1 个百分点

8. 假设离职率为 2%，就职率为 38%，那么自然失业率为（　　）。

A. 2%　　B. 5%　　C. 16%　　D. 36%

9. 如果失业率既不上升也不下降，那么经济中找到工作的人数必须等于（　　）。

A. 失业者人数　　B. 离开或者失去工作的人数

C. 寻找工作的人数　　D. 离开劳动力范畴的人数

10. 处于自然失业率水平表示（　　）。

A. 进入和退出失业队伍的劳动力数量处于均衡状态

B. 对物价和工资的预期是正确的

C. A 和 B 都包括在内

D. A 和 B 都不是

11. 根据凯恩斯的理论，以下哪项是非自愿失业的原因？（　　）

A. 失业保障　　B. 工资刚性

C. 资本边际效率递减　　D. 边际消费倾向递减

12. 当厂商支付高于市场工资的效率工资时，（　　）。

A. 经济在充分就业的状态下运行　　B. 存在劳动的过剩供给

C. 不存在非自愿失业　　D. 劳动市场在效率工资水平下出清

13. 下列不属于造成黏性价格的原因的一项是（　　）。

A. 市场不完全竞争　　B. 企业对价格具有某种垄断

C. 工人的错觉　　D. 菜单成本

14. 一般用来衡量通货膨胀的价格指数是（　　）。

A. 消费物价指数　　B. 生产者物价指数

C. GDP 平减指数　　D. 以上均正确

15. 实际利率为 3%，预期通货膨胀率为 6%，则名义利率水平应该近似地等于（　　）。

A. 2%　　B. 3%　　C. 9%　　D. 6%

16. 需求拉动的通货膨胀（　　）。

A. 通常用于描述某种供给因素所引起的价格波动

B. 通常用于描述某种总需求的增长所引起的价格波动

C. 表示经济制度已调整过的预期通货膨胀率

D. 以上都不是

17. 已知充分就业的国民收入是 10 000 亿美元，实际国民收入是 9 800 亿美元，边际消费倾向是 80%，在增加 100 亿美元的投资以后，经济将发生（　　）。

A. 需求拉动的通货膨胀　　B. 成本推动的通货膨胀

C. 结构性通货膨胀　　D. 需求不足的失业

18. 在下列引起通货膨胀的原因中，哪一个最可能是成本推动的通货膨胀的原因？（　　）

A. 银行贷款的扩张　　B. 预算赤字

C. 世界性商品价格的上涨　　D. 投资增加

19. 当经济处于充分就业均衡时，下列说法正确的是（　　）。

A. 降低政府支出会使经济的通货膨胀率一直降下去

B. 在短期内降低名义货币供给的增长率会降低通货膨胀率但不会影响产量

C. 在短期内降低名义货币供给的增长率会降低通货膨胀率和产量水平

D. 在短期内降低政府支出会降低通货膨胀率但不影响产量

20. 如果在经济中已形成通货膨胀压力，但价格因价格管制而没有上涨，那么这时（　　）。

A. 不存在通货膨胀　　B. 存在恶性通货膨胀

C. 存在真实的通货膨胀　　D. 存在隐蔽性通货膨胀

21. 若某一经济的价格水平 2014 年为 100，2015 年为 104，2016 年为 106，则 2015

年和 2016 年的通货膨胀率分别是（　　）。

A. 4.0%和 1.9%　　B. 3.5%和 6.0%

C. 3.8%和 2.7%　　D. 4.8%和 2.6%

22. 当经济学家们谈及通货膨胀税时，他们指的是（　　）。

A. 在通货膨胀时期生产率的提高

B. 作为通货膨胀后果之一的货币价值的下降

C. 通货膨胀时期税收趋于上升的现象

D. 作为通货膨胀后果之一的价格变动的代价

23. 如果一国在相当长时期内保持每年货币供给量增加 5%不变，则以下哪种说法是正确的？（　　）

A. 可以预期该国的长期通货膨胀率是年率 5%

B. 可以预期该国的长期通货膨胀率小于年率 5%

C. 可以预期该国的长期通货膨胀率大于年率 5%

D. 如果不考虑实际余额需求的变化，可以预期该国的长期通货膨胀率是年率 5%

24. 在通货膨胀时期，持有货币的成本等于（　　）。

A. 名义利率　　B. 事前实际利率加上预期通货膨胀率

C. A 和 B 都对　　D. 事后实际利率

25. 温和的通货膨胀的特征是（　　）。

A. 通货膨胀率小于两位数　　B. 价格保持相对稳定

C. 人们能够对通货膨胀产生稳定的预期　　D. 以上都对

26. 在充分就业的情况下，下列哪种原因最可能导致通货膨胀？（　　）

A. 进口增加　　B. 工资不变但劳动生产率提高

C. 出口减少　　D. 政府支出不变但税收减少

27. 奥肯定律涉及（　　）。

A. 失业率与产出量之间的数量关系

B. 实际产出增长和名义产出增长之间的关系

C. 通货膨胀率与失业率之间的关系

D. 实际工资率与就业量之间的关系

28. 假设奥肯系数为 2，根据奥肯定律，如果潜在产出水平为 4 000 单位，自然失业率为 4%，实际失业率为 6.5%，那么实际产出水平为（　　）单位。

A. 3 200　　B. 3 400　　C. 3 600　　D. 3 800

29. 某个国家在充分就业下的产出为 5 000 亿美元，而自然失业率为 5%。假定现在的失业率为 8%，那么当奥肯系数为 2 时，根据奥肯定律，该国目前的产出为（　　）。

A. 4 500 亿美元　　B. 4 900 亿美元　　C. 4 800 亿美元　　D. 4 700 亿美元

30. 奥肯定律说明了失业率每上升 1%，实际国民收入就减少 2%，这种比例关系（　　）。

A. 始终不变

B. 在不同时期会有所不同

C. 只适用于经济实现了充分就业时的状况

D. 以上均不对

31. 鞋底成本被用来说明（　　）。

A. 工资黏性　B. 通货膨胀成本　C. 价格刚性　D. 货币中性

32. 瓶颈部门常会出现（　　）通货膨胀。

A. 需求拉动的　B. 成本推动的　C. 结构性　D. 隐蔽性

33. 如果通货膨胀没有被预料到，那么受益者将是（　　）。

A. 雇员　B. 债权人

C. 退休金领取者　D. 债务人

34. 采取收入政策治理的通货膨胀类型主要是（　　）。

A. 需求拉动的通货膨胀　B. 成本推动的通货膨胀

C. 结构性通货膨胀　D. 输入型通货膨胀

35. 长期菲利普斯曲线表明（　　）。

A. 政府的需求管理政策无效　B. 政府的需求管理政策有效

C. 经济主体存在货币幻觉　D. 自然失业率可以变动

36. 下列关于菲利普斯曲线的描述，错误的是（　　）。

A. 短期菲利普斯曲线反映了通货膨胀率与失业率之间的替代关系；若预期通货膨胀率上升，菲利普斯曲线将向右移动，决策者面临的替代关系更为不利

B. 一般经济学家认为通货膨胀率与失业率在短期内存在替代关系，在长期内则不存在替代关系

C. 理性预期学派认为菲利普斯曲线的效应在长短期均不存在

D. 滞胀现象在菲利普斯曲线上的反映是菲利普斯曲线斜率为正

37. 传统的菲利普斯曲线显示，如果采用扩张性的财政政策来刺激总产出和就业，则（　　）。

A. 由于挤出效应的作用，失业率实际上可能增加

B. 即使税率降低了，税收也可能增加

C. 可能引起通货膨胀

D. 自然失业率可能下降

38. 菲利普斯曲线的存在意味着（　　）。

A. 存在黏性工资　B. 预期在短期无效

C. 预期在长期无效　D. 短期无工资与失业间的替代

39. “滞胀”问题如果用菲利普斯曲线表示，则应该是（　　）。

A. 一条垂直于横轴的菲利普斯曲线　B. 一条长期斜率为正的曲线

C. 短期菲利普斯曲线不断外移　D. 一条不规则的曲线

40. 在理性预期学派看来，通货膨胀率与失业率之间的关系是（　　）。

A. 在短期两者是替代关系，在长期两者无任何关系

B. 无论是在长期还是在短期，两者都是替代关系

C. 无论是在长期还是在短期，两者都无任何关系

D. 在短期两者无任何关系，在长期两者是替代关系

41. 图 16－2 给出了短期和长期总供给曲线、两条总需求曲线，图 16－3 给出了附加预

期的菲利普斯曲线和长期菲利普斯曲线。如果经济初始时处于图 16－2 中的 A 点和图 16－3 中的 H 点，那么，此时一项扩张性货币政策使总需求曲线从 AD_1 移到 AD_2，经济移到 B 点，则在图 16－3 中相应的点是（　　）。

A. D 点　　B. E 点　　C. H 点　　D. G 点

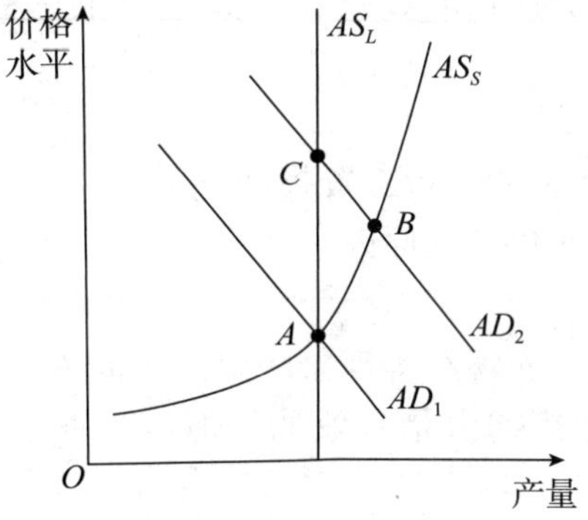

图 16－2　AD—AS 曲线

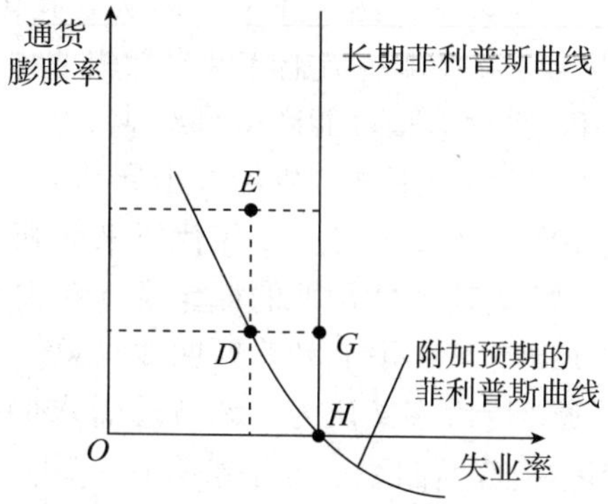

图 16－3　菲利普斯曲线

42. 图 16－4 显示了总量劳动市场的情况。如果实际工资有刚性，则劳动需求曲线从 D_1 变动到 D_2 将导致（　　）。

A. L_2-L_1 的非自愿失业　　B. L_3-L_1 的非自愿失业

C. L_2-L_1 的自愿失业　　D. L_3-L_1 的自愿失业

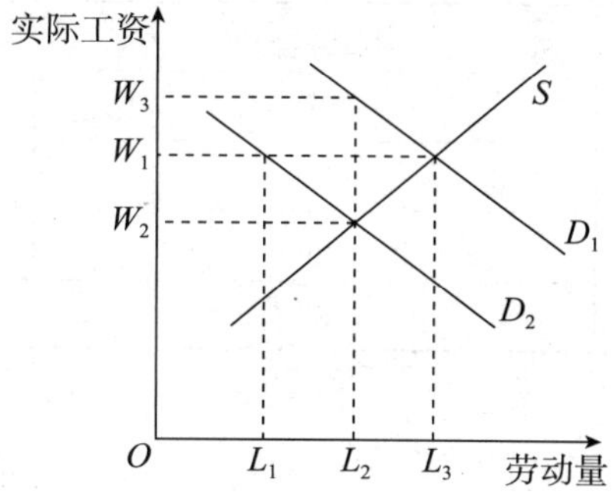

图 16－4　劳动市场

43. 在某次反通货膨胀实践中，政府成功地将通货膨胀率由 10%降至 5%，但却导致产出下降了 10%，失业率提高了 5%。该经济的牺牲率是（　　）。

A. 2　　B. 5　　C. 2.5　　D. 7.5

四、简答题

1. 失业、就业和不再工作的区别是什么？
2. 简述解释工资刚性的各种理论。
3. 摩擦性失业是不是一种自愿失业？为什么？
4. 什么是结构性通货膨胀？请解释其成因。

5. 近年来，国内几乎所有省区市都通过立法设置了最低工资标准，并且最低工资标准在逐年上升。2022 年上海最低工资标准是 2 590 元/月，为全国最高，深圳为 2 360 元/月，位列第二，北京为 2 320 元/月，位列第三。试分析实施最低工资法的影响。

6. 什么是充分就业的失业率？

7. 什么是自然失业率？你认为我国当前经济运行中存在的影响自然失业率的因素有哪些？可采取哪些措施降低自然失业率？

8. 通货膨胀可能产生哪些成本？

9. 说明当不利的供给冲击导致通货膨胀时，为什么不能实行工资指数化。

10. 简述 20 世纪 70 年代以来菲利普斯曲线发生的变化及其原因。

11. 阐述理性预期的概念及其对失业的含义。

12. 为什么说菲利普斯曲线与总供给曲线是看待同一宏观经济现象的两种不同方式？

13. 货币主义认为，调节总需求的宏观经济政策在短期内是有效的，但在长期无效。试用菲利普斯曲线的变动解释这一观点。

14. 什么是动态不一致？简述在货币政策的制定过程中遵循单一规则的重要性。

五、计算题

1. 我们把劳动力分成两组：成年人和青年人。成年人占总劳动力的 90%，青年人占 10%。成年人又分为男性和女性，其中女性占 35%。下表显示了各组的失业情况：

分组	比重（%）	失业率（%）
青年人	10	19
成年人	90	—
成年男性	65	6
成年女性	35	7

（1）计算总失业率。

（2）假定青年人失业率上升到 29%，对男性失业率会造成什么影响（假定男性占青年人的 60%）？对总失业率呢？

（3）假定女性在成年劳动力中的比重上升到 40%，那么对成年人失业率的影响是什么？对总失业率的影响呢？

2. 假定 2011—2014 年的消费物价指数（CPI）分别为 400、440、462、462。

（1）计算 2012 年、2013 年、2014 年的通货膨胀率。

（2）假定一组工人签了从 2013 年开始为期 2 年的合同。其工资增长率为 $\Delta W/W=0.1$。在现有的 CPI 水平下，其实际工资如何变化？

（3）假定工资率依据下列公式计算：$\Delta W/W=0.05+0.5\Delta CPI/CPI$，其实际工资如何变化？如果 $\Delta W/W=\Delta CPI/CPI$，其实际工资又如何变化？

3. 已知生产函数为 $y=100N-0.3N^2$，劳动供给函数为 $W=P^e\times(20+N)$。其中，P^e 表示价格的预期，预期的形态为 $P^e=0.8+0.2P$。

（1）试求 $P=1$ 时的就业量和产量。

（2）假定名义工资不得低于 79，当 $P=1$，$W=79$ 时的就业量、产量和失业人口各为多少？最低工资对社会福利的影响如何？

4. 已知劳动供给方程为 $N_s=100+2W/P$，劳动需求方程为 $N_d=200-8W/P$。

（1）求解均衡状态下的实际工资和就业水平。

（2）假定劳动需求有所下降，其方程变为 $N_d'=190-8W/P$，均衡工资下降多少？就业减少多少？解释为什么工资下降的百分数要比就业下降的百分数大。

5. 如果某个经济中的失业率与 GDP 之间满足奥肯定律，即 $\frac{y-y_f}{y_f}=-3(u-u^*)$，其中，$u$ 是失业率，u^* 是自然失业率，y 是实际 GDP，y^* 是潜在 GDP。假定 2012 年、2013 年、2014 年和 2015 年的失业率分别为 5%、4%、5%和 6%。

（1）当自然失业率 $u^*=6\%$时，求 2012—2015 年各年失业率所对应的 GDP 缺口。

（2）比较 4 年中实际 GDP 和潜在 GDP 的关系。

（3）若 2014 年的实际 GDP 为 2 000 亿美元，计算当年的潜在 GDP 水平。

6. 假定某经济最初的通货膨胀率为 18%，政府试图通过制造 10%的失业率来实现通货膨胀率不超过 4%的目标。当价格调整方程的系数为 $h=0.4$ 时，其通货膨胀率下降的过程如何？

7. 某国的菲利普斯曲线为 $u=u_N-h(\pi-\pi^e)$。其中，u 为失业率，u_N 为自然失业率，h 为参数，π 为通货膨胀率，π^e 为预期通货膨胀率。政府为兼顾通货膨胀和失业两个目标而设计了一个评价函数 $g(u,\pi)=u+a\pi^2$，政府以该函数极小化为目标，求最佳失业率及通货膨胀率水平。

8. 假设给定的菲利普斯曲线是 $\pi_t=\pi_t^e+0.08+0.01\mu-2u_t$，$\pi_t$、$\pi_t^e$ 分别表示第 t 年的实际通货膨胀率和预期通货膨胀率，μ 表示企业的成本利润率，u_t 表示第 t 年的失业率。

（1）假设成本利润率 μ 初始时为 30%，但随着竞争的加剧，μ 下降到 10%，那么改变前和改变后的自然失业率分别是多少？

（2）假设预期通货膨胀率 $\pi_t^e=\theta\pi_{t-1}$，并且暂时令 $\theta=0$，成本利润率 $\mu=30\%$。在第 t 年，官方决定长期失业率的目标为 2%，请确定第 t 年、第 $t+1$ 年、第 $t+2$ 年、第 $t+5$ 年的通货膨胀率。

（3）参照上一问的假设，现在假设在第 $t+6$ 年年初人们的预期改变，θ 从 0 增长到 1，并且政府保持长期失业率 2%的目标不变，那么第 $t+6$ 年和第 $t+7$ 年的通货膨胀率是多少？

（4）用图形表示（2）和（3）的答案。

9. 假设一个经济有以下菲利普斯曲线：$\pi=\pi_{-1}-0.5(u-0.06)$。

（1）自然失业率是多少？

（2）画出通货膨胀率与失业率之间的短期和长期关系。

（3）为了使通货膨胀率降低 5 个百分点，必须有多少周期性失业？

10. 假设一国的菲利普斯曲线为 $\pi=\pi^e-3(u-u^*)$，自然失业率 $u^*=5\%$，对通货膨胀率的预期为适应性预期，中央银行设定下一年的通货膨胀率目标为 2%。

（1）如果当前的通货膨胀率为 5%，那么中央银行为实现下一年的通货膨胀率目标，将引起的失业率是多少？

（2）如果中央银行在次年继续保持2%的通货膨胀率目标，那么失业率将是多少？

（3）根据奥肯定律，计算降低通货膨胀率的牺牲率。

（4）如果对通货膨胀率的预期为理性预期，那么牺牲率为多少？

★11. 以 u 表示失业率，以 λ 表示货币工资上涨率（均以百分数表示），它们之间的关系为 $\lambda=\frac{36}{u}-6$。试求：

（1）若以 π 表示价格上涨率，以 q 表示劳动生产率上升率，以 s 表示劳动分配率（即劳动收入在总收入中的比例）的变化率，求 λ、π、q、s 之间的关系式。

（2）如果劳动分配率不变，劳动生产率上升率为6%，求菲利普斯曲线。

12. 已知产品市场的均衡条件为 $y=850-25r$，货币市场的均衡条件为 $y=-500+5\frac{M}{P}+10r$，经济在 $y=650$ 时达到充分就业。假设名义货币供给 $M=200$，物价水平 $P=1$。

（1）是否存在通货膨胀压力？

（2）当物价水平为何值时，才能实现宏观经济的一般均衡？

（3）如何变动名义货币供给量，才能达到充分就业的一般均衡？

★13. 假设政府要把如下目标函数最小化：$W(u,\pi)=u^2+\beta\pi^2$，其中 u 是实际失业率，π 是实际通货膨胀率。现在假设这个经济的失业率和通货膨胀率之间存在如下关系：$u=u^n-\alpha(\pi-\pi^e)$，其中 u^n 是自然失业率，π^e 是居民的预期通货膨胀率，α，$\beta>0$。

政府和居民的行动时间顺序如下：政府首先宣布一个通货膨胀率作为规则，记为 π_0（$\pi_0\geqslant0$），然后居民形成预期 π^e；政府看到 π^e 之后再决定实际通货膨胀率 π。

（1）政府决定按规则行事，居民也相信政府的承诺。请问政府会选什么样的 π_0？居民会选什么样的 π^e？实际失业率是多少？

（2）现在居民仍然相信政府的承诺，但是政府决定悄悄改变货币政策，进行相机抉择，即选择一个和承诺不一致的实际通货膨胀率，那么政府会选什么样的 π_0 和 π？比较（1）和（2）中的结果，说明政府为什么要相机抉择。

（3）居民在实践中慢慢学会准确预期政府的实际通货膨胀率了。如果政府仍然贯彻上述相机抉择的货币政策，那么实际通货膨胀率又会是多少？实际失业率是多少？比较（1）和（3）中的结果，请问你会建议政府采用何种政策？

六、论述题

☆1. 自然失业率由哪些部分构成？宏观经济政策所能调整的是哪一种失业？中国失业率的构成与发达国家失业率的构成有什么区别？

2. 论述摩擦性失业与结构性失业对经济产生的实际影响。

3. 利用 $AD—AS$ 模型，区分需求拉动的通货膨胀和成本推动的通货膨胀这两种不同的通货膨胀形式以及政策选择。

4. 简述凯恩斯主义、货币主义和理性预期学派在失业率和通货膨胀率关系问题上观点的主要差异。

习题答案

一、名词解释

1. **【答案】**自然失业率又称“有保证的失业率”“正常失业率”“充分就业失业率”等，是指在没有货币因素干扰的情况下，让劳动市场和商品市场自发供求力量起作用时，总供给和总需求处于均衡状态时的失业率。没有货币因素干扰，指的是失业率的高低与通货膨胀率的高低之间不存在替代关系。

自然失业率取决于经济中的结构性和摩擦性的因素，取决于劳动市场的组织状况、人口组成、失业者寻找工作的愿望、现有工作的类型、经济结构的变动、新加入劳动者队伍的人数等众多因素。

自然失业率是充分就业时仍然保持的失业水平。任何把失业率降低到自然失业率以下的企图都将造成加速的通货膨胀。任何时候都存在着与实际工资率结构相适应的自然失业率。自然失业率是弗里德曼对菲利普斯曲线发展的一种观点，他将长期的均衡失业率称为“自然失业率”，它可以和任何通货膨胀率水平相对应，且不受其影响。

2. **【答案】**摩擦性失业是指在工作搜寻过程中由于难以避免的摩擦而造成的短期、局部性失业。在现实中，工人具有不同的偏好与能力，工作也有不同的属性。而且求职者和空缺职位的信息流动是不完全的，工人在不同地区间的流动也不是即刻的。由于这些原因，找一份合适的工作需要时间和努力，这往往会降低就职率。这一原因导致的失业就是摩擦性失业。从这一点来说，摩擦性失业又可描述为由于一些原因，工人在工作搜寻过程中所引起的失业。一个经济中的摩擦性失业是无法避免的。

3. **【答案】**充分就业是指在一定的货币工资水平下所有愿意工作的人都可以得到工作的一种经济状况。充分就业是由凯恩斯在《就业、利息和货币通论》中提出的范畴。凯恩斯认为，充分就业是由有效需求决定的。如果有效需求不足，从而造成非自愿失业，社会就不能实现充分就业。当一个社会不但没有生产过剩的现象，而且还能使生产达到最高的水平时，就达到了充分就业状态。充分就业与某些失业现象的存在并不矛盾，如摩擦性失业和自愿失业，这两种失业都是正常的。只要非自愿失业消失，社会就算实现了充分就业。充分就业也可被广义地理解为各种经济资源得到了充分利用。

4. **【答案】**这种类型的通货膨胀是指通货膨胀发生了，总需求却没有扩张。这种由非总需求扩张因素导致的通货膨胀可以是由供给方面或成本方面的因素引起的，被称为供给通货膨胀，也被称为成本推动的通货膨胀。具体来说，成本推动的通货膨胀包括以下几种情况：

（1）由劳动生产率不变而货币工资提高引起的通货膨胀；

（2）由原材料（如石油）价格上涨导致的通货膨胀；

（3）由生产效率不变而利润增加导致的通货膨胀。

一种重要的原材料（如石油）价格上涨，会在很大的范围内导致企业的生产成本上升。在需求状况不变的情况下，原材料价格上涨，必然导致产品的价格上涨。更糟糕的事情是：原材料价格上涨使许多企业的生产陷入困境，有的企业进行减产的调整，有的企业则不得不停产，从而造成总产出减少。伴随着总产出的减少，失业率上升，居民可支配收入下降。宏观经济由此陷入最恶劣的一种境地：经济停滞和通货膨胀“两面夹攻”，俗称“滞胀”。

5. **【答案】**奥肯定律是指反映短期内失业率与实际总产出的关系的一个统计规律。奥肯定律因美国经济学家奥肯而得名。他经过仔细研究发现，在美国，失业率每下降 1%，实际国民收入增长 2%。

奥肯定律可用公式写为$\frac{y-y_f}{y_f}=-\alpha(u-u^*)$，式中，$y$ 表示实际产出，y_f 表示潜在产出，u 表示实际失业率，u^* 表示自然失业率，α 为大于零的参数。

该式的含义为：当实际失业率相对于自然失业率上升时，实际产出增长率相对于潜在产出增长率下降，这时为经济周期的衰退阶段；当实际失业率相对于自然失业率下降时，实际产出增长率相对于潜在产出增长率上升，这时为经济周期的繁荣阶段。奥肯定律说明产出变动与失业变动之间存在着反向替代关系。奥肯定律提供了一种在经济增长率和失业率之间进行选择的“菜单”。它对于政府在制定宏观调控政策时把握潜在产出水平和实际产出水平以及把握实际失业率具有重要意义。

6. **【答案】**费雪效应是指名义利率对通货膨胀率所进行的一对一的调整。费雪效应是美国经济学家费雪提出的，用来阐述名义利率与实际利率及预期的通货膨胀率之间的关系。这种关系用费雪方程式表示为：$r_{名}=r_{实}+\pi^e$（其中，$r_{名}$代表名义利率，$r_{实}$代表实际利率，π^e代表预期的通货膨胀率）。

由于货币在长期是中性的，货币增长的变动不会影响实际利率。由于实际利率不受影响，所以名义利率必然根据通货膨胀率的变动进行一对一的调整。根据费雪方程式，通货膨胀率上升 1%引起名义利率上升 1%。

费雪效应在长期成立但在短期不成立。短期内，通货膨胀率是不可预期的。名义利率是对一笔贷款的支付，它通常是在最初进行贷款时确定的。如果通货膨胀率的变动出乎债务人和债权人的意料，他们事先达成协议的名义利率就没有反映较高的通货膨胀率。但是，如果通货膨胀率保持在高位，人们最终就会预期到这一较高的通货膨胀率，而且贷款协议也将反映这种预期。因此，在长期，费雪效应表明名义利率是根据预期的通货膨胀率进行调整的，但在短期不一定。

7. **【答案】**政府因向银行透支，增发纸币来弥补财政赤字，降低民众手中货币的购买力，被喻为“通货膨胀税”。一方面，增发的货币降低了人们手中货币的购买力，而缩水的这部分购买力相当于以税收的形式转移到了政府机构；另一方面，在一般情况下，纳税人应缴纳的税收取决于他们的货币收入，而通货膨胀使人们的名义货币收入增加，导致纳税人进入更高的纳税等级，从而改变了个人所得税负担。因而，这种由通货膨胀引起的隐蔽性的增税，被称为“通货膨胀税”。

通货膨胀税的主要受益者是政府。政府在通货膨胀过程中可以得到以下三方面的收益：（1）扩大货币供给量能直接增加其收入；（2）通过单位货币购买力的降低可减少未偿还国家债务的实际价值；（3）通货膨胀会使企业和个人的收入在名义上增加，纳税等级自动上升，政府可获得更多的税收收入。

8.【答案】滞胀又称萧条膨胀或膨胀衰退，是指经济生活中生产停滞、失业增加和物价水平居高不下同时存在的现象，它是通货膨胀长期发展的结果。总需求曲线和总供给曲线的交点决定总产量 y 和价格水平 P。在短期内，总需求曲线的移动比较频繁。它向左和向右的移动造成产量 y 的减少和增加以及相应的价格水平的下降和上升。在短期内，总供给曲线不易移动，但是，来自外部的冲击可以使它从充分就业的位置向左移动，从而导致失业和价格的上升，即出现滞胀状态。

在滞胀状态下，传统的总需求管理政策一般是无效的，因为需求增加会加剧通货膨胀，需求减少会加剧失业，而增加供给的供给管理政策效果则比较明显。

9.【答案】菲利普斯曲线最初是说明失业率和货币工资变动率之间替代关系的一条曲线。它是由英国经济学家菲利普斯根据 1861—1957 年英国的失业率和货币工资变动率的经验统计资料提出来的，故被称为菲利普斯曲线。西方经济学家认为，货币工资率的提高是引起通货膨胀的原因，即货币工资率的提高超过劳动生产率的提高，引起物价上涨，从而导致通货膨胀。所以，菲利普斯曲线又成为当代经济学家用以表示失业率和通货膨胀率之间此消彼长、相互替代关系的曲线。如图 16－5 所示，横轴代表失业率 u，纵轴代表通货膨胀率 π，向右下方倾斜的曲线 PC 即为菲利普斯曲线。若设 u^* 代表自然失业率，则可以将简单形式的菲利普斯曲线表示为：$\pi=-\varepsilon(u-u^*)$。

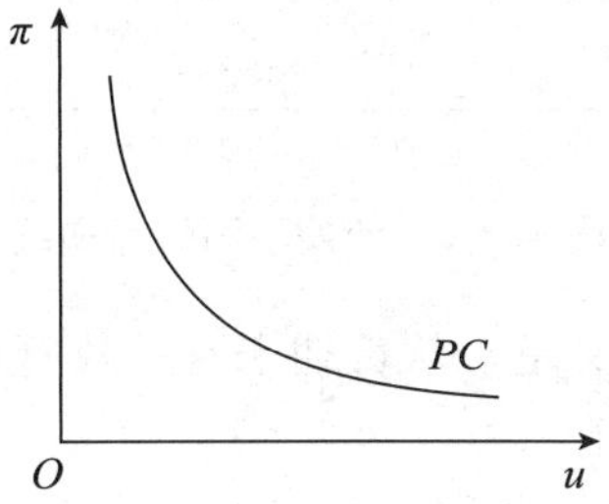

图 16－5　菲利普斯曲线

菲利普斯曲线既可用于反映通货膨胀率与失业率的替代关系，又可用于分析抑制通货膨胀的对策。在一定的时点上，政府可设置一个经济体能够最大限度承受的通货膨胀率与失业率的界限，通过总需求管理政策把通货膨胀率和失业率都控制在此界限之内。当通货膨胀率过高时，可通过紧缩性的经济政策使失业率提高，以换取较低的通货膨胀率；当失业率过高时，可采取扩张性的经济政策使通货膨胀率提高，以获得较低的失业率。

10.【答案】附加预期的菲利普斯曲线是由货币主义者弗里德曼和费尔普斯根据自然失业率假说，在原有的菲利普斯曲线上考虑了人们的预期通货膨胀率等因素所提出的一簇菲利普斯曲线。

附加预期的菲利普斯曲线即短期菲利普斯曲线，就是人们预期通货膨胀率保持不变时，表示通货膨胀率与失业率之间关系的曲线，其典型的特征是存在着通货膨胀率与失业率的替代关系。附加预期的菲利普斯曲线方程为 $\pi=\pi^e-\varepsilon(u-u^*)$，其中，$\pi^e$ 为预期通货膨胀率，整理得 $\pi-\pi^e=-\varepsilon(u-u^*)$。可见。当实际通货膨胀率等于预期通货膨胀率时，失业率处于自然失业率状态。

附加预期的短期菲利普斯曲线表明，在预期的通货膨胀率低于实际的通货膨胀率的短期中，失业率与通货膨胀率之间仍存在着替代关系。由此，向右下方倾斜的短期菲利普斯曲线的政策含义就是，在短期中引起通货膨胀率上升的扩张性财政政策与货币政策是可以起到减少失业的作用的。换句话说，调节总需求的宏观经济政策在短期是有效的。

11. **【答案】**长期菲利普斯曲线是一条位于自然失业率水平的垂直线，如图 16－6 所示，表明失业率与通货膨胀率之间不存在替代关系。一旦形成了通货膨胀预期，短期菲利普斯曲线就会上移，工人会要求足以补偿物价上涨的更高的名义工资，而雇主则不愿在这个工资水平上提供就业，最终，失业率又恢复到自然失业率水平。无论政府如何继续采取通货膨胀政策，工人预期的调整都必然会带来短期菲利普斯曲线的进一步上移，结果长期内通货膨胀率和失业率之间并不存在稳定的替代关系。弗里德曼将长期的均衡失业率称为自然失业率，它可以和任何通货膨胀率水平相对应，且不受其影响。因此，长期的菲利普斯曲线是一条垂直线，这实际上就是货币中性论的观点。

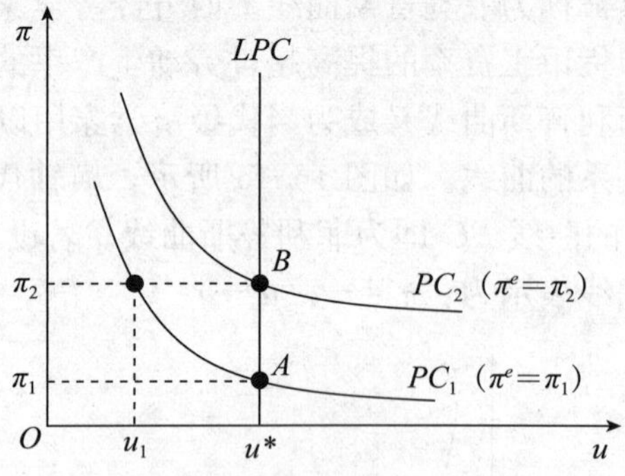

图 16－6 长期菲利普斯曲线

长期菲利普斯曲线的政策含义是，从长期来看，政府运用扩张性政策不但不能降低失业率，还会使通货膨胀率不断上升。

12. **【答案】**牺牲率测量了通货膨胀率每降低一个百分点所必须放弃的一年实际 GDP 的百分点数。牺牲率＝实际 GDP 降低的百分点/通货膨胀率降低的百分点。牺牲率反映了降低通货膨胀率的成本。例如，通货膨胀率每下降 1%，一年实际 GDP 必须牺牲 5%，则牺牲率＝5%/1%＝5。

理性预期的支持者认为，当经济政策改变时，人们就会相应地调整他们的通货膨胀预期。实际上，在最极端的情况下，牺牲率可以是零。如果政府做出了低通货膨胀政策的可信承诺，人们的理性就足以使他们立即降低其通货膨胀预期，短期菲利普斯曲线将向下移动，而且经济将很快达到低通货膨胀状态，无须付出暂时高失业和低产量的代价。

13. **【答案】**痛苦指数又称遗憾指数，是指把通货膨胀率与失业率加在一起所计算出的指数。例如，通货膨胀率为 5%，失业率为 5%，则痛苦指数为 10%。痛苦指数说明人们对宏观经济状况的感觉，这个指数越大，人们会感觉到越痛苦或越遗憾，人们会对宏观经济状况越不满。一般来说，各个社会有一个临界点，在痛苦指数低于这个临界点时，社会是安定的，越过这个临界点则会引起各种社会问题。

二、 判断题

1～5：FFFFT　　6～10：FTFTT　　11～15：FTTFT　　16～20：FFTTF

21～23：TTT

1.**【答案】**F。自然失业率的计算中包含了摩擦性失业和结构性失业。

【补充】在什么样的情况下，失业率是自然失业率，这种题目经常考。编者基于对各大真题的统计发现，以下情况都是试题中可能会出现的属于自然失业率的描述：

——非加速通货膨胀的失业率

——劳动市场处于供求稳定状态的失业率

——充分就业下的失业率

——经济围绕其波动的失业率

——长期中趋近的失业率

——稳定状态的失业率

——离职率/（离职率＋就职率）

——只有摩擦性失业和结构性失业时的失业率

2.**【答案】**F。例如，更加严厉的反垄断法规或者更加慷慨的失业保险金计划，都会影响自然失业率。

3.**【答案】**F。失业救济金使得工人失业了也有生活保障，失业者寻找工作的动力变小了，因此会提高自然失业率。

4.**【答案】**F。由于劳动力人数不确定，所以不能判断失业率是否下降。

5.**【答案】**T。部分工人的工资会上涨，但也有一些工人正常的市场工资就低于50美元/小时，在最低工资法实施后他们会失去工作，自然看不到工资上涨。

6.**【答案】**F。充分就业并非完全就业，而是指失业率保持在自然失业率（通常维持在4%～6%的水平）的一种就业状况。

7.**【答案】**T。通货膨胀可预期意味着通货膨胀有惯性。这样一来，人们就会预期物价将迅速上升，由于短期AS曲线的位置取决于预期的物价水平，因此短期AS曲线就会随着时间的推移一直向上移动；同时AD曲线也必须向上移动，以巩固通货膨胀的预期。这一切都将导致实际通货膨胀的加剧。

8.**【答案】**F。全职家庭主妇属于退出劳动市场者，不算劳动力，也就不计入失业率之中。

9.**【答案】**T。根据理性预期学派的观点，只要政策能够被公众预期到，政策就是无效的，提高货币增长率对实体经济没有任何影响，只会导致物价的同比例上升。

10.**【答案】**T。根据交易方程$MV=Py$可以得到$\pi=\hat{m}+\hat{v}-\hat{y}$，其中$\pi$为通货膨胀率，$\hat{m}$为货币增长率，$\hat{v}$为货币流通速度变化率，$\hat{y}$为产量增长率。

11.**【答案】**F。通货膨胀对债务人有利，收入将从债权人手中转移到债务人手中。债务人借来1 000元，如果发生通货膨胀，一年后还给债权人的1 000元已经不如借款时的1 000元值钱了。

12.**【答案】**T。通货紧缩使得企业出现普遍性的产品滞销，收入状况恶化，影响到对银行贷款的归还，从而使银行体系产生大面积的坏账，更有甚者，如果贷款抵押品的价格因通货紧缩而下降到贷款额以下，可能会出现企业拒绝还款，银行只能靠拍卖抵押品收回部分额度的状况。

13.【答案】T。预期到的通货膨胀也有成本：菜单成本、鞋底成本、税收扭曲、资源配置不当、混乱与不便等。

14.【答案】F。超级通货膨胀会使生产效率下降，扭曲资源分配，阻碍经济增长，导致金融体系崩溃，产生严重的效率损失，因此，超级通货膨胀不仅会扭曲价格体系，也会对实际产出造成影响。

15.【答案】T。无论是在短期还是在长期，只要预期是有效的，菲利普斯曲线就是无效的。因此，如果预期在长期和短期内均有效，则菲利普斯曲线在长期和短期内均无效，也即在长期和短期内通货膨胀与失业之间均不存在替代关系。

16.【答案】F。菜单成本是指高通货膨胀率使企业不得不经常改变自己的报价，而改变价格是有成本的，企业印刷并发送新目录表等需要付出成本。

17.【答案】F。菲利普斯曲线揭示的是通货膨胀率与失业率之间的替代关系，所以如果按照该曲线治理通货膨胀，则最有力的措施应该是提高失业率。

18.【答案】T。凯恩斯学派的菲利普斯曲线是一条典型的向右下方倾斜的曲线，它揭示了通货膨胀率和失业率之间的替代关系，该学派认为经济中较高的失业率总是能够通过承受较高的通货膨胀率而下降，较高的通货膨胀率总是能够通过承受较高的失业率而下降。

19.【答案】T。短期菲利普斯曲线有一个重要性质，即当通货膨胀率等于预期通货膨胀率时，失业率处于自然失业率水平。因此，在短期，它反映了失业率和通货膨胀率之间的短期替代关系，但在长期中，由于预期通货膨胀率和实际通货膨胀率是相等的，因此失业率始终位于自然失业率水平，失业率与通货膨胀率之间的替代关系就不存在了。

20.【答案】F。由题意有 $\pi-\pi_{-1}=-9\%$，从而 $u-5\%=9\%/0.75=12\%$，则失业率 $u=12\%+5\%=17\%$。

21.【答案】T。适应性预期是指人们在做出经济决策之前，能够根据以往的经验与先有的知识、信息调整自己的判断和行为。按照适应性预期的观点，在短期，菲利普斯曲线是向右下方倾斜的，而在长期，它是垂直的，与横轴的交点对应的就是自然失业率。

理性预期学派认为，由于理性的存在，实际通货膨胀率总会被人们预期到，用调节通货膨胀率来实现充分就业目标的凯恩斯主义宏观经济政策就会失效。当货币供给量发生变化时，公众会很快预期到这种变化，并反映到自己的经济决策中，所以价格水平和货币工资率的变化对就业量和产出不会产生任何影响。因为人们的预期是合乎理性的，通货膨胀率的预期值始终与通货膨胀率的实际值相一致，即使在短期内，预期的通货膨胀率也会很快调整到实际通货膨胀率的水平，所以政府无法以提高通货膨胀率为代价来降低失业率。

22.【答案】T。失业率提高了 15%，根据奥肯定律，GDP 损失了 $2\times15\%=30\%$，通货膨胀率降低了 25%，所以牺牲率$=30\%/25\%=1.2$。

23.【答案】T。如果通货膨胀率稳定在每年 4%，就会使国民经济的各个方面和部门产生比较准确的预期，从而根据这种预期安排有关的活动，包括调整工资、价格、利率等，经济社会不会因来自通货膨胀的冲击造成混乱。但是，如果通货膨胀率时高时低，人们对后期的通货膨胀率无法做出正确的预期，就会使国民经济在较大程度上产生紊乱。

三、选择题

1～5：ABCDB　　6～10：CDBBC　　11～15：BBCDC　　16～20：BACCD
21～25：ABDCD　　26～30：DADDB　　31～35：BADBA　　36～40：DCBCC
41～43：ABA

1.【答案】A。劳动力参与率＝劳动力数量÷成年人口总数，其中劳动力＝就业者＋失业者，学生、婴幼儿、残疾人、退休者、丧失信心的工人等均不算作劳动力。

2.【答案】B。产业兴衰、技术进步导致部分人不适应工作岗位的要求，属于结构性失业。

3.【答案】C。失业率＝失业人数/劳动力数量$\times 100\% = \frac{6}{120} \times 100\% = 5\%$。

【提示】劳动力数量为 120 万，其中未达退休年龄的劳动力人口为 100 万，那么已达退休年龄的劳动力人口就是 20 万，这 20 万人虽达退休年龄但不肯退休。既然他们还在工作，就要计入劳动力，毕竟如果没有他们争夺稀缺的就业岗位，失业人口可能就不足 6 万，所以劳动力基数不是 100 万，而是 120 万。

4.【答案】D。GDP 快速增长时，失业率必然下降，同时会伴随通货膨胀，此时容易产生经济过热，农产品需求量可能会大幅或小幅增加，但不会减少。

5.【答案】B。本题说明了个人进入或退出劳动力范畴对失业率的影响。劳动力的变动使得失业率的统计变得困难：一方面，一些人自称失业但并不认真找工作，他们的失业并不代表一种社会问题，应该把他们算在劳动力之外；另一方面，一些人可能想工作，但在不成功的寻找之后放弃了寻找工作，这些丧失信心的工人实际上被算在了劳动力之外，但是他们反映了一种社会问题，应该被计入劳动力。

6.【答案】C。自然失业率$=l/(f+l)$。关于自然失业率的描述还有：通货膨胀既不加速也不减速时的失业率，只存在自愿失业时的失业率，经济实现充分就业时的失业率。

7.【答案】D。设就业人口的离职率为 l，失业人口的就职率为 f，则自然失业率$=\frac{l}{l+f}$。起初自然失业率$=\frac{l}{l+f_1}=\frac{0.01}{0.01+0.19}=5\%$，后来的自然失业率$=\frac{l}{l+f_2}=\frac{0.01}{0.01+0.24}=4\%$，可见失业率降低 1 个百分点。

8.【答案】B。自然失业率$=\frac{U}{N}=\frac{l}{l+f}=\frac{2\%}{2\%+38\%}=5\%$。

9.【答案】B。为了保证自然失业率不变，必须使离职的人数等于就职的人数，从而本题选 B。在这里要理解自然失业率的公式，清楚就业、失业、劳动力以及退出劳动力等概念的区别。

10.【答案】C。当经济达到自然失业率状态时，工资及物价都是稳定的，所以，人们对物价和工资的预期都是正确的。自然失业率也可以解释为在没有货币因素干扰的情况下，让劳动市场和产品市场的供求力量自发起作用时，总需求和总供给处于均衡状态的失业率。在自然失业率的状态下，进出劳动力队伍的劳动力数量处于均衡状态。

11. **【答案】**B。A是造成自愿失业的原因；B使得工资不易下降造成失业，属于外部因素导致的失业，是非自愿失业；C、D是导致需求不足的原因，与失业无关。

12. **【答案】**B。效率工资一般都高于市场工资，当厂商支付效率工资时，会出现劳动供给大于需求，即存在劳动的过剩供给。

【提示】在政府制定商品（如农产品）的最低限价时，也会出现过剩供给。

13. **【答案】**C。在不完全竞争市场中，厂商为了实现利润最大化，通常采用交错而不是同步方式调整价格。菜单成本使得厂商不能立即调整价格。这些都造成了价格黏性。

14. **【答案】**D。消费物价指数、生产者物价指数、GDP平减指数均可以用来衡量通货膨胀，在不同的场合会使用不同的指数。

15. **【答案】**C。利率与通货膨胀率的关系可以通过名义利率（$r_{名}$）、实际利率（$r_{实}$）和通货膨胀率（π）三者之间的关系来表示，用公式表示为：$1+r_{名}=(1+r_{实})\times(1+\pi)$。则$r_{名}=(1+r_{实})\times(1+\pi)-1=r_{实}+\pi+r_{实}\times\pi=3\%+6\%+3\%\times6\%\approx9\%$。

只要实际利率、通货膨胀率都较小（例如小于20%），就可以近似地使用这样的公式：$r_{名}=r_{实}+\pi=3\%+6\%=9\%$。

16. **【答案】**B。需求拉动的通货膨胀即总需求的增长所引起的价格波动。

17. **【答案】**A。如果增加100亿美元投资，根据乘数效应，这100亿美元将会使产出增加500亿美元，与原来的9 800亿美元合起来是10 300亿美元，超过充分就业的10 000亿美元的产出水平，造成需求拉动的通货膨胀。

18. **【答案】**C。当出现世界性商品价格的上涨时，生产成本总体上会上升，造成成本推动的通货膨胀。

19. **【答案】**C。短期内存在从左上向右下倾斜的菲利普斯曲线，降低名义货币供给的增长率会遏制通货膨胀，但会提高失业率和降低产量水平。短期内总供给曲线向右上方倾斜，总需求曲线向左移动导致产出下降并降低通货膨胀率。

20. **【答案】**D。隐蔽性通货膨胀是指没有在官方价格指数中反映出来的通货膨胀，它一般在政府监管最高定价时出现，常表现为供给不足、生产过程环境保护及安全性不足等社会问题。

21. **【答案】**A。$\pi_{2015}=\dfrac{P_{2015}-P_{2014}}{P_{2014}}=\dfrac{104-100}{100}=4\%$，$\pi_{2016}=\dfrac{P_{2016}-P_{2015}}{P_{2015}}=\dfrac{106-104}{104}=1.9\%$。

22. **【答案】**B。通货膨胀税的定义就是由于物价水平的上升而使得货币持有者手中的钱不值钱，也就是货币价值下降，故选B。

23. **【答案】**D。只有当实际余额需求不变时，才能推导出产出不变，也就能推出货币供给量与通货膨胀率之间的关系，从而得到答案。

24. **【答案】**C。当把一笔钱存入银行时，可以得到按名义利率要求的利息，而持有货币则没有任何收益，因此持有货币的成本等于名义利率，再根据费雪效应可知名义利率等于事前实际利率加上预期通货膨胀率，而事后实际利率即实际利率。

25. **【答案】**D。A、B、C所讲均为温和的通货膨胀的特征，可以和超级通货膨胀对比记忆。

26. **【答案】**D。政府支出不变但税收减少是一种扩张性财政政策，会使总需求曲线右移，从而导致需求拉动的通货膨胀。A 和 C 都会减少总需求，不会引起通货膨胀，B 项会使总供给曲线向右移动，也不会导致通货膨胀。

27. **【答案】**A。根据奥肯定律的定义可以很容易得到答案为 A。

28. **【答案】**D。奥肯定律的公式为：$\frac{y-y_f}{y_f}=-\alpha(u-u^*)$，而现在潜在产出水平为 4 000 单位，自然失业率为 4%，实际失业率为 6.5%，代入相关数据可得 $y=3\ 800$。

29. **【答案】**D。在本题中，由于奥肯系数为 2，即 GDP 增长 2%，才能带动失业率下降 1%。现在失业率上升了 3%，因此推测 GDP 相比于充分就业的 GDP 减少 6%，算得答案为 D。

30. **【答案】**B。奥肯定律是一个统计规律，这种比例关系并不是固定不变的，它在不同时期会有所不同，甚至差别很大，但是从长期来看，失业率和实际国民收入之间存在着稳定的关系。

31. **【答案】**B。鞋底成本是指由于通货膨胀比较严重，人们不愿意将现金保存在手中，宁可将其放到银行，需要用时再到银行去取，这样来回奔波所产生的成本。

32. **【答案】**A。在整个国民经济发展后，瓶颈部门发展落后，其他部门的需求无法得到满足，便会出现需求拉动的通货膨胀。

33. **【答案】**D。如果通货膨胀没有被预料到，那么现在的钱就没有以前的钱值钱，对于债务人来说，他需要还的钱实际上就减少了，所以通货膨胀对债务人有利，而对债权人不利。

34. **【答案】**B。收入政策是供给学派的主要政策手段，政策目的是促进供给增加，主要针对的是供给减少的市场问题，即成本推动的通货膨胀，因为成本推动的通货膨胀的主要表现就是 *AS* 曲线左移，供给减少。

35. **【答案】**A。菲利普斯曲线与总供给曲线是描述同一经济现象的两个视角，长期菲利普斯曲线对应长期总供给曲线 *LRAS*，*LRAS* 是一条在充分就业收入处的垂直线，此时扩张性的财政政策只会导致通货膨胀，无法减少失业。

36. **【答案】**D。在长期，古典二分法有效，失业率将回到自然失业率水平，通货膨胀率与失业率之间不存在替代关系。滞胀现象使得菲利普斯曲线不断外移，而非使菲利普斯曲线斜率为正。

37. **【答案】**C。采取扩张性的财政政策刺激产出和就业，但其代价是通货膨胀。

38. **【答案】**B。一般认为菲利普斯曲线在短期内有效，在长期内是无效的。因为在短期内人们难以进行合理的预期；而在长期内较高的通货膨胀率会导致较高的通货膨胀率预期，使得菲利普斯曲线向右上方移动，从而使得长期的通货膨胀率与失业率的替代关系不再存在。所以，菲利普斯曲线存在说明的是预期在短期内是无效的。

39. **【答案】**C。A 肯定是错的，垂直的菲利普斯曲线描述的是只有"胀"没有"滞"的长期经济，无法解释"滞"和"胀"同时出现的经济。B 也是错的，因为菲利普斯曲线描述的是失业率和通货膨胀率的替代关系，如果曲线斜率为正，意味着正替代关系，即在滞胀期间，降低失业率可以降低通货膨胀率，提高失业率会提高通货膨胀率，这显然是不符合现实情况的，否则政府只要实施扩张性政策来降低失业率就可以治愈滞胀难题了。滞胀是由于预期的通货膨胀率越来越高，菲利普斯曲线不断外移，出现更高的实际通货膨胀率，如果经济再遇到一些冲击导致失业率上升（此时通货膨胀率会随之下降一点，但降幅不足以弥补此前的涨幅），就出现滞胀现象了。

40.【答案】C。理性预期学派认为，如果央行为降低失业率，公开宣布实施扩张性的货币政策，那么私人部门会根据这种信息，理性地预期到未来价格会上升，并做出相应的反应。厂商会提高产品的价格，但是不增加产量；工人会要求增加货币工资，但不增加劳动供给。于是，货币扩张的结果仅仅是价格、货币工资与名义利率等名义变量值的上升，而实际就业量与产量不变。因此，即使在短期，通货膨胀率与失业率之间也没有替代关系，即货币是超中性的，短期的菲利普斯曲线也是垂直的。

41.【答案】A。图 16－2 中的 B 点属于短期均衡点，在图 16－3 中，短期均衡是沿着菲利普斯曲线移动的，因此，A 点、B 点分别对应图 16－3 中的 H 点、D 点，此时失业率和通货膨胀率有替代关系。

42.【答案】B。当劳动需求曲线为 D_1时，工资为 W_1，劳动量为 L_3；当劳动需求曲线为 D_2时，均衡工资为 $W_2<W_1$，由于工资有刚性，因此实际工资依然是 W_1，此时，劳动需求量为 L_1。因此 L_3-L_1的劳动力处于失业状态，他们属于能接受当前工资水平却因供过于求而产生的失业，属于非自愿失业。

43.【答案】A。牺牲率是为了使通货膨胀率下降 1 个百分点必须放弃的实际 GDP 的百分点数，所以牺牲率＝10％÷(10％－5％)＝2。

【提示】牺牲率为 2 和 2％的意思是一样的。与此类似，利率也是如此，利率为 5 和 5％的意思也是一样的。

四、 简答题

1.【答案】在统计失业人口时，必须是针对那些面对劳动市场的失业，这些人具有劳动能力且在寻找工作，但在劳动市场上找不到工作。所有不是通过劳动市场的调节引起的失业都不能计入失业范围。例如退休工人、学生、家庭主妇等，这些人并不寻找工作，不算失业，只能称他们不再工作。就业是指在一定时间内在企业中工作的人。由于疾病、休假等原因暂时脱离工作的人不能被当作失业人口，也不能计入不再工作的人中。

2.【答案】工资刚性即货币工资确定后的不易变动性。在现实经济生活中，工资水平一经确定，由于人们对收入的高期望值和工资决定企业、劳动者双方的利益，工资难以向下浮动。工资刚性所体现的是工资易升不易降、易增不易减的特点。

（1）最低工资限制。政府制定的最低工资法使企业不能降低工资，最低工资限制使得非熟练工人特别是青年工人的失业率提高。

（2）工人集体谈判。工资刚性的另一来源是工会的垄断力量。在美国 1/5 的工人属于工会，在欧洲，工会的力量则更为强大。工会工人的工资不是由劳动市场的供求均衡而是由工会的谈判力量决定的。工资谈判的最后协议往往规定了高于市场均衡水平的工资，而让企业去决定所雇用工人的人数。通过工会谈判而得到的高工资还将进一步提高非工会工人的工资。支持工会集体谈判导致工资刚性的重要论据是，欧洲比美国的工资有更明显的工资刚性。

（3）效率工资理论。效率工资理论认为在一定限度内，企业通过支付给工人比劳动市场出清时的工资更高的工资，可以促使劳动生产率提高，获得更多的利润。效率工资理论主张高工资将导致高效率。

3. **【答案】** 摩擦性失业不是一种自愿失业，因为造成这两种失业的原因是不同的。

自愿失业是指劳动者不愿意接受现行劳动市场的工资条件而自愿选择失业。当工资条件发生变化时，这些人再决定是否就业。摩擦性失业并不具有自愿性。它是因劳动市场运行机制不完善或因经济变动过程中工作转换而产生的失业。它被看作一种求职性失业，即一方面存在职位空缺，另一方面存在与此数量对应的寻找工作的失业者。这是因为劳动市场的信息具有不完备性，厂商找到所需要的雇员和失业者找到合适的工作都需要一定的时间。产业结构的调整会相应地引起劳动力在各行业间的调整，通常由于流动成本、职业技能、个人特长或居住地区等原因的存在，劳动力会暂时地失业。摩擦性失业任何时期都存在，并随着经济结构变化的加快而逐渐增加。

4. **【答案】** 在没有需求拉动或成本推动的情况下，只是由于经济结构因素的变动，也会出现一般价格水平的持续上涨，这种通货膨胀就叫做结构性通货膨胀。

结构性通货膨胀的原因在于经济结构本身的特点。从生产率提高的速度看，社会经济结构的特点是：一些部门生产率提高的速度快，另一些部门生产率提高的速度慢。从经济发展的过程来看，社会经济结构的特点是：一些部门正在迅速发展，另一些部门渐趋衰落。从同世界市场的关系看，一些部门同世界市场的联系十分密切，另一些部门与世界市场没有密切联系。

通常用生产率提高快慢不同的两个部门说明结构性通货膨胀。由于生产率提高的快慢不同，两个部门工资增长的快慢也应有所区别，但是生产率提高慢的部门要求工资增长向生产率提高快的部门看齐，结果使全社会的工资增长速度超过生产率增长速度，因而引起通货膨胀。

假设 A、B 分别为生产率提高快慢不同的两个部门，二者的产量相等。部门 A 的生产增长率$\left(\frac{\Delta y}{y}\right)_A=3.5\%$，工资增长率$\left(\frac{\Delta W}{W}\right)_A=3.5\%$。这时全社会的一般价格水平不会因部门 A 工资的提高而上涨。但是，当生产增长率较低$\left[\left(\frac{\Delta y}{y}\right)_B=0.5\%\right]$的部门 B 要求工资向部门 A 看齐，即$\left(\frac{\Delta W}{W}\right)_A=\left(\frac{\Delta W}{W}\right)_B=3.5\%$时，全社会的工资增长率就会超过经济增长率。全社会的工资增长率为：$\frac{\Delta W}{W}=\left[\left(\frac{\Delta W}{W}\right)_A+\left(\frac{\Delta W}{W}\right)_B\right]\div 2=3.5\%$。经济增长率为：$\frac{\Delta y}{y}=\left[\left(\frac{\Delta y}{y}\right)_A+\left(\frac{\Delta y}{y}\right)_B\right]\div 2=2\%$。这就是结构性因素引起的通货膨胀。

5. **【答案】** 最低工资是价格下限的一种，即政府通过法律的形式规定雇主支付给工人的最低价格水平。一般情况下，立法制定的最低工资标准都高于市场均衡工资，否则就没有立法的必要了。如图 16－7 所示，市场均衡工资标准是 W^*，此时劳动市场达到均衡，均衡就业量是 N^*。但如果实施最低工资标准，设政府规定最低工资为 W'，且 $W'>W^*$，则此时劳动需求量为 N_1，劳动供给量为 N_2，实际就业量只能是 N_1，而 N_2-N_1 的部分就成为非自愿失业。

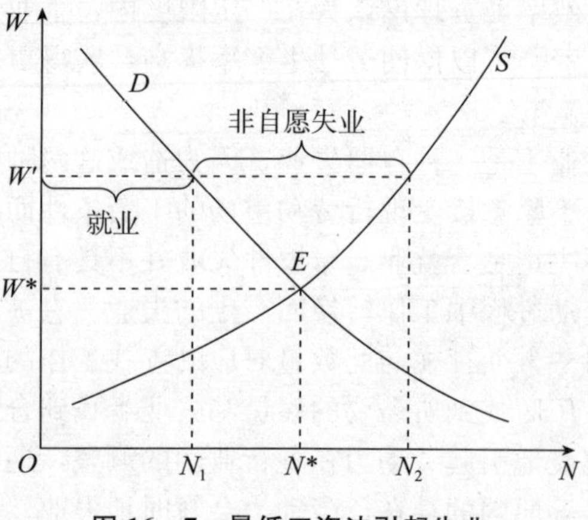

图 16-7 最低工资法引起失业

最低工资法规定的最低工资一般而言都非常低，受影响的往往是那些非熟练工人、刚毕业的学生等。这些群体由于工作经验不足，其市场均衡工资水平非常低，甚至低于最低工资，因而最低工资法造成的非自愿失业人群也就是低收入人群。因此，很多经济学者对最低工资法提出非议，认为这一立法本意虽然是保护低收入人群，但实际上却损害了他们的福利。

6. **【答案】** 充分就业是指在一定的货币工资水平下所有愿意工作的人都可以得到工作的一种经济状况。而充分就业的失业率又称“自然失业率”“有保证的失业率”“正常失业率”等，是指在没有货币因素干扰的情况下，让劳动市场和产品市场的供求力量自发起作用时，总供给和总需求处于均衡状态时的失业率。所谓没有货币因素干扰，是指失业率的高低与通货膨胀率的高低之间不存在替代关系。

充分就业的失业率是充分就业时仍然保持的失业水平，它取决于经济中的结构性和摩擦性因素，取决于劳动市场的组织状况、人口组成、失业者寻找工作的能力和愿望、现有工作的类型、经济结构的变动、新加入劳动力队伍的人数等众多因素。任何把失业率降到充分就业失业率以下的企图都将造成加速的通货膨胀。任何时候都存在与实际工资率结构相适应的充分就业的失业率。

7. **【答案】**（1）1968 年，弗里德曼认为，在一个给定的一般均衡的经济结构中，存在一个经济动态系统不断重复呈现的具有收敛点的失业率，这个失业率被称为自然失业率。自然失业率与劳动市场及产品市场的结构性特征有关，也与市场信息的不完全性、寻找工作的成本及劳动力的转移成本有关。由于自然失业率的概念消除了周期性失业，因此，如果一个社会的失业率处于自然失业率水平，那么就可以说它处于充分就业状态。

（2）自然失业主要包括摩擦性失业和结构性失业。摩擦性失业是指由于信息不畅达或者获得信息花费的成本较高而造成的失业。结构性失业是指由产业结构调整引起的失业。一般认为，自然失业率最低为 3%。对于我国来说，劳动市场、劳动力供给信息的发达程度、交通运输状况、个人心理（如频繁跳槽、不偏好外地打工等）、户籍制度以及经济结构的调整都是影响自然失业率的可能因素。

（3）为降低自然失业率，可采取以下措施：

①搭建就业信息公众服务平台。完善信息系统建设，形成集就业登记、劳动合同签

订、社会保险缴纳、社保关系转移等为一体的公众信息服务网络。使信息系统向有条件的社区和乡镇延伸，提供劳动保障的个人信息查询。利用现代信息及网络技术，加大网络就业信息系统的建设。

②加强就业服务载体建设。加强劳动保障服务中心、就业培训中心等就业服务机构的建设，为因经济结构调整而失业的公民提供职业培训，减少结构性失业。

③推进户籍改革，消除城乡二元结构，建立全国范围内的社会保障体系。

8.【答案】(1) 预期到的通货膨胀的成本。

①菜单成本。菜单成本包括决定新价格的成本、印刷新价格表和目录的成本、把这些新价格表和目录送给中间商与顾客的成本、为新价格做广告的成本，甚至包括处理顾客对价格变动恼怒的成本。

②鞋底成本。为了减少通货膨胀造成的损失需要频繁去银行而产生的成本。

③税收扭曲。由于所得税的税率不会对预期到的通货膨胀做出充分调整，因此通货膨胀会对经济中的当事人产生一种成本。

④资源配置不当。通货膨胀会扭曲商品的相对价格，进而扭曲消费者的决策，这样市场就不能把资源配置到最好的用途中。

⑤混乱与不便。货币作为计价单位，是人们用来度量价格和记录债务的尺度，通货膨胀使得这种尺度自身不断地变化，会导致人们不能很好地纵向比较产品和服务的价格。

(2) 未预期到的通货膨胀的成本。

①不确定性增加。未预期到的通货膨胀会导致工人工资的上涨幅度不合适，工作的时间以及是否雇用该工人的决策会因此而被误导。另外，储蓄、投资等决策也会因此而受到影响。未预期到的通货膨胀往往会降低经济福利。

②不合意的财富再分配。通货膨胀使债权人受损，但使债务人受益，也使有固定货币收入的人受损，同时对储蓄者不利。

③相对价格变动性的增加。未预期到的通货膨胀使得相对价格扭曲更加明显，企业对产品需求的估算与实际情况相差更远，这些会导致更严重的部分产品生产过剩而部分产品生产不足，带来经济的低效率和资源的不当配置。

9.【答案】工资指数化是指工人的货币工资随价格指数浮动，按照价格指数自动调节收入的一种工资制度。工资指数化的目的是减少市场经济条件下，物价波动对员工工资水平的影响。当物价上升时，价格指数随之上升，此时工人的货币工资也随之上升；当物价下降时，价格指数也下降，于是工人的货币工资也跟着下降。工资指数化可以让员工工资能较好地随着物价水平起伏，减少价格水平波动对员工实际购买力的冲击。

但是，当不利的供给冲击导致通货膨胀时，这一通货膨胀是由厂商生产成本上升导致的。如果实行工资指数化，此时价格指数上升，员工的工资也会随之上升，这就会引发成本的进一步上升，加剧了通货膨胀。在这种情况下，工资指数化助长了通货膨胀的螺旋式上升，因此不能实行工资指数化。

10.【答案】(1) 菲利普斯曲线是表示失业率与货币工资变动率的关系的一种曲线。传统的菲利普斯曲线认为，失业率和通货膨胀率之间存在替代关系，当失业率上升时，通货膨胀率降低，当通货膨胀率上升时，失业率降低。因此政府可以通过调节通货膨胀率和失业率的大小来实现宏观经济调控目标。

（2）20 世纪 60 年代末 70 年代初以来，出现了高通货膨胀率与失业率并存的所谓"滞胀"现象，这说明通货膨胀率和失业率之间并不存在简单的替代关系。

为了解释新的宏观经济现象，以弗里德曼为代表的货币主义指出原始的菲利普斯曲线的最大弱点是采用名义工资率来代替通货膨胀率，并由此推断通货膨胀率与失业率之间具有稳定的替代关系，但这仅是短期内通货膨胀尚未被人们预期到时的情况。一旦形成了通货膨胀预期，短期菲利普斯曲线就会上移，工人就会要求足以补偿物价上涨的更高的名义工资，而雇主则不愿在这个工资水平上提供就业，最终，失业率又恢复到"自然失业率"水平。无论政府如何继续采取扩张性政策，工人预期的调整都必然带来短期菲利普斯曲线的进一步上移，结果长期内通货膨胀率和失业率之间并不存在稳定的替代关系。弗里德曼将长期的均衡失业率称为自然失业率，它可以和任何通货膨胀率水平相对应，且不受其影响。因此，长期的菲利普斯曲线是一条垂直线，这实际上就是货币中性论的观点。

在长期中，菲利普斯曲线为垂直线，无论通货膨胀率为多少，失业率总是固定在自然失业率的水平上。当政府采取扩张性的需求管理政策试图把失业率降低到自然失业率以下时，只会在自然失业率的水平使长期的通货膨胀率上升。所以宏观经济政策在长期中是无效的。

11. **【答案】**（1）理性预期的概念。

理性预期是指在有效利用一切信息的前提下，对经济变量做出的在长期中平均说来最为准确而又与所使用的经济理论、模型相一致的预期。它包含三个含义：①做出经济决策的经济主体是有理性的。为了追求最大利益，他们总是力求对未来做出正确的预期。②为了做出正确的预期，经济主体会在做出预期时力图获得一切有关的信息，其中包括对经济变量之间因果关系的系统了解和有关的资料与数据。③经济主体在预期时不会犯系统性错误。

（2）理性预期对失业的含义。

从理性预期的概念中可见，由于正确的预期能够使经济主体得到最大的利益，所以经济主体会随时随地根据他所得到的信息来修正他的预期值的错误。当预期值高于正确值的时候，他会降低预期值。当预期值低于正确值的时候，他会提高预期值。因此，随时随地的修正会使他避免老是犯高估或低估的错误，从而不会犯系统性错误。由于这一原因，在长期中，从整体上看他对某一经济变量的未来预期与未来实际值会是一致的。

理性预期学派把理性预期概念和自然失业率结合起来，认为资本主义经济在长期中会处于自然失业率状态，并指出就业量高于或低于自然失业率水平的幅度取决于实际通货膨胀率和预期通货膨胀率之间的差距。当然，就业量高于自然失业率水平的状态只可能在短期内存在，在长期，在厂商和工人发现物价上涨所造成的错觉后，一切又将恢复原状。

理性预期学派进一步以理性预期为依据解释了菲利普斯曲线。他们认为，由于人们的预期是理性的，预期通货膨胀率与以后的实际通货膨胀率总是一致的，不会出现短期内实际通货膨胀率高于预期通货膨胀率的情况，所以，无论是在短期还是在长期，菲利普斯曲线所表示的失业率与通货膨胀率的关系都不存在。这样政府采取的对通货膨胀率和失业率相机抉择的政策就是无效的。政策制定者要想使其政策有效，就必须通过对两个通货膨胀率的差额的影响来造成人们的幻觉，也就是说，宏观经济政策要想有效，必须具有欺骗性质。

12.【答案】菲利普斯曲线表示的是在一定的通货膨胀预期下通货膨胀率与失业率之间的关系，总供给曲线表示的是价格与产出水平之间的关系，而价格与通货膨胀率之间是正相关的一一对应关系，失业率与产出水平之间是负相关的一一对应关系，所以，这两条曲线是看待同一宏观经济现象的两种不同方式。

菲利普斯曲线说明通货膨胀率取决于两种力量，预期通货膨胀率、失业率对自然失业率的背离（周期性失业），其关系可以写成 $\pi=\pi^e-a(u-u^*)$，其中 π 和 π^e 分别表示实际通货膨胀率和预期通货膨胀率，u 和 u^* 分别表示实际失业率和自然失业率，a 是参数。

总供给曲线可以写成 $y=y_f+\lambda(P-P^e)$，其中 y 和 y_f 分别表示实际国民收入和充分就业国民收入，P 和 P^e 分别表示实际价格和预期的价格，λ 是参数。总供给曲线也可以改写为 $P=P^e+\frac{1}{\lambda}(y-y_f)$，两边都减去上一年的物价水平 P_{-1}，得到 $P-P_{-1}=(P^e-P_{-1})+\frac{1}{\lambda}(y-y_f)$，即 $\pi=\pi^e+\frac{1}{\lambda}(y-y_f)$。再结合奥肯定律，可以将奥肯定律写成 $\frac{1}{\lambda}(y-y_f)=-a(u-u^*)$，于是总供给曲线可以写成 $\pi=\pi^e-a(u-u^*)$，这就是菲利普斯曲线方程了。

可见，菲利普斯曲线和总供给曲线实际上是同一件事情的两面，都反映了经济中的价格调整机制。可以从菲利普斯曲线推导出总供给曲线，也可以从总供给曲线推导出菲利普斯曲线。总供给曲线提供了产出和价格之间的关系。通过变换可以从总供给曲线得出产出和通货膨胀之间的关系。结合奥肯定律，又可以得出产出和失业之间的关系，然后就可以得到描述通货膨胀率和失业率之间关系的菲利普斯曲线。

例如，沿着总供给曲线移动，在价格水平上升的同时，产出水平提高，根据奥肯定律，产出增加，失业率会下降，因此，伴随着价格水平的上升（更高的通货膨胀率），失业率就会下降，并产生向下倾斜的菲利普斯曲线。当通货膨胀预期变化时，菲利普斯曲线会移动，如果假定当工人的通货膨胀预期上升时，他们会改变工资需求，那么菲利普斯曲线会向上方移动，同一失业率对应着更高的通货膨胀率。这一经济现象对应在总供给曲线上，就是总供给曲线向上移动，同一社会产出对应着更高的物价水平。

综上所述，菲利普斯曲线与总供给曲线是看待同一宏观经济现象（价格与产出水平）的两种不同方式。

13.【答案】由于人们会对通货膨胀做出预期，因此，当实际通货膨胀率与预期通货膨胀率相同时，经济仍然处于自然失业率水平。当预期通货膨胀率更高时，实际通货膨胀率也需要更高，才能使经济处于自然失业率水平；反之，当预期通货膨胀率更低时，实际通货膨胀率需要更低，才可以使经济处于自然失业率水平。

当预期通货膨胀率低于实际通货膨胀率时，失业率和通货膨胀率之间仍然存在替代关系，因此，在短期内，引起通货膨胀率上升的扩张性财政政策和货币政策是可以起到减少失业的作用的。也就是说，调节总需求的宏观经济政策在短期内是有效的。

由于工人会按照实际发生的情况不断调整自己的预期，因此，人们预期的通货膨胀率与实际通货膨胀率迟早会一致，这时，工人会要求改变名义工资，以使实际工资不变，从而较高的通货膨胀率不能起到减少失业的作用。

如图 16－8 所示，假设经济起初在 A 点处运行，此时预期通货膨胀率为 π_1，实际通货膨胀率也是 π_1，失业率等于自然失业率 u^*。这时政府实施扩张性财政政策，使得通货膨胀率上升到π_2，由于实际通货膨胀率高于人们预期的通货膨胀率，实际工资下降，从而会增加生产，增加就业，失业率下降到u_1，经济在B点运行。但是，这种情况是暂时的，经过一段时间，工人们会发现价格水平的上升和实际工资的下降这一现实，预期通货膨胀率也会上升到π_2，他们会要求提高名义工资，等实际工资回到初始水平，相应地，企业的生产和就业也都会回到初始水平，此时失业率依然是u^*，但通货膨胀率上升到π_2，经济在C点运行。

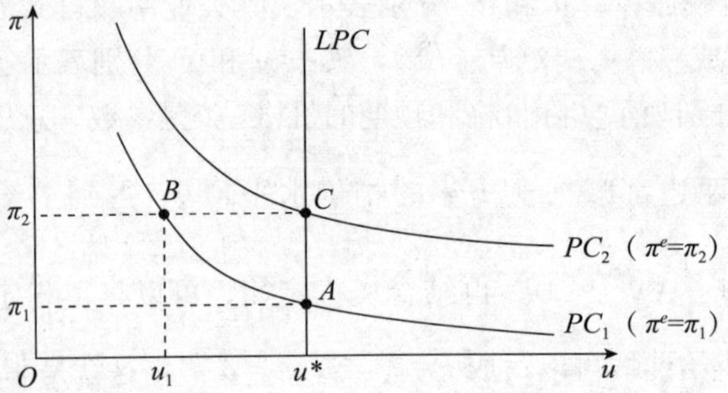

图 16－8　附加预期的菲利普斯曲线与长期菲利普斯曲线

以上过程重复下去，可知，在长期内，由于人们预期的通货膨胀率与实际通货膨胀率是一致的，因此，菲利普斯曲线是一条垂直于自然失业率u^*的直线。因此，在长期内，调节总需求的宏观经济政策是无效的。

14. **【答案】**（1）动态不一致是指一项起初适合于今天的政策，随着时间的推移，可能不再适合于明天。货币政策的动态不一致性，又称货币政策时间上的不连贯性，是指一项货币政策在制定时对政府而言是最优的，但在执行阶段往往不是最优的，当私人部门相信政府会实施这一政策时，政府就会没有积极性去真正实施这一政策，即政策制定者最终没有兑现自己的承诺。

（2）动态不一致性产生的原因是政府目标多样化，政府往往面临通货膨胀率目标和失业率目标之间的两难选择。根据菲利普斯曲线，失业率与未预期到的通货膨胀率之间在短期内存在此消彼长的关系，当政府宣布要降低通货膨胀率而公众又相信政府会将通货膨胀率降下来的时候，较低的通货膨胀预期就会反映到工资和物价合同中，使物价和通货膨胀率相应地下降，这就是通货膨胀的自我实现原理。但这时政府又会反悔，转而采取扩张性货币政策，造成未预期到的通货膨胀，从而刺激经济增长，同时降低失业率。

当政府更关心失业问题时，它往往会牺牲降低通货膨胀率的目标，而采取扩张性货币政策来增加就业，从而违背其最初的降低通货膨胀率的承诺。由于货币政策的动态不一致性，政府有违背降低通货膨胀的承诺而采取扩张性货币政策的潜在动机。未预期到的通货膨胀会降低公众的实际收入，理性的公众因为了解货币政策的动态不一致性，对政府降低通货膨胀率的信任总是有限的。在公众不信任的情况下，预期通货膨胀率降不下来，政府的机会主义行为不能增加就业，反而会使通货膨胀率进一步升高。

（3）由此可见，政府要想使其承诺可信，只通过口头承诺是建立不起货币政策的信誉的，最有效的方法是设计出捆住政府进行货币扩张的“手脚”的绳索——单一规则，从而克服货币政策的动态不一致性，即让货币政策在时间上有连贯性，最终使货币政策制定者获得信誉。

【提示】 动态不一致与时间不一致是同一个概念，原指一项适合于今天的政策，随着时间的推移，可能不再适合于明天，同时也被用来指政府在今天承诺一个经济政策，待公众按照这一政策调整其行为后，到明天，因为公众的行为已经确定下来，政府便自食其言，改用另一项政策，以实现政府目标的最优化。

五、 计算题

1. **【答案】**（1）总失业率＝10%×19%＋90%×(35%×7%＋65%×6%)＝7.6%。

（2）由题意可知，男性青年人占总劳动力的 60%×10%＝6%。男性成年人占总劳动力的 65%×90%＝58.5%。这意味着所有的男性占劳动力的 6%＋58.5%＝64.5%。

因此，在男性劳动力中，青年劳动力占 6%÷64.5%＝9.3%，成年人占 1－9.3%＝90.7%。

总的男性失业率＝9.3%×19%＋90.7%×6%＝7.2%。

如果青年男性的失业率由 19%上升到 29%，则总的男性失业率＝9.3%×29%＋90.7%×6%＝8.1%，总的失业率将变成 10%×29%＋90%×(35%×7%＋65%×6%)＝8.6%，成年人失业率是 65%×6%＋35%×7%＝6.35%。

（3）当成年劳动力中女性的比重上升到 40%时，成年人失业率＝60%×6%＋40%×7%＝6.4%。

由于成年人占总劳动力的 90%，因此如果它的失业率上升 0.05 个百分点，将会使总失业率上升 0.045 个百分点。

2. **【答案】**（1）如果以 CPI 来衡量通货膨胀率 π，则这三年的通货膨胀率分别为：

$$\pi_{2012}=\frac{CPI_{2012}-CPI_{2011}}{CPI_{2011}}\times 100\%=\frac{440-400}{400}\times 100\%=10\%$$

$$\pi_{2013}=\frac{CPI_{2013}-CPI_{2012}}{CPI_{2012}}\times 100\%=\frac{462-440}{440}\times 100\%=5\%$$

$$\pi_{2014}=\frac{CPI_{2014}-CPI_{2013}}{CPI_{2013}}\times 100\%=\frac{462-462}{462}\times 100\%=0$$

（2）实际工资增长率等于名义工资增长率减去通货膨胀率。因此，如果 $\Delta W/W=0.1$，即名义工资每年以 10%的速度增长，那么，2012 年，实际工资增长率为 $\Delta W/W-\pi_{2012}=10\%-10\%=0$，即名义工资的增长完全为通货膨胀所抵消，实际工资不变；2013 年，实际工资增长率为 $\Delta W/W-\pi_{2013}=10\%-5\%=5\%$，即实际工资增长 5%；2014 年，实际工资增长率为 $\Delta W/W-\pi_{2014}=10\%-0=10\%$，即实际工资增长 10%。

（3）按照所给条件计算 2012 年、2013 年、2014 年各年的名义工资增长率：

$$\left(\frac{\Delta W}{W}\right)_{2012}=0.05+0.5\times\frac{440-400}{400}=10\%$$

$$\left(\frac{\Delta W}{W}\right)_{2013}=0.05+0.5\times\frac{462-440}{440}=7.5\%$$

$$\left(\frac{\Delta W}{W}\right)_{2014}=0.05+0.5\times\frac{462-462}{462}=5\%$$

与当年的通货膨胀率相比较可知：

①2012 年，实际工资增长了$\left(\frac{\Delta W}{W}\right)_{2012}-\pi_{2012}=10\%-10\%=0$；

②2013 年，实际工资增长了$\left(\frac{\Delta W}{W}\right)_{2013}-\pi_{2013}=7.5\%-5\%=2.5\%$；

③2014 年，实际工资增长了$\left(\frac{\Delta W}{W}\right)_{2014}-\pi_{2014}=5\%-0=5\%$。

如果 $\Delta W/W=\Delta CPI/CPI$，即名义工资增长率与通货膨胀率同步增长，那么实际工资就始终维持原水平。

3. **【答案】**（1）当价格 $P=1$ 时，预期价格 $P^e=0.8+0.2P=1$。

根据生产要素定价理论，劳动需求为：

$$W=P\times MP=1\times(100-0.6N)=100-0.6N$$

劳动供给为：

$$W=P^e\times(20+N)=20+N$$

当劳动市场均衡时，劳动供给等于劳动需求，联立求解劳动需求和劳动供给，解得均衡就业量 $N^*=50$，均衡名义工资 $W^*=70$，均衡产量 $y^*=100N^*-0.3N^{*2}=100\times 50-0.3\times 50^2=4\ 250$。

（2）当 $P=1$，$W=79$ 时，由劳动需求函数可得 $100-0.6N^d=W=79$，解得劳动需求量 $N^d=35$；由劳动供给函数可得 $20+N^s=79$，解得意愿劳动供给 $N^s=59$。因此，经济的均衡就业量为 $N^d=35$，失业人数$=N^s-N^d=59-35=24$。经济的均衡产量 $y^*=100N-0.3N^2=100\times 35-0.3\times 35^2=3\ 132.5$。

以上分析表明，政府的最低工资制度降低了社会均衡产量，造成了社会福利损失。

4. **【答案】**（1）当劳动市场均衡时，劳动需求等于劳动供给，有：

$$N_s=N_d\Rightarrow 100+2W/P=200-8W/P$$

求解得：实际工资 $W/P=10$。

将实际工资代入劳动需求方程得均衡就业量：

$$N_s=N_d=200-8W/P=200-8\times 10=120$$

（2）当劳动需求下降时，实际工资及就业水平随之下降，在新的劳动需求方程下：

$$N_s=N_d'\Rightarrow 100+2W/P=190-8W/P$$

求解得：实际工资 $W/P=9$。

将实际工资代入劳动需求函数得均衡就业量为：

$$N_s=N_d'=190-8W/P=190-8\times 9=118$$

实际工资变化为：$\frac{\Delta W/P}{W/P}=\frac{10-9}{10}=10\%$，故实际工资下降了 10%。

均衡就业量下降了$\frac{\Delta N_d}{N_d}=\frac{120-118}{120}=1.67\%$。

工资下降的百分数大于就业下降的百分数，这是因为此模型中的劳动供给曲线的斜率较大，从而导致劳动供给对实际工资变动不敏感，也就是当实际工资下降或上升很多时，就业减少或增加得不多。因此，当实际工资变动时，就业的变动幅度就较小。

5.【答案】（1）按照奥肯定律，在 6%的自然失业率水平下，各年的 GDP 缺口分别为：

$$(y_{2012}-y^*)/y^*=-3(u-u^*)=-3\times(5\%-6\%)=3\%$$
$$(y_{2013}-y^*)/y^*=-3(u-u^*)=-3\times(4\%-6\%)=6\%$$
$$(y_{2014}-y^*)/y^*=-3(u-u^*)=-3\times(5\%-6\%)=3\%$$
$$(y_{2015}-y^*)/y^*=-3(u-u^*)=-3\times(6\%-6\%)=0$$

（2）由（1）可知，在 2012 年、2013 年和 2014 年，实际 GDP 都高于潜在 GDP，这对 2012 年、2013 年和 2014 年的价格水平造成了上升的压力。2015 年 GDP 缺口被消除。

（3）若 2014 年的实际 GDP 为 2 000 亿美元，由已知条件和奥肯定律可得：

$$(y_{2014}-y^*)/y^*=3\%$$
$$(2\,000-y^*)/y^*=3\%$$

求解得：$y^*=1\,941.75$。

也就是说，2014 年的潜在 GDP 水平为 1 941.75 亿美元。

6.【答案】价格调整方程为$\pi=\pi_{-1}+h\frac{y_{-1}-y^*}{y^*}$，其中$\pi$和$\pi_{-1}$分别代表本期和上期的通货膨胀率，$\frac{y_{-1}-y^*}{y^*}$代表实际产出对潜在产出的偏离程度，这大体上可以衡量失业率，于是：

$$\pi_1=18\%-0.4\times0.1=14\%$$
$$\pi_2=14\%-0.4\times0.1=10\%$$
$$\pi_3=10\%-0.4\times0.1=6\%$$
$$\pi_4=6\%-0.4\times0.1=2\%$$

可见，政府连续制造 4 年 10%的失业率，可使通货膨胀率降到 4%以下。

7.【答案】解法一：依题意得：

$$\min g(u,\pi)=u+a\pi^2$$
$$\text{s.t. } u=u_N-h(\pi-\pi^e)$$

构建拉格朗日函数：

$$L=u+a\pi^2-\lambda[u_N-h(\pi-\pi^e)-u]$$
$$\frac{\partial L}{\partial u}=1+\lambda=0$$
$$\frac{\partial L}{\partial \pi}=2a\pi+\lambda h=0$$

$$\frac{\partial L}{\partial \lambda}=u_N-h(\pi-\pi^e)-u=0$$

解得：$\lambda=-1$，$\pi=\frac{h}{2a}$，$u=u_N-h\left(\frac{h}{2a}-\pi^e\right)$。

解法二：$g(u,\pi)=u+a\pi^2=u_N-h(\pi-\pi^e)+a\pi^2=u_N+h\pi^e-h\pi+a\pi^2$

$$\frac{dg}{d\pi}=-h+2a\pi=0$$

解得：$\pi=\frac{h}{2a}$。

$\frac{d^2 g}{d\pi^2}=2a>0$，所以当 $\pi=\frac{h}{2a}$ 时，$g(u,\pi)$ 有最小值。此时，$u=u_N-h\left(\frac{h}{2a}-\pi^e\right)$。

【提示】两种解法的本质其实是一样的。

8. **【答案】**（1）如果用 u^n 表示自然失业率，在自然失业率下，$\pi_t=\pi_t^e$，即：$0.08+0.01\mu-2u^n=0$，整理得：

$$u^n=0.04+0.005\mu$$

当 $\mu=30\%$ 时，$u^n=0.04+0.005\times30\%=4.15\%$。

当 $\mu=10\%$ 时，$u^n=0.04+0.005\times10\%=4.05\%$。

（2）当 $\theta=0$ 时，$\pi_t^e=0\times\pi_{t-1}=0$。

第 t 年的通货膨胀率为：

$$\pi_t=0+0.08+0.01\times30\%-2\times2\%=4.3\%$$

第 $t+1$ 年、第 $t+2$ 年、第 $t+5$ 年的通货膨胀率也不会有变化，即：

$$\pi_{t+1}=\pi_{t+2}=\pi_{t+5}=0.08+0.003-0.04=4.3\%$$

（3）
$$\begin{aligned}\pi_{t+6}&=\pi_{t+6}^e+0.08+0.01\mu-2u_{t+6}\\&=\pi_{t+5}+0.08+0.01\mu-2u_{t+6}\\&=4.3\%+0.08+0.01\times30\%-2\times2\%\\&=4.3\%+4.3\%\\&=8.6\%\end{aligned}$$

$$\pi_{t+7}=4.3\%+8.6\%=12.9\%$$

（4）如图 16－9 所示，LPC_1 为失业率等于自然失业率 u^n 时的长期菲利普斯曲线，LPC_2 为失业率等于官方控制的 2%时的长期菲利普斯曲线。

在（2）中，$\pi^e=0$，所以菲利普斯曲线不移动，始终是 PC_1，经济始终处于 A 点，失业率为官方控制的 2%，通货膨胀率为 4.3%。

在（3）中，$\pi_t^e=\pi_{t-1}$，所以菲利普斯曲线会不断上移，在第 $t+6$ 年，菲利普斯曲线为 PC_2，此时经济处于 B 点，失业率为官方控制的 2%，通货膨胀率为 8.6%；在第 $t+7$ 年，菲利普斯曲线为 PC_3，此时经济处于 C 点，失业率为官方控制的 2%，通货膨胀率为 12.9%。

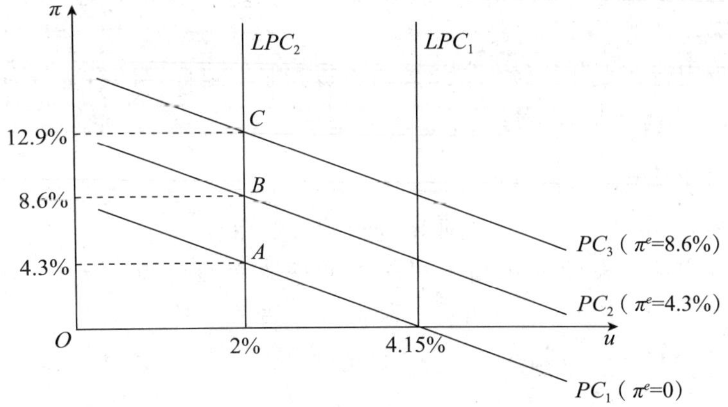

图 16－9　菲利普斯曲线与附加预期的菲利普斯曲线

【提示】本题中的菲利普斯曲线可简化为 $\pi=A-Bu$，是一条直线，所以画图时建议不要画成曲线，画成曲线纵然不扣分，也显然与题意不符。

9.【答案】(1) 当实际通货膨胀率等于预期通货膨胀率时，失业率等于自然失业率，即 0.06。

(2) 通货膨胀率与失业率之间的短期和长期关系体现在短期菲利普斯曲线和长期菲利普斯曲线上。如图 16－10 所示，在短期内，通货膨胀率与失业率之间存在着替代关系，但是在长期，通货膨胀率与失业率之间不存在替代关系。

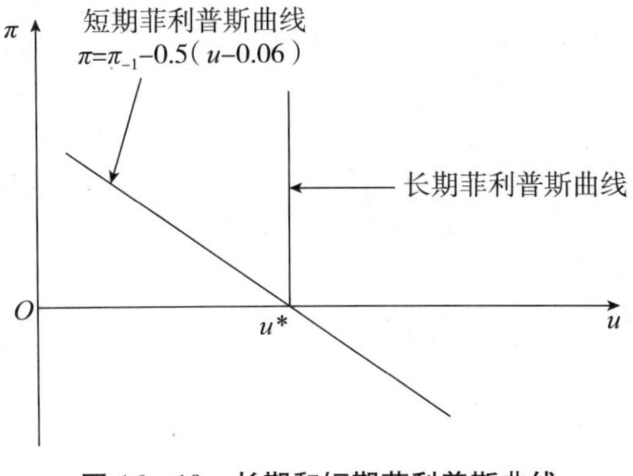

图 16－10　长期和短期菲利普斯曲线

(3) 为了使通货膨胀率降低 5 个百分点，则：

$$\pi-\pi_{-1}=-0.5(u-0.06)=-0.05$$

解得周期性失业 $(u-0.06)=0.1$。

10.【答案】(1) 由于对通货膨胀率的预期为适应性预期，所以 $\pi^e=\pi_{-1}=5\%$，$\pi=2\%$，$u^*=5\%$，将其代入菲利普斯曲线 $\pi=\pi^e-3(u-u^*)$ 得：

$$2\%=5\%-3(u-5\%)$$

解得失业率 $u=6\%$。

如果当前的通货膨胀率为5%，那么中央银行为实现下一年的通货膨胀率目标，将引起的失业率是6%。

（2）如果中央银行在次年继续保持2%的通货膨胀率目标，即有$\pi=\pi^e=2\%$，代入菲利普斯曲线$\pi=\pi^e-3(u-u^*)$得：

$$2\%=2\%-3(u-5\%)$$

解得失业率为$u=u^*=5\%$，即失业率为自然失业率。

（3）根据奥肯定律，失业率每高于自然失业率1个百分点，实际GDP将低于潜在GDP 2个百分点。根据（1）的计算可得，降低3个百分点的通货膨胀率，将使失业率高于自然失业率1个百分点，因此实际GDP将低于潜在GDP 2个百分点。所以牺牲率$=2\%\div3\%=0.67$。

（4）理性预期表明$\pi=\pi^e$，因而$u=u^*$，无论通货膨胀率如何变化，失业率一直处于自然失业率水平，即失业率恒定不变，从而产出不变，因此牺牲率为零。

11.**【答案】**（1）设劳动分配率为a，则

$$a=\frac{WL}{Py} \quad ①$$

其中，W为货币工资，L为劳动力数量，P为价格水平，y为产出水平。y/L是单位劳动的产出水平（即劳动生产率）。

式①两边同时取对数得$\ln a=\ln\frac{WL}{Py}=\ln W-\ln P-\ln\frac{y}{L}$，求全微分得：

$$\frac{da}{a}=\frac{dW}{W}-\frac{dP}{P}-\frac{d(y/L)}{y/L} \quad ②$$

由已知条件知$\frac{da}{a}=s$，$\frac{d(y/L)}{y/L}=q$，$\frac{dP}{P}=\pi$，$\frac{dW}{W}=\lambda$，代入式②可得：

$$s=\lambda-\pi-q \quad ③$$

（2）已知劳动分配率a不变，劳动生产率上升率为6%，将这些条件代入式③得：

$$\lambda-\pi-6=0 \quad ④$$

已知$\lambda=\frac{36}{u}-6$，代入式④可得有关价格上涨率π和失业率u之间关系的菲利普斯曲线为：$\pi=\lambda-6=\frac{36}{u}-6-6=\frac{36}{u}-12$。

12.**【答案】**（1）由已知条件可知货币市场均衡为：

$$y=-500+5\frac{M}{P}+10r=-500+5\times\frac{200}{1}+10r=500+10r$$

由产品市场和货币市场同时均衡可得：

$$\begin{cases}y=850-25r\\ y=500+10r\end{cases}$$

联立求解得：$y=600$，$r=10$。
由于 $y=600<650$，低于充分就业产出，因此不存在通货膨胀压力。
（2）宏观经济的一般均衡即总需求等于总供给时的均衡。

由 $\begin{cases} y=850-25r \\ y=-500+5\times\dfrac{200}{P}+10r \end{cases}$ 联立消去 r 可得总需求曲线：

$$P=\frac{2\,500}{3.5y+400}$$

将充分就业时的产出水平 $y=650$ 代入上式，得：

$$P=\frac{2\,500}{3.5y+400}=\frac{2\,500}{3.5\times650+400}=0.93$$

（3）当充分就业时 $y=650$，代入产品市场均衡条件：

$$y=850-25r\Rightarrow650=850-25r$$

解得：$r=8$。
将 $r=8$，$y=650$ 代入货币市场均衡条件：

$$y=-500+5\frac{M}{P}+10r\Rightarrow650=-500+5\times\frac{M}{1}+10\times8$$

解得：$M=214$。
所以 $\Delta M=214-200=14$，也就是说，名义货币供给量应增大 14 以实现充分就业。

13. **【答案】**（1）由于居民相信政府的承诺，所以 $\pi^e=\pi_0$；因为政府按规则行事，所以 $\pi=\pi_0$。此时 $u=u^n-\alpha(\pi-\pi^e)=u^n-\alpha(\pi_0-\pi_0)=u^n$。政府的目标为最小化如下函数：

$$W(u,\pi)=(u^n)^2+\beta(\pi_0)^2$$

解得：$\pi_0=0$。
此时 $W(u,\pi)=(u^n)^2+\beta\times0^2=(u^n)^2$。
（2）居民仍然相信政府，所以 $\pi^e=\pi_0$。
政府在最后选择通货膨胀率时，面对的是：

$$\min_{\pi}W(u,\pi)=u^2+\beta\pi^2=[u^n-\alpha(\pi-\pi_0)]^2+\beta\pi^2$$

最小化的一阶条件为：

$$\frac{\mathrm{d}W}{\mathrm{d}\pi}=2[u^n-\alpha(\pi-\pi_0)]\times(-\alpha)+2\beta\pi=0$$

解得：$\pi^*=\dfrac{\alpha u^n+\alpha^2\pi_0}{\alpha^2+\beta}=\dfrac{\alpha}{\alpha^2+\beta}(u^n+\alpha\pi_0)$。

此时失业率为：

$$u^*=u^n-\alpha(\pi-\pi^e)$$

$$=u^n-\alpha\left(\frac{\alpha u^n+\alpha^2\pi_0}{\alpha^2+\beta}-\pi_0\right)$$

$$=\frac{\beta}{\alpha^2+\beta}(u^n+\alpha\pi_0)$$

将以上结果代入政府目标函数得：

$$W(u,\pi)=u^2+\beta\pi^2=\left[\frac{\beta}{\alpha^2+\beta}(u^n+\alpha\pi_0)\right]^2+\beta\left[\frac{\alpha}{\alpha^2+\beta}(u^n+\alpha\pi_0)\right]^2$$

$$=\frac{\beta}{\alpha^2+\beta}(u^n+\alpha\pi_0)^2$$

因为$\frac{dW}{d\pi_0}=\frac{2\alpha\beta}{\alpha^2+\beta}(u^n+\alpha\pi_0)\geqslant 0$，且 $\pi_0\geqslant 0$，所以，要最小化 $W(u,\pi)$，政府必然选择 $\pi_0=0$，此时有：

$$W(u,\pi)=\frac{\beta}{\alpha^2+\beta}(u^n)^2$$

由于 α，$\beta>0$，所以$\frac{\beta}{\alpha^2+\beta}(u^n)^2<(u^n)^2$。

即政府进行相机抉择后，能更好地实现目标［因为不进行相机抉择时 $W=(u^n)^2$］。

(3) 给定居民的预期通货膨胀率 π^e，政府的目标是：

$$\min_{\pi}W(u,\pi)=u^2+\beta\pi^2=[u^n-\alpha(\pi-\pi^e)]^2+\beta\pi^2$$

解得：$\pi^*=\frac{\alpha}{\alpha^2+\beta}(u^n+\alpha\pi^e)$。

由于居民能预期到政府的实际通货膨胀率，因此有：

$$\pi^e=\pi^*=\frac{\alpha}{\alpha^2+\beta}(u^n+\alpha\pi^e)$$

解得：$\pi^e=\frac{\alpha}{\beta}u^n$。

此时实际通货膨胀率 $\pi=\pi^e=\pi^*=\frac{\alpha}{\beta}u^n$，失业率 $u=u^n-\alpha(\pi-\pi^e)=u^n$。

无论政府宣布什么样的 π_0，都不影响以上结果。此时有：

$$W(u,\pi)=u^2+\beta\pi^2=(u^n)^2+\beta\times\left(\frac{\alpha}{\beta}u^n\right)^2$$

$$=\frac{\alpha^2+\beta}{\beta}(u^n)^2>(u^n)^2$$

从长期来看，居民能预期到政府的实际通货膨胀率，所以，政府最好的策略就是始终不要违背其所承诺的通货膨胀率。

【提示】 本题的结论为理性预期学派的政策观点提供了理论依据。

六、论述题

1.**【答案】**(1) 自然失业率是指充分就业下的失业率。

自然失业率的存在与劳动市场和产品市场的实际结构性特征有关，也与市场信息的不完全性、寻找工作的成本和劳动力转移的成本有关。自然失业率为摩擦性失业率与结构性失业率之和。

摩擦性失业是指劳动力在正常流动过程中所产生的失业。在一个动态经济中，各行业、各部门和各地区之间劳动需求的变动是经常发生的，即使在充分就业状态下，由于人们从学校毕业或搬到新城市要寻找工作，总是会有一些人的周转，所以摩擦性失业的存在是正常的。摩擦性失业量的大小取决于劳动力流动性的大小和寻找工作所需要的时间。

结构性失业是在对劳动力的供求不一致时产生的失业。供求之所以会出现不一致，是因为对某种劳动的需求增加，而对另一种劳动的需求减少，与此同时，供给没有迅速做出调整。因此，当某些部门相对于其他部门出现增长时，可以经常看到各种职业或地区之间劳动力供求的不平衡。在这种情况下，往往“失业与空位”并存，即一方面存在着有工作无人做的“空位”，而另一方面又存在着有人无工作的“失业”，这是由劳动市场的结构性特点造成的。

(2) 宏观经济政策所能调整的失业。

宏观经济政策主要调整的是周期性失业和结构性失业，其中财政政策和货币政策调整总需求，从而调整周期性失业，供给政策调整结构性失业。

总需求不足的失业就是周期性失业，这是一种非自然失业。根据凯恩斯的分析，就业水平取决于国民收入水平，而国民收入水平又取决于总需求。通过财政政策和货币政策的作用，政府可以调整社会总需求水平，从而调整周期性失业，比如扩张性财政政策和货币政策可以提高总需求，从而减少周期性失业。

总供给政策可以调整国民经济结构，从而调整结构性失业。政府可以通过公共筹资来对失业者进行再培训，从而使工人能更容易地从衰退的行业转移到新兴的行业。同时政府还对各个产业和地区进行宏观调控，使各个产业和地区平稳发展，避免产生大的波动，从而减小更大范围的结构性失业的可能性。如果技术进步和产业结构变化的幅度与速度较快，就可能比较经常和较大幅度地引发自然失业。政府也可以通过增加劳动力的流动性来缓解结构性失业。

(3) 中国失业率的构成与发达国家失业率的构成的区别。

中国的劳动市场供求结构比较特殊。在高级劳动市场上，高级人才比较稀缺；在中级劳动市场上，劳动力存在结构性失业；在低级劳动市场上，劳动力总体上供给过多，但在有些局部地区却严重缺乏。这就造成了我国的失业率构成与发达国家明显不同。

第一，我国的失业中周期性失业所占比例不大，而发达国家的周期性失业所占比例相对来说比较大。

第二，我国的结构性失业比较严重，而发达国家由于各种政策的作用，结构性失业相对来说不太严重。

第三，我国经济的快速发展使摩擦性失业比较多，因为有能力的工人相对稀缺，他们面临的选择比较多。而发达国家的经济比较稳定，工人的选择机会相对来说比较少。

第四，我国的隐性失业比较严重，在农村和城镇存在大量的隐性失业者，他们中的大部分属于低级劳动者，因此缺乏竞争力，可能名义上不是失业者，但实际上全是失业者。

总之，就处于转轨过程中的中国经济来说，劳动市场条件乃至整个经济体制都处于不断变化之中。特别是近年来产业结构变动速度加快，劳动市场改革力度加大，都会导致自然失业率的提高。总体来说，中国经济具有较高的并且继续升高的自然失业率，表明单纯依靠宏观反周期政策不能完全消除或缓解失业现象，扩大就业和治理失业要求综合一系列政策手段。而英美等发达国家的自然失业率相对来说比较低，它们对付失业的办法相对来说可以比较单一。

2. **【答案】**（1）摩擦性失业是指劳动力在正常流动过程中所产生的失业，它是由经济运行中各种因素的变化和劳动市场的功能缺陷造成的临时性失业。经济总是变动的，工人寻找最适合自己喜好和技能的工作需要时间，一定数量的摩擦性失业必然不可避免。

结构性失业是指由于经济结构（包括产业结构、产品结构、地区结构等）发生了变化，现有劳动力的知识、技能、观念、区域分布等不适应这种变化，与市场需求不匹配而引发的失业。结构性失业在性质上是长期的，而且通常起源于劳动力的需求方。结构性失业是由经济变化导致的，这些经济变化引起特定市场和区域中的特定类型劳动力的需求相对低于其供给。比如，技术变化或消费者偏好的变化所引起的对某种特定劳动力的需求减少。

（2）在社会保障体系尚不健全的情况下，摩擦性失业率偏高对经济增长会产生一些负面影响：①会导致本来就偏低的总消费水平进一步降低，从而使经济形势进一步恶化，而经济形势的恶化会使失业率进一步上升，这就进入了就业和经济形势的恶性循环。②会增加失业者本身的不安全感。因此失业者会进一步调整他的消费预算，使他的消费结构进一步趋于保守，并且失业者本身的不安全感将在在职群体中产生一个传导的扩散效应，同时增加在职群体的不安全感，进而增加社会的整体不安全感。这将使消费倾向进一步下降，并且降低投资风险的承受能力，经济形势进入恶性循环。

结构性失业对经济的实际影响主要表现在：①社会资源的大量浪费。一方面存在有工作无人做的情况，没有充分使用物力；另一方面又存在有人无工作的情况，浪费大量人力。②减缓经济发展速度。企业开工不足，投资者会减少投资。③导致出现“滞胀”的局面，即由于存在劳动市场的结构性矛盾，经济生活中可能出现生产停滞、失业增加和物价水平居高不下同时存在的现象。

3. **【答案】**（1）需求拉动的通货膨胀。

需求拉动的通货膨胀是指由产品市场的过度需求引起的通货膨胀，它发源于实际因素和货币因素。实际因素导致 IS 曲线右移，货币因素引起 LM 曲线右移，引起产量扩大和价格上涨，具体过程如图 16－11 所示。

图 16－11 中的 AS 为总供给曲线。在图 16－11（a）中，IS 曲线由于实际因素从 IS_1 移动到 IS_2，在图 16－11（b）中，LM 曲线由于货币因素从 LM_1 移动到 LM_2，二者都使总需求曲线从 AD_1 右移到 AD_2，这时出现超额需求，引起产量和价格水平的上升。当价格水平由 P_1 上升到 P_2 时，产量由 y_1 增加到 y_2，供求达到均衡。随着社会总产出水平逐渐提高，生产能力的利用开始接近并最终达到充分就业水平，当总需求水平进一步提高

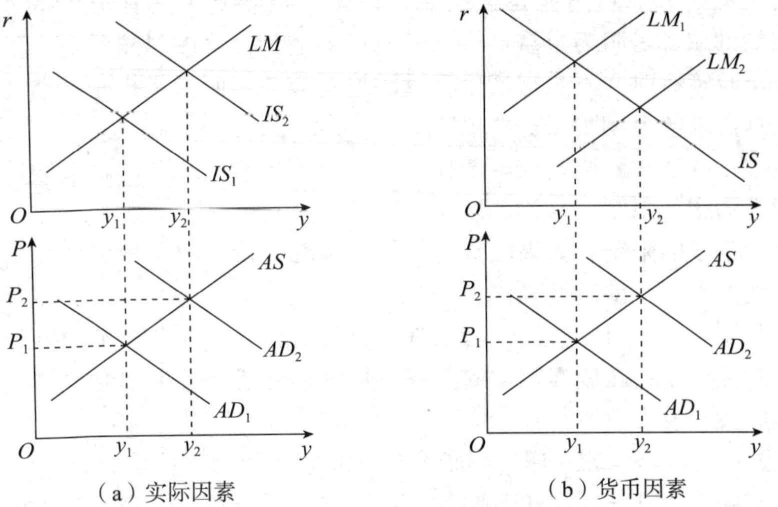

图 16－11　需求拉动的通货膨胀

时，产量不再增加，从而出现通货膨胀。

（2）成本推动的通货膨胀。

成本推动的通货膨胀是生产成本的提高所引致的通货膨胀，其成因在于工会对工资的垄断和厂商对利润的追逐，其过程如图 16－12 所示。最初总供给曲线为 AS_1，经济在 E_1 点处达到充分就业均衡。此时总产量为 y_1，价格为 P_1。假定由于工资推进或利润推进的作用，供给曲线移动到 AS_2 的位置，此时总供给曲线与总需求曲线的交点 E_2 决定的总产量为 y_2，价格水平为 P_2。这时，总产量比以前低，而价格水平比以前高。当总供给曲线由于成本进一步提高而移动到 AS_3 时，总产量将进一步下降为 y_3，价格上涨为 P_3。如此持续下去，成本推动的通货膨胀得以形成。

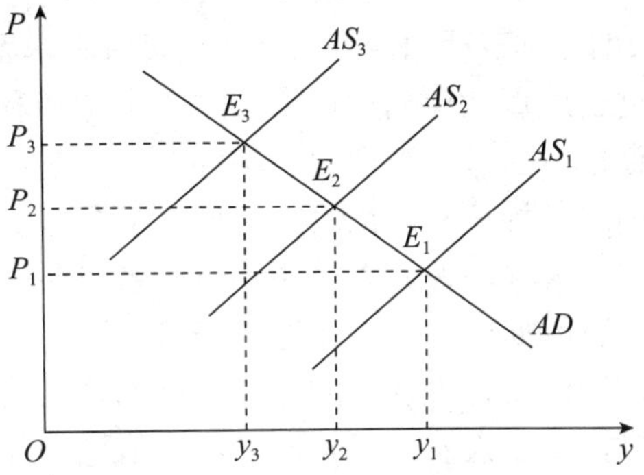

图 16－12　成本推动的通货膨胀

（3）政策选择。

对于需求拉动的通货膨胀，政策选择是需求政策，通过紧缩需求能取得明显的效果。减少总需求的手段主要有紧缩性财政政策和紧缩性货币政策两种。

紧缩性财政政策方面的措施如下：①削减政府支出；②限制公共事业投资和公共福利支出；③增加赋税，以抑制私人企业投资和个人消费支出。紧缩性财政政策的优点是当紧缩程度较大时，通货膨胀可得到迅速抑制。但是，财政支出具有很大的刚性，教育、国防、社会福利的削减都是阻力重重，增加赋税更会遭到公众的强烈反对。

紧缩性货币政策有时并不是指货币存量的绝对减少，而只是指减缓货币供给量的增长速度，以遏制总需求的急剧膨胀。

对于成本推动的通货膨胀，政策选择是收入政策，收入政策可以采取以下三种形式：

①以指导性为主的限制。

②以税收为手段的限制。如果工资、物价增长率保持在政府规定的幅度之内，就以减少税收作为奖励；否则，就以增税作为处罚。

③强制性限制，即政府颁布法令对工资和物价实行管制，甚至实行暂时冻结措施。

收入政策的优点是：在成本推动的工资—物价螺旋式上升出现时，能用较小的代价加以遏制，不造成大规模失业。

4. **【答案】**（1）经济学家对通货膨胀率与失业率之间相互关系的研究始于1958年英国经济学家菲利普斯对1861—1957年英国的失业率与货币工资变动率（后被经济学家用“通货膨胀率”代替）之间统计关系的研究。通过这项研究，菲利普斯发现，货币工资变动率（通货膨胀率）与失业率之间存在着一种稳定的此消彼长的非线性反向变动关系，即在失业率较低的时候，货币工资上涨得较快；在失业率较高的时候，货币工资上涨得较慢。

（2）凯恩斯主义认为，失业是由有效需求不足引起的，而通货膨胀则是在经济达到充分就业之后，由于总需求的过度增长而产生的，因此失业和通货膨胀不可能同时发生：与失业相伴随的通货膨胀率应当为零；而与通货膨胀相伴随的失业率应当为零。

（3）以弗里德曼和费尔普斯为代表的货币主义以适应性预期和自然失业率为分析工具，部分地否定了菲利普斯曲线所描述的货币工资增长率或通货膨胀率与失业率之间的相互替代的反向变动关系。他们认为，只有在短期内，货币工资增长率或通货膨胀率与失业率之间才存在相互替代的反向变动关系；而在长期内，这种反向变动的相互替代关系并不存在，失业率与通货膨胀率是互不相关的，失业率总是保持在自然失业率水平上，而与通货膨胀率无关，因此长期失业率或称长期菲利普斯曲线是一条与通货膨胀率无关的垂直线。

（4）理性预期学派通过运用理性预期理论全面地否定了菲利普斯曲线理论，认为菲利普斯曲线不仅在长期内不存在，而且在短期内也不存在。这是因为，人们在对通货膨胀进行预期时，会充分掌握和利用各种信息来预测未来通货膨胀率的变动。因此，除去一些不可预测的因素如战争、天灾人祸等以外，人们能够对未来将要发生的通货膨胀做出准确的判断，形成所谓理性预期。正因如此，人们在进行经济决策时，将完全不受政府政策的干扰，而会根据他们的理性预期做出合乎理性的选择。例如，当政府为降低失业率而实施扩张性财政政策、货币政策时，由于人们已经掌握了这一信息，并且可以确切地预期到这一政策将会引起的通货膨胀率，因此他们在进行经济决策，如对劳动力的供求进行决策时，就会事先考虑这一通货膨胀因素。这样，尽管财政、货币政策会使一般物价水平上涨，但商品的相对价格并没有变化，所以工人和雇主对劳动力的供求不会发生任何变化，从而失业率也不会发生任何变化。这意味着，不仅在长期内，即使在短期内，通货膨胀率与失业率之间也不存在相互替代关系，或者说，无论是长期还是短期失业率曲线，即菲利普斯曲线，都是与通货膨胀率无关而与自然失业率相对应的垂直线。在这种情况下，货币当局的政策选择只有一个：使货币供给增长率保持为某一常数，即放弃对经济目标的控制。

第 17 章

宏观经济政策

重难点提示

本章的重难点包括：财政政策及其工具；财政政策效果；挤出效应；自动稳定器；货币乘数；货币政策及其工具；货币政策效果；财政政策与货币政策的混合运用。

内容精要

一、 宏观经济政策目标

经济政策是指国家或政府为了增进社会经济福利而制定的解决经济问题的指导原则和措施。它是政府为了达到一定的经济目的而对经济活动有意识的干预。

宏观经济政策的四大目标如下：

（1）充分就业，即一切生产要素都有机会以自己意愿的报酬参加生产的状态。

（2）物价稳定，即价格指数相对稳定，不出现通货膨胀。

（3）经济持续均衡增长，即在一个特定时期内经济社会所产生的人均产量和人均收入的持续增长。通常用一定时期内实际国内生产总值的年均增长率来衡量。

（4）国际收支平衡。

二、 财政政策和货币政策的含义

财政政策：政府变动税收和支出以影响总需求从而影响就业和国民收入的政策。

货币政策：政府货币当局即中央银行通过银行体系变动货币供给量来调节总需求的政策。

财政政策和货币政策的经济影响见下页表：

政策种类	对利率的影响	对消费的影响	对投资的影响	对 GDP 的影响
财政政策（减少所得税）	上升	增加	减少	增加
财政政策（增加政府开支）	上升	增加	减少	增加
财政政策（投资津贴）	上升	增加	增加	增加
货币政策（扩大货币供给）	下降	增加	增加	增加

三、 财政政策工具

财政政策的一般定义是：为促进就业水平提高、减轻经济波动、防止通货膨胀、实现经济稳定增长而对政府支出、税收和借债水平所进行的选择，或对政府收入和支出水平所作的决策。

财政政策工具是指政府为实现既定经济政策目标所选择的操作手段，主要包括：

（1）政府支出。

政府购买支出：政府对产品和劳务的购买，为政府的直接支出，直接形成社会需求和购买力。

政府转移支付：政府在社会福利保险、贫困救济和补助等方面的支出。

（2）政府收入。

政府税收：国家为了实现其职能，按照法律预先规定的标准，强制地、无偿地取得的财政收入，因此税收具有强制性、无偿性、固定性三个基本特征。

公债：政府对公众的债务，或公众对政府的债权。

①目的：筹集财政资金，弥补财政赤字。

②形式：通过公债在资产市场的流通影响货币供求。

【提示】公债是一个特别的财政政策工具，一方面，它为政府筹集资金，可以用来增加政府支出；另一方面，如果公债由中央银行购买，又会引起央行的货币供给增加，这相当于同时实施了扩张性财政政策和扩张性货币政策（由其他单位购买达不到这种双重效果）。这个小知识点也常常会被命题人拿来出客观题。

四、 财政政策对经济的调节

1. 自动调节——自动稳定器

自动稳定器又称内在稳定器，是指经济系统本身存在的一种会减少各种干扰对国民收入的冲击的机制，能够在经济繁荣时期自动抑制膨胀，在衰退时期自动减轻萧条，无须政府采取任何行动。

自动稳定器的内容：

（1）政府税收的自动变化。

当经济发生波动时，国民收入的变化会导致税收同向变化，进而使得可支配收入反向变化，最终导致消费和总需求反向变化，从而减轻经济波动。

（2）政府支出（转移支付）的自动变化。

经济萧条或者繁荣会引起失业的增减，进而符合领取救济标准的人数增加或减少，转移支付增加或者减少，从而引起可支配收入和消费增加或者减少。

(3) 农产品价格维持制度。

经济萧条，国民收入下降，农产品价格↓→政府收购→农场主收入↑→C、I↑

经济繁荣，国民收入上升，农产品价格↑→政府抛售→农产品价格↓避免经济过热

2. 主动调节——斟酌使用的财政政策

斟酌使用的或权衡性的财政政策是指为确保经济稳定，政府要审时度势，主动采取一些财政措施，变动支出水平或税收以稳定总需求水平，使之接近物价稳定的充分就业水平。

通常认为当经济衰退时，应该采取扩张性财政政策；反之，当经济过热，出现通货膨胀时，应该采取紧缩性财政政策。简言之，要“逆经济风向行事”。这种交替使用扩张性和紧缩性财政政策的行为，又称为补偿性财政政策。

五、 财政思想的演变

(1) 年度平衡预算：要求每个财政年度的收支平衡。

(2) 周期平衡预算：政府收支在一个经济周期中保持平衡，以繁荣时的盈余弥补衰退时的赤字。

(3) 功能财政思想：根据权衡性的财政政策，为实现无通胀的充分就业水平这一目标，预算可以是盈余，也可以是赤字，无须刻意保持财政收支平衡。

六、 财政政策效果的 *IS—LM* 分析

财政政策效果是指通过变动政府收支（包括变动税收、政府购买和转移支付等）而使 *IS* 曲线变动，进而对均衡的国民收入变动的影响。

(1) 当 *LM* 曲线斜率不变时，*IS* 曲线斜率的绝对值越大，即 *IS* 曲线越陡峭，则挤出效应就越小，移动 *IS* 曲线时收入变化就越大，即财政政策效果就越大，反之亦然，如图 17-1 所示。

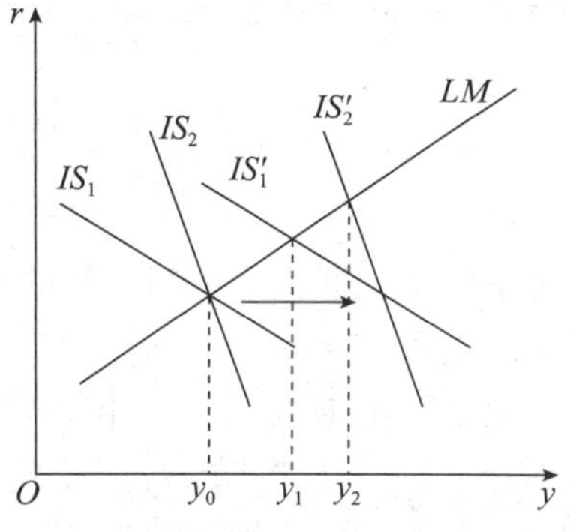

图 17-1　财政政策效果因 *IS* 曲线的斜率而异

（2）当 IS 曲线斜率不变时，LM 曲线的斜率越大，即 LM 曲线越陡峭，则货币投机需求的利率系数 h 越小，移动 IS 曲线时导致的利率变化就越大，挤出效应就越大，收入变化就越小，即财政政策效果就越小，反之亦然，如图 17－2 所示。

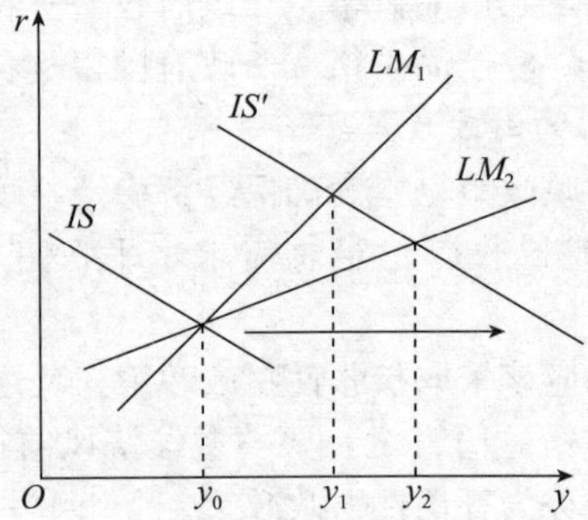

图 17－2　财政政策效果因 LM 曲线的斜率而异

七、挤出效应

挤出效应：政府支出增加引起的私人消费或投资降低的效果。

挤出效应的大小取决于以下几个因素：

（1）支出乘数的大小，乘数越大，挤出效应越大。

（2）货币需求对产出变动的敏感程度 k，k 越大，挤出效应越大。

（3）货币需求对利率变动的敏感程度 h，h 越大，挤出效应越小。

（4）投资需求对利率变动的敏感程度 d，d 越大，挤出效应越大。

八、货币创造机制

（1）只考虑法定准备金：$D=\frac{R}{r_d}$，货币创造乘数为$\frac{1}{r_d}$。

（2）有超额准备金：$D=\frac{R}{r_d+r_e}$，货币创造乘数为$\frac{1}{r_d+r_e}$。

（3）存在现金漏出：$D=\frac{R}{r_d+r_e+r_c}$，货币创造乘数为$\frac{1}{r_d+r_e+r_c}$。

（4）货币供给的一般情况。

基础货币：商业银行准备金总额加上非银行部门持有的通货总额。这是商业银行派生存款或创造货币的基础，也叫高能货币（H）。

设整个社会狭义货币供给量为 M，根据定义，货币供给量为活期存款和通货之和，即 $M=C_u+D$，则：

$$\text{货币创造乘数}\ \frac{M}{H}=\frac{C_u+D}{C_u+R_d+R_e}=\frac{r_c+1}{r_c+r_d+r_e}$$

九、 货币政策三大工具

1. 再贴现率

再贴现率是中央银行对商业银行及其他金融机构的放款利率。

当经济萧条时，下调再贴现率，商业银行向央行的借款增加，货币供给量增加。当经济繁荣时，上调再贴现率，商业银行向央行的借款减少，货币供给量减少。

特点：这是一项被动的政策，取决于商业银行是否向央行借款。

2. 公开市场业务

公开市场业务（也称公开市场操作）是指央行在金融市场上公开买卖政府债券以控制货币供给和利率的政策行为。

当经济衰退时，买进债券，一方面通过货币投放，扩大货币供给；另一方面导致债券需求增加，进而债券价格上升，利率下降。当经济过热时，则卖出债券。

特点：主动灵活；结果容易预测、可控。

3. 法定准备金率

当经济萧条时，降低法定准备金率，商业银行对外贷款增加，同时货币创造乘数变大，从而货币供给增加，利率下降，进而刺激总需求。当经济过热时，则提高法定准备金率。

特点：效果非常猛烈；存在时滞。

十、 总需求管理政策的争论

1. 要不要干预

反对者的理由：（1）政府的预测能力有限；（2）政策存在时滞；（3）公众对政策的预期会导致政策失效。

支持者的理由：经济在受到冲击后恢复到充分就业是一个缓慢的过程，在这期间会给社会带来长期的痛苦。

2. 政策有效性争论

巴罗-李嘉图等价定理：政府通过公债筹资和通过增加税收筹资对经济的影响是一样的。

3. 按什么规则进行干预

规则一：稳定比率货币供给量增长规则。

规则二：以名义 GDP 为目标变量的正常规则。

规则三：以一定名义通货膨胀率为目标变量的政策规则。

规则四：以一定真实利率为操作变量的政策规则。此即泰勒规则。泰勒认为，在各种影响物价水平和经济增长率的因素中，真实利率是唯一能与物价和经济增长保持长期稳定关系的变量，因此，要使货币政策能真正调节物价和经济增长，货币当局必须把调节真实利率作为主要操作方式。央行的货币政策应遵循以下规则：$i=i^{*}+a(p-p^{*})-b(u-u^{*})$。

十一、 货币政策效果的 *IS—LM* 分析

货币政策效果是指通过变动货币供给量而使 *LM* 曲线变动，进而对均衡的国民收入变动的影响。

（1）当 *LM* 曲线斜率不变时，*IS* 曲线斜率的绝对值越小，即 *IS* 曲线越平坦，则投资的利率弹性越大，移动 *LM* 曲线时投资变动越大，收入变化就越大，即货币政策效果就越大，反之亦然，如图 17－3 所示。

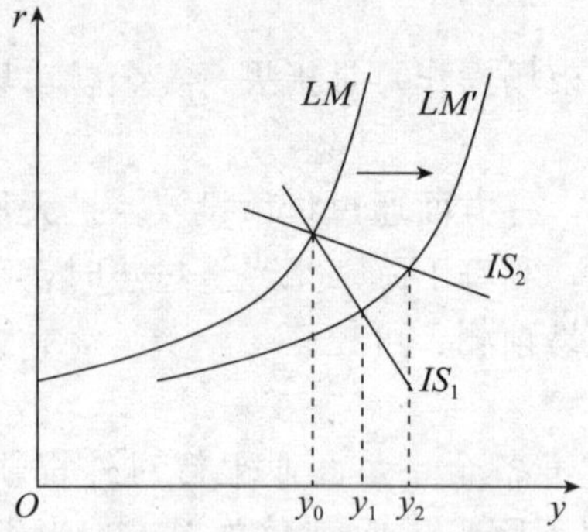

图 17－3　货币政策效果因 *IS* 曲线的斜率而异

（2）当 *IS* 曲线斜率不变时，*LM* 曲线的斜率越大，即 *LM* 曲线越陡峭，则货币需求受利率影响越小，移动 *LM* 曲线时利率变化就越大，收入变化也就越大，即货币政策效果就越大，反之亦然，如图 17－4 所示。

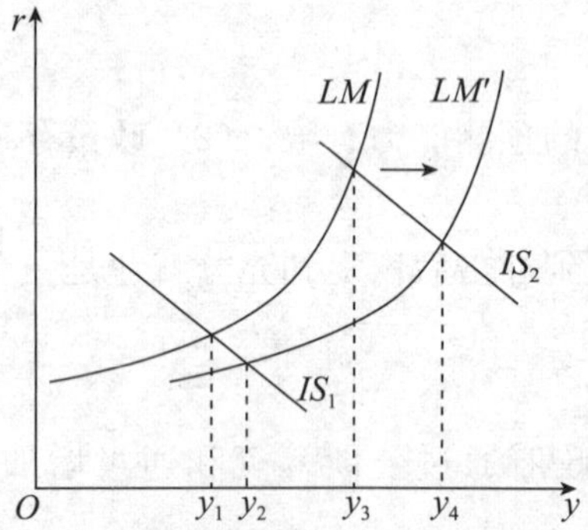

图 17－4　货币政策效果因 *LM* 曲线的斜率而异

十二、 财政政策和货币政策的混合运用

财政政策和货币政策混合运用的经济背景及效果如下表所示。

	经济背景	政策混合	产出	利率
1	轻微萧条	扩张性财政政策、紧缩性货币政策	不确定	上升
2	严重通货膨胀	紧缩性财政政策、紧缩性货币政策	减少	不确定
3	轻微通货膨胀	紧缩性财政政策、扩张性货币政策	不确定	下降
4	严重萧条	扩张性财政政策、扩张性货币政策	增加	不确定

十三、博弈论在宏观经济政策中的应用

博弈论在宏观经济政策中的应用是宏观经济学的最新发展前沿，应用范围较广。

在政府与公众的博弈中，比较明显的问题是政策的动态不一致性，即一项今天看来最适合明天的经济的政策，在明天到来后，就不一定还是最适合的政策。而理性的公众是可以预期到这种动态不一致性的，并会在今天就采取相应的对策，这会导致政府政策失灵。

按照动态不一致性，比较可靠的策略是借助于人人都相信决策者必须遵从的有约束力的规则来消除政府可以改变政策的可能性，它启示人们，建立对规则的信任比具体的规则本身更为重要。

十四、供给管理政策

1. 凯恩斯主义观点

供给管理政策是指在短期内从供给方面采取一些政策措施来消除较大经济波动带来的失业和通货膨胀，包括收入政策和人力政策，前者主要用来对付通货膨胀，后者主要用来对付失业。

收入政策是用来限制垄断企业和工会对物价与工资的操纵的一种政策，即以管制工资—物价为主要内容的政策。主要包括：工资—物价指导线；权威性劝说；工资—物价的硬性管制；奖惩性税收。

人力政策是用来改进劳动市场状况，消除劳动市场不完全性，以便克服失业和通货膨胀进退两难困境的政策。主要包括：发展多吸收劳动力的服务部门；由政府直接雇用失业工人从事社会有益事业；进行劳动培训；指导和协助失业者寻找工作；增大劳工在地区或者职业方面的流动性。

2. 供给学派观点

供给学派认为政府应该把供给管理作为最主要的经济干预政策。供给学派的供给管理政策主张的核心是强调激励的作用。为了增强激励，供给学派提出了一套供给管理的政策思想，其核心是减税，尤其是降低高边际税率，税收降低了，就会提高资产收益率，鼓励储蓄和投资，提高劳动生产率，降低产品成本，缓和通货膨胀，并带来消费、产出和就业的增加。

习题精编

一、名词解释

1. 财政政策
2. 货币政策
3. 凯恩斯主义极端

4. 古典主义极端
5. 自动稳定器
6. 挤出效应
7. 累进税
8. 拉弗曲线
9. 基础货币
10. 货币乘数
11. 法定准备金率
12. 再贴现率
13. 公开市场业务
14. 货币幻觉
15. 功能财政
16. 充分就业预算盈余
17. 巴罗-李嘉图等价定理
18. 相机抉择与单一规则
19. 适应性预期

二、判断题

1. 假设税率降低，央行希望收入保持不变，因此就减少货币供给。此时消费和投资同时下降。

2. 财政政策与货币政策都有挤出效应。

3. 在 LM 曲线不变的情况下，IS 曲线越平坦，则财政政策的效果越差。

4. 挤出效应与货币需求的利率敏感程度正相关，与投资的利率敏感程度负相关。

5. 较高的失业救济金和比例所得税有利于稳定经济。

6. 如果投资的利率弹性很小，而货币需求的利率弹性很大，那么，财政政策效果要比货币政策效果好。

7. 企业投资对于利率变动反应越敏感，财政政策效果就越差。

8. 在 IS 曲线斜率不变时，LM 曲线越陡峭，财政政策效果越好。

9. 在货币需求完全取决于收入的古典情形下，财政政策乘数为零。

10. 在 LM 曲线斜率既定时，IS 曲线越平缓，货币政策的效果就越好。

11. 准备金率越高，则货币创造乘数越小。

12. 充分就业预算盈余是指既定的政府预算在充分就业的国民收入水平即潜在的国民收入水平上所产生的盈余。

13. 法定准备金率 $r_d=R/D$，其中 R 为法定准备金，D 为活期存款。

14. 在其他因素不变的情况下，中央银行降低再贴现率会使得银行准备金下降。

15. 如果居民具有完全理性，那么，对于一笔新增的政府支出，债券融资和税收融资对产出的影响是等价的。

16. 提高再贴现率将直接减少商业银行在中央银行的准备金，就如中央银行在公开市场上卖出债券一样。

17. 现金—存款比率上升 1%与存款准备金率上升 1%相比，前者使货币供给减少得更多。

18. 财政政策的内在时滞比货币政策的内在时滞要长。

19. 平衡预算的财政思想与功能财政思想之间没有区别。

三、选择题

1. 当挤出效应接近 100%时，增加政府支出的财政政策导致（　　）。

A. 乘数效应接近 1　　B. 乘数效应接近 0

C. 乘数作用增强　　D. 乘数作用不受影响

2. 财政政策在短期内对产出的影响取决于经济环境，请问在下列哪种情形下，财政政策对产出的短期影响最大？（　　）

A. 货币需求对利率不敏感，而投资对利率很敏感

B. 货币需求对利率很敏感，而投资对利率不敏感

C. 货币需求对利率不敏感，而投资对利率不敏感

D. 货币需求对利率很敏感，而投资对利率很敏感

3. 政府在繁荣期实施收缩性财政政策而在萧条期实施扩张性财政政策，这被称为（　　）。

A. 增长性财政政策

B. 平衡预算财政政策

C. 补偿性财政政策

D. 扩张性财政政策

4. 对应凯恩斯区域，（　　）。

A. 货币政策更有效　　B. 财政政策与货币政策同等有效

C. 财政政策更有效　　D. 财政政策与货币政策都无效

5. 在下列哪种情况下，增加货币供给基本不影响均衡收入水平？（　　）

A. *LM* 曲线陡峭和 *IS* 曲线平缓　　B. *LM* 曲线和 *IS* 曲线都陡峭

C. *LM* 曲线平缓和 *IS* 曲线垂直　　D. *LM* 曲线和 *IS* 曲线都平缓

6. 在下列哪种情形下，货币政策会更有效？（　　）

A. 货币需求对收入富有弹性　　B. 投资对利率富有弹性

C. 收入所得税提高　　D. 货币需求对利率更有弹性

7. 在 *IS*—*LM* 模型中，如果（　　），那么政府购买 g 的变动将会导致 GDP 更大的变动。

A. 货币需求对 GDP 变得更不敏感　　B. 货币需求对利率变得更不敏感

C. 变动税收以抵消政府购买的变动　　D. *LM* 曲线变得更加陡峭

8. 在哪种情况下紧缩性货币政策的有效性将减弱？（　　）

A. 实际利率很低　　B. 名义利率很低

C. 实际利率很高　　D. 名义利率很高

9. 根据 IS—LM 模型，财政扩张通常使收入增加，但是（　　）。

A. 只有在它与货币政策相结合时才可能如此

B. 如果经济处于流动性陷阱中，结果将不同

C. 利率将上升，导致储蓄水平下降

D. 产出构成会发生变动

10. 当经济过于萧条时，政府应该采取（　　）的财政政策。

A. 增加财政支出　　B. 缩减财政支出

C. 减少财政赤字　　D. 增加税收

11. 影响挤出效应的因素不包含（　　）。

A. 货币需求对收入变动的敏感程度　　B. 政府支出对政府收入的敏感程度

C. 投资需求对利率变动的敏感程度　　D. 货币需求对利率变动的敏感程度

12. 政府采取扩张性财政政策以增加国民收入。为了减少政府支出所产生的挤出效应，应该（　　）。

A. 增加税收　　B. 减少税收

C. 增加货币供给　　D. 减少货币供给

13. 挤出效应认为总需求水平将保持不变，因为（　　）。

A. 扩张性财政政策的刺激将被没有预见到的个人投资的下降所抵消

B. 扩张性财政政策将推动利率上升，因而导致货币供给增加

C. 政府支出的增加将导致政府税收增加，而后者将减少消费

D. 以上说法均不准确

14. 挤出效应发生于（　　）时。

A. 货币供给减少使利率提高，挤出了对利率敏感的私人部门支出

B. 对私人部门增税，减少了私人部门的可支配收入和支出

C. 政府支出增加，提高了利率，挤出了对利率敏感的私人部门支出

D. 政府支出减少，引起消费支出下降

15. 货币供给增加使 LM 曲线右移，若要使均衡收入的变动量接近 LM 曲线的移动量，则必须有（　　）。

A. LM 曲线陡峭，IS 曲线也陡峭　　B. LM 曲线和 IS 曲线一样平缓

C. LM 曲线陡峭，而 IS 曲线平缓　　D. LM 曲线平缓，而 IS 曲线陡峭

16. 紧缩性财政政策对经济的影响是（　　）。

A. 恶化了萧条但减轻了政府债务

B. 恶化了萧条也增加了政府债务

C. 缓解了通货膨胀但加重了政府债务

D. 加剧了通货膨胀但减轻了政府债务

17. 假定货币需求为 $L=ky-hr$，货币供给增加 100 亿元人民币，其他条件不变，则 LM 曲线（　　）。

A. 右移 100 亿元人民币　　B. 左移 k 乘以 100 亿元人民币

C. 右移 100 亿元人民币除以 k　　D. 左移 k 除以 100 亿元人民币

18. 假定经济处于流动性陷阱中，乘数为 4，政府支出增加了 80 亿元，那么（ ）。
A. 收入增加将超过 320 亿元 B. 收入将增加 320 亿元
C. 收入增加将小于 320 亿元 D. 收入增加不确定
19. 在 *IS*—*LM* 模型中，受到利率影响的两个变量是（ ）。
A. 实际货币需求和政府购买
B. 名义货币供给和投资支出
C. 实际货币需求和投资支出
D. 实际货币供给和实际货币需求
20. 在 *IS*—*LM* 框架中，收入税的增加会导致（ ）。
A. 产出和利率的下降 B. 消费的上升和利率的上升
C. *IS* 曲线更加平缓 D. 支出乘数的上升
21. 假如在产品市场中，投资完全不受利率影响，则（ ）。
A. *IS* 曲线垂直，货币政策在提高产量方面很有效
B. *IS* 曲线水平，货币政策在提高产量方面很有效
C. *IS* 曲线垂直，在 *IS*—*LM* 模型中货币政策不影响产量
D. *IS* 曲线水平，在 *IS*—*LM* 模型中货币政策不影响产量
22. 如果投资对利率变得极不敏感，则（ ）。
A. *IS* 曲线会变得更平缓 B. *IS* 曲线会变得更陡峭
C. *LM* 曲线会变得更平缓 D. *LM* 曲线会变得更陡峭
23. 在其他条件不变时，货币供给量的减少会使（ ）。
A. *LM* 曲线向右下方移动 B. *IS* 曲线向右下方移动
C. *AS* 曲线向左下方移动 D. *AD* 曲线向左下方移动
24. 在下述哪种情况下，挤出效应比较大？（ ）
A. 非充分就业 B. 存在货币的流动性陷阱
C. 投资对利率的敏感度较大 D. 现金持有率较低
25. 在 *IS*—*LM* 模型中，货币供给的增加使 *LM* 曲线向右移动了 100 亿元，货币的交易需求量为收入的一半，由此可推知货币供给增加了（ ）。
A. 100 亿元 B. 50 亿元 C. 200 亿元 D. 70 亿元
26. 若中央银行在政府减税的同时增加货币供给，则（ ）。
A. 利率必然下降 B. 利率必然上升
C. 均衡收入水平必然下降 D. 均衡收入水平必然上升
27. 自动稳定器的功能（ ）。
A. 旨在缓解周期性的波动
B. 旨在稳定收入，刺激价格波动
C. 旨在保持经济的充分稳定
D. 旨在推迟经济衰退
28. 中央银行在公开市场上卖出政府债券的目的是（ ）。
A. 收集一笔资金帮助政府弥补财政赤字
B. 增加商业银行在中央银行的存款

C. 减少流通中的基础货币以收缩货币供给
D. 通过买卖债券获取差价利益
29. 在下列哪种情况下，中央银行应该停止执行紧缩性货币政策？（　　）
A. 物价水平急剧上涨　　B. 经济出现衰退迹象
C. 经济出现过热迹象　　D. 劳动力出现严重短缺
30. 古典学派的利率决定理论认为（　　）。
A. 资本的供给和需求决定利率水平
B. 资本的供给来源于储蓄，储蓄是利率的增函数
C. 资本的需求取决于资本的边际生产率和利率的比较
D. 以上说法均正确
31. （　　）不属于政府购买。
A. 地方政府办三所中学　　B. 政府给低收入者提供一笔住房补贴
C. 政府订购一批军火　　D. 政府建造办公大楼
32. 下列选项中不属于财政政策自动稳定器的是（　　）。
A. 市场浮动利率　　B. 所得税制度
C. 政府转移支付制度　　D. 农产品维持制度
33. 基础货币包括商业银行在中央银行的存款准备金与（　　）。
A. 商业银行的超额准备金　　B. 商业银行的库存现金
C. 银行体系之外的通货　　D. 商业银行吸收的活期存款
34. 货币主义认为影响国民经济的重要变量是（　　）。
A. 货币余额　　B. 利率　　C. 货币供给量　　D. 投资量
35. 商业银行的准备金是指（　　）。
A. 银行的拨备
B. 发行在外的现金加上商业银行在中央银行的存款
C. 公众的手持现金加上商业银行在中央银行的存款
D. 商业银行的库存现金加上商业银行在中央银行的存款
36. 在经济过热时，中央银行采取的公开市场业务措施应该是（　　）。
A. 减少政府购买　　B. 买入政府债券，使得货币回笼
C. 降低税收　　D. 出售政府债券，使得货币回笼
37. 通过分散投资能够消除（　　）。
A. 非系统性风险　　B. 系统性风险
C. 总风险　　D. 金融风险
38. 以下关于宏观经济政策目标的说法错误的是（　　）。
A. 宏观经济政策的目标并不总是一致的
B. 政府能同时实现所有的宏观经济政策目标
C. 充分就业和价格水平稳定这两个经济政策目标在一定程度上是相互矛盾的
D. 国际收支平衡能反映一国经济的稳定程度
39. 在以下货币政策工具中，能够对货币供给量进行微调的是（　　）。
A. 公开市场业务　　B. 再贴现

C. 法定准备金　　D. 消费信用控制

40. 关于利息的本质，凯恩斯认为（　　）。

A. 利息是贷款人承担了风险而得的报酬

B. 资本的价值是由劳动决定的，利息是付给创造资本价值的劳动的报酬或工资

C. 利息是资本生产力的产物，就像土地、人力具有生产力一样，资本也具有生产力，利息就是付给资本生产力的报酬

D. 利息是放弃流动性偏好所得的报酬

41. 滞胀表现为受冲击后的均衡比原有均衡具有（　　）。

A. 更高的价格和更低的失业率　　B. 更低的价格和更高的国民收入

C. 更高的价格和更低的国民收入　　D. 更低的价格和更高的就业率

42. 代理政府债券的发行属于中央银行的（　　）职能。

A. 发行的银行　　B. 政府的银行

C. 银行的银行　　D. 管理金融的银行

43. 中央银行最常用的货币政策工具为（　　）。

A. 法定准备金率　　B. 公开市场业务

C. 再贴现率　　D. 道义劝告

44. 中央银行资产负债业务中的哪些项目变化会导致基础货币的增加？（　　）

A. 国外净资产增加　　B. 对政府的债权净额增加

C. 对商业银行的债权增加　　D. 以上选项都正确

45. 下列导致基础货币增加的行为有（　　）。

A. 降低再贴现率　　B. 提高法定准备金率

C. 政府增税　　D. 央行在公开市场上进行正回购

46. 再贴现率是（　　）。

A. 银行对其最有信誉的客户所收取的贷款利率

B. 银行为其定期存款支付的利率

C. 中央银行为商业银行的存款支付的利率

D. 当中央银行向商业银行贷款时，中央银行所收取的利率

47. 财政政策（　　）。

A. 涉及政府支出和税收水平

B. 包括创造工作岗位计划

C. 包括最低工资安排，所有的工人都至少可以得到一个公平的工资

D. 包括失业保险计划

48. 在其他条件不变时，减少自主性净税收，会引起（　　）。

A. 国民收入增加　　B. 国民收入减少

C. 国民收入不变　　D. 以上情况都有可能发生

49. 如果政府支出的增加与政府转移支付的减少相同，收入水平会（　　）。

A. 不变　　B. 增加　　C. 减少　　D. 不相关

50. 如果所得税税率既定不变，政府预算为平衡性的，那么在其他条件不变时减少自主性投资会降低均衡的收入水平，并且使政府预算（　　）。

A. 保持平衡　　B. 有盈余
C. 出现赤字　　D. 以上三种情况都有可能

51. 如果政府年度预算扩大政府支出的部分，那么它的意图在于（　　）。
A. 扩大内需，增加国民收入，抑制失业率的上升
B. 减少政府财政赤字
C. 通过增加税收来平衡预算
D. 抑制通货膨胀

52. 下列（　　）的财政政策将导致国民收入水平有最大增长。
A. 政府增加购买 50 亿元产品和劳务
B. 政府购买增加 50 亿元，同时增加税收 50 亿元
C. 税收减少 50 亿元
D. 政府支出增加 50 亿元，其中 30 亿元由增加的税收弥补

53. 属于扩张性财政工具的是（　　）。
A. 减少政府支出和减少税收　　B. 减少政府支出和增加税收
C. 增加政府支出和减少税收　　D. 增加政府支出和增加税收

54. 如果通货膨胀较严重，则应采取的财政政策是（　　）。
A. 增加税收　　B. 减少税收　　C. 增加政府支出　　D. 增加转移支付

55. 假设只存在一家商业银行，公众不持有通货，法定准备金率规定为 20%，银行的一笔 100 万元的新存款最终使银行贷款和银行准备金分别增加（　　）。
A. 500 万元和 400 万元　　B. 500 万元和 100 万元
C. 400 万元和 100 万元　　D. 100 万元和 20 万元

56. 假设我国有下列货币：货币流通量 10 000 亿元，各项贷款 74 914 亿元，库存现金 827 亿元，金融债券 30 亿元，准备金 2 280 亿元，则当年基础货币为（　　）。
A. 84 914 亿元　　B. 88 051 亿元　　C. 10 000 亿元　　D. 13 107 亿元

57. 假设货币供给量为 1 200 亿元，银行存款为 800 亿元，存款准备金率为 10%。如果央行在公开市场卖出 40 亿元的债券，则货币供给量减少（　　）亿元。
A. 87　　B. 100　　C. 124　　D. 400

58. 供给学派主张通过减税刺激私人部门的经济活力，医治滞胀病。根据拉弗曲线，减税应在增税禁区进行，目的在于通过降低税率来（　　）。
A. 削减税收　　B. 增加产出与税收
C. 增加税基、削减税收　　D. 以上都不是

59. 货币乘数等于存款准备金率与（　　）之和的倒数。
A. 贴现率　　B. 利息率
C. 存款结构比率　　D. 货币结构比率

60. 下面哪一种说法是正确的？（　　）
A. 财政政策通常具有一段较长的外在时滞
B. 货币政策通常具有一段较长的内在时滞
C. 所得税制度等自动稳定器具有较长的内在时滞和外在时滞
D. 以上都不正确

61. 抑制通货膨胀的收入政策是指（　　）。

A. 收入初次分配　　B. 收入再分配

C. 收入、价格管制　　D. 其他

62. 降低边际税率、降低失业救济的政策属于（　　）。

A. 凯恩斯主义财政政策　　B. 供给学派财政政策

C. 凯恩斯主义货币政策　　D. 货币主义货币政策

63. 古典学派和凯恩斯学派的分歧不包括（　　）。

A. 政府是否应该干预经济

B. 经济是否自动实现充分就业的均衡

C. 潜在产出是否取决于要素的投入量和技术水平

D. 名义价格与货币工资的调整是否具有灵活性

四、简答题

1. 简述财政政策的挤出效应。

2. 财政政策（以政府购买为例）和货币政策在发生作用的第二轮，在货币市场都有相同的传导途径（第一轮增加的收入导致货币的交易需求 ky 上升，进而提高货币总需求 L，提高利率水平 r，降低总投资 i，以及减少总需求 AD，从而削减第二轮的总产量）。请运用几何图形和传导机制说明为什么只强调财政政策的挤出效应。

3. 当利率一直很低时，为什么通常有较大的赤字出现？这是否意味着赤字并不像 IS—LM 模型所预计的那样会引起利率上升？

4. 财政政策效果与 IS 曲线和 LM 曲线的斜率有什么关系？为什么？

5. 货币政策效果与 IS 曲线和 LM 曲线的斜率有什么关系？为什么？

6. 假设边际消费倾向 β 变得更大，IS 曲线是更平坦还是更陡峭？财政政策效果会更大还是更小？这与“IS 曲线越平坦则财政政策效果越小”矛盾吗？

7. 假设货币的交易与预防需求系数 k 更大，LM 曲线是更平坦还是更陡峭？货币政策效果会更大还是更小？这与“LM 曲线越陡峭则货币政策效果越大”矛盾吗？

8. 试分析引起“完全挤出”的财政扩张情况。如果发生了完全挤出，一个较大的预算赤字将会给予经济多大刺激？

9. 极端凯恩斯主义者如何说明财政政策的挤出效应为零？

10. 用 IS—LM 模型说明为什么凯恩斯主义强调财政政策的作用。

11. 在 IS—LM 模型中，增加政府购买会提高交易性货币需求，这种需求的满足机制是什么？有没有例外？

12. 在价格不变的条件下，为什么增加货币供给会使利率下降？

13. 简述货币政策的局限性。

14. 简述财政政策与货币政策混合使用的效果以及政策效应。

15. 简述宏观经济政策工具。

16. 简述宏观财政政策的内容。

17. 什么是自动稳定器？它的内容和作用是什么？

18. 什么是公开市场业务？它有哪些优点？

19. 简述宏观经济政策的目标。

20. 试述宏观经济政策目标之间的制约关系。

21. 你认为对于宏观经济政策目标而言，稳定经济周期和促进长期经济增长究竟哪个更重要？这两个目标的达成主要依赖于什么？宏观政策的协调能否使两个目标同时实现？

22. 简述宏观货币政策的含义、主要工具、具体操作及应注意的问题。

23. 简述货币政策起作用的途径。

24. 简述宏观经济政策理论的演变。

25. 设想这样一种经济现实：A国经济疲软一年，实际GDP的增长率处于较低水平（如3%），对外出口发展受到限制，通货膨胀率不高（如1%），但是居民储蓄处于较高水平，并仍显示出强劲增长态势。如果宏观管理层决意扩大财政赤字，请问：

（1）其意图何在？

（2）应采取何种方式？

（3）挤出效应是否会显著？

（4）货币政策应如何配合？

26. 假定A国政府明年将出现预算赤字，政府官员不想让此预算赤字影响货币供给。

（1）预算赤字如何改变货币供给？

（2）A国政府应如何为预算赤字融资而不影响货币供给？

27. 分析信用卡的引入及其可获得性的扩大对一个经济的短期和长期影响，以及货币当局应采用什么样的货币政策工具来加以调整。

五、计算题

1. 假定某经济的社会消费函数 $c=300+0.8y_d$，私人意愿投资 $i=200$，税收函数 $t=0.2y$。

（1）当均衡收入为2 000时，政府支出（不考虑转移支付）必须是多少？预算是盈余还是赤字？

（2）政府支出不变，而税收提高为 $t=0.25y$，均衡收入是多少？这时预算将如何变化？

2. 假定某国政府当前的预算赤字为50亿美元，边际消费倾向 $\beta=0.8$，边际税率 $t=0.2$。如果政府为降低通货膨胀率要减少支出100亿美元，试问支出的这种变化能否最终消灭赤字？

3. 在一国经济中，消费函数为 $c=250+0.75y$，投资为500，政府购买为500。

（1）均衡收入、消费是多少？投资乘数是多少？

（2）假设此时投资函数为 $i=1\ 250-50r$，货币供给函数为 $M/P=1\ 000/P$，货币需求函数为 $L=0.5y-100r$，且 $P=1$。①求 IS、LM 曲线及均衡利率和产出。②若其他条件不变，政府购买增加100，均衡利率和收入有何变化？是否存在挤出效应？如有，请计算。

4. 假定 LM 方程为 $y=500+25r$（货币需求 $L=0.2y-0.5r$，货币供给 $M_s=100$），

IS 方程为 $y=950-50r$（消费 $c=40+0.8y_d$，税收 $t=50$，投资 $i=140-10r$）。

（1）求均衡收入、利率、消费和投资。

（2）政府支出从 50 增加到 80 时的收入、利率、消费和投资水平各为多少？

（3）为什么均衡时收入的增加量小于 IS 曲线的右移量？

5. 假定货币需求函数 $L=ky-hr$ 中的 $k=0.4$，消费函数 $c=\alpha+\beta y$ 中的 $\beta=0.5$。假设政府支出增加 20 亿美元，试问货币供给量（假定价格水平为 1）要增加多少才能使利率保持不变？

6. 假定消费 $c=800+0.63y$，投资 $i=7\ 500-20\ 000r$，货币需求 $L=0.162\ 5y-10\ 000r$，名义货币供给量为 6 000 亿美元，价格水平 $P=1$。问当政府支出从 7 500 亿美元增加到 8 500 亿美元时，政府支出的增加挤占了多少私人投资？

7. 在上题中，若政府减少 100 亿美元支出，对产量（收入）、利率的影响如何？若货币供给量增加 200 亿美元，对收入、利率的影响又如何？

8. 考虑一个由下列关系式组成的四部门经济的宏观模型：

$y=c+i+g+nx$	收入恒等式
$c=80+0.63y$	消费
$i=350+0.1y-2\ 000r$	投资
$nx=500-0.1y-100(EP_f/P)$	净出口
$EP_f/P=0.75+5r$	实际汇率
$L=0.162\ 5y-1\ 000r$	货币需求
$g=750$	政府支出
$M/P=600$	货币供给
$P=1$	价格水平

（1）在这一关系式中，哪些是内生变量，哪些是外生变量？

（2）求由模型决定的 y、r、c、i、nx 和 EP_f/P 之值。

（3）求政府支出减少 10 对产量、利率、消费、投资、净出口和汇率的影响。

（4）对货币供给增加 20 的情况进行同样的计算。

9. 利用上题中的数字例子，计算使产量不变但利率是 3%而不是 5%所需要的货币政策和财政政策相结合的变化，说明这一变化对美元币值、净出口、政府预算赤字和投资的影响。

10. 假定价格具有伸缩性，且经济满足 $y=c+i+g+nx$，其中收入 $y=5\ 000$，消费 $c=470+0.9y_d$，投资 $i=600-3\ 000r$，净出口 $nx=400-0.09y-1\ 000r$，货币需求 $L=0.8y-7\ 000r$，名义货币供给 $M=2\ 580$，税率 $t=0.2$，政府支出 $g=700$。

（1）求利率 r。

（2）求价格水平 P。

（3）若政府支出减少到 620，利率和价格水平各为多少？

（4）若货币供给减少到 1 720，利率和价格水平各为多少？

11. 若一个经济的基本经济关系如下，利用 IS—LM 模型回答问题：$c=50+0.8y_d$，$y_d=y-T$，$T=0.25y$，$g=200$，$nx=50-0.05y$，$i=400-200r+0.2y$，$M=600$，$P=1$，$L=0.5y+200-100r$。

（1）宏观经济均衡时的消费和投资量分别是多少？

（2）若政府支出增加 125，其他条件不变，投资会被挤出多少？

（3）如果政府采取适应性货币政策，在政府支出增加时保持利率不变，名义货币供给量应增加多少？此时消费量和投资量会有怎样的变化？

12. 假定消费函数由下式给出：

$$c=130+0.63y-1\,000r$$

将这个消费函数加到宏观模型的其他三个方程上：

$$y=c+i+g$$
$$M/P=0.162\,5y-1\,000r$$
$$i=750-2\,000r$$

价格水平被定为 $P=1$，并且政府支出为 750，货币供给为 600。

（1）推导这一模型的 IS 曲线的代数表达式，它与消费不取决于利率的 IS 曲线相比，哪条曲线更陡峭？为什么？

（2）考虑增加政府支出对 GDP 的影响，同消费不取决于利率的情形相比，这种影响更大些还是更小些？为什么？

13. 假定政府支出 g 不再是外生变量，而是

$$g=750-0.1(y-y^*)$$

其中 y^* 是潜在 GDP，$y^*=4\,000$，再假定其他经济关系由下面的模型给出：

$$c=80+0.63y$$
$$i=750-2\,000r+0.1y$$
$$L=0.162\,5y-1\,000r$$
$$nx=425-0.1y-500r$$

同时假定价格水平 $P=1$，货币供给 $M=600$（单位：10 亿美元）。

试推导 IS 曲线的表达式，将它同政府支出为外生变量的模型相比，哪条 IS 曲线更陡些？为什么？

14. 在凯恩斯主义的 IS—LM 模型中，假定政府将个人所得税税率由 t_1 降至 t_2。

（1）在利率—总产量和价格—总产量两个坐标空间中作一一对应的图形，这对 AD 曲线有何影响？

（2）这对均衡利率和投资会产生什么影响？

（3）从传导机制的角度详细解释为什么均衡利率和投资会发生这种变化。

15. 假定存款为 20 万亿元，商业银行的存款准备金为 3 万亿元。法定准备金率由 7% 上调至 7.5%。

（1）法定准备金率上调对法定准备金有何影响？

（2）法定准备金率上调对货币供给有何影响？

16. 假设某人把价值 1 000 元的政府债券卖给中国银行，并把这 1 000 元存入 A 银行。这笔新存款最初增加了 1 000 元的货币量。再假设所有银行的法定准备金率都为 0.2，而且没有通货外流。下页表给出了这笔新存款引起的货币扩张过程的第 1 轮的有关信息。

第 n 轮	新存款（元）	新贷款（元）	新准备金（元）	货币增加量（元）	累计的货币增加量（元）
1	1 000	800	200	1 000	1 000
2					
3					
4					
5					
6					

（1）请填写上表。

（2）在 6 轮结束后，货币总共增加了多少？

（3）货币乘数是多少？

（4）在整个过程结束后，货币总共增加了多少？

六、 论述题

1. 假设中央银行通过增加其资产项债券来调节宏观经济，则：

（1）央行这一行为通过哪几个环节最后对总需求施加影响？

（2）在各个环节上会遇到哪些可能的干扰？

2. 试述供给学派宏观经济政策的核心特征。

习题答案

一、 名词解释

1. **【答案】**财政政策是政府变动税收和政府支出以便影响总需求进而影响就业和国民收入的政策。变动税收包括变动税率及税率结构，变动支出包括变动政府购买及转移支付。财政政策分扩张性和紧缩性两大类别，不同的时期需要采用不同的财政政策。

2. **【答案】**货币政策是政府货币当局即中央银行通过银行体系变动货币供给量来调节总需求的政策。货币供给量变动会影响市场利率，市场利率会影响投资，进而间接影响经济产出。货币政策一般有三个工具：法定准备金率、再贴现率、公开市场业务，其中公开市场业务是使用最多的货币政策。货币政策分扩张性和紧缩性两大类别，不同的时期需要采用不同的货币政策。

3. **【答案】**凯恩斯主义极端是指 *LM* 曲线水平而 *IS* 曲线垂直的情况，此时财政政策将完全有效而货币政策将完全无效。如图 17－5 所示，当 *IS* 曲线右移时，国民收入增长幅度和 *IS* 曲线移动幅度完全相同；相反，当 *LM* 曲线右移时，国民收入没有任何变化。

之所以会有这样的效果，源于以下两方面的原因：一方面，当 *LM* 曲线水平时，货币需求的利率弹性无穷大，货币当局想用增加货币供给的方法来降低利率刺激投资，完全失去效果，同时，政府实行扩张性财政政策的挤出效应为零，所以财政政策会十分有效。另

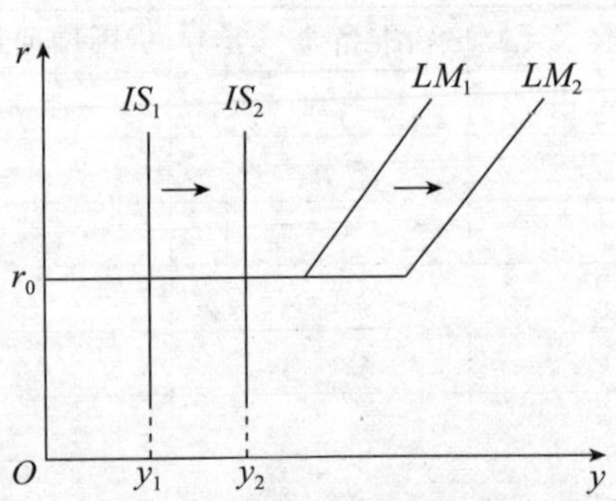

图 17－5　凯恩斯主义极端

一方面，当 IS 曲线垂直时，投资需求的利率系数为零，即不管利率如何变动，投资都不会变动，因此，即使货币政策能改变利率，也无法对国民收入产生影响。

4.【答案】古典主义极端是指 LM 曲线垂直而 IS 曲线水平的情况，此时财政政策将完全无效而货币政策将完全有效。如图 17－6 所示，当 IS 曲线向上移动时，国民收入不会有任何变化；而当 LM 曲线右移时，国民收入增长幅度和 LM 曲线移动幅度完全相同。

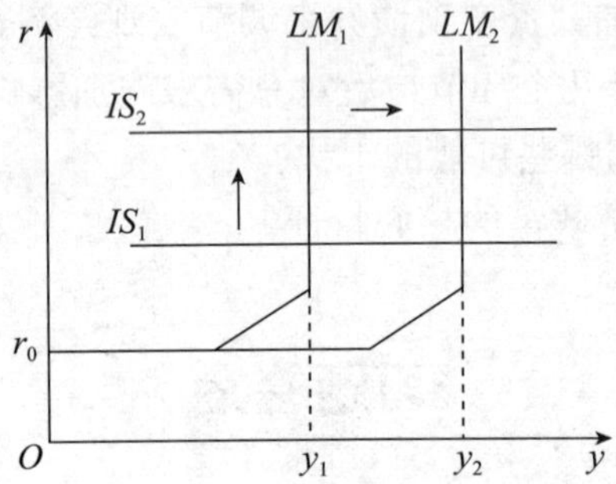

图 17－6　古典主义极端

在古典主义极端的情况下，一方面，LM 曲线垂直，货币需求的利率系数为零，即此时利率极高，以至持有货币的成本极大，人们认为债券价格只会涨不会跌，因此人们不会持有货币。当政府为增加支出而需要向私人部门借钱时，私人部门就须将投资等额减少，政府的任何支出都将伴随私人投资的等额减少，即挤出效应是完全的，扩张性财政政策完全无效。同时，IS 曲线水平，说明投资需求的利率系数无限大，这也使得政府支出产生完全的挤出效应。总之，此时财政政策完全无效。另一方面，IS 曲线水平，说明投资对利率的敏感程度无限大，即如果货币当局增加货币供给使得利率稍有下降，就会极大刺激投资增加，从而国民收入有很大增加，此时货币政策完全有效。

5.【答案】自动稳定器，又称内在稳定器，是指经济系统本身存在的一种会减少各种干扰对国民收入的冲击的机制，能够在经济繁荣时期自动抑制通胀，在经济衰退时期自动减轻萧条，无须政府采取任何行动。这种自动稳定器功能主要通过下述三项制度来发挥：(1) 政府税收的自动变化。(2) 政府转移支付的自动变化。(3) 农产品价格维持制度。自动稳定器不存在任何时滞，不过，自动稳定器的作用是有限的，它只能配合需求管理来稳定经济，而本身不足以完全维持经济的稳定；它只能缓和或减轻经济衰退或通货膨胀的程度，但不能改变它们的总趋势。因此，在相关经济状态下，政府还必须采用更加有效的经济政策措施。

【提示】自动稳定器是没有任何时滞的。

6.【答案】挤出效应是指政府支出增加所引起的私人消费或投资降低的效果。在 $IS—LM$ 模型中，若 LM 曲线不变，政府支出增加，IS 曲线向右移动，产品市场和货币市场重新均衡时引起利率的上升和国民收入的增加。但是，利率的上升会抑制一部分私人投资，降低原有的乘数效应，因此，财政支出增加引起国民收入增加的数量小于不考虑货币市场的均衡（即 LM 曲线）或利率不变条件下的国民收入的增加量。这两种情况下的国民收入增量之差，就是利率上升引起的挤出效应。

挤出效应的大小取决于以下四个因素：①支出乘数的大小。乘数越大，挤出效应越大。②货币需求对产出变动的敏感程度 k。k 越大，挤出效应越大。③货币需求对利率变动的敏感程度 h。h 越小，挤出效应越大。④投资需求对利率变动的敏感程度，即投资的利率系数 d。d 越大，挤出效应越大。

【提示】挤出效应是由利率上升导致的投资变动。有部分计算题里设定投资是产出和利率的函数，即 $I=I(y, r)$，这时如果政府购买增加，既会引起产出 y 上升，又会引起利率 r 上升，前者导致投资增加，后者导致投资减少。在这种情况下，只有后者，即利率 r 上升导致投资减少的部分，才算挤出效应。部分院校考研试题里就这样考过。

7.【答案】累进税是税率随征税客体总量增加而递增的一种税，即按照课税对象数额的大小，规定不同等级的税率。课税对象数额越大，税率越高；课税对象数额越小，税率越低。例如，假定收入高的纳税人为甲，收入低的纳税人为乙。甲缴纳的税收为 $tax1$，收入为 $salary1$；乙缴纳的税收为 $tax2$，收入为 $salary2$。当 $tax1/salary1>tax2/salary2$ 时，则称这种税是累进税。累进税纳税人的税收负担程度和负税能力成正比，具有公平负担的优点。

累进税一般适用于收益课税和财产课税，比较常见的累进税是个人所得税。

【补充】我国个人所得税税率简表（综合所得适用）如下表所示。

级数	全年应纳税所得额	税率（%）
1	0～36 000 元的部分	3
2	36 000～144 000 元的部分	10
3	144 000～300 000 元的部分	20
4	300 000～420 000 元的部分	25
5	420 000～660 000 元的部分	30
6	660 000～960 000 元的部分	35
7	960 000 元以上的部分	45

全年应纳税所得额＝工资收入金额－社会保险费(个人承担部分)－起征点（60 000 元）

8.【答案】拉弗曲线是供给学派的拉弗提出来的，是描述税收总额与税率关系的曲线。在税率较小的时候，税收总额随税率增加而增加，但是当税率增加到某点后，税收总额随税率增加而减少。拉弗曲线表明存在一个使税收总额最大的税率。

如图 17－7 所示，刚开始，随着税率的提高，税收也提高，当税率为 C 时，税收达到最大点 A。然后税率继续提高，高税率使经济受挫，税基减少，从而税收不升反降。理论上当税率达到 100%时，无人劳动，无企业生产，税收为零。AC 右边区域被称为税率禁区。在此区域内，人们的劳动热情和企业的生产积极性受到严重挫伤，税率越高，总税收反而越少。

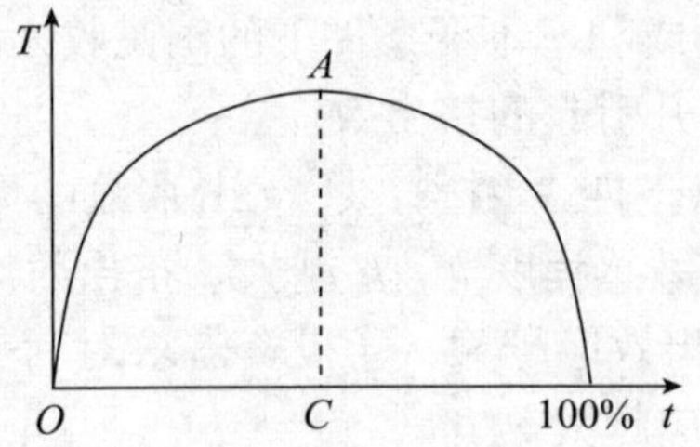

图 17－7　拉弗曲线

由拉弗曲线可看出，高税率会挫伤人们的劳动热情和企业的生产投资积极性，最终减少税基，使得总税收减少，所以应该提倡减少边际税率，刺激生产活动。

9. **【答案】**基础货币是指商业银行准备金总额（包括法定存款准备金和超额存款准备金）加上非银行部门持有的通货总额。这是商业银行派生存款或创造货币的基础，由于它会派生出货币，因此是一种高能量的或者说活动力强大的货币，故又称高能货币或强力货币。它经过多倍扩大的连锁反应能扩大货币的供给量。基础货币作为整个银行体系内存款扩张、货币创造的基础，其数额大小对货币供给总量具有决定性影响。

10. **【答案】**货币乘数又称货币创造乘数或货币扩张乘数，是指中央银行创造一单位的基础货币所增加的货币供给量。如果是活期存款，它还能通过活期存款派生机制创造货币。

如果仅把活期存款考虑为货币供给量，则货币乘数$=\dfrac{1}{r_d+r_e+r_c}$，其中，r_d 为法定准备金率，r_e 为超额准备金率，r_c 为现金一存款比率。

如果把活期存款和通货都考虑为货币供给量，则货币乘数$=\dfrac{r_c+1}{r_c+r_d+r_e}$。

货币乘数可以从两方面起作用，它既可以使银行存款多倍扩大，又能使银行存款多倍收缩。因此，中央银行控制准备金和调整准备率对货币供给会产生重大影响。

11. **【答案】**法定准备金率是指金融机构按规定向中央银行缴纳的存款金额占其存款总额的比率。中央银行通过调整法定准备金率，影响金融机构的信贷资金供应能力，从而间接调控货币供给量。当法定准备金率提高时，银行体系某定量准备金所能维持的负债和信用额度便下降。相反，当法定准备金率降低时，银行体系某定量准备金所能维持的负债和信用额便上升。因此，提高法定准备金率是一种信用收缩措施。降低法定准备金率是一种信用扩张措施，最终都会影响货币供给量的多少。法定准备金率是中央银行调节货币供给量的三大传统政策工具之一。改变法定准备金率被认为是一种强有力的手段，这种手段由于影响太强烈而不常被使用。

12. 【答案】再贴现率是中央银行对商业银行及其他金融机构的放款利率。再贴现率政策是指中央银行通过变动给商业银行及其他存款机构的贷款利率来调节货币供给量。再贴现率提高，商业银行向中央银行的借款就会减少，准备金从而货币供给量就会减少；再贴现率降低，商业银行向中央银行的借款就会增加，准备金从而货币供给量就会增加。再贴现窗口主要用于满足商业银行临时准备金的不足，此外，再贴现率政策是一项被动等待商业银行行为的政策，因此其作用非常有限。再贴现率政策通常作为补充手段和公开市场业务政策结合使用。

13. 【答案】公开市场业务是指中央银行在金融市场上公开买卖政府债券以控制货币供给和利率的政策行为。政府债券是政府为筹措资金来弥补财政赤字而发行的支付利息的国库券或债券。央行通过向居民、企业、银行等买卖债券来扩大和收缩货币供给。其目的一是要影响货币存量和市场利率，二是要利用证券买卖来稳定商业银行的准备金数量，抵消市场自发波动因素的干扰，进而达到稳定货币供给和市场利率的目的。公开市场业务政策是中央银行为稳定经济最经常使用的政策手段，因为它操作灵活，可根据经济状况和经济目标自由决定债券的数量、时间和方向。

14. 【答案】货币幻觉是指在短期内，人们不是对货币的实际价值做出反应，而是对用货币来表示的名义价值做出反应。例如，在发生通货膨胀时，如果名义工资没有变化，则虽然实际工资已经下降了，但是人们仍然感觉不到工资的下降。

15. 【答案】功能财政思想强调，政府在财政方面的积极政策主要是为了实现无通货膨胀的充分就业水平的产出和收入。当实现这一目标时，预算可以是盈余，也可以是赤字。功能财政思想是凯恩斯主义者的财政思想。他们认为不能机械地用财政预算收支平衡的观点来对待预算赤字和预算盈余，而应从反经济周期的需求角度来利用预算赤字和预算盈余。当国民收入低于充分就业的收入水平时，政府有义务实行扩张性财政政策，增加支出或减少税收，以实现充分就业。如果起初存在财政盈余，政府有责任减少盈余甚至不惜出现赤字，坚定地实行扩张性政策。反之亦然。总之，功能财政思想认为，政府为了实现充分就业和消除通货膨胀，需要赤字就赤字，需要盈余就盈余，而不应为了实现财政收支平衡妨碍政府财政政策的正确制定和实行。

16. 【答案】充分就业预算盈余是指既定的政府预算在充分就业的国民收入水平即潜在的国民收入水平上所产生的盈余。如果这种盈余为负值，就是充分就业预算赤字。其公式表示为 $BS^{*}=ty^{*}-\bar{g}-\bar{t}_r$。充分就业预算盈余是为使预算盈余成为判断财政政策是扩张的还是紧缩的而提出的。由于影响预算盈余的两个因素是财政政策的变动和经济情况本身的变动，因此把收入固定在充分就业水平上，消除了经济波动对预算状况的影响，从而更加准确地反映财政政策对预算状况的影响，为判断财政政策是扩张的还是紧缩的提供了一个较为准确的依据。

17. 【答案】李嘉图认为政府通过公债筹资和通过增加税收筹资对经济的影响可能是一样的，因为人们会认识到政府的债务偿还还是要通过增加税收来解决，因此他们会把相当于未来增加的税收的一部分财富储蓄起来。尽管李嘉图自己并不认为上述猜测在现实中行得通，但巴罗认为，按理性行事的人们确实是如此行事的，就是政府用来还债的更高税赋可能会部分落在后代人身上，但人们都是关心后代的，因此还是会增加储蓄给后代来应付还债。这就是巴罗-李嘉图等价定理。根据这一定理，政府借债只是公民纳税被推迟而已，故不会刺激消费，因此，政府通过发行公债搞赤字财政的政策是无效的。

18. **【答案】**相机抉择是指政府在进行需求管理时，根据市场情况和各项调节措施的特点，机动地决定和选择当前究竟应采取哪一种或哪几种政策措施。相机抉择政策分为相机抉择的财政政策和相机抉择的货币政策。相机抉择的财政政策是指政府根据一定时期的经济社会状况，机动地决定和选择不同类型的反经济周期的财政政策工具，干预经济运行，实现财政目标；相机抉择的货币政策又称权衡性的货币政策，是指货币当局或中央银行依据对经济情势的判断，为达成既定的货币政策目标而采取的权衡性措施。

单一规则是指政府提前宣布一个稳定的政策，并且遵守承诺执行该政策。单一规则主要是指单一的货币政策，即政府规定一个稳定的货币发行量增长率，然后信守承诺执行这一增长率。

相机抉择与单一规则都是积极的稳定化政策，但由于相机抉择具有时间不一致性，容易使公众对政策制定者施行政策的信任度降低，许多经济学家主张单一规则的实施方式。

19. **【答案】**适应性预期是指各个主体根据他们以前预期的误差来修正每一时期预期的方式。例如，在第 $t-1$ 期所做的对第 t 期价格水平的适应性预期为 $P_t^e = P_{t-1} + \lambda(P_{t-1}^e - P_{t-1})$，其中 $P_{t-1}^e - P_{t-1}$ 为对第 $t-1$ 期价格水平的预期值与实际值的差距，λ 为调整系数 $(0 \leqslant \lambda \leqslant 1)$，决定了预期对过去的误差进行调整的幅度。

"适应性预期"这一术语由菲利普 · 卡甘于 20 世纪 50 年代在一篇讨论恶性通货膨胀的文章中提出。由于它比较适用于当时的经济形势，因而很快在宏观经济学中得到了应用。适应性预期模型中的预期变量依赖于该变量的历史信息。

适应性预期在物价较为稳定的时期能较好地反映经济现实，西方国家的经济在 20 世纪五六十年代正好如此，因此适应性预期非常广泛地流行起来了。适应性预期后来受到新古典宏观经济学的批判，认为它缺乏微观经济学基础，适应性预期的权数分布是既定的几何级数，没有利用与被测变量相关的其他变量，对经济预期方程的确定基本上是随意的，没有合理的经济解释。因此新古典宏观经济学派的"理性预期"逐渐取代了"适应性预期"。

二、 判断题

1～5：FFTFT　　6～10：TTFTT　　11～15：TTFTT　　16～19：FFTF

1. **【答案】**F。税率降低将导致人们的可支配收入增加，进而消费支出增加，从而使得 *IS* 曲线向右平移，均衡收入增加，均衡利率上升；这时如果央行通过减少货币供给来使收入保持不变，则意味着 *LM* 曲线左移，利率将进一步上升，这将使得投资需求减少。

2. **【答案】**F。挤出效应是指政府支出增加引起的私人消费或投资降低的经济效应。由挤出效应的定义可知，货币政策不存在挤出效应。

3. **【答案】**T。在 *LM* 曲线不变的情况下，*IS* 曲线越平坦，挤出效应就越大，财政政策效果就越差，如图 17-8 所示。

【提示】此类可用 *IS*—*LM* 曲线、*AD*—*AS* 曲线分析的题，以及微观经济学中可用供求曲线分析的题，通过画图来解答会更简便，速度也更快。

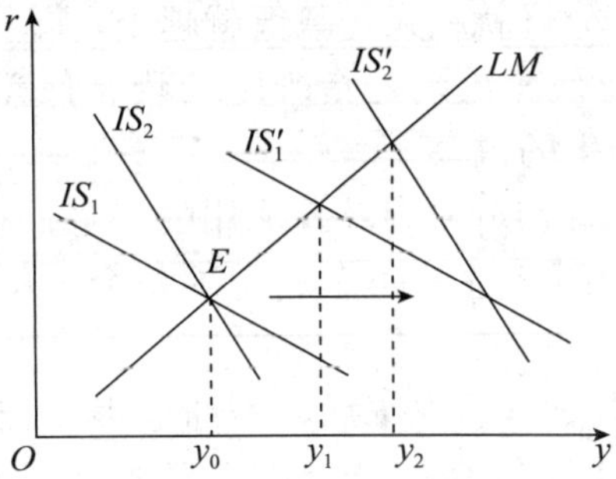

图 17-8　财政政策效果因 *IS* 曲线的斜率而异

4. **【答案】** F。货币需求的利率敏感程度 h 越小，意味着货币需求稍有变动就会引起利率的大幅变动。扩张性财政政策引起货币需求增加时导致的利率上升越多，对投资的挤出就越多，挤出效应就越大，即挤出效应与货币需求的利率敏感程度负相关。

投资的利率敏感程度 d 越大，意味着等量利率变动带来越多的投资变动，挤出效应越大，即挤出效应与投资的利率敏感程度正相关。

5. **【答案】** T。根据自动稳定器的运行机制，较高的失业救济金和比例所得税有利于稳定经济。

6. **【答案】** T。如果投资的利率弹性很小，而货币需求的利率弹性很大，那么，财政政策效果要比货币政策效果好。因为在投资的利率弹性很小的时候，利率变动对投资需求的影响很小，从而 *IS* 曲线很陡峭；而货币需求的利率弹性很大说明利率对货币需求变动的影响很大，从而 *LM* 曲线很平缓。这时，实施财政政策意味着，*IS* 曲线的小幅度移动就能引起均衡产出 y 的大量增加；反之，如果实施货币政策，那么 *LM* 曲线的移动会使得均衡产出 y 的变化很微弱。

7. **【答案】** T。企业投资对于利率变动反应越敏感，即 d 值越大，意味着财政政策引起的一定量利率水平变动对投资的影响越大，从而企业投资被挤出越多，挤出效应越大意味着财政政策的效果越差。

8. **【答案】** F。在 *IS* 曲线斜率不变时，*LM* 曲线越陡峭，采取相应财政政策变动 *IS* 曲线引起的均衡收入变动越小，意味着财政政策效果越差。尤其在 *LM* 曲线是一条垂直线的特殊情况下，*IS* 曲线变动只会引起利率变化，而均衡产出不发生变化，这时财政政策完全无效。

9. **【答案】** T。在货币需求完全取决于收入的古典情形下，*LM* 曲线为 $M/P=ky$，这时 *LM* 曲线为垂直线，当政府支出增加时，*IS* 曲线右移使得均衡利率上升，但是均衡收入不变，这说明财政支出并不能带来国民收入的变化，财政政策乘数为零。

10. **【答案】** T。在 *LM* 曲线斜率既定时，*IS* 曲线越平缓，货币政策的效果就越好。因为 *IS* 曲线越平缓，表示投资对利率的敏感度越强，即 d 越大，这意味着货币供给增加使得利率下降时，投资后收入增加得越多。特别是当 *IS* 曲线为一条水平直线，即投资对利率极度敏感时，货币政策将完全有效。

11. **【答案】** T。货币创造乘数是指中央银行创造一单位的基础货币所增加的货币供给量。公式为：$\dfrac{M}{H}=\dfrac{C_u+D}{C_u+R_d+R_e}=\dfrac{r_c+1}{r_c+r_d+r_e}$。从公式可知准备金率 r_d+r_e（法定准备金率加超额准备金率）越高，分母就越大，数值就越小，即货币创造乘数就越小。

12.【答案】T。充分就业预算盈余是指既定的政府预算在充分就业的国民收入水平即潜在的国民收入水平上所产生的盈余。

13.【答案】F。银行经常保留的供存款提取用的一定金额，被称为存款准备金，按照一个固定比例上缴给中央银行的准备金叫做法定准备金（R_D），法定准备金率 $r_d = R_D / D$，其中 D 为存款总和。

14.【答案】T。在央行降低再贴现率后，若商业银行准备金不足法定标准，其向央行贴现的成本较低，此时商业银行会把储户的存款更多地放贷出去，留存的准备金会下降。

【提示】本题可能会让部分读者纠结，因为这里其实涉及两个准备金的概念，一个是商业银行从央行获取的准备金，另一个是商业银行从储户存款里留存的准备金。但很多教材或教辅都没有把这一点梳理明朗，导致读者思路紊乱。

关于央行调整再贴现率，商业银行准备金的变动，编者在一篇文章里写得很详细，可关注微信公众号"王海滨老师"，点击菜单栏"精品文章/精品文章合集/央行再贴现率提高，商业银行准备金是增加还是减少？"，或微信扫描二维码查看。

15.【答案】T。李嘉图税收等价理论认为消费者是向前看的，即政府今天借贷意味着未来更高的税收。政府用债券筹集资金并不意味着不增加税收；它仅仅更换了增加税收的时间。因此，这不会鼓励消费者支出更多。所以，如果居民具有完全理性，那么，对于一笔新增的政府支出，债券融资和税收融资对产出的影响是等价的。

16.【答案】F。再贴现率是中央银行向那些因准备金短期不足而向其借款的银行所收取的利息率。再贴现率政策是一项被动等待商业银行行为的政策，并不直接减少商业银行在中央银行的准备金。如果商业银行不向中央银行申请贷款，那么再贴现率政策对准备金变动将没有影响。

17.【答案】F。$\dfrac{M}{H}=\dfrac{r_c+1}{r_c+r_d+r_e}$，其中 r_c 为现金—存款比率，r_d+r_e 为存款准备金率（法定准备金率＋超额准备金率）。设 $r_r=r_d+r_e$，$m=M/H$，则有 $m=\dfrac{r_c+1}{r_c+r_r}$。

$$\left|\frac{\mathrm{d}m}{\mathrm{d}r_c}\right|=\left|\frac{r_r-1}{(r_c+r_r)^2}\right|=\frac{1-r_r}{(r_c+r_r)^2},\quad \left|\frac{\mathrm{d}m}{\mathrm{d}r_r}\right|=\left|\frac{-r_c-1}{(r_c+r_r)^2}\right|=\frac{1+r_c}{(r_c+r_r)^2}$$

显然，$\left|\dfrac{\mathrm{d}m}{\mathrm{d}r_r}\right|>\left|\dfrac{\mathrm{d}m}{\mathrm{d}r_c}\right|$。

18.【答案】T。两种政策都具有内在时滞与外在时滞，但在一般情况下，财政政策的内在时滞比货币政策的内在时滞要长，货币政策几乎没有内在时滞，因而当提到内在时滞时，通常是针对财政政策的；货币政策的外在时滞比财政政策的外在时滞要长，财政政策几乎没有外在时滞，因而当提到外在时滞时，通常是针对货币政策的。

19.【答案】F。功能财政是不追求预算平衡的。

三、选择题

1～5：BBCCC　6～10：BAADA　11～15：BCACC　16～20：ACBCA
21～25：CBDCB　26～30：DACBD　31～35：BACCD　36～40：DABAD
41～45：CBBDA　46～50：DAABC　51～55：AACAC　56～60：DBBDD
61～63：CBC

1.【答案】B。挤出效应接近 100%意味着“完全挤出”，也就是政府支出增加多少，私人投资支出就被挤出多少，进而 $\Delta y=0$，财政政策完全失效。因此有 $k_g=\Delta y/\Delta g=0$。

2.【答案】B。财政政策对产出的短期影响最大意味着财政政策效果较好，挤出效应较小。当货币需求对利率很敏感即 h 较大，而投资对利率不敏感即 d 较小时，财政政策效果才较好，这时 LM 曲线较平坦，IS 曲线较陡峭。

3.【答案】C。补偿性财政政策，又称“逆风向调节”的财政政策，是指在经济衰退时以扩张性财政政策来刺激经济，在经济繁荣时以紧缩性财政政策来抑制通货膨胀，同时用繁荣时的盈余来弥补萧条时的赤字，熨平经济周期，维持经济的长期发展。

4.【答案】C。在凯恩斯区域，由于流动性偏好陷阱的存在，LM 曲线是水平的，IS 曲线移动对均衡产出的影响很明显，这时财政政策效果最佳，选项 C 正确。

5.【答案】C。增加货币供给意味着 LM 曲线右移，如果 LM 曲线右移不会影响均衡收入，那么说明货币政策没有效果。显然，当 IS 曲线垂直和 LM 曲线水平时，货币政策失效。

6.【答案】B。解这一类题目有三种方法。

方法一（数学方法）：设消费 $c=\alpha+\beta y_d$，税收 $T=t_0+ty$，投资 $i=e-\mathrm{d}r$，则 IS 曲线可表示为 $r=\dfrac{\alpha-\beta t_0+\beta t_r+e+g}{d}-\dfrac{1-\beta(1-t)}{d}y$。设 $L=ky-hr$，$m=M/P$，则 LM 曲线可表示为 $r=-\dfrac{1}{h}\cdot\dfrac{M}{P}+\dfrac{k}{h}y$。联立解得均衡收入 $y=\dfrac{\alpha-\beta t_0+\beta t_r+e+g+\dfrac{d}{h}\cdot\dfrac{M}{P}}{1-\beta(1-t)+\dfrac{dk}{h}}$。货币供给的乘数 $k_M=\dfrac{\mathrm{d}y}{\mathrm{d}M}=\dfrac{\dfrac{d}{h}\cdot\dfrac{1}{P}}{1-\beta(1-t)+\dfrac{dk}{h}}=\dfrac{1}{P\left[1-\beta(1-t)\right]\dfrac{h}{d}+Pk}$。货币需求对收入富有弹性即 k 更大，则 $\mathrm{d}y/\mathrm{d}M$ 更小，A 错；投资对利率富有弹性即 d 更大，则 $\mathrm{d}y/\mathrm{d}M$ 更大，B 对；C 没说明白收入所得税提高的是比例部分（即 t 更大）还是定量部分（即 t_0 更大），无法判断，C 不能入选；货币需求对利率更有弹性即 h 更大，则 $\mathrm{d}y/\mathrm{d}M$ 更小，D 错。

【点评】这个方法计算量很大，适合偏好数学解题方法的考生使用，或者，要是能把最终均衡收入的方程背下来，事情就简单多了。

方法二（图形分析）：IS 曲线越平坦，货币政策效果越明显；LM 曲线越陡峭，货币政策效果越明显。A 使得 LM 曲线更陡峭，不过这是一种特殊情况，它使得货币政策效果更小（详细分析看后文的点评）。B 使得 IS 曲线更平坦，货币政策效果更有效。C 的分析同方法一。D 使得 LM 曲线更平坦，货币政策效果更小。

【点评】（1）对于 IS/LM 曲线越怎样，货币政策效果越明显，通过画图就知道，不难。这个方法的一个难点在于得知道哪些因素会使得 IS/LM 曲线变得平坦或陡峭。

（2）这个方法更大的麻烦在于几个特别情况：①令 $L=ky-hr$，则 k 越大，LM 曲线越陡峭，但货币政策效果却越小；②令 $c=\alpha+\beta y_d$，β 越大，则 IS 曲线越平坦，但财政政策效果却大。这些"反常"现象究竟是怎么回事，编者在公众号文章里进行了详细的图文分析。可关注微信公众号"王海滨老师"，点击菜单栏"精品文章/精品文章合集/IS 曲线越平坦财政政策效果越大的怪现象""精品文章/精品文章合集/LM 曲线越陡峭货币政策效果越小的怪现象"，或微信扫描二维码查看。

方法三（经济学逻辑推理）：如果货币需求对收入更富有弹性，即收入增加后，交易性货币需求量更大，那么，增加货币供给后，收入增加，就会导致交易性货币需求更大，挤压了投机性货币需求，导致投机性货币的增量变小了，因此利率下降幅度也减小了，进而投资的增幅以及投资所增加的收入的增幅也减小了，所以货币政策效果更小，A 错误。

如果投资对利率更富有弹性，增加货币供给后，利率下降，投资增加得更多，产出增量也就更大，所以货币政策效果更明显，B 正确。

个人所得税提高的分析与前面方法相同，不选 C。

如果货币需求对利率更有弹性，增加货币供给导致利率下降一点点后，投机性货币需求的增量就把货币供给增量都用完了，导致利率下降幅度有限，对投资的刺激也就有限，货币政策效果也就不好，也不选 D。

【点评】这个方法对经济学逻辑推理的要求较高，但这种逻辑推理就是经济学学习必须夯实的基础，这种推理越熟练，经济学功底也就越扎实，所以解此类题目，方法三是编者最推荐的方法。

7. **【答案】**A。政府购买的变动属于财政政策，当 LM 曲线平缓而 IS 曲线陡峭时，财政政策效果大，所以 D 是错误的。变动税收抵消政府购买会使政策效果变小。如果货币需求对 GDP 变得更不敏感，即 $L=ky-hr$ 中的 k 比较小，则在政府增加购买进而增加了产出后，货币需求并不因收入增加而增加很多，进而不会将利率推高太多，挤出效应就小，因此财政政策效果更大。

【提示】读者也可以尝试用前一题里的数学方法试一试，使用数学方法不容易犯错，但不利于读者理解经济模型中的内在逻辑，因此编者不推荐初学者经常使用此方法。

8. **【答案】**A。当实际利率很低时，人们认为利率不会再下降，有价证券的市场价格将不会再上升，人们更愿意持有货币，从而形成了"流动性陷阱"。这时 LM 曲线为水平的，货币政策由于不能影响利率，因此没有效果，但是移动 IS 曲线的财政政策效果非常显著。

9. **【答案】**D。财政扩张虽然增加了国民收入，但由于利率的提高，一部分私人投资被挤出，所以产出的构成发生了变化。利率对储蓄水平的影响是不确定的，选项 C 错。当经济处于流动性陷阱中时，财政政策极为有效，财政扩张会使收入增加，选项 B 错。

10.【答案】A。当经济萧条时，应该刺激总需求，刺激经济的发展，所以应该实行扩张性财政政策，政府应该增加支出。

11.【答案】B。挤出效应的大小取决于支出乘数的大小、货币需求对收入变动的敏感程度、货币需求对利率变动的敏感程度、投资需求对利率变动的敏感程度等。

12.【答案】C。如果 *LM* 曲线不变，采取扩张性财政政策使 *IS* 曲线向右移动，会导致均衡利率的上升和国民收入的增加，但是利率的上升会抑制私人投资需求，产生挤出效应，从而减弱财政政策的效果。显然，要缩小挤出效应就应该减小利率的上升幅度，因而，在增加政府支出的同时应该增加货币供给，这样利率上升幅度就会减小，从而缩小挤出效应。

13.【答案】A。挤出效应是指采取扩张性财政政策刺激经济会导致利率上升，这样会减少私人支出，原财政政策的效果会被抵消一部分，甚至原财政政策可能完全不起作用。

14.【答案】C。挤出效应是指政府支出增加引起的私人消费或投资降低的经济效应。从概念可知，挤出效应是由财政政策而不是货币政策引起的。政府支出增加扩张了总需求，引起物价上涨，在名义货币供给量不变的情况下，实际货币供给量会下降，从而使利率上升，进而挤出私人投资。

15.【答案】C。根据题干的意思，货币政策完全有效。在 *IS* 曲线水平、*LM* 曲线垂直时，货币政策完全有效，当货币供给发生变化时，国民收入的变化量等于货币供给的变化量。

16.【答案】A。首先，紧缩性财政政策是指减少政府支出或增加税收。不论是哪种行为，都将减少政府债务，所以选项 B 和 C 错误。另外，紧缩性财政政策降低了总需求，从而均衡国民收入减少了，因而控制了物价上涨，因此，选项 D 错误。本题选 A。

17.【答案】C。*LM* 曲线为 $y=\frac{m}{k}+\frac{hr}{k}$。其他条件不变，$m$ 增加 100 亿元人民币，则均衡收入 y 增加$\frac{100}{k}$亿元人民币，也就是 *LM* 曲线右移$\frac{100}{k}$亿元人民币。

18.【答案】B。当经济处于流动性陷阱中时，*LM* 曲线水平，财政政策完全有效，无挤出效应。也就是说，均衡收入增加等于 *IS* 曲线移动距离即政府支出增量的乘数倍。

19.【答案】C。在 *IS—LM* 模型中，有两个变量是利率的函数，投资函数为 $i=i(r)$，实际货币需求函数为 $L=L(y, r)$，其中，r 为利率。

20.【答案】A。税收增加会导致消费、投资等需求减少，从而产出减少，实际货币需求减少，进而导致利率下降。在图形上表现为 *IS* 曲线左移。

21.【答案】C。投资完全不受利率影响，意味着 $d=0$，因而 *IS* 曲线垂直，这时 *LM* 曲线的移动（货币政策）不会影响均衡产量。

22.【答案】B。两部门经济的 *IS* 曲线的函数式为：$r=\frac{\alpha+e}{d}-\frac{1-\beta}{d}y$，从中可看出投资对利率的敏感系数 d 越小，曲线斜率的绝对值越大，*IS* 曲线越陡峭。

23.【答案】D。货币供给量减少是紧缩性货币政策，紧缩性财政政策和紧缩性货币政策都会抑制总需求，使 AD 曲线左移，但不会影响总供给。货币供给量减少同时会使 LM 曲线左移，但不影响 IS 曲线。

24. **【答案】**C。当非充分就业时，政府投资不会引起生产要素价格的变动，挤出效应较小。当存在流动性陷阱时，政府实行扩张性财政政策向私人部门借钱（出售公债等），并不会使利率上升，从而对私人投资不产生挤出效应。投资对利率的敏感度较大，则投资的利率系数较大，则一定利率水平的变动对投资水平的影响就较大，因而挤出效应较大。

25. **【答案】**B。货币的交易需求量为收入的一半说明 $k=1/2$，代入 LM 方程有：$y=\frac{hr}{k}+\frac{m}{k}=2hr+2m$，$h$ 是恒定的，在既定利率水平下，有 $\Delta y/\Delta m=2$，已知 $\Delta y=100$，所以 $\Delta m=50$。

26. **【答案】**D。根据 IS—LM 模型，政府减税是扩张性财政政策，会使 IS 曲线向右上方移动，央行增加货币供给是扩张性货币政策，会使 LM 曲线向右下方移动，其净效应是均衡收入水平上升，但对利率的影响不确定。

27. **【答案】**A。自动稳定器是指财政制度本身所具有的减轻各种干扰对 GDP 的冲击的内在机制，自动稳定器的内容包括所得税制度、政府转移支付制度、农产品价格维持制度等。

28. **【答案】**C。中央银行在公开市场上卖出政府债券，减少了流通中的基础货币，从而收紧了货币供给。

29. **【答案】**B。为了抑制通货膨胀，政府采取紧缩性货币政策。如果经济出现衰退现象，则应立即停止紧缩性货币政策的实施。

30. **【答案】**D。古典学派的利率决定理论认为，资本的供给和需求决定利率水平。资本的供给来源于储蓄，储蓄又取决于“时间偏好”“节欲”“等待”等因素。利率越高，放弃时间偏好、节制消费而进行储蓄的报酬就越多，结果储蓄就会增加；反之，储蓄会减少。因此，储蓄是利率的增函数。资本的需求取决于资本的边际生产率和利率的比较，只有当前者大于后者时，才能导致净投资。在资本的边际生产率一定的条件下，利率越高，投资者的成本就越高，投资就越少；反之，利率越低，投资就越多。因此，投资是利率的减函数。

31. **【答案】**B。政府购买是指政府对产品和劳务的购买，如购买军用品和机关办公用品、支付政府雇员报酬及公共项目工程所需的支出等。B 项属于政府转移支付。

32. **【答案】**A。由于财政政策本身的特点，某些财政支出和税收具有某种自动调整的灵活性，这些灵活性有助于经济稳定，对需求管理起着自动配合的作用。这些能自动调节总需求的财政政策被称为内在稳定器。这些政策包括：所得税制度（例如由于个人所得税的征收具有一定的起征点与固定税率，因此，它能自动调节总需求。在萧条时，个人收入减少，符合纳税条件的人减少，所交税额减少，反之亦然）；农产品价格维持制度；政府转移支付制度。市场浮动利率不是财政政策，更不是财政政策自动稳定器。

33. **【答案】**C。基础货币又称高能货币、强力货币，是指起创造存款货币作用的商业银行在中央银行的存款准备金与银行体系之外的通货这两者的总和。基础货币 $H=C_u+R$。C_u 表示银行体系之外的通货；R 表示商业银行在中央银行的存款准备金。

34. **【答案】**C。货币主义认为，在没有通货膨胀的情况下，按平均国民收入的增长率再加上人口增长率来规定并公开宣布一个长期不变的货币增长率，是货币政策的最佳选择，即把货币供给量作为唯一控制目标。

35. **【答案】** D。商业银行的准备金包括商业银行的库存现金（超额准备金）和商业银行在中央银行的存款（法定准备金）。

36. **【答案】** D。在经济过热时，应采取紧缩性货币政策来抑制总需求。相应的公开市场业务措施应该是出售政府债券，回笼市场上的货币。

37. **【答案】** A。从理论上讲，一个证券组合只要包含了足够多的相关关系弱的证券，就完全有可能消除所有的风险，但是在现实的证券市场上，各证券收益率的正相关程度很高，因为各证券的收益率在一定程度上受某些相同因素的影响（如经济周期、利率的变化等），因此，分散投资可以消除证券组合的非系统性风险，但是并不能消除系统性风险。

38. **【答案】** B。宏观经济政策的目标并不总是一致的。例如，充分就业和价格水平稳定这两个经济政策目标在一定程度上是相互矛盾的。因此，一般情况下政府不能同时实现所有的宏观经济政策目标。

39. **【答案】** A。公开市场业务是中央银行在金融市场上公开买卖政府债券以控制货币供给和利率的政策行为。公开市场业务与其他货币政策工具相比有更高的灵活性，是一种微调工具。

40. **【答案】** D。约翰·洛克认为利息是贷款人承担了风险而得的报酬；萨伊认为利息是资本生产力的产物，就像土地、人力具有生产力一样，资本也具有生产力，利息就是付给资本生产力的报酬；詹姆斯·穆勒认为资本的价值是由劳动决定的，利息是付给创造资本价值的劳动的报酬或工资；凯恩斯认为利息是放弃流动性偏好（灵活偏好）所得的报酬。

41. **【答案】** C。滞胀表现为更高的价格和更低的就业率（也就是更高的失业率），以及更低的国民收入。

42. **【答案】** B。政府的银行职能是指中央银行为政府提供服务，充当政府管理一国金融的专门机构。具体的职责有：代理国库；代理政府债券的发行；为政府融通资金，提供特定的信贷支持；为国家持有和经营管理外汇、黄金储备及其他资产形式的国际储备；代表国家参加国际金融组织和各项国际金融活动；对金融业实施监管；为政府提供经济金融情报和政策建议，向社会公众发布经济金融信息。

43. **【答案】** B。央行一般不愿轻易使用变动法定准备金率这一手段，因为商业银行向中央银行报告它们的准备金和存款状况时有一个时滞，因此今天变动的法定准备金率一般要过一段日子（比方说两周以后）才起作用。再者，变动法定准备金率的作用十分猛烈，一旦法定准备金率变动，所有银行的信用就都必须扩张或收缩。如果法定准备金率变动频繁，就会使商业银行和所有金融机构因正常信贷业务受到干扰而感到无所适从。

央行也不愿经常使用再贴现率来控制货币供给，因为贴现窗口的主要作用是允许商业银行和其他金融机构对其短期的现金压力做出反应，对临时发生的准备金不足做适当调整。正因为贴现窗口主要用于满足银行临时的准备金不足，因此，目前变动再贴现率在货币政策中的重要性和早先相比已大大减弱。事实上，银行和其他存款机构也尽量避免去贴现窗口借款，只将它作为紧急求援手段，平时少加利用，以免被人误认为自己财务状况有问题。还需指出的是，通过变动再贴现率控制货币供给本身也存在一些问题，例如，当银行十分缺乏准备金时，即使再贴现率很高，银行依然会从贴现窗口借款。可见，通过变动再贴现率来控制银行准备金的效果是相当有限的。

公开市场业务操作灵活，可以很精准地控制市场上的货币供给量，因此是用得最多的货币政策工具。

道义劝告只能算一种辅助工具，不属于主要工具。

44.【答案】D。中央银行资产负债表各个项目的变化都影响基础货币的供给。国外净资产、对政府的债权净额、对商业银行的债权、其他项目净值等的增加都会使基础货币供给增加，反之则会使基础货币供给减少。

45.【答案】A。当降低再贴现率时，商业银行将会把更多的票据拿到中央银行去贴现，导致基础货币供给增加；而提高法定准备金率和在公开市场进行正回购将减少基础货币；政府增税是财政政策并非货币政策。

46.【答案】D。再贴现率是中央银行对商业银行及其他金融机构的放款利率。

47.【答案】A。财政政策主要包括收入方面的政策，如税收政策和支出方面的政策。

48.【答案】A。减少税收意味着个人和企业的收入增加，进而导致消费和投资增加，从而刺激总需求，国民收入增加。

49.【答案】B。政府支出增加导致国民收入增加 $k_g=\dfrac{1}{1-\beta}$倍，政府转移支付减少导致国民收入减少$k_{tr}=\dfrac{\beta}{1-\beta}$倍，两者同时发生意味着国民收入增加。

50.【答案】C。在税率不变的情况下，均衡收入减少会导致税收减少，如果维持预算平衡时的政府支出，那么显然会出现赤字。

51.【答案】A。政府扩大支出一般是为了扩大内需，增加产出，减少失业，而扩大财政支出往往会扩大财政赤字，政府可以通过发公债也可以通过增税来平衡预算，但是如果政府的目的是为了刺激经济增长，增税将抑制经济增长，因而不是一个有效的平衡预算的途径。政府扩大支出一般不会抑制通货膨胀，更有可能的是价格水平会上升。

52.【答案】A。增加政府购买会增加国民收入，但是增加税收起相反的作用，所以会抵消前者的效果。根据这点，A 比 B、D 导致的国民收入增长要大。又因为政府购买乘数比税收乘数的绝对值要大，所以 A 比 C 导致的国民收入增长要大。

53.【答案】C。增加政府购买将直接刺激总需求，从而扩张国民收入；增加政府转移支付会增加居民消费，进而增加国民收入；减少税收意味着增加个人和企业的收入，刺激他们的消费和投资支出，也能扩张国民收入。其中前两项都是增加政府支出。

54.【答案】A。如果通货膨胀较严重，则经济过热，这时应采取适当措施抑制经济过热，也就是要采取紧缩性财政政策。增加税收意味着个人和企业的收入减少，从而消费和投资支出减少，国民收入水平下降，经济减速。

55.【答案】C。第一笔 100 万元存进去后，银行保留 20 万元当做准备金，贷出 80 万元，由此可知，贷款额是准备金的 4 倍，同时，因公众不持有通货，所以，最终所有资金都会进入银行成为准备金，所以准备金是 100，贷款额是 100×4=400（万元）。当然，本题也可以用等比数列求和公式计算。

56.【答案】D。基础货币=准备金总额（法定准备金和超额准备金）+非银行部门持有的现金，本题中准备金总额＝2 280（亿元），公众持有的现金＝10 000（亿元），库存现金＝827（亿元），所以基础货币＝2 280＋10 000＋827＝13 107（亿元）。

57. **【答案】** B。货币供给量为 1 200 亿元，银行存款为 800 亿元，意味着现金为 400 亿元，可求得现金—存款比率 $r_c=50\%$。存款准备金率为 10%即法定准备金率和超额准备金率之和 $r_d+r_e=10\%$。货币乘数 $\frac{M}{H}=\frac{r_c+1}{r_c+r_d+r_e}=\frac{50\%+1}{50\%+10\%}=2.5$。所以货币供给量会减少 40×2.5＝100（亿元）。

58. **【答案】** B。在拉弗曲线的增税禁区减税会增加税收总额。

59. **【答案】** D。货币乘数 $=\frac{1}{r_d+r_e+r_c}$，其中，r_d 为法定准备金率，r_e 为超额准备金率，两者合称存款准备金率，r_c 为现金—存款比率，即货币结构比率。

60. **【答案】** D。财政政策内在时滞长，货币政策外在时滞长。自动稳定器是没有时滞的。

61. **【答案】** C。收入政策是用来限制垄断企业和工会对工资和物价操纵的一种重要政策，即实行以管制工资和物价为主要内容的政策。一般说来，它包括如下不同措施：①工资—物价指导线；②对某种具体的较快上涨的工资或者物价形势，由政府进行权威性劝说或者施加压力来扭转局势；③实行工资—物价的硬性管制；④以税收为基础的收入政策。

62. **【答案】** B。减税以刺激民间经济，削减政府开支以适应税收的减少，正是供给学派的政策主张。凯恩斯主义的政策观点也包括减税，但不主张降低失业救济，凯恩斯主义认为转移支付也有刺激经济的乘数效应。

63. **【答案】** C。古典学派反对政府干预经济，凯恩斯学派主张政府应该干预经济；古典学派认为名义价格和货币工资具有灵活性，但凯恩斯学派认为它们具有黏性；古典学派认为经济能自动实现充分就业的均衡，但凯恩斯学派认为这个过程非常缓慢，因此需要用政策来刺激。但两派都认为潜在产出取决于要素的投入量和技术水平，二者对这一点没有分歧，所以选 C。

四、 简答题

1. **【答案】** 财政政策的挤出效应是指政府支出增加所引起的私人消费或投资降低的效果。其作用机制如下：政府支出增加会扩张总需求，导致国民收入相应提高，在货币供给不发生变化的情况下，国民收入的提高使得货币的交易需求增加，结果使货币需求大于货币供给，导致利率上升，而私人投资与利率负相关，因此最终私人投资减少，即被政府财政政策“挤出”了。

在 *IS—LM* 模型中，在 *LM* 曲线不变的情况下，使用扩张性财政政策会导致 *IS* 曲线右移，当两种市场重新达到均衡时，均衡利率上升，均衡收入增加。但是，这一增加量要小于保持利率不变时的收入增加量，这两种情况下的收入增量之差，就是利率上升引起的挤出效应。

在不考虑货币市场均衡的条件下，政府购买乘数 $=\frac{1}{1-\beta(1-t)}$，但在综合考虑产品市场和货币市场均衡的条件下，均衡收入 $y=\dfrac{\alpha-\beta t_0+\beta t_r+e+g+\dfrac{d}{h}\cdot\dfrac{M}{P}}{1-\beta(1-t)+\dfrac{dk}{h}}$，显然此时政府购买乘数 $=\dfrac{1}{1-\beta(1-t)+\dfrac{dk}{h}}$，由此可见，挤出效应的大小与货币需求对收入变动的敏感程度 k、货币需求对利率变动的敏感程度 h、投资需求对利率变动的敏感程度 d 三个因素有关。其中，货币需求的利率敏感程度 h 和投资的利率敏感程度 d 被认为是挤出效应大小的决定因素。挤出效应与货币需求的利率敏感程度负相关，与投资的利率敏感程度正相关。

挤出效应的大小会影响财政政策的效果。一项扩张性财政政策如果挤出效应很大，则财政政策效果就会很差；反之，财政政策效果就会很好。

2.【**答案**】(1) 财政政策的作用机制，如图 17－9 所示。第一轮效应：政府购买 g 增加或税收 t 减少，IS 曲线从 IS_1 向右平移到 IS_2，从而均衡点从 A 点变动到 C 点，国民收入从 y_0 增加到 y_2。

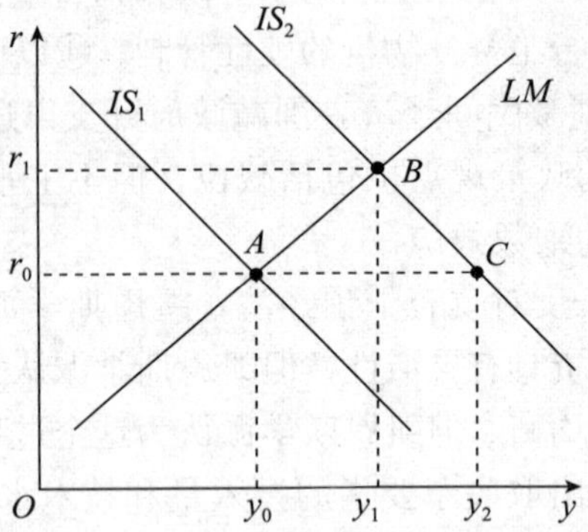

图 17－9　财政政策的挤出效应

第二轮效应：国民收入增加到 y_2 后，会引起货币的交易需求 ky 增加，从而货币需求增加，在货币供给不变的情况下，必然导致货币市场失衡，货币的需求大于货币的供给导致利率由 r_0 上升到 r_1，利率上升必然导致私人投资减少，进一步引起私人消费减少，从而总需求也从 y_2 下降到 y_1。均衡点从 C 点变动到 B 点，两市场都重新达到均衡。这一轮意味着私人投资和消费被挤出了。

(2) 货币政策的作用机制，如图 17－10 所示。第一轮效应：当货币供给量增加时，LM_0 移到 LM_1，利率从 r_0 下降到 r_1，引起投资需求和消费需求增加，从而国民收入由 y_0 增加到 y_1。第二轮效应：国民收入增加到 y_1 后，会使得货币的交易需求增加，从而货币需求增加，这会导致利率从 r_1 回调到 r_2，相应的投资、消费需求会减少，进而导致国民收入从 y_1 下降到 y_2，即货币供给增加造成的收入增加没有想象的多。

(3) 从财政政策与货币政策的作用机制看，虽然在第二轮作用中，财政政策与货币政策都会使利率上升，从而导致私人投资、私人消费减少，总需求减少，但财政政策与货币政策在第一轮对总需求的作用方式不同决定了只强调财政政策的挤出效应。

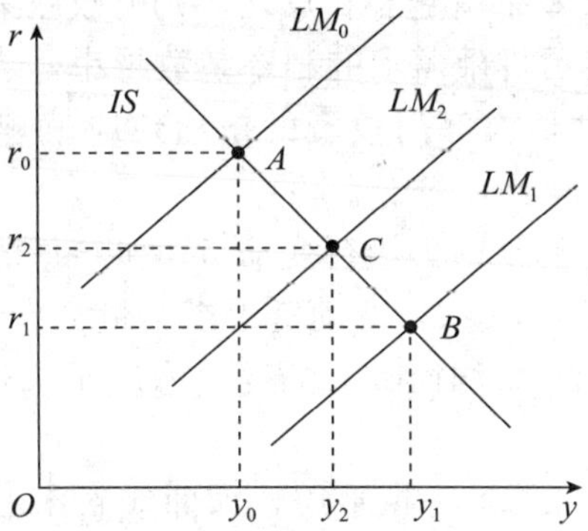

图 17-10　货币政策的挤出效应

实行财政政策的目的是通过增加政府购买或减少税收来直接增加社会总需求，利率不是财政政策的政策内容，因此扩张性财政政策导致利率上升从而引起社会总需求的减少可以被看作财政政策的副作用，必然要受到重视。

货币政策则不同，货币政策是通过调节利率来间接影响社会总需求的，利率仅仅是货币政策的中介工具，因此第二轮作用导致的利率上升可以被看作第一轮作用的自我调整。在实践中，第一轮与第二轮的作用效果是无法明确区分开的，这两者的作用途径一样，只是方向相反，因而可以直接看作货币政策导致利率从 r_0 下降到 r_2，总需求从 y_0 增加到 y_2。一般都不考虑货币政策的挤出效应。

3. **【答案】**财政赤字的出现通常意味着政府支出的增加和税收的相对减少，在政策上就是扩张性财政政策，而使用扩张性财政政策通常是因为经济的萧条，从而扩张性财政政策被用来刺激总需求，刺激国民产出。当经济萧条时，一方面，国民收入的下降使得税收收入减少，另一方面，扩张性财政政策使得政府支出大幅增加，因而政府通常出现较大的赤字。同时，在经济萧条的时候，由于国民收入的减少，人们的消费欲望不足，以及由于对经济的悲观预期，人们不愿意投资，这些都意味着货币需求较低，从而利率较低。这样，低利率和高赤字常常会同时出现，但这并不意味着赤字并不像 *IS—LM* 模型所预计的那样会引起利率上升。在 *IS—LM* 模型中，赤字是扩张财政的结果，而扩张财政时货币需求会增加，利率通常会上升。

4. **【答案】**财政政策效果是指政府收支变化对总需求从而对国民收入变动产生的影响。从 *IS—LM* 模型来看，财政政策效果是通过 *IS* 曲线的变动，与 *LM* 曲线形成新的均衡收入来体现的。因此，财政政策效果受到 *IS* 曲线和 *LM* 曲线形状的影响，而其形状取决于利率。

（1）当 *LM* 曲线不变时，*IS* 曲线斜率的绝对值越大，即 *IS* 曲线越陡峭，则移动 *IS* 曲线时收入变化就越大，即财政政策效果就越大；反之，则财政政策效果越小。

IS 曲线斜率的大小主要由投资的利率系数决定，*IS* 曲线越平缓，表示投资的利率系数越大，投资对利率的变动越敏感。当实行扩张性财政政策时，利率会上升，进而被挤占的私人投资会很大，挤出效应明显，从而国民收入的增加就越少，即财政政策效果就越小。

（2）当 *IS* 曲线不变时，*LM* 曲线的斜率越大，即 *LM* 曲线越陡峭，则移动 *IS* 曲线的收入变动就越小，即财政政策效果就越小；反之，则财政政策效果越大。

LM 曲线的斜率越大，表示货币需求的利率系数越小，这意味着一定的货币需求增加将会使利率上升越多，从而对私人部门投资的挤出效应就越大，结果国民收入增加得越少，即财政政策效果越小。

5.【答案】货币政策效果是指中央银行变动货币供给量的政策对总需求从而对国民收入和就业的影响。根据 *IS*—*LM* 模型，变动货币供给量会导致 *LM* 曲线平移，从而与 *IS* 曲线形成新的均衡点。显然，前后均衡收入的变化取决于 *IS* 曲线和 *LM* 曲线的形状，即取决于曲线的斜率。

（1）在 *LM* 曲线不变时，*IS* 曲线越平缓，即曲线斜率的绝对值越小，*LM* 曲线移动对国民收入变动的影响就越大，即货币政策效果越大；反之，则货币政策效果越小。

这是因为 *IS* 曲线的斜率主要取决于投资的利率系数 d，*IS* 曲线越平缓意味着 d 值越大，投资对利率变动越敏感。当 *LM* 曲线由于货币政策而移动使得利率变化时，d 值越大会导致投资需求变化越多，从而国民收入也会有越明显的变化，也即货币政策效果越大。

（2）在 *IS* 曲线不变时，*LM* 曲线越平缓，即曲线斜率越小，货币政策效果就越小，反之，则货币政策效果就越大。

这是因为，*LM* 曲线较平缓即斜率较小，意味着货币需求的利率系数 h 较大，利率稍有变动就会使货币需求变动很多。当货币供给量变化引起利率变动时，较小的利率变动就能够产生较多的货币需求变动，从而使货币市场重新达到均衡。也就是说，货币供给量的变动对利率影响很小，从而不会对投资和国民收入产生较大影响，也即货币政策的效果较差。

【总结】 不同情况下财政政策和货币政策的效果总结见下表：

曲线的平缓程度	货币政策效果	财政政策效果
IS 平缓（私人投资对利率很敏感）	大	小
IS 陡峭（私人投资对利率很不敏感）	小	大
LM 平缓（货币需求对利率很敏感）	小	大
LM 陡峭（货币需求对利率很不敏感）	大	小

6.【答案】设 $c=\alpha+\beta y$，$i=e-dr$，$g=g$，则 *IS* 曲线表达式为 $r=\frac{\alpha+e+g}{d}-\frac{1-\beta}{d}y$，可见，$\beta$ 越大，*IS* 曲线斜率绝对值越小，即 *IS* 曲线越平坦。

可以以政府购买为例考察财政政策效果，忽略政府税收（这并不影响分析的结论）。*IS* 曲线为 $r=\frac{\alpha+e+g}{d}-\frac{1-\beta}{d}y$，*LM* 曲线为 $r=\frac{k}{h}y-\frac{m}{h}$，综合 *IS*、*LM* 方程可解得均衡收入 $y=\frac{\alpha+e+g+\frac{dm}{h}}{1-\beta+\frac{dk}{h}}$，政府购买乘数 $k_g=\frac{1}{1-\beta+\frac{dk}{h}}$。

可见，如果 β 变大，政府购买乘数会更大，即财政政策效果变得更大。

以上结论似乎与"*IS* 曲线越平坦则财政政策效果越小"的结论矛盾了，但实际并非如此。由于边际消费倾向 β 一般比较稳定，影响 IS 曲线斜率的因素主要是投资对利率的敏感系数 d，因此我们平时考察财政政策效果时，都忽略了 β 的影响。

如图 17 - 11 所示，如果 IS_1 比 IS_2 更平坦是因为 IS_1 对应的 d 更大，此时政府购买增加 Δg，导致 IS 曲线向右平移一定量时，图中表现为 IS_1 平移到 IS_1'，IS_2 平移到 IS_2'，显然，IS_2' 对应的收入增量 $(y_2-y_0)>IS_1'$ 对应的收入增量 (y_1-y_0)，所以，我们认为 IS 曲线越平坦，财政政策效果越小。

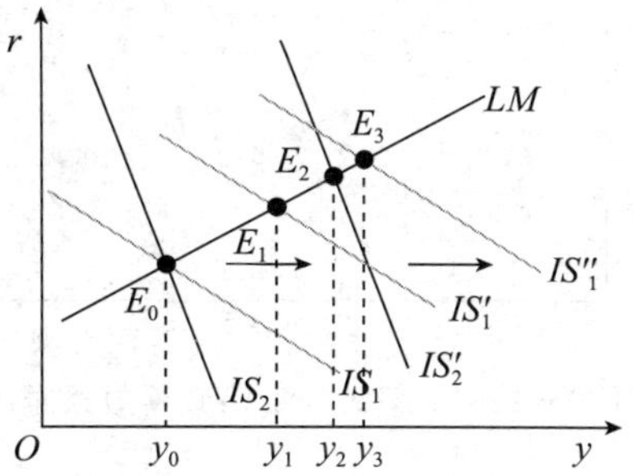

图 17 - 11　β 越大则财政政策效果越大

但是，如果 IS_1 比 IS_2 更平坦是因为 β 更大而不是因为 d 更大，曲线的平移就不是这样的移法。β 更大的效果是，当收入 y 增加时，消费 $c=\alpha+\beta y$ 的增量 Δc 更大，而 Δc 更大又会导致收入 y 增加更多，这里就有一个收入和消费互相加强、螺旋上升的效果。简单地说就是，β 更大使得政府购买乘数 $k_g=\dfrac{1}{1-\beta}$ 更大，IS 曲线右移距离更远。当政府购买增加 Δg 后，IS_2 还是平移到 IS_2'，但 IS_1 会平移更大的量，平移到图中的 IS_1'' 位置，对应的新均衡收入是 y_3，收入增量 $(y_3-y_0)>(y_2-y_0)$，所以，IS_1 对应的财政政策效应还是更大。

综上所述，我们平时说"IS 曲线越平坦则财政政策效果越小"，其实是说"如果 β 相同，d 越大则财政政策效果越小"，而本题结论是"如果 d 相同，β 越大则财政政策效果越大"，两者并不矛盾。

7. **【答案】** 由 LM 曲线表达式 $r=\dfrac{k}{h}y-\dfrac{1}{h}\cdot\dfrac{M}{P}$ 可知，k 越大，则 LM 曲线斜率越大，即 LM 曲线越陡峭。

综合 IS、LM 方程可解得均衡收入 $y=\dfrac{\alpha+e+g+\dfrac{d}{h}\cdot\dfrac{M}{P}}{1-\beta+\dfrac{dk}{h}}$，货币供给增加 ΔM 后，均衡收入增加 $\Delta y=\dfrac{\dfrac{d}{h}\cdot\dfrac{1}{P}}{1-\beta+\dfrac{dk}{h}}\Delta M$，$k$ 越大，则 Δy 越小，可见 k 越大，则货币政策效果越小。

以上结论似乎与"LM 曲线越陡峭则货币政策效果越大"的结论矛盾了，但实际并非如此。由于货币的交易与预防需求系数 k 一般比较稳定，因此 LM 曲线的斜率主要取决于货币的投机需求系数 h，因此我们平时考察货币政策效果时，都忽略了 k 的影响。

如图17-12所示，如果LM_1比LM_2陡峭是因为LM_1对应的h更小，在央行增加货币供给ΔM后，LM_1和LM_2曲线分别右移到LM_1'和LM_2'的位置，显然，LM_1'对应的收入增量$(y_1-y_0)>LM_2'$对应的收入增量(y_2-y_0)，所以，我们认为LM曲线越陡峭则货币政策效果越大。

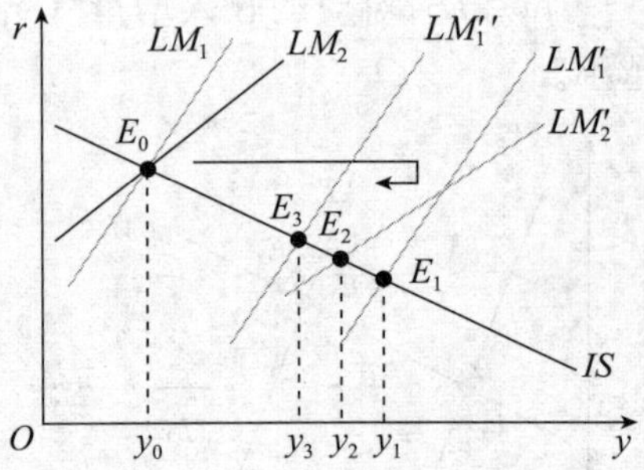

图17-12　k越大则货币政策效果越小

但是，如果LM_1比LM_2陡峭是因为LM_1对应的k更大，在央行增加货币供给ΔM后，曲线的平移就不是这样的移法。LM_1和LM_2曲线分别右移到LM_1'和LM_2'后，由于LM_1'对应的k更大，因此，交易和预防性货币需求$L_1=L_1(y)$也更大，这挤压了投机性货币需求L_2的货币供给量，导致投机性货币供给的增量变小了，因此利率下降幅度也减少了，进而投资的增幅，以及投资所增加的收入增幅也减小了，表现在图中，则是LM_1移动到LM_1'后，又会因为交易和预防性货币需求的挤出效应，导致LM_1'回移到LM_1''，对应的收入增量$(y_3-y_0)<LM_2'$对应的收入增量(y_2-y_0)，所以，LM_1对应的货币政策效果还是更小。

综上所述，我们平时说"LM曲线越陡峭则货币政策效果越大"，其实是说"如果k相同，h越小则货币政策效果越大"，而本题结论是"如果h相同，k越大则货币政策效果越小"，两者并不矛盾。

【总结】在实际生活中，由于β和k都是很稳定的，因此我们按照常理得出的"IS曲线越平坦则财政政策效果越小""LM曲线越陡峭则货币政策效果越大"这两个结论并没有问题，但更准确的判断应利用$y=\dfrac{\alpha+e+g+\dfrac{d}{h}\cdot\dfrac{M}{P}}{1-\beta+\dfrac{dk}{h}}$来计算，用公式计算不会出错。

8.**【答案】**一般而言，在经济处于充分就业状态时，经济没有过剩的生产能力，这时，政府增加支出会形成对紧缺的资源和劳务的竞争，从而产生完全的挤出效应。由于挤出效应与货币需求的利率敏感性反向变动，因而如果LM曲线呈垂直状（即货币需求的利率敏感性$h=0$），则IS曲线向右移动，或政府增加支出，会导致完全的挤出效应。

完全挤出意味着增加政府支出以刺激产出的行为没有效果，产出变化为零，财政政策毫无效果。较大的预算赤字通常是指财政支出增加超出税收增长，而增加支出是为了刺激经济，显然当存在完全挤出时，一个较大的预算赤字并不会给予经济多大刺激。

9.**【答案】**极端凯恩斯主义者认为，当利率处于很低的水平时，持有货币的利息损失很小，可是如果用货币购买债券，由于债券价格非常高，因而其价格只可能下跌而不会再上涨，从而用来购买债券的货币资本损失的风险变得很大。这时无论货币供给如何增加，人们都只愿意持有货币而不愿意去购买债券，货币的投机需求接近无限大，经济陷入“流动性偏好陷阱”，这时的货币市场均衡曲线 LM 呈水平状。当政府采取适当的财政政策，增加政府购买时，IS 曲线向右移动，实际国民收入增加，但由于 LM 曲线水平，因而利率不发生变化，从而不会导致私人投资减少，也就没有挤出效应，财政政策完全有效。而且，极端凯恩斯主义者认为流动性陷阱的情况在现实中是存在的，当经济萧条时投资者对于经济的预期比较悲观，因而降低利率刺激投资将没有效果。

10. **【答案】**凯恩斯主义强调财政政策作用的原因是，凯恩斯主义认为经济在萧条时存在流动性偏好现象。流动性偏好现象是指当利率降到很低的水平时，持有货币的利息损失很小，可是如果用货币购买债券，由于债券价格异常高，因而其价格只会下跌而不会再上涨，从而用来购买债券的货币资本损失的风险变得很大。经济陷入“流动性偏好陷阱”状态时，人们即使有闲置货币也不肯去购买债券，这就是说，货币的投机需求变得很大甚至无限大，这时的货币市场均衡曲线 LM 呈水平状。

在流动性偏好陷阱状态，如果政府实施增加政府支出或减少税收等财政政策来增加经济的总需求，则 IS 曲线右移，货币需求增加并不会引起利率上升而发生挤出效应，于是在此条件下用扩张性财政政策刺激经济非常有效。

在流动性偏好陷阱状态，政府如果增加货币供给量，则不可能再使利率进一步下降，债券价格不会上升，不可能通过增加货币供给使利率下降从而达到增加投资需求和国民收入的政策目标，因此货币政策无效。

11. **【答案】**（1）在 IS—LM 模型中，增加政府购买会通过乘数效应而导致国民收入增加。如图 17－13 所示，A 点为初始均衡点，IS 曲线向右移至 IS'，在利率不变的情况下，国民收入均衡移动到了 C 点。但是，根据凯恩斯的流动性偏好理论，交易性和预防性货币需求是总收入的增函数，所以政府购买的增加会导致交易性和预防性货币需求的增加。在货币供给不变的情况下，货币市场均衡被打破，C 点的货币需求大于货币供给。

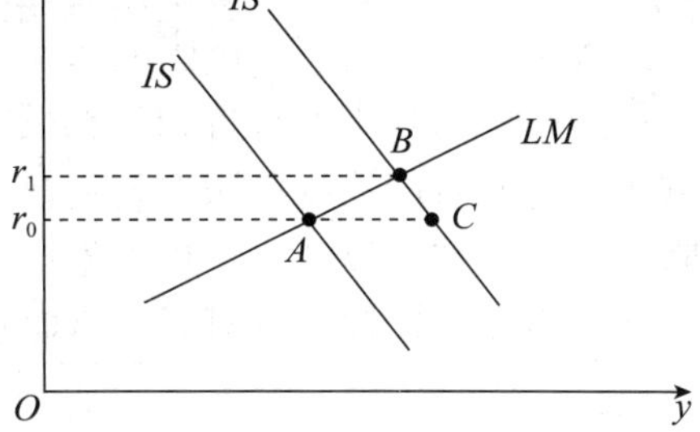

图 17－13　政府购买增加的影响

假设人们主要在持有货币和有价证券之间做出自己的资产安排，那么当存在超额货币需求时，人们将卖出有价证券换回货币，从而导致有价证券价格下降，利率上升，由于货币需求与利率成反比，超额货币需求消失，经济将达到新的均衡点 B 点。

（2）这种需求的满足机制有可能存在例外。在凯恩斯陷阱中，投资性货币需求无穷大，交易性货币需求等于零。如图 17－14 所示，当经济处于严重萧条中，LM 曲线水平时，人们的货币需求的利率敏感系数无穷大，投机性货币需求无穷大。此时增加政府购买虽然会增加收入，却并没有造成货币市场失衡。因为在投机性货币需求无穷大的极端情况下，交易性货币需求的有限增加几乎可以忽略不计，没有形成超额货币需求。

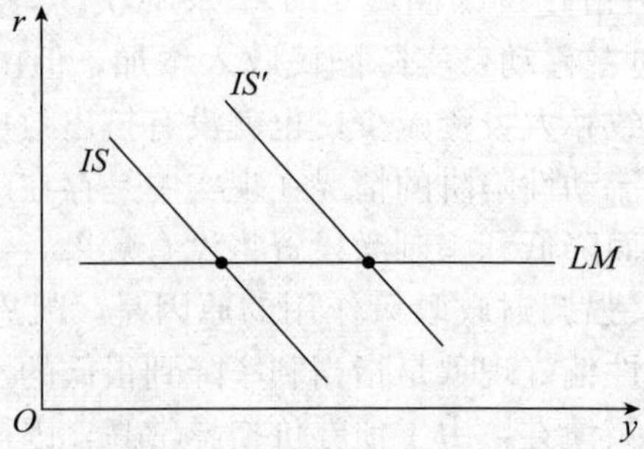

图 17-14　政府购买增加对交易性货币需求影响的例外情形

12. **【答案】**在均衡利率水平和既定价格下，货币市场实现需求和供给的均衡，私人部门（公众和厂商）持有货币和非流动性金融资产（如债券、股票等）的数量会保持一定比例。当增加货币供给时，货币市场均衡被打破，人们手中持有的货币量超出了他们愿意持有的货币量，他们会用手中多余的货币去购买有价证券，以恢复他们希望持有的资产组合比例。这时在证券供给量不变的情况下证券价格会上升，利率会下降。这里之所以要保持“价格不变”这个条件，是因为如果增加货币供给时价格也随之上升，那么货币的交易需求必然会增加，增加的货币供给可能会完全被这种交易需求吸收，人们就可能没有富余的货币去购买有价证券，于是利率可能不会下降。

13. **【答案】**货币政策的局限性主要表现在以下几个方面：

（1）在通货膨胀时期，实行紧缩性货币政策的效果显著。但是在经济衰退时期，实行扩张性货币政策的效果不显著，因为厂商对经济前景悲观，即使央行放松银根，降低利率，投资者也不愿意贷款增加投资，银行出于安全考虑也不肯轻易借贷。尤其是遇到流动性陷阱时，货币政策的效果很有限。

（2）增减货币供给能够影响到利率，是必须以货币流通速度不变为前提的。在通货膨胀时期，央行为抑制通胀而紧缩货币供给，然而居民因通胀而希望尽快把钱花出去，货币流通速度加快，导致减少货币供给政策的效果大打折扣；相反，在经济衰退时，货币流通速度下降，意味着货币需求减少，这时政府采取扩张性货币政策对经济的影响将被抵消。

（3）外部时滞。利率下降，投资增加，以及企业扩大生产规模都需要时间，因而货币政策经过执行过程到实际发挥作用需要一段较长的时间，这时如果经济形势发生变化，反而可能产生相反的结果。

（4）资金在国际上的流动。在从紧的货币政策下，利率提高，国外资金进入。若汇率浮动，则本币升值，出口减少、进口增加，本国总需求下降；若汇率固定，央行为保证本币不升值，必然抛出本币，按照固定利率收购外币，于是本国货币供给增加。

14. **【答案】**（1）混合使用的效果。

假定在初始阶段，产品市场和货币市场在 A 点同时达到均衡，这时收入较低。为了克服萧条，达到充分就业，政府实行扩张性财政政策，IS 曲线右移致使均衡点移动到 B 点；或者实行扩张性货币政策，LM 曲线右移致使均衡点移动到 D 点（见图 17-15）。采

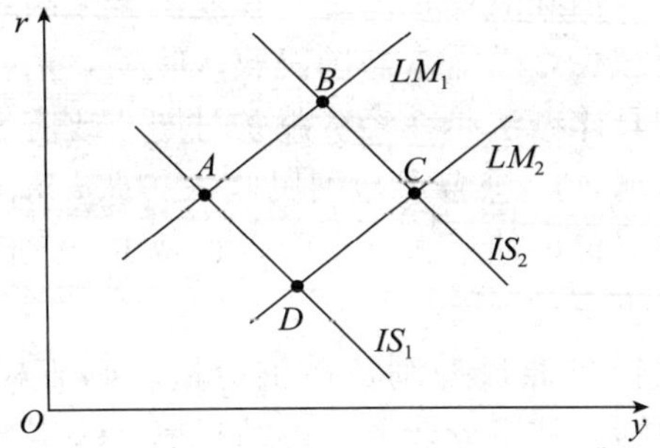

图 17－15　财政政策和货币政策的混合使用

用这两种办法都可以使产品市场和货币市场重新达到均衡，这时新的均衡收入都会有所增加，但是会使得利率大幅度上升或下降。如果既想增加收入，又不使利率变动，那么可采用扩张性财政政策和扩张性货币政策相结合的办法。扩张性财政政策使利率上升，同时扩张性货币政策使得利率下降，两者相互抵消从而使利率保持原有水平。这时由于利率水平不发生变化，因而投资不会被挤出，均衡收入大幅增加。

(2) 混合使用的政策效应。

第一种：经济萧条不太严重，实行扩张性财政政策刺激总需求，实行紧缩性货币政策控制通货膨胀。

第二种：严重通货膨胀，实行紧缩性货币政策提高利率，减少总需求，实行紧缩性财政政策以防止利率过高。

第三种：通货膨胀不太严重，实行紧缩性财政政策减少总需求，实行扩张性货币政策降低利率，以免财政过度紧缩而引起衰退。

第四种：经济严重萧条，实行扩张性财政政策增加总需求，实行扩张性货币政策降低利率。

四种混合政策的效应见下表：

	政策混合	产出	利率
第一种	扩张性财政政策、紧缩性货币政策	不确定	上升
第二种	紧缩性财政政策、紧缩性货币政策	减少	不确定
第三种	紧缩性财政政策、扩张性货币政策	不确定	下降
第四种	扩张性财政政策、扩张性货币政策	增加	不确定

15.【答案】(1) 宏观经济政策分为财政政策和货币政策。财政政策工具主要包括两类：①政府支出，主要包括政府购买和政府转移支付两类。②政府收入，主要包括税收和发行公债。财政政策的主要工具及具体操作如下：

①变动税收，主要是变动税率。具体做法是在经济萧条时期，政府降低税率，使个人和企业的可支配收入增加，消费与投资增加，总需求与国民收入扩张，消除衰退；反之，在经济繁荣时期，通货膨胀较严重，政府提高税率，使个人和企业的可支配收入减少，消费与投资减少，总需求与国民收入收缩，消除通货膨胀。

②变动政府购买。具体做法是在经济萧条时期，政府增加政府购买，消费与投资增

加，总需求与国民收入扩张，消除衰退；反之，在经济繁荣时期，通货膨胀较严重，政府减少政府购买，消费与投资减少，总需求与国民收入收缩，消除通货膨胀。

③变动政府转移支付。具体做法是在经济萧条时期，政府增加转移支付，使个人可支配收入增加，进而消费需求增加，总需求与国民收入扩张，消除衰退；在经济繁荣时期，通胀较严重，政府减少转移支付，使个人可支配收入减少，进而消费减少，总需求与国民收入收缩，消除通货膨胀。

（2）货币政策是指中央银行通过控制货币供给量、调节利率影响国民收入的政策措施。货币政策的工具主要包括公开市场业务、再贴现率、法定准备金率等。

①公开市场业务。所谓公开市场业务，是指央行在公开市场上买进或卖出政府债券以增加或减少货币供给的一种政策手段。公开市场业务是央行稳定经济最经常使用的政策手段，也是最灵活的政策手段。公开市场业务是逆经济风向行事的。当经济风向显示出总需求不足、失业持续增加时，央行在公开市场买进政府债券，使政府债券价格提高到现有市场价格以上，而债券价格上涨意味着利率的下降。同时，货币供给的增加会直接使得利率下降。利率的下降会引起投资上升，从而引起收入、价格和就业的上升。反之，当经济风向显示出总需求过大，因而价格水平持续上涨时，央行在公开市场卖出政府债券，从而引起收入、价格和就业的下降。

②再贴现率。通常把央行给商业银行的贷款叫做再贴现，把中央银行对商业银行的贷款利率叫做再贴现率。中央银行逆经济风向改变再贴现率。当货币当局认为总需求不足、失业增加时，就降低再贴现率，扩大再贴现的数量以鼓励商业银行发放贷款，刺激投资。同时，央行的再贴现率的变动成了货币当局给银行界和公众的重要信号：再贴现率下降表示货币当局要扩大货币和信贷供给，再贴现率上升表示货币当局要收缩货币和信贷供给。

③法定准备金率。法定准备金率是银行法定准备金占存款的比例。中央银行可以在法定的范围内改变商业银行活期存款的准备金率来调节货币和信用供给。中央银行逆经济风向改变法定准备金率。当总需求不足、失业持续增加时，货币当局可以降低法定准备金率，使商业银行能够按更低的法定准备金率缴存法定准备金，从而按更大的乘数扩大贷款；降低法定准备金率也使商业银行形成超额准备金，超额准备金会扩大商业银行增加信用的基础，增大贷款能力，进而刺激消费和投资，使得国民收入增加和失业减少。反之，当总需求过多、价格水平持续增长时，可以提高法定准备金率，进而使国民收入减少，抑制通胀。改变法定准备金率被认为是一种强有力的手段，这种手段由于影响太强烈而不常被使用。

除了上述三大货币政策工具外，中央银行有时还采用一些其他工具，例如道义劝告等。

16.**【答案】**财政政策是政府为促进就业水平的提高、减轻经济波动、防止通货膨胀、实现稳定增长而对政府支出、税收和借债水平所进行的选择，或对政府收入和支出水平所做的决策。财政政策主要分政府支出和政府收入两个部分。

（1）政府支出是指整个国家中各级政府支出的总和，由许多具体的支出项目构成，主要可分为政府购买和政府转移支付两类。政府购买是指政府对产品和劳务的购买。政府购买直接形成社会需求和购买力。当经济衰退时，增加政府购买可以增加总需求，抑制衰退；反之，当经济繁荣时，可通过减少政府购买降低总需求，以抑制通胀。与政府购买不同，政府转移支付是指政府在社会福利保险、贫困救济和补助等方面的支出。这是一种货币性支出，政府在付出这些货币时并无相应的产品和劳务的交换发生，因而是一种不以取得本年生产出来的产品和劳务作为报偿的支出。因此，转移支付不能算作国民收入的组成部分。作为政府支出部分，转移支付同样可以影响国民收入。当总支出不足、失业增加时，增加转移支付可以增加人们的可支配收入，进而提高消费支出水平，刺激总需求，国民收入和就业水平因而提高。

（2）政府收入。税收是政府收入中最主要的部分，是国家为实现其职能按照法律预先规定的标准，强制地、无偿地取得财政收入的一种手段，因此税收具有强制性、无偿性、固定性三个基本特征，正因为如此，税收可作为实行财政政策的有力手段之一。一般来说，减少税收将会引起消费需求和投资需求的增加，进而使国民产出提高。反之，则引起总需求和国民产出的降低。

当政府税收不足以弥补政府支出时，政府就会发行公债，使公债成为政府财政收入的又一组成部分。公债是政府对公众的债务，或公众对政府的债权。它不同于税收，是政府运用信用形式筹集财政资金的特殊形式，包括中央政府的债务和地方政府的债务。政府发行公债一方面增加了财政收入，影响财政收支，另一方面通过金融市场的货币政策来调节国民产出。

17. **【答案】**自动稳定器，亦称内在稳定器，是指经济系统本身存在的一种会减少各种干扰对国民收入的冲击的机制，能够在经济繁荣时期自动抑制通胀，在经济衰退时期自动减轻萧条，无须政府采取任何行动。这种内在稳定经济的功能主要通过下述制度得到发挥。

首先，政府税收的自动变化。当经济衰退时，国民产出水平下降，个人收入减少，在税率不变的情况下，政府税收会自动减少，留给人们的可支配收入也会自动地减少一些，从而使消费和需求也自动地少下降一些。在实行累进税的情况下，经济衰退使纳税人的收入自动进入低纳税档次，政府税收下降的幅度会超过收入下降的幅度，从而可以起到抑制衰退的作用。

反之，当经济繁荣时，失业率下降，人们的收入自动增加，税收会随个人收入的增加而自动增加，可支配收入也就会自动地少增加一些，从而使消费和总需求自动地少增加一些。在实行累进税的情况下，繁荣使纳税人的收入自动进入较高的纳税档次，政府税收上升的幅度会超过收入上升的幅度，从而起到抑制通货膨胀的作用。

其次，政府支出的自动变化。这里主要是指政府的转移支付。当经济出现衰退和萧条时，失业增加，符合救济条件的人数增多，失业救济和其他社会福利开支就会相应增加，这样就可以抑制人们收入特别是可支配收入的下降；当经济繁荣时，失业人数减少，失业救济和其他福利费支出自然也会减少，从而抑制可支配收入和消费的增长。

最后，农产品价格维持制度。当经济萧条时，国民收入水平下降，农产品价格下降，政府按支持价格收购农产品，农民收入提高，消费支出增加，可抑制衰退。当经济繁荣时，国民收入水平上升，农产品价格上升，政府抛售农产品，限制农产品价格的上升，抑制农民收入的增长，使得消费支出减少，可减轻经济过热，抑制通胀。

18. **【答案】**（1）公开市场业务是指中央银行在金融市场公开买卖政府债券以控制货币供给和利率的政策行为。它从两个方面控制货币供给，影响利率，进而稳定经济。其一，买卖债券将直接增减商业银行的准备金，影响银行的信贷，进而影响消费和投资支出，影响国民经济。其二，政府买卖债券将引起债券市场的供求变化，因而影响债券价格以及市场利率。当央行买进债券时，债券需求增加，债券价格会上升，这意味着利率下降。反之亦然。

（2）作为货币政策的最主要工具，公开市场业务有以下其他政策工具难以比拟的优点：一是能按中央银行的主观意图进行，不像再贴现率政策那样中央银行只能用贷款条件或变动借款成本的间接方式鼓励或限制其借款数量；二是中央银行可通过买卖政府债券把商业银行的准备金有效控制在自己希望的规模上；三是操作规模可大可小，交易方法的步骤也可随意安排，更便于保证准备金率调整的精确性；四是不像法定准备金率及再贴现率手段那样有很大的行为惯性（准备金率及再贴现率不能轻易变动），在中央银行根据市场情况认为有必要改变调节方向时，业务容易逆转。

19.**【答案】**经济政策是指国家或政府为了增进社会经济福利而制定的解决经济问题的指导原则和措施。其目标主要有四个：充分就业、物价稳定、经济持续均衡增长和国际收支平衡。宏观经济政策就是为了达到这些目标而制定的手段和措施。

（1）充分就业。在广泛的意义上充分就业是指一切生产要素都有机会以自己意愿的报酬参加生产的状态。通常以失业率的高低作为衡量充分就业与否的尺度。充分就业并不是百分之百的就业，充分就业不排除摩擦性失业和结构性失业的存在。

（2）物价稳定。物价稳定是指价格总水平的稳定，一般用价格指数来衡量。物价稳定不是指每种商品的价格固定不变，而是指价格指数的相对稳定，即不出现通货膨胀。目前，经济学家认为，轻微的物价上涨属于正常的经济现象。

（3）经济持续均衡增长。经济增长是指在一个特定时期内经济社会所生产的人均产量和人均收入的持续增长。通常用一定时期内实际国内生产总值年均增长率来衡量，衡量经济增长的一个重要指标是人均GDP。

（4）国际收支平衡。国际收支平衡对现代开放型经济而言是至关重要的。一国的国际收支状况不仅反映了这个国家的对外经济交往情况，还反映了该国经济的稳定程度。当一国国际收支失衡时，会对国内经济形成冲击，从而影响该国国内的就业水平、价格水平及经济增长。

20.**【答案】**宏观经济政策主要包括充分就业、经济持续均衡增长、物价稳定及国际收支平衡四个主要目标。经济政策各项目标之间既相互协调，也有相互冲突的地方。充分就业与经济持续均衡增长这两者是正相关的：经济增长，则就业增加；经济下滑，则失业增加。但除此之外，各个目标相互之间都有矛盾。

（1）充分就业与物价稳定的目标不可同时实现。菲利普斯曲线表明失业率和通货膨胀率之间存在着此消彼长的替代关系。失业率和通货膨胀率存在反向关系。所以按照菲利普斯曲线，中央银行只能根据当时的社会经济条件，寻求通货膨胀率和失业率之间某一适当的组合点来确定货币政策目标，而不可能有两全其美的办法。

（2）物价稳定与经济持续均衡增长的矛盾。就现代市场经济的实践而言，经济的增长大多伴随着物价的上涨。

（3）经济持续均衡增长与国际收支平衡的矛盾。一方面，经济增长通常伴随着对进口商品的需求增加，结果使出口的增长慢于进口的增长，这就可能导致贸易余额的恶化。另一方面，就资本项目而言，要促进经济增长，就要增加投资，在国内自有资金不足的情况下，必然借助于外资流入。外资的流入可能使国际收支中的资本项目出现顺差，一定程度上可弥补贸易逆差造成的国际收支失衡，但并不一定能使经济增长与国际收支平衡并存。

（4）物价稳定与国际收支平衡的矛盾。在出现通货膨胀的情况下，为了控制通货膨胀，如果采取降低货币供给量的办法，那么由于国内物价的下降和总需求的减少，经常项目可能因为出口增加和进口减少而出现顺差。

处理上述目标之间的冲突，要注意以下两点：①侧重于统筹兼顾，力求协调；②侧重于权衡或选择，视经济环境的需要而突出重点。由于对目标间冲突协调的难度看法不同，各国政府也就有着不同的政策目标选择。

21.**【答案】**（1）一般而言，宏观经济政策目标主要有四个：充分就业、物价稳定、经济持续均衡增长和国际收支平衡。①充分就业在广泛的意义上是指一切生产要素都有机会以自己意愿的报酬参加生产的状态。通常以失业率的高低作为衡量充分就业与否的尺度。②物价稳定，即把通货膨胀率维持在一个低而稳定的水平上。③经济持续均衡增长是指保持合意的经济增长率。经济增长是指单纯的生产增长，经济增长率并不是越高越好，经济增长必须带来经济发展；经济增长率一般用实际国内生产总值的年均增长率来衡量。④国际收支平衡是指国际收支既无赤字又无盈余的状态。国际收支平衡是一个对外经济目标，必须注意和国内目标的配合使用，正确处理国内目标与国际目标的矛盾。在这四个目标中，经济周期波动涉及就业和物价稳定问题，稳定经济周期就是在实现充分就业和维持物价稳定之间进行调节，以避免经济出现大的波动。

（2）对于宏观经济政策目标而言，稳定经济周期和促进长期经济增长两者都十分重要。具体而言，在短期内，经济运行会由于各种因素的冲击而发生波动，因此在短期内，稳定经济周期比较重要；但是在长期内，只有促进一国经济的长期持续稳定增长，才能有效地提高一国居民的生活水平和综合国力。

（3）稳定经济周期和促进长期经济增长这两个目标的达成主要依赖于政府采取相应的宏观经济政策（主要是财政政策、货币政策和汇率政策）来及时调整经济的运行，熨平短期内的经济波动，实现资源的优化配置和经济的平稳增长。

（4）宏观经济政策的协调能够同时实现这两个目标。稳定经济周期有利于经济持续稳定增长，较大的周期波动常常打断经济的稳定增长。当经济低迷时，政府可以采用扩张性财政政策和货币政策促进短期经济的复兴。同时政府在实施扩张性财政政策时，可以有意识地引导政府支出和私人投资的流向，将其引向基础教育、科研等领域，这可以有效提高经济中的人力资本存量，从而在长期中促进经济的发展。

22.**【答案】**（1）宏观货币政策是一国政府根据既定的目标通过中央银行运用其政策工具，调节货币供给量和利率，以影响总需求水平的经济政策。其政策内容主要是调节货币供给量和调节利率。

（2）货币政策的主要工具、具体操作及注意事项如下：

一是公开市场业务。公开市场业务是指中央银行在金融市场上公开买卖政府债券以控制货币供给量和利率的经济政策。具体做法是：在萧条期，中央银行买进政府债券，增加货币供给量同时使得利率下降，因而消费和投资增加，导致总需求和国民收入扩张，从而消除经济衰退；在通货膨胀期，中央银行卖出政府债券，减少货币供给量同时促使利率上升，因而消费和投资减少，导致总需求和国民收入收缩，从而消除通货膨胀。运用这一政策工具具有较其他手段更大的灵活性。首先，能按中央银行的主观意图进行，央行能有效控制政策方向；其次，规模可控，中央银行可通过买卖政府债券把商业银行的准备金有效控制在自己希望的规模上；最后，不像法定准备金率及再贴现率手段那样具有很大的行为惯性（准备金率及再贴现率不能轻易变动），在中央银行根据市场情况认为有必要改变调节方向时，业务容易逆转。

二是再贴现率政策。再贴现率政策是中央银行通过改变再贴现率及再贴现条件以影响货币供给量与利率的一种经济政策。具体做法是：在萧条期，中央银行降低再贴现率，扩大再贴现数量，以增加商业银行的准备金，鼓励商业银行发放贷款，并通过货币创造的乘数效应增加货币供给，从而使得利率下降，刺激投资和总需求，消除经济衰退和失业；相反，在经济高涨和通货膨胀时，中央银行将提高再贴现率，收缩再贴现数量，以减少商业银行的准备金，限制商业银行发放贷款，并通过货币创造的乘数效应减少货币供给，从而使得利率上升，抑制投资和总需求，消除通货膨胀。运用这一政策工具时应注意：首先，再贴现率政策不仅包括调节再贴现率，而且包括规定再贴现条件；其次，再贴现率政策不影响基础货币，而是通过影响货币乘数来变动货币供给；再次，再贴现率作为一种官方利率，对市场利率有直接的影响；最后，再贴现率政策是被动等待政策，需要商业银行的配合，因而对货币供给量的影响实际上很小。

三是法定准备金率。法定准备金率是指中央银行通过改变法定准备金率以影响货币供给量和利率的经济政策。其具体做法是：在经济衰退期，中央银行降低法定准备金率，使商业银行的信贷扩张，增加货币供给量，降低利率，刺激投资和总需求，消除经济衰退；相反，在通货膨胀期，中央银行提高法定准备金率，使商业银行的信贷收缩，减少货币供给量，提高利率，抑制投资和总需求，消除通货膨胀。运用这一政策工具时应注意：首先，变动准备金率不会影响基础货币，而是通过影响货币乘数来影响货币供给；其次，法定准备金率的改变对货币供给量的影响相当大，是一种猛烈而不常用的武器。

四是其他措施。道义劝告；规定商业银行定期存款支付利息的上限；控制分期付款的条件；控制抵押贷款的条件。

23. **【答案】**凯恩斯认为货币政策的作用是通过变动货币供给量影响利率进而影响投资和产出的途径实现的，但另外一些经济学家认为，货币供给对产出的影响并不一定是通过利率实现的。他们提出了关于货币政策起作用的其他一些途径的理论。

第一种理论认为，货币政策影响产出是因为利率的变动会影响人们的资产组合，进而影响投资。

第二种理论认为，扩张性货币政策造成较低的利率，因而导致股票价格和长期债券价格上升，对收入增加的预期使人们感到更为富有，从而消费水平提高，导致总需求增加。

第三种理论认为，政府实施扩张性货币政策时，银行的存款准备金会增加，从而形成超额准备金。这扩大了银行的信用基础，使得银行能够放出更多的贷款，银行要吸引企业借款，就会降低贷款利率，从而导致企业投资增加。

第四种理论认为，在开放经济中，货币政策可以通过汇率变动影响进出口从而对总需求产生作用。

第五种理论则注重可利用的信用规模，认为中央银行的行动可促使银行发放更多或更少的贷款，或以更宽松或更严格的条件发放贷款。

24.【答案】以均衡价格论为核心的新古典经济学派继承了古典学派的传统，认为市场受到一只“看不见的手”的牵引，能自发地使经济实现均衡，并朝着对社会有益的方向前进。这个学派有着精致的微观理论，但是信奉市场自由的他们抛弃了古典学派的宏观理论。在他们看来，市场自由放任就能使经济有效运作，因而是不需要研究宏观经济的。但是，在 20 世纪 30 年代经济大萧条时，新古典经济学派的不作为为凯恩斯需求管理思想登上历史舞台提供了一个良好的历史机遇，也为现代研究宏观经济打开了大门。

(1) 凯恩斯的需求管理理论。凯恩斯认为经济波动的根源在于有效需求不足。在资本主义自由放任的条件下，由消费需求和投资需求构成的有效需求不足以实现充分就业。而之所以有效需求不足，又是由于边际消费倾向递减、资本边际效率递减和流动性偏好这三大心理规律的作用。因此，必须通过财政政策来刺激总需求，使经济达到充分就业状态。

(2) 新古典综合派的理论。20 世纪 50 年代以来，新古典综合派补充和发展了凯恩斯的宏观经济理论。其中主要有：IS—LM 模型，相对收入假说，生命周期假说，乘数—加速数模型，货币交易需求的平方根法则，货币投机需求的资产组合理论，哈罗德—多马模型，新古典增长模型，菲利普斯曲线，等等。新古典综合派在宏观经济政策方面先后提出了以下观点：首先，综合了货币学派的观点，认为货币也很重要，把凯恩斯的需求管理财政政策扩展为财政政策和货币政策的混合运用。其次，在战后很长一个时期实行的是逆经济风向的在经济萧条和经济繁荣时期交替使用扩张性政策和紧缩性政策的斟酌使用的经济政策。最后，由于战后的“艾森豪威尔停滞”，新古典综合派又提出了目的在于促进经济增长的赤字财政政策，主张在经济繁荣时期也应该使用扩张性经济政策来刺激经济，以实现高速增长。

(3) 货币学派的理论。但是，从 20 世纪 70 年代开始，大多数西方国家出现了滞胀局面，即失业和通货膨胀并存的局面。新古典综合派在理论上无法较合理地解释这种现象，从而受到了以米尔顿·弗里德曼为首的货币学派的攻击。货币主义主要在两个方面和凯恩斯主义展开辩论：一是关于财政政策和货币政策的效果。凯恩斯主义者强调财政政策的效果，货币主义者认为只有货币政策才对产出起着最大的作用。二是关于稳定的经济政策的作用。凯恩斯主义者认为克服大萧条的最有效方法是扩张性财政政策，货币主义者则认为扩张性财政政策不但无助于降低失业率，而且会引发通货膨胀。货币主义者认为如果让经济自由活动，减少政府干预，经济就可避免剧烈波动。

(4) 除了货币主义外，美国还一度出现了自由主义风潮，也就是“供给经济学”。供给学派认为不是需求决定供给，而是供给创造需求，刺激供给的主要手段是降低税率。

(5) 同时盛行的还有理性预期学派以及由此发展而来的新古典宏观经济学派。新古典宏观经济学派强调理性预期对经济行为和经济政策的影响与作用，认为政策是无效的。

(6) 20 世纪 80 年代前后，新凯恩斯主义经济学逐渐兴起。新凯恩斯主义坚持了凯恩斯主义的非市场出清假设，认为即使存在理性预期，国家干预经济的政策也仍然积极有效。

25.【答案】(1) 经济形势疲软，实际 GDP 的增长率处于较低水平，居民储蓄处于较高水平，通货膨胀率不高，种种迹象表明 A 国的需求不足，居民宁愿储蓄也不愿意消费。为应对此种经济现实，最适合的策略是积极的财政政策，宏观管理层决意扩大财政赤字，就是使用积极的财政政策，意图刺激经济增长，依据是凯恩斯的需求管理理论。该理论认为，当经济衰退时，应采用扩张性财政政策如削减税收、降低税率、增加支出等来刺激总需求。

(2) 积极的财政政策主要包括增加政府购买和转移支付等支出以及减税，两种政策都可以扩大需求。

(3) 挤出效应是指政府增加支出会使利率提高，从而使私人投资支出减少，即发生政府投资挤出私人投资的现象。但是由于A国的居民储蓄处于较高水平，如果政府支出的方向主要是和民间投资不相冲突的基础设施方面，在这种情况下，政府支出的增加导致的挤出效应不显著。

(4) 政府应当采取扩张性货币政策，增加货币供给量，降低市场利率，以抵消财政政策的挤出效应，和财政政策共同拉动社会总需求。

26. **【答案】**(1) 预算赤字对货币供给的影响主要在于其融资方式。如果政府通过增发货币的方式筹资，以应对预算赤字，则会增加货币供给量，但如果政府不通过增发货币的方式筹资，则一般不会增加货币供给量。

(2) A国政府可以通过发行国债的方式为预算赤字融资，也就是通过政府向公众进行债务融资来解决财政赤字问题。通过这种方式融资，政府手里持有的货币增加额与公众手里持有的货币减少额相等，因此不影响一国的货币供给总量。

27. **【答案】**由于信用卡是一种比现金更方便的支付方式，所以信用卡的引入及其可获得性的扩大减少了人们持有的货币量。由交易方程 $MV=PY$ 可知，货币需求的这种减少使得货币流通速度 V 提高。

在短期，如果货币供给保持不变，货币流通速度的提高会引起名义支出增加以及总需求曲线向外移动。如图 17－16 所示，AD_1 右移到 AD_2，需求的增加引起经济的产出增加——由 y_f 增加到 y_1，它引起了经济繁荣，在原来的价格上，企业出售了更多的产品，雇用了更多的工人，增加了就业。

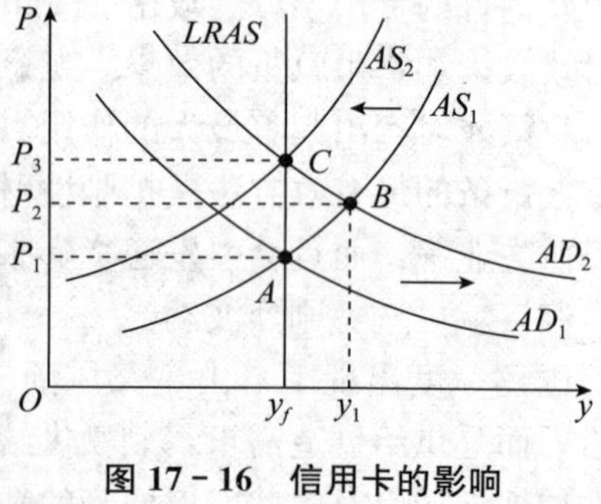

图 17－16　信用卡的影响

但在长期，高水平的总需求拉动了工资与物价。随着成本的增加，供给曲线左移，从 AS_1 左移到 AS_2，经济的产出又回到了自然率水平，但物价从初始的 P_1 上升到了 P_3，经济出现了通货膨胀。

针对信用卡的这一经济影响，货币当局可以采用紧缩性货币政策来减弱或消除这种高涨，它可以在公开市场上卖出政府债券、提高再贴现率或增加商业银行的准备金，从而减少货币供给，以达到紧缩的目的。

五、计算题

1.【答案】(1) 由三部门经济的均衡收入公式可知：

$$y=c+i+g=300+0.8y_d+200+g$$

当 $t=0.2y$ 时，可支配收入 $y_d=y-t=y-0.2y=0.8y$，代入上式得：

$$y=300+0.8\times 0.8y+200+g$$

化简得：$0.36y=500+g$。

当均衡收入 $y=2\ 000$ 时，政府支出必须是：

$$0.36y=500+g\Rightarrow g=0.36y-500=0.36\times 2\ 000-500=220$$

政府预算为 $BS=t-g=0.2y-220=0.2\times 2\ 000-220=180$。

故政府预算处于盈余状态。

(2) 当政府支出不变，税收 $t=0.25y$ 时，均衡收入为：

$$\begin{aligned} y &=c+i+g \\ &=300+0.8\times(1-0.25)y+200+220 \\ &=720+0.6y \end{aligned}$$

整理得：$0.4y=720\Rightarrow y=1\ 800$。

因此，均衡收入 $y=1\ 800$。

这时，政府预算为：

$$BS=t-g=0.25y-220=0.25\times 1\ 800-220=230$$
$$\Delta BS=230-180=50$$

税率提高将使得预算盈余增加。

2.【答案】三部门经济中的政府购买乘数为：

$$k_g=\frac{1}{1-\beta(1-t)}=\frac{1}{1-0.8\times(1-0.2)}=\frac{25}{9}$$

政府支出减少 100 亿美元会引起总需求减少，进而引起国民收入减少，即：

$$\Delta y=k_g\cdot\Delta g=\frac{25}{9}\times(-100)=-\frac{2\ 500}{9}\text{(亿美元)}$$

国民收入减少会导致按比例税征收的税收减少，即：

$$\Delta T=t\Delta y=0.2\times\left(-\frac{2\ 500}{9}\right)=-\frac{500}{9}\text{(亿美元)}$$

这时的预算盈余为：

$$\Delta BS=\Delta T-\Delta g=-\frac{500}{9}-(-100)=44.4\text{(亿美元)}$$

原政府预算赤字为 50 亿美元，现在新增预算盈余只有 44.4 亿美元，显然不足以消灭赤字。

3. **【答案】**（1）三部门国民收入决定公式为：

$$y=c+i+g=250+0.75y+500+500$$

化简求解得均衡收入：$y=5\ 000$。

消费：$c=250+0.75y=250+0.75\times5\ 000=4\ 000$。

投资乘数：$k_i=\dfrac{1}{1-\beta}=\dfrac{1}{1-0.75}=4$。

（2）①均衡收入公式为 $y=c+i+g=250+0.75y+1\ 250-50r+500$，化简求解得 IS 方程：

$$y=8\ 000-200r$$

货币市场均衡为 $M/P=1\ 000/P=L=0.5y-100r$，化简求解得 LM 方程：

$$y=2\ 000+200r$$

联立 IS、LM 方程求解得均衡利率和均衡收入分别为：

$$r=15,\ y=5\ 000$$

②若政府购买增加 100，在其他条件不变的情况下，新的货币市场均衡为：

$$y=c+i+g=250+0.75y+1\ 250-50r+600$$

化简求解得 IS 方程：

$$y'=8\ 400-200r$$

与原 LM 方程 $y=2\ 000+200r$ 联立求解得新的均衡利率和均衡收入分别为：

$$r'=16,\ y'=5\ 200$$

这时投资变为 $i'=1\ 250-50r=1\ 250-50\times16=450$，原投资为 $i=1\ 250-50r=1\ 250-50\times15=500$，故有：

$$\Delta i=i'-i=450-500=-50$$

即私人投资被挤出了 50，挤出的国民收入为 $\Delta y=k_i\times|\Delta i|=4\times50=200$。

4. **【答案】**（1）联立 IS、LM 方程：

$$\begin{cases}y=950-50r\\y=500+25r\end{cases}$$

求解得：均衡利率 $r=6$，均衡收入 $y=650$。

消费：$c=40+0.8y_d=40+0.8(y-t)=40+0.8\times(650-50)=520$。

投资：$i=140-10r=140-10\times6=80$。

（2）当政府支出增加到 80 时，IS 曲线将会向右移动，由收入均衡公式得：

$$y=40+0.8y_d+140-10r+80=260+0.8(y-t)-10r=220+0.8y-10r$$

化简得新的 IS 方程 $y=1\ 100-50r$，与原 LM 方程 $y=500+25r$ 联立可求得新的均衡收入 $y=700$，均衡利率 $r=8$。

消费：$c=40+0.8y_d=40+0.8(y-t)=40+0.8\times(700-50)=560$。

投资：$i=140-10r=140-10\times8=60$。

（3）当政府支出增加时，在支出乘数的作用下，IS 曲线右移量大于均衡收入增加量的原因在于，IS 曲线的右移在 LM 曲线向上倾斜时会使利率提高，从而通过投资需求的作用减少私人投资量，也就是存在政府支出增加部分挤占私人投资的挤出效应，因而均衡收入的增加量就小于 IS 曲线的右移量。

5. **【答案】**在利率保持不变的情况下，政府支出的增加不会引致私人投资的挤出，此时在支出乘数的作用下，均衡收入增加量为：

$$\Delta y=k_g\Delta g=\frac{1}{1-\beta}\Delta g=\frac{1}{1-0.5}\times20=40(\text{亿美元})$$

随着收入的增加，货币的交易需求增加，为保持原来的利率水平不变，则须增加货币供给量，且货币供给增加量必须等于货币需求增加量，故应增加的货币供给量为：

$$\Delta M=\Delta L=k\Delta y=0.4\times40=16(\text{亿美元})$$

6. **【答案】**已知 $P=1$，由货币市场均衡条件得：

$$\frac{M}{P}=L\Rightarrow\frac{6\ 000}{1}=0.162\ 5y-10\ 000r$$

整理得 LM 方程：

$$r=\frac{0.162\ 5}{10\ 000}y-\frac{6\ 000}{10\ 000} \quad ①$$

当 $g=7\ 500$ 时，由产品市场均衡得：

$$y=c+i+g=800+0.63y+7\ 500-20\ 000r+7\ 500$$

化简得 IS 方程：

$$r=\frac{15\ 800}{20\ 000}-\frac{0.37}{20\ 000}y \quad ②$$

联立式①、式②得：

$$\frac{15\ 800}{20\ 000}-\frac{0.37}{20\ 000}y=\frac{0.162\ 5}{10\ 000}y-\frac{6\ 000}{10\ 000}$$

求解得均衡收入 $y=40\ 000$，均衡利率 $r=\frac{0.162\ 5}{10\ 000}\times40\ 000-\frac{6\ 000}{10\ 000}=0.05$。

$$i_1=7\ 500-20\ 000r=7\ 500-20\ 000\times0.05=6\ 500$$

当政府支出增加到 8 500 亿美元时，产品市场均衡变为：

$$y=c+i+g=800+0.63y+7\ 500-20\ 000r+8\ 500$$

$$r=\frac{16\ 800}{20\ 000}-\frac{0.37}{20\ 000}y \qquad ③$$

由于 LM 曲线未变，故联立式①、式③得：

$$\frac{16\ 800}{20\ 000}-\frac{0.37}{20\ 000}y=\frac{0.162\ 5}{10\ 000}y-\frac{6\ 000}{10\ 000}$$

求解得 $y=41\ 438.85$，$r=\frac{0.162\ 5}{10\ 000}\times 41\ 438.85-\frac{6\ 000}{10\ 000}=0.073\ 4$。

投资变为 $i_2=7\ 500-20\ 000r=7\ 500-20\ 000\times 0.073\ 4=6\ 032$。

投资变化为 $\Delta i=i_2-i_1=6\ 032-6\ 500=-468$。

也就是说，政府支出的增加挤出了 468 亿美元私人投资。

7. **【答案】**政府减少 100 亿美元支出对收入的影响可通过两种方法求得：一是通过财政政策乘数求解；二是通过新的 IS 曲线求均衡收入和利率。现在采用第二种方法。

$$y=c+i+g=800+0.63y+7\ 500-20\ 000r+7\ 400$$

化简得 IS 方程：

$$r=\frac{15\ 700}{20\ 000}-\frac{0.37}{20\ 000}y$$

将 IS 方程和 LM 方程联立求解：

$$\begin{cases} r=\frac{15\ 700}{20\ 000}-\frac{0.37}{20\ 000}y \\ r=\frac{0.162\ 5}{10\ 000}y-\frac{6\ 000}{10\ 000} \end{cases}$$

解得均衡收入 $y=39\ 856$（亿美元）；均衡利率 $r=0.048$。

可见，政府支出减少 100 亿美元，使均衡收入和利率都下降了。

若货币供给量增加 200 亿美元，则新的 LM 曲线为：

$$\frac{M}{P}=L\Rightarrow\frac{6\ 000+200}{1}=0.162\ 5y-10\ 000r$$

化简得新的 LM 方程：$r=\frac{0.162\ 5}{10\ 000}y-\frac{6\ 200}{10\ 000}$。

将 IS 方程与新的 LM 方程联立求解：

$$\begin{cases} r=\frac{15\ 700}{20\ 000}-\frac{0.37}{20\ 000}y \\ r=\frac{0.162\ 5}{10\ 000}y-\frac{6\ 200}{10\ 000} \end{cases}$$

解得均衡收入 $y=40\ 432$（亿美元）；均衡利率 $r=0.037$。

可见，货币供给增加 200 亿美元使利率下降（0.05→0.037）、收入增加（40 000→40 432）。

8.【答案】(1) 在此模型中，内生变量是指由经济模型决定的变量，也即由纯粹的经济因素决定的变量。收入、消费、投资、货币需求、净出口、利率、汇率都是内生变量。外生变量是指由模型以外的因素决定的已知变量，它是模型据以建立的外部条件。政府支出、货币供给、价格水平都是外生变量。

(2) 由四部门经济均衡收入公式得：

$$\begin{aligned} y &= c+i+g+nx \\ &= 80+0.63y+350-2\,000r+0.1y+750+500-0.1y-100(0.75+5r) \\ &= 1\,605+0.63y-2\,500r \end{aligned}$$

化简得 IS 方程为：$y=4\,338-6\,757r$。

由货币市场均衡条件得：

$$\frac{M}{P}=L \Rightarrow 600=0.162\,5y-1\,000r$$

解得 LM 方程为：$y=3\,692+6\,154r$。

将 IS 方程和 LM 方程联立解得：

$$\begin{aligned} &r=0.05,\ y=4\,000 \\ &c=80+0.63y=80+0.63\times 4\,000=2\,600 \\ &i=350+0.1y-2\,000r=350+0.1\times 4\,000-2\,000\times 0.05=650 \\ &EP_f/P=0.75+5r=0.75+5\times 0.05=1 \\ &nx=500-0.1y-100(EP_f/P)=500-0.1\times 4\,000-100\times 1=0 \end{aligned}$$

(3) 政府支出减少 10，则新的 IS 方程为：

$$\begin{aligned} y &= c+i+g+nx \\ &= 80+0.63y+350-2\,000r+0.1y+(750-10)+500-0.1y-100(0.75+5r) \\ &= 1\,595+0.63y-2\,500r \end{aligned}$$

化简得新的 IS 方程为：$y=4\,311-6\,757r$。

将新的 IS 方程和 LM 方程联立：

$$\begin{cases} y=4\,311-6\,757r \\ y=3\,692+6\,154r \end{cases}$$

求解得新的均衡为：

$$\begin{aligned} &r=0.048,\ y=3\,987 \\ &c=80+0.63y=80+0.63\times 3\,987=2\,592 \\ &i=350+0.1y-2\,000r=350+0.1\times 3\,987-2\,000\times 0.048=653 \\ &EP_f/P=0.75+5r=0.75+5\times 0.048=0.99 \\ &nx=500-0.1y-100(EP_f/P)=500-0.1\times 3\,987-100\times 0.99=2.3 \end{aligned}$$

可见，政府支出减少使收入（4 000→3 987）、利率（0.05→0.048）、消费（2 600→2 592）和汇率（1→0.99）都有所减少，而投资（650→653）和净出口（0→2.3）则有所增加。这是由于政府支出减少，国民产出减少，从而消费水平下降、货币需求减少，进而利率有所下降，投资需求增加，而利率的下降又使汇率下降（这是因为利率下降引起资本外流，增加了对外币的需求，促使本币贬值），收入和汇率下降又使净出口增加（收入下降使进口减少，本币贬值使出口增加）。

（4）若其他条件不变，货币供给增加 20，则 LM 方程变为：

$$\frac{M}{P}=L\Rightarrow 600+20=0.162\,5y-1\,000r$$

求解得新的 LM 方程：$y=3\,815+6\,154r$。

将 IS 方程和新的 LM 方程联立：

$$\begin{cases}y=4\,338-6\,757r\\ y=3\,815+6\,154r\end{cases}$$

求解得新的均衡为：

$$r=0.04,\ y=4\,061$$
$$c=80+0.63y=80+0.63\times4\,061=2\,638$$
$$i=350+0.1y-2\,000r=350+0.1\times4\,061-2\,000\times0.04=676$$
$$EP_f/P=0.75+5r=0.75+5\times0.04=0.95$$
$$nx=500-0.1y-100(EP_f/P)=500-0.1\times4\,061-100\times0.95=-1.1$$

可见，由于货币供给增加 20，利率下降了（0.05→0.04），投资增加了（650→676），因而收入增加了（4 000→4 061），从而消费也增加了（2 600→2 638），汇率下降了（1→0.95），净出口减少了（0→−1.1）。

9. **【答案】** 根据题干可知，政策的目的是在维持均衡产量 $y=4\,000$ 不变的情况下使均衡利率由 5%下降到 3%。显然这应该是扩张性货币政策和紧缩性财政政策的结合，即 IS 曲线向左下方移动和 LM 曲线向右下方移动相结合。

根据条件可知，$P=1$，在保持 $y=4\,000$ 不变的情况下，要使利率从 5%降为 3%，平行移动 LM 获得新的 LM 方程：

$$\frac{M}{P}=L\Rightarrow\frac{M}{1}=0.162\,5y-1\,000r=0.162\,5\times4\,000-1\,000\times0.03\Rightarrow M=620$$
$$\Delta M=620-600=20$$

因此，新的 LM 方程应当是 $0.162\,5y-1\,000r=620$，整理得：

$$y=3\,815+6\,154r$$

同理，在保持 $y=4\,000$ 不变的情况下，要使利率从 5%降为 3%，平行移动 IS 曲线，新的均衡公式为：

$$\begin{aligned}y&=c+i+g+nx\\ &\Rightarrow 4\,000=80+0.63\times4\,000+350-2\,000\times0.03+0.1\times4\,000+g\\ &\quad +500-0.1\times4\,000-100(0.75+5\times0.03)\end{aligned}$$

求解得：$g=700$。

因此，新的 IS 方程为：

$$\begin{aligned} y &= c+i+g+nx \\ &= 80+0.63y+350-2\,000r+0.1y+700+500-0.1y-100(0.75+5r) \end{aligned}$$

解得：

$$0.37y=1\,555-2\,500r \Rightarrow y=4\,202.7-6\,756.8$$

由于利率下降，因此，汇率降低，变为 $EP_f/P=0.75+5r=0.75+5\times0.03=0.9$。

净出口变为 $nx=500-0.1y-100(EP_f/P)=500-0.1\times4\,000-100\times0.9=10$，即净出口从 0 增加为 10，这是因为汇率下降，本币贬值，出口增加而进口未变动（收入未变化）。

政府预算变化：$\Delta BS=-\Delta g=750-700=50$，即预算盈余增加了 50，这是因为收入未变从而税收不变，但政府支出减少了，从 750 降为 700。

投资变为 $i=350+0.1y-2\,000r=350-2\,000\times0.03+0.1\times4\,000=690$，即从原来的 650 增至 690，这是利率下降的结果。

10.【答案】(1) 由均衡收入条件 $y=c+i+g+nx$ 和其他条件可知：

$$\begin{aligned} y &= c+i+g+nx=470+0.9y_d+600-3\,000r+700+400-0.09y-1\,000r \\ &= 2\,170+0.9(y-ty)-0.09y-4\,000r \\ &\Rightarrow 5\,000=2\,170+0.9\times(5\,000-0.2\times5\,000)-0.09\times5\,000-4\,000r \end{aligned}$$

化简求解得：$r=0.08$。

(2) 货币市场均衡为：

$$\frac{M}{P}=L\Rightarrow\frac{2\,580}{P}=0.8y-7\,000r=0.8\times5\,000-7\,000\times0.08$$

化简求解得：$P=0.75$。

(3) 在 $y=5\,000$，$y_d=4\,000$ 和其他条件不变时，若政府支出减少到 620，则由 $y=c+i+g+nx$ 可得：

$$5\,000=470+0.9\times4\,000+600-3\,000r+620+400-0.09\times5\,000-1\,000r$$

化简求解得：$r=0.06$。

将 $r=0.06$ 代入货币市场均衡条件，得：

$$\frac{M}{P}=L\Rightarrow\frac{2\,580}{P}=0.8y-7\,000r=0.8\times5\,000-7\,000\times0.06$$

化简求解得：$P=0.72$。

(4) 若货币供给减少到 1 720，在其他条件不变的情况下，由于价格具有伸缩性，因而均衡利率仍然为 $r=0.08$，代入货币市场均衡条件得：

$$\frac{M}{P}=L\Rightarrow\frac{1\,720}{P}=0.8y-7\,000r=0.8\times5\,000-7\,000\times0.08$$

化简求解得：$P=0.5$。

在价格具有伸缩性的情况下，货币供给减少只会降低价格水平，而不会影响利率和产出水平。

11.【答案】(1) 由 $y=c+i+g+nx$ 得：

$$y=50+0.8(y-0.25y)+400-200r+0.2y+200+50-0.05y$$

解得 IS 曲线方程：

$$y=2\ 800-800r$$

由 $M/P=L$ 得：

$$600/1=0.5y+200-100r$$

解得 LM 曲线方程：

$$y=200r+800$$

联立 IS 与 LM 方程，解得 $y=1\ 200$，$r=2$。

均衡时的消费：$c=50+0.8\times(1\ 200-0.25\times1\ 200)=770$。

均衡时的投资：$i=400-200\times2+0.2\times1\ 200=240$。

(2) 政府支出增加 125，则新的 IS 方程为：$y=3\ 300-800r$。

与 LM 方程联立解得新的均衡：$y=1\ 300$，$r=2.5$。

被挤出的投资 $=200\times\Delta r=200\times(2.5-2)=100$。

【提示】 新均衡时投资为 $i=400-200\times2.5+0.2\times1\ 300=160$，$\Delta i=160-240=-80$。

本题中的投资函数包括两个自变量，利率和收入，总的 Δi 也就包括两部分：(1) 利率上升导致投资减少的挤出部分，记为 $\Delta i_1=-200\times(2.5-2)=-100$；(2) 收入上升导致投资增加的部分，记为 $\Delta i_2=0.2\times(1\ 300-1\ 200)=20$。$\Delta i=\Delta i_1+\Delta i_2=-100+20=-80$。但只有其中的 Δi_1 是挤出效应，因为挤出效应的定义就是由于政府支出增加导致利率上升，被利率上升挤出的私人投资。

(3) 当政府支出增加 125，而利率保持 $r=2$ 不变时，产出为 $y=1\ 700$。

货币需求：$L=0.5y+200-100r=850+200-200=850$。

所以新的货币供给为 850，货币供给需要增加 250。

此时的消费为 1 070，投资为 340。

12.【答案】(1) 产品市场均衡为：

$$\begin{aligned}y&=c+i+g\\&=130+0.63y-1\ 000r+750-2\ 000r+750\\&\Rightarrow 0.37y=1\ 630-3\ 000r\end{aligned}$$

化简求解得 IS 方程：$r=0.543-0.000\ 123y$。

如果消费不受利率影响，则消费函数为：

$$c=130+0.63y$$

代入产品市场均衡公式：

$$
\begin{aligned}
y &= c+i+g \\
&= 130+0.63y+750-2\,000r+750 \\
&\Rightarrow 0.37y=1\,630-2\,000r
\end{aligned}
$$

化简求解得 *IS* 方程：$r=0.815-0.000\,185y$。

当消费受到利率影响时，*IS* 曲线的斜率为 $-0.000\,123$；当消费不受利率影响时，*IS* 曲线的斜率为 $-0.000\,185$。$0.000\,123<0.000\,185$，即前者斜率的绝对值小于后者斜率的绝对值，因而消费取决于利率时的 *IS* 曲线比消费不取决于利率时的 *IS* 曲线要平缓一些。这是因为在前一种情况下，利率的变动不仅影响投资，还影响消费，例如，利率下降 1% 时，不但投资会增加，消费也会增加，从而总需求增加得更多，因而 *IS* 曲线更平缓，斜率的绝对值更小。

（2）由于消费取决于利率时的 *IS* 曲线要平缓一些，因此，当增加政府支出时，利率上升，不仅会挤出私人投资，而且会挤出私人消费，从而政府支出对 GDP 的影响同消费不取决于利率时的情况相比更小，即政策效果更小。（数字的例证可由读者自己给出。）

13. **【答案】**

$$
\begin{aligned}
y &= c+i+g+nx \\
&= 80+0.63y+750-2\,000r+0.1y+750-0.1(y-y^*)+425-0.1y-500r \\
&= 2\,405+0.53y-2\,500r \\
&\Rightarrow 0.47y=2\,405-2\,500r
\end{aligned}
$$

化简求解得 *IS* 方程：$r=0.962-0.000\,188y$。

这时 *IS* 曲线的斜率为 $-0.000\,188$。

当政府支出 g 作为外生变量 750 存在时，代入均衡公式有：

$$
\begin{aligned}
y &= c+i+g+nx \\
&= 80+0.63y+750-2\,000r+0.1y+750+425-0.1y-500r \\
&= 2\,005+0.63y-2\,500r
\end{aligned}
$$

化简求解得 *IS* 方程：$r=0.802-0.000\,148y$。

这时 *IS* 曲线的斜率为 $-0.000\,148$。

显然，当政府支出为模型的内生变量时，*IS* 曲线斜率的绝对值更大，曲线更陡峭。这是因为，当政府支出为内生变量时，如在本模型中 $g=750-0.1(y-y^*)$，在经济繁荣时，政府支出 g 会自动减少，而在经济衰退时，政府支出 g 会自动增加，这等于政府支出也起到了自动稳定作用，或者说，在相同的利率变动下，由于自动稳定作用，收入波动会小一些，因而 *IS* 曲线会更陡峭。

14. **【答案】**（1）当政府将个人所得税税率从 t_1 降至 t_2 时，会刺激投资增加，导致收入增加，从而会导致 *IS* 曲线向右移动，如图 17-17 所示。同时，税收下降所导致的投资增加会导致利率上升，因此，在利率—总产量坐标空间中表现为利率与产出的同时上升。由于降低税收属于财政政策的范畴，因此 *LM* 曲线不受影响。

可以由 *IS*—*LM* 曲线推出 *AD* 曲线，从而得到在价格—总产量坐标空间中的图形（见图 17-18）。降低税率的财政政策会导致 *AD* 曲线向右移动，从而价格和产量同时上升。

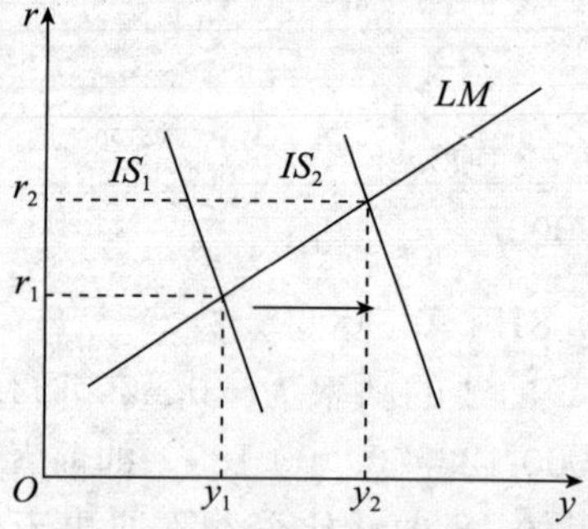

图 17-17 **IS—LM 模型**

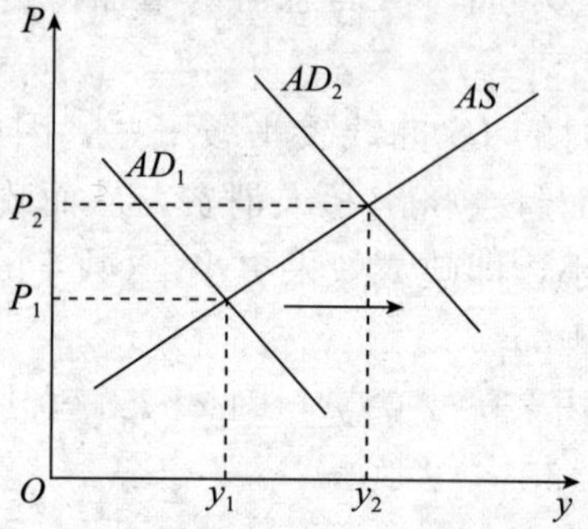

图 17-18 **AD—AS 模型**

(2) 利率和投资都会上升。政府减税会降低投资的成本，从而刺激投资增加，这又会推动利率上升。

(3) 传导机制为税率降低→投资成本下降→投资增加→GDP 增加→货币需求增加→利率上升。原因在于 $m=L(y)+L(r)$，因为 GDP 增加且 $L'(y)\geqslant 0$，所以当 $L(y)$ 增加时，为了保证经济处于平衡路径上，必须有 $L(r)$ 下降，又因为 $L'(r)<0$，所以利率必须上升。

15.【答案】(1) 当法定准备金率为 7%时，法定准备金为 20×7%=1.4（万亿元）。

当法定准备金率提高到 7.5%时，法定准备金为 20×7.5%=1.5（万亿元）。

因此，法定准备金率提高 0.5 个百分点，则法定准备金提高 1 000 亿元。

(2) 商业银行的超额准备金 E 由 1.6（=3−1.4）万亿元下降到 1.5（=3−1.5）万亿元。同时，超额准备金率 $e=\dfrac{E}{D}$由 8%下降到 7.5%。

假设货币供给为 M，在法定准备金率为 7%时，$M=20\times\dfrac{1}{7\%+8\%}=\dfrac{400}{3}$（万亿元）。

若提高法定准备金率，则 $M'=20\times\dfrac{1}{7.5\%+7.5\%}=\dfrac{400}{3}$（万亿元）。

因此，货币供给不变。

16.【答案】(1) 新存款=上一轮的新贷款；新贷款=新存款×(1−0.2)；新准备金=新存款×0.2；货币增加量=新存款=上一轮的新贷款；累计的货币增加量=上一轮累计的货币增加量+本轮货币增加量。

第 n 轮	新存款（元）	新贷款（元）	新准备金（元）	货币增加量（元）	累计的货币增加量（元）
1	1 000	800	200	1 000	1 000
2	800	640	160	800	1 800
3	640	512	128	640	2 440
4	512	409.6	102.4	512	2 952
5	409.6	327.68	81.92	409.6	3 361.6
6	327.68	262.14	65.54	327.68	3 689.28

（2）在 6 轮结束后，货币总共增加了 3 689.28 元。

（3）货币乘数 $=\frac{1}{r_d}=\frac{1}{0.2}=5$（$r_d$ 为法定准备金率）。

（4）在整个过程结束后，货币总共增加了 $D=R/r_d=1\ 000\times5=5\ 000$（元）。

六、论述题

1.【答案】（1）债券增加说明央行在公开市场上购买政府债券，从而向市场注入了基础货币，进而增加了经济的总需求，起到调节宏观经济的作用。这一政策有以下几个关键环节：名义货币供给增加，在保持物价水平不变的条件下，会导致实际货币供给增加；在货币需求来不及迅速调整的情况下，货币市场的均衡被打破，有超额货币供给存在，因而市场利率会下降；由于投资需求是利率的减函数，因而利率下降必然会导致投资需求增加，从而增加经济的总需求。

（2）通过上述分析可知，在货币政策传导过程中可能遇到以下干扰：

①货币供给增加通常会导致物价水平上升，甚至可能是同比例上升，从而导致实际货币供给不变。货币市场仍维持均衡，这样就达不到调节经济的目的。

②当经济处于极端凯恩斯区域时，人们的投机需求无限大，人们不管有多少货币都只愿意持有在手中，因而利率不变，这时货币政策也会失效。

③当投资对利率没有弹性时，利率下降但是投资需求不会增加。

④货币政策传导过程中的时滞也会影响政策效果。货币政策的传导链较长，需要经过较长时间才能发挥作用，而在这期间经济形势会有所变化，这将影响货币政策效果。

货币政策传导链条较长，各个环节都存在一定的不确定性，因此货币政策效果依赖于经济的货币政策传导机制。只有在满足一定条件的情况下，特定的货币政策才能达到预期效果。

2.【答案】供给学派是 20 世纪 70 年代在美国兴起的一个经济学流派。该学派强调经济的供给方面，认为需求会自动适应供给的变化，因而得名。

供给学派宏观经济政策的主要特征包括：

（1）恢复萨伊定律，主张供给自动创造需求。供给学派认为，在供给和需求的关系上，供给居于首要的、决定的地位。社会的购买能力取决于社会的生产能力，而社会的生产能力就是社会的供给能力，人们在向社会提供商品的过程中自然会创造出多方面的需求。社会的供给能力越强，需求就越大，在信用货币制度下，不会出现因购买力不足而产生商品过剩的问题。供给学派不仅把萨伊定律奉为其理论和政策的基础，而且以此为武器，否定凯恩斯主义需求决定供给的理论和需求管理政策，他们认为经济发生滞胀完全是由需求管理政策造成的，是需求过度和供给衰退的必然结果，其祸根就是凯恩斯需求决定供给的理论，因此必须坚决摈弃。

(2) 降低税率，刺激供给。他们认为，供给能自动创造需求，而生产要素的投入取决于各种刺激。这些刺激应以提高储蓄率、投资率为目标，以鼓励企业家冒险和创业。供给学派认为，在所有的刺激中，税率的变动是最重要、最有效的因素。税率变动影响着劳动力的供应及其结构，影响着储蓄、投资以及各种有形的经济活动。因为人们进行经济活动的最终目的虽然是获取收益，但他们所关心的不是收入总额，而是纳税后可支配的收入净额，因此税率特别是边际税率是关键的因素。提高税率，则人们的净收入减少；降低税率，则人们的净收入增加。经济主体考虑是否增加活动，主要看由此带来的净收入增量是否合算。高税率因减少人们的净收入而挫伤劳动热情，缩减储蓄，致使利率上升、投资萎缩，进而生产增长缓慢，商品供给不足。而减税则具有与上述相反的作用。

供给学派认为减税不仅能将国民收入更多地积累在企业和个人手里，用以扩大储蓄与投资，增加供给，而且不会影响政府的税收收入。因为决定税收总额的因素不仅是税率的高低，更重要的是课税基数的大小。高税率不一定使税收额增加，却常因压抑了经济主体的活动而缩减了课税基数，反而使税收额减少。供给学派常用著名的“拉弗曲线”来说明税收与税率之间的函数关系。

(3) 降低政府开支。供给学派主张减少税收，同时主张缩减政府开支，以便从另一方面刺激人们的劳动积极性，并控制政府的支出。

(4) 放松政府干预，加强市场调节。供给学派从萨伊定律出发，认为在自由竞争的市场经济中供求总是均衡的。他们宣扬企业家的创业精神和自由经营活动是促进生产、增加供给的关键因素，而自由竞争的市场经济是企业家施展才能的最佳经济体制，在市场机制的充分作用下，各种经济变量都能自动趋于均衡，保证经济长期稳定发展。国家干预不仅会破坏市场经济的自动调节机制，而且往往由于干预不当而损害经济中的供给力量。特别是政府对经济的干预和调节往往服从于政党之间的争斗，这种短期化行为会对供给产生持久的破坏作用。因此，政府过多地干预经济对国民经济有害而无益。

(5) 主张限制性货币政策。对于通货膨胀，供给学派认为，解决的根本办法是使美元重新与黄金挂钩，实行某种形式的金本位制，以便降低人们对通货膨胀的预期，稳定经济。因此，该学派主张实行限制性货币政策。

第 18 章

蒙代尔-弗莱明模型

重难点提示

本章的重难点包括：名义汇率与实际汇率；国际收支平衡；蒙代尔-弗莱明模型。

内容精要

一、 汇率及汇率制度

汇率是一个国家的货币折算成另一个国家货币的比率。

汇率表示的是两个国家货币之间的互换关系，这种关系被称为名义汇率。

汇率标价方法：

(1) 直接标价法是指用一单位的外国货币作为标准，折算为一定数额的本国货币来表示的汇率，即汇率 e＝本币数额/外币数额。

(2) 间接标价法是指以一单位本国货币为标准，折算为一定数额的外国货币来表示的汇率，即汇率 e＝外币数额/本币数额。

本书除非另有说明，否则都采用间接标价法。

【补充】关于直接标价法与间接标价法，更为形象具体的解读，可关注微信公众号“王海滨老师”，点击菜单栏“精品文章/精品文章合集/这样解读名义/实际汇率，你看一眼就忘不了”，或微信扫描二维码查看。

汇率制度：

(1) 固定汇率制是指一国货币同他国货币的汇率基本固定，其波动局限在一定的幅度之内。

(2) 浮动汇率制是指一国不规定本国货币与他国货币的官方汇率，听任汇率由外汇市场的供求关系自发地决定。

①自由浮动（清洁浮动）：中央银行对外汇市场不采取任何干预措施，汇率完全由外汇市场的供求力量自发地决定。

②管理浮动（肮脏浮动）：实行浮动汇率制的国家对外汇市场进行各种形式的干预，主要是根据外汇市场的供求情况售出或购入外汇，以通过影响外汇供求来影响汇率。

汇率的决定：在自由浮动制度下，汇率取决于外汇供求并影响外汇供求。

实际汇率：两国产品的相对价格，表示按什么比率用一国的产品交换另一国的产品。

实际汇率用公式表示为$\varepsilon=e\times\frac{P}{P_f}$。

如果实际汇率高，外国产品就相对便宜，而国内产品就相对昂贵。如果实际汇率低，外国产品就相对昂贵，而国内产品就相对便宜。

二、国际收支平衡

1. 净出口函数

影响净出口的因素有很多，汇率和国内收入水平是两个最重要的影响因素。

净出口函数为$nx=\alpha-\gamma y-ne\times\frac{P}{P_f}$，为强调实际汇率对净出口的影响，一般简写为$nx=nx(\varepsilon)$。

2. 资本净流出函数

资本净流出是指本国居民购买的外国资产与外国居民购买的本国资产之间的差额。

实际利率是影响资本净流出较重要的因素，资本净流出函数一般写为$CF=CF(r)$，资本净流出与实际利率负相关。

3. 净出口＝资本净流出

假设$nx>0$，本国居民持有外币，会有4种可能的使用方式：（1）把外币持在手中，相当于对外国的投资；（2）购买国外股票（债券），属于资本净流出；（3）购买外国产品（服务），形成进口，抵消了出口；（4）兑换为本币，这相当于由本国银行持有外币。无论哪种情况，最后都会有$nx=CF$。

三、蒙代尔-弗莱明模型

蒙代尔-弗莱明模型考察的经济是资本完全流动的小型开放经济。

假设条件：（1）国际资本流动迅速使得国内利率等于世界利率，即$r=r_w$。

（2）国内物价水平和国外物价水平都是固定的，因此，实际汇率与名义汇率是同比例变化的。

蒙代尔-弗莱明模型由IS^*曲线与LM^*曲线综合而成：

$$y=c(y)+i(r_w)+g+nx(e) \qquad IS^*$$

$$\frac{M}{P}=L(r_w,y) \qquad LM^*$$

四、浮动汇率制下的财政政策和货币政策

扩张性财政政策使 IS^* 曲线右移，均衡收入不变，汇率上升，净出口减少，如图 18-1（a）所示。

扩张性货币政策使 LM^* 曲线右移，均衡收入上升，汇率下降，净出口增加，如图 18-1（b）所示。

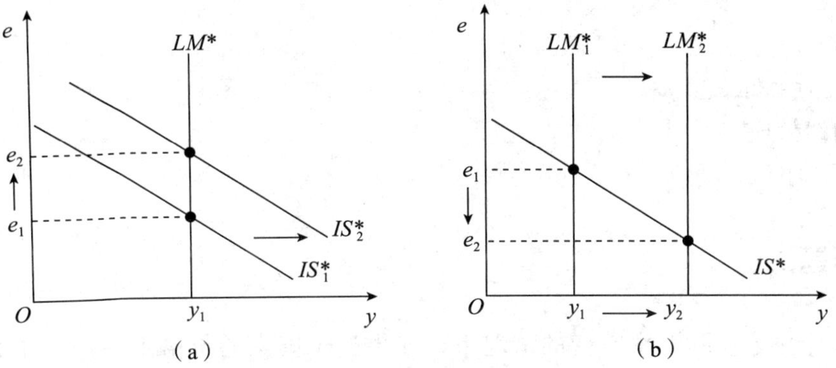

图 18-1　浮动汇率制下的财政政策与货币政策效应

五、固定汇率制下的财政政策和货币政策

扩张性财政政策使 IS^* 曲线右移，均衡收入不变，汇率上升，净出口减少；接着央行为稳定汇率，必然引起货币扩张，使得均衡收入上升，汇率回调，净出口增加。最终，扩张性财政政策使得均衡收入增加，汇率不变，净出口不变，如图 18-2（a）所示。

扩张性货币政策使 LM^* 曲线右移，均衡收入上升，汇率下降，净出口增加；接着央行为稳定汇率，必然引起货币收缩，使得均衡收入下降，汇率回调，净出口减少。在固定汇率制下，货币政策是无效的，如图 18-2（b）所示。

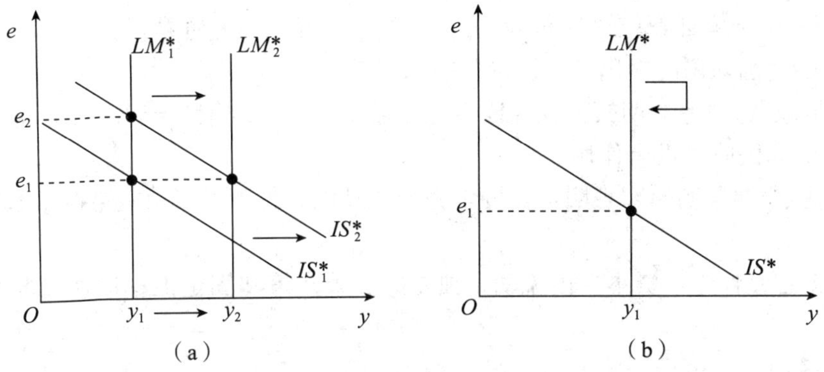

图 18-2　固定汇率制下的财政政策与货币政策效应

习题精编[①]

一、 名词解释

1. 实际汇率
2. 汇率
3. 汇率制度
4. 购买力平价
5. J曲线效应
6. 三元悖论

二、 判断题

1. 在一个国家实际汇率不变的情况下，如果这个国家的价格水平相对于其他国家大幅上涨，那么其名义汇率也会随之上涨。

2. 一国的净出口为零意味着该国为封闭经济体。

3. 如果出口量和进口量对汇率的变化非常敏感，就不会出现J曲线效应。

4. 浮动汇率就是指央行可以随时根据需要变动汇率，而固定汇率则是指央行把汇率固定下来不再变动。

5. 汇率贬值就是指用本国货币表示的外国货币的价格上升了。

6. 名义汇率的变动都产生于物价变动，因此，通货膨胀率相对较高的国家货币相对便宜。

7. 若其他条件不变，日元对美元升值将导致美国减少对日本商品的进口，增加对日本商品的出口。

8. 若一国货币长期以来不断升值，那么对该国是不利的。

9. 任何一个国家都不应该实行贸易保护主义政策，因为贸易保护最终只会带来汇率上升，并不能增加该国的净出口以及国民收入。

10. 根据蒙代尔-弗莱明模型，在固定汇率制下，财政政策对产出水平的效果明显，而货币政策却对国民收入没有作用。

11. 蒙代尔-弗莱明模型表明，在资本完全流动的条件下，货币政策在浮动汇率制下的作用较小。

12. 根据三元悖论，资本自由流动、独立的货币政策和固定汇率制这三者不可能同时实现。

---

① 开放经济的知识点较多，蒙代尔-弗莱明模型只是其中一个比较核心的知识点。除此之外还有不少知识点也在主流院校考研命题范围，为了备考的需要，本章习题部分酌情添加了一些其他知识点的习题，这些习题全部来自各大主流院校历年考研真题。考虑到读者对这些知识点的基础知识可能了解较少，此类题的答案都写得较为详细。

13. 某国海关对进口产品进行检查时设定高壁垒，这会导致本国净出口增加，收入增加，汇率上升。

14. 在浮动汇率制下，一国国际收支可自动得到调整，不需要任何政府调节。

15. 一国政府在购买美元时所采取的中立化政策是在公开市场上出售债券。

16. 中央银行在外汇市场上购买美元时，本国的货币供给量就减少了。

17. 在浮动汇率制下，中央银行对外汇市场的干预，可减弱浮动汇率制的隔离效果。

18. 美国的利率越高，汇率就越朝着美元贬值的方向变化。如此的话，人们就不愿意投资于美国的债券。

19. 对于小型完全开放经济，国内政府购买水平的变化与国内的投资水平无关。

20. 在固定汇率制、资本完全流动条件下，货币政策短期有效，长期无效。

21. 扩张性财政政策在固定汇率制下要比在浮动汇率制下更有效。

三、 选择题

1. 若一国的消费点在生产可能性曲线之外，则合理的解释是（　　）。

A. 该国提高了劳动生产率　　B. 存在对外贸易

C. 该国通过制定政策刺激经济　　D. 不能确定

2. 以下哪项陈述最为正确？（　　）

A. 规模经济决定了各国的比较优势

B. 规模经济不能决定各国的比较优势，而是将现有的比较优势转变为低价格以及产出与贸易的扩大

C. 外部经济可以比内部经济更好地解释比较优势，因为外部经济意味着其他竞争公司产出的扩大

D. 比较优势可以通过内部经济得到最好的解释，因为后者导致了公司生产率的提高和成本的降低

3. 对欧元和美元两种货币来说，如果欧元的汇率上升，那么美元的汇率将（　　）。

A. 上升　　B. 下降

C. 不一定，尚需考虑其他因素　　D. 两者之间没有关系

4. 对英镑、美元和人民币三种货币来说，如果英镑兑美元的汇率上升，同时人民币兑美元的汇率也上升，那么英镑兑人民币的汇率将（　　）。

A. 上升　　B. 下降

C. 不确定，尚需考虑其他因素　　D. 两者之间没有关系

5. 在直接标价法下，汇率下降表示（　　）。

A. 一单位的外币只能兑换较少的本币，外国货币贬值或本国货币升值

B. 一单位的外币只能兑换较少的本币，外国货币升值或本国货币贬值

C. 一单位的外币可以兑换更多的本币，外国货币升值或本国货币贬值

D. 一单位的外币可以兑换更多的本币，外国货币贬值或本国货币升值

6. 下列哪一项能引起美元升值？（　　）

A. 外国对美国的出口需求上升　　B. 美国的进口需求上升

C. 美国实施扩张性货币政策　　D. 美国实施紧缩性财政政策

7. 在外汇市场中假设存在以下四种主体：①进口国外商品的美国厂商；②向美国慈善机构捐款的外国人；③到国外旅游的美国人；④获得美国公司股息的外国人。其中是美元的需求者的是（　　）。

A. ①②　　B. ②　　C. ②③　　D. ②④

8. 如果在美国，一辆汽车价格上涨 5%，那么当加拿大元贬值时，在加拿大，进口美国汽车的价格（　　）。

A. 上升大于 5%　　B. 上升 5%

C. 上升小于 5%　　D. 下跌 5%

9. 决定国际资本流动的主要因素是各国的（　　）。

A. 收入水平　　B. 利率水平

C. 价格水平　　D. 进出口差额

10. 如果德国在美国大量出售股票和债券，然后将资金用于购买本国（德国）商品，对美元造成的短期影响是（　　）。

A. 美元汇率趋于下降（贬值）　　B. 美元汇率趋于上升（升值）

C. 对美元汇率没有影响　　D. 对美元汇率的影响是不确定的

11. 一国的贸易盈余表示该国（　　）。

A. 消费超过产出且净出口盈余　　B. 消费超过产出且净出口赤字

C. 消费低于产出且净出口盈余　　D. 消费低于产出且净出口赤字

12. 边际进口倾向的上升（　　）。

A. 将使开放经济的乘数减小　　B. 将使国内消费品支出曲线向上移动

C. 将改变国内消费品支出曲线的斜率　　D. 将使开放经济的乘数增大

13. 一价定律通过（　　）被实现。

A. 政府　　B. 生产者　　C. 消费者　　D. 套利者

14. 政府采取紧缩性的财政和货币政策后，对本国的国内外均衡会产生一定的影响，下列哪项所述的影响是不可能出现的？（　　）

A. 国内失业率上升　　B. 国际收支状况恶化

C. 资本外流减少　　D. 投资减少

15. 当实际汇率保持不变时，如果外国相对于本国的通货膨胀率高，则随着时间的推移，（　　）。

A. 本国货币将相对于他国货币贬值　　B. 本国货币将相对于他国货币升值

C. 两国的相对物价比将不变　　D. 无法确定两国币值的相对变化

16. 假设美国的通货膨胀率为 10%，英国的通货膨胀率为 12%，若美元兑英镑的名义汇率升值了 3%，那么美元兑英镑的实际汇率升值了（　　）。

A. 1%　　B. 13%　　C. 15%　　D. 25%

17. 一辆很酷的智能自行车在美国卖 300 美元而在英国卖 150 英镑，如果购买力平价成立，那么美元兑英镑的名义汇率是 1 美元兑（　　）英镑。

A. 0.5　　B. 1　　C. 2　　D. 2.5

18. 某实施浮动汇率制的开放经济小国符合蒙代尔-弗莱明模型。给定其他条件不变，当增加国内税收时，会导致（　　）。

A. 总收入下降，本国货币升值，贸易余额上升

B. 总收入不变，本国货币升值，贸易余额下降

C. 总收入上升，本国货币贬值，贸易余额上升

D. 总收入不变，本国货币贬值，贸易余额上升

19. 一个实行浮动汇率制的小型开放经济，在经济面临衰退时，可通过（　　）政策缓解经济衰退。

A. 增加政府购买　　B. 减少税收

C. 增加财政对个人的转移支付　　D. 增加货币供给

20. 如果美联储宣布 1 美元兑 100 日元，而外汇市场均衡汇率为 1 美元兑 80 日元，则下列哪一项是错误的？（　　）

A. 美联储将允许货币供给减少，以保证均衡汇率等于所宣布的汇率

B. 套利者会在外汇市场上将美元换成日元，再把日元卖给美联储，以从中套利

C. 套利者会在外汇市场上将日元换成美元，再把美元卖给美联储，以从中套利

D. 由于套利者的行为，美元的货币供给会自动减少

21. 在资本完全流动的条件下，如果一国经济可以用浮动汇率的蒙代尔-弗莱明模型准确描述，那么，在均衡状态下，给定其他条件不变，当增加国内税收时，会导致（　　）。

A. 总收入下降，实际汇率上升，贸易余额上升

B. 总收入不变，实际汇率上升，贸易余额下降

C. 总收入上升，实际汇率下降，贸易余额上升

D. 总收入不变，实际汇率下降，贸易余额上升

22. 假设一个开放经济的小型经济实行的是固定汇率制，资本可以自由流动，要想达到 IS^* 曲线先左移，然后 LM^* 曲线左移的效果，那么最有效的政策是（　　）。

A. 减少税收　　B. 增加政府支出

C. 削减政府支出　　D. 本币贬值

23. 根据蒙代尔-弗莱明模型，当资本完全流动时，货币政策在以下某种汇率制度下作用的大小可以表述为（　　）。

A. 固定汇率，较大　　B. 固定汇率，有作用

C. 浮动汇率，较大　　D. 浮动汇率，不起作用

24. A 国由于自身劳动生产率较高而出现国际收支盈余，假设 A 国国内经济处于均衡状态，要使该国经济总体恢复平衡，最适合采用下列哪项宏观调节政策？（　　）

A. 紧缩性财政政策

B. 紧缩性货币政策

C. 扩张性财政政策与紧缩性货币政策

D. 本币升值

25. 2008 年，美国的失业率为 5.8%，同时贸易逆差达到 7 000 亿美元，要想同时改善这两点，最适宜的宏观调节政策是（　　）。

A. 增加政府的财政支出　　B. 扩大货币供给总量

C. 降低税率　　D. 降低汇率，使本币贬值

26. 汇率自由浮动，在政府不加干预的情况下，若一国国内收入增加，（　）。

A. 将导致对该国货币需求的增加而使货币升值

B. 该国进口将增加，国际收支出现赤字而使货币贬值

C. 将缩减对国内外商品的消费，使国际收支有所改善

D. 以上答案都不正确

27. 在外汇市场上，一国货币兑美元的市场交易汇率为1/8。在国内购买一篮子商品X的成本为3 000单位本国货币，在美国购买相同的一篮子商品X的采购成本为600美元，根据购买力平价说，该国货币兑美元的名义汇率偏离其真实汇率（　）。

A. ＋60％　　B. ＋37.5％　　C. －60％　　D. －37.5％

28. 在小型开放经济中，如果出口额为200亿美元，进口额为300亿美元，而国际收支是平衡的，那么资本净流出等于（　）亿美元。

A. －100　　B. 250

C. －250　　D. 100

29. 对于一个国际收支平衡的国家，如果净出口为正，那么下列陈述中哪一项是错误的？（　）

A. 国内产出大于国内支出　　B. 国内储蓄大于国内投资

C. 资本净流出为正　　D. 存在贸易赤字

30. 在所谓的小型开放经济中，"小型"是指（　）。

A. 这个国家的经济活动对世界利率的影响微不足道，是世界利率的接受者

B. 人口很少

C. 国土面积小

D. GDP总量小

31. 在小型开放经济中，下列哪一种利率等于世界利率？（　）

A. 实际利率

B. 名义利率

C. 实际利率和名义利率

D. 取决于汇率是固定汇率还是浮动汇率

32. 对于小型开放经济来说，当世界利率高于封闭经济的储蓄和投资所决定的利率时，该小型经济就会产生（　）。

A. 贸易赤字　　B. 贸易盈余　　C. 贸易平衡　　D. 无法确定

33. 考虑以下小型开放经济的数据：$y=1\ 000$，$c=700$，$g=150$，$i=250-1\ 000r$。如果世界利率$r_w=5\%$，那么小型开放经济的净出口为（　）。

A. 50　　B. －50　　C. 150　　D. －150

34. 在开放经济中，下列为政府宏观政策的最终目标的是（　）。

①国际收支平衡

②不存在贸易逆差或顺差

③经济持续均衡增长

④消除较大的通货膨胀

A. ②③④　　B. ①③④　　C. ①②③　　D. ①②④

35. 在四部门经济中，若投资、政府购买、税收、出口和进口都增加，则均衡收入（　　）。

A. 必然增加　B. 不变　C. 必然减少　D. 不能确定

36. 单纯从经济学观点来看，最好的关税税率应（　　）。

A. 使国内外的同类商品价格相等

B. 不至于引起国外的贸易报复

C. 使国际收支达到平衡

D. 为零

37. 一国货币贬值的影响是（　　）。

A. 出口产品价格上升　B. 进口产品价格上升

C. 出国旅游成本下降　D. 资本流入

38. 根据小型开放经济的蒙代尔-弗莱明模型，在浮动汇率制下，消费者增加对进口商品购买的影响是（　　）。

A. LM^* 曲线向右移动　B. IS^* 曲线向右移动

C. 央行出售本国通货　D. 产出不变

39. 根据小型开放经济的蒙代尔-弗莱明模型，在固定汇率制下，消费者增加对进口商品购买的影响是（　　）。

A. LM^* 曲线向右移动　B. IS^* 曲线向右移动

C. 央行出售本国通货　D. 产出下降

40. 央行售出本国货币，购买外国资产将会导致（　　）。

A. 国际储备增加，本国货币供给增加

B. 国际储备减少，本国货币供给减少

C. 国际储备增加，本国货币供给减少

D. 国际储备减少，本国货币供给增加

41. 在开放经济条件下，一国实施固定汇率制，在长期内，哪种经济政策会失效？（　　）

A. 公开市场业务　B. 减税

C. 放宽行业准入壁垒　D. 抵押贷款

四、 简答题

1. 比较进口配额与关税对经济影响的异同。

2. 简述出口补贴的福利效应。

3. 在一个开放经济体中，消费者对经济增长信心下降。用浮动汇率制下的蒙代尔-弗莱明模型画图说明该变化对产出、汇率、利率及贸易余额的短期影响。

4. 什么是国际收支的 J 曲线？

5. 简述三种导致汇率变化的因素。

6. 为什么本国货币升值会使进口增加、出口减少？

7. 汇率变动和净出口变动之间有什么相互影响？

8. 均衡汇率是如何决定的？

9. 下列各经济参与者，哪些在外汇市场上可能是美元的供给者，哪些可能是美元的需求者？

（1）在欧洲旅行的美国人。

（2）想购买美国公司股票的德国投资者。

（3）向美国出口商品的中国企业。

（4）在美国旅行的巴西游客。

（5）从美国进口货物的德国企业。

（6）想在澳大利亚购置房产的美国投资者。

10. 说明下列因素使美元升值还是贬值。

（1）日本的利率升高。

（2）德国的经济增长速度加快。

（3）美国的通胀率增高。

（4）美国的紧缩性货币政策。

（5）美国的扩张性财政政策。

11. 假设欧盟大米每蒲式耳卖 100 欧元，日本大米每蒲式耳卖 16 000 日元，且名义汇率为 1 欧元兑 100 日元。

（1）解释你可以如何从这种情况中赚到利润。每蒲式耳大米能赚多少利润？如果其他人利用同样的机会，日本和欧盟的大米价格会怎样变动？

（2）假设大米是世界上唯一的商品，欧盟和日本之间的实际汇率会发生什么变动？

12. 政府稳定汇率的代价是什么？政府试图稳定汇率时通常是怎么做的以及会遇到什么障碍？为什么国际合作很重要？如果政府试图把汇率维持在非均衡水平上，那么其后果是什么？

13. 相对于封闭经济而言，为什么在开放经济中的货币政策（不管是宽松的还是从紧的）倾向于对利率和信贷发生较小的作用？

14. 当一国经济同时处于通货膨胀和国际收支赤字状态时，应当采取什么样的政策措施来调整？

15. 试结合国内外的实践，运用博弈论的相关理论，评析“以邻为壑”国际经济政策的效果。

五、计算题

1. 在比利时，稿纸的需求方程为 $Q_d=350-P/2$，稿纸的供给方程为 $Q_s=-200+5P$。

（1）若没有国际贸易，均衡价格和均衡产量是多少？

（2）如果比利时能以 $P=120$ 的价格与世界其他国家进行自由贸易，其均衡产量是多少？

（3）从无贸易变为自由贸易对比利时消费者剩余有何影响？对生产者剩余又有何影响？比利时的国民福利净收益或净损失是多少？

2. 假设中国是汽车进口的小国，对汽车的需求和供给分别为 $Q_d=2\ 000-0.02P$，

$Q_s=1\ 200+0.03P$，并设国际市场上汽车的价格为 10 000 美元，请用数字和图形说明下列问题：

（1）贸易前中国汽车的产量与价格。

（2）自由贸易下中国汽车的产量及贸易量，自由贸易对国内消费者及厂商的福利影响。

（3）中国对汽车征收每辆 3 000 美元的进口税时国内汽车的产量及贸易量；与自由贸易相比，消费者和厂商的福利变动。

（4）中国为汽车进口设定 150 单位的配额限制时国内汽车的价格、产量及贸易量；与自由贸易相比，消费者和厂商的福利变动。

（5）中国给国内汽车制造商每辆 3 000 美元的生产补贴时国内汽车的产量、贸易量；与自由贸易相比，消费者、政府、厂商的福利变动。

（6）如果政府的政策目标是保护国内汽车制造业，你认为应该实行哪一种政策？在实践中会有什么问题？

3. 某日路透社显示了下列市场汇率：纽约市场上 1 美元＝1.575 0/60 瑞士法郎；苏黎世市场上 1 英镑＝2.298 0/90 瑞士法郎；伦敦市场上 1 英镑＝1.449 8/05 美元。某套汇者以 100 万英镑进行套汇，试计算其套汇利润（不考虑其他费用）。

4. 在不考虑资本流动和汇率变动的情况下，已知某经济社会的宏观模型为：$y=c+i+x-m$；$c=40+0.8y$；$i=50$；$x=100$；$m=0.2y+30$；充分就业时的产出水平 $y_f=500$。求：

（1）对外贸易乘数。

（2）产品市场均衡时的产出水平及净出口。

（3）使贸易收支平衡的产出水平。

（4）实现充分就业时的净出口。

5. 设一国经济由下述方程描述：$y=c+i+g+nx$；$c=80+0.63y$；$i=350-2\ 000r+0.1y$；$L=0.162\ 5y-1\ 000r$；$nx=500-0.1y-100\varepsilon$；$\varepsilon=0.75+5r$；$g=750$；$M=600$；$P_f=1$。

（1）推导出总需求曲线的代数表达式。

（2）若本国价格水平 $P=1$，求由模型决定的 y、r、c、i、nx 的值。

（3）计算使产量保持原有水平，但利率下降 2 个百分点所需要的货币政策和财政政策的组合，说明这一变化对汇率、净出口、政府预算和投资的影响。

6. 不考虑资本流动和汇率变动的情况，某经济由以下方程和数据描述：消费函数 $c=40+0.8y$；进口 $m=30+0.2y$；投资 $i=25$；政府购买 $g=25$；出口 $x=100$。求：

（1）该经济均衡的产出水平和相应的贸易收支。

（2）使贸易收支平衡的产出水平。

7. 考虑以下小型开放经济：$y=c+i+g+nx$。其中，$y=5\ 000$，$g=1\ 000$，$t=1\ 000$，$c=250+0.75(y-t)$，$i=1\ 000-50r$，$nx=500-500\varepsilon$。ε 为汇率，r 与 r_w 分别为国内、国际利率，$r_w=5$。

（1）求国民储蓄、投资、贸易余额及均衡汇率。

（2）如果政府购买增加至 1 250，求国民储蓄、投资、贸易余额及均衡汇率，并对比第（1）问，解释你的结果。

六、论述题

1. 试用资本完全流动的蒙代尔-弗莱明模型讨论固定汇率制与浮动汇率制下的财政政策和货币政策效应。

☆2. 人民币国际化问题是目前热议的一个经济热点问题，请简述实现人民币国际化的方法。若要顺利推进人民币国际化，我们需要做好哪些工作？

习题答案

一、名词解释

1. **【答案】** 汇率有名义汇率与实际汇率之分。以间接标价法为例，名义汇率是指 1 单位本国货币能够交换到的外币数量，实际汇率则是指 1 单位本国产品能交换到的外国产品数量。

假设名义汇率为 e，本国价格水平为 P，外国价格水平为 P_f，则 1 单位本国产品能兑换成 P 单位本国货币，再兑换成 $e \times P$ 单位外币，然后可以购买到 $e \times P/P_f$ 单位外国产品，令 ε 表示实际汇率，则有 $\varepsilon = e \times P/P_f$，即 1 单位本国产品能通过销售、外汇兑换、购买这 3 个环节，兑换成 ε 单位外国产品。

如果实际汇率小于 1，表示 1 单位本国产品只能兑换少于 1 单位的外国产品，这就意味着本国产品相对便宜，这种便宜可能源自本国产品价格水平较低，或外国产品价格水平较高，或名义汇率较低，但无论源自哪种因素，都会使本国出口增加，进口减少，进而会推高实际汇率。反之，如果实际汇率大于 1，则表示外国产品相对便宜，会使本国出口减少，进口增加，引起实际汇率下降。从长远来看，如果不考虑贸易壁垒、运输成本等摩擦性因素，实际汇率稳定等于 1。

2. **【答案】** 汇率是一个国家的货币折算成另一个国家的货币的比率。汇率表示的是两个国家货币之间的互换关系，这种货币之间的互换关系被称为名义汇率。

汇率主要有两种标价方法。一是直接标价法，它是用一单位的外国货币作为标准，折算为一定数额的本国货币来表示的汇率。用这种标价方法，一单位外币折算的本国货币量减少，即汇率下降，表示外国货币贬值或本国货币升值；反之，若一单位外币折算的本国货币量增加，即汇率上升，表示外国货币升值或本国货币贬值。二是间接标价法，它是用一单位的本国货币作为标准，折算为以一定数额的外国货币表示的汇率。用这种方法，一单位的本国货币折算的外国货币量增加，表示本国货币升值或外国货币贬值；反之，如果一单位本国货币折算的外国货币量减少，表示本国货币贬值或外国货币升值。

在实际生活中，当人们提到两个国家之间的“汇率”时，一般指的是名义汇率，名义汇率是指两个国家通货的相对价格。由于每个国家通货的实际购买力是与各个国家的价格因素相关的，所以名义汇率并没有考虑到两个国家价格水平的情况。考虑到两国价格因素的汇率就是实际汇率。

3.【答案】世界上的汇率制度主要有固定汇率制和浮动汇率制两种。固定汇率制是指一国货币同他国货币的汇率基本固定，其波动局限在一定的幅度之内。浮动汇率制是指一国不规定本国货币与他国货币的官方汇率，听任汇率由外汇市场的供求关系自发地决定。浮动汇率制又分为自由浮动与管理浮动。前者指中央银行对外汇市场不采取任何干预措施，汇率完全由外汇市场的供求力量自发地决定。后者指实行浮动汇率制的国家，对外汇市场进行各种形式的干预，主要是根据外汇市场的供求情况售出或购入外汇，以通过对外汇供求的影响来影响汇率。

从第二次世界大战后的情况看，西方各国在 20 世纪 70 年代之前实行的是固定汇率制，即按照以美元为中心的国际金融体系（又称“布雷顿森林体系”）所实施的固定汇率制。此后，由于美元危机，布雷顿森林体系崩溃，西方各国相继放弃了固定汇率制而采用了浮动汇率制。

4.【答案】一价定律的内容是同一种商品在世界各国以同一货币表示，其价格是一样的。该定律是通过商品套购（国际套利交易）机制来实现的。所谓的商品套购，是指当两国货币汇率与某一商品在两国的价格之比不一致时，在价格相对较低的国家买入一定数额的该商品，然后在价格相对较高的国家售出以获得差额利润的投机行为。

购买力平价理论是一价定律在商品市场上的应用，是一种传统的汇率决定理论。一般认为，购买力平价理论描述了长期中决定汇率的因素。该理论认为货币在各国具有相等的购买力。显而易见，如果一价定律成立，那么实际汇率恒定不变，名义汇率的所有变动都源于两国之间物价水平的变动。由于名义汇率取决于物价水平，因而它也就取决于每个国家的货币政策。购买力平价理论的逻辑说明：实际汇率背离购买力平价理论所预期的水平越远，从事国际套利交易的收益就越大。

购买力平价存在两种形式：(1) 绝对购买力平价，即两国货币的兑换比率等于两国的价格水平比率；(2) 相对购买力平价，指两国的货币兑换比率的变动等于两国价格水平比率的变动。

5.【答案】本国货币贬值后，净出口并非立即增加，最初发生的情况往往正好相反，经常项目收支状况反而会比原先恶化，进口增加而出口减少，因为这一运动过程的函数图像酷似字母“J”，所以这一变化被称为 J 曲线效应，如图 18－3 所示。其原因在于，在最

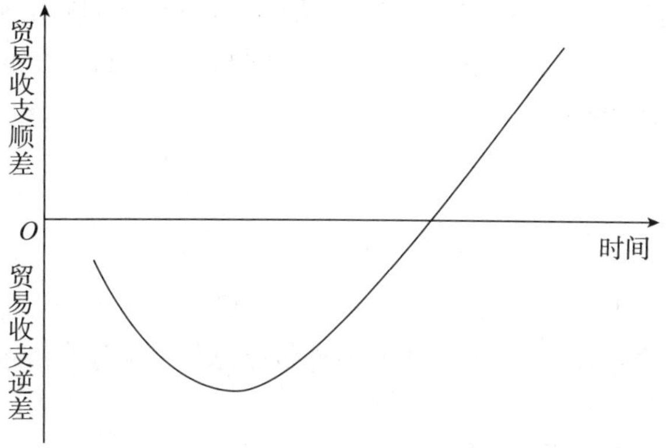

图 18－3 J 曲线效应

初的一个时期内，由于消费和生产行为的“黏性作用”，进口和出口的贸易量并不会发生明显的变化，但由于汇率的改变，以外国货币计价的出口收入相对减少，以本国货币计价的进口支出相对增加，从而造成经常项目收支逆差增加或是顺差减少。经过一段时间后，这一状况开始发生改变，进口商品逐渐减少，出口商品逐渐增加，使经常项目收支向有利的方向发展，先是抵消原先的不利影响，然后使经常项目收支状况得到根本性的改善。这一变化过程可能会维持数月甚至一两年，根据各国的不同情况而定。因此，汇率变化对贸易状况的影响是具有“时滞”效应的。

6.【答案】按照蒙代尔-弗莱明模型，在资本自由流动和固定汇率制下，货币政策无效，即无法实现独立的货币政策。如果要实现资本自由流动和独立的货币政策，则必须实行浮动汇率制，即放弃固定汇率制。如果要实现固定汇率制和独立的货币政策，则必须限制资本自由流动。克鲁格曼在蒙代尔-弗莱明模型的理论基础上，结合对亚洲金融危机的实证分析，提出了开放经济不可能同时追求“独立的货币政策”“固定汇率制”“资本自由流动”，至多只能同时追求其中的两者。如图 18-4 所示，政策制定者只能选择三角形中的任意两个角，这便是开放经济中政府选择所面临的“不可能三角”，又称“三元悖论”。

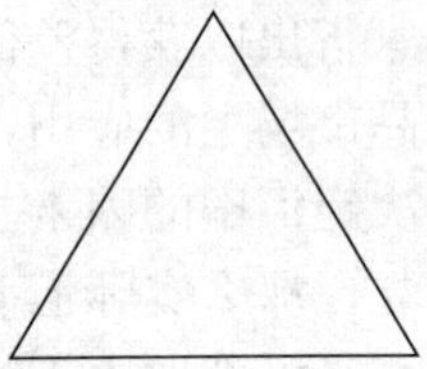

图 18-4　不可能三角

对于三元悖论，也可以这样理解：假如某国价格水平上升较快，为防止或克服通胀，中央银行需要实行从紧的货币政策，提高利率。但利率一旦提高，在资本自由流动的条件下，就会吸引国际资本流入。大量流入的资本需要兑换该国的货币，这个国家的货币就将升值，甚至大幅升值，也就是固定汇率制要面临严峻考验或汇率无法稳定。如果要维持固定汇率制或追求汇率稳定，那么在国内的通胀威胁前，就不能提高利率，也就是这时没有了独立的货币政策。如果既要独立的货币政策，又要固定汇率制或汇率稳定，那么就不能让资本自由流动，因为在资本不能自由流动的条件下，独立的货币政策（表现为应对经济形势的利率的自由变化）才不会对汇率稳定构成威胁。类似地，在通货紧缩和经济衰退的假定条件下，可得到同样的结论。

二、 判断题

1～5：FFFFT　6～10：FTTFT　11～15：FTFTT　16～20：FTFTF　21：T

1.【答案】F。名义汇率＝实际汇率×国外价格水平/国内价格水平，国内价格水平上升会导致名义汇率下降。

2.【答案】F。净出口为零也可能是出口等于进口。

3.【答案】F。J 曲线效应产生的原因不在于进出口对汇率变化是否敏感，而在于从汇率变动到进出口变动之间存在"时滞"。即使进出口对汇率变动很敏感，如果原来的进出口合同还要履行，则并不会使进出口发生相应变动，因而 J 曲线效应仍会产生。

4. **【答案】** F。浮动汇率是指央行允许汇率对经济状况的变动自动地做出反应，并自由地波动，但这并非指央行随时去变动汇率。固定汇率也并非意味着汇率就永远固定不变了，只能说在相对较长的一段时间内一般会保持不变。

5. **【答案】** T。汇率贬值说明本国货币不值钱了，一单位的本国货币只能兑换到比以前更少的外国货币了。这说明外国货币相对于本国货币变得贵了，即一单位的外国货币可能换到更多的本国货币。因此汇率贬值就是指用本国货币表示的外国货币的价格上升了。

6. **【答案】** F。由名义汇率的公式 $e=\varepsilon\times\frac{P_f}{P}$ 可知，名义汇率不仅和两国的物价水平有关，还和两国的实际汇率有关。所以名义汇率的变动并不都取决于物价的变动。但是后一句"通货膨胀率相对较高的国家货币相对便宜"是正确的。

7. **【答案】** T。假设日元对美元的汇率由原先的 100：1 升值为 90：1，那么原先在日本国内售价 1 美元的商品的价格将从 100 日元降为 90 日元，价格下降促使日本对美国商品的需求增加，反过来，美国对日本商品的进口需求减少。

8. **【答案】** T。一国货币长期以来不断升值，对该国来说是不利的。一方面，长期的升值不利于本国商品的出口；另一方面，在资本自由流动的情况下，货币升值会吸引国际热钱流入，从而不利于本国经济的稳定。

9. **【答案】** F。贸易保护主义政策对国民收入和净出口的影响要受汇率制度的约束，而对于一些关系到国民经济命脉、发展程度距国际水平还有相当大差距的行业，国家有必要采取一定的保护政策，以保护民族产业的发展。

10. **【答案】** T。蒙代尔-弗莱明模型就意味着经济是资本完全流动的小型开放经济，在固定汇率制下，货币政策使得 LM 曲线发生位移后，汇率偏离原先水平的趋势使得套利者迅速做出反应，因而又使得 LM 曲线回到原先的位置，国民收入不变。

11. **【答案】** F。如图 18－5 所示，扩张性货币政策使得 LM_1^* 曲线右移至 LM_2^*，在封闭经济中，这会使利率下降，利率下降后资本迅速流出，资本流出导致本币供给增加，引起本币贬值，汇率从 e_1 下降到 e_2，本币贬值刺激了净出口，进而增加了收入，可见货币政策作用较大。而财政政策由于货币供给不变，LM^* 曲线固定，只会影响汇率而无法影响收入。

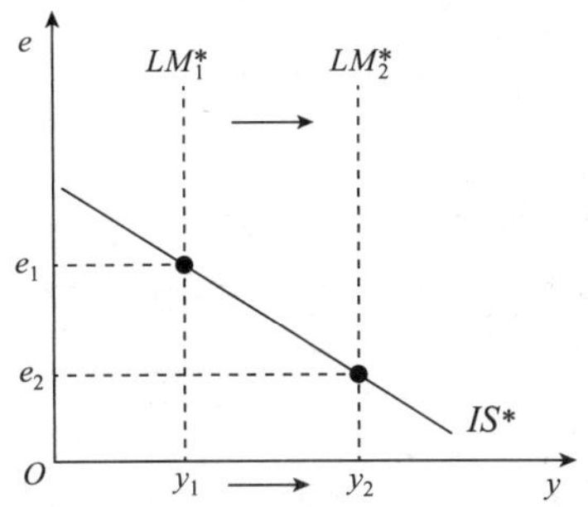

图 18－5　在资本完全流动的浮动汇率制下，货币政策作用较大

12.【答案】T。根据不可能三角可知，资本自由流动、独立的货币政策、固定汇率制只能实现其中的两者。

13.【答案】F。高壁垒是限制贸易的一种形式，会引起净出口增加，IS^* 曲线右移，与扩张性财政政策效果相同。根据蒙代尔-弗莱明模型，在浮动汇率制下这会引起汇率上升但产出不变，在固定汇率制下这会引起产出上升但汇率不变。

14.【答案】T。在浮动汇率制下，当一国国际收支出现赤字时，外汇需求增加，供给减少，本国货币就会贬值，这就会刺激出口，抑制进口，使经常项目收支状况改善，国际收支赤字自动消除。当相反的情况发生时，国际收支同样可自动得到调整。

15.【答案】T。一国政府在购买美元时，本国货币流通量会增加。为防止由此产生的通货膨胀，政府所采取的中立化政策应当是在公开市场上出售债券，把流通中增加的货币供给量收回到中央银行手中。

16.【答案】F。一国在外汇市场上只能用本国货币购买美元，因此，中央银行在外汇市场上购买美元时，本国的货币供给量就增加了。

17.【答案】T。浮动汇率制的隔离效果是通过汇率本身的变动产生的，并不需要中央银行对外汇市场进行干预。如果中央银行进行干预，就会减弱浮动汇率制的隔离效果。例如，如果美国由于某种原因物价比过去上升10%，在原来的汇率水平上，美国的贸易伙伴国对美国的出口会增加，比方说日本就会增加对美国的出口，而减少从美国的进口，结果，日本外汇市场上美元供给会增加，需求会减少，汇率就会朝美元贬值、日元升值方向调整。如果日元升值比例也是10%，则进口到日本的美国商品在日本市场上的日元价格就不会提高（即不会因美国商品在国内的价格上升10%而在日本也涨价10%，因为这10%正好被美元贬值10%所抵消）。这样，美国出现的通货膨胀就不会波及日本。这就是浮动汇率制的隔离效果。然而，如果当日元升值，美元贬值时，日本中央银行对外汇市场进行干预，比方说以固定汇率收购美元，让日元少升值或不升值，这样，美国商品卖到日本市场时就会涨价，涨价的幅度由中央银行干预外汇市场的程度而定，这样隔离效果就被减弱了。

18.【答案】F。美国利率越高，外国资金越会流入美国，这些国家会用本国货币兑成美元，购买美国的债券，于是，对美元的需求会增加，美元会随之升值。这样，投资于美国会得到双重好处，一是高利率，二是美元升值，因而人们更愿意投资于美国债券。

19.【答案】T。"小型完全开放经济"表明资本完全流动，即国内利率等于国际利率，国内政府购买不会改变国内利率。由于国内投资仅仅与国内利率有关，国内政府购买不影响国内利率，也就不影响国内投资。

20.【答案】F。在固定汇率制、资本完全流动条件下，货币政策完全失效，即使在短期内也不起作用。

21.【答案】T。根据蒙代尔-弗莱明模型，扩张性财政政策在浮动汇率制下会引起汇率上升但产出不变，在固定汇率制下会引起产出上升但汇率不变，因此它在固定汇率制下更有效。

三、选择题

1～5：BBBCA　　6～10：ABABA　　11～15：CADBB　　16～20：AADDB

21～25：DCCDD 26～30：BDADA 31～35：ABBBD 36～40：DBDDA
41：A

1.【答案】B。在没有贸易的情况下，一国的消费点不可能超出生产可能性曲线，只能在线上或线内。

2.【答案】B。各国的比较优势是由要素禀赋的差异决定的，规模经济是指生产规模的扩大会降低单位产品的生产成本，扩大产量，从而增强产品的竞争力。因此规模经济可以将现有的比较优势转变为低价格以及产出与贸易的扩大。

3.【答案】B。依题意，欧元兑美元的汇率上升，说明一单位的欧元可以换到更多的美元。反过来说，就是一单位的美元只能换到更少的欧元，美元兑欧元的汇率下降了。

4.【答案】C。英镑兑美元的汇率上升，同时人民币兑美元的汇率也上升，但是英镑兑人民币的汇率的变化是不确定的，取决于对美元来说它们分别的升值幅度。如果英镑兑美元的升值幅度大于人民币兑美元的升值幅度，那么英镑兑人民币升值，反之，则英镑兑人民币贬值。

5.【答案】A。直接标价法可以表示为：本币数额/外币数额，即一单位外币可以兑换多少的本币。汇率下降表示一单位的外币只能换较少的本币，外国货币贬值或本国货币升值。

6.【答案】A。出口需求上升说明国外对美国商品的需求上升，这样会增加对美元的需求，从而提高美元的汇率，美元升值。美国进口需求的上升减少了美国的净出口，净出口曲线向左移动，美元汇率降低，美元贬值。扩张性货币政策使得美国的通货膨胀率高于国外，美元贬值。紧缩性财政政策使得国民储蓄增加，从而资本净流出增加，汇率下降，美元贬值。

7.【答案】B。进口国外商品的美国厂商、到国外旅游的美国人需要的都是外币，是美元的供给者；向美国慈善机构捐款的外国人需要用美元来捐款，是美元的需求者；外国人获得的美国公司的股息是以美元的形式得到的，需要换成本国货币，因此也是美元的供给者。

8.【答案】A。当加拿大元贬值时，加拿大进口的外国商品就会变得更加昂贵，因此进口美国汽车的价格上升大于 5%。

9.【答案】B。资本会流向利率高的国家，一般情况下，资本净流出可表示为本国利率与国外利率之差的函数。

10.【答案】A。德国在美国将股票和债券大量出售后得到美元（这不涉及外汇市场交易，因此这一交易不影响汇率），如果将这些美元用于购买德国的商品，会导致国际市场上美元供给增加，美元贬值。

11.【答案】C。贸易盈余发生在本国支出低于本国产出的情况下。

12.【答案】A。以政府购买乘数为例，在四部门经济中，$k_g=\dfrac{1}{1-\beta+\gamma}$，边际进口倾向 γ 的上升将使乘数中的分母增大，因而乘数减小。

13.【答案】D。一价定律是指在没有运输费用和官方贸易壁垒的自由竞争市场上，一件相同的商品在不同国家出售，如果以同一种货币计价，其价格应是相等的。如果以不同货币计价，则通过汇率折算之后的标价也应是相等的。若在各国间存在价格差异，则会发生商品国际贸易，直到价差被消除。

例如，假设美元兑人民币汇率为 1 美元＝6.5 元人民币，一辆汽车在美国售价 2 万美元，同样的一辆汽车在中国售价 19.5 万元人民币。在假设没有运输费用、关税等成本消耗的情况下，就会有人从美国花费 2 万美元购买这辆汽车，将其运到中国出售，获得 19.5 万元人民币，然后再兑换为 3 万美元，从而获得 1 万美元的利润。这就是套利，这种套利行为最终会导致两国价格差被消除。

14. **【答案】** B。如果政府采取紧缩性的财政和货币政策，则本国产出会减少，进口会减少，不可能发生的是国际收支状况恶化。紧缩性财政政策会导致国民收入减少，因此失业率上升；紧缩性货币政策会导致利率上升，因此投资会减少；利率上升同时会导致资本内流，因此资本外流会减少。

15. **【答案】** B。外国通货膨胀率比本国高，意味着外国的钱更不值钱，在实际汇率保持不变的情况下，相当于本国货币在升值。

16. **【答案】** A。实际汇率的公式为 $\varepsilon = e \times \frac{P}{P_f}$，两边同时取对数并求全微分可得 ε 变动的百分比 $=e$ 变动的百分比 $+P$ 变动的百分比 $-P_f$ 变动的百分比 $=3\%+10\%-12\%=1\%$，即美元兑英镑的实际汇率升值了 1%。

17. **【答案】** A。如果购买力平价成立，那么人们可以用一辆美国自行车去交换一辆英国自行车，所以 300 美元乘以名义汇率应该等于 150 英镑，这样可得 1 美元可以兑换 0.5 英镑。

或者这样理解，如果购买力平价成立，则实际汇率 $\varepsilon=1$，所以 $e=\varepsilon \times P_f/P=1\times 150/300=0.5$。

18. **【答案】** D。如图 18-6 所示，在浮动汇率制下，财政政策无效，国内增税使得 IS^* 曲线左移，于是汇率下降，本币贬值，出口增加，进口减少，净出口的增加抵消了税收效应，国民收入不变，但净出口上升即贸易余额上升。

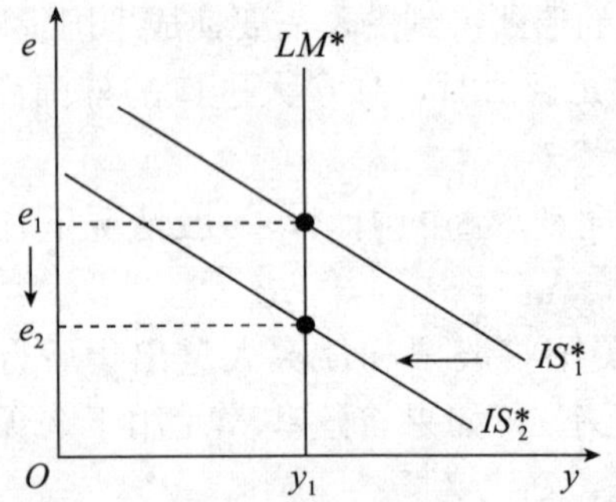

图 18-6　浮动汇率制下的财政政策

19. **【答案】** D。在实行浮动汇率制的小型开放经济中，财政扩张对经济的刺激会被本币升值所抵消，财政政策是无效的，只有货币政策是有效的。

20. **【答案】** B。套利者如果用 80 日元兑 1 美元，再将 1 美元出售给美联储获得 100 日元，就从中套利 20 日元，这一套利行为会导致美元进入美联储的账户（就不在市场上流通了）。由于这一套利会不断进行下去，因此会导致美元的货币供给（即市场上流通的美元数量）自动减少。

21. **【答案】** D。增加国内税收是一种紧缩性财政政策，IS^* 曲线向左移动，导致利率下降（低于世界利率）、收入下降，利率下降导致资本急速流出，收入下降导致净出口（贸易余额）上升。在一个资本完全流动的小型开放经济里，利率低于世界利率后，资本流出速度极快，引起本币贬值，净出口（贸易余额）增加。最终，净出口的增加抵消了收入的下降，所以收入不变。

22. **【答案】** C。如图 18－7 所示，在固定汇率制、资本自由流动条件下，政府削减支出将会使总需求减少，IS^* 曲线左移，从 IS_1^* 移至 IS_2^*，使市场均衡汇率下降，此时货币套利者会去银行将本币兑为外汇，再到市场上将外汇卖出，从而使本币自动流入银行，因而货币供给减少，LM^* 曲线左移，直到市场均衡汇率等于固定汇率，收入减少。

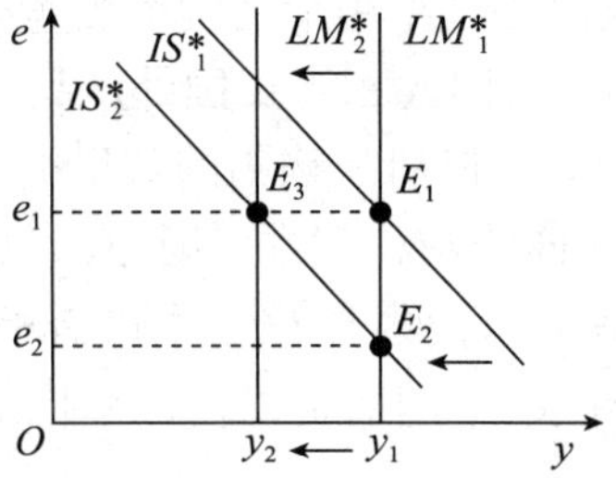

图 18－7　在固定汇率制、资本自由流动条件下政府削减支出的效果

23. **【答案】** C。在固定汇率制下货币政策失效，在浮动汇率制下货币政策效果较大。

24. **【答案】** D。如果一国国内处于均衡状态，那么采取货币政策或者财政政策来平衡国际收支是不适合的，最优的政策是采取汇率政策。国际收支有盈余时应使本币升值，以使国际收支平衡。

25. **【答案】** D。如果一国失业率较高，贸易出现逆差，这时无论采取货币政策还是财政政策，都处于一个两难境地，可以通过本币贬值，增加净出口，刺激经济，降低失业率。

26. **【答案】** B。一国国内收入增加，会增加进口，从而恶化国际收支，使本国出现国际收支逆差，如果政府不加干预，那么货币会贬值。

27. **【答案】** D。购买力平价是指商品在任何一处的价格都应相等，则 $3\,000e^*=600$，因此均衡 $e^*=1/5$，偏离率$=\dfrac{e-e^*}{e^*}\times100\%=\dfrac{1/8-1/5}{1/5}\times100\%=-37.5\%$。

28. **【答案】** A。$CF=nx=200-300=-100$（亿美元）。

29. **【答案】** D。由于 $nx=\text{GDP}-(c+i+g)$，国内产出等于国内支出加上国外对国内产出的支付，净出口为正说明国外对国内产出的支付为正，所以国内产出大于国内支出。再由于净出口等于资本净流出，净出口为正说明资本净流出为正，这样就可以得出国内储蓄大于国内投资的结论。

30. **【答案】** A。小型是相对而言的，是指无法影响世界市场，特别是对世界利率的影响微不足道，并非 GDP 总量很小。

31. **【答案】** A。投资者考虑的是他们能从投资中得到多少实际购买力，而不是考虑能从投资中获得多少货币单位，所以投资者关心的是实际利率。

32. **【答案】** B。如果国内利率 $r<$世界利率 r_w，则有资本流向国外，即资本净流出 $CF>0$，又因为均衡时有 $nx=CF$，所以均衡时 $nx>0$。

33. **【答案】** B。由于是小型开放经济，国内利率 $r=$世界利率 $r_w=5\%$，所以国内投

资 $i=250-1\ 000\times5\%=200$，净出口 $nx=y-(c+i+g)=1\ 000-(700+200+150)=-50$。

34.【答案】B。政府宏观政策的目标有四个：充分就业、物价稳定、经济持续均衡增长、国际收支平衡。

35.【答案】D。i、g、x 增加使 y 增加，t、m 增加使 y 减少。由于不知道具体数量，故不能确定均衡收入如何变化。

36.【答案】D。不考虑其他因素，单纯从经济学观点来看，关税会造成不必要的福利损失，最优关税就是零关税。

37.【答案】B。本国货币贬值相当于用本国货币衡量的国外货币的“价格”上升，而国外货币购买国外产品的价格不变，因此相当于国外产品的价格上升。

38.【答案】D。消费者增加对进口商品购买的效果类似于紧缩性财政政策，根据蒙代尔-弗莱明模型，直接结果是 IS^* 曲线左移，本币贬值，收入不变。

39.【答案】D。直接影响是 IS^* 曲线左移，本币有贬值压力，由于央行实行固定汇率，为确保汇率固定，央行只能收购本国通货以使汇率稳定，但同时使得 LM^* 曲线左移，最终汇率不变，但产出下降。

40.【答案】A。出售本国货币使得本国货币供给增加，与之对应的是外汇增加，即国际储备增加；在此基础上，由于国际储备包括外汇和外国资产，所以购买外国资产不会进一步改变国际储备。

41.【答案】A。在固定汇率制下，货币政策在短期可能有效，但在长期均无效。

四、简答题

1.【答案】(1) 关税。

关税是指对在国外生产而在国内销售的物品征收的一种税。

①关税对国内买者和卖者行为的影响。

如图 18-8 所示，关税提高了商品价格，进而使国内需求量从 Q_1^D 减少为 Q_2^D，使国内供给量从 Q_1^S 增加到 Q_2^S。因此，关税减少了进口量，并使国内市场向没有贸易时的均衡移动。

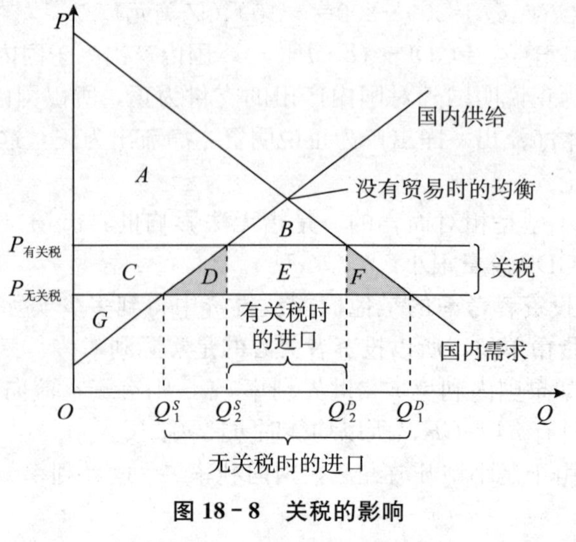

图 18-8　关税的影响

②关税的得失。

在没有关税时，国内均衡价格等于世界价格。此时消费者剩余为图中面积 $A+B+C+D+E+F$。生产者剩余为面积 G。政府收入等于零。社会总福利为面积 $A+B+C+D+E+F+G$。

在征收关税后，国内价格上升到世界价格之上，其高出量就是关税。现在消费者剩余是面积 $A+B$，生产者剩余是面积 $C+G$。政府收入等于有关税后的进口量乘以关税率，即面积 E。社会总福利为面积 $A+B+C+E+G$。社会总福利减少了面积 $D+F$，这种总剩余的减少被称为关税的无谓损失。

（2）进口配额。

进口配额是另一种限制贸易的方法。进口配额是指对可能进口的商品实行直接进口数量限制，这种限制表现为向一些个人或公司颁发进口许可证。

（3）关税与进口配额的相同之处。

进口配额和关税很相似。无论是关税还是进口配额，都减少了进口品的数量，提高了该物品的国内价格，减少了国内消费者的福利，增加了国内生产者的福利，并引起无谓损失。

如果政府对进口许可证收费，关税和进口配额就更相似了。假定政府确定的许可证费等于国内价格与世界价格之间的差额。在这种情况下，许可证持有者的所有利润都要以许可证费的形式交给政府，进口配额的作用与关税完全相同。在这两种政策下的消费者剩余、生产者剩余以及政府收入完全相等。

（4）关税与进口配额的不同之处。

进口配额与关税的区别主要在于利益的分配不同。关税增加了政府的收入，而进口配额为那些得到进口许可证的人创造了剩余。进口许可证持有者的利润是国内价格（他出售进口物品的价格）和世界价格（他购买这些物品的价格）之间的差额。例如，美国政府有时施加压力让日本“自愿”限制日本汽车在美国的销售。在这种情况下，日本政府把进口许可证分配给日本企业，这些许可证所带来的剩余就归这些企业所有。从美国经济福利的角度说，这种进口配额比对进口汽车征收关税更糟。关税和进口配额都提高了价格，限制了贸易，并引起无谓损失，但关税至少能给美国政府带来收入，而不是给外国生产者带来利润。

【总结】税收、补贴、最高限价、最低限价、垄断、进口限制等都会引起社会福利的无谓损失。这 6 种情况引起的无谓损失考试可能会考到，其详细图解可关注微信公众号“王海滨老师”，点击菜单栏“精品文章/精品文章合集/ 6 种常见无谓损失的详细图解 1——税收、补贴、最高限价”“精品文章/精品文章合集/6 种常见无谓损失的详细图解 2——最低限价、垄断、进口限制”，或微信扫描二维码查看。

2. **【答案】**假设出口国对出口商出口的每单位产品给予 t 元的出口补贴。

（1）出口补贴对出口国的福利效应。

如图 18－9 所示，出口商面临的需求曲线为 D，出口补贴使其供给曲线由 S_1 右移至 S_2，于是出口价格由 P_1 下降至 P_2，出口量由 Q_1 增加至 Q_2，生产者剩余由三角形

$P_1E_1M_1$ 的面积增加至三角形 $P_2E_2M_2$ 的面积，但政府负担为 tQ_2，所以出口国总福利的变化方向难以确定。

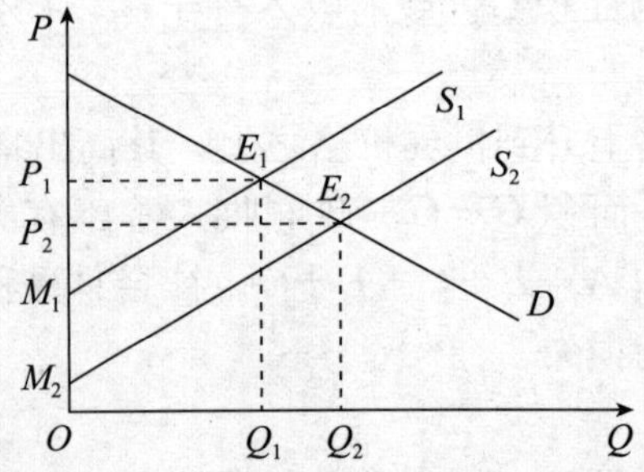

图 18-9　补贴对出口国的福利效应

（2）出口补贴对进口国的福利效应。

如图 18-10 所示，设进口国国内消费者需求曲线为 D'，国内生产者供给曲线为 S'，出口国的出口补贴使国际价格由 P_1下降至 P_2，使进口国总消费量由 Q_1增加至 Q_2，但国内生产者销售量由 Z_1下降至 Z_2，故进口国的消费者剩余由三角形 AP_1C 的面积增加至三角形 AP_2D 的面积，增加了梯形 P_1P_2DC 的面积；进口国的生产者剩余由三角形 BP_1E 的面积减少至三角形 BP_2F 的面积，减少了梯形 P_1P_2FE 的面积；显然，梯形 P_1P_2FE 的面积小于梯形 P_1P_2DC 的面积，即出口补贴增加了进口国的总福利。

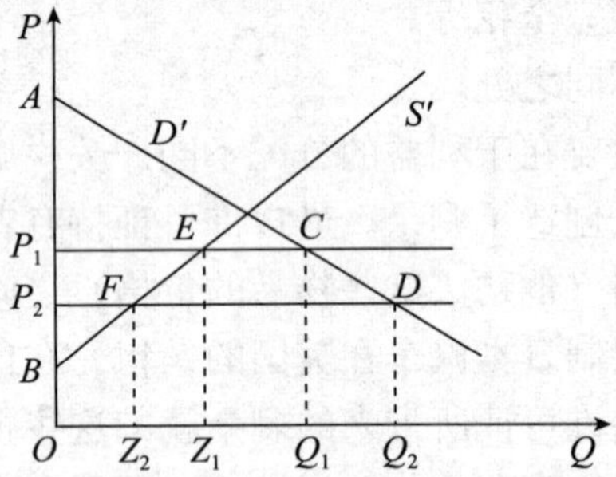

图 18-10　出口补贴对进口国的福利效应

3.【答案】蒙代尔-弗莱明模型假设一个经济体是资本完全流动的小型开放经济。如图 18-11 所示，假设在初始状态时，均衡在 E_1点，此时汇率为 e_1，国民收入为 y_1。此时消费者对经济增长信心下降，表现为消费者的消费支出减少，它使得 IS_1^* 向左移动到 IS_2^*，汇率下降了，但国民收入不变。

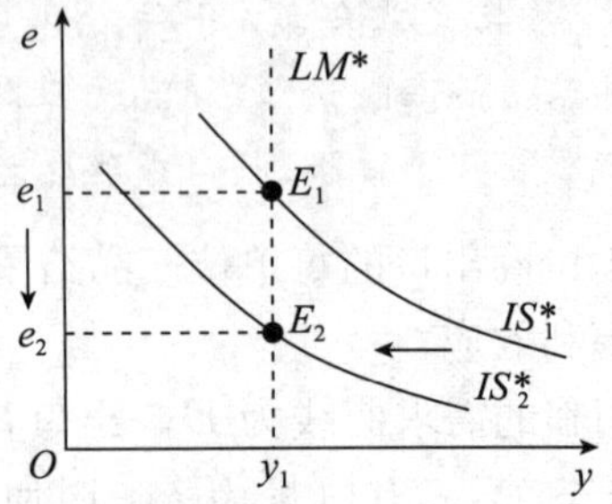

图 18-11　浮动汇率制下的消费者信心下降

国民收入不变的原因在于，消费者的消费支出减少，导致货币需求减少，从而利率下降，由于资本是完全流动的，利率下降会迅速导致资本流出，并使得利率回升到世界利率 r_w。同时，资本流出增加了市场对外币的需求和本币的供给，使得本币贬值、外币升值，增加了净出口，净出口的增加抵消了国内消费支出的变化。

4. **【答案】**(1) J 曲线是一种用来说明货币贬值对国际收支影响的工具，出口和出口的变动对由汇率变化引起的相对价格变化在短期内是不敏感的，在长期内是比较敏感的。在短期内，贬值并不能立即引起贸易数量的变化，从进出口商品相对价格的变动到贸易数量的增减需要经过一段时间，即存在时滞，这是因为掌握市场信息、扩大出口品和进口替代品的产量等都是需要时间的，在这一段时间内，贬值并不能带来国际收支改善，反而可能导致其恶化。J 曲线表示贬值后国际收支差额的时间轨迹，贸易赤字的变动轨迹呈现出“J”字形特征。

(2) 本币贬值对贸易收支之所以存在 J 曲线效应，是因为贬值对国际收支状况的影响存在时滞效应：在一国的货币当局采取本币贬值的调整政策后，实际部门贸易量的调整需要一个过程。因此，从本国汇率变动到实际部门进出口数量调整与贸易收支改善之间有一个时间差。时滞效应表明贸易收支调节与汇率调节并不是同步的，汇率调整在前，贸易收支调整在后。

(3) 时滞可以分为以下四种：①认识时滞。进出口商了解到进出口商品价格的变化需要一定的时间。②决策时滞。进出口商在了解到进出口商品价格的变化后，需要一定的时间来评估价格变化的影响。③生产时滞。出口商组织生产需要一定的时间。④取代时滞。进出口双方在贬值前签订的合同不能立即取消，需要一定的时间来处理以前的存货，对进出口商品数量的调整也需要一定的时间。

(4) 一般来说，在贬值初期，以本币表示的进口商品价格立即上涨，进口商品数量则要经过一段时间才能减少；而以本币表示的出口商品价格上涨较慢，出口数量也要经过一段时间才能增加。所以，在贬值后的最初一段时间，外汇供给减少，外汇需求增加，所以贸易收支在短期趋于恶化。经过一段时间以后（大约半年以上，根据各国的实践，通常改善贸易收支的时滞为 2～3 年），贸易收支的状况才能得到改善。

当货币贬值时存在 J 曲线，当货币升值时就存在倒 J 曲线。

5. **【答案】**汇率变化由外汇市场上的供给和需求决定，而这种供求由以下三个因素决定：

(1) 进出口。如中国对美元的需求由进口决定，即中国要买美国货时，必须用美元，形成对美元的需求，而美元的供给由出口决定，即中国厂商出口商品到美国，美国需用人民币购买，因而要用美元兑换人民币，从而形成美元供给。当中国的出口大于进口时，美元供给超过需求，美元相对于人民币就有贬值压力，即人民币有升值压力，反之亦然。

(2) 投资或借贷。如果美国的利率或投资收益高于他国，则其他国家的资本就会流入美国，形成对美元的需求；反之，如果美国想到外国投资，就会形成对美元的供给。如果想到美国投资的资本超过了美国想到外国投资的资本，则美元会升值，或者说汇率会上升。

(3) 外汇投机。如果欧洲人预期美元相对于欧元要升值，则会买进美元，以赚取美元升值的资本增益；相反，如果人们预期美元要贬值，则会卖出美元，从而使外汇市场上美元和有关外币的供求发生变化，进而影响汇率。

6. **【答案】**这主要是由于本国货币对外国货币的交换比价变化后，会影响两国的进出口商品及劳务的国内价格，从而影响到各自的进出口数量。例如，如果本国货币对外国货币升值，在间接标价法下即本国货币汇率上升，则外国的进口商品价格以本币表示时，价格下降，有利于促进销售，使进口增加；而本国商品在出口时，以外国货币表示的本国商品价格则上涨，不利于在外国市场上销售，使出口受阻，因此，本国货币升值可以使进口增加、出口减少。反之，如果本国货币贬值，则可以使出口增加、进口减少。也就是说，可以通过调整汇率来调整一国的国际贸易状况。打个比方，当 1 美元值 150 日元变为 1 美元值 100 日元时，这表示日元升值，美元贬值。因此，某件单价为 2 美元的美国产品，在日元未升值时，在日本卖 300 日元，在日元升值后，在日本只卖 200 日元，即价格下降了，这有利于美国产品在日本市场上的销售，从而日本的进口要增加。相反，从日本的出口看，原来 300 日元 1 件的日本产品在美国市场上只卖 2 美元，但在日元升值后要卖 3 美元，即在美国市场上的价格上升了，这不利于日本货在美国市场上的销售，因而会减少日本的出口。可见，货币升值可以消除国际贸易顺差，而货币贬值则有利于消除国际贸易逆差。

7.**【答案】**汇率变动和净出口变动之间具有相互影响的关系。

一方面，汇率的变动会影响净出口的变动。如果本国的货币贬值，则本国同类产品在国外市场上的价格下降，具有价格竞争优势。而外国产品在本国市场上的价格升高，不利于销售，从而使本国出口增加、进口减少，净出口额相应增加。反之，如果本国的货币升值，则本国同类产品在国外市场上的价格上升，使出口困难；而外国产品在本国市场上的价格下跌，有利于销售，使进口增加，从而净出口额相应减少。

另一方面，在浮动汇率制下，净出口变动亦会影响汇率的变动。如果本国的净出口额增加，将使外国资金流入额增加，外汇供给量增加，需求量减少，外汇汇率就会下降，本国货币升值。反之，如果本国的净出口额减少，将使国际资金净流出额增加，外汇供给量减少，需求量增加，外汇汇率就会上升，本国货币贬值。

8.**【答案】**在西方经济理论中，均衡价格理论被用来作为解释汇率决定的理论基础，这就是说，汇率也像商品的价格一样，是由外汇的供给和对外汇的需求决定的，均衡汇率对应外汇的供给曲线和需求曲线的交点。如果外汇的供给或者需求发生变化，那么汇率就会变化，并按照新的供求关系达到新的均衡点，如图 18－12 所示。

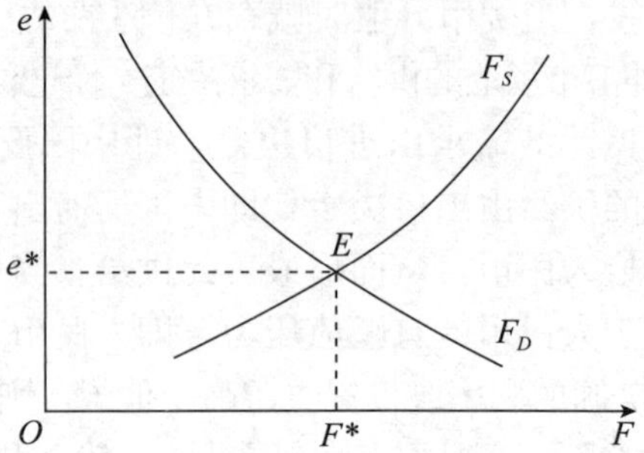

图 18－12 均衡汇率

E 点即为由外汇供给曲线与外汇需求曲线决定的均衡点，即该点对应的汇率为均衡汇率。

如果政府不对汇率进行干预，听任汇率由市场上的供求关系自发地决定，那么这样的汇率就是浮动汇率。浮动汇率是通过外汇供给和需求的自发调节来最终实现均衡的。但在固定汇率制下，政府可以通过干预外汇的供求状况使汇率保持在固定的数值上，即以维持固定汇率的办法来实现汇率的均衡。当然，通过政府干预来维持固定汇率从而实现均衡汇率是需要付出代价的。

9. **【答案】**（1）在欧洲旅行的美国人需要将美元换成欧元以在欧洲消费，是美元的供给者。

（2）购买美国公司的股票需要美元，德国投资者是美元的需求者。

（3）向美国出口商品得到的是美元，而中国出口商需要将美元换成人民币，因此是美元的供给者。

（4）巴西游客在美国旅行需要美元来消费，是美元的需求者。

（5）德国企业进口美国的货物需要美元，是美元的需求者。

（6）美国投资者在澳大利亚购置房产需要将美元兑换成澳大利亚元，是美元的供给者。

10. **【答案】**（1）美元贬值，因为日本利率升高会诱使美元流向日本，使美元供给增加而对日元的需求也增加。

（2）美元贬值，因为德国的经济增长速度加快，人们就会预期对德国投资的收益率会上升，从而诱使美国资金流向德国，增加对欧元的需求和美元的供给，使美元贬值。

（3）美元贬值，因为如果两个国家的通胀率不同，经过长期的经济运行，汇率将抵消通胀率的变化，因此，在其他情况不变时，如果美国的通胀率提高，美元会贬值。

（4）美元升值，因为美国的通货紧缩，利率会上升，资金会流入，增加对美元的需求，从而使美元升值。

（5）美国的扩张性财政政策对美元汇率的影响较复杂：一方面，财政扩张易引起通胀，这会给美元带来贬值压力；另一方面，财政扩张又往往使利率上升，而利率上升又会使美元升值。究竟会使美元升值还是贬值，取决于这两方面情况的对比。

11. **【答案】**（1）可以在欧盟买进大米，到日本出售，如果不计其他成本，每蒲式耳大米进价 100 欧元，售价 16 000 日元，可兑换成 160 欧元，即每蒲式耳大米可赚 60 欧元利润。如果其他人利用同样的机会，从欧盟买进大米，到日本卖大米，则大米在欧盟要涨价，在日本要跌价。

（2）如果大米是国际贸易中唯一的商品，则欧元和日元之间的实际汇率应当是 1 欧元兑 160 日元，而现在名义汇率是 1 欧元兑 100 日元，因此，从实际汇率看，欧元会升值，日元会贬值。

12. **【答案】**稳定汇率的代价是政府要丧失让汇率浮动可以获得的收益。比方说，如果人民币面临贬值压力，从 1 美元兑 6 元人民币变成 1 美元兑 6.5 元人民币，为维持原有汇率，政府必须按原价在外汇市场抛出美元，这样，政府就丧失了不干预本来可获得的 0.5 元人民币的收益；反之，如果人民币面临升值压力，从 1 美元兑 6 元人民币变成 1 美元兑 5.5 元人民币，为稳定汇率，政府必须按原价抛售人民币，买进美元，这样政府也丧失了不干预本来可以获得的 0.5 元人民币的收益。

政府稳定汇率的通常做法是按固定汇率在市场上买卖外汇，这样可能遇到的最大障碍是竞争者是否合作，是否采取报复性措施。例如，假定日本认为日元升值太快，有必要加以干预，卖出日元，买进美元，以刺激出口，抑制进口，日本出口商当然高兴，但会得罪美国。如果美国也采取干预措施，卖出美元，买进日元，两国政府的努力就会相互抵消，因此，外汇干预要取得成功，国际合作十分重要。

如果政府试图通过干预把汇率维持在非均衡水平上，会带来消极后果，主要是汇率的变动本来是经济变动的反映，反过来也可以自动调节经济，但政府干预会使经济不能得到自动调节。比方说，一国贸易发生了逆差，在其他情况不变时，本国货币本来应当贬值，通过贬值自动调节进出口，缩小贸易逆差，但政府干预使汇率扭曲了，经济就不能得到自动调节。不仅如此，汇率本来就应当随着经济情况的变化而经常变化，如果政府试图长期通过买卖外汇来稳定汇率，事实上将无济于事。比方说，某国货币贬值，该国政府却用抛售外汇的办法人为地维持汇率，无情的市场迟早会耗尽该国的外汇储备，那时政府就会力不从心。汇率不仅不能稳住，而且在一个时期内政府为稳定汇率而低价抛售外汇所丧失的利益就会白白为私人投机者所获取。

13.**【答案】**在一个封闭经济中，中央银行可以通过对银行体系的控制实施货币政策，用从紧的或宽松的政策影响利率，影响信贷供给，从而影响经济，然而在开放经济中，资本可以在国际上流动，因而当中央银行实行从紧的货币政策，厂商不得不用较高利率借钱甚至难以得到贷款时，它们可以从外国借到钱，尤其是一些有信誉的大公司，不难从外国获得信贷。这样，限制信用可获得性和改变利率的货币政策的作用就受到阻碍，只能发挥较小的作用。另外，如果某国实行从紧的或宽松的货币政策使利率上升或下降，资本会流入或流出，从而使利率的变动难以达到中央银行希望达到的目标，使货币政策的作用打折扣。

14.**【答案】**蒙代尔等经济学家发现，财政政策和货币政策对内外经济的影响效果是不同的。货币政策对国际收支的影响相对较大，因为它倾向于扩大与别国的利率差距，从而引起资本的国际流动；财政政策由于能直接改变总需求，因而对国内经济活动的影响比较大。因此，当一国经济同时处于通货膨胀和国际收支赤字状态时，应当实行紧缩性财政政策和紧缩性货币政策。

（1）紧缩性财政政策，如削减财政支出、提高税率等，可以抑制总需求，以配合紧缩性货币政策的影响。

（2）紧缩性货币政策，如出售债券以回笼货币，提高法定准备金率、再贴现率等，使国内利率上升，一方面可以使投资下降，压缩总需求，有利于物价水平下降，减轻通货膨胀压力；另一方面可以使进口量亦随着收入水平的下降而减少，使国际收支赤字减少。同时，较高的利率可以减少国内资本的外流，并吸引更多的国外资本流入，改善国际收支状况。

15.**【答案】**“以邻为壑”的国际经济政策是指一个国家为改善自身经济状况而采取某种经济措施（如利用货币贬值、关税、限额或出口补贴等政策来增加净出口），但这种措施会对其他国家产生不利的影响，是以牺牲其他国家的利益为代价的。

例如，A国政府和B国政府都想使本国货币贬值来扶持出口工业，但又害怕导致通货膨胀。因此，两国的两个可能的政策选择是：1）扩张性货币政策；2）货币政策不变。相应的收益矩阵如下表所示：

		A国	
		扩张	不变
B国	扩张	(6，6)	(10，2)
	不变	(2，10)	(7，7)

由于“以邻为壑”的效应，一国出口的增加意味着别国出口的减少，因此，两国都害怕另一国实施扩张性货币政策，最终，（扩张，扩张）为占优策略均衡，两国都会选择扩张性货币政策。但是，两国都采取这样的政策意味着扩张性货币政策作用的相互抵消，结果是净出口并没有扩大，但两国都面临着更高的通胀率，与（不变，不变）相比，占优策略均衡不是帕累托有效的。

根据以上分析，“以邻为壑”的国际经济政策以牺牲他国利益为代价，未来很有可能遭到他国的报复。如果采用沟通协调的方式制定国际经济政策，效果可能会更好。

五、 计算题

1. **【答案】**（1）联立 $Q_d=Q_s$ 得 $350-P/2=-200+5P$，解得：

$$P=100$$

所以 $Q_d=Q_s=350-100/2=300$。

（2）当 $P=120$ 时，$Q_d=350-120/2=290$，$Q_s=-200+5\times120=400$。

均衡产量为 400，超过国内需求的部分用来出口。

（3）如图 18－13 所示，当比利时由无贸易变为自由贸易时，产品价格由 100 上升为 120，消费者剩余因此减少（$b+c$）的面积，生产者剩余因此增加（$b+c+d$）的面积，净福利将增加，增加额为 $S_{b+c+d}-S_{b+c}=S_d=(400-290)\times(120-100)\div2=1\ 100$。可见自由贸易会增加国民福利。

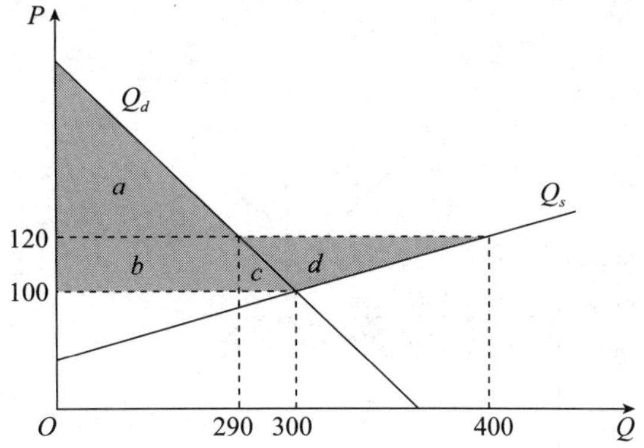

图 18－13　稿纸的供求

2. **【答案】**（1）国内均衡时，供给与需求相等，$Q_d=Q_s$，即：

$$2\ 000-0.02P=1\ 200+0.03P$$

解得：$P=16\ 000$（美元）。

因此 $Q_d=Q_s=1\ 200+0.03\times16\ 000=1\ 680$（单位）。

（2）自由贸易时的汽车价格为 10 000 美元，在 $P=10\ 000$（美元）时，有：

中国的汽车产量 $Q_s=1\ 200+0.03\times10\ 000=1\ 500$（单位）

中国的汽车需求量 $Q_d=2\ 000-0.02P=2\ 000-0.02\times10\ 000=1\ 800$（单位）

缺口部分由进口满足，进口量为1 800－1 500＝300（单位）。如图18－14所示，在自由贸易下，国内消费者的福利增加为S_{a+b+c}＝(1 680＋1 800)×(16 000－10 000)÷2＝1 044（万美元），厂商的福利减少为S_a＝(1 500＋1 680)×(16 000－10 000)÷2＝954（万美元）。

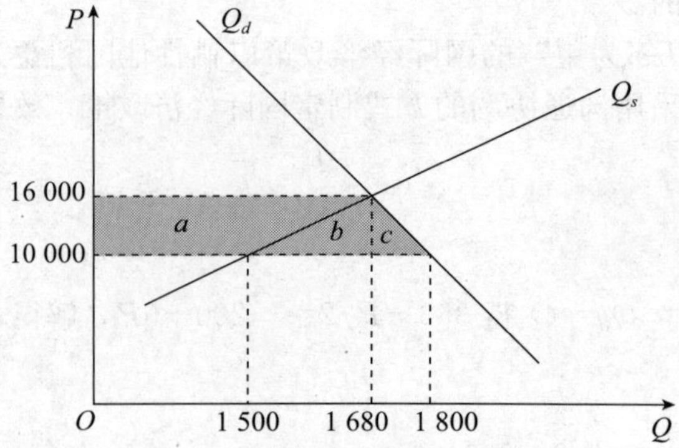

图18－14　自由贸易对福利的影响

(3) 若中国对汽车征收每辆3 000美元的进口税，价格变为13 000美元，则：

中国的汽车产量Q_s＝1 200＋0.03×13 000＝1 590（单位）

中国的汽车需求量Q_d＝2 000－0.02P＝2 000－0.02×13 000＝1 740（单位）

缺口部分由进口满足，进口量为1 740－1 590＝150（单位）。如图18－15所示，与自由贸易相比，国内消费者的福利损失为$S_{a+b+c+d+e}$＝531（万美元），厂商的福利增加为S_a＝463.5（万美元）。

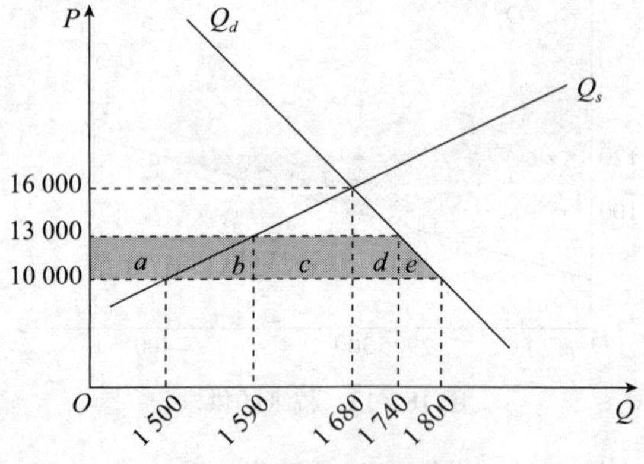

图18－15　进口关税对福利的影响

(4) 若中国对汽车进口设定150单位的配额限制，则：

$$Q_d-Q_s=150\Rightarrow 2\,000-0.02P-1\,200-0.03P=150$$

解得：P＝13 000（美元）。

所以国内汽车的价格为1.3万美元，产量为1 590单位，进口量为150单位。如图18－16所示，与自由贸易相比，国内消费者的福利损失为$S_{a+b+c+d+e}$＝531（万美元），厂商的福利增加为S_a＝463.5（万美元）。

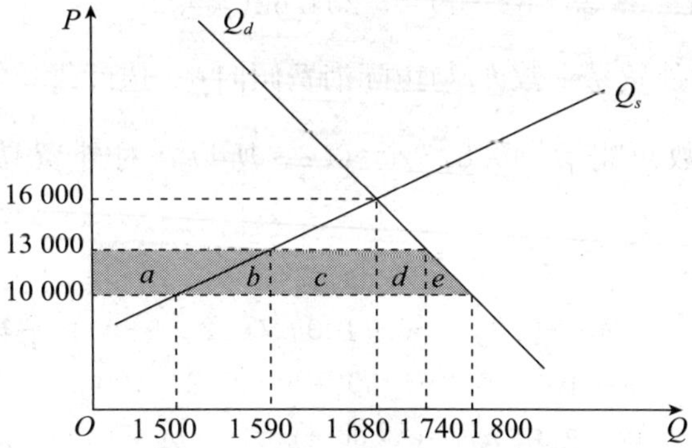

图 18-16　进口配额对福利的影响

(5) 若中国给国内汽车制造商每辆 3 000 美元的生产补贴，则国内的生产商每生产一辆汽车可以得到 13 000 美元，在这个价格下，国内的供给为 1 590 单位，而国内的实际价格为 10 000 美元，需求为 1 800 单位，进口量为 1 800−1 590=210（单位）。如图 18-17 所示，与自由贸易相比，消费者的福利不变，政府的补贴支出为 3 000×1 590=477（万美元），厂商的福利增加为 S_a=463.5（万美元）。

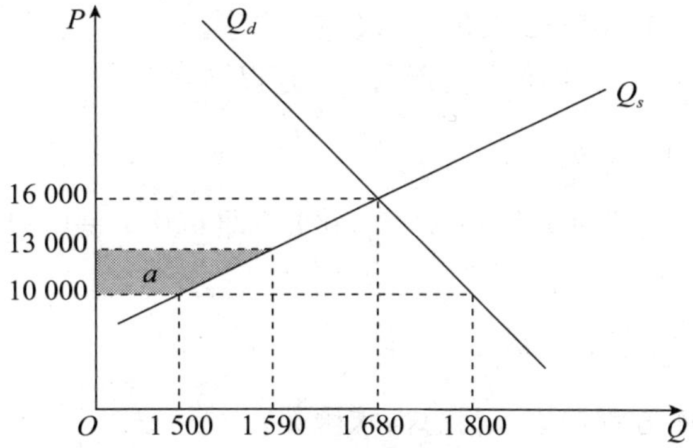

图 18-17　补贴对福利的影响

(6) 如果政府的政策目标是保护国内汽车制造业，政府应该实行生产补贴政策，因为生产补贴政策只引起生产效率的损失，而关税和进口配额除引起生产效率的损失外，还会引起消费效率的损失。但在实践中，生产补贴容易受到政府财政能力的制约，而关税不仅不会增加政府支出，还可以使政府收入增加。政府掌握的进口配额如果进行拍卖，拍卖的收入若上缴国库，也可增加政府的财政收入。

3. **【答案】**(1) 先判断是否有套利机会。以 1 英镑入市，先在苏黎世市场卖出英镑，价格是 1 英镑=2.298 0 瑞士法郎，收进 2.298 0 瑞士法郎。

然后在纽约市场上以 1 美元=1.576 0 瑞士法郎卖出瑞士法郎，收进美元。

再在伦敦市场上以 1 英镑=1.450 5 美元卖出美元，收进英镑：

$$1\times 2.298\,0\times 1/1.576\,0\times 1/1.450\,5=1.005\,254\,62(\text{英镑})$$

说明有套利机会，而且是在正确的市场上买卖货币。

(2) 100 万英镑的套汇利润为：

$$1\ 000\ 000\times(1.005\ 254\ 62-1)=5\ 254.62(\text{英镑})$$

4. **【答案】**（1）对外贸易乘数 k_x 与边际消费倾向 β、边际进口倾向 γ 有关，根据已知的消费函数、进口函数可得 $\beta=0.8$，$\gamma=0.2$。所以，对外贸易乘数 $k_x=\frac{1}{1-\beta+\gamma}=\frac{1}{1-0.8+0.2}=2.5$。

（2）$y=c+i+x-m=40+0.8y+50+100-(0.2y+30)$，解得 $y=400$。

此时净出口 $nx=x-m=100-0.2y-30=70-0.2\times400=-10$，即存在贸易逆差。

（3）为使贸易收支平衡，要求 $nx=0$，即 $nx=x-m=100-0.2y-30=0$，解得贸易收支平衡时的产出水平 $y=350$。

（4）在 $y=y_f$ 的情况下，贸易收支为：

$$nx=x-m=100-0.2y-30=70-0.2\times500=-30$$

即存在贸易逆差。

5. **【答案】**（1）

$$\begin{aligned}y&=c+i+g+nx\\&=80+0.63y+350-2\ 000r+0.1y+750+500-0.1y-100(0.75+5r)\\&=1\ 605-2\ 500r+0.63y\end{aligned}$$

化简得 $0.37y=1\ 605-2\ 500r$，变形得 IS 方程：

$$r=0.642-0.000\ 148y$$

由货币市场均衡得 $M/P=0.162\ 5y-1\ 000r$，即 $600/P=0.162\ 5y-1\ 000r$，化简得 LM 方程：

$$r=0.000\ 162\ 5y-0.6/P$$

联立 IS 方程与 LM 方程消去 r 得总需求函数：

$$y=2\ 067.6+1\ 932.4/P$$

（2）若本国价格水平 $P=1$，代入总需求函数，则收入为：

$$y=2\ 067.6+1\ 932.4/1=4\ 000$$

代入 LM 方程、消费函数、投资函数、净出口函数，得：

$$r=0.000\ 162\ 5y-0.6/P=0.000\ 162\ 5\times4\ 000-0.6=0.05$$
$$c=80+0.63y=80+0.63\times4\ 000=2\ 600$$
$$i=350-2\ 000r+0.1y=350-2\ 000\times0.05+0.1\times4\ 000=650$$
$$nx=500-0.1y-100\varepsilon=500-0.1\times4\ 000-100\times(0.75+5\times0.05)=0$$

（3）利率下降 2 个百分点，意味着新的利率 $r'=0.05-0.02=0.03$。

在新的利率下实际汇率 $\varepsilon=0.75+5\times0.03=0.9<1$，也就是汇率下降了。

产量维持原有水平，因而净出口为：

$$nx=500-0.1y-100\varepsilon=500-0.1\times4\ 000-100\times0.9=10$$

净出口比原来增加了 10。

利率变化导致新的投资为：

$$i=350-2\,000r'+0.1y=350-2\,000\times 0.03+0.1\times 4\,000=690$$

利率下降导致投资增加，同时净出口也增加了，因此要维持原有产量，必须减少政府购买，实行紧缩性财政政策，即：

$$\begin{aligned}y&=c+i+g+nx\\&=80+0.63y+690+g+10\end{aligned}$$

$$4\,000=780+0.63\times 4\,000+g$$

解得：$g=700$。

政府购买的变化为：$\Delta g=700-750=-50$。

即实行紧缩性财政政策，减少 50 的政府购买。

由于产出保持不变，则政府财政收入没有变化，但由于政府购买减少了 50，因此意味着政府预算增加了 50，即：

$$\Delta BS=-\Delta g=50$$

利率下降，要维持原有产量，需要货币供给的变化为：

$$M/P=0.162\,5y-1\,000r'\Rightarrow M/1=0.162\,5\times 4\,000-1\,000\times 0.03$$

求解得新的货币供给为：$M=620$。

$$\Delta M=620-600=20$$

说明需要增加 20 的货币供给来维持原有产出水平，即实行扩张性货币政策。

6. **【答案】**（1）
$$\begin{aligned}y&=c+i+g+nx\\&=c+i+g+(x-m)\\&=40+0.8y+25+25+100-30-0.2y\end{aligned}$$

化简求解得均衡产出为：$y=400$。

此时，$m=30+0.2y=30+0.2\times 400=110$。

净出口 $nx=x-m=100-110=-10$，故存在贸易赤字，贸易赤字为 10。

（2）要使贸易收支平衡，即 $nx=0$，于是有：

$$nx=x-m=100-30-0.2y=0$$

求解得：$y=350$。

7. **【答案】**（1）$c=250+0.75(y-t)=250+0.75\times(5\,000-1\,000)=3\,250$

国民储蓄 $\begin{aligned}s&=s_p+s_g=(y-c-t)+(t-g)=y-c-g\\&=5\,000-3\,250-1\,000=750\end{aligned}$

小型开放经济国内利率 $r=r_w$，所以，投资 $i=1\,000-50r=1\,000-50\times 5=750$。

贸易余额 $nx=y-c-i-g=5\,000-3\,250-750-1\,000=0$

由于 $nx=500-500\varepsilon=0$，解得均衡汇率 $\varepsilon=1$。

（2）由于 y、t 均未改变，所以消费不变，$c=3\ 250$。

国民储蓄 $s=y-c-g=5\ 000-3\ 250-1\ 250=500$

由于 r_w 未变，所以国内利率 r 不变，投资 $i=750$。

g 增加到 1 250，则：

贸易余额 $nx=y-c-i-g=5\ 000-3\ 250-750-1\ 250=-250$

由于 $nx=500-500\varepsilon=-250$，所以有：

均衡汇率 $\varepsilon=(500+250)/500=1.5$

与第（1）问相比，由于 y、t 均未改变，所以 c 也未改变，由于国际利率 r_w 未变，国内利率 r 也就不变，投资 i 也没有改变，但由于政府购买增加了 250，与之相对应，国民储蓄下降了 250，贸易余额也比第（1）问少了 250，而贸易余额减少的原因是汇率上升，导致本币升值，本币升值使得进口增加、出口减少。

六、论述题

1.【答案】（1）固定汇率制下的财政政策效应。

如图 18－18（a）所示，扩张性财政政策使得 IS_1^* 右移到 IS_2^*，对汇率产生向上的压力。由于央行随时准备按照固定汇率进行本国与外国货币的交换，套利者对汇率上升的反应是把外汇卖给央行，这就自动引起货币供给增加。货币供给增加使得 LM_1^* 右移到 LM_2^*，汇率恢复到初始状态。

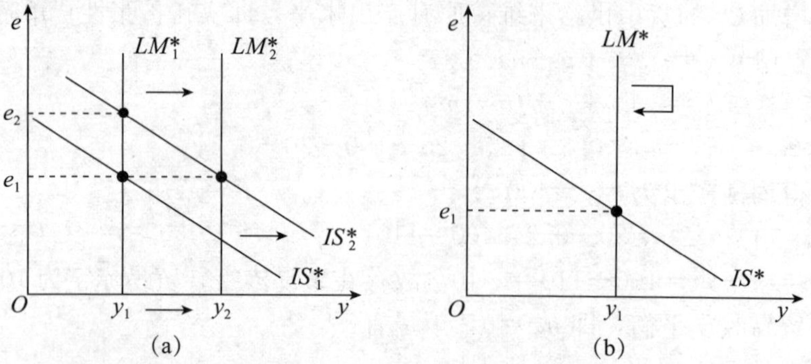

图 18－18　固定汇率制下的财政政策与货币政策效应

可见，固定汇率制下财政扩张政策增加了总收入。

（2）固定汇率制下的货币政策效应。

如图 18－18（b）所示，扩张性货币政策使得 LM^* 曲线右移，降低了汇率，但是，由于央行随时准备按照固定汇率进行本国与外国货币的交换，套利者对汇率下降的反应是把本国通货卖给央行，这就自动引起货币供给减少。货币供给减少使得 LM^* 曲线又左移，回到其初始位置。

可见，固定汇率制下货币政策无效。

（3）浮动汇率制下的财政政策效应。

如图 18－19（a）所示，扩张性财政政策使得 IS_1^* 右移到 IS_2^*，在封闭经济中，这会使得收入增加、利率上升，但利率上升后即大于世界利率 r_w，国外资本迅速流入本国，资本流入导致本币需求量增加，引起本国货币升值，货币升值遏制了净出口，净出口的减少抵消了扩张性财政政策导致的收入增加，因此，最终结果是收入不变，汇率上升（本币升值）。

可见，浮动汇率制下的财政政策无效。

（4）浮动汇率制下的货币政策效应。

如图 18－19（b）所示，扩张性货币政策使得 LM_1^* 曲线右移到 LM_2^*，在封闭经济中，这会使得利率下降，但利率下降后资本迅速流出，资本流出导致本币供给增加，引起本币贬值，汇率从 e_1 下降到 e_2，本币贬值刺激了净出口，净出口的增加增加了收入。

可见，浮动汇率制下的货币扩张政策增加了总收入。

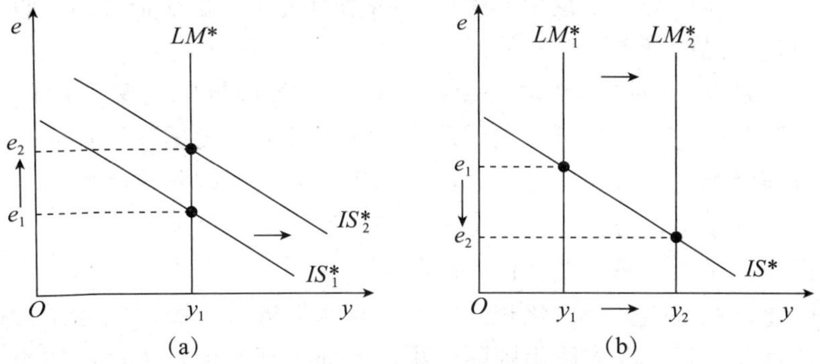

图 18－19　浮动汇率制下的财政政策与货币政策效应

2.【答案】货币国际化是指货币能够跨越国界，在境外流通，成为国际上普遍认可的计价、结算及储备货币的过程。目前已国际化的货币有美元、欧元、日元等。随着中国综合国力的增强和经济的高速发展，我国在全球产出、贸易和金融中占有较大的份额且人民币价值长期保持稳定状态，对人民币国际化的呼声越来越高。现阶段，人民币国际化已具备相当的条件，我国应积极稳步推进人民币国际化，为保证国际化的收益大大高于成本，必须选择恰当的方法和做好相应的工作。

（1）实现人民币国际化的方法。

①人民币国际化的路径。

人民币国际化应该走初期贸易顺差加资本逆差，后期贸易逆差加资本顺差的组合路径。初期保持适度的贸易顺差有利于保持人民币汇率的稳定和升值倾向，只有在人民币国际化程度较高的时期，贸易逆差加资本顺差的组合才可能带来国际货币的铸币税收入。

②人民币国际化的模式。

目前货币国际化主要有三种模式：美元模式，欧元模式，日元模式。相比较而言，日本实现货币国际化的背景和条件与目前中国的条件较为相像，日元主要通过市场推进国际化的模式有更大的借鉴性，即通过外汇自由化、贸易自由化、经常账户自由化、资本流动自由化、利率与金融市场自由化，使货币国际化。

③人民币国际化的步骤。

第一步，把人民币作为国际结算货币；第二步，加快人民币资本项目可兑换；第三步，推进人民币汇率形成机制、利率改革，使外国央行愿意持有人民币。具体而言，包括加快实施我国企业的“走出去”战略，同外国央行或金融机构签订货币互换协议，开展人民币国际贸易结算，发行人民币债券，发挥我国香港国际金融中心的作用等。

（2）顺利推进人民币国际化的工作。

人民币国际化不是一蹴而就的，而应循序渐进推进人民币国际化，最大化收益与成本的差额。因此，顺利推进人民币国际化，还需做到以下工作：

①在人民币国际化初期，应该保持汇率小幅升值的较长期趋势，短期不应大幅升值。

只有具有升值趋势的货币才会被外国投资者长期持有。人民币如果短期大幅升值，必然带来外国投机者的大量抛售，造成人民币大幅贬值和动荡。这不仅对人民币国际化不利，对中国经济和金融的稳定也是不利的。因此，必须避免人民币在短期大幅升值，这有利于防止货币替代和资本外逃。但随着人民币使用范围的扩大并逐渐成为国际中心货币，人民币汇率应逐渐走向浮动，以减少人民币国际化的成本，获取非对称性收益。

②进一步推进人民币资本账户开放。

资本账户开放是人民币国际化的必要条件，而人民币国际化又可以促进资本账户开放。因此，我国有条件适度加快推进人民币资本账户开放。根据三元悖论，独立的货币政策、固定汇率制与资本自由流动只能实现其中两者，人民币国际化必然要求汇率浮动，要想实现货币政策的独立性，必然要开放资本账户。

③进一步进行人民币汇率制度弹性化改革。

人民币国际化与汇率制度弹性化相互联系、相互促进。人民币国际化过程必将伴随人民币汇率制度弹性化过程。在人民币国际化程度不断提高的进程中，应加快汇率制度弹性化改革：一是扩大人民币汇率浮动范围；二是改强制结售汇制为意愿结售汇制，进一步完善人民币汇率形成机制；三是进一步完善外汇市场；四是加快短期货币市场建设。

④协调推进利率市场化、资本账户开放和人民币国际化。

资本账户开放是人民币国际化的必要条件，而资本账户开放必然要求一个稳定的宏观经济作为支撑，作为宏观经济最重要指标之一的利率需要保持适中，同时需要形成市场化的调整机制以保障随资本账户开放和人民币国际化而来的投机力量和虚拟资产的冲击，保持国内经济的稳定和可持续发展。因此，为了将风险控制在最小范围，亟须进一步推进利率市场化、资本账户开放和人民币国际化，这三者是循序渐进、协调配合、相互促进的关系。

总之，应努力增强中国的综合竞争力，建立支撑人民币价值的坚实基础，要循序渐进地推进人民币国际化，最大化收益与成本的差额，促进我国经济的发展。

第 19 章

经济增长

重难点提示

本章的重难点包括：新古典增长模型、经济增长的黄金律、内生增长理论。

内容精要

一、经济增长与经济发展

经济增长：通常定义为产量的增加，产量既可以是经济的总量，也可以是人均产量。

增长率：表示经济增长的程度。

①总产量表示的增长率：$G_t=\frac{Y_t-Y_{t-1}}{Y_{t-1}}$。$Y_t$表示 t 时期的总产量，Y_{t-1}表示（$t-1$）时期的总产量。

②人均产量表示的增长率：$g_t=\frac{y_t-y_{t-1}}{y_{t-1}}$。$y_t$表示 t 时期的人均产量，y_{t-1}表示（$t-1$）时期的人均产量。

经济发展是反映一个经济社会总体发展水平的综合性概念，不仅包括经济增长，还包括国民生活质量、社会经济结构和制度结构的总体进步。

经济增长是一个“量”的概念，而经济发展是一个“质”的概念。

二、增长核算

增长核算方法把产出的增长分为两个不同的来源，即生产要素的增加和技术进步，而生产要素的增加可分为资本增加和劳动增加。

增长核算方程为：

$$\frac{\Delta Y}{Y}=\left(\frac{MP_N\times N}{Y}\right)\frac{\Delta N}{N}+\left(\frac{MP_K\times K}{Y}\right)\frac{\Delta K}{K}+\frac{\Delta A}{A}$$

其中，劳动份额为 $\alpha=\frac{MP_N\times N}{Y}$，表示劳动收益在产出中所占的份额；资本份额为 $\beta=\frac{MP_K\times K}{Y}$，表示资本收益在产出中所占的份额。

增长核算方程可简化为：

$$\frac{\Delta Y}{Y}=\alpha\frac{\Delta N}{N}+\beta\frac{\Delta K}{K}+\frac{\Delta A}{A}$$

即　　产出增长=(劳动份额×劳动增长)+(资本份额×资本增长)+技术进步

其中，$\frac{\Delta A}{A}$被称为索洛余量。

增长核算的检验（丹尼森）：

(1) 影响经济增长的因素：劳动；资本存量的规模；资源配置状况；规模经济；知识进展；影响单位投入产量的其他因素。

(2) 知识进展是发达国家最重要的增长因素。

促进经济增长的政策：

(1) 鼓励技术进步。

(2) 鼓励资本形成。

(3) 增加劳动供给。

(4) 建立适当的制度。

三、新古典增长理论

基本假定：

(1) 经济由一个部门组成，该部门生产一种既可用于投资又可用于消费的商品；

(2) 该经济为不存在国际贸易的封闭经济，且政府部门被忽略；

(3) 生产的规模报酬不变；

(4) 该经济的技术进步、人口增长及资本折旧的速度都由外生因素决定；

(5) 社会储蓄函数为 $S=sY$，s 为储蓄率。

人均生产函数 $y=f(k)$ 的特点：随着每个工人拥有的资本量的上升，即 k 值的增加，每个工人的产量也增加，但由于边际收益递减规律，人均产量增加的速度是递减的。

基本方程为：

$$\Delta k=sy-(n+\delta)k$$

式中，k 为人均资本，s 为储蓄率，y 为人均产量，n 为劳动力的增长率，δ 为资本折旧率。

资本深化（Δk）：人均资本的增加，即每个工人占有的资本存量上升。

资本广化（$nk+\delta k$）：包括给新增工人配备平均量的资本 nk，以及替换折旧资本 δk。

因此，基本方程又可表述为：资本深化＝人均储蓄－资本广化。

稳态：在稳态时，人均资本达到均衡值并维持在均衡水平不变；在忽略了技术变化的条件下，人均产量也达到稳定状态，即 $\Delta k=0$。

稳态的条件：

$$sy=(n+\delta)k$$

稳态增长率：

$$\frac{\Delta Y}{Y}=\frac{\Delta N}{N}=\frac{\Delta K}{K}=n$$

稳态增长率不受储蓄率的影响。

产量增长的影响因素：

(1) 储蓄率。在短期，储蓄率的提高导致了总产量和人均产量增长率的提高。在长期，储蓄率的提高只提高了稳态的人均产量水平和人均资本水平，而不会影响稳态增长率。

(2) 人口增长。人口增长率的提高降低了人均资本的稳态水平和人均产量的稳态水平；人口增长率的提高提升了总产出的稳态增长率。

资本的黄金律：若使稳态人均消费达到最大，稳态人均资本量的选择应使资本的边际产品等于劳动的增长率，即 $f'(k^*)=n$。

含技术进步的新古典增长模型：

(1) 基本方程：$\Delta\hat{k}=s\hat{y}-(n+g+\delta)\hat{k}$，式中，$\hat{k}=K/(AN)$ 为按有效劳动平均的资本，$\hat{y}=Y/(AN)$ 为按有效劳动平均的产量，g 为技术进步增长率。

(2) 稳态条件：$s\hat{y}=(n+g+\delta)\hat{k}$。

(3) $\hat{k}$、$\hat{y}$ 的稳态增长率为 0，人均产出的增长率为 g，总产出的增长率为 $n+g$。

【提示】关于投资对折旧、人口增长、技术进步的补偿，尤其是对技术进步的补偿，在理解上略微有些抽象，比较形象的解读可关注微信公众号"王海滨老师"，点击菜单栏"精品文章/精品文章合集/动图解读投资对折旧、人口增长、技术进步的补偿"，或者微信扫描二维码查看。

四、 内生增长理论

基本模型为：

$$\begin{cases}Y=AK\\ \Delta K=sY-\delta K\end{cases}\Rightarrow\frac{\Delta Y}{Y}=\frac{\Delta K}{K}=sA-\delta$$

式中，A 是一个常量，它衡量一单位资本所生产的产出量。

模型的含义：(1) 资本存量 K。与新古典增长模型假定资本的边际收益递减不一样，该模型假定资本的边际收益不变，即固定为 A。这一假设的关键在于把知识也看作一种资本。

(2) 即使没有外生技术进步，只要 $sA>\delta$，经济就会持续增长。

(3) 如果可以被累积的生产要素有固定报酬，那么稳态增长率将被这些要素的积累率所影响。如储蓄率 s 越高，产出增长率也越高。

两部门模型：

（1）假设：① 经济中有两个部门，即制造业企业和研究性大学。

② 企业生产产品与劳务用于消费和物质资本投资。

③ 大学生产供免费利用的“知识”要素。

（2）模型方程：

企业的生产函数：

$$Y=F[K,(1-u)EN]$$

大学的生产函数：

$$\Delta E=g(u)E$$

资本积累方程：

$$\Delta K=sY-\delta K$$

（3）结论：①在规模报酬不变的条件下，物质资本 K 和知识 E 翻倍，则两部门产出翻倍。

②当大学的劳动力比例 u 不变时，E 按固定比率 $g(u)$ 增长，结果作用机理和新古典增长模型一样。

习题精编

一、 名词解释

1. 经济发展
2. 索洛余量
3. 资本深化
4. 劳动增强型技术进步
5. 追赶效应
6. 资本的黄金律水平
7. 内生增长理论
8. 实际增长率与潜在增长率

二、 判断题

1. 根据索洛模型，人口增长率较高的国家将有较低的稳态人均产量和较低的稳态人均产出增长率。

2. 根据索洛经济增长模型，一国人均收入的长期增长主要取决于资本积累速度，即取决于储蓄率。

3. 根据新古典增长模型，储蓄率的提高可能导致实际总产出的增长率永久性上升。

4. 在新古典增长理论框架内，稳态意味着：$\Delta Y/Y=\Delta N/N=\Delta K/K$。

5. 根据索洛经济增长模型，其他条件相同，储蓄率较高国家的人均收入将高于储蓄率较低国家的人均收入，并且前者的增长率也高于后者。

三、 选择题

1. 经济增长在图形上表现为（　　）。

A. 生产可能性边界内的某一点向边界移动

B. 整条生产可能性边界向外移动

C. 生产可能性边界外的某一点向边界移动

D. 生产可能性边界上的某一点沿着边界移动

2. 假设一个经济的生产函数为柯布-道格拉斯生产函数，其中劳动与资本所得各占总收入的 1/2，而且 $A=1$。如果劳动力增长率为 $n=0.06$，折旧率 $\delta=0.04$，储蓄率 $s=0.2$，那么，在稳态下资本—劳动比为（　　）。

A. 0.5　　B. 1　　C. 2　　D. 4

3. 假设一个经济当期收入为 Y，生产函数具有规模报酬不变性质，劳动所得占总收入的份额为 0.7，资本所得占总收入的份额为 0.3。假定劳动力增长率为 4%，资本增长率为 3%。如果没有技术进步，该经济需要多少年才能将总收入提高到 $2Y$？（　　）

A. 10　　B. 19　　C. 23　　D. 33

4. 假设一国人口增长率为 0.01，储蓄率为 0.2，单位资本—产出比为 0.7，折旧占 GDP 的比重为 0.1。如果该国经济增长路径可以由 AK 模型刻画，那么，在平衡增长路径上，该国人均产出增长率为（　　）。

A. 3%　　B. 4%　　C. 6%　　D. 以上都不是

5. 索洛模型中的黄金律是指（　　）。

A. 资本的边际产品等于劳动的增长率

B. 资本的边际产品等于储蓄的增长率

C. 储蓄的增长率等于投资的增长率

D. 消费的增长率等于劳动的增长率

6. 下列哪一项不影响长期经济增长率？（　　）

A. 计划生育政策的制定和实施　　B. 货币供给量的增加

C. 基础研究领域投入的增加　　D. 外国先进技术的引进

7. 在新古典增长模型中，当人均资本的边际产品等于下列哪一项时，人均消费将达到极大？（　　）

A. $sy/(n+\delta)$　　B. $sy-(n+\delta)$　　C. $s-(n+\delta)$　　D. $n+\delta$

8. 中国的储蓄率一直以来都非常高，同时储蓄率这个因素对经济是有很大影响的。按照新古典增长理论，在短期我国由于高储蓄率而达到新的稳态时，最可能会导致（　　）。

A. 人均产量将以更快的速度增长　　B. 人均产量将比原来高

C. 人均产量将与原来相同　　D. 以上都正确

9. 根据索洛模型，某国人口增长率的提高从长远来看可能会（　　）。

A. 提高该国的实际利率　　B. 提高该国人民的生活水平

C. 提高该国的储蓄率　　D. 促进该国的技术进步

10. 内生经济增长理论与索洛模型最本质的区别在于，内生经济增长理论（　　）。

A. 肯定了技术变革对经济增长的作用

B. 抛弃了索洛模型外生技术变革的假设

C. 将研究与开发作为外生技术变革的主要原因

D. 以上表述都不正确

11. 根据新古典增长模型，（　　）会导致稳态水平的人均收入降低。

A. 折旧率的下降　　B. 人口增长率的上升

C. 技术进步率的下降　　D. 人口增长率的下降

四、简答题

1. 在新古典增长模型中，请给出经济处于稳定状态的条件，并画图说明外生的储蓄率变化对人均收入水平有何影响。

2. 有人认为，一个地区遭受地震、洪水等自然灾害之后，其经济增长率通常较高，所以地震和洪水是好事。如何看待这种观点？

3. 在劳动增强型技术进步的索洛模型中，（1）试证明在稳态时，实际利率将维持不变，实际工资将按技术进步的速度增长；（2）求社会资本回报和社会总劳动工资的增长率。

4. 利用新古典增长模型说明不同要素数量和技术进步对经济增长的贡献率。

5. 经济增长是每个国家宏观调控的最终目标，请根据你对经济增长的理解，简要概述你认为哪些因素会影响经济增长。

6. 简述新古典增长理论中全要素生产率的增长率的经济学含义。

7. 什么是新古典增长模型中的黄金律？政策制定者一般都希望实现黄金律的稳定增长吗？

8. 什么是贫困陷阱？如何走出贫困陷阱？

9. 内生增长理论与新古典增长理论有何不同？

10. 简单评价 AK 增长模型的主要观点。

11. 消费、投资、出口被称为拉动经济的“三驾马车”，劳动力增长、技术进步和创新被称为经济增长的源泉，请比较这两种说法。

五、证明题

已知一个新古典增长模型 $y=f(k)=k-0.5k^2$，人均产出储蓄率 $s=0.4$，人口增长率 $n=0.2\%$。

（1）推证并求出能使经济得到均衡稳态产出的 k^* 值。

（2）推证并求出黄金律所要求的人均资本 k_{gold}。

（3）证明在均衡稳定的 k^* 附近，k 向 k^* 收敛的速度与其相对于 k^* 的距离成正比。

六、计算题

1. 已知资本增长率为 $\Delta K/K=3\%$，劳动增长率为 $\Delta N/N=2\%$，国民收入增长率为 $\Delta Y/Y=4\%$，资本的国民收入份额为 $\beta=0.4$，在以上给定条件下，技术进步对经济增长的贡献是多少？

2. 在一国经济中，资本增长率为 5%，人口增长率为 2%，资本的产出弹性为 0.4，劳动的收入份额（或劳动的产出弹性）为 0.6。

（1）求该国的经济增长率。

（2）求人均经济增长率。

（3）如果这个国家要保证每年的经济增长率达到 7%，全要素生产率应该按照多高的速度增长？

3. 假定在某一时期，资本的增长率 $\frac{\Delta K}{K}$ 为 4%，劳动的增长率 $\frac{\Delta N}{N}$ 为 2%，实际产出的增长率 $\frac{\Delta Y}{Y}$ 为 5%，由统计资料得知资本的国民收入份额 $\beta=0.3$，劳动的国民收入份额 $\alpha=0.7$。

（1）计算全要素生产率的增长率。

（2）假定一项减少预算赤字的政策使投资增加，资本的增长率上升 1%，实际产出的增长率将上升多少？

（3）假定实行一项减税政策使劳动供给增长 1%，实际产出的增长率又将如何变动？

4. 假设劳动收入和资本收入之比为 7∶3，劳动增长率为 1%，资本增长率为 4%。根据新古典增长理论，经济增长率的计算值是多少？若实际的增长率为 3%，二者的差异如何解释？

5. 在新古典增长模型中，集约化生产函数为 $y=f(k)=2k-0.5k^2$，人均储蓄率为 0.3，设人口增长率为 3%，不考虑折旧，求解以下问题：

（1）使经济均衡增长的 k 值。

（2）黄金律所要求的人均资本量。

6. （1）某经济社会的资本存量 K 为 200，劳动人口 N 为 200，投资 I 为 20，固定资产折旧率 δ 为 5%，平均消费倾向为 0.6。求劳动人口的人均产出水平，并求资本增长率。

（2）如果劳动人口增长率 n 为 1.2%，储蓄率 s 为 12%，求资本—产出比 K/Y，并求劳动人口的人均产出为 0.5 时的资本—劳动比。

7. 假定一个国家的生产函数可以表示为 $Y=AN^{\alpha}K^{1-\alpha}$，请回答以下问题：

（1）将该国的 GDP 增长率 $\frac{\dot{Y}}{Y}=\frac{\mathrm{d}Y/\mathrm{d}t}{Y}$ 表示为资本增长率、劳动增长率和技术进步率的函数。

（2）A 国和 B 国的统计数据如下页表所示，请计算两个国家的技术进步率，并分析和评价两个国家的经济增长方式和增长绩效。

	期初				期末		
	GDP	资本	劳动	利率	GDP	资本	劳动
A国	100	500	500	0.08	120	600	600
B国	200	1 000	500	0.06	210	1 100	500

8. 考虑用以下生产函数描述的一个经济：$Y=F(K,\ N)=K^{0.3}N^{0.7}$。

（1）人均生产函数是什么？

（2）假定没有人口增长和技术进步，找出稳定状态的人均资本存量、人均产出以及人均消费（将它们表示为储蓄率 s 和折旧率 δ 的函数）。

（3）假设在 T_1 期，该经济的储蓄率从原来的 s_1 调整到 s_2，$s_2>s_1$，并且到 T_2 期经济恢复到新的均衡，请分析从原均衡向新均衡调整的过程中人均资本存量和人均产出的变化过程，并用图形表示人均资本和人均产出增长率的调整路径。

9. 生产函数 $Y=F(K,\ N)=\sqrt{KN}$。

（1）求人均生产函数 $y=f(k)$。

（2）忽视技术进步，求稳态下的人均资本水平、人均产量和人均消费水平。

（3）求黄金律水平的人均资本存量、人均产量和人均消费。

10. 假定A国和B国的生产函数都是：$Y=F(K,\ N)=K^{1/2}N^{1/2}$。

（1）试根据上式写出人均生产函数的具体形式。

（2）假定没有一个国家经历了人口增长或技术进步，并且资本折旧率为每年5%。再假定A国每年储蓄为产出的10%，而B国每年储蓄为产出的20%。用你关于第（1）问的答案和投资等于折旧的稳态条件，找出每个国家稳态的人均资本水平，然后找出稳态的人均收入水平和人均消费水平。

11. 假设在初始稳态经济中，资本收入占GDP的份额为30%，产出的平均增长速度为每年3%，折旧率为每年5%，资本—产出比为2，生产函数为规模报酬不变的柯布-道格拉斯生产函数。

（1）在初始稳定状态，储蓄率应该是多少？资本的边际产量是多少？

（2）假设公共政策提高了储蓄率，从而使经济达到了资本的黄金律水平，在黄金律稳定状态，资本的边际产量将是多少？比较黄金律稳定状态的资本边际产量和初始稳定状态的资本边际产量并解释。

（3）在黄金律稳定状态，资本—产出比将是多少？

（4）要达到黄金律稳定状态，储蓄率必须是多少？

12. 假定产出是根据含有失业率的生产函数 $Y=K^{\alpha}[(1-u^*)N]^{1-\alpha}$ 来表示的。在上式中，K 为资本，N 为劳动力，u^* 为自然失业率。国民储蓄率为 s，劳动力增长率为 n，资本折旧率为 δ。

（1）请把人均产出（$y=Y/N$）表示为人均资本（$k=K/N$）和自然失业率的函数。

（2）计算该经济的稳态的人均资本和人均产出。

（3）失业通过哪两种途径影响稳态人均产出？

13. 考虑一个具有如下生产函数的经济体：$Y=AK^{0.4}N^{0.6}$，其中 K 为资本，N 为劳动。

（1）假设 $A=1$，计算人均生产函数。

（2）假设每年折旧率 δ 为5%，考虑简单的索洛增长模型，稳态时 $c=f(k^*)-\delta k^*$，求出人均资本存量的黄金律以及黄金律水平下的人均产量水平、人均投资水平、人均消费水平。

（3）在一般化（A 不等于常数）的生产函数中，你认为 A 可能包含哪些影响经济长期增长的因素？这些因素是否可能与资本 K 或劳动 N 相关？

14. 考虑一个标准的索洛增长模型：$Y=(1-t)K^{\alpha}(AN)^{1-\alpha}$，$0<\alpha<1$，储蓄率为 s，人口增长率为0，技术进步率为 g，不考虑折旧，t 是政府对产出征收的税收。

（1）假设政府在收税之后，不用于生产产出和进行投资，计算稳态人均有效产出和人均有效资本。

（2）如果政府减税，稳态的人均有效产出如何变化？简要解释你的结论。

（3）现在假设税收降低了人们研发的动力，技术进步率变为 $g=b(1-t)^{1-\alpha}$，$b>0$。计算新的稳态人均有效产出。减税对稳态产出有什么影响？简要解释你的结论。

15. 考虑包含技术进步的新古典经济增长模型。经济的总量生产函数为 $Y=K^{\alpha}(AN)^{1-\alpha}$。资本和知识积累方程为：$\dot{K}=\frac{\mathrm{d}K}{\mathrm{d}t}=sY$，$\dot{A}=\frac{\mathrm{d}A}{\mathrm{d}t}=Y^{\varphi}$，其中，$s$ 为储蓄率，$\varphi\in(0,1)$，人口增长率为 n。

（1）请给出知识积累方程的经济学解释。

（2）将资本和知识积累的增长率 $g_K=\frac{\dot{K}}{K}$ 和 $g_A=\frac{\dot{A}}{A}$ 表示为 A、K 和 N 的函数。

（3）经济存在资本和知识积累增长率为常数的稳态吗？如果存在，请计算出资本和知识积累的稳态增长率。

（4）储蓄率如何影响稳态人均产出增长率？

16. 给定一国的宏观总生产函数为 $Y=AN^{2/3}K^{1/3}$，其中 Y 为总产出，$K=390$ 为资本总量，$N=13$ 为劳动力数量，假定劳动力数量按人口每年1%的增长速度增长，资本存量的折旧率为5%，技术水平 A 为1。请根据具体的计算结果回答：

（1）该经济的人均产出将随时间推移如何变化？

（2）劳动报酬和资本报酬的比例将随时间推移如何变化？

17. 假设某国的社会总生产函数为：$Y=K^{\theta}(\alpha N\times E)^{1-\theta}$，其中 K 代表资本存量，N 是总人口，E 是劳动生产率，α 是劳动力参与率，$0<\alpha\leqslant 1$，$1/2<\theta<1$。需要额外注意的是在该国，只有 αN 的人口是劳动力。

该国的储蓄率为 s，资本折旧率为 δ，人口的增长速度为 n，劳动生产率的增长率为 g，其中 $0<s<1$，$0<\delta<1$。定义每个效率工人的资本为 $\hat{k}=K/(\alpha N\times E)$。

（1）计算稳态时的每个效率工人的资本表达式。

（2）为了获得黄金律下的每个效率工人的资本，对应的储蓄率应该为多少？

（3）假设该国当前经济处于稳态，由于该国实施延迟退休的政策，使得劳动力参与率提高。请分析该政策对该国稳态时每个效率工人的资本以及总产出的影响，并用图形来表示每个效率工人的资本和总产出增长速度随着时间变化的趋势。

18. 考虑一个经济，生产部门的生产函数为 $Y=AK^{1-\alpha}N^{\alpha}$，假设储蓄率为0.1，人口

增长率为 $n=0.01$，资本折旧率为 $\delta=0.01$。

（1）计算劳动所得与资本所得在总收入中的份额。

（2）假设技术水平 A 以 2%的速度增长，计算总产出和人均资本存量的均衡增长率。

（3）假设 $y=\left(\frac{4K}{N}\right)^{1-\alpha}$，$\alpha=0.5$，将该生产函数转换为 $\hat{y}=k^{\alpha}$$\left(其中\ \hat{y}=\frac{Y}{AN}\right)$形式，并计算该经济均衡的人均资本和总产出的增长率。

★19. 假设在索洛模型中，人均生产函数 $y=k^{0.5}$，储蓄率为 s，人口增长率 $n=0.005$，折旧率为 $\delta=0.035$。

（1）计算在储蓄率 $s_0=0.16$ 时的稳态人均资本存量。

（2）计算在储蓄率提高到 $s_1=0.41$ 后的稳态人均资本存量，并用图形说明储蓄率的提高对稳态人均资本存量的影响（保留一位小数）。

（3）计算黄金律水平的储蓄率。

（4）以储蓄率 $s_0=0.16$ 时的稳态为初期，这时人口为 1 000 单位，如果储蓄率提高到 $s_1=0.41$，计算下一期的总产出和人均资本，画图描述人均资本和总产出的动态调整路径。

★20. 考虑一个包含人力资本的索洛模型。生产函数为 $Y=K^{\alpha}H^{\beta}(AN)^{1-\alpha-\beta}$，$0<\alpha<1$，$0<\beta<1$，$0<\alpha+\beta<1$，$A$ 与 N 的增长率分别为 g 和 n。定义 $K/(AN)=k$，$Y/(AN)=y$，$H/(AN)=h$。

（1）求 y。

（2）若人力资本 H 的动态方程是 $\dot{H}_t=\frac{\mathrm{d}H_t}{\mathrm{d}t}=s_hY_t-\delta H_t$，$0<s_h<1$，折旧率 δ 满足 $0<\delta<1$，证明 $\dot{h}_t=\frac{\mathrm{d}h_t}{\mathrm{d}t}=s_hy_t-(g+n+\delta)h_t$。

（3）若 $\dot{h}_t=s_hy_t-(g+n+\delta)h_t$，求稳态时的 k 和 h。

21. 一国的生产函数为 $Y=(AK)^{\alpha}N^{1-\alpha}$，假设人口增长率为 n，折旧率为 δ，技术进步率为 g，$\dot{K}=sY-\delta K$，其中 s 为储蓄率，δ 为资本折旧率，试求稳态时总产出 Y 与总资本 K 的增长率。

22. 一国经济中的生产函数是 $Y=K^{1/3}(AN)^{2/3}$，人口年增长率为 0.05，资本折旧率也是 0.05，请根据新古典增长模型分析：

（1）如果储蓄率为 10%，$A=2$，计算该国稳态条件下的人均资本、人均产出、人均投资和人均消费水平。

（2）分析从增加人均消费角度看，该国是否应该调整储蓄率。

（3）如果 A 以每年 2%的比率增长，稳态的经济增长率是多少？如果稳态增速不能进一步提高，该国可以用什么方法来提高本国的人均收入水平？

（4）如果生产函数变为 $Y=(AK)^{1/3}N^{2/3}$，其他各个参数不变，稳态经济增长率是多少？

23. 索洛增长模型描述的一个经济有以下生产函数：$Y(t)=AK^{\alpha}N^{\beta}$。

（1）对于上述生产函数，我们一般要求 $0<\alpha<1$，$0<\beta<1$。为什么？除此之外，我们还会对它们做什么样的假定限制？

（2）请证明经济增长因素分解等式 $g_Y=g_A+\alpha g_K+\beta g_N$ 成立。

（3）资本的演化方程式为 $\dot{K}=sY-\delta K$，s 为储蓄率，δ 为折旧率，$g_A=g$，$g_N=n$，$\alpha+\beta=1$。求稳态时人均资本 k 的增长率。

24. 某国的生产函数为 $Y=AK^{1/2}N^{1/2}$，K 为资本，N 为劳动，A 为技术水平，储蓄率 $s=0.6$，人口增长率 $n=1\%$，折旧率 $\delta=0.05$，技术进步率 $g=4\%$。当经济实现平衡增长时，人均收入和人均资本增长率为多少？总产出和总资本增长率为多少？

25. 假设效用函数为 $U(C)=\dfrac{C^{1-\theta}}{1-\theta}$，生产函数为 $Y=AK$，经济的初始资本存量为 $k(0)$。

（1）求内生的经济增长率，同时给出内生经济增长的条件。

（2）求初始的消费水平和投资率。

26. 在两部门内生增长模型中，$Y=F[K,(1-u)EN]=K^{\alpha}[(1-u)EN]^{1-\alpha}$，$\Delta E/E=g(u)$ 和 $\Delta\hat{k}=sf(\hat{k})-[\delta+n+g(u)]\hat{k}$。$Y$ 是总产出，K 是总资本存量，N 是总人口，E 是劳动效率。$\hat{k}$ 是人均有效劳动的资本存量，s 是储蓄率，u 是研究部门劳动投入的一部分，n 是人口增长率，δ 是折旧率，$g(u)$ 是劳动效率 E 的增长率。

（1）给定 u，假设经济初始处于稳态，如果自然灾害造成资本存量减半，但是人员没有损失，人均有效劳动的资本存量从短期向长期稳态转移会是怎样的？

（2）给定 u，黄金储蓄率 $s_{\text{gold}}^{*}(u)$ 是多少？若 u 上升，$s_{\text{gold}}^{*}(u)$ 会怎样变化？

习题答案

一、 名词解释

1. **【答案】** 经济发展是指一个国家或地区在经济增长驱动下形成的经济、社会的整体改善和进步。它通常包括以下几个方面的内容：①经济增长；②经济结构优化，如产业结构、地区结构、投入产出结构、分配结构、消费结构等方面的优化；③经济质量的提高，如经济效率水平、经济增长的稳定程度、居民的生活质量、社会和个人的福利水平、自然生态环境、可持续发展潜力等方面的增进。在更广泛的意义上，经济发展还包括政治、法制和文化等方面的进展。

2. **【答案】** 索洛余量是指经济增长中无法用资本和劳动来衡量的部分，也被称为全要素生产率，或者简称技术进步率。由于这个余量是索洛通过大量的计量和统计工作得到的，所以被称为索洛余量。用公式表示为：

$$\Delta A/A=\Delta Y/Y-\alpha\Delta N/N-\beta\Delta K/K$$

其中，$\Delta A/A$ 为索洛余量，$\Delta Y/Y$ 为产出增长率，$\Delta N/N$ 为劳动增长率，$\Delta K/K$ 为资本增长率，α 和 β 分别为劳动和资本在经济增长中所占的份额。

影响索洛余量的常见因素是有关生产的知识增加，它提高了劳动生产率，从而提高了经济的总产出。

3.【答案】资本深化是与资本广化相对而言的，是指以超过劳动力增长的速度积累资本。在经济发展过程中，人口以一定的比率增长，但是如果资本积累的速度更快，则会导致人均占有资本量增加，即资本—劳动比上升，这就是资本深化，用公式表示即 $dk/dt=sf(k)-(n+\delta)k>0$。

4.【答案】劳动增强型技术进步是指在长期经济增长模型中，在劳动 N 之前加一个 A，即 $Y=F(K, AN)$，A 代表技术水平，可以提高劳动者的劳动效率。在新古典模型中，技术是外生给定的。在正常的总量生产函数两边同时除以有效劳动 AN，得到 $y=f(k)$，此时按有效劳动平均的资本存量 $k=K/(AN)$，按有效劳动平均的产出 $y=Y/(AN)$。设人口增长率 $(dN/dt)/N$ 为 n，技术进步率 $(dA/dt)/A$ 为 g，由于稳态时 k 增长率为零，则人均资本存量 K/N 增长率为 g，总资本存量 K 增长率为 $n+g$，人均产出 Y/N 增长率为 g，总产出 Y 增长率为 $n+g$。

劳动增强型技术进步可以解释一些国家生活水平的持续提高，即技术进步会引起人均产出的持续增长，一旦经济处于稳定状态，人均产出的增长率只取决于技术进步的比率。

5.【答案】追赶效应是指在其他条件相同的情况下，如果一国开始时较贫穷，它就更容易比开始时就富裕的国家经济增长更快，这种初始状况对持续增长的影响在宏观经济学里被称为追赶效应。这主要有两个原因：(1) 在贫穷国家，人均资本存量较低，按照资本的边际收益递减规律，此时穷国与富国增加同样的投资，穷国的资本收益率更高；(2) 穷国在发展时可以利用富国的技术研发成果，这使得穷国虽然整体技术水平落后于富国，但当前技术进步率却高于富国。

6.【答案】资本的黄金律水平是指稳态时人均消费最大化所对应的人均资本水平（如图 19-1 所示）。在一个不考虑技术进步的经济中，稳态的人均消费 $c=f(k)-sf(k)=f(k)-(n+\delta)k$，在人均消费最大化时，有 $f'(k)=n+\delta$。也就是说，当资本存量处在黄金律水平上时，资本的边际产出等于折旧率加上人口增长率（如果考虑技术进步，则再加上技术进步率）。

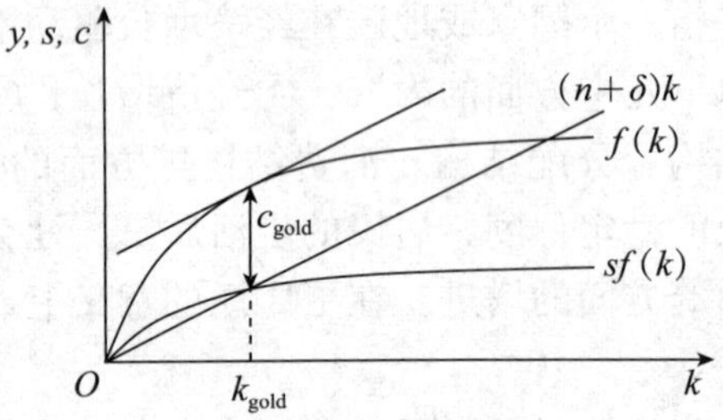

图 19-1　资本的黄金律水平

从黄金律可知，当稳态的人均资本量 $k>k_{gold}$ 时，可通过增加消费，降低储蓄，使人均资本量下降到黄金律水平；当稳态的人均资本量 $k<k_{gold}$ 时，则应该减少消费，提高储蓄，直到人均资本达到黄金律水平。

需要指出的是，一个经济并不会自动地趋向于黄金律所对应的稳态资本存量。如果人们想要得到黄金律所对应的稳态资本存量，就需要一种特定的储蓄率来支持它。

7.【答案】内生增长理论是经济增长理论中的一种，它与新古典增长理论不同，内生增长理论用规模报酬递增和内生技术进步来说明一个国家的长期经济增长和各国增长率的差异，认为经济的长期增长依赖于储蓄率和其他因素，而不仅仅依赖于劳动的增长率。其重要特征就是试图使增长率内生化。根据其所依赖的基本假定条件的差异可以将内生增长理论分为完全竞争条件下的内生增长模型和垄断竞争条件下的内生增长模型。按照完全竞争条件下的内生增长模型，使稳态增长率内生化的两条基本途径是：①将技术进步率内生化；②如果可以被积累的生产要素有固定报酬，那么可以通过某种方式使稳态增长率被要素的积累所影响。

8.【答案】实际增长率是指经济实际上实现的增长率。潜在增长率是指经济处于充分就业情况下能实现的增长率。

按照奥肯定律，相对于潜在 GDP，实际 GDP 每下降 2 个百分点，实际失业率就会相对于自然失业率上升 1 个百分点，因此，当实际增长率超过潜在增长率时，失业率会低于自然失业率，此时有通货膨胀的压力；反之，当实际增长率低于潜在增长率时，失业率会高于自然失业率。

二、判断题

1～5：FFFTF

1.【答案】F。人口增长率较高的国家有较低的稳态人均产量和稳态人均资本存量，但是稳态人均产出增长率不变化，人均产出增长率只与技术增长率有关，注意其与总产出增长率的区别。

2.【答案】F。根据索洛模型，一国人均收入的长期增长只与该国的技术进步率有关，且人均收入增长率等于技术进步率，与储蓄率无关。

3.【答案】F。储蓄率的提高会在短时间内提高增长率，但不影响长期的增长率，不过会提高收入的稳态水平。

4.【答案】T。在新古典增长模型的稳态，人均资本和人均收入不变，因此总资本的增长率、总产出的增长率与劳动的增长率相等，即稳态意味着 $\Delta Y/Y=\Delta N/N=\Delta K/K=n$。

5.【答案】F。储蓄率只有水平效应而无增长效应，即储蓄率更高的国家的人均收入会更高，但增长率不会因此而更高。

三、选择题

1～5：BDBDA　　6～10：BDBAB　　11：B

1.【答案】B。生产可能性边界内的点向边界移动，是资源得到充分利用，而点在边界上的移动则是资源的配置问题，只有生产可能性边界本身的移动才是经济增长。

2.【答案】D。依题意可知 $Y=K^{1/2}N^{1/2}$，两边同除以 N 得 $Y/N=(K/N)^{1/2}$，其中 $k=K/N$ 即为资本—劳动比，则人均生产函数为 $y=k^{1/2}$。当经济达到稳态时有 $\Delta k=sy-(n+\delta)k=0$，代入数据解得稳态时的人均资本 $k=4$，也即稳态时经济的资本—劳动比为 $k=K/N=4$。

3.【答案】B。没有技术进步，即 $\Delta A/A=0$，收入的年增长率计算公式为 $\Delta Y/Y=\Delta A/A+\alpha\Delta K/K+(1-\alpha)\Delta N/N$，$\alpha$ 是资本占收入的份额，从题中可知 $\alpha=0.3$，$1-\alpha=$

0.7，$\Delta K/K=3\%$，$\Delta N/N=4\%$，代入公式算得收入的年增长率=3.7%。设 n 年过后总收入达到 $2Y$，即 $(1+3.7\%)^nY=2Y$，计算得 $n=19$。

4. **【答案】** D。因为该国经济增长路径可以由 AK 模型刻画，即 $Y=AK$，推导后有 $f(k^*)=Ak^*$，所以可以知道人均产出增长率与技术进步率 A 有关。

5. **【答案】** A。经济增长的黄金律是2006年诺贝尔经济学奖得主费尔普斯对索洛模型的一大理论贡献，其基本内容是：国家的根本目标是要提高人均消费，而要使人均消费最大化，就要满足资本的边际产品等于劳动的增长率。

6. **【答案】** B。计划生育政策会使人口下降，导致长期经济增长率下降；货币供给量的增减影响的是短期总需求，对长期经济增长无影响；基础研究的投入和外国先进技术的引进都属于技术进步，都会促使长期经济增长率提高。

7. **【答案】** D。在稳态时，人均消费在图形上可以表示为曲线 $f(k)$ 与直线 $(n+\delta)k$ 之间的距离，即 $C^*=f(k^*)-(n+\delta)k^*$，对 k^* 求导并使其等于0，可使在稳态时消费最大化，$MP_K=f'(k^*)=n+\delta$。

8. **【答案】** B。在短期，储蓄率提高，人均资本存量将增加，直到经济达到新的稳定状态为止，此时人均资本存量和人均产量都高于原来的稳态水平。但是，在长期，经济并不会永远保持高增长率，随着资本积累的增加，增长率会回落到原来的水平。

9. **【答案】** A。根据索洛模型，人口增长率的提高会使均衡状态下的人均资本存量减少，实际利率上升。

10. **【答案】** B。内生增长模型与索洛的新古典增长模型最重要的区别就是，前者将技术进步作为内生变量，后者将技术进步作为外生给定的变量。

11. **【答案】** B。人口增长率的上升会降低人均资本存量的水平，进而降低人均收入水平。

四、简答题

1. **【答案】**（1）按照新古典增长模型，资本增长的基本方程是：

$$\dot{k}=sf(k)-(n+\delta)k$$

其中，s 表示储蓄率，n 表示人口增长率，δ 表示资本折旧率。这个方程的含义是，每一期的投资 $i=sy=sf(k)$，但由于人口的增长，nk 部分必须用来装备新增的工人，又由于资本不断折旧，δk 部分必须用来弥补资本的损耗，剩下的部分才是资本的增长。

当经济达到稳态时，有 $\dot{k}=0$，即：

$$sf(k)=(n+\delta)k$$

这就是没有技术进步的新古典增长模型的稳态条件。

如果有技术进步，假设技术以 g 的速度进步，则稳态条件为：

$$sf(\hat{k})=(n+\delta+g)\hat{k}$$

其中，$\hat{k}=K/(AN)$，表示按有效劳动平均的资本，$g\hat{k}$ 是用来装备新技术所需要的资本。

（2）以没有技术进步的模型为例，如图 19-2 所示，假设在初始状态下，储蓄率为

s_1，由图可知，此时资本深化——$s_1 f(k)$——曲线与资本广化——$(n+\delta)k$——曲线的交点为 E_1 点，对应的人均收入为 y_1。如果储蓄率上升到 s_2，则资本深化曲线上移，由 $s_1 f(k)$ 上移到 $s_2 f(k)$，与资本广化曲线相交于 E_2 点，对应的人均收入是 y_2，显然，储蓄率上升后，人均收入也上升了。

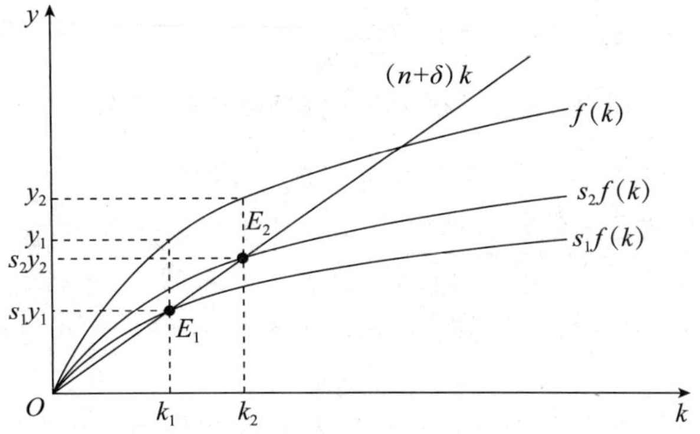

图 19－2　储蓄率变化对人均收入水平的影响

2.【**答案**】如图 19－3 所示，假设经济处于稳态时，有效工人的人均资本存量为 $\hat{k}^*$，此时 $sf(\hat{k}^*)=(n+\delta+g)\hat{k}^*$，有效工人的人均产出 $\hat{y}$ 增长率为 0，人均产出 y 增长率则为 g。

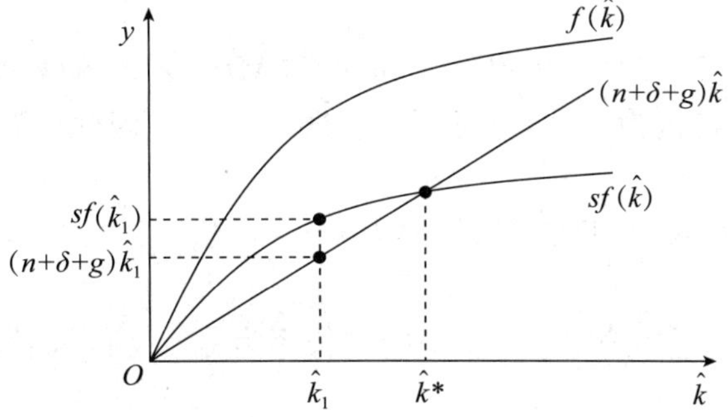

图 19－3　新古典增长模型

一个地区遭受地震、洪水等自然灾害以后，该地区有效工人的人均资本存量会低于均衡水平，假设下降到 $\hat{k}_1$，此时有 $sf(\hat{k}_1)>(n+\delta+g)\ \hat{k}_1$，$\Delta\hat{k}=sf(\hat{k}_1)-(n+\delta+g)\hat{k}_1>0$，所以有效工人的人均产出增长率也大于 0，而人均产出增长率则大于 g，经济出现一段时间的高增长率。

但这种高增长率在人均资本恢复到 $\hat{k}=\hat{k}^*$ 时会结束，当 $\hat{k}$ 恢复到 $\hat{k}^*$ 时，人均产出增长率又恢复到以前的状态。

如图 19－4 所示，该地区经济初始人均产出增长率为 g，最终还是 g，所以说，地震、洪水等自然灾害并不是好事，它所带来的“高增长率”是对被地震、洪水等自然灾害毁坏的损失的“弥补”。地震、洪水等自然灾害不仅没有带来真正的高增长率，相反，它使得在很长一段时间内，经济的实际增长率低于正常水平。

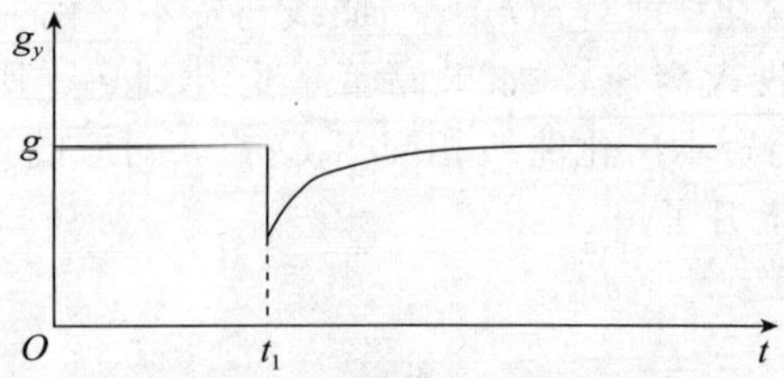

图 19－4　人均产出增长率随时间变化的轨迹

3.【答案】（1）在劳动增强型技术进步的索洛模型中，生产函数为：$Y=F(K, EN)$。其中，EN 为有效工人数，劳动效率 E 以不变的外生比率 g 增长：$g=\Delta E/E$。

设 $\hat{y}=Y/(EN)$，$\hat{k}=K/(EN)$，得到有效工人的人均产出函数：$\hat{y}=f(\hat{k})$。设储蓄率为 s，人口增长率为 n，资本折旧率为 δ，稳态时有：$sf(\hat{k})=(\delta+n+g)\hat{k}$，此时 $\hat{k}$ 稳定在 $\hat{k}^*$ 不变。

此时有效工人的人均资本 $\hat{k}$ 不变，有效工人的人均产出 $\hat{y}=f(\hat{k})$ 亦不变。按人头平均的人均产出 $y=\hat{y}E$，增长率为 g；总产出 $Y=\hat{y}EN$，增长率为 $n+g$。

记实际利率为 r，实际工资为 w，那么生产者利润最大化条件是：以实物衡量的边际收益=以实物衡量的边际成本，即 $MP_K=r$，$MP_N=w$。

因为 $MP_K=\partial Y/\partial K=\dfrac{\partial Y/EN}{\partial K/EN}=f'(\hat{k})$，而 $\hat{k}=\hat{k}^*$ 不变，所以 MP_K 恒定不变，从而实际利率恒定不变。

已知 $Y=MP_K\times K+MP_N\times N$，又知 Y 和 $MP_K\times K$ 的增长率均为 $n+g$，可知 $MP_N\times N$ 的增长率必定也为 $n+g$。而 N 的增长率为 n，因此 MP_N 的增长率为 g，即实际工资的增长率为 g。

（2）社会资本存量 $K=\hat{k}EN$，增长率为 $n+g$，从而社会资本回报 $MP_K\times K$ 的增长率为 $n+g$。

社会总劳动工资 $=MP_N\times N$，MP_N 的增长率为 g，N 的增长率为 n，所以社会总劳动工资 $MP_N\times N$ 的增长率为 $n+g$。

4.【答案】新古典增长模型为：$Y=AF(N, K)$。假设技术不变，可以简化为 $Y=F(N, K)$。求差分得到：$\Delta Y=\Delta K\cdot MP_K+\Delta N\cdot MP_N$，其中 ΔK 为资本存量的增量，ΔN 为劳动增量，MP_K 和 MP_N 分别为资本和劳动的边际产品或者边际贡献率。

如果考虑技术进步，则有 $Y=AF(N, K)$，技术变动为 ΔA，求差分得到：

$$\Delta Y=\Delta K\cdot MP_K+\Delta N\cdot MP_N+\Delta A\cdot F(N, K)$$

整理得到：$\dfrac{\Delta Y}{Y}=\dfrac{\Delta K}{K}\cdot\dfrac{MP_K\cdot K}{Y}+\dfrac{\Delta N}{N}\cdot\dfrac{MP_N\cdot N}{Y}+\dfrac{\Delta A}{A}$。如果令 $\dfrac{MP_K\cdot K}{Y}$ 表示资本的收益在产出中所占的份额即资本份额，令 $\dfrac{MP_N\cdot N}{Y}$ 表示劳动份额，则上式表示：产出增长＝(资本份额×资本增长)＋(劳动份额×劳动增长)＋技术进步。

5.【答案】（1）经济增长是一个复杂的经济社会现象，影响因素有很多，相关的理论也很多，主要理论有丹尼森和库兹涅茨的经济因素分析。

（2）美国经济学家丹尼森把经济增长因素分为两大类：生产要素的投入量和生产要素的生产率。关于生产要素的投入量，丹尼森把经济增长看成是劳动、资本和土地投入的结果，其中土地是不变的，其他两种投入则是可变的。

单位投入量的产出量（即产量与投入量之比），也就是生产要素的生产率，主要取决于资源配置状况、规模的节约情况和知识进展。具体而言，丹尼森把影响经济增长的因素归结为七个，即：就业者的人数和他们的年龄、性别构成；工作时间；就业人员的受教育程度；资本存量的规模；资源配置状况；规模的节约（以市场扩大来衡量）；知识进展。其中前四个是生产要素投入量方面的因素，而后三个是生产要素生产率方面的因素。

（3）库兹涅茨则认为，影响经济增长的因素主要是知识存量的增长、劳动生产率的提高及经济结构的变化。

6. **【答案】**（1）新古典增长理论中全要素生产率的增长率的经济学含义是考虑了可以衡量的增长决定因素后留下的产出增长率，它是不能用投入变动解释的产出增长率，是作为一个余量计算出来的。

（2）假定包括技术变动影响的生产函数为 $Y=AF(K, N)$，在这里，A 是全要素生产率的现期技术水平的衡量指标。现在产出增加不仅是由于资本和劳动的增加，而且是由于全要素生产率的提高。当考虑到技术变动时，计算经济增长的等式为：

$$\frac{\Delta Y}{Y}=\alpha\frac{\Delta N}{N}+(1-\alpha)\frac{\Delta K}{K}+\frac{\Delta A}{A}$$

经济的产出增长＝资本的贡献＋劳动的贡献＋全要素生产率的提高，因此全要素生产率的增长率的计算公式为：

$$\frac{\Delta A}{A}=\frac{\Delta Y}{Y}-\alpha\frac{\Delta N}{N}-(1-\alpha)\frac{\Delta K}{K}$$

全要素生产率可以由于许多原因而变动。最常见的原因是有关生产的知识增加，而且索洛余量即 $\Delta A/A$ 也常常被作为技术进步的衡量指标。但其他因素，例如教育和政府管制，也会影响全要素生产率。比如，由于教育质量的提高，工人提高了劳动生产率，产出增加，这就意味着更高的全要素生产率；再如，如果政府要求企业增加旨在减少污染或提高工人安全程度的资本支出，那么资本存量增加，但总产出不变，这意味着全要素生产率降低。

因此，全要素生产率包括了会改变可衡量的投入和可衡量的产出之间关系的任何因素。

7. **【答案】**按照新古典增长模型，储蓄率提高会提升稳态的人均资本，人均资本继而决定人均产量，人均产量提高，则消费也可以提高。但如果产量不变，则储蓄率越高，消费就越少。究竟怎样才能让消费最高，黄金律回答了这个问题。

黄金律是指存在一个储蓄率，该储蓄率使得人均消费最大化。

如图 19－5 所示，当储蓄率为 s_1 时，投资曲线为 $s_1f(k)$，从而稳态时的消费是 c_1；当储蓄率为 s_2 时，投资曲线为 $s_2f(k)$，从而稳态时的消费是 c_2；当储蓄率为 s_{gold} 时，投资曲线为 $s_{gold}f(k)$，从而稳态时的消费是 c_{gold}。

如果 $c_{gold}>c_1$，$c_{gold}>c_2$，必然有曲线 $y=f(k)$ 的切线 l 平行于直线 $(n+\delta)k$ ［因为

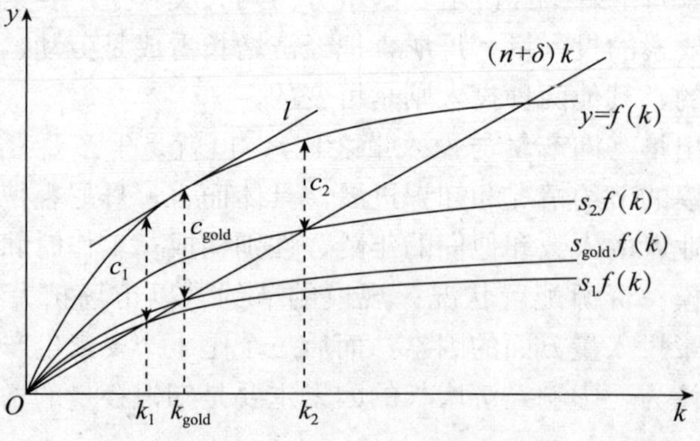

图 19－5　人均消费的增长

c_{gold}是切线 l 与（$n+\delta$）k 的垂直距离，但 c_1、c_2 都小于这一垂直距离］，即在 $k=k_{gold}$ 时，有：

$$f'(k_{gold})=n+\delta$$

上式即为资本的黄金律应满足的条件。它表明，要使稳态人均消费达到最大，稳态人均资本存量的选择应使资本的边际产品等于劳动增长率加上折旧率。

一般情况下，一个经济不会自动趋向资本的黄金律水平，如果人们想要得到资本的黄金律水平，就需要调整储蓄率来实现它。

假设在初始状态下，人均资本存量高于黄金律水平，那么政策制定者需要鼓励人们多消费、少储蓄，以降低投资比例，达到资本的黄金律水平。此时，产出、消费、投资随时间的变动路径如图 19－6（a）所示。

但如果在初始状态下人均资本存量低于黄金律水平，那么政策制定者只能提高储蓄率以达到要求，此时，产出、消费、投资随时间的变动路径如图 19－6（b）所示。由于人们未必愿意降低目前的消费，因此，这一政策可能会遭到人们的抵抗，政策制定者为了迁就选民的意愿，可能不会希望实现黄金律的稳定增长。

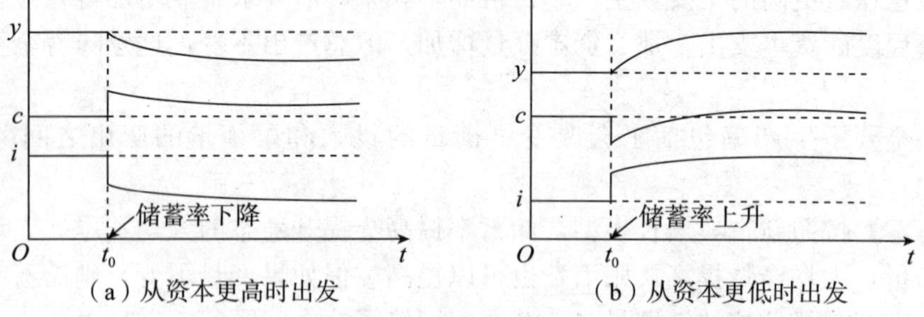

（a）从资本更高时出发　　（b）从资本更低时出发

图 19－6　资本高于或低于黄金律稳定状态时储蓄率调整后的时间路径

8.【答案】(1) 如图 19－7 所示，由于人口增长率 n 不再固定，投资必需线就成为曲线。在相当大的收入范围内，人口增长本身取决于收入水平，对应的可变的人口增长所必需的投资线 $[n(y)+d]k$ 缓慢上升，此时出生率和死亡率都很高；然后急剧上升，即高人口增长率和低死亡率；最终成为平直的，即低人口增长率和低死亡率。投资必需线与储

蓄曲线相交于 A、B、C 三点，其中 A 点是一个有着高人口增长率与低收入的贫困陷阱，且是一个稳定均衡。

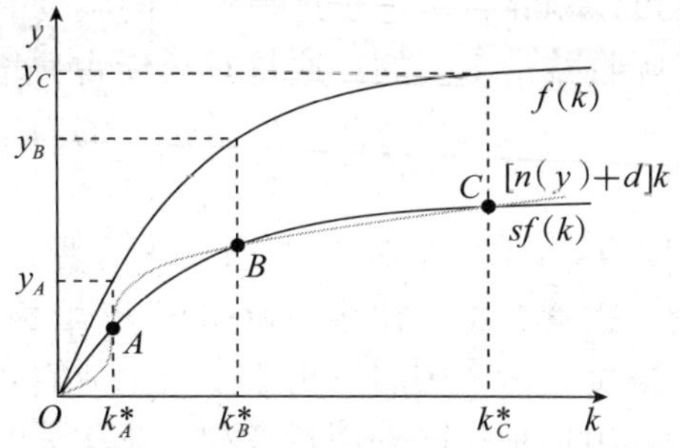

图 19-7　贫困陷阱

(2) 一个经济有两种可能性逃脱低收入均衡即贫困陷阱：如果某个国家能安排一个"大推进"，使收入越过 B 点，经济自身将完成向高收入的 C 点移动的其余路程；或者，一国如果将储蓄曲线上移（提高生产率或提高储蓄率），或将投资必需线下移（实施人口控制政策），使它们不在 A、B 点处相交，就能有效地消除低收入陷阱。

9. **【答案】**内生增长理论是新古典增长理论之后产生的经济增长理论，产生和兴盛于 20 世纪 80 年代后期与 90 年代初期，代表人物有罗默、卢卡斯和阿罗等经济学家。新古典增长理论是美国经济学家索洛提出的，产生和兴盛于 20 世纪 50 年代后期与整个 60 年代。内生增长理论和新古典增长理论的主要区别有以下三点：

(1) 假设条件不同。新古典增长理论假设资本边际收益递减，而内生增长理论则假设资本边际收益不变。这是内生增长理论和新古典增长理论的关键区别。另外，新古典增长理论假设技术是外生的，而内生增长理论则认为技术和资本一样是内生的。

(2) 模型形式不同。内生增长模型中的生产函数为 $Y=AK$，其中 Y 是产出，K 是资本存量，而 A 是一个常量。新古典增长模型中的生产函数为 $Y=F(N, K)$，其中 Y 是产出，K 是资本存量，而 N 是投入的劳动量。这里，对 $Y=F(N, K)$ 的假设包括规模报酬不变。

(3) 结论不同。内生增长理论的结论是经济增长率是内生的，即促使经济增长的因素是模型内生决定的，储蓄和投资会引起经济的长期增长。新古典增长理论的结论则是经济增长取决于外生的技术进步，而储蓄只会导致经济的暂时增长，资本边际收益递减最终使经济增长只取决于外生技术进步的稳定状态。

10. **【答案】**AK 增长模型即内生增长模型，内生增长模型把知识看成是一种资本，从而保证资本边际收益不变。与新古典增长理论不同，内生增长理论用内生技术进步来说明一国长期经济增长和各国增长率差异，认为经济的长期增长依赖于储蓄率和其他因素，而不仅仅依赖于劳动力的增长率。内生增长理论的重要特征就是使经济增长率内生化。

假设生产函数为 $Y=AK$，并且 $\Delta K=sY-\delta K$，则有：

$$\Delta Y/Y=\Delta K/K=sA-\delta$$

其中，A 是一个常量，它衡量一单位资本所生产的产出量，δ 为资本折旧率。

上式表明，这个模型不存在资本边际收益递减，额外一单位资本能生产 A 单位的额外产出，只要 $sA>\delta$，即使没有外生的技术进步这一假设，经济也一直可以增长。新古典增长模型假设技术是外生的，因此，需要在技术进步的假设前提下，人均产出才能增长，AK 增长模型的进步就在于可以剔除技术进步这一外生的假设前提。

AK 模型认为资本的边际收益是不变的，这是它与新古典增长模型的关键区别。如果把知识也认为是一种资本，那么，假设资本边际收益不变的内生增长模型就可以合理地描述长期经济增长。

11. **【答案】**从支出角度看，GDP 是最终需求——消费、投资、出口这三种需求之和，因此经济学上常把消费、投资、出口比喻为拉动 GDP 增长的“三驾马车”，这是对经济增长原理最生动的表述。消费是指本国居民出于个人生活需要而购买的产品和劳务，投资是指企业增加的资本存量，出口是指国外消费者和企业购买的本国的产品和劳务。GDP 构成中的政府购买主要由消费和投资构成，属于“三驾马车”中的一部分。

在短期内，如果经济社会存在闲置资源，即需求不足，需要增加需求来完全吸纳经济的生产能力，实现经济的充分就业和增长，就得充分开发这三大市场需求。从短期看，经济增长有赖于投资、消费、出口这三大需求的共同拉动，而“三驾马车”也确实在短期内通过影响需求来影响经济，促进经济增长。

但在长期内，市场失业率始终处于自然失业率水平，社会始终处于充分就业状态，如果需求增加，只能导致物价上涨而不是产出增加。因此，在长期内，经济增长的源泉在于供给方面，技术进步、创新、劳动力增长都是供给增加的推动力，是长期内经济增长的动力。

因此，消费、投资、出口被称为拉动经济的“三驾马车”，劳动力增长、技术进步和创新是经济增长的源泉，这两种说法是分别针对经济的短期和长期增长所做出的正确的论断。

五、证明题

【答案】（1）新古典增长模型的基本方程为：

$$\dot{k}=sf(k)-nk$$

经济增长的稳态条件为 $\dot{k}=0$，即：

$$sf(k)-nk=0$$

代入有关参数可得：

$$0.4\times(k-0.5k^2)-0.002k=0$$

解得使经济得到均衡稳态产出的 $k^*=1.99$。

（2）黄金律要求 $f'(k)=n$，即 $1-k=n$，代入有关参数可得：

$$1-k=0.002$$

解得 $k_{\text{gold}}=0.998$。

（3）由于 $\dot{k}=sf(k)-nk=s(k-0.5k^2)-nk$，公式两边同时除以 k，并令 $g_k=\dfrac{\dot{k}}{k}$，

则有：

$$g_k = s(1-0.5k)-n = 0.4\times(1-0.5k)-0.002 = 0.398-0.2k$$

g_k与k的函数关系如图 19－8 所示。g_k与k成反比，当$k=k^*=1.99$时，$g_k=0$，此时k处于稳态，不再增长也不下降。当$k<k^*=1.99$时，$g_k>0$，且k与k^*距离越远，g_k的值就越大，即k向k^*收敛的速度与其相对于k^*的距离成正比。当$k>k^*=1.99$时，$g_k<0$，且k与k^*距离越远，g_k的值就越小，但其绝对值就越大，即k向k^*收敛的速度与其相对于k^*的距离成正比。

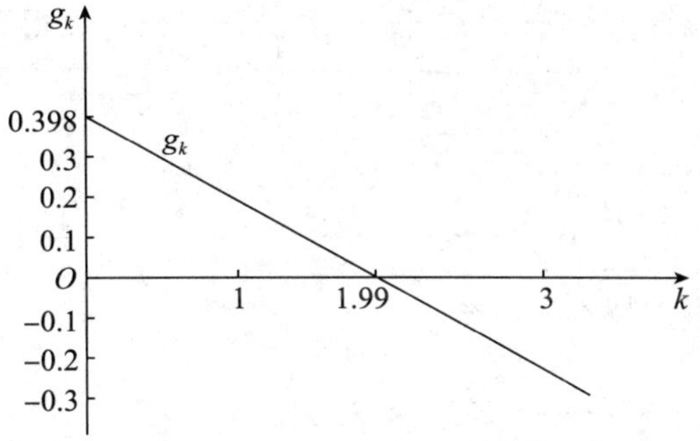

图 19－8　收敛于稳态的速度

综上所述，在均衡稳定的k^*附近，k向k^*收敛的速度与其相对于k^*的距离成正比。

六、计算题

1.**【答案】**由题意得：资本的国民收入份额$\beta=0.4$，则劳动的国民收入份额$\alpha=1-\beta=0.6$。

根据经济增长理论，资本和劳动两种要素供给的增加所取得的国民收入增长率为：

国民收入增长率＝(劳动的国民收入份额×劳动增长率)＋(资本的国民收入份额×资本增长率)＋技术进步率

$$\frac{\Delta Y}{Y}=\alpha\frac{\Delta N}{N}+\beta\frac{\Delta K}{K}+\frac{\Delta A}{A}$$

$$4\%=0.6\times2\%+0.4\times3\%+\frac{\Delta A}{A}$$

求解得：$\Delta A/A=1.6\%$。

因此，技术进步对经济增长的贡献为 1.6%。

2.**【答案】**(1) 在没有技术进步的情况下，经济增长率的计算公式为：

$$\frac{\Delta Y}{Y}=\alpha\frac{\Delta N}{N}+\beta\frac{\Delta K}{K}$$

由题意可知：$\alpha=0.6$，$\beta=0.4$，$\frac{\Delta K}{K}=5\%$，$\frac{\Delta N}{N}=2\%$，因此经济增长率为：

$$\frac{\Delta Y}{Y}=0.4\times5\%+0.6\times2\%=3.2\%$$

即经济增长率为3.2%。

（2）人均产出为$y=Y/N$，因此，人均产出的增长率为：

$$\frac{\Delta y}{y}=\frac{\Delta Y}{Y}-\frac{\Delta N}{N}=3.2\%-2\%=1.2\%$$

即人均经济增长率为1.2%。

（3）根据经济增长核算方程$\frac{\Delta Y}{Y}=\alpha\frac{\Delta N}{N}+\beta\frac{\Delta K}{K}+\frac{\Delta A}{A}$可以得到全要素生产率的增长率即技术进步率：

$$\frac{\Delta A}{A}=\frac{\Delta Y}{Y}-\alpha\frac{\Delta N}{N}-\beta\frac{\Delta K}{K}$$

代入有关参数可以得到技术进步率：

$$\frac{\Delta A}{A}=7\%-0.4\times5\%-0.6\times2\%=3.8\%$$

即全要素生产率的增长速度为3.8%。

3.【答案】（1）根据经济增长核算方程：

$$\frac{\Delta Y}{Y}=\alpha\frac{\Delta N}{N}+\beta\frac{\Delta K}{K}+\frac{\Delta A}{A}$$

可求得全要素生产率的增长率为：

$$\frac{\Delta A}{A}=\frac{\Delta Y}{Y}-\alpha\frac{\Delta N}{N}-\beta\frac{\Delta K}{K}$$

将已知参数代入上式得：

$$\frac{\Delta A}{A}=5\%-0.7\times2\%-0.3\times4\%=2.4\%$$

即全要素生产率的增长率为2.4%。

（2）若资本的增长率上升1%，则新的资本增长率为$\frac{\Delta K}{K}=4\%+1\%=5\%$，代入经济增长核算方程得：

$$\frac{\Delta Y}{Y}=\alpha\frac{\Delta N}{N}+\beta\frac{\Delta K}{K}+\frac{\Delta A}{A}=0.7\times2\%+0.3\times5\%+2.4\%=5.3\%$$

即实际产出的增长率将上升5.3%－5%＝0.3%。

（3）若劳动的增长率上升1%，则新的劳动增长率为$\frac{\Delta N}{N}=2\%+1\%=3\%$，代入经济增长核算方程得：

$$\frac{\Delta Y}{Y}=\alpha\frac{\Delta N}{N}+\beta\frac{\Delta K}{K}+\frac{\Delta A}{A}=0.7\times3\%+0.3\times4\%+2.4\%=5.7\%$$

即实际产出的增长率将上升 5.7%－5%＝0.7%。

4.【答案】(1) 根据新古典增长模型，经济增长率可以分解为：

$$\frac{\Delta Y}{Y}=\alpha\frac{\Delta N}{N}+\beta\frac{\Delta K}{K}+\frac{\Delta A}{A}$$

已知劳动收入和资本收入之比为 7∶3，即 $\alpha/\beta=7/3$，同时 $\alpha+\beta=1$，可求得：$\alpha=0.7$，$\beta=0.3$。

假设没有技术进步，所以$\frac{\Delta A}{A}=0$，从而经济增长方程可以表示为：

$$\frac{\Delta Y}{Y}=\alpha\frac{\Delta N}{N}+\beta\frac{\Delta K}{K}=0.7\times1\%+0.3\times4\%=1.9\%$$

所以理论上的经济增长率为 1.9%。

(2) 理论上的经济增长率比实际的经济增长率低 3.0%－1.9%＝1.1%。这是因为在新古典增长模型中，没有考虑技术进步对经济增长的影响。理论值和实际观察值的差额可以看成是技术进步对经济增长的贡献，被称为全要素生产率。

5.【答案】(1) 在经济均衡增长时，$sf(k)=(n+\delta)k=nk$ $(\delta=0)$，将 $s=0.3$，$n=3\%$代入得：

$$0.3(2k-0.5k^2)=0.03k$$
$$20k-5k^2=k$$

解得：$k=3.8$。

(2) 按黄金律的要求，对人均资本量的选择应使得资本的边际产品等于劳动的增长率，即 $f'(k)=n$，于是有 $2-k=0.03$，求解可得：

$$k=1.97$$

6.【答案】(1) 根据新古典增长模型的假设有：

$$S=sY$$

又已知平均消费倾向为：

$$\frac{C}{Y}=0.6\Rightarrow C=0.6Y$$
$$C+S=Y\Rightarrow 0.6Y+sY=Y$$

求解得储蓄率为：$s=0.4$。

投资和产出水平之间存在如下关系：

$$I=S=sY\Rightarrow 20=0.4Y$$

求解得产出水平：$Y=50$。

所以，劳动人口的人均产出$\frac{Y}{N}$为：

$$\frac{Y}{N}=\frac{50}{200}=0.25$$

要计算资本增长率$\frac{\Delta K}{K}$，就需先计算资本存量的增加 ΔK。资本存量的增加即为新增投资 I 减去原有资本存量的折旧 δK，即：

$$\Delta K=I-\delta K=20-0.05\times 200=10$$

所以，资本增长率$\frac{\Delta K}{K}$为：

$$\frac{\Delta K}{K}=\frac{10}{200}=0.05$$

（2）在不考虑折旧的情况下，新古典增长模型的均衡条件为：

$$n=\frac{s\cdot f(k)}{k}$$

将 $f(k)=\frac{Y}{N}$，$k=\frac{K}{N}$代入上式即得：

$$n=\frac{s\cdot \frac{Y}{N}}{\frac{K}{N}}$$

由此得出资本—产出比$\frac{K}{Y}$为：

$$\frac{K}{Y}=\frac{s}{n}=\frac{0.12}{0.012}=10$$

同样，由新古典增长模型的均衡条件 $n=\frac{s\cdot f(k)}{k}$整理得出资本—劳动比 $k=\frac{K}{N}$为：

$$k=\frac{s\cdot f(k)}{n}$$

已知 $s=0.12$，$n=0.012$，$f(k)=\frac{Y}{N}=0.5$，代入上式得：

$$k=\frac{0.12\times 0.5}{0.012}=5$$

7. **【答案】**（1）该国的 GDP 增长率为：

$$\frac{\dot{Y}}{Y}=\frac{dY/dt}{Y}=\frac{\dot{A}K^{1-\alpha}N^{\alpha}+\alpha AK^{1-\alpha}N^{\alpha-1}\dot{N}+(1-\alpha)AK^{-\alpha}N^{\alpha}\dot{K}}{AN^{\alpha}K^{1-\alpha}}$$

$$=\frac{\dot{A}}{A}+\alpha\frac{\dot{N}}{N}+(1-\alpha)\frac{\dot{K}}{K}$$

用 g_Y 表示经济增长率，用 g_N 表示劳动增长率，用 g_K 表示资本增长率，用 g_A 表示技术进步率，则：$g_Y=g_A+\alpha g_N+(1-\alpha)g_K$。

（2）A 国的经济增长率为 20%，资本增长率为 20%，劳动增长率为 20%，代入经济增长率公式，可以得到技术进步率为：

$$g_A=g_Y-\alpha g_N-(1-\alpha)g_K=20\%-\alpha\times 20\%-(1-\alpha)\times 20\%=0$$

B 国资本收入为 $\frac{1\,000+1\,100}{2}\times 6\%=63$，资本收入占总收入的份额为 $\frac{63}{210}=0.3$，$\alpha=1-0.3=0.7$。B 国的经济增长率为 5%，资本增长率为 10%，劳动增长率为 0，代入经济增长率公式，可以得到技术进步率为：

$$g_A=g_Y-\alpha g_N-(1-\alpha)g_K=5\%-0.7\times 0-(1-0.7)\times 10\%=2\%$$

A 国经济高速增长，但经济增长是由要素投入增长导致的，技术没有任何进步，是一种粗放式的经济增长，劳动者的平均收入没有任何增长；B 国经济增长率适中，但经济增长主要是由资本增长和技术进步导致的，劳动没有任何增长，是一种集约式的经济增长，劳动者的平均收入增长 5%。

8.【答案】（1）根据生产函数 $Y=K^{0.3}N^{0.7}$ 可以得到：

$$y=\frac{Y}{N}=\frac{K^{0.3}N^{0.7}}{N}=(K/N)^{0.3}$$

令 $k=K/N$，即人均生产函数为 $y=f(k)=k^{0.3}$。

（2）由于没有人口增长和技术进步，因此，经济的稳态条件为：$\Delta k=sf(k)-\delta k=0$。把人均生产函数代入稳态条件可以得到：

$$sk^{0.3}-\delta k=0$$

求解得到人均资本存量 $k^*=\left(\frac{s}{\delta}\right)^{1/0.7}$，代入人均生产函数可以得到：人均产出 $f(k)=\left(\frac{s}{\delta}\right)^{\frac{3}{7}}$，人均消费 $c=(1-s)\left(\frac{s}{\delta}\right)^{\frac{3}{7}}$。

（3）根据新古典增长模型的稳态条件，储蓄率提高，人均储蓄提高，人均资本水平提高，进而人均产出水平提高。从 T_1 期到 T_2 期，经济从一个稳定状态调整到另一个稳定状态，人均资本增长率逐步下降，直至为零；人均产出增长率在储蓄率调整的瞬间提高，以后逐渐下降，直至回到原来的增长率水平。人均资本的调整路径如图 19－9（a）所示，人均产出增长率的调整路径如图 19－9（b）所示。

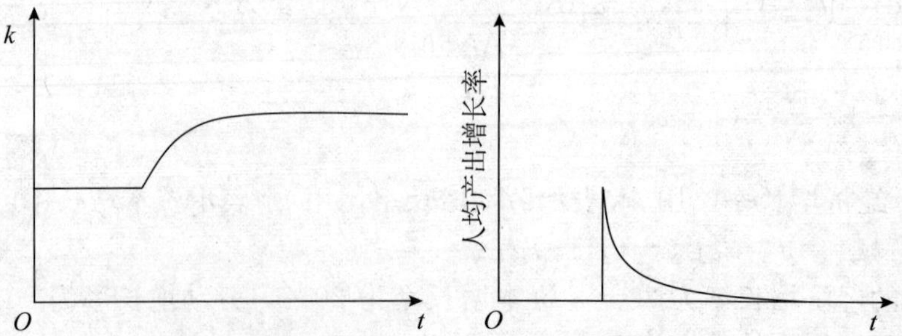

（a）人均资本的调整路径　　（b）人均产出增长率的调整路径

图 19-9　调整路径

9.【答案】(1) $y=\dfrac{Y}{N}=f(k)=\dfrac{\sqrt{KN}}{N}=\sqrt{\dfrac{K}{N}}=\sqrt{k}$。

(2) 设人口增长率为 n，储蓄率为 s，折旧率为 δ，人均消费水平为 c，则经济的稳态条件为 $sy=(n+\delta)k$，即有：

$$s\sqrt{k}=(n+\delta)k$$

因此，求得人均资本水平 $k=\left(\dfrac{s}{n+\delta}\right)^2$，于是有：

人均产量 $y=\sqrt{k}=\dfrac{s}{n+\delta}$

人均消费水平 $c=(1-s)y=\dfrac{(1-s)s}{n+\delta}$

(3) 黄金律水平意味着稳态人均消费最大，从而有 $f'(k^*)=n+\delta$，即：

$$f'(k^*)=(\sqrt{k^*})'=0.5(k^*)^{-0.5}=n+\delta$$

求解得：

$$k_{\text{gold}}=\left[\frac{1}{2(n+\delta)}\right]^2$$

$$y_{\text{gold}}=\sqrt{k_{\text{gold}}}=\frac{1}{2(n+\delta)}$$

$$c_{\text{gold}}=(1-s)y_{\text{gold}}=\frac{1-s}{2(n+\delta)}$$

【提示】如果人均生产函数为 $y=k^\theta$，则黄金律水平时 $s_{\text{gold}}=\theta$。例如在本题中，$y=k^{1/2}$，$s_{\text{gold}}=(n+\delta)\sqrt{k_{\text{gold}}}=(n+\delta)\cdot\dfrac{1}{2(n+\delta)}=\dfrac{1}{2}$。这个方法也可以用来验算，也就是说，如果计算出来的 $s_{\text{gold}}=\theta$，那表示前面的计算应该没出错。

10.【答案】(1) 令人均产出 $y=Y/N$，人均资本为 $k=K/N$，则人均生产函数变为：

$$\frac{Y}{N}=\left(\frac{K}{N}\right)^{\frac{1}{2}}\Rightarrow y=k^{\frac{1}{2}}$$

（2）已知 $\delta=0.05$，$s_A=0.1$，$s_B=0.2$，以及 $y=k^{\frac{1}{2}}$，在不考虑人口增长或技术进步的情况下，资本存量的变化为 $\Delta k=sf(k)-\delta k$。在稳态时人均资本不变，所以有：

$$sf(k)=\delta k$$

将 $y=k^{\frac{1}{2}}$ 代入上式，解得：

$$k=\left(\frac{s}{\delta}\right)^2$$

将储蓄率代入上式，解得：

$$k_A=\left(\frac{s_A}{\delta}\right)^2=4，k_B=\left(\frac{s_B}{\delta}\right)^2=16$$

人均收入为：$y_A=(k_A)^{\frac{1}{2}}=2$，$y_B=(k_B)^{\frac{1}{2}}=4$。

消费函数为 $c=(1-s)y$，代入数值解得：

$$c_A=(1-s_A)y_A=1.8，c_B=(1-s_B)y_B=3.2$$

11.【答案】规模报酬不变的柯布-道格拉斯生产函数为 $Y=K^{\alpha}(AN)^{1-\alpha}$，资本收入占 GDP 的份额为 30%，即 $\alpha=0.3$。单位有效人均产出可表示为 $\hat{y}=\hat{k}^{\alpha}=\hat{k}^{0.3}$。稳态时的产出增长率为 3%，即 $n+g=0.03$。

$\frac{\hat{k}}{\hat{y}}=\frac{K/AN}{Y/AN}=\frac{K}{Y}=2$，即以单位有效劳动表示的资本—产出比 $\frac{\hat{k}}{\hat{y}}$ 就等于以总量表示的资本—产出比 $\frac{K}{Y}$。

（1）从稳态条件 $s\hat{y}=(\delta+n+g)\hat{k}$ 得：

$$s=(\delta+n+g)\frac{\hat{k}}{\hat{y}}=(0.05+0.03)\times 2=0.16$$

所以，初始稳定状态的储蓄率应该是 16%。

对于柯布-道格拉斯生产函数，资本所占收入份额可以写成 $\alpha=MP_K\times\frac{K}{Y}$，即：

$$MP_K=\frac{\alpha}{K/Y}=\frac{0.3}{2}=0.15$$

（2）对于柯布-道格拉斯函数 $Y=K^{\alpha}(AN)^{1-\alpha}$，$MP_K=\alpha K^{\alpha-1}(AN)^{1-\alpha}=\alpha\hat{k}^{\alpha-1}$，而对于 $\hat{y}=\hat{k}^{\alpha}$，$MP_{\hat{k}}=\alpha\hat{k}^{\alpha-1}$，所以 $MP_K=MP_{\hat{k}}$。

在黄金律稳定状态时，$MP_K=\delta+n+g=0.05+0.03=0.08$。

但在初始稳态时，资本的边际产量为 0.15，所以，要想从初始稳态出发达到黄金律稳态水平，必须提高 $\hat{k}$ 值，以便降低 $MP_{\hat{k}}$。

（3）由等式 $\alpha=MP_K\times\frac{K}{Y}$ 变化得：

$$\frac{K}{Y}=\frac{\alpha}{MP_K}$$

黄金律稳定状态时的资本—产出比为：

$$\frac{K}{Y}=\frac{\alpha}{MP_K}=\frac{0.3}{0.08}=3.75$$

（4）要达到黄金律稳定状态，储蓄率必须为：

$$s=(\delta+n+g)\frac{\hat{k}}{\hat{y}}=(0.05+0.03)\times3.75=0.3$$

12.【答案】（1）人均产出 $y=Y/N=K^{\alpha}[(1-u^*)N]^{1-\alpha}/N=(K/N)^{\alpha}(1-u^*)^{1-\alpha}=(1-u^*)^{1-\alpha}k^{\alpha}$。

（2）稳态时有 $sy=(n+\delta)k$，即：$s(1-u^*)^{1-\alpha}k^{\alpha}=(n+\delta)k$。

解得稳态人均资本为：$k^*=(1-u^*)\left(\frac{s}{n+\delta}\right)^{\frac{1}{1-\alpha}}$。

从而稳态人均产出为：

$$y^*=(1-u^*)^{1-\alpha}(k^*)^{\alpha}=(1-u^*)^{1-\alpha}\left[(1-u^*)\left(\frac{s}{n+\delta}\right)^{\frac{1}{1-\alpha}}\right]^{\alpha}=(1-u^*)\left(\frac{s}{n+\delta}\right)^{\frac{\alpha}{1-\alpha}}$$

（3）失业通过以下两种途径影响稳态人均产出：

①失业通过影响自然失业率 u^* 影响稳态人均产出 y^*。

由 $\frac{\partial y^*}{\partial u^*}=-\left(\frac{s}{n+\delta}\right)^{\frac{\alpha}{1-\alpha}}<0$ 可知，失业持续增加，导致 u^* 上升，会使得稳态人均产出 y^* 减少。

②劳动力参与率受失业率的影响，失业率过高会使得部分劳动力退出市场，成为操持家务者或者继续在校学习，反之，失业率过低意味着劳动力需求旺盛，又会有部分非劳动力进入市场成为新增劳动力。因此，失业率也会通过影响劳动力增长率 n 影响稳态人均产出 y^*。

由 $\frac{\partial y^*}{\partial n}=-\frac{\alpha}{1-\alpha}(1-u^*)\left(\frac{s}{n+\delta}\right)^{\frac{2\alpha-1}{1-\alpha}}\frac{s}{(n+\delta)^2}<0$ 可知，失业率增加会导致劳动力参与率降低，劳动力增长率 n 下降，稳态人均产出 y^* 增加。

13.【答案】（1）人均生产函数 $y=Y/N=AK^{0.4}N^{0.6}/N=K^{0.4}N^{0.6}/N=(K/N)^{0.4}=k^{0.4}$。其中 $k=K/N$，表示人均资本。

（2）由稳态时 $c=f(k^*)-\delta k^*$ 可知人口增长率 $n=0$，根据索洛增长模型的基本方程 $\Delta k=sf(k)-\delta k$ 可得，稳态时 $\Delta k=sf(k)-\delta k=sk^{0.4}-0.05k=0$，即 $s=0.05k^{0.6}$。

资本的黄金律水平是指稳态人均消费最大化所对应的人均资本水平。当经济达到黄金律水平时，需要满足 $f'(k)=\delta$，即 $0.4k^{-0.6}=0.05$，解得人均资本存量的黄金律水平 $k_{gold}=32$。

此时，人均产量水平为 $y_{gold}=f(k_{gold})=32^{0.4}=4$；人均储蓄率为 $s_{gold}=0.05k_{gold}{}^{0.6}=0.4$，人均投资水平为 $s_{gold}y_{gold}=0.4\times4=1.6$；人均消费水平为 $c_{gold}=f(k_{gold})-\delta k_{gold}=4-0.05\times32=2.4$。

（3）这里的 A 就是被称为全要素生产率的现期技术水平，$\Delta A/A$ 一般被称作索洛余量，被用来解释经济增长中扣除劳动和资本要素投入的剩余部分的贡献。索洛余量用公式可以表示为：$\Delta A/A=\Delta Y/Y-\alpha\times\Delta K/K-(1-\alpha)\times\Delta N/N$。式中，$\Delta Y/Y$ 为总产出增长率，$\Delta N/N$ 为劳动的增长率，$\Delta K/K$ 为资本的增长率，α 和 $1-\alpha$ 分别表示资本份额和劳动份额，$\Delta A/A$ 为索洛余量。A 被解释为广义的技术进步对经济的贡献，既包括科技进步，也包括人力资源素质的提升、管理水平和制度的进步及其他对经济具有正外部性的贡献因素。其中劳动者素质提高、资本管理水平及效率的提高与 N、K 有关。

14. **【答案】**（1）令 $\hat{k}=K/(AN)$，可得人均生产函数：

$$f(\hat{k})=Y/(AN)=\frac{(1-t)K^{\alpha}\ (AN)^{1-\alpha}}{AN}=(1-t)\left(\frac{K}{AN}\right)^{\alpha}=(1-t)\hat{k}^{\alpha}$$

经济达到稳态时，$\Delta\hat{k}=sf(\hat{k})-(n+g+\delta)\hat{k}=sf(\hat{k})-g\hat{k}=0$，可得 $s(1-t)\hat{k}^{\alpha}=g\hat{k}$。

解得稳态人均有效资本 $\hat{k}=\left[\frac{s(1-t)}{g}\right]^{\frac{1}{1-\alpha}}$，人均有效产出 $f(\hat{k})=\left(\frac{s}{g}\right)^{\frac{\alpha}{1-\alpha}}(1-t)^{\frac{1}{1-\alpha}}$。

（2）$\frac{\partial f(\hat{k})}{\partial t}=-\left(\frac{s}{g}\right)^{\frac{\alpha}{1-\alpha}}\frac{1}{1-\alpha}(1-t)^{\frac{\alpha}{1-\alpha}}<0$，即 $f(\hat{k})$ 与 t 反方向变化。政府减税即 t 值减小，会使得人均有效产出增加。

（3）当 $g=b(1-t)^{1-\alpha}$，$b>0$ 时，根据第（1）问中所得稳态的均衡条件 $sf(\hat{k})-g\hat{k}=0$，有：

$$s(1-t)\hat{k}^{\alpha}=b(1-t)^{1-\alpha}\hat{k}$$

解得人均有效资本 $\hat{k}=\left(\frac{s}{b}\right)^{\frac{1}{1-\alpha}}(1-t)^{\frac{\alpha}{1-\alpha}}$，所以人均有效产出 $f(\hat{k})=\left(\frac{s}{b}\right)^{\frac{\alpha}{1-\alpha}}(1-t)^{\frac{\alpha^2}{1-\alpha}+1}$

$\frac{\partial f(\hat{k})}{\partial t}=-\left(\frac{s}{b}\right)^{\frac{\alpha}{1-\alpha}}\left(\frac{\alpha^2}{1-\alpha}+1\right)(1-t)^{\frac{\alpha^2}{1-\alpha}}<0$，所以，减税导致 t 减小，从而使得 $f(\hat{k})$ 即人均有效产出增加。

15. **【答案】**（1）知识积累方程为 $\dot{A}=\frac{\mathrm{d}A}{\mathrm{d}t}=Y^{\varphi}$。方程中，$\dot{A}$ 是技术状态（知识水平）进步的速率，A 是技术状态（知识水平），Y 是总产出，指数 $\varphi\in(0,1)$。知识积累方程表明技术状态（知识水平）的进步速率是总产出的增函数，当 φ 固定不变时，总产出越大，技术状态（知识水平）的进步速率越大。这是因为随着时间的推移，一国的产出越高，对科技、教育、医疗等方面的资本和劳动资源投入越多，技术状态（知识水平）的进步速率也就越大。

（2）将资本积累方程和总量生产函数代入资本积累的增长率，可得：

$$g_K=\frac{\dot{K}}{K}=\frac{sY}{K}=\frac{sK^{\alpha}\ (AN)^{1-\alpha}}{K}=s\left(\frac{AN}{K}\right)^{1-\alpha}$$

将知识积累方程和总量生产函数代入知识积累的增长率，可得：

$$g_A=\frac{\dot{A}}{A}=\frac{Y^{\varphi}}{A}=\frac{[K^{\alpha}\ (AN)^{1-\alpha}]^{\varphi}}{A}$$

（3）设按有效劳动平均的产出为 $\hat{y}=\frac{Y}{AN}$，按有效劳动平均的资本存量为 $\hat{k}=\frac{K}{AN}$，则有：

$$\hat{y}=\frac{Y}{AN}=\frac{K^{\alpha}(AN)^{1-\alpha}}{AN}=\left(\frac{K}{AN}\right)^{\alpha}=\hat{k}^{\alpha}$$

稳态时，$\hat{k}$ 为常数，其增长率为零。

资本积累的增长率为：

$$g_K=s\left(\frac{AN}{K}\right)^{1-\alpha}=s\hat{k}^{\alpha-1}$$

故经济存在资本积累增长率为常数的稳态，资本积累的稳态增长率 $g_K=s\hat{k}^{\alpha-1}$。

知识积累的增长率为：

$$g_A=\frac{[K^{\alpha}(AN)^{1-\alpha}]^{\varphi}}{A}=\left(\frac{K}{AN}\right)^{\alpha\varphi}\frac{A^{\varphi}N^{\varphi}}{A}=\hat{k}^{\alpha\varphi}A^{\varphi-1}N^{\varphi}$$

故经济不存在知识积累增长率为常数的稳态。

（4）稳态时，按有效劳动平均的产出 $\hat{y}=\frac{Y}{AN}$ 为常数，其增长率为零，则按人头平均的人均产出 $y=\frac{Y}{N}=\hat{y}\mathrm{A}$，其增长率等于知识积累的增长率，即有：

$$g_y=g_A=\hat{k}^{\alpha\varphi}A^{\varphi-1}N^{\varphi}$$

当其他条件不变时，储蓄率提高使稳态人均资本存量提高，初始提高速度很快，然后逐渐放缓，直至初始提高速度降为零，经济实现人均资本存量更高的新的稳态，进而使稳态人均产出的增长率（即知识积累的增长率）提高，初始提高速度很快，然后逐渐放缓，直至经济实现人均产出的增长率更高的新的稳态。但是，因为经济不存在知识积累增长率为常数的稳态，所以经济也不存在人均产出增长率为常数的稳态。

16.【答案】（1）已知 $A=1$，所以总产出 $Y=N^{2/3}K^{1/3}$，人均产出 $y=Y/N=(K/N)^{1/3}$，即 $y=k^{1/3}$，式中，$k=K/N$。

所以，t 期后，有：

$$y_t=k_t^{\frac{1}{3}}=\left[\frac{K(1-5\%)^t}{N(1+1\%)^t}\right]^{\frac{1}{3}}=\left[30\left(\frac{0.95}{1.01}\right)^t\right]^{\frac{1}{3}}=30^{\frac{1}{3}}\left[\left(\frac{0.95}{1.01}\right)^{\frac{1}{3}}\right]^t$$

$\frac{\mathrm{d}y_t}{\mathrm{d}t}=30^{\frac{1}{3}}\left[\left(\frac{0.95}{1.01}\right)^{\frac{1}{3}}\right]^t\frac{1}{3}\ln\left(\frac{0.95}{1.01}\right)<0$，所以 y_t 为单调递减函数，即该经济的人均产出将随时间增加而减少。

（2）设 t 期后，劳动报酬和资本报酬的比例为 θ_t，所以有：

$$\theta_t=\frac{\dfrac{MP_N\cdot N_t}{Y_t}}{\dfrac{MP_K\cdot K_t}{Y_t}}=\frac{MP_N\cdot N_t}{MP_K\cdot K_t}=\frac{\dfrac{2}{3}AN^{-\frac{1}{3}}K^{\frac{1}{3}}\cdot N(1+1\%)^t}{\dfrac{1}{3}AN^{\frac{2}{3}}K^{-\frac{2}{3}}\cdot K(1-5\%)^t}=2\left(\frac{1.01}{0.95}\right)^t$$

$\frac{\mathrm{d}\theta_t}{\mathrm{d}t}=2\left(\frac{1.01}{0.95}\right)^t\ln\left(\frac{1.01}{0.95}\right)>2$，所以 θ_t 是单调递增函数，且 $\theta_t>2$。

所以，劳动报酬和资本报酬的比例随时间推移而上升。

17. **【答案】**（1）依题意知，$\hat{y}=Y/(\alpha N\times E)=K^{\theta}(\alpha N\times E)^{1-\theta}/(\alpha N\times E)=[K/(\alpha N\times E)]^{\theta}=\hat{k}^{\theta}$。

稳态时，$sf(\hat{k})=(n+g+\delta)\hat{k}$，即：$s\hat{k}^{\theta}=(n+g+\delta)\hat{k}$。

解得稳态时的每个效率工人的资本表达式为：$\hat{k}=\left(\frac{s}{n+g+\delta}\right)^{\frac{1}{1-\theta}}$。

（2）黄金律的资本存量应满足 $\hat{y}'=n+g+\delta$，即：$\theta\hat{k}^{\theta-1}=n+g+\delta$。

解得：$\hat{k}_{\mathrm{gold}}=\left(\frac{\theta}{n+g+\delta}\right)^{\frac{1}{1-\theta}}$。

由于经济处于稳态，此时还有 $s\hat{y}=s\hat{k}^{\theta}=(n+g+\delta)\hat{k}$。

所以 $s_{\mathrm{gold}}=(n+g+\delta)\hat{k}_{\mathrm{gold}}^{1-\theta}=(n+g+\delta)\times\left[\left(\frac{\theta}{n+g+\delta}\right)^{\frac{1}{1-\theta}}\right]^{1-\theta}=\theta$。

【提示】如果 $y=k^{\theta}$，则有 $s_{\mathrm{gold}}=\theta$，这个很容易记住，建议背下来，因为 $y=k^{\theta}$ 是新古典增长模型考题中最常见的生产函数。

（3）劳动力参与率提高即 α 上升，会引起效率工人 $\alpha N\times E$ 的数量增加。在短期内，相当于劳动力增长率 n 在瞬间上升到 n'，进而引起每个效率工人的资本 $\hat{k}=K/(\alpha N\times E)$ 减少。但劳动力参与率在新的比例上稳定下来之后，n 又回到以前的水平，因此稳态时每个效率工人的资本也回到以前的水平。如图 19－10 所示，劳动力参与率的提高使得每个效率工人的资本由 $\hat{k}^*$ 减少到 $\hat{k}'$，然后又逐渐回归到 $\hat{k}^*$。

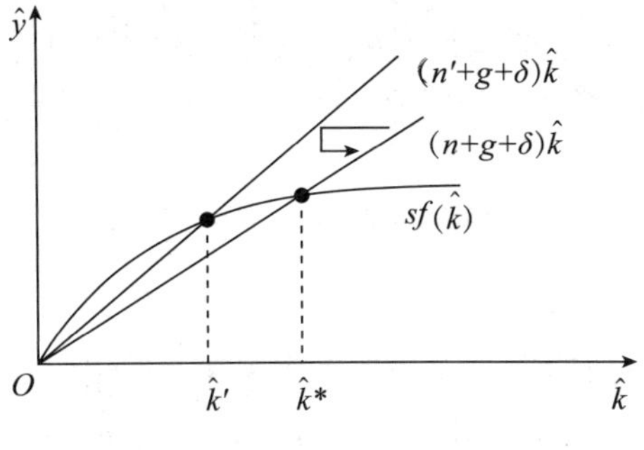

图 19－10　每个效率工人的资本

稳态时，总产出增长率 $g_Y=n+g$，劳动力参与率提高导致 n 瞬间上升，随后又逐渐回落到以前的水平，因此总产出增长率在瞬间上升后，又会回落到以前的水平。总产出增长速度和每个效率工人的资本随着时间变化的趋势如图 19－11 所示。

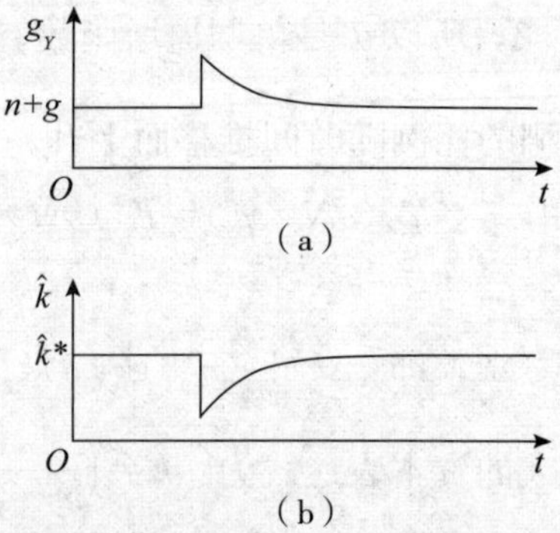

图 19-11 总产出增长速度和每个效率工人的资本随着时间变化的趋势

【提示】 劳动力参与率与劳动力增长率是两个不同的概念。劳动力参与率的上升是一次性的而不是持续的，它会导致劳动力增长率瞬间上升，但不会导致劳动力增长率持续上升。

18. **【答案】**（1）当经济处于均衡状态时，生产要素的边际生产力等于实际报酬，所以劳动所得$=N\times MP_N$，资本所得$=K\times MP_K$。

根据生产函数$Y=AK^{1-\alpha}N^{\alpha}$，可得：

劳动的边际生产力 $MP_N=A\alpha K^{1-\alpha}N^{\alpha-1}$

资本的边际生产力 $MP_K=A(1-\alpha)K^{-\alpha}N^{\alpha}$

资本所得占总收入的份额$\dfrac{K\times MP_K}{Y}=\dfrac{K\times A(1-\alpha)K^{-\alpha}N^{\alpha}}{AK^{1-\alpha}N^{\alpha}}=1-\alpha$

劳动所得占总收入的份额$\dfrac{N\times MP_N}{Y}=\dfrac{N\times A\alpha K^{1-\alpha}N^{\alpha-1}}{AK^{1-\alpha}N^{\alpha}}=\alpha$

（2）$\hat{y}=\dfrac{Y}{AN}=\dfrac{AK^{1-\alpha}N^{\alpha}}{AN}=\left(\dfrac{K}{N}\right)^{1-\alpha}=k^{1-\alpha}$。

经济均衡时有$g_k=g_{\hat{y}}=0$，即均衡时人均资本存量不再变化，增长率为0。

$Y=AN\times\hat{y}$，$g_{\hat{y}}=0$，$g_A=2\%$，$g_N=1\%$，所以$g_Y=g_{\hat{y}}+g_A+g_N=0+2\%+1\%=3\%$。

（3）由$y=(4K/N)^{1-\alpha}=2(K/N)^{0.5}$可知，$A=2$，于是

$\hat{y}=Y/(AN)=y/A=(K/N)^{0.5}=k^{0.5}$

均衡时有$g_k=g_{\hat{y}}=0$，即均衡时人均资本存量不再变化，增长率为0。

由于$Y=\hat{y}\times AN$，其中，$A=2$，$g_A=0$，$g_{\hat{y}}=0$，$g_N=1\%$，所以$g_Y=g_{\hat{y}}+g_A+g_N=0+0+1\%=1\%$。

19. **【答案】**（1）稳态时有$\dot{k}=sy-(n+\delta)k=0$，即$sk^{0.5}-(n+\delta)k=0$，整理得：

$$k=\left(\frac{s}{n+\delta}\right)^2$$

当$s_0=0.16$时，稳态时$k_0=\left(\dfrac{s_0}{n+\delta}\right)^2=16$。

(2) 当 $s_1=0.41$ 时，稳态时 $k_1=\left(\frac{s_1}{n+\delta}\right)^2=105.0625\approx105.1$。

储蓄率的提高使得投资曲线上移，稳态人均资本存量增加，如图 19－12 所示。

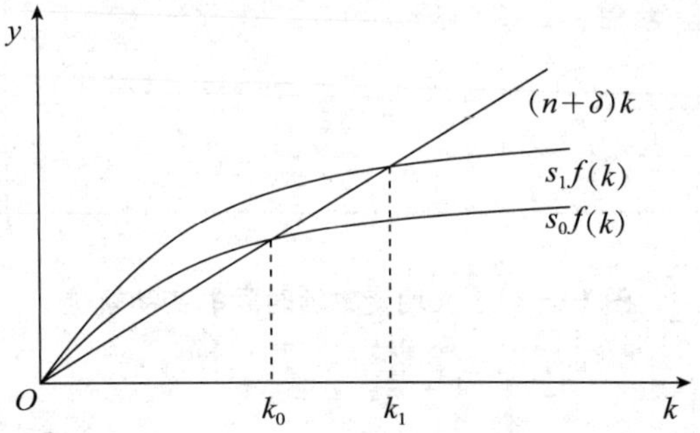

图 19－12　储蓄率的提高使得稳态人均资本存量增加

(3) 在黄金律水平有 $f'(k_{\text{gold}})=n+\delta$，即：

$$\frac{1}{2\sqrt{k_{\text{gold}}}}=n+\delta=0.005+0.035=0.04$$

解得$\sqrt{k_{\text{gold}}}=12.5$。

由第 (1) 问知，稳态时有 $k_{\text{gold}}=\left(\frac{s}{n+\delta}\right)^2$，将$\sqrt{k_{\text{gold}}}=12.5$ 代入其中，可得$\frac{s}{n+\delta}=12.5$，$s=12.5\times(n+\delta)=12.5\times0.04=0.5$。

(4) 在初期，$n=0.005$，$\delta=0.035$，$s_0=0.16$，$k_0=16$，$y_0=\sqrt{16}=4$，$N_0=1\,000$，总产出 $Y_0=N_0y_0=1\,000\times4=4\,000$。

在下一期，$n=0.005$，$\delta=0.035$，$s_1=0.41$，$N_1=N_0\times(1+n)=1\,000\times(1+0.005)=1\,005$，于是有：

$$k_1=k_0+\Delta k=k_0+s_1y_0-(n+\delta)k_0=16+0.41\times4-0.04\times16=17$$

该值小于稳定状态资本存量。

$$总产出\ Y_1=N_1y_1=1\,005\times\sqrt{17}=4\,143.7$$

在 t_0时刻，人均资本存量 $k_0=16$，随着时间的推移，人均资本存量 k 一期一期地增加，但增加的幅度会越来越小，最终在 t_n时刻稳定在 $k_n=105.1$。人均资本 k 的动态调整路径如图 19－13 所示。

在 t_0时刻，总产出 $Y_0=4\,000$，随着时间的推移，总产出一直增长，但增长率越来越小，直到 t_n时刻，恢复到人口增长率 $n=0.005$，在 t_n 之后，总产出的增长率保持不变，为 0.005。总产出的动态调整路径如图 19－14 所示。

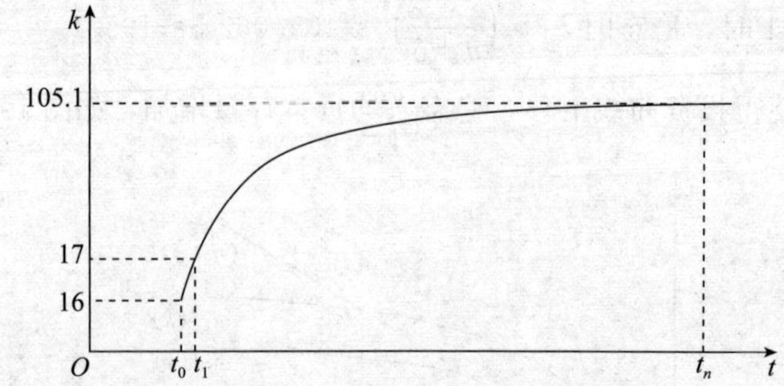

图 19-13 人均资本随时间的变动轨迹

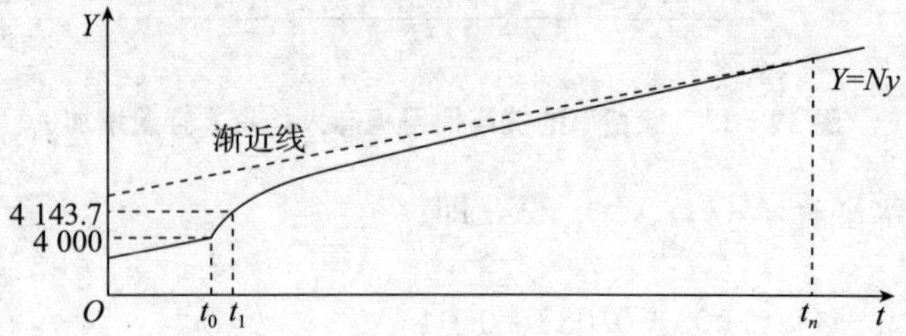

图 19-14 总产出随时间的变动轨迹

20. **【答案】**（1）$y=Y/(AN)$

$$=K^{\alpha}H^{\beta}(AN)^{1-\alpha-\beta}/(AN)$$
$$=[K/(AN)]^{\alpha}[H/(AN)]^{\beta}$$
$$=k^{\alpha}h^{\beta}$$

（2）$\dot{h}_t=\dfrac{\mathrm{d}h_t}{\mathrm{d}t}=\dfrac{\mathrm{d}[H_t/(AN)]}{\mathrm{d}t}$

$$=\frac{\mathrm{d}H_t/\mathrm{d}t\cdot(AN)-\mathrm{d}(AN)/\mathrm{d}t\cdot H_t}{(AN)^2}$$
$$=\frac{\mathrm{d}H_t/\mathrm{d}t}{AN}-\frac{\mathrm{d}(AN)/\mathrm{d}t\cdot H_t}{(AN)^2}$$
$$=\frac{s_hY_t-\delta H_t}{AN}-\frac{(\mathrm{d}A/\mathrm{d}t\cdot N+\mathrm{d}N/\mathrm{d}t\cdot A)H_t}{(AN)^2}$$
$$=s_h\frac{Y_t}{AN}-\delta\frac{H_t}{AN}-\left(\frac{\mathrm{d}A/\mathrm{d}t}{A}+\frac{\mathrm{d}N/\mathrm{d}t}{N}\right)\frac{H_t}{AN}$$
$$=s_hy_t-\delta h_t-(g+n)h_t$$
$$=s_hy_t-(g+n+\delta)h_t$$

（3）在稳态时$\dot{k}_t=\dot{h}_t=0$，联立以下三式：

$$\begin{cases}y_t=k_t^{\alpha}h_t^{\beta}\\ \dot{k}_t=s_ky_t-(g+n+\delta)k_t=0\\ \dot{h}_t=s_hy_t-(g+n+\delta)h_t=0\end{cases}$$

解得：$k=[s_h^{\beta}s_k^{1-\beta}/(g+n+\delta)]^{1/(1-\alpha-\beta)}$，$h=[s_h^{1-\alpha}s_k^{\alpha}/(g+n+\delta)]^{1/(1-\alpha-\beta)}$。

21. **【答案】** 将生产函数 $Y=(AK)^{\alpha}N^{1-\alpha}$ 两边同时除以 $A^{\frac{\alpha}{1-\alpha}}N$：

$$\frac{Y}{A^{\frac{\alpha}{1-\alpha}}N}=\frac{(AK)^{\alpha}N^{1-\alpha}}{A^{\frac{\alpha}{1-\alpha}}N}=\frac{K^{\alpha}}{A^{\frac{\alpha^2}{1-\alpha}}N^{\alpha}}=\left(\frac{K}{A^{\frac{\alpha}{1-\alpha}}N}\right)^{\alpha}$$

令 $\check{y}=\dfrac{Y}{A^{\frac{\alpha}{1-\alpha}}N}$，$\check{k}=\dfrac{K}{A^{\frac{\alpha}{1-\alpha}}N}$，则有 $\check{y}=\check{k}^{\alpha}$。

令 $\varphi=\dfrac{\alpha}{1-\alpha}$，则有 $\check{y}=\dfrac{Y}{A^{\varphi}N}$，$\check{k}=\dfrac{K}{A^{\varphi}N}$。再对 $\check{k}=\dfrac{K}{A^{\varphi}N}$ 两边对时间 t 求导：

$$\begin{aligned}\dot{\check{k}}&=\frac{\dot{K}A^{\varphi}N-K[\varphi A^{\varphi-1}N\dot{A}+A^{\varphi}\dot{N}]}{(A^{\varphi}N)^2}\\&=\frac{\dot{K}}{A^{\varphi}N}-\frac{K}{A^{\varphi}N}\left(\varphi\frac{\dot{A}}{A}+\frac{\dot{N}}{N}\right)\\&=\frac{sY-\delta K}{A^{\varphi}N}-\frac{K}{A^{\varphi}N}\left(\varphi\frac{\dot{A}}{A}+\frac{\dot{N}}{N}\right)\\&=s\frac{Y}{A^{\varphi}N}-\frac{K}{A^{\varphi}N}\left(\varphi\frac{\dot{A}}{A}+\frac{\dot{N}}{N}+\delta\right)\\&=s\check{k}^{\alpha}-(n+\varphi g+\delta)\check{k}\end{aligned}$$

如图 19-15 所示，当 $\check{k}<\check{k}^*$ 时，有 $s\check{k}^{\alpha}>(n+\varphi g+\delta)\check{k}$，于是 $\check{k}$ 会增加；当 $\check{k}>\check{k}^*$ 时，有 $s\check{k}^{\alpha}<(n+\varphi g+\delta)\check{k}$，于是 $\check{k}$ 会减少。最终 $\check{k}$ 均衡在 $\check{k}=\check{k}^*$ 处。稳态时，$\check{k}$ 固定不变，相应地，$\check{y}$ 也固定不变。

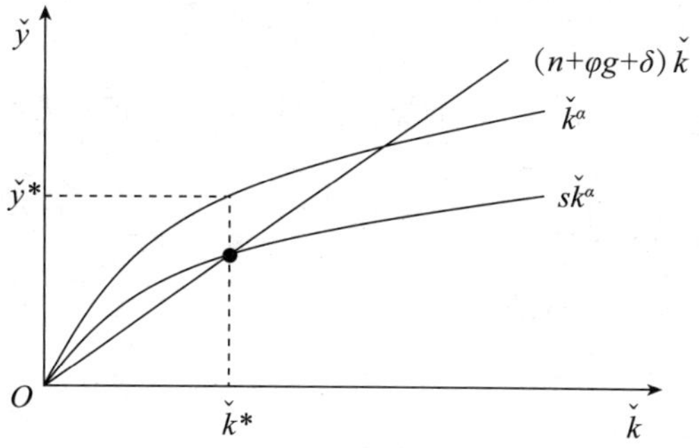

图 19-15　资本增强型新古典增长模型的稳态

由 $Y=\check{y}A^{\varphi}N$ 可知，Y 的增长率 $g_Y=g_{\check{y}}+\varphi g_A+g_N=0+\varphi g+n=\dfrac{\alpha}{1-\alpha}g+n$。

由 $K=\check{k}A^{\varphi}N$ 可知，K 的增长率 $g_K=g_{\check{k}}+\varphi g_A+g_N=0+\varphi g+n=\dfrac{\alpha}{1-\alpha}g+n$。

【总结】 包括技术进步的新古典增长模型实际上有三种类型：劳动增强型，$Y=F(K,AN)$；技术增强型，$Y=(AK,N)$；全面增强型，$Y=AF(K,N)$。在实际考试中，一般使用的都是柯布-道格拉斯生产函数，对应的生产函数分别为 $Y=K^{\alpha}(AN)^{1-\alpha}$、$Y=(AK)^{\alpha}N^{1-\alpha}$、$Y=AK^{\alpha}N^{1-\alpha}$。

解答时，关键是找到某种特别的人均资本 y 和人均产出 k，使得 $y=k^{\alpha}$。有了这样的人均生产函数，就可以解出针对这种特别人均资本和人均产出的稳态。

（1）对于 $Y=K^{\alpha}(AN)^{1-\alpha}$，可以令 $\hat{y}=\frac{Y}{AN}$，$\hat{k}=\frac{K}{AN}$，这样可以得出 $\hat{y}=\hat{k}^{\alpha}$。

（2）对于 $Y=(AK)^{\alpha}N^{1-\alpha}$，可以令 $\check{y}=\frac{Y}{A^{\frac{\alpha}{1-\alpha}}N}$，$\check{k}=\frac{K}{A^{\frac{\alpha}{1-\alpha}}N}$，这样可以得出 $\check{y}=\check{k}^{\alpha}$。

（3）对于 $Y=AK^{\alpha}N^{1-\alpha}$，可以令 $\tilde{y}=\frac{Y}{A^{\frac{1}{1-\alpha}}N}$，$\tilde{k}=\frac{K}{A^{\frac{1}{1-\alpha}}N}$，这样可以得出 $\tilde{y}=\tilde{k}^{\alpha}$。

（y 和 k 的上标为"∧""∨""～"或者其他符号都行，这只是为了区分概念。但不建议直接用 y 和 k 表示特别的人均产出和人均资本，容易和按人头人均量搞混。）

考研及以下难度的考试，基本都是考劳动增强型，因为这一类型相对简单些。但在近期的名校考研试题里，后两种类型也已经频频出现（本题后面紧接的几道题，都选自各大名校考研真题），读者需要留意。

22.**【答案】**（1）方法一：

当 $A=2$ 时，生产函数为 $Y=2^{2/3}K^{1/3}N^{2/3}$，人均产出 $y=f(k)=Y/N=2^{2/3}K^{1/3}N^{2/3}/N=2^{2/3}k^{1/3}$。

稳态时有 $sy=(n+\delta)k$，即：

$$0.1\times 2^{2/3}k^{1/3}=(0.05+0.05)k$$

解得稳态下的人均资本 $k^*=2$，人均产出 $y^*=2^{2/3}\times 2^{1/3}=2$，人均投资 $i^*=$ 人均储蓄 $=sy=0.1\times 2=0.2$，人均消费 $c^*=y^*-i^*=2-0.2=1.8$。

方法二：

定义有效人均产出 $\hat{y}=Y/(AN)$，有效人均资本 $\hat{k}=K/(AN)$，则有 $\hat{y}=Y/(AN)=K^{1/3}(AN)^{2/3}/(AN)=\hat{k}^{1/3}$。

稳态时有 $s\hat{y}=(n+\delta)\hat{k}$，即：

$$0.1\times\hat{k}^{1/3}=(0.05+0.05)\hat{k}$$

解得稳态下有效人均资本 $\hat{k}^*=1$。

所以稳态下有效人均产量 $\hat{y}^*=1^{1/3}=1$。

因为 $A=2$，稳态时人均资本 $k^*=A\hat{k}^*=2\times 1=2$，人均产出 $y^*=2\hat{y}^*=2\times 1=2$，人均投资 $i^*=$ 人均储蓄 $=sy=0.1\times 2=0.2$，人均消费 $c^*=y^*-i^*=2-0.2=1.8$。

（2）方法一：

稳态时人均消费 $c=y-sy=y-(n+\delta)k=2^{2/3}k^{1/3}-(0.05+0.05)k$。

人均消费最大化的一阶条件为：

$$dc/dk=\frac{1}{3}2^{2/3}k^{-2/3}-(0.05+0.05)=0$$

解得黄金律时人均资本 $k_{\text{gold}}=2\left(\frac{10}{3}\right)^{3/2}$。

代入稳态条件得：

$$s\times2^{2/3}\left[2\left(\frac{10}{3}\right)^{3/2}\right]^{1/3}=(0.05+0.05)\times2\left(\frac{10}{3}\right)^{3/2}$$

解得人均消费最大化时储蓄率 $s_{\text{gold}}=1/3$。

从增加人均消费角度看，该国应该调整储蓄率，将储蓄率提高到 1/3。

方法二：

人均消费最大化时有 $f'(k)=n+\delta$，即：

$$\frac{1}{3}2^{2/3}k^{-2/3}=0.05+0.05$$

解得黄金律时人均资本 $k_{\text{gold}}=2\left(\frac{10}{3}\right)^{3/2}$。

（后续步骤同方法一。）

（3）稳态的产出增长速度 $=n+g=0.05+0.02=0.07$，即稳态的经济增长率为 7%。

$$\text{人均产出 } y=f(k)=Y/N=K^{1/3}A^{2/3}N^{2/3}/N=A^{2/3}k^{1/3}$$

提升人均收入（即人均产出）水平即提高 $y=A^{2/3}k^{1/3}$ 的值，可以通过以下思路来提高人均收入水平：

Ⅰ. 提高储蓄率可以提高人均资本存量，虽然它没有增长效应，但会有水平效应，即提高人均产出水平；

Ⅱ. 降低人口增长率也可以提高人均资本存量，实现更高的人均产出水平。

【提示】注意这里的要求是提高人均收入，也就是人均产出水平，而不是人均消费水平，因此与黄金律没什么关系。只要是稳态的人均资本能增加的方法，都可以提高人均产出水平。

（4）如果生产函数变为 $Y=(AK)^{1/3}N^{2/3}$，这属于资本增强型技术进步的生产函数，在平衡增长路径上，令 $\alpha=1/3$，Y 的增长率 $=\frac{\alpha}{1-\alpha}g+n=6\%$。

【提示】第（4）小题直接使用了前一题的结论。

23. **【答案】**（1）这是为了施加劳动和资本的边际收益递减的假定，以此来保证索洛模型稳态的存在性。一般情况下，我们常有 $\alpha+\beta=1$ 的假定。

（2）方法一：

$$\begin{aligned}g_Y&=\frac{\dot{Y}}{Y}=\frac{\mathrm{d}Y/\mathrm{d}t}{Y}=\frac{\mathrm{d}(AK^{\alpha}N^{\beta})/\mathrm{d}t}{AK^{\alpha}L^{\beta}}\\&=\frac{K^{\alpha}N^{\beta}\cdot\mathrm{d}A/\mathrm{d}t+A\alpha K^{\alpha-1}N^{\beta}\cdot\mathrm{d}K/\mathrm{d}t+A\beta K^{\alpha}N^{\beta-1}\cdot\mathrm{d}N/\mathrm{d}t}{AK^{\alpha}N^{\beta}}\\&=\frac{\mathrm{d}A/\mathrm{d}t}{A}+\alpha\frac{\mathrm{d}K/\mathrm{d}t}{K}+\beta\frac{\mathrm{d}N/\mathrm{d}t}{N}\\&=g_A+\alpha g_K+\beta g_N\end{aligned}$$

方法二：

对生产函数 $Y=AK^{\alpha}N^{\beta}$ 等式两边取对数：

$$\ln Y = \ln A + \alpha \ln K + \beta \ln N$$

等式两边对 t 求导：

$$\frac{\mathrm{d}Y/\mathrm{d}t}{Y} = \frac{\mathrm{d}A/\mathrm{d}t}{A} + \alpha\frac{\mathrm{d}K/\mathrm{d}t}{K} + \beta\frac{\mathrm{d}N/\mathrm{d}t}{N}$$

$$g_Y = g_A + \alpha g_K + \beta g_N$$

（3）令 $\tilde{y} = \frac{Y}{A^{\frac{1}{1-\alpha}}N}$，$\tilde{k} = \frac{K}{A^{\frac{1}{1-\alpha}}N}$，则：

$$\tilde{y} = \frac{AK^{\alpha}N^{1-\alpha}}{A^{\frac{1}{1-\alpha}}N} = \left(\frac{K}{A^{\frac{1}{1-\alpha}}N}\right)^{\alpha} = \tilde{k}^{\alpha}$$

等式 $\tilde{k} = \frac{K}{A^{\frac{1}{1-\alpha}}N}$ 两边对 t 求导：

$$\begin{aligned}\dot{\tilde{k}} &= \frac{\dot{K}}{A^{\frac{1}{1-\alpha}}N} - \frac{1}{1-\alpha}\cdot\frac{K}{A^{\frac{1}{1-\alpha}}N}\cdot\frac{\dot{A}}{A} - \frac{K}{A^{\frac{1}{1-\alpha}}N}\cdot\frac{\dot{N}}{N}\\ &= \frac{sY-\delta K}{A^{\frac{1}{1-\alpha}}N} - \frac{1}{1-\alpha}\cdot\tilde{k}\cdot g - \tilde{k}\cdot n\\ &= s\tilde{y} - \delta\tilde{k} - \frac{1}{1-\alpha}\cdot g\tilde{k} - n\tilde{k}\\ &= s\tilde{k}^{\alpha} - \left(n + \frac{1}{1-\alpha}g + \delta\right)\tilde{k}\end{aligned}$$

稳态时，$\dot{\tilde{k}} = 0$，解得：$\tilde{k} = \left(\frac{s}{n+\frac{1}{1-\alpha}g+\delta}\right)^{\frac{1}{1-\alpha}}$，为一个固定的常数，$k = \frac{K}{N} = \tilde{k}\cdot A^{\frac{1}{1-\alpha}}$。

稳态时人均资本 k 的增长率为：

$$g_k = \frac{1}{1-\alpha}g_A = \frac{g}{1-\alpha}$$

24. **【答案】** 设 $\tilde{y} = \frac{Y}{A^2N}$，$\tilde{k} = \frac{K}{A^2N}$，则：

$$\tilde{y} = \frac{AK^{1/2}N^{1/2}}{A^2N} = \left(\frac{K}{A^2N}\right)^{1/2} = \tilde{k}^{1/2}$$

等式 $\tilde{k} = \frac{K}{A^2N}$ 两边对 t 求导：

$$\begin{aligned}\dot{\tilde{k}} &= \frac{\dot{K}}{A^2N} - 2\cdot\frac{K}{A^2N}\cdot\frac{\dot{A}}{A} - \frac{K}{A^2N}\cdot\frac{\dot{N}}{N}\\ &= \frac{sY-\delta K}{A^2N} - 2\cdot\tilde{k}\cdot g - \tilde{k}\cdot n\end{aligned}$$

$$=\frac{sY}{A^2N}-\delta\tilde{k}-2\cdot g\tilde{k}-n\tilde{k}$$

$$=s\tilde{y}-\delta\tilde{k}-2\cdot g\tilde{k}-n\tilde{k}$$

$$=s\tilde{k}^{\frac{1}{2}}-(n+2g+\delta)\tilde{k}$$

稳态时，$\dot{\tilde{k}}=0$，解得：$\tilde{k}=\left(\frac{s}{n+2g+\delta}\right)^2$，为一个固定的常数，$\tilde{y}=\tilde{k}^{1/2}$，也是固定的常数，$k=K/N=\tilde{k}\cdot A^2$，$y=Y/N=\tilde{y}\cdot A^2$。

稳态时：

人均资本 k 的增长率 $g_k=2g_A=2\times4\%=8\%$；

人均收入 y 的增长率 $g_y=2g_A=2\times4\%=8\%$；

总资本 K 的增长率 $g_K=g_k+g_N=8\%+1\%=9\%$；

总收入 Y 的增长率 $g_Y=g_y+g_N=8\%+1\%=9\%$。

25.【答案】(1) K 的变动量为：

$$\dot{K}=sY-\delta K=sAK-\delta K$$

设 $k=K/(AN)$，得：

$$\dot{g}_k=\frac{\dot{k}}{k}=\frac{\dot{K}}{K}-\frac{\dot{A}}{A}-\frac{\dot{N}}{N}=(sA-\delta)-0-n$$

$$=sA-(\delta+n)$$

内生经济增长的条件是 $\dot{A}=0$。

(2) 由 $\dot{g}_k=0$ 得 $s=\frac{n+\delta}{A}$，此即为投资率。

初始的消费水平 $C(0)=(1-s)k(0)=\frac{A-n-\delta}{A}k(0)$。

26.【答案】(1) $\hat{y}=f(\hat{k})=\frac{Y}{EN}=\frac{K^\alpha[(1-u)EN]^{1-\alpha}}{EN}=(1-u)^{1-\alpha}\hat{k}^\alpha$

稳态时，$\Delta\hat{k}=sf(\hat{k})-[\delta+n+g(u)]\hat{k}=0$

给定 u，假设经济初始处于稳态，当发生自然灾害，导致资本存量减半，但是人员没有损失时，K 和 $\hat{k}$ 均会减半。$\hat{k}$ 减半必然有 $\Delta\hat{k}=sf(\hat{k})-[\delta+n+g(u)]\hat{k}>0$，于是人均有效资本 $\hat{k}$ 会不断提高，直到回到初始的稳态。

(2) 方法一：

稳态时，

$$sf(\hat{k}^*)=[\delta+n+g(u)]\hat{k}^*$$

储蓄率 $s^*(u)=\frac{[\delta+n+g(u)]\hat{k}^*}{f(\hat{k}^*)}$

$$=\frac{[\delta+n+g(u)]\hat{k}^*}{(1-u)^{1-\alpha}(\hat{k}^*)^\alpha}$$

$$=\frac{\delta+n+g(u)}{(1-u)^{1-\alpha}}(\hat{k}^*)^{1-\alpha} \quad ①$$

稳态时，

$$\text{消费 } c^*=(1-s)f(\hat{k}^*)$$
$$=f(\hat{k}^*)-sf(\hat{k}^*)$$
$$=f(\hat{k}^*)-[\delta+n+g(u)]\hat{k}^*$$
$$=(1-u)^{1-\alpha}(\hat{k}^*)^{\alpha}-[\delta+n+g(u)]\hat{k}^*$$

黄金储蓄率需要使稳态下的消费达到最大，c^* 取最大值的一阶条件为：

$$\partial c^*/\partial\hat{k}^*=\alpha(1-u)^{1-\alpha}(\hat{k}^*)^{\alpha-1}-[\delta+n+g(u)]=0$$

解得：

$$\hat{k}^*_{\text{gold}}=(1-u)\left(\frac{\alpha}{\delta+n+g(u)}\right)^{\frac{1}{1-\alpha}} \quad ②$$

将式②代入式①得：

$$\text{黄金储蓄率 } s^*_{\text{gold}}(u)=\frac{\delta+n+g(u)}{(1-u)^{1-\alpha}}(\hat{k}^*_{\text{gold}})^{1-\alpha}$$
$$=\frac{\delta+n+g(u)}{(1-u)^{1-\alpha}}\left[(1-u)\left(\frac{\alpha}{\delta+n+g(u)}\right)^{\frac{1}{1-\alpha}}\right]^{1-\alpha}$$
$$=\alpha$$

可知黄金储蓄率 $s^*_{\text{gold}}(u)$ 固定为 α，u 上升，$s^*_{\text{gold}}(u)$ 不会发生变化。

方法二：

黄金律条件为 $f'(\hat{k})=\delta+n+g(u)$，即：

$$\alpha(1-u)^{1-\alpha}(\hat{k}^*)^{\alpha-1}=\delta+n+g(u) \quad ③$$

稳态时有 $sf(\hat{k}^*)=[\delta+n+g(u)]\hat{k}^*$，即：

$$s(1-u)^{1-\alpha}(\hat{k}^*)^{\alpha-1}=\delta+n+g(u) \quad ④$$

联立式③和式④解得：

$$s=\alpha$$

可知黄金储蓄率 $s^*_{\text{gold}}(u)$ 固定为 α，u 上升，$s^*_{\text{gold}}(u)$ 不会发生变化。

【提示】（1）方法一是中规中矩的方法，一步一步地老老实实计算下去，方法二其实和方法一是一样的，只不过对计算过程做了投机取巧。

（2）对于人均资本的生产函数 $y=k^{\alpha}$，必然有黄金律 $s_{\text{gold}}=\alpha$。而本题 $y=(1-u)^{1-\alpha}k^{\alpha}$，其黄金律的规律与 $y=k^{\alpha}$ 是一样的。

第 20 章

宏观经济学的微观基础

重难点提示

本章的重难点包括：跨期消费决策模型；生命周期假说；永久收入假说；新古典投资模型；住房投资与住房相对价格的关系；鲍莫尔-托宾模型。

内容精要

一、 跨期消费决策模型

跨期消费决策模型：将消费者一生的消费划分为不同时期，说明消费者面临的约束条件和偏好，分析理性的消费者如何在现期消费与未来消费之间做出选择。

消费者跨期消费的预算约束条件：$c_1+c_2/(1+r)=y_1+y_2/(1+r)$。

消费者跨期消费最优决策的条件：$MRS=1+r$。①

消费者决策的影响因素：

(1) 收入变动对消费的影响。

无论是现期收入还是未来收入的增加（减少），都会使得预算约束线向右（向左）平移。

①消费平稳化：任一期的收入增加，消费者都将把它分摊到每一期的消费上。

②消费取决于现期收入与未来收入的现值：收入的现值$=y_1+y_2/(1+r)$。

(2) 实际利率变动对消费的影响。

当第一期储蓄时，利率上升的收入效应和替代效应都增加了第二期的消费；而利率上升的收入效应将增加第一期的消费，但利率上升的替代效应将减少第一期的消费。

---

① 在微观经济学中将边际替代率 MRS 定义为正值，为了与微观经济学统一，这里也定义为正值。这一点与部分教材不同。

跨期消费决策模型的借贷约束：

①当消费者第一期意愿消费小于当期收入时，借贷约束不影响消费。

②当消费者第一期意愿消费大于当期收入时，现期消费只取决于现期收入，即$c_1=y_1$。

二、 相对收入消费理论

相对收入消费理论又称相对收入假说，由美国经济学家杜森贝利提出。他认为消费者的消费并不是完全由收入决定的，它会受到消费者自己过去的消费习惯（棘轮效应）以及周围消费水准（示范效应）的影响，所以是相对决定的。长期消费函数是从原点出发的直线，但短期消费函数是有正截距的曲线。

棘轮效应：消费者的消费水平容易随收入提高而增加，但不易随收入降低而减少。

三、 生命周期消费理论

生命周期消费理论又称生命周期假说，由美国经济学家莫迪利安尼提出。他认为人会在他的生命周期内平稳均匀地消费他的所有财富和工作收入。

其消费公式为：$C=aWR+cYL$，其中，WR 为实际财富，a 为财富的边际消费倾向，YL 为工作收入，c 为工作收入的边际消费倾向。

四、 永久收入消费理论

永久收入消费理论又称永久收入假说，由美国经济学家弗里德曼提出。他认为消费者的消费支出主要不是由他的现期收入决定，而是由他的永久收入决定。永久收入是指消费者可以预期到的长期收入，大致可以根据所观察到的年收入数值的加权平均数得到，距现在的时间越近则权数越大，反之则越小。

五、 消费的随机游走假说

随机游走假说是永久收入假说与理性预期的结合。根据永久收入假说，消费者总是尽量按照他的可预期到的长期收入平稳消费，随着时间的推移，消费者会根据新获得的信息修正其对一生收入的预期进而调整消费。如果消费者能够进行理性预期，那么只有意外的收入变动才会改变消费，即消费的变动是随机游走的。

如果消费遵循随机游走方式，那么决策者可以通过影响公众对政策行为的预期来影响消费。

六、 企业固定投资

企业固定投资是企业购买用于生产的机器设备和建筑物的活动。

最优资本存量的决定：根据资本的边际收益等于资本的边际成本原则决定资本存量，

即根据资本的边际收益 $P \times MP_K$＝租赁价格 R 决定资本存量。

资本的实际租赁价格由资本的边际产品决定。在柯布-道格拉斯生产函数下，资本的实际租赁价格 $R/P = MP_K = \alpha A(L/K)^{1-\alpha}$。

资本存量越低，资本的实际租赁价格越高；劳动投入量越高，资本的实际租赁价格越高；技术水平越高，资本的实际租赁价格越高。

单位资本的成本$=P_K(r+\delta)$。

根据新古典投资模型有：如果租赁价格高于资本的成本，企业就投资；如果租赁价格低于资本的成本，企业就负投资。

当企业的实际资本存量偏离最优资本存量时，实际资本 K 将作趋于最优资本存量 K^* 的调整：$K = K_{-1} + \lambda(K^* - K_{-1})$。

七、 住房投资

住房相对价格 P_H/P 取决于住房需求和现期固定的住房资本存量 K_H。

住房需求曲线的影响因素：

（1）人们的财富。财富增加使住房需求增加，曲线向右平移，反之亦然。

（2）住房的真实净收益。住房的真实净收益增加使住房需求增加，曲线向右平移，反之亦然。

（3）其他资产的真实净收益。其他资产的真实净收益减少使住房需求增加，曲线向右平移，反之亦然。

在短期，新住房的供给量（新住房投资）随住房价格上升而增加；在长期，新住房投资会增加住房存量，在住房需求不变的情况下，会降低住房相对价格。

八、 存货投资

存货周期：在经济繁荣时，企业自愿增加存货；在经济开始衰退时，企业非自愿增加存货；在衰退过程中，企业非自愿削减存货；在经济萧条时，企业自愿削减存货。存货的这种周期变动就叫存货周期。

存货的加速模型：存货投资取决于产出的变动，$I = a\Delta Y$。

九、 货币需求理论

资产组合理论：强调货币作为价值储藏手段的货币需求理论，持有货币是人们资产组合的一部分。用公式表示为：$M^d/P = L(r_s,\ r_b,\ \pi^e,\ W)$。

货币需求的交易理论：强调货币作为交换媒介的货币需求理论。人们持有货币是出于交易动机，人们通过权衡持有货币的成本和收益来决定持有货币的数量。

鲍莫尔-托宾模型：人们持有货币是有机会成本的，即用于购买债券等生息资本所能得到的利息；而人们持有货币是为了交易的方便，其收益在于减少了交易成本。

$$平均货币持有量 = Y/(2N) = [YF/(2r)]^{1/2}$$

习题精编

一、名词解释

1. 跨期选择的收入效应与替代效应
2. 消费平稳化
3. 棘轮效应
4. 示范效应
5. 相对收入
6. 消费的随机游走
7. 生命周期消费理论
8. 新古典投资模型
9. 可变加速模型
10. 存货投资
11. 存货周期
12. 货币需求的交易理论
13. 鲍莫尔-托宾模型

二、判断题

1. 长期消费函数曲线比短期消费函数曲线更陡峭。

2. 在费雪的两期消费模型中，利率上升意味着储蓄的收益率提高，但储蓄不一定随着利率的上升而增加。

3. 当实际利率上升时，消费者跨期消费的预算约束线变得更加平缓。

4. 在一个两期消费决策中，消费者只会把他在第二期增加的收入分摊到两个时期的消费上。

5. 相对收入消费理论认为，短期消费函数是有正截距的曲线，但长期消费函数是出自零点的直线。

6. 根据生命周期假说，你买彩票中奖不会对当前消费产生很大影响。

7. 依据生命周期假说，完善的社会保障系统有利于提高居民的平均消费倾向。

8. 根据生命周期假说，其他条件相同，消费数量与人们的寿命成反比。

9. 永久收入假说认为消费与经济的景气变化关系不大。

10. 按照永久收入假说，短期边际消费倾向低于长期边际消费倾向。

11. 永久收入假说与适应性预期理论结合意味着消费的变动遵循随机游走方式。

12. 莉萨很意外地得到人事部的通知，说 12 个月后，会给她涨薪 20%，这会增加莉萨现在的消费。

13. 某区农民工的大量涌入降低了该区资本的均衡实际租赁价格。

14. 政府增加总需求的政策若不能改变实际利率，也就不能影响到投资。
15. 其他资产收益增加会使住房需求曲线向右移动。
16. 实际货币需求取决于实际收入和名义利率，持有货币的实际收益率是 0。
17. 银行体系可以创造货币，也可以创造财富。
18. 对毒贩而言，通货膨胀在一定程度上也是合意的。
19. 无论是从短期还是从长期来看，通货膨胀率都由货币供给增长率、货币流通速度变化率和产出增长率决定。
20. 根据鲍莫尔-托宾模型，平均货币持有量或货币需求为$\sqrt{rY/(2F)}$。
21. 预期股票收益的提高会扩大人们的投机动机，从而增加货币需求。

三、选择题

1. 对储蓄者来讲，实际利率提升影响现期消费的替代效应、收入效应分别是（　　）现期消费。

A. 增大、减小　　B. 增大、增大　　C. 减小、减小　　D. 减小、增大

2. 消费者起初是借款者，实际利率上升，消费者继续作为借款者，则他的境况会（　　）。

A. 变好　　B. 变差　　C. 不变　　D. 不一定

3. 消费者跨期消费最优决策的条件为（　　）。

A. $MRS=1+r$　　B. $MRS=-(1+r)$

C. $MRS=1/(1+r)$　　D. $MRS=-1/(1+r)$

4. 若利率为 10%，一年后的 100 元钱的现值是多大？（　　）

A. 90 元　　B. 91 元　　C. 90.91 元　　D. 89.9 元

5. 以下哪些事件会影响到消费者的跨期消费决策？（　　）

A. 所在单位决定从下个月给员工加薪

B. 政府宣布提高个人所得税起征点

C. 国家统计局公布本月 CPI 同比上涨 8.9%

D. 以上都会

6. 由于现期收入如果储蓄到未来使用，消费者能赚到利息，因而（　　）。

A. 未来收入的价值小于现期等额收入的价值

B. 未来收入的价值大于现期等额收入的价值

C. 未来消费的成本大于现期等额消费的成本

D. 未来消费的价值大于未来等额收入的价值

7. 在欧文·费雪的两期消费模型中，如果 $y_1=20\ 000$，$y_2=15\ 000$ 且 $r=0.5$，那么第二期消费可能的最大值为（　　）。

A. 15 000　　B. 25 000　　C. 35 000　　D. 45 000

8. 约翰的消费均衡如图 20-1 所示，如果 y_1 和 y_2 分别代表第一期收入和第二期收入，那么约翰位于预算约束线上的（　　）点时是一个借款者。

A. A　　B. B　　C. C　　D. D

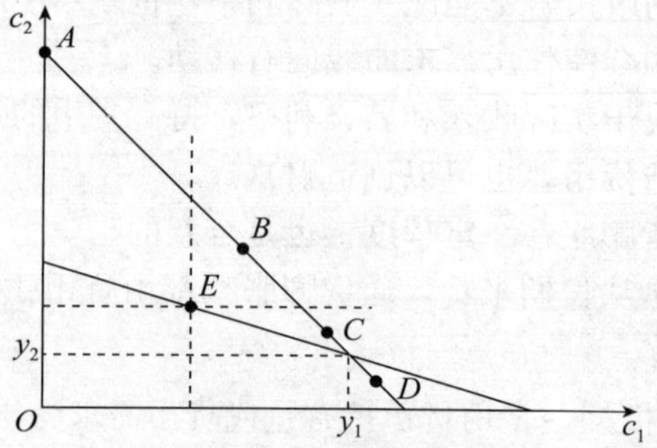

图 20-1　约翰的消费均衡

9. 如图 20-1 所示，如果 y_1 和 y_2 分别代表第一期收入和第二期收入，r 为利率且约翰选择预算约束线上的 A 点进行消费，那么第二期的消费量 c_2 等于（　　）。

A. $y_1(1+r)+y_2$　　B. $y_1+y_2/(1+r)$

C. $y_1/(1+r)+y_2$　　D. $y_1+y_2(1+r)$

10. 如果消费者选择了其两个时期的最优消费组合进行消费，那么边际替代率等于（　　）。

A. $1+r$　　B. $1-r$　　C. $1/r$　　D. r

11. 消费者将第一期增加的收入分摊在其一生中进行消费的行为是（　　）。

A. 随机游走消费　　B. 暂时性消费

C. 消费平滑化　　D. 收入效应

12. 在欧文·费雪的两期消费模型中，第一期收入的增加（　　）。

A. 使第一期消费增加而第二期消费减少

B. 使第一期消费增加而第二期消费不变

C. 在两期消费品都是正常品时，使两期消费都增加

D. 使第二期消费增加而第一期消费不变

13. 在欧文·费雪的两期消费模型中，如果两期消费品都是正常品，那么第二期收入增加时，（　　）。

A. 第一期消费不一定增加

B. 第二期消费不一定增加

C. 两期消费同时增加

D. 第一期消费不变，第二期消费增加

14. 在凯恩斯消费模型中，现期消费量主要取决于现期收入；在欧文·费雪消费模型中，现期消费量主要取决于（　　）。

A. 现期收入　　B. 利率

C. 一生的总收入　　D. 未来收入

15. 费雪的两期消费模型表明，现期消费量（　　）。

A. 只取决于现期收入

B. 只取决于未来收入

C. 取决于现期收入、未来收入和名义利率

D. 取决于现期收入、未来收入、名义利率和通货膨胀率

16. 在欧文·费雪的两期消费模型中，两期消费品都是正常品，对储蓄者而言，利率上升后，以下说法不正确的是（　　）。

A. 第一期消费增加　　B. 第二期消费增加

C. 第一期储蓄可能减少　　D. 消费者总收入增加

17. 在欧文·费雪的两期消费模型中，如果消费者最初是一名储蓄者，那么随着利率的上升和第一期消费的下降，收入效应（　　）。

A. 大于替代效应　　B. 小于替代效应

C. 等于替代效应　　D. 和替代效应共同减少消费

18. 在欧文·费雪的两期消费模型中，如果消费者在第一期一开始进行借款，那么随着实际利率的上升，第一期消费（　　）。

A. 一定增加　　B. 一定减少　　C. 保持不变　　D. 无法确定

19. 按照欧文·费雪的两期消费模型，当（　　）得到确切消息说明年将继承一大笔遗产时，今年的消费不一定有明显增加。

A. 在校大学生　　B. 大学生的父母

C. 大学教授　　D. 银行总裁

20. 在欧文·费雪的两期消费模型中，如果 $y_1=15\ 000$，$y_2=20\ 000$，$r=0.5$，且借款有约束力，那么 c_2 等于（　　）。

A. 20 000　　B. 22 500　　C. 35 000　　D. 42 500

21. 消费者面临的借款约束限制了他的现期消费，如果要对该消费者的现期收入一次性征税，那么征税额（　　）。

A. 小于消费者的未来消费量

B. 不影响消费者的未来消费量

C. 增加消费者的未来消费量

D. 对消费者的现期消费或未来消费没有影响

22. 如果对一个消费者而言，基于费雪两期消费模型的消费函数与凯恩斯消费函数没有区别，那么（　　）。

A. 该消费者想要借款，但无法借款

B. 随着未来收入的增加，该消费者在最初是借款者

C. 随着未来收入的增加，该消费者在最初是储蓄者

D. 随着利率的上升，该消费者在最初是借款者

23. 对于面临借款约束的消费者，已经宣布的未来税收减免的政策（　　）他的消费，但暂时税收减免的政策（　　）他的消费。

A. 不影响；会影响　　B. 会影响；不影响

C. 不影响；不影响　　D. 会影响；会影响

24. 如图 20－1 所示，如果约翰目前的消费均衡点为 E 点，而此时利率提高了，新利率下的均衡不会是（　　）所示的情况。

A. A 点　　B. B 点　　C. C 点　　D. 以上都不正确

25. 下述哪种消费理论最不易用以说明申请较多贷款来购房的行为？（　）
A. 相对收入　B. 绝对收入　C. 生命周期　D. 永久收入
26. 下面哪一位经济学家提出了相对收入消费理论？（　）
A. 库兹涅茨　B. 莫迪利安尼　C. 杜森贝利　D. 弗里德曼
27. 下列哪一项概括了过去的收入和消费会影响当前的消费？（　）
A. 财富效应　B. 示范效应　C. 棘轮效应　D. 替代效应
28. 根据生命周期假说，消费者的消费与积累的财富的比率的变化情况是（　）。
A. 在退休前，这个比率是上升的，在退休后，这个比率是下降的
B. 在退休前后，这个比率保持不变
C. 在退休前后，这个比率都下降
D. 在退休前，这个比率下降，在退休后，这个比率上升
29. 基于生命周期假说的消费函数强调（　）。
A. 当期消费与财富积累的联系　B. 当期储蓄与当期收入的联系
C. 终身消费与终身收入的联系　D. 当期储蓄与当期消费的联系
30. 根据生命周期假说，完善的社会保障系统会使得边际消费倾向（　）。
A. 增大　B. 不变　C. 变小　D. 不能确定
31. 弗兰科·莫迪利安尼的生命周期假说强调对（　）的储蓄。
A. 住房　B. 汽车　C. 退休　D. 医疗急救
32. 根据弗兰科·莫迪利安尼的生命周期假说，消费主要由（　）决定。
A. 永久收入　B. 收入和财富　C. 暂时收入　D. 财富
33. 根据弗兰科·莫迪利安尼的生命周期假说，如果消费者想要均等其每年的消费量且利率为0，那么他财富的边际消费倾向（　）。
A. 随着寿命的缩短而增大
B. 随着寿命的缩短而减小
C. 随着可工作年数的减少而增大
D. 随着可工作年数的减少而减小
34. 根据莫迪利安尼的生命周期假说，如果消费者想要均等其每年的消费量且利率为0，该消费者还可以工作40年且可以再生活60年，那么该消费者收入的边际消费倾向等于（　）。
A. 0.016　B. 0.40　C. 0.60　D. 0.67
35. 对于库兹涅茨的长期平均消费倾向不变之谜，莫迪利安尼的解释是（　）。
A. 平均消费倾向取决于收入与财富之比，且随着时间的推移收入与财富同比例增长
B. 不管是富人还是穷人都有相同的平均消费倾向
C. 人口变化抵消了平均消费倾向的变化
D. 每个消费者消费其一生中的所有收入，所以平均消费倾向始终为1
36. 根据生命周期假说，短期内财富保持不变时，随着收入的增加，平均消费倾向（　）。
A. 上升　B. 下降　C. 保持不变　D. 无法确定

37. 根据弗兰科・莫迪利安尼的生命周期假说，消费者在（　　）拥有最大的财富。

A. 出生时　　B. 死亡时　　C. 退休时　　D. 父母死亡时

38. 弗里德曼和莫迪利安尼提出的消费理论与凯恩斯消费理论相比，暂时减免收入税对消费的影响（　　）。

A. 更大　　B. 更小　　C. 相等　　D. 无法判断

39. 按照永久收入假说，现期收入暂时高于永久收入时，平均消费倾向会暂时（　　）。

A. 下降　　B. 不变　　C. 上升　　D. 不一定

40. 生命周期消费理论和永久收入消费理论都认为（　　）。

A. 消费取决于收入而不是财富

B. 各期的消费会发生大幅波动

C. 消费者的当期消费决策会基于对未来的预期做出

D. 以上各项均是

41. 假定你的永久收入是过去 5 年收入的平均，你总是消费掉你永久收入的 90%。假如你过去 5 年的第 1 年收入为 20 000 元，以后每年增加 1 000 元。你的当前消费是多少？（　　）

A. 22 500 元　　B. 21 600 元　　C. 20 250 元　　D. 19 800 元

42. 下列哪种消费理论认为居民消费不会随着经济的繁荣与衰退而变化？（　　）

A. 凯恩斯消费理论　　B. 生命周期消费理论

C. 永久收入消费理论　　D. 相对收入消费理论

43. 根据永久收入假说，如果小明在 2017 年买彩票中了 500 万元的大奖，那么他会（　　）。

A. 明显增加当年的储蓄　　B. 明显增加当年的消费

C. 在当年花费一半储蓄一半　　D. 不改变储蓄和消费

44. 根据永久收入假说，在 2017 年年初，杰克的工资实现了 80%的增幅，并且他认为以后也不会下调，那么他会（　　）。

A. 明显增加当年的储蓄　　B. 明显增加当年的消费

C. 在当年花费一半储蓄一半　　D. 不改变储蓄和消费

45. 假设吉姆的永久收入是 $Y_P=\theta Y+(1-\theta)Y_{-1}$，$\theta=0.6$，$Y=50\ 000$ 美元，$Y_{-1}=40\ 000$ 美元，如果长期边际消费倾向 $c=0.9$，那么吉姆当年的消费额是（　　）。

A. 5 000 美元　　B. 41 400 美元　　C. 49 500 美元　　D. 55 000 美元

46. 根据弗里德曼的永久收入假说，长期边际消费倾向（　　）。

A. 大于当前收入的边际消费倾向

B. 小于当前收入的边际消费倾向

C. 等于当前收入的边际消费倾向

D. 等于 1－当前收入的边际消费倾向

47. 假设政府正在考虑一项暂时性减税政策和一项永久性减税政策，两项政策第一年的减税额相同，那么根据永久收入假说，（　　）。

A. 两项政策使纳税者在第一年的消费相同

B. 暂时性减税使纳税者在第一年的消费更多
C. 永久性减税使纳税者在第一年的消费更多
D. 暂时性减税不改变纳税者在第一年的消费

48. 消费量的变动遵循随机游走的原因是（　　）。
A. 消费者拥有理性预期　　B. 消费与永久收入成比例
C. 收入的变动不可完全预测　　D. 收入是可以完全预测的

49. 如果消费者拥有理性预期，并且遵循永久收入假说，那么他们现期消费增加或减少的原因可能是（　　）。
A. 等了 3 年，政府承诺的减税政策如期生效了
B. 晓丽的工资顺利地上涨了 20%
C. 小殷突然得到消息，说她可以继承一笔巨额遗产
D. 马蓉用上月工资偿还汽车贷款

50. 珍妮正在和杰克办理离婚手续，假设珍妮对律师的话深信不疑，以下说法正确的是（　　）。
A. 律师告诉珍妮，有 100%的把握增加分配到的资产，那么珍妮的现期储蓄率会上升
B. 律师告诉珍妮，有 100%的把握增加分配到的资产，那么珍妮的现期储蓄率会下降
C. 律师告诉珍妮，有 50%的把握增加分配到的资产，那么珍妮的现期储蓄率会上升
D. 律师告诉珍妮，有 50%的把握增加分配到的资产，那么珍妮的现期储蓄率会下降

51. 按照下列哪种消费理论，一个暂时性的减税对消费影响最大？（　　）
A. 凯恩斯消费理论　　B. 生命周期假说
C. 永久收入假说　　D. 随机游走假说

52. 以下哪一项不会改变社会的消费函数？（　　）
A. 大量有价值的自然资源的发现　　B. 总人口的变动
C. 社会中固定资产价值改变　　D. 经济将处于非预期状态

53. 下列哪项不会引起居民投资的增加？（　　）
A. 利率下降　　B. 住房租金上升
C. 政府征收个人所得税　　D. 一般物价水平上升

54. 下列哪一项将会提高企业的投资激励？（　　）
A. 资本折旧率提高　　B. 实际利率上升
C. 通货膨胀率上升　　D. 名义利率上升

55. 下列哪一项会降低资本的租赁价格？（　　）
A. 预期通货膨胀率上升　　B. 折旧率提高
C. 名义利率上升　　D. 实际利率上升

56. 经济学上的企业固定资产投资不包括（　　）。
A. 企业增加一批库存商品　　B. 企业建造一座办公楼
C. 企业购买一套生产设备　　D. 企业购买一辆汽车

57. 在两时期投资模型中，假定生产函数 $Q=2K^{1/2}$，初始资本 $K=81$，利率为 10%。如果资本不折旧，最佳投资量是（　　）。
A. 0　　B. 19　　C. 20　　D. 21

58. 如图 20 - 2 所示，资本市场一开始时处于均衡点 A，实际租赁价格为 R_3/P，资本存量为 K_2，保持其他条件不变，如果技术进步了许多，那么实际租赁价格可能会变为（　　）。

A. R_1/P　　B. R_2/P　　C. R_4/P　　D. R_5/P

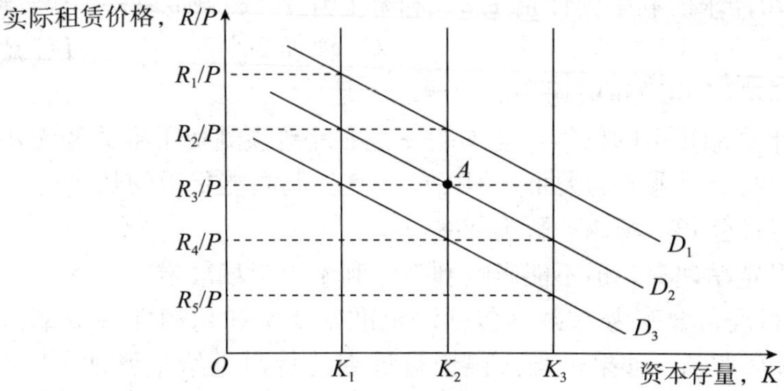

图 20 - 2　资本的租赁价格

59. 如图 20 - 3 所示，P_H/P 表示住房相对价格，K_H 表示住房资本存量，I_H 表示住房投资流量，市场一开始时位于均衡点 A。由于爆发了一次金融危机，经济下滑了很多，住房相对价格可能会变为（　　），住房投资流量则会变为（　　）。

A. P_{H1}/P；I_{H4}　　B. P_{H2}/P；I_{H3}

C. P_{H3}/P；I_{H2}　　D. P_{H4}/P；I_{H1}

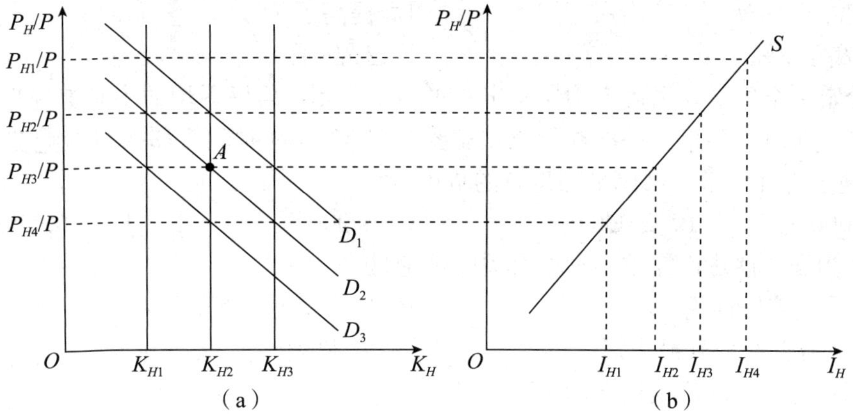

图 20 - 3　住房投资

60. 接上题，住房市场一开始时位于均衡点 A，突然爆发了一次 7.8 级大地震，然后，住房相对价格可能会变为（　　），住房投资流量则会变为（　　）。

A. P_{H1}/P；I_{H4}　　B. P_{H2}/P；I_{H3}

C. P_{H3}/P；I_{H2}　　D. P_{H4}/P；I_{H1}

61. 下列关于投资需求函数发生平移的原因，哪项是不正确的？（　　）

A. 技术进步提高了资本的边际产品

B. 人口增长增加了住房需求

C. 政府支出的增加提高了实际利率

D. 投资税收抵免政策恢复

62. 持有货币的机会成本是（　　）。

A. 0　　B. 通货膨胀率　　C. 实际利率　　D. 名义利率

63. 如果货币需求的利率弹性是 1/2，利率上升 10%，则实际货币余额需求（　　）。

A. 增加 5%　　B. 减少 20%　　C. 增加 20%　　D. 减少 5%

64. 央行在实施货币政策时遇到的问题之一是（　　）。

A. 它能控制高能货币的供给，但不能一直准确地预测货币乘数的大小

B. 它可以控制货币乘数的大小，但不能一直控制高能货币的数量

C. 它不能通过公开市场业务影响利率

D. 它可以设定贴现率，但不能影响利率，利率由市场决定

65. 假设银行准备金率为 10%（包括法定准备金率和超额准备金率），居民和企业的现金—存款比率为 20%。如果中国人民银行计划使货币供给量增加 400 亿元人民币，那么，以下哪一项操作能够实现中国人民银行的目标？（　　）

A. 从公开市场购买 125 亿元国债

B. 向公开市场出售 125 亿元国债

C. 以美元兑人民币 1∶5 的汇率购入 20 亿美元

D. 以上操作都不能实现目标

66. 若名义货币供给量增长了 6%，物价水平上涨了 4%，产出增长了 3%，根据货币数量论方程，货币流通速度（　　）。

A. 提高了 13%　　B. 提高了 7%

C. 提高了 3%　　D. 提高了 1%

67. 给定一个经济，居民人均年支出水平为 2 万元，居民平均的小时工资为 80 元，银行存款利率为 0.1，如果去一次银行取款需要花费 30 分钟时间，那么根据鲍莫尔-托宾货币需求的现金管理模型，居民平均持有的货币量为（　　）。

A. 1 000 元　　B. 2 000 元　　C. 4 000 元　　D. 5 000 元

68. 认为交易性货币需求与利率有关的理论是（　　）。

A. 流动性偏好理论　　B. 费雪交易方程

C. 货币需求的平方根法则　　D. A 和 C

69. 下列哪一种说法是错误的？（　　）

A. 货币需求的资产理论强调货币的排他性

B. 鲍莫尔-托宾模型强调货币的交换媒介职能

C. 货币需求取决于非货币资产的风险与收益

D. 央行无法既控制货币供给量又控制利率

四、简答题

1. 在对欧文·费雪模型的分析中，假设消费者在第一期进行借贷，两期消费的都是正常品，试分析利率上升对消费决策的影响，并画图说明。

2. 按照欧文·费雪模型，加里可以按利率 r_s 储蓄，并按 r_b 借贷，且 $r_b > r_s$。

（1）在加里第一期消费小于第一期收入的情况下，加里的预算约束是什么？

（2）在加里第一期消费大于第一期收入的情况下，加里的预算约束是什么？

（3）画出两条预算约束线以及代表加里可选择的第一期、第二期消费组合的阴影面积。

（4）现在加上你画的消费者无差异曲线。说明三种可能的结果：①加里有储蓄；②加里有借贷；③加里既无储蓄也无借贷。

（5）什么决定了这三种情况中每一种情况下的第一期消费量范围？

3. 假设A为高收入集团（城镇居民），B为低收入集团（乡村居民），在经济增长的城镇化进程中，B转变为城镇居民，与A的收入差距大为缩小。分别用绝对收入假说和相对收入假说说明上述情况对消费的影响。

4. 简述相对收入消费理论、生命周期消费理论与永久收入消费理论。

5. 简述凯恩斯的绝对收入消费理论、莫迪利安尼的生命周期消费理论、弗里德曼的永久收入消费理论关于财政政策对消费的影响的观点。

6. 用新古典投资模型解释下列每一种情况对资本的租赁价格、资本成本以及企业净投资的影响：

（1）政府实施扩张性货币政策提高实际利率。

（2）一次自然灾害摧毁了部分固定资产，资本存量减少。

（3）大量国外劳动力的涌入增加了国内的劳动力供给。

7. 说明资本的边际生产力与投资需求之间的关系。

8. 根据宏观经济学有关理论分析投资波动剧烈的原因。

9. 简要解释近年来我国城市住房建设如火如荼的原因。

10. 简述实际利率对住房投资流量的影响。

11. 简述企业持有存货的原因。

12. 简述货币需求的资产组合理论与交易理论之间的区别与联系。

13. 根据鲍莫尔-托宾模型，决定人们去银行的频率的因素是什么？这种决策与货币需求有什么关系？

14. 简述莫迪利安尼是如何解释凯恩斯消费理论之谜的。

15. 简要论述消费理论的几种观点。

16. 试比较生命周期消费理论与永久收入消费理论。

五、计算题

1. 假设甲、乙两个消费者按照欧文·费雪的跨期消费模型来进行消费决策（假设两期的消费商品都是正常品）。甲在两期各收入1 000元，乙在第一期的收入为0，在第二期的收入为2 100元，储蓄或者借贷的利率均为r。

（1）如果两人在每一期都消费1 000元，利率为多少？

（2）如果利率上升，甲在两期的消费会发生什么变化？利率上升后，他的消费状况是变好还是变坏？

（3）如果利率上升，乙在两期的消费会发生什么变化？利率上升后，他的消费状况是变好还是变坏？

2. 假设珍妮想要在生命中的两个时期分配消费：工作时和退休后。每个时期持续 20 年。为简化起见，假设所有收入来自 20 年工作时间的中间时点 t_1，并且所有支出都在时点 t_1 或 20 年后的时点 t_2。珍妮的预算约束为 $c_1+c_2/(1+r)=y_1+y_2/(1+r)$，这里实际利率 r 为 100%（大约是以连续 20 年、年利率为 3.5%的复利计算），珍妮偏好每个时期的消费相同。

（1）如果 $y_1=1\ 000\ 000$ 美元，$y_2=0$，那么第一期消费 c_1 和第二期消费 c_2 分别为多少？

（2）如果 $y_1=0$，$y_2=1\ 000\ 000$ 美元（她在年轻时没有收入，但将在年老时得到一笔巨大的遗产），那么第一期消费 c_1 和第二期消费 c_2 分别为多少？

3. 罗伯特年轻时期的收入为 120 万美元，消费为 c_1；年老时期没有收入，消费为 c_2；其一生年轻和年老两期总的效用函数为 $U=2c_1^{0.5}+c_2^{0.5}$。如果没有通货膨胀，利率为 r。

（1）给出罗伯特一生消费计划（c_1，c_2）和年轻时储蓄率 s 关于利率的表达式。

（2）考察并解释利率变动对 c_1、c_2 和 s 产生的影响。

4. 接上题，再假设罗伯特生活两期。在第一期罗伯特劳动，获得收入，用于该期的消费和储蓄。在第二期罗伯特不劳动，用第一期储蓄在第二期的本利和来消费。假设罗伯特在第一期劳动收入为 W，消费为 c_1，储蓄为 s，在第二期消费为 c_2，利率为 r，两期的价格总为 1（没有通货膨胀）。设罗伯特每期的消费效用函数为 $U(c)=2c^{1/2}$，受到即时满足吸引力的影响，罗伯特更愿意在第一期消费，第二期消费效用的折现因子为 $b(0<b<1)$。

（1）求罗伯特在第一期和第二期的消费，以及第一期的储蓄函数。

（2）讨论利率改变对第一期消费和储蓄的影响。

5. 假定温迪正做两期决策：第一期工作，第二期休息。温迪工作的净收入是 12 000 美元，休息期的生活补贴为工作收入的 50%。用 c_1 代表第一期的消费开支，用 c_2 代表第二期的消费开支，她的跨期效用函数是 $U=c_1c_2$。

（1）假定有金融机构可以提供存贷款服务，存贷款利率是 10%，温迪两期的消费分别是多少？温迪的效用是多少？

（2）假定没有金融机构，同时缺乏其他投资渠道，那么温迪两期的消费分别是多少？她的效用比第一种情形中的高还是低？

6. 利维在第一期的收入为 1 000 美元，在第二期的收入为 1 200 美元，他跨期的效用函数为 $U(c_1, c_2)=c_1^{0.8}c_2^{0.2}$，利率 $r=25\%$。请回答以下问题：

（1）画出利维的预算线，并说明其斜率和收入禀赋点。

（2）求利维两个时期的最优消费，并标注在（1）中所画出的图上。

（3）如果政府加征 20%的利息收入税，请重新计算利维的预算线以及跨期最优消费。

★7. 消费者在两期消费，无初期财产，第二期时不留任何财产。第一期工作，收入为 WL，W 为工资，L 为劳动时间，总时间为 1；第二期不工作。消费和储蓄分别为 C_t 和 S_t，$t=1, 2$。他还可以从金融市场以利率 r 借贷，效用函数为 $U=\ln C_1+\ln(1-L)+\dfrac{\ln C_2}{1+p}$，$p$ 为常数，$0<p<1$。

（1）写出每期的预算约束，并推导出两期的预算约束。

（2）给定收入，以 C_1 为横轴、S_1 为纵轴，画出第一期的预算约束线并指出横轴和纵轴截距以及斜率。

（3）给定储蓄，以 C_1 为横轴、$1-L$ 为纵轴，画出第一期的预算约束线，并指出横轴和纵轴截距以及斜率。

（4）求出每期的最优消费与工作时间。

8. 假定投资需求函数为 $I=\lambda(K^*-K_{-1})$，K^* 为由 $K^*=0.1y/r$ 决定的意愿资本存量，其中，Y 代表产出水平，r 代表实际利率，不考虑折旧因素，并且 $r=0.05$，$\lambda=0.25$。

（1）如果第一年开始时资本存量为 100，当第一年产出水平为 200 时，意愿资本存量为多少？

（2）第二年的投资水平应该是多少？如果考虑折旧因素，投资水平有什么变化？

9. 考虑一个两时期模型，假设生产函数是 $Q=2K^{1/2}$，第一期的资本存量 $K_1=100$，名义利率为 13%，预期通货膨胀率是 3%。

（1）如果资本不折旧，第二期的最优投资是多少？

（2）如果资本每年折旧 11%，第二期的最优投资是多少？

10. 某国生产函数可表述为 $Y=AK^{\alpha}L^{1-\alpha}$，资本在 GDP 中的份额为 25%，资本—产出比为 2.5，资本折旧率为 $\delta=3\%$，实际利率为 $r=5\%$，产品与劳务的价格水平为 $P=1$，求当资本存量达到稳态水平时一单位资本的购买价格。

11. 假定在完全竞争市场中，某企业的生产函数 $Q=AK^{\alpha}L^{1-\alpha}$，产量 $Q=1\ 000$，$\alpha=0.4$，资本的租金率 $R=0.1$，企业产品价格 $P=2$。

（1）计算最优资本存量。

（2）假设 Q 预期上升到 1 200，最优资本存量是多少？

（3）接（1），假定最优资本存量在 5 年内保持不变，现有的资本存量为 6 000，企业会逐步调整资本存量使其接近最优值，设 $\lambda=0.3$。第一年的投资量是多少？第二年的资本存量是多少？

12. 在传统的 *IS*—*LM* 模型中，投资只取决于利率，然而实际上投资还可能取决于国民收入，更高的收入可能使企业有更多的投资。

（1）解释为什么投资还可能取决于国民收入。

（2）假设投资由下式决定：$i=i_0+\gamma y$。式中，γ 为 0～1 之间的常数，它衡量国民收入对投资的影响。用这种方法确定投资时，求政府购买乘数和税收乘数。

（3）假设投资既取决于收入又取决于利率，投资函数是 $i=i_0+\gamma y-dr$，式中，d 为一个大于 0 的常数，它衡量利率对投资的影响。用 *IS*—*LM* 模型考虑政府购买的增加对国民收入 y、利率 r、消费 c 和投资 i 的短期影响。这种投资函数会如何改变基本 *IS*—*LM* 模型所包含的结论？

13. 假定住房存量供给函数 $S_S=20\ 000$，需求函数 $D=2Y-P$，住房流量供给函数 $S_F=4P$，式中，P 为住房价格，Y 为收入。

（1）当 $Y=20\ 000$ 时，住房的均衡价格是多少？

（2）如果收入增加到 30 000，并且假定住房能在瞬间造好，则短期住房价格为多少？新建住房价格为多少？

★14. 考虑一个住房市场模型。房屋租客收入为 Y；实际房租为 R；对住房服务的需求 S^d 由收入和房租决定：$S^d=Y-2R$；住房服务供给 S^s 由房产存量 H 决定：$S^s=2H$。每单位房屋的实际价格为 Q。假设：房屋没有折旧；房产税税率 $t=T/Q$，T 为针对存量房按市值征收的资产税；借贷市场上的名义利率为 i。房屋价格的名义通货膨胀率 π_H 等于社会通货膨胀率 π 和房产实际资本收益率 $\pi_Q(\pi_Q=\Delta Q/Q)$ 之和。

（1）求住房服务市场的均衡条件。

（2）求房产市场的均衡条件，并且推导房产实际价格变动的动态方程。

（3）描述短期内房屋租客收入增加对住房服务需求的影响，以及对房产实际资本收益率的影响。

（4）描述如果政府开征房产税，或者央行上调名义利率，对房屋价格 Q 的影响。

15. 假定某人一定时期挣得的收入（Y）为 1 000 元，每往返一次银行提款的成本（F）为 2 元，银行利率（r）为 10%。

（1）利用货币的交易需求模型，计算该时期的最佳平均货币持有量和往返银行的次数。

（2）如果把上面的最佳平均货币持有量作为代表性的货币的交易需求（L_1），并且货币的投机需求为 $L_2=200-500r$，计算货币总需求量（M_d）。

（3）求收入为 2 000 元、货币供给（M_s）为 300 元时货币的投机需求量。

16. 假定预期明年的经济增长率为 8%，由于准备采取扩张性货币政策，市场利率将由今年的 4%降至明年的 2%。根据平方根法则，明年的货币供给应该增加多少？

17. 假设泰丝的生命周期分为 4 个时期，头 3 个时期收入依次为 30 万美元、60 万美元、90 万美元，第 4 个时期收入为 0 美元，如图 20－4 所示。同时，假设利率为 0。

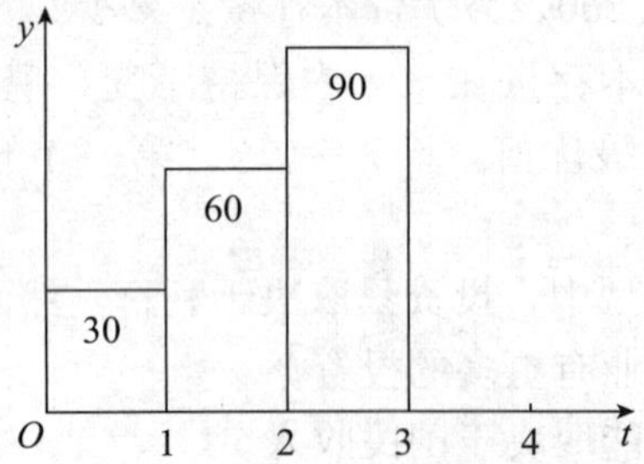

图 20－4　泰丝的 4 期收入

（1）假设泰丝想要在一生中平滑地消费，且不受到预算约束，试求其消费水平，并指出哪个时期为正储蓄，哪个时期为负储蓄，以及分别为多少。

（2）与第（1）问相反，假设泰丝想要平滑地消费，但受到借款约束（无法借款），试求其在各个时期的消费量。

（3）根据第（2）问，假设泰丝在期初接受外来财富 16 万美元，泰丝是如何使用这 16 万美元的？当外来财富为 23 万美元时，又会如何使用？

18. 假设肖恩从 25 岁开始工作，年收入为 5 万美元，60 岁退休，预期寿命为 85 岁。

（1）分别求肖恩 25 岁、35 岁、45 岁时的消费函数，以及当年的消费量。

（2）画出第（1）问中的 3 条消费曲线，你认为肖恩的消费曲线是否随着年龄的增长而上移？肖恩从 25 岁到 45 岁，每一年的消费函数是否相同？每一年的消费量是否相同？财富的边际消费倾向和收入的边际消费倾向分别是如何变化的？

（3）假设在 45 岁时，肖恩意外得到了一笔 20 万美元的遗产，求此时肖恩的消费函数和当年的消费量，并画出此时的消费曲线。

（4）假设在 45 岁时，肖恩没有获得遗产，但是升职了，年收入上涨为 8 万美元，求此时肖恩的消费函数和当年的消费量。此后如果肖恩年薪不变，随着年龄的增长，肖恩（退休前）的消费曲线将如何变化？

六、论述题

1. 什么是消费之谜？永久收入假说是如何解开消费之谜的？
2. 试用新古典投资模型分析为什么投资与利率负相关。

习题答案

一、名词解释

1. **【答案】**对于第一期消费比收入少的消费者（即第一期为储蓄者）而言，利率的上升使他两期的总收入比以前更高，消费者会希望将这一增加的福利分摊到两个时期。如果两期消费的商品都是正常品，则消费者想在两期都消费更多的商品。这种针对第一期消费者为储蓄者，利率提高导致消费者两期消费都增加的现象，被称为跨期选择的收入效应。

如果第一期消费者为借款者，则收入效应是使得消费者总收入减少，从而两期的总福利也会减少，如果消费的都是正常品，则收入效应使得消费者两期的消费都减少。

对于考虑如何分摊两期消费额的跨期选择的消费者而言，利率的上升使第二期消费的机会成本比以前更低，因此消费者会增加第二期消费，同时会减少第一期消费。这种利率提高导致用第二期消费替代第一期消费的现象，被称为跨期选择的替代效应。

由于利率上升同时会产生替代效应和收入效应，因此，对于储蓄者而言，利率上升后第二期消费是一定增加的，但第一期消费是增加还是减少是不确定的，要看哪个效应的影响更大。

替代效应与收入效应不同的是，即使第一期是借款者，替代效应也使得第二期消费更多而第一期消费更少。

2. **【答案】**由于消费者每一期的消费越均匀，消费者效用就越大，因此，当消费者在当期获得一笔收入，或者消费者预期以后会获得一笔收入时，他总是倾向于将获得的收入分摊到每一期的消费中去。例如，假设消费者的消费被分为三期，则无论是第一期获得一笔收入，还是预期第二期、第三期能获得一笔收入，他都会将这笔收入均匀分摊到三期里消费，而不是在获得收入的那一期里将收入全部消费掉。这种将收入均匀分摊到各期的消费行为，被称为消费平稳化。

3. **【答案】**棘轮效应由美国经济学家杜森贝利在《收入、储蓄的消费行为理论》中提出。杜森贝利认为，消费者易于随收入的提高增加消费，但不易随收入的降低而减少消费，以致产生有正截距的短期消费函数。这种特点被称为棘轮效应，即上去容易下来难。

现代宏观经济学的奠基人凯恩斯主张消费是可逆的，即绝对收入水平变动必然立即引起消费水平的变化。针对这一观点，杜森贝利认为这实际上是不可能的，因为消费决策不可能是一种理想的计划，它还取决于消费习惯。这种消费习惯受许多因素影响，如生理和社会需要、个人经历等，特别是个人在收入最高期所达到的消费标准对消费习惯的形成有很重要的作用。

【补充】北宋司马光在《训俭示康》中指出："由俭入奢易，由奢入俭难。"这句话可以说是对棘轮效应最好的解读。

4.**【答案】**杜森贝利认为消费者的消费行为会受到周围人们消费水准的影响，如果一个人收入增加了，周围人或与自己处于同一阶层的人收入也同比例增加了，则他的消费在收入中的比例并不会变化。而如果别人的收入和消费增加了，他的收入并没有增加，因顾及他在社会上的相对地位，他会打肿脸充胖子地提高自己的消费水平。这种受周围人消费水准影响的消费现象被称为示范效应。消费的示范效应会使短期消费函数随着社会平均收入的提高而整体向上移动。

5.**【答案】**相对收入消费理论是由杜森贝利提出的，消费者的消费并不是完全由收入决定的，它会受到消费者自己过去的消费习惯（棘轮效应）以及周围消费水准（示范效应）的影响，所以是相对决定的。其要点包括：

（1）从长期来看，消费与收入维持一个固定比率，平均消费倾向和平均储蓄倾向是稳定的。但短期消费函数则为有正截距的函数。

（2）消费者的消费水平容易随收入提高而增加，但不易随收入降低而减少，以致产生有正截距的短期消费函数，即消费者决定当期消费时，不能摆脱过去的消费习惯，使当期消费取决于当期收入及过去的消费支出水平。

（3）消费者的消费行为受周围人们消费水准的影响，因此短期消费函数随着社会平均收入的提高而整体向上移动。

6.**【答案】**罗伯特·霍尔认为，如果永久收入假说是正确的，而且如果消费者能够进行理性预期，那么，由于消费者不断地获取外界信息并且修正自己接下来的消费决定，而这些外界信息是以前所不知道的，因此，消费者在获得越来越多的信息之后，消费量也不断随之变动。这种消费随着时间的推移而发生的变动是不可预测的，这种不可预测的变动被称为消费的随机游走。

7.**【答案】**生命周期消费理论由莫迪利安尼提出。这种理论认为，人的理性消费是为了一生的效用最大化，强调人们会在更长时间范围内计划他们的生活消费开支，以达到他们在整个生命周期内消费的最佳配置。按照该理论，消费不取决于现期收入，而主要取决于一生的收入。

按照分析，长期消费函数为$C=\frac{WL}{NL}\times YL$，其中，WL表示工作年限，NL表示生活年数，YL表示每年收入水平。可以看出，长期平均消费倾向保持不变。短期消费函数为$C=\frac{1}{NL-T}\times WR+\frac{WL-T}{NL-T}\times YL$，其中，$T$表示某个时点，$WR$是财富水平。可以看出，短期平均消费倾向下降。因此，生命周期消费理论解释了消费函数之谜，即为什么短期消费函数有正截距，长期消费函数过原点。

8.**【答案】**新古典投资模型是把企业的生产和投资职能分开的一种分析模型，即假设市场中存在两种企业，生产企业通过租赁资本来生产产品和提供劳务，租赁企业则专门从事固定资产的投资，它们购买资本品，并把资本品转租给生产企业。新古典投资模型简化了对企业固定投资的分析。

9.**【答案】**可变加速模型是一种资本存量的动态调整模型。假设企业的最优资本存量为K^*，上期结束时的资本存量为K_{-1}，资本缺口的调整速度为$\lambda(0<\lambda<1)$，则现期结束时的资本存量$K=K_{-1}+\lambda(K^*-K_{-1})$，即现期内的净投资$I=\lambda(K^*-K_{-1})$，完成的资本存量缺口份额为$X(1)=\lambda$，可以推算出，第$t$期结束时完成的资本存量缺口份额$X(t)=1-(1-\lambda)^t$。

10.**【答案】**存货投资是企业存货的变动。存货是企业持有的作为储备的产品，包括原材料、在生产过程中的产品（在产品）以及产成品。一般而言，当市场繁荣时，企业往往会增加存货投资，以备急需；反之，当市场萧条时，企业往往会减少存货投资，甚至清空以前的存货，导致当期存货投资为负值。因此，存货投资的变动是经济周期波动的一个重要标志。

企业持有存货的原因是多方面的，主要包括：第一，保证生产的平稳化，当销售出现波动时，企业可以通过存货进行缓冲，而不必不断扩大生产或减少生产。第二，避免脱销。产品的生产不可能瞬间完成，为了避免产品销量意外高涨而供不应求，企业需要持有一定数量的存货。第三，提高经营效率。企业一次性大量订货存进仓库，比按销售波动频繁小额订货的成本更低。第四，暂时存放在产品。部分产品在生产中要求多道工序，当一种产品仅仅部分完成时，也会被作为企业存货的一部分。

【提示】(1) 存货投资包括计划存货投资和非计划存货投资，第13章提到的非计划存货投资不是存货投资的全部。

(2) 我们常说的总投资其实有两种界定。一种界定是总投资＝固定投资＋存货投资，其中固定投资又可以分为企业固定投资和住房投资。另一种界定是总投资＝净投资＋重置投资，在第二种界定里，一般把企业固定投资看成总投资。

11.**【答案】**在市场经济条件下，在经济繁荣时期，企业预期未来的销售将增加，从而会加快生产，导致产量超过销量，存货逐步增加，这是企业存货投资的自愿增加。而当经济开始衰退时，随着市场需求的下降，产量会超过销量，企业非自愿增加了存货。在衰退过程中，生产的大幅减少可能会使企业非自愿减少存货；当经济萧条到来时，企业发现产量大于销量，存货更多，于是自动减少生产，自愿削减存货。因此，存货投资在经济周期中的作用是自愿的存货变动和非自愿的存货变动的混合。经济周期中存货的这种变动被称为存货周期。

12.**【答案】**货币需求的交易理论强调货币的交换媒介职能，强调人们持有货币而不是其他资产是为了进行购买，即出于交易动机，因为货币是流动性最强的资产。持有货币的名义收益是零，但需要承担成本，其成本即机会成本，就是购买其他资产所可能带来的收益。因此，人们的交易性货币需求取决于他们如何在流动性偏好和持有货币的机会成本之间进行权衡，来决定持有货币的数量。

13. **【答案】**经济学家鲍莫尔和托宾提出，人们持有货币是为了交易的方便，其收益在于减少交易成本。如果人们以货币形式持有大部分财富，那么他们总有货币可以用来交易，避免购买商品时每次都要将其他形式的资产转换为货币，减少交易成本。人们在考虑持有货币的数量时，会同时考虑放弃的货币利息成本和去银行的成本的总和，并且会使成本总和最低。此时平均货币持有量$=\sqrt{\frac{YF}{2r}}$，其中Y为这段时间内的计划支出总额，F为每次去银行的成本，r为利息。

二、判断题

1～5：TTFFT　6～10：TTTTT　11～15：FTFFF　16～20：FFFTF　21：F

1. **【答案】**T。短期消费函数有下降的平均消费倾向，长期消费函数有不变的平均消费倾向。

2. **【答案】**T。如果消费者是储蓄者，利率提高的替代效应使消费者放弃部分现期消费而增加第二期消费，即增加储蓄；但收入效应使得消费者总收入提高，因而增加两期（也包括第二期）的消费，使得储蓄减少。所以，利率提高不一定使储蓄增加。

3. **【答案】**F。实际利率的上升导致预算约束线围绕点（y_1，y_2）旋转，变得更加陡峭。

4. **【答案】**F。在一个两期消费决策中，无论是第一期还是第二期的收入增加，消费者都会把它分摊到两个时期的消费上，这种行为被称为消费平稳化。

5. **【答案】**T。原因是棘轮效应。

6. **【答案】**T。生命周期假说认为，个人的消费与储蓄行为主要不是取决于现期收入，而是取决于一生的预期收入，因此一个暂时性的收入增加不会对当前消费产生很大影响。

7. **【答案】**T。完善的社会保障系统会增加消费者退休后的收入，使得消费者减少储蓄，提高了平均消费倾向。

8. **【答案】**T。生命周期假说认为消费函数可表示为$C=$一生总收入÷生命年数，因此，在其他条件相同的情况下，寿命越长，消费数量就越少，两者成反比。

9. **【答案】**T。永久收入假说认为消费与永久收入相联系，经济的短期繁荣和衰退只会影响人们的暂时收入，对长期收入的影响不大。

10. **【答案】**T。人们不能确信短期收入的增加或减少是否会持续下去，因此不会完全按此调整消费。

11. **【答案】**F。永久收入假说与理性预期理论结合意味着消费的变动遵循随机游走方式。

12. **【答案】**T。莉萨会根据这一信息预期自己一生收入会增加，并因此增加当前的消费。

13. **【答案】**F。由$R/P=MP_K=\alpha A(L/K)^{1-\alpha}$可知，劳动量越多，资本的实际租赁价格越高。

14. **【答案】** F。国民收入的变化也会对投资产生影响。如在固定投资模型中，较高的就业、较高的收入会增加住房需求，企业较高的产出会增加企业的存货量，这些都会刺激投资。

15. **【答案】** F。既然其他资产的收益更高，那么资金自然被用来购买其他资产而非住房，因此住房需求减少，需求曲线左移。

16. **【答案】** F。$(M/P)^d=L(r,Y)$，收入水平越高，则实际货币余额需求越大，名义利率 r 越高，则实际货币余额需求越小。但持有货币不仅得不到任何收益，还承担通货膨胀的损失，所以名义收益率是 0，实际收益率=0－通货膨胀率，是负数。

17. **【答案】** F。货币并不是财富，只是财富的计量工具，财富是劳动创造的，而不是银行体系创造的。

18. **【答案】** F。毒贩往往拥有大量的现金货币，通货膨胀降低了货币的实际价值。

19. **【答案】** T。根据货币需求函数有 $\frac{\mathrm{d}P}{P}=\frac{\mathrm{d}M}{M}+\frac{\mathrm{d}V}{V}-\frac{\mathrm{d}Y}{Y}$，货币数量论中的通货膨胀率唯一地取决于货币供给是在以下假设下成立的：一是货币流通速度 V 不变；二是产出 Y 的变动取决于生产要素的增加和技术进步，从而可以看成是既定的。这样才有货币供给的增长决定了通货膨胀率。而一般来说，“通货膨胀率由货币供给增长率、货币流通速度变化率和产出增长率决定”并没有错误，货币数量论的结论只能说是一个特例，或者说是一种简化分析。

20. **【答案】** F。平均货币持有量或货币需求$=\sqrt{YF/(2r)}$。

21. **【答案】** F。预期股票收益的提高会吸引人们将货币转换为股票，从而减少货币需求。

三、选择题

1～5：DBACD	6～10：ADDAA	11～15：CCACD	16～20：ABBAA
21～25：BAACB	26～30：CCDCA	31～35：CBADA	36～40：BCBAC
41～45：DCABB	46～50：ACCCB	51～55：ADDCA	56～60：ABBDA
61～65：CDDAC	66～69：DBDA		

1. **【答案】** D。实际利率提升导致第二期消费的价格下降，对现期消费的替代效应为负，收入效应为正。

2. **【答案】** B。借钱过日子的人，谁愿意看到利率提高？

> **【提示】** 有不少看起来很复杂的题目，如果套用生活常识，常常可以轻松“秒杀”（这些题目在微观经济学中的消费者选择里更常见）。但本书是给读者提供理论经济学培训的，编者更倾向于用经济学理论进行逻辑分析，因此此类解析较少使用，有兴趣的读者可自行尝试。

3. **【答案】** A。均衡条件为边际替代率等于预算线斜率的绝对值，这一点在微观经济学的消费者均衡和生产者均衡章节里有详细解释。

4. **【答案】** C。$PV=100/(1+10\%)=90.91$（元）。

5.【答案】D。会影响两期的总收入或者实际利率的，都会影响消费者的跨期选择，其中选项 C 是通过影响实际利率间接影响跨期选择。

6.【答案】A。现在给你 1 万元和 10 年后给你 1 万元自然是不一样的，前者大于后者。

7.【答案】D。第二期消费可能的最大值是 y_1 全部储蓄到第二期才消费，并且在第二期把 y_2 全部消费掉，即 $y_1(1+r)+y_2=20\ 000\times(1+0.5)+15\ 000=45\ 000$。

8.【答案】D。在 D 点时，约翰第一期的消费额大于收入额，因此需要借款。

9.【答案】A。在 A 点，第一期消费为零，消费者的收入全部集中在第二期消费掉。

10.【答案】A。在最优选择点上，边际替代率等于预算约束线斜率的绝对值。

11.【答案】C。由于消费者不确定增加的收入是不是持续的，因此不会立即将其全部消费掉。

12.【答案】C。两期中任何一期收入增加，都会引起总收入增加，消费者会依据总收入的增减调节消费量。

13.【答案】A。如果没有借款约束，两期中任何一期收入增加，都会引起总收入增加，进而导致两期消费都增加；但如果有借款约束，第二期收入增加时，消费者想增加第一期消费但增加不了。

14.【答案】C。在欧文·费雪的消费模型里，消费者会考虑未来收入，并且会把未来收入纳入消费计划。

15.【答案】D。当前收入、未来收入都会影响消费者的当前消费，但未来收入折现成当前收入需要按实际利率（=名义利率－通货膨胀率）贴现。

16.【答案】A。对储蓄者而言，利率上升必然导致利息收入增加（进而两期总收入增加），其收入效应是第一期消费增加，第二期消费增加；其替代效应是第一期消费减少，第二期消费增加。所以，第一期消费不一定增加，第二期消费一定增加。既然第一期消费的变化不定，那么反过来看第一期储蓄的变化也是不定的，可能增加也可能减少。

17.【答案】B。收入效应使得第一期消费增加，替代效应使得第一期消费减少，由于最终是第一期消费减少，所以收入效应小于替代效应。

18.【答案】B。由于第一期要借款，因此利率上升使得借款成本更高，收入效应使得第一期消费减少，替代效应也使得第一期消费减少，所以，第一期消费一定减少。

19.【答案】A。大学生收入来源少，且未来收入难以确定，缺乏抵押品，贷款较难。

20.【答案】A。当借款有约束力时，第一期收入与第一期消费相等，因此第二期收入也与第二期消费相等。

21.【答案】B。面临借款约束意味着该消费者不会储蓄，但也无法借款，因此，其第二期消费与第二期收入相等，因此，针对第一期收入征收一次性税收，不影响第二期消费。

22.【答案】A。在凯恩斯消费函数中，现期消费决定于现期收入，与未来收入无关，在费雪的跨期模型中，如果消费者面临借款约束，情况也是如此。

23.【答案】A。未来减免税收使得第二期收入增加，但借款约束使得消费者无法提前挪用第二期消费，因此不影响其消费；暂时税收减免使得第一期收入增加，消费者在无须贷款的情况下可以增加第一期消费。

24.【答案】C。约翰显然是储蓄者，利率上升后，无论是替代效应还是收入效应，都会使得第二期消费增加，而 C 点所表示的第二期消费是减少了的。

25.【答案】B。凯恩斯的绝对收入理论说明居民消费和当前收入有关，不考虑未来收入，而贷款消费模式需要考虑未来收入的还贷能力。

26.【答案】C。莫迪利安尼提出了生命周期消费理论，杜森贝利提出了相对收入消费理论，弗里德曼提出了永久收入消费理论。

27.【答案】C。示范效应指的是消费者的消费行为受周围人们消费水准的影响。棘轮效应指的是消费者的消费水平容易随收入提高而增加，但不易随收入降低而减少，即受到过去的收入和消费的影响。

28.【答案】D。由于退休前剔除消费后的财富是逐渐增加的，所以这个比率是下降的；退休后这个财富是逐渐减少的，所以这个比率是上升的。

29.【答案】C。生命周期假说强调人们一生总的收入遵循一个有规律而非随机的模式，认为人们会站在长期的角度来做出消费和储蓄决策，并把一生中所有的资源平均分配到各个时期，以实现比较平滑的消费水平，达到整个生命周期内消费的最佳配置或是效用最大。

30.【答案】A。完善的社会保障系统会增加退休后的收入，相当于增加了平均年收入，因此现期消费会增加，但现期实际收入并未增加，因此边际消费倾向增大了。

31.【答案】C。生命周期假说强调对退休的储蓄，永久收入假说强调对未来收入的预测。

32.【答案】B。财富和收入都是可以消费的，生命周期假说假设人们会将其平均分配到生命的每一时段消费掉。

33.【答案】A。财富的边际消费倾向 $a=1/$剩余寿命时间，因此，剩下的寿命越短，a 越高。

34.【答案】D。收入的边际消费倾向 $c=$工作年数/生活年数$=40/60=0.67$。

35.【答案】A。在长期，随着财富的增加，消费函数向上移动，这种向上移动阻止了平均消费倾向随着收入的增加而下降，导致了不变的平均消费倾向。

36.【答案】B。在短期，财富保持不变，则平均消费倾向递减；在长期，收入和财富同比例增长，则平均消费倾向不变。

37.【答案】C。退休前，每年会积累储蓄，财富逐年递增，退休后，每年负储蓄，财富逐年递减，因此退休时拥有的财富值最高。

38.【答案】B。弗里德曼和莫迪利安尼提出的消费理论更侧重于对有生之年内的收入做均匀分配，而凯恩斯消费理论更侧重于目前的收入，因此，后者所认为的暂时性的税收减免对消费的影响比前者大。

39.【答案】A。平均消费倾向 $APC=\alpha(Y^P/Y)$，当 $Y>Y^P$ 时，$APC<\alpha$；当 $Y<Y^P$ 时，$APC>\alpha$。

40.【答案】C。生命周期消费理论认为消费取决于财富和收入，所以选项 A 不正确。两种理论都认为消费者会力图实现消费的平稳化。

41.【答案】D。前 5 年的总收入（一个等差数列）为 $Y=5\times 20\ 000+\frac{(0+4)\times 5}{2}\times$

1 000=110 000(元),则平均每年的收入为 22 000 元,从而当前消费为 22 000×90%=19 800(元)。

42.【答案】C。凯恩斯消费理论认为居民消费取决于当期收入,因此认为消费会随着经济的繁荣与衰退而变化。生命周期消费理论强调储蓄的动机,对于新增的财富会分摊到一生去消费,对于原计划应获得但意外未获得的收入也会分摊到一生去承受,因此经济的繁荣与衰退对消费者的影响不大。永久收入消费理论强调消费者对永久收入的预测,消费者会通过观察若干年的收入数值并通过计算得到一生中的平均年收入数量,因此这一消费理论认为经济的繁荣与衰退对消费者的消费不会产生影响。相对收入消费理论认为消费很难随着经济的衰退而减少,但并不认为消费不会随着经济的繁荣而增加。

43.【答案】A。由于消费者的消费主要受永久收入的影响,一次性的收入对当年的消费影响不大,即不会明显增加当年的消费,但会明显增加当年的储蓄。

44.【答案】B。如果工资增长是永久性的,则永久收入就得到了增加,因此消费者会立即增加每一年的消费量。

【提示】如果 2017 年下半年他的工资又下降了 40%,他的月均消费就会立即降低;如果 2018 年年初他的工资又继续上涨了 30%,他的月均消费又会上涨……杰克无法预知工资的实际变化,只能是知道了之后就立即调整,这就是随机游走了。

45.【答案】B。$Y_P=0.6\times 50\ 000+0.4\times 40\ 000=46\ 000$(美元),当年消费 $C=cY_P=0.9\times 46\ 000=41\ 400$(美元)。

46.【答案】A。由于 $\theta<1$,当前收入的边际消费倾向 $=c\theta<$ 长期边际消费倾向 c。

47.【答案】C。永久性减税政策使得永久收入增加,暂时性减税政策并不能使得永久收入增加,因此永久性减税使得纳税者在第一年的消费更多。

48.【答案】C。因收入的变化不可完全预测,消费者的消费也会出现不可预测的变化。

49.【答案】C。只有未预期到的收入变化才能引起消费的变化。

50.【答案】B。如果预期收入会增加,就会增加当前消费,减少当前储蓄,所以当珍妮得知有 100%的把握增加可分配到的资产时(属于未来收入增加),就会增加当前消费,也就是现期储蓄率会下降。但如果只有 50%的把握增加可分配到的资产,并不能改变对未来收入的预期,因此不能影响当前消费。

51.【答案】A。凯恩斯消费理论认为现期消费取决于现期收入,所以暂时性的收入增加大部分被用于现期消费;生命周期假说则认为暂时性的收入增加会被分摊到一生中消费;永久收入假说认为这种暂时性的收入增加不影响现期消费;随机游走假说也认为暂时性的收入增加不会大幅度影响现期消费。

52.【答案】D。大量有价值的自然资源的发现会增加资源禀赋,从而增加财富,财富增加就会引起消费增加;社会总消费是人均消费乘以总人口,因此总人口的变动也会影响社会总消费函数;固定资产价值改变对消费的影响和发现自然资源类似;若经济将处于非预期状态,人们并不知道未来会有何种变化,此时消费一般不会有大的改变。

53.【答案】D。一般物价水平上升使得住房相对价格 P_H/P 降低,不会增加住房投资。

54.【答案】C。通货膨胀率上升，则租赁资本的成本下降，会提高企业的投资激励。

55.【答案】A。租赁企业的投资处于均衡水平时资本收益等于资本成本。资本收益来源于它将资本出租给生产企业得到的收入，即等于租赁价格 R/P，而资本成本 $=P_K(i-\pi^e+\delta)$，即均衡时 $R/P=P_K(i-\pi^e+\delta)$。可见，预期通货膨胀率 π^e 上升时会导致租赁价格降低。

56.【答案】A。选项 A 属于存货投资。

57.【答案】B。令投资的边际产出等于利率，即 $\mathrm{d}Q/\mathrm{d}K=K^{-1/2}=10\%$，解得 $K=100$，所以还需要投资 $100-81=19$。

58.【答案】B。技术进步导致资本的边际生产力提高，资本需求也增加，D 曲线右移，但资本存量未变，所以均衡价格上涨到 R_2/P。

59.【答案】D。经济萧条使得需求减少（D 曲线左移），但住房资本存量不会减少，因此价格下降到 P_{H4}/P，此时对应的投资流量则为 I_{H1}。

60.【答案】A。大地震既会损坏居民正在住的住房，也会损坏存量住房，前者使得市场需求增加（需求曲线右移），后者使得住房资本存量减少（供给曲线左移），所以，交易市场短时间内的均衡价格上升到 P_{H1}/P，对应的投资流量为 I_{H4}。

61.【答案】C。技术进步导致 MP_K 提高，住房需求提高会提升住房价格，投资税收抵免政策可以降低投资成本，以上都会提升对资本的需求。利率提升会降低资本需求量，但这是沿着需求曲线的移动，而不是需求曲线本身的移动。

62.【答案】D。假设银行利率是 5%（因为没考虑通货膨胀，这显然是名义利率），把 100 元存入银行，明年的今天就有 105 元，而如果不存入银行，到明年的今天还是有 100 元，显然损失了 5 元。

63.【答案】D。利率与货币需求是反方向变化的，货币需求的利率弹性是 1/2，即利率上升 10%将使实际货币余额需求减少 5%。

64.【答案】A。货币乘数不仅与存款准备金率有关，而且与现金—存款比率有关，央行可通过控制存款准备金率控制高能货币的供给，但不能控制现金—存款比率，所以不能准确预测货币乘数的大小。

65.【答案】C。现金—存款比率 $r_c=0.2$，银行准备金率 $r_r=0.1$，货币乘数 $m=\dfrac{r_c+1}{r_c+r_r}=4$。如果在外汇市场以美元兑人民币 1∶5 的汇率买入 20 亿美元，即增加基础货币 $20\times5=100$ 亿元人民币，则货币供给增加 $4\times100=400$ 亿元人民币。如果从公开市场购买 125 亿元国债，则货币供给增加 500 亿元，相反则减少 500 亿元。

66.【答案】D。根据货币数量论方程 $MV=PY$，两边取对数后微分，得 $\dfrac{\mathrm{d}M}{M}+\dfrac{\mathrm{d}V}{V}=\dfrac{\mathrm{d}P}{P}+\dfrac{\mathrm{d}Y}{Y}$，将有关数据代入可以得到：货币流通速度提高了 $\dfrac{\mathrm{d}V}{V}=4\%+3\%-6\%=1\%$。

67.【答案】B。每次去银行的机会成本是半小时的工资收入，即 $F=0.5\times80=40$（元），所以平均货币持有量 $M=\sqrt{\dfrac{YF}{2r}}=\sqrt{\dfrac{20\ 000\times40}{2\times0.1}}=2\ 000$（元）。

68.【答案】D。流动性偏好理论认为货币需求 $L=ky-hr$，与利率有关。费雪交易方程认为货币的交易需求满足 $M=PY/V$，和利率无关。货币需求的平方根法则认为人们的通货需求 $M=\sqrt{\frac{YF}{2r}}$，与利率有关。

69.【答案】A。货币需求的资产理论认为货币需求取决于货币和其他资产如股票 s、债券 b、实际财富 W 等的风险与收益，强调的是货币作为价值储藏手段的作用而非排他性。

四、简答题

1.【答案】如图 20－5 所示，假设消费者第一期和第二期的收入分别为 y_1、y_2，如图中的 A 点所示，利率上升之前的两期消费分别为 c_1'、c_2'，由于该消费者在第一期进行借贷，所以有 $c_1'>y_1$，$c_2'<y_2$。利率上升后，预算线绕 A 点旋转，变得更陡峭。

由于消费者是借款者，利率上升使得消费者的两期总收入更少，又因为两期消费的都是正常品，因此收入效应使得两期消费量都减少。

而替代效应使得第二期消费比第一期消费更划算，所以消费者会使用更多的第二期消费替代第一期消费，即替代效应使得第一期消费减少，第二期消费增加。

两种效应的综合效果是，第一期消费必然减少，但第二期消费是增加还是减少是不确定的。如果收入效应更大，则第二期消费也减少；如果替代效应更大，则第二期消费增加；如果两个效应相等，则第二期消费不变。

如图 20－5 所示，不妨假设替代效应更大，因此利率上升后第二期消费增加了，第一期消费减少了。利率上升前，均衡点为 E 点（c_1'，c_2'），利率上升后均衡点为 E'点（c_1''，c_2''）。

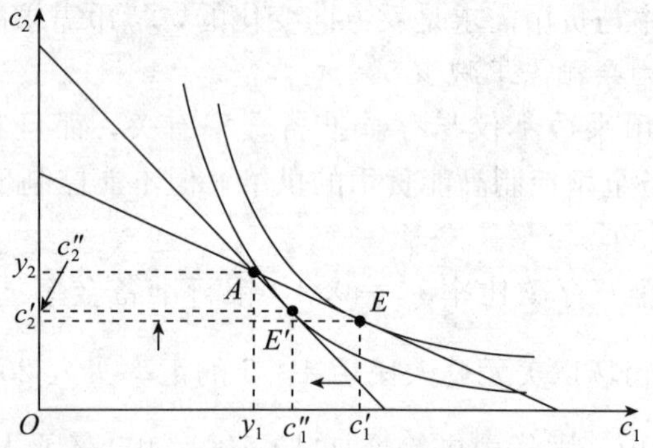

图 20－5　利率上升对借款者的影响

2.【答案】(1) 第一期消费小于第一期收入的消费者是一名储蓄者，且他面临的利率为 r_s，他的预算约束为：$c_1+c_2/(1+r_s)<y_1+y_2(1+r_s)$。

(2) 第一期消费大于第一期收入的消费者是一名借款者，其面临的利率为 r_b，他的预算约束为：$c_1+c_2/(1+r_b)<y_1+y_2(1+r_b)$。

(3) 图 20－6 (a) 显示了两条预算约束线：点（y_1，y_2）左侧是储蓄利率对应的预算约束线，点（y_1，y_2）右侧是借贷利率对应的预算约束线。由于借贷利率 r_b>储蓄利率 r_s，所以借贷对应的预算约束线斜率的绝对值更大。

阴影区域表示加里可以选择的第一期和第二期的消费组合。如果消费束对应的点在 y_1 右侧，则表示加里在第一期借款消费；反之，如果消费束对应的点在 y_1 左侧，则表示加里在第一期储蓄了。如果消费束不在预算约束线上，则表示加里并没有把两期收入都消费完。

（4）图 20-6（b）显示了加里有储蓄的情况，无差异曲线与预算约束线相切于点（y_1，y_2）的左侧。图 20-6（c）显示了加里有借贷的情况，无差异曲线与预算约束线相切于点（y_1，y_2）的右侧。图 20-6（d）显示了加里既无储蓄也无借贷的情况，该消费者所能达到的最高的无差异曲线通过点（y_1，y_2）。

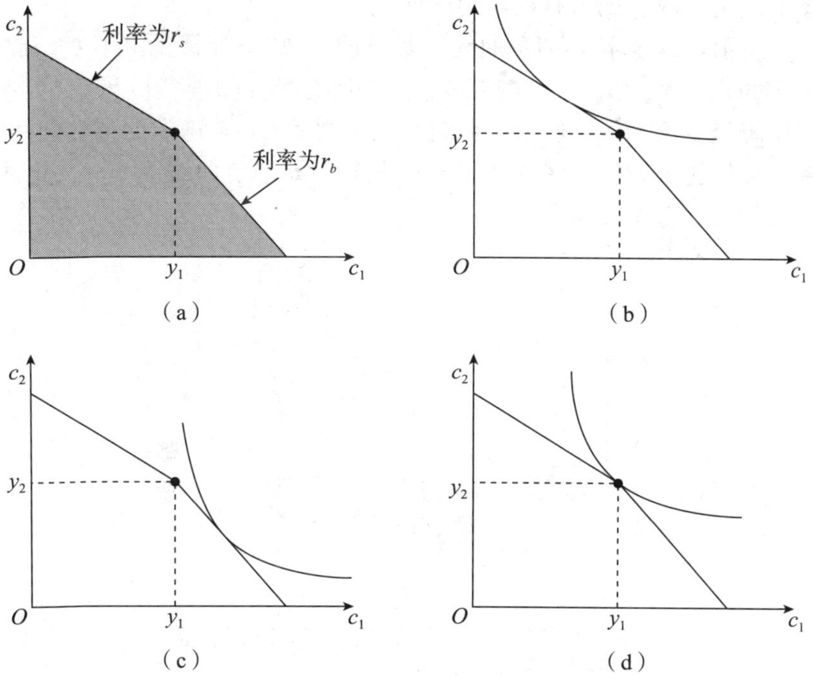

图 20-6　加里的跨期选择

（5）如果加里是储蓄者，那么第一期消费 $0 \leqslant c_1 < y_1$；如果加里是借款者，那么第一期消费 $y_1 < c_1 \leqslant y_1 + y_2(1+r_b)$；如果加里既不是储蓄者也不是借款者，那么第一期消费 $c_1 = y_1$。

3. **【答案】**绝对收入假说认为消费支出和收入之间有稳定的函数关系，消费函数可假设为 $c=\alpha+\beta y$，其中 $\alpha>0$，$0<\beta<1$，c 和 y 分别为当期消费和收入，β 为边际消费倾向。但凯恩斯提出，边际消费倾向 β 随着收入 y 的增加而递减。平均消费倾向 c/y 也随着收入的增加而有递减趋势。相对收入假说认为：①人们的消费会相互影响，有攀比倾向，即“示范效应”，人们的消费不仅取决于其绝对收入水平，还受其他人消费的影响。②消费有习惯性，某期消费不仅受当期收入影响，而且受过去所达到的最高收入和最高消费影响，消费具有不可逆性，即所谓“棘轮效应”。

按照绝对收入假说，城镇化使 B 转变为城镇居民，为了适应城镇生活的要求，B 的自发消费必然提高，这就导致整个社会自发消费提高。这样，在收入增加的过程中，消费倾向几乎不变，即消费大致按收入增加的比例增加。

按照相对收入假说，城镇化使居民的相对收入发生变化，从而引起消费倾向的变化。A 的相对收入下降，其消费倾向降低；B 的相对收入提高，其消费倾向提高。如果这种变化相互抵消，则全社会的消费倾向不变；如果不能抵消，则全社会的消费倾向会变化。

4. **【答案】**（1）相对收入消费理论。

这是由美国经济学家杜森贝利提出的，他认为消费并不取决于现期的绝对收入水平，而是会受自己过去的消费习惯以及周围消费水准的影响，从而消费是相对地被决定的。在长期，消费和收入会维持一个固定的比例，因此长期消费函数可表示为 $C=\beta y$，消费曲线是一条从原点出发的直线；但在短期，人们增加消费容易，但减少消费难，哪怕收入下降了，因此，短期消费函数表现为有正截距的曲线。

如图 20－7 所示，C_L 为长期消费曲线，其 $APC=C/y$ 保持稳定不变。假设经济在 y_1 时衰退，消费者的收入下滑到 y_3，按照 C_L，此时消费者的消费应该下滑到 C_{L3}，但是，因为消费者很难降低生活水平，所以，此时只会下滑到 C_{S3}，即短期消费曲线不是 C_L，而是 C_{S1}。同理，如果在 y_2 时消费者收入下滑，此时短期消费曲线为 C_{S2}。此种消费能上却难下的现象，被称为“棘轮效应”。

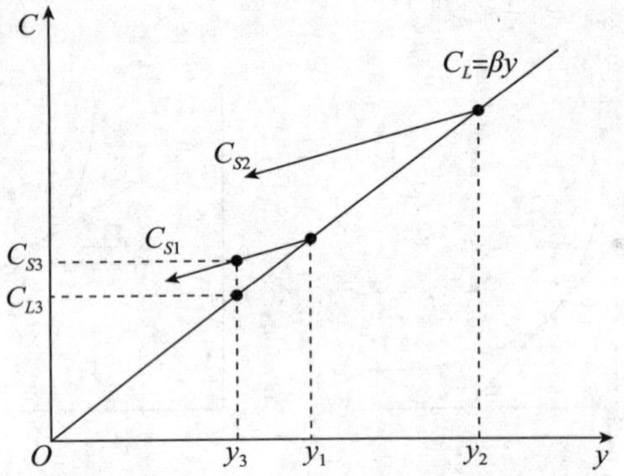

图 20－7　相对收入消费理论的长期和短期消费曲线

同时，相对收入消费理论还认为，消费者的行为要受到周围人们消费水准的影响，这就是所谓“示范效应”。如果消费者的收入和周围人的收入等比例增加，则消费者的消费占收入的比重不会发生什么变化，但是，如果消费者周围人的收入增加的比例更大，则消费者可能会强制提高自己的消费绝对量，此时会导致 C/y 提高。

（2）生命周期消费理论。

这是由 1985 年诺贝尔经济学奖得主美国经济学家弗兰科·莫迪利安尼提出的。他认为消费不取决于现期收入，而是取决于一生的收入和财产收入，其消费函数公式为 $C=aWR+cYL$。式中，WR 为实际财富，a 为财富的边际消费倾向，YL 为工作收入，c 为工作收入的边际消费倾向。按照生命周期消费理论，年轻人和老年人的消费占收入的比例较高，中年人较低。

（3）永久收入消费理论。

这是由 1976 年诺贝尔经济学奖得主米尔顿·弗里德曼提出来的。他认为居民消费不取决于现期收入的绝对水平，也不取决于现期收入和以前最高收入的关系，而是取决于居民的永久收入。人们会利用他现在的收入和历史收入来预测其可能得到的永久收入，预测时，距离现在的时间越近，权数越大。假定永久收入为$Y_P=\theta Y+(1-\theta)Y_{-1}$，其中，$Y_P$为永久收入，$\theta$为权数，$Y$和$Y_{-1}$分别为当前的收入和过去的收入。

消费者的消费支出取决于永久收入，即$C=cY_P=c\theta Y+c(1-\theta)Y_{-1}$，可见，当前收入的边际消费倾向为$c\theta$，低于长期边际消费倾向$c$。短期边际消费倾向低于长期边际消费倾向的原因是，收入上升时，人们不能确信收入增加会一直持续下去，因而不会马上调高其消费，当然，收入下降时，人们也不能确信收入下降会一直持续下去，因而也不会马上调低其消费。只有当人们最终确信了较高或较低的永久收入时，他们才会相应调整其消费。

5.【答案】(1) 凯恩斯提出了绝对收入消费理论，认为存在一条基本心理规律——边际消费倾向递减规律：随着收入的增加，消费也会增加，但是消费的增加不及收入的增加多。消费和收入的这种关系被称为消费函数，$c=\alpha+\beta y$，其中α表示自发消费，β表示现期收入中用于消费的比例，y为现期收入，当现期收入增加时，用于消费的部分也随之增长。所以，根据凯恩斯的消费理论，一个暂时性的扩张性财政政策（减税或增加政府支出）会增加人们的现期收入，并因此影响现期消费。

(2) 莫迪利安尼的生命周期消费理论强调人们会在更长时间范围内计划他们的生活消费开支，以达到他们在整个生命周期内消费的最佳配置。根据生命周期消费理论，在一个暂时性的扩张性财政政策（减税或增加政府支出）增加人们的现期收入后，人们会将这笔收入分摊到一生中消费，因此，现期消费增加量并不大。

(3) 弗里德曼的永久收入消费理论认为，消费者的消费支出主要不是由他的现期收入决定，而是由他的永久收入决定。所谓永久收入是指消费者可以预计到的长期收入。根据永久收入消费理论，一个暂时性的扩张性财政政策（减税或增加政府支出）会增加人们的现期收入，但这笔收入不是永久收入，因此人们并不会用它来增加现期消费，财政政策是无效的。

相对而言，关于财政政策对消费的影响，凯恩斯的绝对收入消费理论认为的影响大于生命周期消费理论，永久收入消费理论认为的影响是最小的。

6.【答案】投资函数是：$I=I_n[MP_K-(P_K/P)(r+\delta)]+\Delta k$，资本的租赁价格等于资本的边际产品，资本成本$=(P_K/P)(r+\delta)$。

(1) 扩张性货币政策提高了实际利率，资本的租赁价格不变，资本成本增加，投资量减少。因为实际利率上升，由资本成本$=(P_K/P)(r+\delta)$可知，资本成本增加，企业会减少投资，但是由于资本的边际产品没有改变，所以资本的租赁价格不会迅速改变。

(2) 若一次自然灾害摧毁了部分固定资产，资本存量减少，则资本的租赁价格上升，资本成本不变，投资增加。因为资本存量减少，使得资本的边际产品上升，所以资本的租赁价格上升。决定资本成本的各因素没有改变，所以资本成本不变。同时，因为资本的边际产品相对于资本的成本上升，使投资更加有利可图，所以企业投资增加。

(3) 大量国外劳动力的涌入增加了本国的劳动力供给，使资本的租赁价格上升，资本成本不变，投资量增加。因为劳动投入增加，使得资本的边际产品上升，所以资本的租赁价格上升。决定资本成本的各因素没有改变，所以资本成本不变。同时，因为资本的边际产品相对于资本的成本上升，使投资更加有利可图，所以企业投资增加。

7.【答案】资本的边际生产力是指增加单位资本所生产出来的产品数量，衡量的是资本的边际产出能力，资本的边际生产力越高，说明资本效率越高。假设生产函数为 $Y=F(K, L)$，其中 K 为资本，则资本的边际生产力 $MP_K=F(K+1, L)-F(K, L)$。

经济学中的投资是指资本的形成，即社会实际资本存量的增加，包括厂房、设备和存货的增加，新住宅的建造等，其中主要是厂房、设备的增加。

投资需求取决于资本的边际生产力。按照新古典经济学理论，厂商投资的目标是利润最大化，资本是能够带来利润的生产要素，因此厂商对资本资产有着强烈的需求。但是厂商对投资的需求是有条件的，也就是边际收益（等于边际生产力 $MP_K\times P$）必须不低于边际成本（资本的租金 R），即 $MP_K\times P\geqslant R$，或者写成 $MP_K\geqslant R/P$，即资本的边际生产力必须不低于资本的实际租金。而在 $MP_K=R/P$ 处，资本所带来的利润达到了最大化。换言之，当资本的边际生产力 MP_K 大于资本成本 R/P 时，企业倾向于增加资本存量即增加投资；反之，当资本的边际生产力 MP_K 小于资本成本 R/P 时，企业倾向于减少资本存量即减少投资；只有当资本的边际生产力 MP_K 等于资本成本 R/P 时，企业的投资需求才会处于静止状态。可以用如下投资函数形式来表示这种关系：

$$I=I_n[MP_K-(R_K/P)(r+\delta)]+\delta K$$

式中，$I_n[MP_K-(R_K/P)(r+\delta)]$ 为净投资，$(R_K/P)(r+\delta)$ 为资本的实际成本（R_K 为单位资本价格，P 为单位产品价格，r 为实际利率，δ 为折旧率），δK 为重置投资。

投资需求的增加会导致资本的边际生产力递减。资本也和其他生产要素一样遵循着边际生产力递减原则，即当其他投入要素不变时，连续增加资本投入要素所带来的收益是递减的。

8.【答案】简单地说，造成投资波动剧烈的原因主要有以下三个：

（1）加速原理。这一理论假设，投资只和产量变动有关，即在一个时期内资本存量调整到意愿资本存量水平（并假设意愿的资本—产出比 a 为常数）与资本的租用成本无关，而只和产量变化成比例，则有 $I_t=K_t-K_{t-1}=K_t^*-K_{t-1}^*=aY_t-aY_{t-1}=a(Y_t-Y_{t-1})$。这一式子表明，当期投资 I_t 取决于产出变动（Y_t-Y_{t-1}）和资本—产出比 a，a 被称为加速数。由于 $a>1$，所以，投资变动大于产出变动。

（2）厂商预期的不确定性。这是由凯恩斯提出的。他用动物精神（animal spirits）来说明投资者的乐观和悲观情绪。厂商的预期受其情绪影响而易变动，预期无实际的根据，故投资者做出决策所依据的基础是不可靠的，这样，投资也极易变动。

（3）投资时间的灵活性。投资是在长期中进行的，投资的具体时间是易于变动的。比如企业要进行投资时，经济正处于衰退中，企业无法肯定衰退会在何时结束，从而就会把投资延期，等到经济开始复苏时再投资，从而导致在经济复苏时可能会出现投资过多的现象。这样，投资时间的灵活性就加剧了投资波动。这表明投资与国民收入的变动是紧密相关的。

9.【答案】居住投资模型认为，一方面，现有住房存量市场决定住房的相对价格，另一方面，住房的相对价格决定新住房投资的流量。近年来随着城镇化的推进，从农村进入城市落户的人口逐年增加，因此对住房的需求增加了，表现为需求曲线不断右移，如图 20-8（a）所示，从 D_0 右移到 D_1。在既有住房存量暂时固定的情况下，需求的增加导致住房价格的上涨，而住房价格的上涨又会带来大量投机性的住房购买需求，一起助长了住房价格，均衡价格从 P_{H0}/P 上涨到 P_{H1}/P。

住房价格上涨则会引致住房投资利润增加，于是投资流量增加，如图 20－8（b）所示，投资从 I_{H0} 增加到 I_{H1}，这就是我国近年来住房建设如火如荼的原因。

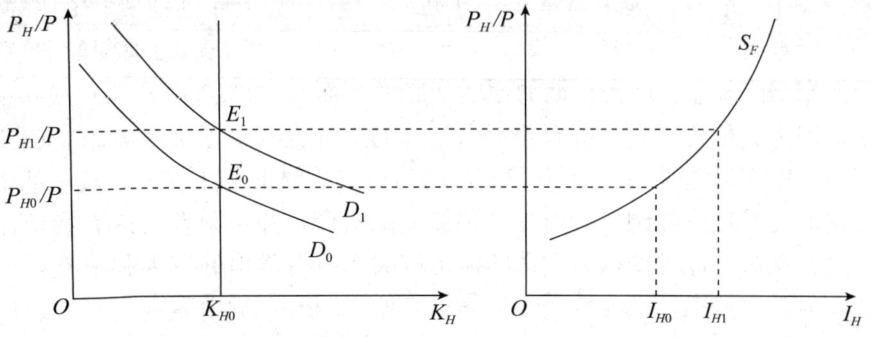

（a）住房资本存量　　（b）新住房投资流量

图 20－8　住房市场

10.【答案】新住房投资的流量是由住房相对价格决定的，而住房相对价格 P_H/P 是由现有住房存量供给和住房需求决定的。在短期住房资本存量 K_H 是固定的，因此住房相对价格主要取决于住房需求。

而影响住房需求的一个重要因素就是实际利率。因为购房资金的机会成本就是实际利率，因此，在其他条件不变的情况下，实际利率越高，住房投资的成本就越高，住房投资就会越少；反之，实际利率越低，则住房投资就会越多。

11.【答案】存货是指企业持有的作为储备的产品，包括原料与供给品、加工中的产品和成品。企业持有存货的原因包括：

（1）使生产水平在时间上保持稳定。当销售低落时，企业的生产多于销售，把额外的产品作为存货；当销售高涨时，企业的生产少于销售，把存货中的产品拿出来作为补充。这样可使各个时期的生产平稳，避免产出的大起大落造成成本的增加。

（2）存货可以使企业更有效率地运转。例如，如果零售商店向顾客展示手头的产品，它们可以更有效地销售。制造业企业持有零部件存货可以减少当机器发生故障时装配线停止运行的时间。这样，企业持有一部分存货会促进产出增加。

（3）持有存货可在销售意外上涨时避免产品脱销。企业做生产决策前通常会预测顾客的需求水平，但是这种预测并不一定准确。如果需求大于生产而没有存货，该产品将会在一个时期内脱销，企业将损失销售收入和利润。企业持有存货就可避免脱销给企业带来的不利影响。

（4）一部分存货是生产过程中的半成品。产品未完成时，在进入最后一道工序前作为半成品成为企业存货的一部分。

12.【答案】货币需求的资产组合理论与交易理论之间的区别如下：

（1）两种理论所强调的货币的职能不同。

货币需求的资产组合理论强调货币作为价值储藏手段的作用；货币需求的交易理论强调货币作为媒介的作用。

（2）两种理论认为货币需求的决定因素不同。

资产组合理论关键的观点是货币提供了不同于其他资产的风险与收益的组合，特别是货币提供了一种安全的（名义的）收益，而股票与债券的价格会上升或下降。该理论认为货币需求取决于货币和家庭可以持有的各种非货币资产所提供的风险与收益。此外，货币需求还应该取决于总财富，因为财富衡量了可以配置于货币和其他资产的资产组合的规模。货币需求函数写为：$(M/P)^d=L(r_s, r_b, \pi^e, W)$，其中 r_s 为预期的股票实际收益，r_b 为预期的债券实际收益，π^e 为预期的通货膨胀率，而 W 为实际财富。r_s 或 r_b 的提高减少了货币需求，因为其他资产变得更有吸引力。π^e 的上升也减少了货币需求，因为货币变得更缺乏吸引力。W 的增加提高了货币需求，因为更多的财富意味着更大数量的资产组合。

货币需求的交易理论强调，货币是一种被支配资产，并强调人们持有货币而不是其他资产是为了进行购买。该理论认为货币的需求取决于持有货币的成本和收益，持有货币的成本是只能获得低收益率，而收益是使交易更方便。因此，货币需求与利率成反比，与收入成正比。

两种理论的联系为：①货币需求的资产组合理论与交易理论都考虑了货币及其他不同的生息资产，都涉及资产组合；②这两种理论都运用了资产的流动性假设；③这两种理论都形成了对凯恩斯货币需求理论的补充，完善了货币需求理论。

13. **【答案】**鲍莫尔-托宾模型分析了持有货币的成本与收益。持有货币的收益是方便性：人们持有货币是为了避免在想买东西时每次都要到银行取款。这种方便的成本是放弃他们把货币存入支付利息的储蓄账户所得到的利息。

去银行的频率取决于去银行的总成本，即放弃的利息和去银行的成本之和，表示如下：

$$\text{总成本}=\text{放弃的利息}+\text{去银行的成本}=rY/(2N)+FN$$

去银行的次数 N 越大，放弃的利息就越少，而去银行的成本则越大。但一定存在最优次数，$N^*=[rY/(2F)]^{1/2}$，能够使得总成本最小。

平均货币持有量是 $Y/(2N)=[YF/(2r)]^{1/2}$，该式表示，去银行的固定成本 F 越多，或者支出 Y 越多，抑或利率 r 越低，个人持有的货币就越多。

14. **【答案】**(1) 凯恩斯消费理论之谜是指凯恩斯之后的很多经济学家认为凯恩斯消费理论与实证研究不相符，两者之间的矛盾便是所谓的“消费之谜”。主要是两个证据导致了“消费之谜”：①长期停滞预言的失败；②库兹涅茨的发现（库兹涅茨研究了1869—1933年每30年左右的长期消费资料，发现长期平均消费倾向是基本稳定的，而不是下降的；在长期，平均消费倾向和边际消费倾向是基本相等的）。

(2) 莫迪利安尼提出了生命周期假说来解释消费行为，从而解释了凯恩斯消费理论之谜。生命周期假说的主要内容是：人们在年少的时候，收入很低，所以经常举债（动用储蓄），因为他们知道在以后的生活中他们将挣得更多的钱。在从事工作以后，收入在中年时达到高峰，他们将偿付过去所欠的负债，并为退休后的岁月进行储蓄。一旦退休，工作收入就降为零，人们就要消费他们积累的财富。

生命周期假说的消费函数形式为：$C=\alpha WR+\beta YL$，其中 α、β 分别为既有财富和收入的边际消费倾向。由生命周期消费函数可知，平均消费倾向 $APC=\alpha(W/Y)+\beta$。从个人或短期数据来看，高收入会导致低的平均消费倾向 APC；但是在一个较长的时间跨度内，财富 W 与收入 Y 同比例变动，平均消费倾向 APC 也是常数。

如图20-9所示，在任一既定的财富水平，生命周期假说的消费函数似乎都与凯恩斯的消费函数相同，但是在长期，随着财富的增加，消费函数向上移动，这阻止了 APC 随着收入的增加而下降。

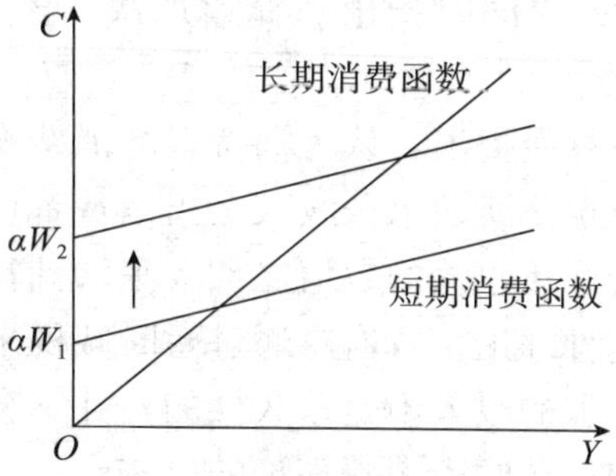

图20-9 财富变动使得消费曲线上移

15. **【答案】**产出与需求是相关联的，消费又是需求中的重要组成部分，由此，西方的经济学家们提出了不同的消费理论。主要有：

（1）绝对收入假说。该假说认为消费是当期收入水平的函数，$c=\alpha+\beta y$，随着当期收入水平的上升，边际消费倾向 β 是递减的。绝对收入假说是凯恩斯理论的重要组成部分。

（2）相对收入假说。该假说由杜森贝利提出，认为人们的消费会相互影响、相互攀比，从而形成"示范效应"，人们的消费不是取决于其绝对的收入水平，而是取决于和别人相比的相对收入水平。消费具有惯性，当期的消费不取决于当期的收入，而是取决于过去所达到的最高收入和最高消费，具有不可逆性，这就是"棘轮效应"。

（3）生命周期假说。该假说由莫迪利安尼提出，认为人们会将既有财富和工作收入均匀分配到一生中，确保每一年都能有平稳的消费。人的一生可以分为两个阶段，第一阶段参加工作挣取收入，第二阶段纯消费而没有收入，靠第一阶段的积蓄维持消费。这样，个人的可支配收入和财富的边际消费倾向就取决于该消费者的年龄。它表明在人生的某一年龄段，当收入相对于一生平均收入高时储蓄也高，当收入相对于一生平均收入低时储蓄也低。同时，该理论还指出总储蓄取决于经济增长率和人口的年龄分布等变量。

（4）永久收入假说。该假说由弗里德曼提出，认为消费行为与人们的永久收入密切相关，而与当期收入很少有关联。因此，永久收入改变对消费的影响较大，当期收入改变对消费的影响较小。

（5）随机游走假说。理性预期学派认为消费者是理性的，如果永久收入假说成立，则消费者不断地获取信息并且据以调整此后的消费数量，因此实际上的消费数量变动是不可预测的，即是随机游走的。

（6）即时满足的吸引力假说。这一假说的研究者里最著名的是经济学家戴维·莱布森（David Laibson）。这一假说认为，消费者并不是完美的决策者，消费者对即时满足的偏好大于对未来满足的偏好，例如，今天享受一笔消费与明天享受两笔消费的选择相比，消费者可能更愿意选择前者。同时，由于对即时满足的偏好程度更强，消费者的选择可能会出现时间不一致性，即消费者可能随着时间的推移而改变其决策。

16. **【答案】**（1）生命周期消费理论与永久收入消费理论的内容。

生命周期消费理论由莫迪利安尼提出，认为人们会将既有财富和工作收入均匀分配到一生中，确保每一年都能有平稳的消费。人的一生可分为两个阶段，第一阶段参加工作，第二阶段纯消费而无收入，用第一阶段的储蓄来弥补第二阶段的消费。这样，个人可支配收入和财富的边际消费倾向取决于该消费者的年龄。它表明当收入相对于一生平均收入高（低）时，储蓄是高（低）的；它同时指出总储蓄取决于经济增长率及人口的年龄分布变量。

永久收入消费理论由弗里德曼提出，认为消费者的消费支出主要不是由他的现期收入决定，而是由他的永久收入决定。所谓永久收入是指消费者可以预计到的长期收入。永久收入大致可以根据观察到的若干年收入的数值之加权平均计得，距现在的时间越近，权数越大；反之，则越小。根据这种理论，政府想通过暂时减税来影响总需求的政策是不能奏效的，因为人们由于减税而增加的收入不是永久性的，并不会立即被用来增加消费。

（2）生命周期消费理论与永久收入消费理论的比较。

就区别而言，生命周期消费理论偏重对储蓄动机的分析，从而提出以财富作为消费函数的变量的重要理由；而永久收入消费理论则偏重于个人如何预测自己未来收入的问题。

就联系而言，不管二者强调的重点有何差别，它们都体现了一个基本思想：单个消费者是前向预期决策者，因而在以下几点上是相同的：第一，消费不是只同现期收入有关，消费者一般以一生或永久的收入作为其决策的依据；第二，一次性的收入变化引起的消费变化很小，即其边际消费倾向很低，甚至接近 0，但永久收入变动的边际消费倾向很大，甚至接近 1；第三，当政府想用税收政策影响消费时，如果减税或增税只是临时性的，则消费并不会受到很大的影响，只有永久性税收变动才会使政策有明显效果。

五、 计算题

1.**【答案】**（1）对于乙而言，有 $c_1(1+r)+c_2=y_1(1+r)+y_2$，即：

$$0\times(1+r)+2\,100=1\,000(1+r)+1\,000$$

解得：$r=10\%$。

（2）由于甲既没有借款也没有储蓄，所以，利率上升对甲而言没有收入效应。

但是利率上升使他现期消费的成本高于未来消费的成本，即未来消费的“价格”低于现期消费的“价格”，因此，甲会“购买”更多的未来消费，减少“购买”现期消费，即利率上升导致甲现期消费减少，未来消费增加，这是利率上升的替代效应。如图 20－10 所示，利率上升后，甲的消费均衡点从 A 点移到了 B 点，由于利率上升使得甲的两期总收入增加，所以甲的消费状况变好了。

（3）由于乙是借款者，利率上升使得乙的实际总收入减少了，因此，收入效应使得乙同时减少第一期和第二期的消费。利率上升的替代效应使得乙减少第一期的消费，增加第二期的消费。因此，乙的第一期消费一定减少，第二期消费的变化不确定，可能更多，也可能更少，还可能不变。

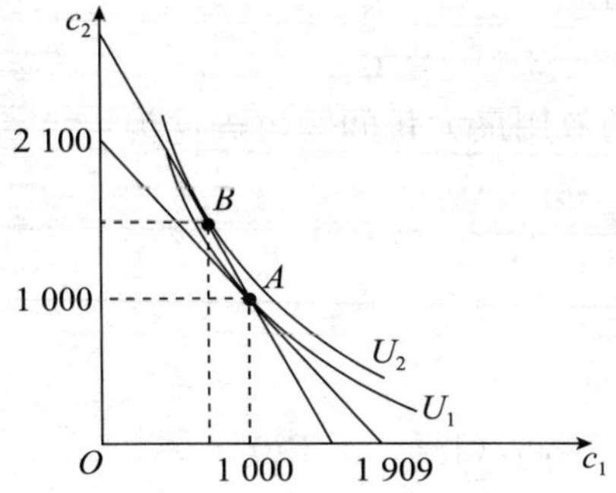

图 20－10　甲的跨期消费

如图 20－11 所示，这里假设第二期消费也减少了，在利率没有上升时，乙的预算约束线与无差异曲线相切于 A 点，他第一期和第二期的消费都是 1 000 元。利率上升后，消费者均衡点变动到 B 点，两期消费都低于 1 000 元。在新的利率下，乙的消费状况变差了，其无差异曲线从 U_1 下移至 U_2。

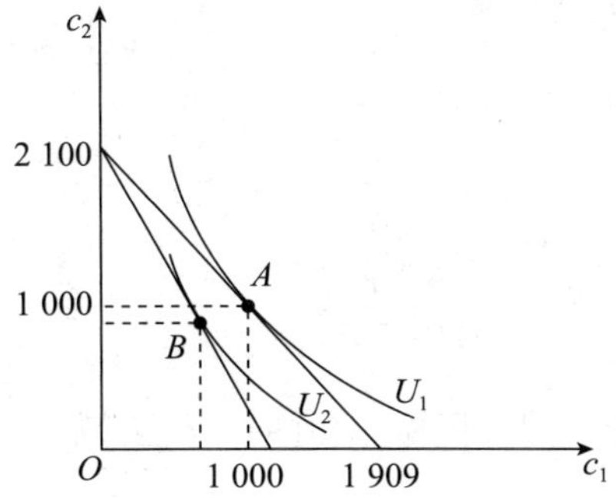

图 20－11　乙的跨期消费

2. **【答案】**(1) $c_1+c_2/(1+100\%)=1\ 000\ 000+0/(1+100\%)$

由于珍妮偏好两期消费相同，因此有：

$$c_1=c_2$$

联立以上两个方程得 $c_1=c_2=666\ 666.67$（美元）。

(2) $c_1+c_2/(1+100\%)=0+1\ 000\ 000/(1+100\%)$

由于珍妮偏好两期消费相同，因此有：

$$c_1=c_2$$

联立以上两个方程得 $c_1=c_2=333\ 333.33$（美元）。

可见，如果珍妮在第一期的借款上限≥333 333.33 美元，则她两期的消费均为 333 333.33 美元。

如果珍妮在第一期的借款上限<333 333.33 美元，则她第一期的消费就为借款上限，设借款上限为 B 美元（$0\leqslant B<333\ 333.33$），则第一期消费为 B 美元，并且有：

$$B+c_2/(1+100\%)=0+1\ 000\ 000/(1+100\%)$$

解得：$c_2=1\ 000\ 000-2B$。

即第二期消费（1 000 000－2B）美元。

3.【答案】(1) 罗伯特的效用最大化问题可表述为：

$$\text{Max } U=2c_1^{0.5}+c_2^{0.5}$$
$$\text{s.t. } c_1+c_2/(1+r)=120$$

构建拉格朗日函数：

$$L=2c_1^{0.5}+c_2^{0.5}+\lambda[c_1+c_2/(1+r)-120]$$

效用最大化的一阶条件为：

$$\frac{\partial L}{\partial c_1}=c_1^{-0.5}+\lambda=0$$
$$\frac{\partial L}{\partial c_2}=\frac{1}{2}c_2^{-0.5}+\frac{\lambda}{1+r}=0$$
$$\frac{\partial L}{\partial \lambda}=c_1+c_2/(1+r)-120=0$$

解得：$c_1=\dfrac{480}{5+r}$，$c_2=\dfrac{120(1+r)^2}{5+r}$。

年轻时储蓄率 $s=\dfrac{y_1-c_1}{y_1}=\dfrac{120-\dfrac{480}{5+r}}{120}=\dfrac{1+r}{5+r}$。

(2) 因为 $c_1=\dfrac{480}{5+r}$，显然，当利率 r 上升时，c_1 会减少。

由于 $s=\dfrac{1+r}{5+r}=1-\dfrac{4}{5+r}$，所以可以看出，当利率 r 上升时，s 会提高。

因为 $c_2=\dfrac{120(1+r)^2}{5+r}$，有 $\dfrac{\mathrm{d}c_2}{\mathrm{d}r}=120\ \dfrac{(1+r)(9+r)}{(5+r)^2}$，因为 $r>0$，所以 $\dfrac{\mathrm{d}c_2}{\mathrm{d}r}>0$，所以当利率 r 上升时，c_2 会增加。

【提示】(1) 在第 (2) 问里，通过 s 和 c_1 反方向变动以及当利率 r 上升时 c_1 会减少这两个已知条件，也可以得出当利率 r 上升时 s 会提高的结论；通过分析收入效应和替代效应都使得第二期消费增加也可以得出当利率 r 上升时 c_2 会增加的结论。(2) 编者之所以没使用这个简便的方法，是因为从题干观察，命题人看起来是希望考生通过数理计算获得结论（本题是某学校考研真题），而且编者希望读者通过计算来自己“验证”这种经济规律，以便更深入地理解。

4.【答案】(1) 罗伯特的总效用 $U=U_1+bU_2=2c_1^{1/2}+2bc_2^{1/2}$。

罗伯特效用最大化问题可以表述为：

$$\text{Max } U=c_1^{1/2}+bc_2^{1/2}$$
$$\text{s.t. } c_1+c_2/(1+r)=W$$

构建拉格朗日函数：

$$L=2c_1^{1/2}+2bc_2^{1/2}+\lambda[c_1+c_2/(1+r)-W]$$

效用最大化的一阶条件为：

$$\frac{\partial L}{\partial c_1}=c_1^{-1/2}+\lambda=0$$

$$\frac{\partial L}{\partial c_2}=bc_2^{-1/2}+\frac{\lambda}{1+r}=0$$

$$\frac{\partial L}{\partial \lambda}=c_1+c_2/(1+r)-W=0$$

解得：$c_1=\dfrac{W}{1+b^2(1+r)}$，$c_2=\dfrac{b^2(1+r)^2W}{1+b^2(1+r)}$。

储蓄 $s=W-c_1=W-\dfrac{W}{1+b^2(1+r)}=\left[1-\dfrac{1}{1+b^2(1+r)}\right]W$。

(2) $\dfrac{\mathrm{d}c_1}{\mathrm{d}r}=-\dfrac{Wb^2}{[1+b^2(1+r)]^2}<0$

即利率提高使得第一期消费减少，储蓄则增加。

【提示】注意本题的 s 不是储蓄率，而是储蓄，即储蓄量。

5.【答案】(1) 温迪两期消费决策的数学问题为：

$$\text{Max } U=c_1c_2$$

$$\text{s. t. } c_1+\frac{c_2}{1+0.1}=12\ 000+\frac{6\ 000}{1+0.1}$$

构造拉格朗日函数：

$$L=c_1c_2+\lambda\left(c_1+\frac{c_2}{1+0.1}-12\ 000-\frac{6\ 000}{1+0.1}\right)$$

最大化问题的一阶条件为：

$$\frac{\partial L}{\partial c_1}=c_2+\lambda=0$$

$$\frac{\partial L}{\partial c_2}=c_1+\frac{\lambda}{1+0.1}=0$$

$$\frac{\partial L}{\partial \lambda}=c_1+\frac{c_2}{1+0.1}-12\ 000-\frac{6\ 000}{1+0.1}=0$$

解得 $c_1=9\ 600/1.1$（美元），$c_2=9\ 600$（美元）。

温迪的效用 $U=c_1c_2=9\ 600^2/1.1$。

(2) 由于温迪是储蓄者，所以，如果没有金融服务和其他投资渠道，温迪只能用 0 利率储蓄，即温迪两期消费决策的数学问题为：

$$\text{Max } U=c_1c_2$$

$$\text{s. t. } c_1+c_2=12\ 000+6\ 000$$

解得：$c_1=c_2=9\ 000$。

此时温迪的效用 $U=c_1c_2=9\ 000^2$。

由于 $9\ 000^2<9\ 600^2/1.1$，所以在没有金融机构服务的情形下，温迪的效用降低了。

6. **【答案】**（1）由题意知道，$y_1=1\ 000$，$y_2=1\ 200$，$r=25\%$。

利维第二期的最大消费量$=y_1(1+r)+y_2=1\ 000\times(1+25\%)+1\ 200=2\ 450$，第一期的最大消费量$=y_1+y_2/(1+r)=1\ 000+1\ 200/(1+25\%)=1\ 960$。

因此，利维的预算线如图 20－12 所示，其斜率$=-(1+r)=-1.25$，收入禀赋点为 W 点（1 000，1 200）。

（2）利维第一期的边际效用 $MU_1=\dfrac{dU}{dc_1}=0.8\,c_1^{-0.2}c_2^{0.2}$，第二期的边际效用 $MU_2=\dfrac{dU}{dc_2}=0.2\,c_1^{0.8}c_2^{-0.8}$，代入消费者均衡条件$\dfrac{MU_1}{MU_2}=1+r$，可解得 $4c_2=1.25c_1$。

把相关参数代入利维的预算线 $c_1+\dfrac{c_2}{1+r}=y_1+\dfrac{y_2}{1+r}$，可得 $1.25c_1+c_2=2\ 450$。

联立求解均衡条件和预算约束方程可得 $c_1=1\ 568$，$c_2=490$，利维的最优消费点为 A 点（1 568，490），如图 20－12 所示。

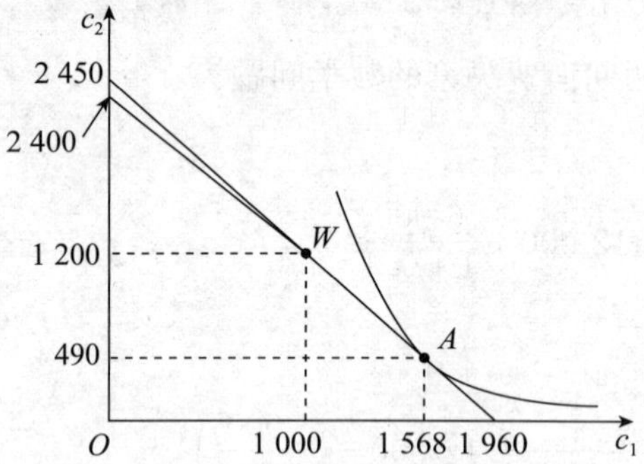

图 20－12　利维的跨期消费均衡

（3）如果政府加征 20%的利息收入税，此时相当于利率 $r'=r\times(1-20\%)=25\%\times80\%=20\%$。

利维第二期的最大消费量$=y_1(1+r')+y_2=1\ 000\times(1+20\%)+1\ 200=2\ 400$。

利维如果借款，不需要支付利息收入税（这笔税由银行支付），所以，第一期的最大消费量不变，仍然为 1 960。

所以新预算线为拐折线，收入禀赋点 W 点左上方的预算线的斜率为$-(1+r')=-(1+20\%)=-1.2$，收入禀赋点 W 点右下方的预算线的斜率为$-(1+r)=-(1+25\%)=-1.25$，收入禀赋点依然是 W 点（1 000，1 200）。

由于新预算线左上部分在原消费区域里面，显然利维不会在新预算线左上部分消费，而如果在右下部分消费，则跨期最优消费依然在原均衡点 A 点（1 568，490），即 $c_1=1\ 568$，$c_2=490$。

【提示】(1) 对于初学者，在临场考试时针对第 (2) 问的解答，建议用拉格朗日辅助函数法（数学方法）更安全，如果用 $MU_1/MU_2=1+r$ 的方法，有时候一不小心写成 $MU_2/MU_1=1+r$，结果就错了。事实上，在大部分情况下，经济学题目用数学方法求解往往比用经济学方法求解更安全，或者说更不容易出错。(2) 加征 20%的利息收入税容易被误解为第二期最大消费量$=c_2+c_1(1+r)(1-t)=1\,200+1\,000\times(1+25\%)\times(1-20\%)=2\,200$，利息收入税的应税基数显然只是利息收入，本金是不用缴税的。

7.【答案】(1) 第一期的预算约束为 $C_1+S_1=WL$，第二期的预算约束为 $C_2=S_1(1+r)$，由第一期预算约束得 $S_1=WL-C_1$，代入第二期预算约束并整理即可得到两期预算约束为 $C_1+C_2/(1+r)=WL$。

(2) 给定收入，以 C_1 为横轴、S_1 为纵轴，第一期的预算约束线如图 20－13 (a) 所示，横轴和纵轴截距均为 WL，斜率为-1。

(3) 给定储蓄，则由 $C_1+S_1=WL$ 变换得 $C_1+W(1-L)=W-S_1$，因此以 C_1 为横轴、$1-L$ 为纵轴的第一期预算约束线如图 20－13 (b) 所示，横轴截距为 $(W-S_1)$，纵轴截距为 $(W-S_1)/W$，斜率为$-1/W$。

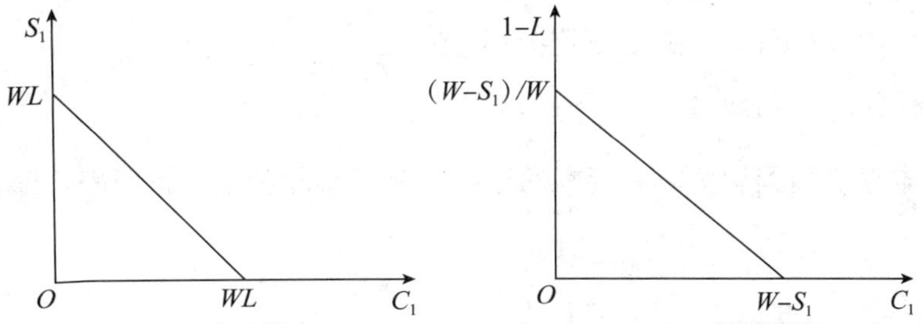

(a) 收入既定　　(b) 储蓄既定

图 20－13　第一期的预算约束

(4) 求每期的最优消费，就是求在预算约束下两期消费的效用最大值，即：

$$\text{Max}\, U=\ln C_1+\ln(1-L)+\frac{\ln C_2}{1+p}$$

$$\text{s. t. } C_1+C_2/(1+r)=WL$$

构造拉格朗日函数：

$$X=\ln C_1+\ln(1-L)+\frac{\ln C_2}{1+p}+\lambda[C_1+C_2/(1+r)-WL]$$

最优化的一阶条件为：

$$\frac{\partial X}{\partial C_1}=\frac{1}{C_1}+\lambda=0$$

$$\frac{\partial X}{\partial C_2}=\frac{1}{C_2(1+p)}+\frac{\lambda}{1+r}=0$$

$$\frac{\partial X}{\partial \lambda}=C_1+C_2/(1+r)-WL=0$$

$$\frac{\partial X}{\partial L}=-\frac{1}{1-L}-\lambda W=0$$

解得：

$$C_1=\frac{1+p}{3+2p}W,\ C_2=\frac{1+r}{3+2p}W,\ L=\frac{2+p}{3+2p}$$

8. **【答案】**（1）第一年意愿资本存量 $K^*=0.1y/r=0.1\times200/0.05=400$。

（2）根据投资需求函数可知，由实际资本向意愿资本水平的调整是逐步进行的，直接利用公式得 $I=\lambda(K^*-K_{-1})=0.25\times(400-100)=75$。

若考虑折旧量，投资水平应更高，因为折旧是资本的损耗，新增资本必须扣除折旧之后才是净投资。

9. **【答案】**（1）当资本存量达到均衡时有资本的边际产品＝实际利率，即：

$$MP_{K2}=\frac{\mathrm{d}Q}{\mathrm{d}K_2}=K_2^{-1/2}=13\%-3\%=10\%$$

解得：$K_2=100$。

于是当折旧率 $d=0$ 时，第二期的最优投资为：

$$I=K_2-(1-d)K_1=100-100=0$$

（2）当资本存量达到均衡时有资本的边际产品＝实际利率＋折旧率，即：

$$K_2^{-1/2}=13\%-3\%+11\%=21\%$$

解得：$K_2=22.676$。

于是当折旧率 $d=11\%$时，第二期的最优投资为：

$$I=K_2-(1-d)K_1=22.676-100\times0.89=-66.32$$

10. **【答案】**在柯布-道格拉斯生产函数 $Y=AK^{\alpha}L^{1-\alpha}$ 中，α 表示资本收入占总收入的份额，所以 $\alpha=0.25$。

$$MP_K=\alpha AK^{\alpha-1}L^{1-\alpha}=\alpha AK^{\alpha}L^{1-\alpha}/K=\alpha Y/K$$

因为资本—产出比 $K/Y=2.5$，所以 $MP_K=0.25\times(1/2.5)=0.1$。

当资本存量达到稳态水平时，$MP_K=(P_K/P)(r+\delta)$，所以有：

$$\begin{aligned}P_K&=(MP_K\times P)/(r+\delta)\\&=(0.1\times1)/(0.05+0.03)\\&=1.25\end{aligned}$$

11. **【答案】**（1）最优资本存量的决定满足资本的边际收益等于资本的边际成本这一条件，即：

$$P\times MP_K=R$$

$$MP_K=\frac{\partial Q}{\partial K}=A\alpha K^{\alpha-1}L^{1-\alpha}=\alpha\frac{Q}{K}$$

所以有：

$$P\times MP_K=R\Rightarrow P\times\alpha\frac{Q}{K}=R\Rightarrow K=\frac{\alpha PQ}{R}$$

将相关参数代入上式得，最优资本存量 $K^*=\frac{\alpha PQ}{R}=\frac{0.4\times2\times1\ 000}{0.1}=8\ 000$。

(2) 如果 Q 预期上升到 1 200，则新的最优资本存量 $K^*=\frac{\alpha PQ}{R}=\frac{0.4\times2\times1\ 200}{0.1}=9\ 600$。

(3) 第一年的投资量为：

$$I=\lambda(K^*-K_{-1})=0.3\times(8\ 000-6\ 000)=600$$

第二年的资本存量为：

$$K=I+K^{-1}=600+6\ 000=6\ 600$$

12. **【答案】**(1) 根据加速原理，投资与产出的变动成正比：当产出增加时，企业想持有更多的存货量；当产出减少时，企业想持有的存货减少，因此它们让自己的存货减少，存货投资是负的，所以投资还可能取决于国民收入。

(2) 由 $y=c+i+g=\alpha+\beta(y-T)+i_0+\gamma y+g$ 解得：

$$y=\frac{\alpha+i_0-\beta T+g}{1-\beta-\gamma}$$

$$\text{政府购买乘数}=\frac{\partial y}{\partial g}=\frac{1}{1-\beta-\gamma}$$

$$\text{税收乘数}=\frac{\partial y}{\partial T}=\frac{-\beta}{1-\beta-\gamma}$$

(3) 由 $y=c+i+g=\alpha+\beta(y-T)+i_0+\gamma y-dr+g$ 解得 IS 曲线：

$$r=\frac{\alpha-\beta T+i_0+g}{d}-\frac{1-\beta-\gamma}{d}y$$

与以前的 IS 曲线相比有两点变化：

①IS 曲线斜率的绝对值由 $\frac{1-\beta}{d}$ 变为 $\frac{1-\beta-\gamma}{d}$。如果 $\beta+\gamma<1$，则现在的 IS 曲线比以前的 IS 曲线更平坦；如果 $\beta+\gamma=1$，则现在的 IS 曲线是水平的；如果 $\beta+\gamma>1$，则现在的 IS 曲线跟 LM 曲线一样向右上方倾斜。

②与基本 IS—LM 模型相比，在这个 IS—LM 模型里，政府购买增加使国民收入增加，因此消费增加，利率上升，国民收入增加使投资增加，利率上升使投资减少，因此政府购买增加对私人投资的影响是不确定的。

13. **【答案】**(1) 住房的总供给等于住房原有存量加上新增住房数量，即住房总供给函数为：$S=S_S+S_F=20\ 000+4P$。

当收入 $Y=20\ 000$ 时，住房市场均衡有 $S=D$，即：

$$20\ 000+4P=2Y-P=40\ 000-P$$

解得住房的均衡价格为：$P^*=4\ 000$。

(2) 当收入增加到 30 000 时，住房需求函数变为：$D=60\ 000-P$。

由于住房能在瞬间造好，这意味着市场能够瞬间实现住房市场供求的均衡而不影响价格，也就是说，短期住房价格不变，仍然为 $P=4\ 000$。

在 $P=4\ 000$ 的情况下，住房的需求量为：

$$D=60\ 000-P=60\ 000-4\ 000=56\ 000$$

在短期，住房的存量为当初收入为 20 000 时的总供给量：$S=20\ 000+4\times 4\ 000=36\ 000$。这意味着住房市场存在供给缺口：$56\ 000-36\ 000=20\ 000$。

新增住房供给 $S_F=4P=20\ 000$，求解得新建住房价格 $P=5\ 000$。

14. **【答案】**(1) 住房服务市场均衡时 $S^d=S^s$，即：

$$Y-2R=2H$$

(2) 房产市场的均衡条件为：拥有住房的收益与借贷市场的名义利率相等，即 $R/Q+\pi_H=i$，而 $\pi_H=\pi+\pi_Q=\pi+\Delta Q/Q$，所以房产市场的均衡条件为：

$$R/Q+\Delta Q/Q+\pi=i$$

从而房产实际价格变动的动态方程为：

$$\Delta Q=(i-\pi)Q-R$$

(3) 收入增加，租房需求曲线 $S^d=Y-2R$ 向右移动，由于短期内住房存量不变，即 $S^s=2H$ 不变，如图 20-14 所示，房租 R 上升，从而房产实际资本收益率 $\pi_Q=\Delta Q/Q=i-\pi-R/Q$ 下降。

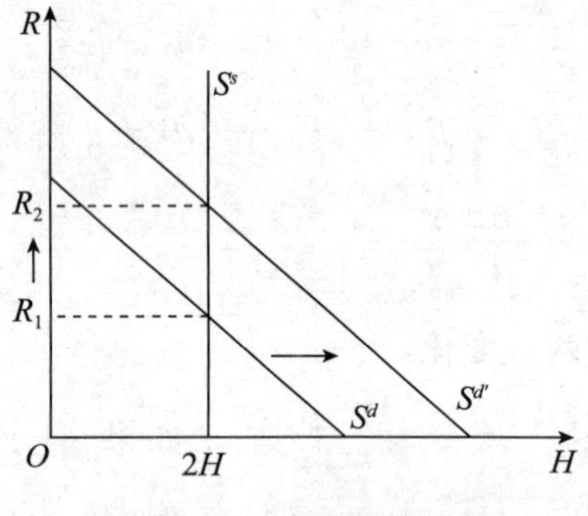

图 20-14 住房服务市场

(4) ①如果政府开征房产税，由于房产税不涉及房屋租客的实际收入，所以对房租市场的均衡价格没有影响。但房产市场的均衡条件为：$R/Q+\Delta Q/Q+\pi-T/Q=i$，从而房产实际价格变动的动态方程为：$\Delta Q=(i-\pi)Q-R+T$，显然，ΔQ 更大，即房产价格会上升。

②由 $\Delta Q=(i-\pi)Q-R+T$ 可知，央行上调名义利率 i，房产价格会上升。

15. **【答案】**(1) 平均货币持有量 $M=\sqrt{YF/(2r)}$，代入有关参数可得 $M=\sqrt{\dfrac{2\times 1\ 000}{2\times 10\%}}=100$（元），往返银行的次数 $N=Y/(2M)=1\ 000/200=5$（次）。

(2) 货币的投机需求为 $L_2=200-500r=200-500\times10\%=150$（元）。

根据货币需求的定义，可以得到 $M_d=L_1+L_2=100+150=250$（元）。

(3) 当收入为 2 000 元时，交易性货币需求 $L_1=M=\sqrt{YF/(2r)}=\sqrt{\frac{2\times2\,000}{2\times10\%}}=100\sqrt{2}$（元）。投机性货币需求 $L_2=M_s-L_1=300-100\sqrt{2}$（元）。

16. **【答案】** 根据平方根法则 $M=\sqrt{YF/(2r)}$，人们对货币的交易需求与收入的平方根成正比，与利率的平方根成反比。因此货币需求的收入弹性 $e_M=\frac{\mathrm{d}M}{\mathrm{d}Y}\cdot\frac{Y}{M}=\frac{1}{2}$，当 GDP 增长 8%时，货币需求增加 4%；货币需求的利率弹性 $e_r=\frac{\mathrm{d}M}{\mathrm{d}r}\cdot\frac{r}{M}=-\frac{1}{2}$，当利率降低 2%时，货币需求增加 1%；所以明年的货币供给应增加 8%÷2+2%÷2=5%。

【提示】 回忆需求函数为 $Q=AP^{-N}$ 时，需求的价格弹性 $e_d=N$（注意求需求的价格弹性时，我们在弹性公式前加了个负号，但本题我们没有加负号）。如果记得这一知识，本题的计算就会省时很多。

17. **【答案】**(1) 由于泰丝想要在其一生中平滑地消费，则其一生的收入应等于各个时期的均衡消费支出之和。其收入为 30＋60＋90＝180（万美元），消费则涉及 4 个时期，由于不受预算约束，则每期消费为 180/4＝45（万美元），将其与各期收入相对照可得：

第 1 期：收入－消费＝30－45＝－15（万美元），即负储蓄 15 万美元。

第 2 期：收入－消费＝60－45＝15（万美元），即正储蓄 15 万美元。

第 3 期：收入－消费＝90－45＝45（万美元），即正储蓄 45 万美元。

第 4 期：收入－消费＝0－45＝－45（万美元），即负储蓄 45 万美元。

(2) 泰丝的平滑消费水平为每期 45 万美元，比第 1 期收入要大，但是，由于借款约束，泰丝第 1 期只能消费其全部收入 30 万美元。

从第 2 期开始，平滑消费水平为每期＝(60＋90)/3＝50（万美元），小于第 2、第 3 期的收入，故借款约束已经不影响泰丝的消费了，第 2、第 3、第 4 期的消费为每期 50 万美元。

(3) 如果期初接受外来财富 16 万美元，泰丝理想的每期消费水平＝(16＋30＋60＋90＋0)/4＝49（万美元）。

第 1 期总收入＝16＋30＝46（万美元），不足 49 万美元。

在借款约束下，泰丝在第 1 期只能消费 46 万美元，即将 16 万美元全部在第 1 期消费掉。

在第 2、第 3、第 4 期，由第（2）问的解答可知，泰丝的消费均为 50 万美元。

如果期初接受外来财富 23 万美元，泰丝理想的每期消费水平＝(23＋30＋60＋90＋0)/4＝50.75（万美元）。

第 1 期总收入＝23＋30＝53（万美元），超过 50.75 万美元。

第 2、第 3 期的总收入更大于 50.75 万美元。

所以，借款约束并不影响泰丝的消费，她每期消费 50.75 万美元。

即对 23 万美元外来财富，第 1 期消费 50.75－30＝20.75（万美元），第 2、第 3 期消费 0，第 4 期消费 23－20.75＝2.25（万美元）。

【提示】在第（3）问里，针对 23 万美元外来财富，关键是答出第 1 期消费中的 20.75 万美元，以及每期消费总额 50.75 万美元，第 2、第 3、第 4 期如何消费 23 万美元外来财富中剩下的 2.25 万美元并不影响答案得分。

18.【答案】(1) 按照生命周期消费理论的假定，人们会计划在整个生命周期内均匀地消费。肖恩的终身总收入$=YL\times WL=5\times(60-25)=175$（万美元），平均每年消费$C=175/(85-25)=35/12$（万美元）。

①肖恩在 25 岁时，没有财富，也就没有财富的边际消费倾向一说。

劳动收入的边际消费倾向$\beta=\dfrac{60-25}{85-25}=7/12$。

此时肖恩的消费函数$C_{25}=\alpha WR+\beta YL=\beta YL=\dfrac{7}{12}YL$，这一年肖恩的消费量$C_{25}=\dfrac{7}{12}YL=\dfrac{7}{12}\times 5=35/12$（万美元）。

②肖恩在 35 岁时已经积蓄了$(35-25)\times(5-35/12)=125/6$（万美元），这是肖恩的财富（$WR$）。

肖恩会将这笔财富分在此后的每一年均匀消费掉，所以，财富的边际消费倾向$\alpha=1/(85-35)=1/50=0.02$。

此时肖恩的劳动收入的边际消费倾向$\beta=\dfrac{60-35}{85-35}=0.5$。

所以此时肖恩的消费函数$C_{35}=\alpha WR+\beta YL=0.02WR+0.5YL=5/12+0.5YL$，这一年肖恩的消费量$C_{35}=5/12+0.5\times 5=35/12$（万美元）。

③肖恩在 45 岁时已经积蓄了$(45-25)\times(5-35/12)=125/3$（万美元），这是肖恩的财富（$WR$）。

肖恩会将这笔财富分在此后的每一年均匀消费掉，所以，财富的边际消费倾向$\alpha=1/(85-45)=1/40=0.025$。

此时肖恩的劳动收入的边际消费倾向$\beta=\dfrac{60-45}{85-45}=0.375$。

所以此时肖恩的消费函数$C_{45}=\alpha WR+\beta YL=0.025WR+0.375YL=25/24+0.375YL$，这一年肖恩的消费量$C_{45}=25/24+0.375\times 5=35/12$（万美元）。

(2) 肖恩在 25 岁、35 岁、45 岁时的消费曲线如图 20－15 所示，由图可见，肖恩的消费曲线随着年龄的增长并未上移，而是绕 A 点顺时针转动。肖恩从 25 岁到 45 岁每一年的消费函数都是不同的，但每一年的消费量是相同的（均为 35/12 万美元），财富的边际消费倾向随着年龄的增长而增大，收入的边际消费倾向随着年龄的增长而减小。

(3) 45 岁的肖恩获得遗产后，消费函数为：

$$\begin{aligned}C'_{45}&=\alpha WR+\beta YL\\&=0.025WR+0.375YL\\&=0.025\times(125/3+20)+0.375YL\\&=37/24+0.375YL\end{aligned}$$

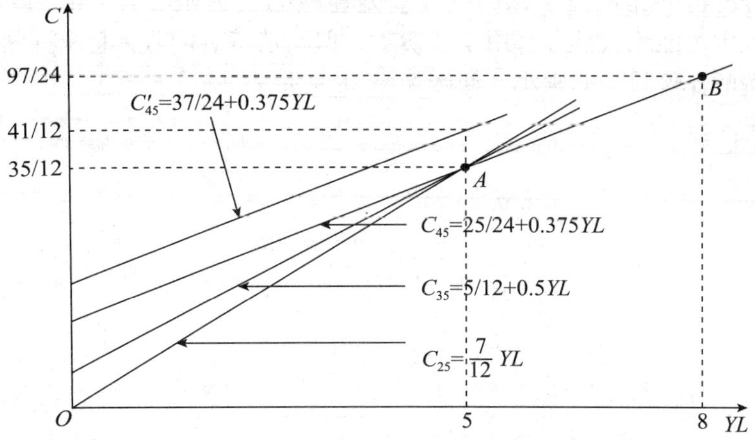

图 20-15　肖恩的消费函数

这一年肖恩的消费量 C'_{45} ＝37/24＋0.375×5＝41/12（万美元）。

获得遗产后的消费曲线如图 20-15 所示。

(4) 45 岁的肖恩涨薪后，消费函数不变，依然为 C_{45} ＝25/24＋0.375YL。

这一年肖恩的消费量 C_{45} ＝25/24＋0.375×8＝97/24（万美元）。

此后如果肖恩的年薪不变，随着年龄的增长，肖恩（退休前）的消费曲线将绕着 B 点顺时针旋转。

【总结】(1) 如果一个人初期所预期的年收入和实际年收入是一致的，则：①每年的消费函数虽然不同，但每年的消费量不变；②长期来看，随着收入所积蓄的财富的增加，消费函数并非向上平移，而是绕某一点转动；③在退休之前，财富的边际消费倾向随着年龄的增长而增大，收入的边际消费倾向随着年龄的增长而减小（退休后无收入的边际消费倾向一说）。(2) 生命周期消费理论认为，长期来看，"随着财富的增加，消费函数向上移动"，这里所说的"财富"并不是简单的收入所积蓄的财富（否则曲线不是移动而是转动），还包括意外获得的财富以及年薪的逐年增加（这使得消费曲线旋转所绕的点逐渐往右上移动，例如从 A 点移动到 B 点，达到类似于消费曲线平移的效果），因为意外财富和年薪递增是符合社会实际情况的，所以按照生命周期消费理论是可以解释库兹涅茨消费之谜的。

【提示】本题为生命周期消费理论提供了一个具体的实例，读者可以参照以上思路再自行做几个假设，多画几条线，以更深入地体会生命周期消费理论。

六、 论述题

1. **【答案】**凯恩斯提出了绝对收入假说，用来说明消费理论，他认为人们的消费是由自发消费和当期收入消费两部分构成的，$c=\alpha+\beta y$，其中 α 表示自发消费，就是即使没有收入也必须进行的消费，一般属于生活必需的消费部分，β 表示现期收入中用于消费的比例，当收入增加时，用于消费的部分也随之增加。不过，凯恩斯认为，随着收入的递增，用于消费的部分所占的比例是递减的，即 β 是递减的。例如，当一个消费者的收入很低时，增加的收入中可能绝大部分都用于消费了，但当消费者的收入已经非常高时，增加的收入中用于消费的比例就会非常小，如图 20－16 所示。

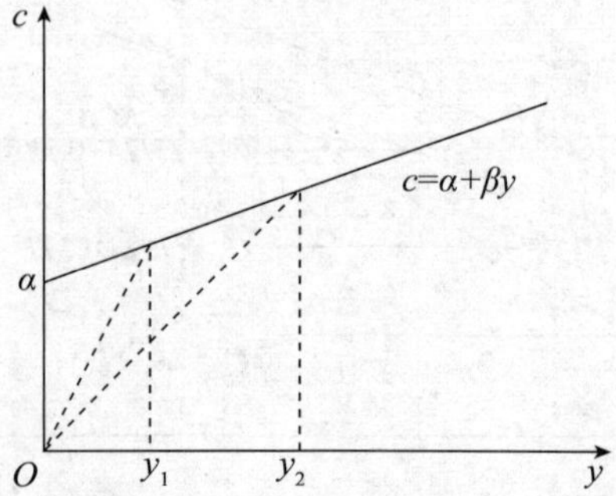

图 20－16　平均消费倾向随着收入的增加而减小

平均消费倾向 $APC=c/y=(\alpha+\beta y)/y=\beta+\alpha/y$，由于随着收入的增加，$\beta$ 和 α/y 都是递减的，所以，按照凯恩斯的绝对收入假说，随着收入的增长，平均消费倾向 APC 是递减的。

然而，库兹涅茨通过统计实际经济数据发现，尽管在他所研究的时期中收入有大幅度增长，但从一个十年到另一个十年，消费与收入之比是非常稳定的，长期平均消费倾向并没有递减，这与凯恩斯的猜想是矛盾的，被称为消费之谜。

此后，经济学家为解释消费之谜提出了各种消费理论，其中包括弗里德曼提出的永久收入假说。

弗里德曼认为，人们的收入分为两部分：永久收入和暂时收入。暂时收入是不可预期的，它使永久收入发生随机波动。而人们的消费主要取决于永久收入，对暂时收入的反应是储蓄或借贷，如果暂时收入高，就储蓄，反之，就借贷。

弗里德曼认为消费函数 $C=\alpha Y_P$，其中，α 表示针对永久收入的边际消费倾向，Y_P 为永久收入。

根据这一假设，弗里德曼得出平均消费倾向 $APC=\frac{C}{Y}=\frac{\alpha Y_P}{Y}$。根据这个公式，在短期，当现期收入高于永久收入时，平均消费倾向下降；当现期收入低于永久收入时，平均消费倾向上升。暂时收入使收入发生波动，在因为暂时收入的增加而有高收入的时期，平均消费倾向低，但长期来看，平均收入约等于永久收入，因此平均消费倾向不变，这样，永久收入假说解释了消费之谜。

2. **【答案】**（1）投资函数表示的是投资额与利率的关系，投资是利率的减函数，利率上升时，投资需求量就会减少，利率下降时，投资需求量就会增加。这是因为利率是企业投资的成本，利率越高，投资成本就越大。

（2）企业固定投资是指企业购买用于生产的机器设备和建筑物的活动。企业在生产和服务中使用的机器设备和建筑物构成企业固定投资的存量，被称为资本存量。资本存量在一定时期内的变动即企业在一定时期内追加的资本存量就是企业固定投资。根据新古典投资模型，对于生产企业来讲，企业的最优资本存量取决于资本的边际产品和资本的边际成本（即资本租赁价格）。而对于租赁企业来讲，其资本量取决于资本的收益和成本的比较，即当资本收益大于资本成本时，投资会增加。资本的收益就是资本租赁价格，资本成本是实际利率的函数：$P_K(r+\delta)$。因此，投资是实际利率的函数，即利率上升，资本成本增大，均衡时的资本租赁价格上升，要实现均衡，则生产企业应该增加资本的边际产品，也就是减少资本量。

（3）存货投资是企业存货的变动。存货是企业持有的作为储备的产品，包括原材料、在生产过程中的产品（在产品）以及产成品。一般认为，厂商进行存货投资的动机有：日常生产需求、投机需求和缓冲存货。

在进行日常生产的存货数量决策时，存货投资包括两项成本：存货占用资金的利息成本和存货采购成本。日常生产的存货投资要求使得这两项成本之和最小化。研究表明，利率越高，日常生产的存货投资就越小，即日常生产的存货投资与利率负相关。

存货的投机需求有两个原因：预期某种存货在将来会发生短缺；预期存货价格在将来会上升。一般而言，第一个原因是主要的。在进行存货的投机需求决策时，要考虑存货短缺成本和存货占用资金的利息成本。利率越高，存货占用资金的利息成本就越大，从而存货的投机需求就越小，即存货的投机需求与利率负相关。

缓冲存货是指为防止企业存货非意愿地减少，保证企业能够对市场均衡供货所需要的存货保险储备。在市场对企业产品的需求非正常增加时，企业存货很可能会非意愿地减少，从而影响企业对市场的供货，因此需要缓冲存货。在进行缓冲存货决策时，要考虑短缺成本和缓冲存货占用资金的利息成本。利率越高，缓冲存货占用资金的利息成本就越大，从而缓冲存货需求就越小，即缓冲存货需求与利率负相关。

综上所述，企业的固定投资和存货投资都与利率负相关，因而经济的投资总额与利率负相关。

第 21 章

新古典宏观经济学和新凯恩斯主义经济学

重难点提示

本章的重难点包括：货币主义学派的主要观点和政策主张；实际经济周期理论；新古典宏观经济学的基本假设及其 $AD—AS$ 模型的基本思想和政策含义；新凯恩斯主义的基本假设及其 $AD—AS$ 模型的主要观点和政策主张；两大学派的分歧和共识。

内容精要

一、 货币主义的主要观点和政策主张

货币数量论的核心论点：物价水平的高低和货币价值的大小由一国的货币数量决定，物价水平与货币数量成正比，货币价值与货币数量成反比。

货币数量论：

（1）费雪方程（交易方程）：$Py=MV$。

费雪方程强调货币作为交易媒介的作用。

（2）剑桥方程：$M=kY=kPy$。

剑桥方程强调货币作为价值储藏手段的作用。

（3）凯恩斯的货币需求方程：$\frac{M}{P}=L(y, r)=L_1(y)+L_2(r)$。

（4）弗里德曼的新货币数量论：

$$\frac{M}{P}=f(r_b, r_e, r_p, w, y, u)$$

自然率：在没有货币因素干扰的情况下，劳动市场处于供求稳定状态时的失业率。其

大小取决于该社会的技术水平、资源数量和文化传统等自然因素。

自然率假说：在长期中社会的经济总是趋向于自然失业率。

货币主义的主要观点：

（1）货币供给对名义收入变动具有决定性作用。

（2）在长期中，货币数量的作用主要在于影响价格以及其他用货币表示的量，而不能影响就业量和实际国民收入。

（3）在短期中，货币供给量可以影响实际产量，如就业量和实际国民收入。

（4）私人经济具有自身内在的稳定性，国家的经济政策会使它的稳定性遭到破坏。

货币主义的政策主张：

（1）反对凯恩斯主义的财政政策。

（2）反对斟酌使用的货币政策。

时间不一致性：一项起初适合于今天的政策，随着时间的推移，就可能不再适合于明天。

（3）力主单一政策规则。

单一政策规则：排除利率、信贷流量、准备金等因素，以货币供给量作为货币政策的唯一控制指标，公开宣布采取一个长期不变的货币增长率。

二、新古典宏观经济学的基本假设

基本假设：

（1）个体利益最大化。宏观经济理论的微观基础。

（2）理性预期。

理性预期：在有效地利用一切信息的前提下，对经济变量做出的在长期中平均说来最为准确的，而又与所使用的经济理论、模型相一致的预期。

理性预期假定的含义：第一，做出经济决策的经济主体是有理性的；第二，为了做出正确预期，经济主体在做出预期时会力图得到有关的一切信息；第三，经济主体在预期时不会犯系统性的错误。

通俗地讲，理性预期就是指在长期中，人们会准确地或趋向于预期到经济变量所应有的数值。

（3）市场出清。工资和价格具有充分的灵活性，可以根据供求状况及时调整，因此，劳动市场和产品市场都不存在超额供给。

（4）自然率假说。

三、实际经济周期理论

实际经济周期理论认为宏观经济学经常受到一些实际因素的冲击，其中最常见、最值得分析的是技术冲击，在大部分情况下，这是经济波动的根源。

实际经济周期理论接受新古典增长理论对技术变化的定义，即技术变化包括任何使生产函数发生移动的变化。

四、新古典宏观经济学的 *AD—AS* 模型

（1）卢卡斯总供给函数。

卢卡斯总供给函数：$y=y^{*}+\gamma(P-\widehat{P})$，式中，参数$\gamma>0$，$\widehat{P}$为预期价格。

卢卡斯总供给函数的含义是，预期价格与实际价格的偏离会导致实际产出与经济正常产出的偏离。

（2）模型的基本思想。

对货币量和一般价格水平的不完全预期导致了货币的非中性，即货币量的变化导致了人们对一般价格和相对价格变化的短期混淆，从而带来产出和就业的波动。由模型引申出的含义是，系统的货币政策无效，随机的货币政策有害。

（3）新古典宏观经济模型。

总需求函数：$y_t^d=\alpha_t+\beta(m_t-p_t)$，$\beta>0$。

附加预期的总供给函数（卢卡斯供给函数）：$y_t^s=y_n+\gamma(p_t-p_t^e)$，$\gamma>0$。

供求均衡结论：

①理性预期均衡（$p_t=p_t^e$）：

均衡产出：$y_t^e=y_n$。

均衡价格：$p_t^e=m_t^e-\dfrac{1}{\beta}(y_n-\alpha_t^e)$。

②非理性预期均衡：

均衡产出：$y_t=y_n+\dfrac{\gamma}{\gamma+\beta}[(\alpha_t-\alpha_t^e)+\beta(m_t-m_t^e)]$。

均衡价格：$p_t=m_t^e-\dfrac{1}{\beta}(y_n-\alpha_t^e)+\dfrac{1}{\gamma+\beta}[(\alpha_t-\alpha_t^e)+\beta(m_t-m_t^e)]$。

（4）模型的政策含义：

波动的根源是货币冲击，而这种冲击一般是由中央银行的货币政策引起的。

①能预期到的货币供给的变化将只改变价格水平，而对实际产量和就业没有影响。

②只有未预期到的货币供给的变化才影响实际产量。

五、新凯恩斯主义的假设条件及特征

假设条件：

（1）非市场出清。假定工资和价格具有黏性（而不是刚性）。

（2）经济当事人利益极大化或理性人假设，来自传统微观经济学或新古典宏观经济学。

（3）理性预期，来自新古典宏观经济学。

特征：

（1）否认古典二分法。

古典二分法：货币等经济中的名义变量对产量和就业等实际变量没有实质性影响。

（2）认为市场具有不完全竞争性。市场不完全竞争、信息不完备、相对价格刚性导致工资和价格黏性，进而导致市场不能出清，经济处于非瓦尔拉斯均衡状态。

名义黏性：

（1）名义工资黏性。

①合同的交错签订。各种长期合同都是交错签订的，从而工资的调整也是交错进行的。这种合同的交错签订使得工资的调整不可能非常及时，这是工资黏性的一个重要原因。

②合同的长期性。由于合同具有期限，而且期限往往较长，所以工资的调整总是缓慢的，这便使工资具有了黏性。

（2）名义价格黏性。

一种解释是菜单成本理论。

菜单成本理论又叫成本的价格调整理论。该理论认为，经济中的垄断厂商是价格的决定者，能够选择价格，而菜单成本的存在阻碍了厂商调整产品价格，所以价格有黏性。

菜单成本：厂商每次调整价格要花费的成本，包括研究和确定新价格的成本、重新编印价目表的成本、通知销售点更换价格标签的成本等。厂商调整价格的机会成本也被称为菜单成本。

六、 新凯恩斯主义的 *AD—AS* 模型

新凯恩斯主义的短期总供给曲线：在具有名义工资黏性的劳动市场上，随着经济中价格水平的变化，经济中的就业量会发生变化，从而经济中的总产量就会发生变化，进而得出一条向右上方延伸的短期总供给曲线。

对宏观经济波动的解释：初始经济的总需求曲线与短期总供给曲线交于充分就业水平；经济受到总需求冲击，总需求曲线变动，导致产出变动；随着长期劳动合同的交错到期，短期总供给曲线逐渐变化，最终和总需求曲线重新交于充分就业水平。

政策主张：由于价格和工资的黏性，经济在遭受总需求冲击后，从非充分就业的均衡状态恢复到充分就业的均衡状态是一个缓慢的过程，因此用政策来刺激总需求加速调整、减轻痛苦是必要的。

七、 宏观经济学的基本共识

（1）在长期，一国生产产品和劳务的能力决定着该国居民的生活水平。

（2）制度对于长期经济增长是非常重要的。

（3）在长期，货币增长率决定通货膨胀率。

（4）在短期，总需求影响一国生产的产品与劳务的数量。

（5）在短期，政策制定者面临通货膨胀和失业之间的权衡。

（6）预期是重要的。

习题精编

一、名词解释

1. 货币主义
2. 货币数量论
3. 费雪交易方程与剑桥方程
4. 费雪效应
5. 财政政策与李嘉图等价定理
6. 货币中性与债务非中性
7. 萨伊定律
8. 古典二分法
9. 适应性预期与理性预期
10. 市场出清
11. 实际经济周期理论
12. 供给冲击
13. 卢卡斯批判
14. 黏性工资
15. 货币非中性
16. 非市场出清
17. 货币幻觉
18. 价格黏性
19. 效率工资

二、判断题

1. 在古典货币数量论中，货币只有交换媒介职能，没有价值储藏手段职能。

2. 货币主义者不相信流动性陷阱的存在。

3. 根据弗里德曼提出的货币需求函数，人力财富在总财富中所占的比例越大，或非人力财富在总财富中所占的比例越小，对货币的需求就越小。

4. 货币主义者认为，经济不稳定主要根源于货币当局实施的相机抉择的货币政策。

5. 信用卡交易不影响当期货币总量。

6. 实际经济周期理论主要从总供给方面解释宏观经济波动。

7. 实际经济周期理论认为技术冲击是经济波动的源泉。

8. 在实际经济周期理论中，经济周期被认为是实际收入围绕充分就业收入所发生的波动。

9. 供给学派的理论基础是适应性预期。

10. 供给学派认为，20 世纪 70 年代初美国经济出现的“滞胀”是财政庞大的开支、过高的税率和政府对经济过多的管制等多种因素综合作用的结果。

11. 新古典宏观经济学家认为，由于价格具有灵活性，市场总是出清的，任何被私人部门理性地预期到的宏观经济政策，都不会对经济产生实质性的影响。

12. 货币主义者认为，无论是在短期还是在长期，菲利普斯曲线都是垂直的，宏观经济政策对经济没有任何实质性的影响。

13. 新古典宏观经济学家认为，未被私人部门理性地预期到的宏观经济政策将对经济产生积极的实际影响。

14. 在新古典宏观经济学家看来，被私人部门预期到的降低通货膨胀率的政策不会付出提高失业率和减少收入的代价。

15. 新凯恩斯主义认为，由于市场的不完全性、工资的黏性、菜单成本、交错价格合同等原因，价格具有黏性。

16. 新凯恩斯主义与新古典宏观经济学在理论基础上的主要区别不在于私人经济部门是否拥有理性预期，而在于市场是否出清。

17. 新凯恩斯主义者认为，由于经济主体不具有理性预期能力，宏观经济政策对经济有实质性的影响。

三、 选择题

1. 货币数量论（　　）。

A. 完全是近代经济学理论的产物

B. 可以对适度通货膨胀和恶性通货膨胀都做出解释

C. 认为通货膨胀是降低失业率所产生的替代效应

D. 以上均正确

2. 若价格水平和收入水平不变，利率上升，可能导致（　　）。

A. 货币需求增加　　B. 货币流通速度提高

C. 货币乘数减小　　D. 以上都对

3. 现代货币主义学派不以下列哪个命题为依据？（　　）

A. 货币供给的增长是名义 GDP 增长的基本决定因素

B. 价格和工资对过度的供给或需求的反应是十分灵活的

C. 私人部门的发展是稳定的

D. 供给创造自己的需求

4. （　　）属于弗里德曼的货币数量论。

A. 利率是货币需求的重要决定因素

B. 人们进行资产选择的原则是效用最大化

C. 永久收入概念是一个不包括人力资本在内的纯物质化的概念

D. 货币数量论首先是一种货币需求理论，其次才是产出、货币收入或物价水平的理论

5. 新古典宏观经济学（　　）。

A. 认为未预期到的货币供给的变化影响实际产量

B. 以货币供给量作为货币政策的唯一控制指标

C. 认为产品市场存在超额供给

D. 主张斟酌使用的稳定化政策

6. 在货币主义者看来，（　　）。

A. 在导致经济活动水平变动的因素中，货币流通速度的变化比货币供给量的变化更重要

B. 宽松的财政政策会降低利率并过度刺激经济发展

C. 货币供给量的变化是实际总产品和物价水平变动的基本原因

D. 实际总产品和人口的变动导致货币供给量的变化

7. 以下何种宏观经济学流派的思想认为货币供给量以一个固定的比例增长？（　　）

A. 实际经济周期论者　　B. 新凯恩斯主义者

C. 新古典宏观经济学家　　D. 货币主义者

8. （　　）不是货币主义的主要观点。

A. 在长期中，货币数量不能影响就业量和实际国民收入

B. 在短期中，货币数量能影响就业量，但不影响实际国民收入

C. 私人经济具有稳定性，国家的经济政策会使它的稳定性遭到破坏

D. 货币供给对名义收入具有决定性作用

9. 根据实际经济周期理论，实际总供给曲线具有正的斜率是因为（　　）。

A. 技术的变化　　B. 劳动的跨期替代

C. 实际货币余额的变化　　D. 价格和工资黏性

10. 实际经济周期理论假设价格有完全的伸缩性，而且，经济中产出的波动是由于技术冲击。如果中央银行调整货币供给以稳定物价水平，那么，当产出增加时，货币供给将（　　）。

A. 增加　　B. 减少　　C. 不变　　D. 难以判断

11. 卢卡斯供给曲线表示的是（　　）。

A. GDP 和价格变动之间的正相关关系

B. GDP 和未被预期到的价格变动之间的正相关关系

C. GDP 和被预期到的价格变动之间的正相关关系

D. GDP 和未被预期到的价格变动之间的负相关关系

12. 新古典宏观经济学认为，（　　）向右下方倾斜。

A. 短期菲利普斯曲线　　B. 长期菲利普斯曲线

C. 正常的菲利普斯曲线　　D. 幻觉的菲利普斯曲线

13. 关于公债是否会影响经济，下列说法正确的是（　　）。

A. 凯恩斯主义认为，公债的效果是中性的

B. 新古典主义认为，公债的效果是中性的

C. 凯恩斯主义认为，短期公债的效果是中性的，长期公债的效果是非中性的

D. 新古典主义认为，短期公债的效果是中性的，长期公债的效果是非中性的

14. 有一种观点认为“理性公众的行为抵消了政府行为的影响”，与这一思想相关的理论是（ ）。

A. 供给学派经济学
B. 新凯恩斯主义
C. 货币主义
D. 新古典宏观经济学

15. 宏观经济政策无效的关键是（ ）。

A. 价格和工资是完全伸缩的
B. 预期是合乎理性的
C. 价格和工资是完全伸缩的，预期是合乎理性的
D. 信息是不完全的

16.（ ）不属于新古典宏观经济学的主要假说。

A. 理性预期假说
B. 市场出清假说
C. 自然率或总供给假说
D. 政策的时间不一致性假说

17. 与“经济人假设”相一致的预期是（ ）。

A. 静态预期
B. 适应性预期
C. 理性预期
D. 外插型预期

18. 理性预期的特征不包括（ ）。

A. 人们力求做出正确的预期
B. 人们将利用所有可得信息进行预期
C. 预期误差不具有系统性
D. 预期没有误差

19. 在新古典学派的货币经济周期模型中，意外的货币供给增加不会导致（ ）。

A. 实际工资提高
B. 工人增加劳动供给
C. 一般价格水平提高
D. 厂商增加产品供给

20. 卢卡斯不认为（ ）。

A. 私人部门对政策变动会做出理性的反应
B. 宏观非均衡模型中的参数不会保持不变
C. 宏观非均衡模型能正确地预测政策的后果
D. 相机抉择的政策不会产生好效果

21. 一般而言，货币政策的动态一致性要求实施（ ）。

A. 无欺骗性的经济政策
B. 固定不变的经济政策
C. 民众决定的经济政策
D. 相机抉择的经济政策

22. 动态不一致性和理性预期意味着，央行（ ）。

A. 如果考虑的是长期结果而非现在的扰动，它将一直出错
B. 不该公布其意向，因为这样做会使相机抉择的货币政策无效
C. 应该抵制使用从短期看是正确的但从长期看是错误的政策
D. 应该始终使其行为不具有一致性，以使人们不能从其政策预期中获益

23. 下列哪种情况可以最大限度地减少动态不一致性？（ ）

A. 更关心短期结果，而非长期结果
B. 政策制定者希望保持政策一致性的声誉

C. 采用对现时目标有效但偏离长期目标的政策
D. 不宣布任何将采取的政策行动
24. 货币主义者和理性预期学派观点的一致之处在于（　　）。
A. 货币政策的采用应遵循“货币规则”
B. 利率和债券的价格呈正向变动关系
C. 货币供给量是无法测量的，因而也无法由货币当局控制
D. 财政政策比货币政策更有效率
25. 李嘉图的政府债务观点认为筹资减税会导致（　　）。
A. 消费减少，因为向前看的消费者理解政府今天举债意味着将来更高的税收
B. 消费减少，因为消费者把额外的可支配收入储蓄起来以支付减税所意味着的未来税收负担
C. 消费不变，私人储蓄增加，并且这种增加大于减税的数量
D. 私人储蓄的增加量正好等于公共储蓄的减少量，从而国民储蓄不变
26. 古典主义和凯恩斯主义之间的一个重要不同在于（　　）。
A. 凯恩斯主义主张供给创造需求，而古典主义主张需求创造供给
B. 凯恩斯主义主张总需求的变化主要导致价格变动，而古典主义主张总需求的变化主要导致就业的变动
C. 凯恩斯主义主张总需求的变化主要导致就业的波动，而古典主义主张总需求的变化主要导致价格变动
D. 凯恩斯主义假设价格是刚性的，而古典主义则主张价格是完全伸缩的
27. 短期内价格具有黏性的原因之一是（　　）。
A. 菜单成本　　B. 信息完全
C. 合同的缺乏　　D. 完全竞争
28. 可以解释工资黏性、价格黏性的理论分别是关于（　　）的理论。
A. 菜单成本、鞋底成本　　B. 长期工资合同、菜单成本
C. 长期工资合同、鞋底成本　　D. 鞋底成本、菜单成本
29. 效率工资的怠工模型认为，（　　）。
A. 工人的生产率与实际工资率负相关
B. 工人的生产率和实际工资率正相关
C. 工人的生产率与名义工资率负相关
D. 工人的生产率与名义工资率正相关
30. 新凯恩斯主义认为，（　　）。
A. 供给与需求都能对经济总量产生冲击
B. 工资、价格与利率具有黏性
C. 经济可能在较长的时间内偏离充分就业均衡
D. 以上都正确
31. （　　）不是新凯恩斯主义的假设。
A. 个体利益最大化　　B. 价格刚性
C. 非市场出清　　D. 理性预期

32. 新凯恩斯主义吸收了新古典学派的哪个观点？（ ）

A. 理性预期　　B. 价格刚性

C. 市场出清　　D. 自然率假说

33. 以下何种宏观经济学流派最不可能主张货币供给量的增长应钉住实际产量的增长？（ ）

A. 新凯恩斯主义者　　B. 实际经济周期论者

C. 新古典宏观经济学家　　D. 货币主义者

34. 新凯恩斯主义认为，劳动供过于求时，（ ）。

A. 一方面会产生非自愿失业，一方面工资会跌落

B. 工资会跌落

C. 会产生非自愿失业

D. 工资不会跌落，非自愿失业也不会产生

35. 局内人—局外人模型认为，来源于职员变动的成本使得（ ）。

A. 实际工资高于市场出清工资　　B. 实际工资低于市场出清工资

C. 名义工资不断降低　　D. 实际工资不断降低

四、 简答题

1. 简述凯恩斯的货币需求函数和弗里德曼的货币需求函数。

2. 为什么弗里德曼认为货币数量论首先是关于货币需求的理论？

3. 试论述萨伊的供给自动创造需求定律背后的经济学原理。

4. 在货币理论中，货币发行量增加不影响实际产出，只引发通货膨胀；而在总需求理论中，货币发行量增加却导致产出增加。请写出这两种理论关于以上结论的分析过程，并分析两种理论的关键区别。你认为现实情况更符合哪种理论？

5. 解释货币数量论中古典二分法的观点。

6. 对于人们为什么需要货币，凯恩斯理论和古典学派有何主要区别？

7. 货币主义学派为什么反对相机抉择，而主张单一政策规则？

8. 简述静态预期、适应性预期与理性预期。当前人们对我国房价走势的预期属于哪一种预期？

9. 简述实际经济周期理论是如何解释宏观经济波动的。

10. 技术冲击和货币冲击对经济的影响有何不同？

11. 货币主义的短期菲利普斯曲线与新古典宏观经济学的幻觉的菲利普斯曲线有何区别？

12. 新古典宏观经济学的政策无效性命题建立在哪些关键性假说的基础上？

13. 简述新古典宏观经济学的主要理论观点和政策主张。

14. 你认为巴罗-李嘉图等价定理在什么条件下不适用？

15. 简述凯恩斯主义与新凯恩斯主义的主要异同点。

16. 凯恩斯主义的减税与供给学派的减税有什么本质区别？

17. 简要说明目前西方宏观经济学的基本共识。

18. C国经济遇到了严重问题，目前尽管名义利率几乎为0，但经济仍处于严重衰退之中。C国政府因没有处理好本国的经济问题而受到批评。现在，新当选的总统承诺将宣布一揽子新政策以刺激经济走出衰退。假设你是C国总统的经济顾问，请向他给出下列问题的明确答案：

（1）由于利率政策已被证明是无效的，一项减税方案正在被考虑（相应地减少政府支出以免出现财政赤字）。减税对于刺激消费需求的有效性是否取决于减税是一次性的还是永久性的？如果是，请解释原因。

（2）与减税方案相对，一些经济学家提出应增加政府支出以刺激总需求。假设C国劳动市场不存在任何摩擦和扭曲，政府支出增加会增加C国的总产出吗？解释你的回答。

（3）继续假设劳动市场不存在摩擦，解释永久性减税将如何影响劳动市场和总供给。

（4）考虑到你对上述三个问题的回答，你倾向于采用减税政策还是增加政府支出政策？解释你的回答。

19. 试说明新古典综合派衰落的原因。

20. 关于市场非出清假设，新凯恩斯主义与原凯恩斯主义有何区别？

五、 计算题

1. 假定今年的货币供给是10 000亿元，名义GDP是20万亿元，实际GDP是10万亿元。请计算：

（1）物价水平是多少？货币流通速度是多少？

（2）假设货币流通速度不变，每年经济产品和劳务的产量增加5%。如果央行想保持货币供给不变，明年的名义GDP和物价水平将是多少？

（3）如果想保持物价水平不变，要使每年经济产品和劳务的产量增加5%，央行应该把明年的货币供给设定为多少？

（4）若央行想把通胀率控制在10%，要使每年经济产品和劳务的产量增加5%，央行应该把货币供给设定为多少？

2. 2019—2021年一个国家的货币供给量M每年都以20%的速度增长，名义GDP即Py每年都以10%的速度增长。数据如下表所示（单位：万亿元）。

	2019年	2020年	2021年
M	100	120	144
Py	1 000	1 100	1 210

（1）计算每年的货币流通速度（保留小数点后一位数）。货币流通速度呈现什么样的变化？

（2）如果其他情况不变，货币流通速度都保持在2019年的水平，2020年和2021年的名义GDP应当分别是多少？这个结果说明了什么？

六、 论述题

1. 简述实际经济周期理论及其政策含义。

2. 卢卡斯的总供给假说或意外总供给函数建立在哪两个正统的微观经济学假说的基础上?

3. 简述新古典宏观经济学的货币经济周期理论及其政策含义。

4. 试阐述理性预期学派的主要经济学思想及政策主张，并评价其经济思想对我国宏观调控有何启发。

5. 简述四种不同但相互补充的效率工资理论。

6. 新凯恩斯主义是从哪些方面来解释实际工资黏性的?

习题答案

一、 名词解释

1. **【答案】** 货币主义又称货币学派，是 20 世纪 50 年代后期在美国出现的一个学派，代表人物是弗里德曼。货币学派认为货币在产量、就业和价格变化中扮演着最主要的角色，货币供给量的变动是货币推动力的度量标准，货币当局主管货币发行量，因此可以运用货币发行量来调节经济周期。货币主义的基本理论是新货币数量论和自然率假说。

2. **【答案】** 货币数量论是关于货币数量与一般价格水平之间关系的理论。它的基本论点是：商品的价格水平和货币的价值是由货币数量决定的。假定其他条件（商品数量、货币流通速度等）不变，则商品的价格水平与货币数量正相关，货币价值与货币数量负相关，即流通中的货币越多，商品价格水平越高，货币价值越小，反之亦然。

3. **【答案】** 费雪交易方程是美国经济学家欧文·费雪在 1911 年出版的《货币的购买力》一书中提出的关于货币数量论的交易方程：$Py=MV$，式中，P 表示价格水平，y 表示实际国民收入，M 表示流通中的货币数量，V 表示货币流通速度。假定货币流通速度或货币周转率（V）与实际国民收入（y）不变，社会一般价格水平（P）就唯一地取决于货币数量，与货币数量正相关：$P=MV/y$。

剑桥方程是英国剑桥学派创始人马歇尔及其弟子庇古等人提出的。马歇尔认为，货币与物价水平的关系取决于人们手中掌握的货币余额，其学生庇古据此在 1917 年出版的《货币的价值》一书中提出了剑桥方程：$M=kY=kPy$。其中，M 代表人们对货币的需求量，即人们愿意持有的货币数量；P 代表价格水平；Y 代表以货币计量的国民生产总值，即名义国民生产总值；y 为实际国民生产总值；k 表示货币需求总量占名义国民生产总值的比例。

两个方程是对同一件事情从两个不同视角的描述，费雪交易方程强调了货币的交换媒介职能，剑桥方程强调了货币的价值储藏手段职能，如果令 $k=1/V$，则剑桥方程可表示为 $M=Py/V$，或者 $MV=Py$，因此，两个方程本质上是相通的。不过，剑桥方程强调了货币的价值储藏手段职能，也就引导人们思考利率对货币需求的影响，这种引导对后来凯恩斯提出的货币需求方程有很大的影响。

4.【答案】费雪效应是由著名经济学家费雪揭示的预期通货膨胀率与利率之间的关系。他指出，当预期通货膨胀率上升时，利率也将上升。费雪效应表达为：实际利率＝名义利率－通货膨胀率，把公式的左右两边交换一下，公式就变成：名义利率＝实际利率＋通货膨胀率，因此，如果实际利率不变，名义利率的上升幅度和通货膨胀率完全相等。

【提示】对于读者而言，学习这一章的苦恼在于识记型内容太多，没有统一的逻辑体系，更苦恼的是经常看到一些完全没见过的题目，而这些题目如果没见过，基本就没法解答。这是本章考题的特点，考生能做的只能是：（1）确保最核心的考点都熟练掌握；（2）尽量多看几本书，多做一些题，覆盖更广的范围，确保考试的筹备更充分些。

5.【答案】财政政策是国家干预经济的主要政策之一，是为促进就业水平提高、减轻经济波动、防止通货膨胀、实现稳定增长而对政府支出、税收和借债水平所进行的选择，或对政府收入和支出水平所作的决策。

李嘉图等价定理是指在某些条件下，政府无论通过债券还是税收筹资，其效果都是相同的或者等价的。从表面上看，以税收筹资和以债券筹资并不相同，但是，政府的任何债券发行都体现着将来的偿还义务，从而在将来偿还的时候，会导致未来更高的税收。如果人们意识到这一点，他们就会把相当于未来额外税收的那部分财富积累起来，结果此时，人们可支配的财富的数量与征税的情况一样。根据这个原理，政府发行公债并不提高利率，对私人投资不会产生挤出效应，也不会增加通货膨胀的压力。

按照新古典宏观经济学的观点，由于李嘉图等价定理，财政政策是无效的。

6.【答案】货币中性是指货币供给的增长将导致价格水平的同比例增长，但对实际变量却不会产生影响；债务非中性则指的是债务数额一般都是以名义金额计算的，由于通货膨胀或通货紧缩的存在，如果在制定合同的名义利率时没有充分预期到未来价格的变化，意料之外的价格变动会影响实际的债务负担水平。

7.【答案】法国经济学家萨伊在1803年出版的《政治经济学概论》中提出的供给自动创造需求的观点，被后人称为萨伊定律。萨伊定律有强弱两种版本。弱版本的萨伊定律仅仅强调总产出与总需求相等，即不论产出是多少，总产出总能找到销路。但它不保证与总需求相等的总产出一定就是充分就业产出。强版本的萨伊定律认为，总产出不仅与总需求相等，而且与总需求相等的总产出一定就是充分就业产出。一般我们总是在强版本的意义上来使用萨伊定律。

8.【答案】古典经济学把变量分为实际变量和名义变量，这被称为“古典二分法”。实际变量是用实物单位衡量的变量，例如汽车的数量；名义变量是用货币表示的变量，例如汽车的价格。古典二分法的产生是由于在古典经济理论中，货币供给的变动不影响实际变量。这种货币对实际变量的无关性被称为货币中性。在现实中，在长期，货币供给不会对实际变量产生影响；而在短期，货币供给会对实际变量产生影响。古典二分法是古典宏观经济学的一个重要的观点，它简化了经济理论，考察实际变量而不考虑名义变量。

9.【答案】适应性预期是指经济主体根据他们以前的预期的误差程度来修正每一时期的预期。人们在进行适应性预期时，事先没有掌握足够的信息，没有经过严密的思考和仔细的判断，只能随着客观情况的变化来调整自己的预期，以适应已变化了的经济形势。在理性预期概念出现前，资产阶级经济学中的预期概念就是适应性预期。

理性预期又称合理预期，是指人们的预期符合实际将发生的事实。它是新古典宏观经济学的重要基础假设，也是其攻击凯恩斯主义的重要武器，它最终也被新凯恩斯主义接受为自己的理论假设。理性预期是由约翰·穆思在 1961 年首先提出的，这一假设包含三个条件，分别是：①经济主体是理性的；②经济主体在做出决策之前，会搜集到一切有关的信息；③经济主体在预期时不会犯系统性错误。也就是说，由于正确的预期能使经济主体得到最大的利益，所以经济主体能随时随地根据他所得到的信息来修正他的预期值的错误，从而从整体上看，变量的未来预期值与实际值是一致的。

经济学家对预期的研究经历了静态预期、适应性预期、理性预期三个阶段，理性预期比适应性预期更符合经济社会的实际情况，因此已经被目前两大主流经济学流派——新凯恩斯主义、新古典宏观经济学——共同接纳。

10. **【答案】**市场出清即假定商品价格和工资可以适应市场供求状况，及时迅速地进行价格的调整（即不存在工资和物价的刚性），直到每种产品市场和每种生产要素市场上都出现一种价格，与该价格相对应的供给量和需求量恰好相等，这种价格就是均衡价格。

11. **【答案】**实际经济周期理论，简称 RBC 理论，是新古典宏观经济学的代表性理论，是 20 世纪 80 年代新古典宏观经济学家提出的一种新的经济周期理论模型。

实际经济周期理论认为，应该保持古典模型的假设，即价格是有完全的伸缩性的。实际经济周期理论认为，经济的实际冲击是经济周期波动的主要原因，实际冲击是指对经济的实际方面产生的扰动，比如影响生产函数的冲击、影响劳动力规模的冲击、影响政府购买实际数量的冲击等。同时它也认为引起经济波动的实际因素有很多，其中技术是最重要的因素。

12. **【答案】**供给冲击是指经济体遭遇可能引起生产能力和成本变化的事件。例如，石油进口价格的变化；对大量农作物产生破坏的霜冻、洪水和干旱等自然灾害；经济体中劳动力教育水平的变化，或者劳动力愿意参加工作的工资率的变化。不利的供给冲击推动成本和价格的上涨，而有利的供给冲击则降低了成本和价格。

如图 21-1 所示，如果短期总供给曲线由于遭遇供给冲击（农业歉收、石油价格上涨等）而向左移动，由 $SRAS_1$ 移到 $SRAS_2$，AD 曲线不变，则均衡点由 E_1 点移至 E_2 点，价格由 P_1 上升至 P_2，国民收入从 y_1 下降至 y_2。从图 21-1 可以看出，由于实际国民收入 y_2 小于潜在国民收入 y_1，经济处于萧条状态，但是物价却处于较高的水平，或高于原来的价格水平 P_1，经济出现了通货膨胀和经济萧条共生的现象，即“滞胀”现象。

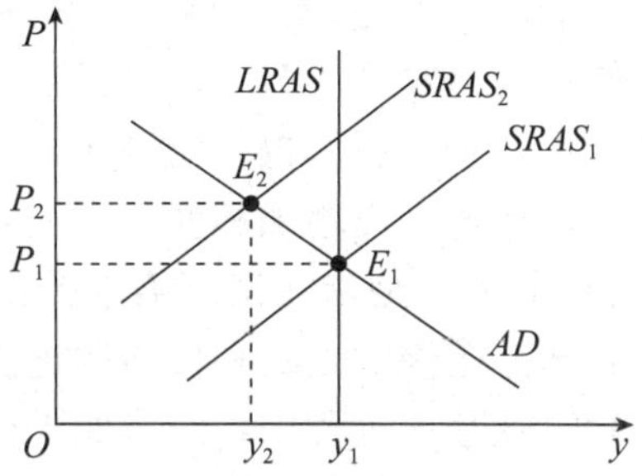

图 21-1　供给冲击

当经济处于滞胀状态时，需求管理政策无效。如果实施扩张性的政策，经济能得到恢复，但是物价水平持续走高；如果实施紧缩性的政策，物价水平下降，但经济出现衰退。

13.**【答案】**所谓卢卡斯批判，是指20世纪七八十年代卢卡斯运用理性预期理论分析政策结果不佳的原因，对传统计量经济学模型有用性的批判。卢卡斯认为，根据理性预期的基本原理——预测变量发生变化时变量的预期方式也会发生改变，当政策变动时，预期和过去信息之间的关系也会发生变化，导致计量经济模型中的各种变量关系发生变动，此时凯恩斯主义运用以往数据建立起来的计量经济模型不再能正确评价某种政策的效果，反而很可能得出错误的结论，或者说政府的任何政策，不论是货币的还是财政的，都不会产生任何有益于社会的效果。基于此，卢卡斯认为，一项具体政策的效果主要取决于公众对该政策的预期。卢卡斯批判本质上是对凯恩斯主义者企图用相机抉择的宏观经济政策来调节市场经济的批判或否定。

14.**【答案】**黏性工资是指不能迅速地反映劳动市场供求的变动，只能缓慢地根据劳动市场状况改变而调整的工资。工人的名义工资通常不能随着经济条件的变化而迅速调整，在短期内表现为“迟钝的”或“黏性的”。当名义工资是黏性的时，价格水平提高会降低实际工资，促使企业多雇用劳动力，从而生产出更多的产品，使总供给增加，所以短期总供给曲线是向上倾斜的。

新凯恩斯学派提出黏性工资的理由如下：①长期劳动合同论；②合同分批到期的性质；③效率工资论。新凯恩斯主义学派黏性工资论认为，无论是通过合同制还是理性预期机制来稳定工资水平，都会导致通货膨胀和失业并存，因此有必要对工资制度进行改革，努力降低劳动力成本，刺激企业生产和用人的积极性，这就要求建立完整而有效的劳动市场，工资完全由劳动市场的供求和劳动者提供劳动的质和量来决定，工资是调节劳动力资源配置和流动的唯一手段。

黏性工资、黏性价格和价格错觉理论是对短期总供给曲线向右上方倾斜的三种不同的解释。

15.**【答案】**货币非中性是指货币供给量的变化会对实际产出、实际利率等实际变量产生影响。新凯恩斯主义认为，在不完全竞争和信息不完全的条件下，货币工资和价格具有黏性，货币供给量的变动会引起实际利率和产出水平等实际经济变量的调整和改变，对经济产生实质影响，在这种情况下，货币就是非中性的。

在凯恩斯及其追随者看来，由于货币非中性，国家可以以此制定适当的财政政策和货币政策，以克服经济危机和萧条。因为价格和工资具有黏性，经济就可能出现非充分就业下的均衡，但这种均衡低于充分就业下的潜在产出水平。因此，只要存在未被利用的资源，总需求的扩大就会使产出增加，影响总需求的财政政策和货币政策就是有效的。例如，中央银行增加货币供给量使物价总水平上升时，由于工资具有黏性，可以相对降低工人的实际工资，从而降低产品成本，企业利润也相应增加，企业就会扩大产量以谋取更大的利润，企业会雇用更多的工人，促使产出增加和就业率上升。

16.**【答案】**非市场出清的基本含义是指在出现需求冲击或供给冲击后，工资和价格不能迅速调整到使市场出清的状态。缓慢的工资和价格调整使经济回到实际产量等于正常产量的状态需要一个很长的过程。在这一过程中，经济处于持续的非均衡状态。这一假设来自原凯恩斯主义，它使新凯恩斯主义和原凯恩斯主义具有相同的基础。但原凯恩斯主义的非市场出清模型假定名义工资刚性，新凯恩斯主义的非市场出清模型则假定工资和价格黏性，或者调整缓慢。

17.【答案】货币幻觉是指人们只是对货币的名义价值做出反应，而忽视其实际购买力变化的一种心理错觉。例如，若物价与货币收入以相同比例提高，实际收入不变，一般情况下不会影响消费，但假如消费者只注意到货币收入增加而忽略了物价上升，则会误以为实际收入增加，从而平均消费倾向会变大，这种情况就是因为消费者存在“货币幻觉”。

18.【答案】价格黏性是指价格不能随着总需求的变动而迅速变化。名义价格黏性是指名义价格不能按照名义需求的变动而相应地变化。对名义价格黏性的一个有影响力的解释是菜单成本理论，这一理论认为，经济中的垄断厂商是价格的决定者，能够选择价格，而菜单成本的存在阻滞了厂商调整产品价格，从而致使价格有黏性。实际价格黏性是指各类产品之间的相对价格比有黏性。

新凯恩斯主义者以价格黏性代替原凯恩斯主义价格刚性的概念，并以价格黏性、工资黏性和非市场出清的假设与宏观层次上的产量及就业量等问题相结合，建立起有微观基础的新凯恩斯主义宏观经济学。

19.【答案】效率工资是指企业为了提高工人生产率而支付的高于均衡水平的工资。根据效率工资理论，如果工资高于均衡水平，企业的经营会更具效率。因此，即使存在超额劳动供给，企业保持高工资也是有利的。效率工资理论有以下四种：

①工人健康。工资高的工人因其饮食的营养更丰富，所以更健康、有更高的生产率。

②工人流动率。企业雇用并培训新工人是有成本的，而且，即使在经过培训之后，新雇用的工人的生产率也不如有经验的工人高。因此，企业倾向于通过支付高工资来降低其工人的流动率。

③工人素质。由于信息不对称，企业无法准确测定申请者的素质，当一个企业支付了高工资时，它就吸引了更好的工人来申请这份工作，从而提高了其劳动力的素质。

④工人努力程度。如果工资处在使供求均衡的水平上，工人就没有什么理由去努力工作，因为即使被解雇，工人也能很快找到一份支付同样工资的工作。因此，企业把工资提高到均衡水平以上，可以激励工人不要逃避责任。

二、判断题

1～5：TTFTT　　6～10：TTFFT　　11～15：TFFTT　　16～17：TF

1.【答案】T。古典货币数量论认为，货币数量决定商品的价格。货币数量多了，商品价格就上升；货币数量少了，商品价格就下降。在这种货币数量理论里，货币只具有交易媒介职能。

2.【答案】T。货币主义者认为货币需求函数是一个稳定的函数，即人们经常自愿在身边储存的货币数量，与决定它的为数不多的几个自变量（如财富、收入、债券和股票等的预期收益率及预期的通货膨胀率等）之间，存在着一种稳定的而且可以估算的函数关系。因此，货币主义者在理论上是不相信流动性陷阱的存在的，在政策上认为财政政策是无效的。

3.【答案】F。弗里德曼把总财富分为非人力财富和人力财富两部分，非人力财富和人力财富的形式可以互相转换，但由于受到制度的限制，这种转换有一定的困难，主要是人力财富转为非人力财富比较困难。比如，在萧条时期存在大量失业的时候，工人的人力财富就不容易转变为货币收入，而在转变为货币收入之前，人们又需要货币来维持生存。因此，非人力财富在总财富中所占的比例对货币需求量就会产生影响。人力财富在总财富中所占的比例越大，或非人力财富在总财富中所占的比例越小，对货币的需求就越大；反之亦然。

4. **【答案】**T。货币主义者认为，相机抉择的货币政策因其时间滞后性质，不仅不能解决经济波动问题，反而会加大经济波动的幅度，使经济运行更加不稳定。

5. **【答案】**T。信用卡交易使得人们减少了货币持有量，货币需求的这种减少等价于货币流通速度的提高，但不影响货币总量。按照货币数量方程 $MV=Py$，信用卡交易使 V 提高了，但 M 并不改变。

6. **【答案】**T。实际经济周期理论从技术变化引起生产函数变化着手，故属于从总供给方面解释宏观经济波动。

7. **【答案】**T。实际经济周期理论认为经济周期的根源在供给方面，技术变动是引起供给变动的重要因素。

8. **【答案】**F。实际经济周期理论认为，经济周期本质上是充分就业收入本身的波动。

9. **【答案】**F。供给学派的理论渊源是萨伊定律：供给自动创造需求。该学派强调增加供给或生产，提高生产率，并主张用以减税为基本政策的“供给管理”取代凯恩斯主义的以补偿性财政政策为主的“需求管理”。

10. **【答案】**T。供给学派认为，滞胀完全是由需求管理政策造成的：政府增加支出并不能直接增加总需求和总产量，片面刺激需求反而会对经济造成伤害——储蓄减少使利率上升，从而投资下降，最终导致经济增长迟滞。

11. **【答案】**T。此即新古典宏观经济学的政策无效主张，同时它认为，经济如果不反复遭受政府的冲击，就基本上是稳定的。

12. **【答案】**F。货币主义者认为在短期菲利普斯曲线是向右下方倾斜的，因此宏观经济政策在短期内对经济有实质性的影响。

13. **【答案】**F。未被预期到的宏观经济政策会在短期内对经济产生实际影响，但在长期内会破坏政府信誉，对经济产生消极的负面影响。

14. **【答案】**T。新古典宏观经济学家认为，货币政策的变化如果被人们预期到，即使在短期，对产量和就业水平也没有影响。

15. **【答案】**T。①制定价格的不完全竞争厂商不愿意降价。②工资黏性使得成本不发生变化或者变化幅度不大，故厂商改变价格的动机不强。③菜单成本的存在使得厂商不愿意经常改变价格。④一部分商品的价格由于受到合同的限制，不能任意改变；而即使没有合同限制，厂商单独大幅度改变价格也可能招致不利后果，因而在改变价格时厂商往往采取试探性步骤，即仅仅对价格做出微小的变动。

16. **【答案】**T。理性预期开始时是新古典宏观经济学提出的理论假设，后来被新凯恩斯主义接纳为自己的理论假设，因此两个流派都认同理性预期。非市场出清假设才是原凯恩斯主义和新凯恩斯主义最重要的假设，也是新凯恩斯主义和新古典宏观经济学学术观点差异的根本所在。由于非市场出清，政府才有干预经济的需要。

【提示】如果说主要区别在于工资和价格是否具有黏性，也是对的，因为这是市场是否出清的理论依据。

17.【答案】F。新凯恩斯主义寻求微观基础，接受了经济人假设，从而也就接受了理性预期假设。新凯恩斯主义是从工资及价格黏性入手论证市场非出清，从而为宏观经济政策寻求理论依据。

三、 选择题

1～5：BBDDA　　6～10：DDBAA　　11～15：BDBDC　　16～20：DCDAC
21～25：ACBAD　　26～30：DABBD　　31～35：BAACA

1.【答案】B。货币数量论最初是由费雪于 20 世纪初提出的交易方程，新货币数量论是弗里德曼于 20 世纪 50 年代后提出的，又叫做现代货币数量论。货币数量论对通货膨胀的解释可通过交易方程 $MV=Py$ 做出，两边取对数得：$\frac{dM}{M}+\frac{dV}{V}=\frac{dP}{P}+\frac{dy}{y}$，$\frac{dP}{P}$即为通货膨胀率 π，$\frac{dV}{V}$、$\frac{dM}{M}$和$\frac{dy}{y}$分别表示货币流通速度变化率 $\hat{v}$、货币增长率 $\hat{m}$ 和实际收入增长率 $\hat{y}$。该理论说明：如果 V 不变，且经济处于充分就业状态，则通货膨胀将唯一地取决于货币供给，这同时说明了通货膨胀是一种货币现象。而选项 C 讲的是菲利普斯曲线中通胀与失业之间的相互替代问题。

2.【答案】B。货币数量论的方程为 $Py=MV$，又因为货币需求与利率反方向变动，因此利率上升时货币需求 M 下降，P、y 不变但 M 下降时，V 必然上升。

3.【答案】D。D 是供给学派的基本观点。

4.【答案】D。弗里德曼认为，货币数量论首先是一种货币需求理论，其次才是产出、货币收入或物价水平的理论（原因分析见本章简答题第 2 题），因此，货币数量论所要研究的主要是影响人们货币需求的各种因素。弗里德曼通过统计资料分析认为，利率对货币需求的影响很小，不像凯恩斯认为的那样大，利率增减 1%，货币需求仅减少或增加 0.15%，而永久收入对货币需求的影响很大，永久收入增加 1%，货币需求将增加 1.8%。

5.【答案】A。B 是货币主义的政策建议，C 和 D 是原凯恩斯主义和新凯恩斯主义的观点。不过，新古典宏观经济学虽然认为未预期到的货币供给的变化影响实际产量，但同时也认为政府不可能经常性地采取出人意料的政策，因为一旦人们掌握了政府的政策行为，原先出人意料的政策行为就会转变为意料之内的政策行为，政策也就失效了。

6.【答案】D。货币主义坚持认为控制货币供给量才是最重要且唯一有价值的经济政策，因此，财政政策是不能刺激经济发展的，只会导致通货膨胀，而货币供给量的变化在短期内会影响实际国民收入，但在长期内不会影响实际国民收入，只会影响价格水平。货币主义认为按照平均国民收入的增长率再加上人口增长率来规定并公开宣布一个长期不变的货币增长率，是货币政策的最佳选择。

7.【答案】D。货币主义的政策主张主要有三点：(1) 反对凯恩斯主义的财政政策；(2) 反对斟酌使用的货币政策；(3) 力主单一政策规则，提出按平均国民收入的增长率再加上人口增长率规定并公开宣布一个长期不变的货币增长率，是货币政策的最佳选择。

8. **【答案】**B。货币主义依据新货币数量论和自然率假说，形成了四个主要的观点：(1) 货币供给对名义收入具有决定性作用；(2) 在短期中货币供给量可以影响实际变量(含就业量和实际国民收入)；(3) 在长期中货币数量不能影响就业量和实际国民收入，只能改变价格；(4) 私人经济具有内在的稳定性，国家的经济政策会使它的稳定性遭到破坏。

9. **【答案】**A。实际经济周期理论假设经济经历着技术的波动，这种波动决定了经济把投入（资本与劳动）变为产出的能力。而且，这些技术的波动引起了就业和产出的波动。另外，实际经济周期理论假设货币在短期也是中性的，即假设货币政策对产出和就业这些实际变量没有影响，认为货币供给是内生的。

10. **【答案】**A。实际经济周期理论假设价格具有完全的伸缩性，经济中产出的波动是由于技术冲击。当产出增加时，实际经济周期理论认为货币是中性的，实际货币余额需求上升，为使物价稳定，央行需增加货币供给。

11. **【答案】**B。卢卡斯总供给函数可表示为 $y=y^*+\gamma(P-P^e)$，其含义是预期价格与实际价格的偏离会导致实际产出与经济正常产出的偏离。

12. **【答案】**D。新古典宏观经济学认为正常的菲利普斯曲线是垂直的，但幻觉的菲利普斯曲线是向右下方倾斜的。所谓幻觉的菲利普斯曲线，是指企业和工人会产生货币幻觉，不知道商品价格上涨和工资上涨是普遍的价格上升，误以为是自己的商品的相对价格或者自己的相对工资上涨了，从而会增加产出和劳动供给量，使经济趋于繁荣；反之，则使经济趋于萧条。但这种货币幻觉是短暂的。

13. **【答案】**B。新古典主义（即新古典宏观经济学，也称理性预期学派）利用巴罗-李嘉图等价定理，认为政府的财政政策是无效的，公债的效果是中性的。

14. **【答案】**D。这一理论即理性预期，理性预期学派即新古典宏观经济学。

15. **【答案】**C。理性预期学派认为，由于理性预期和弹性价格，宏观经济政策是无效的。

16. **【答案】**D。新古典宏观经济学相信并依赖四个假说：个体利益最大化、理性预期、市场出清、自然率假说。因为这一学派使经济学恢复到“古典学派”所认为的状态，所以被称为新古典宏观经济学派。D不是假说，只是新古典宏观经济学所持的一种理论依据，用以证明宏观经济政策无效。

【提示】假说和理论是有区别的，假说是理论的前提，一般情况下，理论是通过假说推导出来的结果。

17. **【答案】**C。经济人为了自身利益最大化，必然利用一切可用的信息对未来做预期，而不是只利用历史数据，这就是理性预期。

18. **【答案】**D。理性预期是可能有误差的，只是不同的个体之间误差可能会互相抵消，并且同一个个体不同时期的预期可能存在的误差有正有负；另外，理性预期者不会犯系统性错误，即他们用来做预期的方法是不会出错的。

19. **【答案】**A。由于存在货币幻觉，意外的货币供给增加会导致劳动供给增加、产品供给增加、经济繁荣，但最终只会导致价格水平的上升，在这个过程中实际工资先下降后恢复，并没有高于初始水平。

20.【答案】C。原凯恩斯主义者所使用的计量经济模型正是卢卡斯所批判的。

21.【答案】A。货币政策的动态不一致性问题产生的原因在于中央银行采取相机抉择策略可以从中获取某种利益（具体的例子可参见本书第16章计算题第13题），因此动态一致性要求摒弃相机抉择行为，即实施无欺骗性的经济政策。B容易被误选，固定不变的经济政策虽然也能达到无欺骗性的效果，但在实际情况中，不太可能实施固定不变的经济政策。例如，货币供给量的增幅需要按照实际国民收入的增幅调整，以确保供给和需求一致，而非保持固定不变的增幅。

22.【答案】C。由于动态不一致性和理性预期的存在，央行应该放弃相机抉择行为，这种行为短期来看可以达到更好的经济目标，但公众的理性预期会使得相机抉择的结果达不到央行所期望的最优目标。

23.【答案】B。A、C、D都是相机抉择政策，只会增加动态不一致性。

24.【答案】A。B和D都是凯恩斯主义的观点，C是错误的说法。

25.【答案】D。根据李嘉图的观点，债务筹资减税并不会刺激消费，因为它不能提高永久收入——向前看的消费者理解政府今天举债意味着将来更高的税收。因为减税没有改变消费，因而家庭把额外的可支配收入都用于储蓄了，这种私人储蓄的增加正好等于公共储蓄的减少，因此国民储蓄不变。

26.【答案】D。古典主义和凯恩斯主义的主要区别在于市场是否出清，这同时也是新古典宏观经济学和新凯恩斯主义学术观点的主要区别。古典主义坚持价格是弹性的，市场是可以出清的，凯恩斯主义认为价格是刚性的，市场是经常不能出清的，两种学派的各种政策观点都源于这一分歧。本题易误选C，C的说法本身是正确的，但不是两个学派最重要的区别。

27.【答案】A。菜单成本导致企业不愿意频繁调价。

28.【答案】B。由于工资合同都是长期的，未来价格变化时也不能调整工资，所以存在着工资黏性；由于餐馆等经营单位不会时常调整它们的菜单价目表，所以存在着价格黏性。

29.【答案】B。按照怠工模型，工人的生产率和实际工资率正相关，企业支付高于市场出清水平的工资是一种激励工人努力工作而非偷懒的有效手段。

30.【答案】D。新凯恩斯主义认为，无论是供给还是需求，都可能对经济总量产生冲击，并且一旦产生冲击，由于工资、价格与利率具有黏性，经济可能在较长时间内偏离充分就业均衡。

31.【答案】B。新凯恩斯主义坚持三个假设：个体利益最大化、理性预期、非市场出清，其中非市场出清源于价格和工资黏性，而非刚性，价格刚性是原凯恩斯主义的观点。

32.【答案】A。理性预期原本是新古典宏观经济学用来攻击原凯恩斯主义观点的武器，后来被新凯恩斯主义接纳为自己的假设，也成为新凯恩斯主义的观点。不过，两者虽然都坚持公众是理性预期的，但新古典宏观经济学据此认为市场是出清的，而新凯恩斯主义坚持经济活动具有“摩擦力”，因此即使公众具有理性预期，市场依然经常是非出清的。

33.【答案】A。B、C、D是一脉相承的学派，政策主张比较接近，新凯恩斯主义坚持非市场出清的假设，力主政府应实施财政政策来干预经济。

34.【答案】C。新凯恩斯主义坚持认为工资具有黏性，当劳动市场需求不足时，工资不能立即下降，因而会出现非自愿失业。

35.【答案】A。由于更换员工要消耗搜寻成本、培训成本，而且要承担员工不合格的风险，因此，为避免承担这些成本和风险，企业一般支付高于市场出清水平的实际工资，减少员工流动。这也是新凯恩斯主义认为工资具有黏性的原因之一。

四、简答题

1.【答案】(1) 凯恩斯的货币需求理论又叫流动性偏好理论。流动性偏好是指由于货币具有使用上的灵活性，人们宁肯牺牲利息收入而储存不生息的货币来保持财富的心理倾向。凯恩斯认为，人们的货币需求动机主要有三个，即交易动机、预防动机和投机动机。因此可将总货币需求 L 分成两部分：为满足交易动机和预防动机而持有的货币量 L_1，这部分货币需求主要取决于收入，随着人们收入的增长而增加，是收入的函数，即 $L_1=ky$；为满足投机动机而持有的现金额 L_2，这一货币需求主要取决于利率 r，利率较高时，债券价格较低，人们预期债券价格将上升，因而会用手里的货币去购买债券，货币需求就会减少，所以 L_2是利率 r 的减函数，即 $L_2=-hr$。因此，凯恩斯的货币需求函数可表示为：

$$L=L_1(y)+L_2(r)=ky-hr$$

(2) 弗里德曼认为凯恩斯的货币需求只注意到了利率和收入对货币需求的影响，而忽略了人们的财富持有量也是决定货币需求的重要因素。此外，人们并不是简单地只在货币和债券两种资产间进行选择。因此，弗里德曼提出了现代货币需求理论。他的货币需求函数可表示为：

$$M=f\left(P, r_b, r_e, \frac{1}{P}\cdot\frac{\mathrm{d}P}{\mathrm{d}t}, \omega, Y, u\right)$$

式中，P 为一般价格水平，r_b、r_e分别为债券的市场利率、股票的预期收益率，$\frac{1}{P}\cdot\frac{\mathrm{d}P}{\mathrm{d}t}$ 为价格的预期变动率，ω 为非人力财富与人力财富的比率，Y 为永久收入，u 为影响货币需求的其他变量。弗里德曼指出，尽管货币需求是多种复杂变量的函数，但是起决定作用的变量是永久收入，它有高度稳定性，从长期来看不会发生大的变动。利率、价格变动率等对货币需求的作用十分有限，因此，从总体上来看，货币需求函数是稳定的。

(3) 弗里德曼的新货币数量论是在凯恩斯流动性偏好理论的基础上发展而来的，两种货币需求理论各自成为某学派的理论基础：凯恩斯的货币需求理论成为 IS—LM 模型的理论基础；弗里德曼的新货币数量论成为货币主义理论观点的基础。

2.【答案】虽然传统的货币数量论是关于货币供给和一般价格水平的一套理论，但弗里德曼认为，货币数量论首先是一个关于货币需求的理论，而不是关于一般价格水平或货币收入的理论。这是因为：

(1) 真实产量水平是一个比较稳定的因素。名义收入的变动主要来自物价的变动，而物价的变动纯粹是一种货币现象，根源于货币供给与货币需求相互作用的结果。因此，要解释物价水平或名义收入的变动，必须将货币需求与货币供给结合起来加以说明。

(2) 货币供给量是由货币当局决定的外生变量，在理论分析方面没有实质性意义，故分析的重心就自然地落到货币需求函数上。因此，在弗里德曼看来，要解释物价水平与名义收入的变动，首先必须考察货币需求函数的性质。

3. **【答案】** 萨伊定律是法国古典经济学家萨伊在1803年出版的《政治经济学概论》一书中提出的著名论点，即供给自动创造需求。这一命题的含义是：任何产品的生产除了满足生产者自身的需求外，其余部分总会用来交换其他产品，即形成对其他产品的需求。每个人实际上都是在用自己的产品去购买别人的产品，所以卖者必然也是买者。一种产品的供给增加，实际上也是对其他产品的需求增加；一国供给能力增加1倍，所有产品的供给量都会增加1倍，购买力也会同时提高1倍。一个自然而然的结论是：总需求总是且必定等于总供给，经济总能实现充分就业的均衡。需要指出的是，萨伊定律并不否认局部的供求失衡，而只是否定全面生产过剩的失衡。

萨伊定律以完全竞争市场为前提，认为依靠自然的经济秩序，所有的问题都会得到完美解决，经济总能处于充分就业的均衡状态。在政策主张上，萨伊主张放任自流的经济政策，减少政府对经济的干预，而凯恩斯主义则主张政府干预。萨伊定律的根本错误是把资本流通和简单商品流通相等同，又把简单商品流通和物品之间的交易相等同，忽视了存在于简单商品流通和资本流通之间的各种矛盾冲突。

供给自动创造需求是所谓的萨伊定律，它的经济学含义是：需求是由供给决定的，有多少供给就会有多少相应的需求。在某些时代，经济属于短缺经济，这种说法是合理的，但是当经济发展到过剩时代时，这个说法就不再成立。凯恩斯批判了萨伊定律，提出在大萧条时代要干预需求。

4. **【答案】** 货币理论与总需求理论中描述的情况可以用 $AD—AS$ 模型来进行统一的分析。如图21-2所示，在短期中，货币发行量增加导致 AD 曲线的扩张性移动，从 AD_1 移动到 AD_2，均衡收入与均衡价格同时提高，在引发通货膨胀的同时导致产出增加，这个过程可以由 A 点到 B 点的运动轨迹表示。在长期中，随着价格水平的上升，人们有充分的时间来调整预期，价格黏性、工资黏性等短期特征消失，AS 曲线会发生紧缩性移动，从 AS_1 移动到 AS_2，最终，均衡收入回到自然产出水平 y_f，而价格进一步上升，这个过程可以由 B 点到 C 点的运动轨迹表示。这时，货币发行量增加只引发了通货膨胀，而没有影响实际产出。

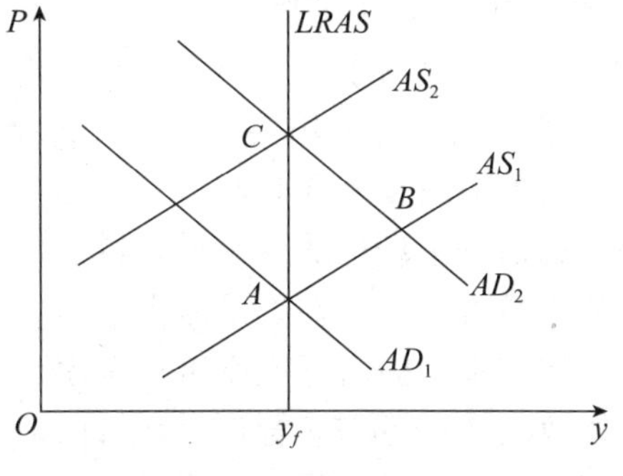

图21-2　AD—AS 模型

因此，两者的关键区别在于考察问题的时间视角不同，一个着眼于短期，另一个着眼于长期。从现实情况来看，在短期内，货币发行量增加确实会影响实际产出，总需求理论能较好地解释现实；在长期内，自然产出水平会随着技术水平、资源禀赋的改变而改变，这种产出的变动很难具体分解为生产上的因素和货币供给上的因素，因此，更难对长期中的经济事实进行合理的解释。现实情况在短期内更符合总需求理论，在长期内更符合货币理论。

5.【答案】古典二分法是指古典经济学中的价值理论与货币理论互不相关的现象。古典经济学认为，社会经济中存在互不相关的"真实部门"与"货币部门"两个部门。各种商品与要素的价值是由影响它们的供求的实际因素决定的。例如，商品的需求由商品的边际效用决定，而商品的供给则由商品的生产成本决定。商品的价值由供求共同决定。货币对商品与要素价值的决定不起任何作用。货币仅仅是覆盖在实际因素或真实经济上面的一层面纱而已。货币及其数量的多少只决定商品价格的名称及其绝对水平，对产出总量、构成以及各种商品的交换比例没有任何影响，即货币数量与真实经济变量无关，货币在经济中呈"中性"。

6.【答案】传统的货币数量论可分为现金交易说与现金余额说。(1) 现金交易说是指交易方程 $MV=Py$，其中货币流通速度 V 是由社会惯例、个人习惯、技术发展状况以及人口密度等因素决定的，在短期内保持不变。在充分就业条件下，实际国民收入 y 变动极小，也可视为不变。因此，由于 V 和 y 是常数，货币数量 M 的变动导致了物价 P 的同比例变动。(2) 现金余额说是指著名的剑桥方程。剑桥学派认为，货币同普通商品一样，其价格也由供求关系决定。由于货币供给是由货币当局控制的，属于外生变量，因此货币价值的大小便主要由货币需求决定。他们将研究重点放在了货币需求上，并认为人们对货币的需求在国民收入 Y 中是一个稳定的比例 k，因此货币需求可表示为 $M=kY=kPy$，k 表示以货币形式持有的国民收入的比例，是货币流通速度 V 的倒数。如果 k 和 y 都为常数，则物价水平与货币存量同比例变化，这就从另一个方面得出了与现金交易说相同的结论。

凯恩斯的货币需求理论是在传统货币数量论之上发展而来的。它与货币数量论的相同之处在于：(1) 两者都认为货币的价格是由货币的供求决定的，而货币供给是由货币当局决定的一个外生变量，继而将研究重点放在了货币需求上；(2) 两者都认为人们对货币的需求与国民收入 y 相关。它与货币数量论的不同之处在于：(1) 凯恩斯认为，传统货币数量论中的实际收入 y 并不是常数，货币流通速度 V 或货币持有比例 k 也是变动的。(2) 为了具体解释 V 或 k 的不稳定性，凯恩斯对剑桥方程加以修改并提出了自己的货币需求理论。他将人们对货币的需求划分为交易需求、预防需求与投机需求，并认为前两种需求与国民收入 y 正相关，后一种需求与利率 r 负相关。这样，凯恩斯就将传统货币数量论中的 V 或 k 从假定为常数变换成取决于国民收入 y 和利率 r 的变数，从而直接将利率 r 列入影响货币需求的因素中，这是凯恩斯货币理论的一个重要特点。

由此可以看出，凯恩斯理论与古典学派在货币需求原因上的主要区别在于：古典学派仅考虑了货币的交易需求及预防需求，而凯恩斯则重点考虑了货币的投机需求。

7.【答案】相机抉择是指政府在进行需求管理时，可以根据市场情况和各项调节措施的特点，机动地决定和选择当前究竟应采取哪一种或哪几种政策措施。相机抉择政策分为相机抉择的财政政策和相机抉择的货币政策。

货币主义反对相机抉择的政策操作方式，主要是基于三条理由：

(1) 政府的预测能力有限。政府预测经济是通过一些计量经济模型实现的，但这些模型本身并不能精准地计量经济现实，而政府要预测几个月后的经济会怎样变化，难度就更大了，很有可能会做出相反的预测。

（2）任何政策都有时滞。无论是财政政策还是货币政策，从认识经济现实到制定政策，再到实施，再到产生效果，都要有一个很长的实践过程。在此过程中，经济可能发生了与预期目标不同的变化，甚至相反的变化，这会影响经济政策的效果。

（3）公众的预期会遏制政策的效果。政府在制定政策时，并没有考虑到具有理性预期的当事人能够利用相关知识预期到经济政策的影响，并且采取对策。例如，政府制定增加货币供给的政策时，公众会预期到通货膨胀，于是会预先要求提高工资、利率。因此，在公众的预期面前，政府的政策有效性大打折扣。

货币主义学派认为，货币政策能胜任两项任务：能够防止货币本身成为经济混乱的一个主要根源，能够给经济提供一个稳定的环境。根据这一认识，货币主义提出，在没有通货膨胀的情况下，按平均国民收入的增长率再加上人口增长率来规定并公开宣布一个长期不变的货币增长率，是货币政策的最佳选择，这就是单一政策规则。

8. **【答案】**（1）经济学家对预期的研究经历了静态预期、适应性预期、理性预期三个阶段。

静态预期仅仅以前一期的实际市场价格为依据来预期本期的价格，或者说以本期的实际市场价格为依据来预期下一期的价格。如果以P_t^e代表人们在（$t-1$）期预期的某商品在t期的价格，P_{t-1}为该商品在（$t-1$）期的实际价格，则静态预期可表示为：

$$P_t^e=P_{t-1}$$

在微观经济学的蛛网模型中，生产者根据上一期的产品价格来决定本期的生产量，即认为上一期的产品价格也就是本期的产品价格，这便是静态预期。

适应性预期则不仅以前一期的预期价格为依据，同时还考虑到前一期预期的误差，在此基础上来进行预期。适应性预期可以表示为：

$$P_t^e=P_{t-1}^e+\beta(P_{t-1}-P_{t-1}^e)$$

式中，P_t^e为（$t-1$）期预期的某商品在t期的价格，P_{t-1}^e为（$t-2$）期预期的该商品在（$t-1$）期的价格，P_{t-1}为该商品在（$t-1$）期的实际价格，β为预期误差调整系数，其取值来自人们的经验。当$\beta=1$时，适应性预期就相当于静态预期；当$\beta=0$时，前一期的价格预期等于后一期的价格预期。一般情况下，$0<\beta<1$。

理性预期是指人们的预期符合实际将发生的事实。理性预期是由约翰·穆思在1961年首先提出的。理性预期包含三个条件，分别是：①经济主体是理性的；②经济主体在做出决策之前会搜集到一切有关的信息；③经济主体在预期时不会犯系统性错误。也就是说，由于正确的预期能使经济主体得到最大的利益，所以经济主体能随时随地根据他所得到的信息来修正他的预期值的错误，从而从整体上看，变量的未来预期值与实际值是一致的。理性预期可以表示为：

$$P_t^e=E(P_t)$$

式中，$E(P_t)$为经济主体根据其在（$t-1$）期所获得的所有相关信息做出的对t期的某种商品价格或整个物价水平的预期，它相当于数学意义上的期望值。

理性预期并不意味着经济主体能够100%地准确预期经济变量的变化，但人们的预期不会发生系统性错误，其期望值与实际情况是一致的。理性预期已经被目前两大主流经济学流派——新凯恩斯主义、新古典宏观经济学——共同接纳，成为这两大学派共同的理论假设。

（2）人们对房价走势的预期主要还是参考历史价格，但是，由于房价已经连续上涨几十年之久，每年的涨幅不同，人们对房价走势的预期已经从静态预期发展到适应性预期，再发展到理性预期，因为人们会参考国外房价的数据，以及有关部门的宏观调控政策等多方面的信息来预期房价未来的走势，属于理性预期。

9.**【答案】**（1）实际经济周期理论是20世纪80年代美国古典经济学家提出的一种新的经济周期理论模型。实际经济周期理论认为，经济的实际冲击是经济周期波动的主要原因。实际冲击是指对经济的实际方面产生的扰动，比如影响生产函数的冲击、影响劳动力规模的冲击、影响政府购买实际数量的冲击等。但实际经济周期理论认为，技术冲击即生产函数随时间发生的变化是最重要、最主要的冲击，通常称其为供给冲击。

（2）实际经济周期理论对宏观经济波动的解释。

①反向技术冲击对经济的影响。反向技术冲击会降低劳动的边际产品，相应地，在任何实际工资水平下降低对劳动的需求而达到均衡时，实际工资水平和就业量下降。由于反向技术冲击降低了等量资本和劳动的产出数量，以及使均衡就业数量下降，产出的均衡水平将低于技术冲击发生前的产出水平。当产出的一般均衡水平（充分就业产出）发生变化时，由于快速的价格调整可以使实际产出等于充分就业产出，因此当经济衰退时实际产出减少，当经济繁荣时实际产出增加，并且始终处于一般均衡状态。

②技术冲击是经济衰退的原因。尽管经济中存在许多类型的冲击，但实际经济周期理论认为，技术冲击是最主要的甚至是唯一的衰退源泉。经济波动可以是由较大的、对整个经济都产生影响的技术冲击造成的，也可以是由一系列较小的技术冲击的累积效果造成的。因此，尽管识别特别的、较大的技术冲击比较困难，但经济周期仍是技术冲击的结果。

③对技术冲击的测量。索洛余量是衡量技术进步最常用的测度标准，索洛余量测量的是全要素生产率的变化。根据柯布-道格拉斯生产函数，A为全要素生产率，表示总产出中没有被资本投入和劳动投入所直接解释的部分。

10.**【答案】**技术冲击是指由生产设备更新、管理水平提高、组织制度创新等引起的生产率的变化。在经济发展过程中，技术冲击决定了投入即资本与劳动转变为产出的能力，从而引起了产出与就业的波动。由于技术冲击具有随机性质，因而它使产出的长期增长也呈现出随机的跳跃性：当技术进步发生时，经济将在更高的起点上增长；当技术条件恶化时，经济将出现衰退。技术冲击最初只是发生在某一个部门中，但由于社会经济各部门之间的相互联系，因此技术冲击会引起宏观经济波动，当然，这一波动可能是由连续的、单方向的技术冲击造成的，也可能是由一次性的、重大的技术冲击造成的。实际经济周期理论认为，技术冲击是通过影响供给而造成经济波动的，并且对经济的影响将是长期的。如技术进步使得投入转化为产出的能力提高，即通过对供给的冲击，导致经济波动，这种影响将是长期的，这种影响不会随着时间的推移而有所变化，除非发生新的技术冲击。

货币冲击是指资本流入对本国实际货币需求的冲击。通常首先影响到的是一般价格水平，因而经济人要经过一段时间才能分辨出这种变化不是相对价格变化而是总需求变化，因此，在短期内，货币冲击的确可以起到改变均衡产出的作用。但在长期，人们总会意识到系统性货币政策调整的规律，并对自己的预期进行相应的修正，从而使得关于总需求的预期与实际总需求的变化相一致。在这种情况下，总产出水平将始终维持不变，货币政策只能改变价格，而不能改变实际均衡产出，这一结论也被称为货币中性论。

11.**【答案】**货币主义的短期菲利普斯曲线与新古典宏观经济学的幻觉的菲利普斯曲线的区别主要有以下三点：

（1）它们产生的根源不同。货币主义的短期菲利普斯曲线根源于拥有适应性预期的工人在货币扩张（即使公开宣布）条件下所产生的货币幻觉；幻觉的菲利普斯曲线根源于厂商和劳动者双方在央行实施未公开宣布的货币政策时对相对价格和真实相对工资产生的幻觉或预期误差。

（2）它们存在的时间长短不同。货币主义的短期菲利普斯曲线存在的时间总是长于新古典宏观经济学的幻觉的菲利普斯曲线。因为理性预期误差的调整是一步到位的，而适应性预期误差的调整是缓慢的、渐进的。

（3）它们的政策含义不同。货币主义认为，既然短期菲利普斯曲线向右下方倾斜，那么，货币政策在短期能够同时影响价格水平和实际产量，即货币数量在短期是“非中性”的。新古典宏观经济学认为，向右下方倾斜的幻觉的菲利普斯曲线存在的时间相当短暂，因为理性的人们会及时修正自己的预期，使菲利普斯曲线迅速垂直。因此，货币政策即使在短期也是“中性”的，不可能对产量产生影响。

12.**【答案】**新古典宏观经济学的政策无效性命题建立在理性预期、价格和工资的灵活性引起的市场连续出清以及自然率等三大假说的基础上。自然就业量的变动（即大于或小于自然率水平）取决于实际和预期的通货膨胀率之间的差额，那么旨在改变就业量的宏观经济政策——不论是财政政策还是货币政策——都必须通过影响这两个通货膨胀率之间的差额才能发挥作用，而影响该差额的目的又在于给经济主体造成幻觉，使他们形成错误的看法。因此要使宏观经济政策有效，必须使其具有“欺骗”性质。然而，你在一段时间内可以欺骗所有的人，或在长期中欺骗一部分人，但绝不能在长期中欺骗所有的人。也就是说，按照理性预期假说，人们不会在长期中系统地和持续地犯认识上的错误，所以宏观政策无效。例如，央行实施公开宣布的扩张性货币政策，一定会被理性的私人部门预期到，它们会做出相应的反应，导致一般价格水平和工资及时而又完全的调整，使得市场依然保持出清状态，从而就业量依然是充分就业量，不受货币冲击的影响，货币政策无效。如果央行实施未公开宣布的扩张性货币政策，厂商和工人可能产生错误的预期，并做出错误的反应，分别增加产量和劳动供给。然而，一旦当事人意识到相对价格并没有变化，产量和就业就又回到长期均衡（自然）水平。

13.**【答案】**新古典宏观经济学作为货币主义的延伸出现在 20 世纪 70 年代，也被称为理性预期学派，该学派以个体利益最大化、理性预期、市场出清、自然率为假设条件，形成了一系列与传统的凯恩斯主义相反的理论观点。

新古典宏观经济学的主要观点为：（1）宏观经济政策无效论。宏观经济政策既包括财政政策，也包括货币政策。根据自然率的假设，资本主义经济在长期中会处于自然失业率状态。宏观经济政策的目的和效果在于使社会脱离这种状态。不管通过经济政策来造成这种脱离是否有必要，按照理性预期的假设条件，都不可能达到目的，即宏观经济政策是无效的。(2) 适应性预期错误论。因为人们在预期未来时，除了以过去的事实为依据，也要考虑事态在将来的变化，因此，适应性预期不但不符合现实，而且违反了人们为了实现自身利益的最大化，必然会利用包括将来的信息等一切信息，来寻求最精确的预期这一原则。由于这一原因，一切使用适应性预期的模型都是错误的。(3) 反对凯恩斯主义的“斟酌使用”的或者对经济运行“微调”的经济政策。这个观点的理论基础是“卢卡斯批判”。简言之，“斟酌使用”或“微调”的政策是靠不住的。

新古典宏观经济学派主张自由竞争的市场经济，而不提倡国家干预。他们认为如果政府的干预政策被个体预期到，会削弱政策的执行效果，有时政策会完全无效，甚至会产生相反的效果。

14. **【答案】**巴罗-李嘉图等价定理认为，由于消费者具有理性预期，当政府减税并且用发行公债为政府开支融资时，消费者预期到政府为保持长期预算平衡会在未来增税，这将使消费者的总收入不变。于是，减税对消费者的行为没有影响，即通过公债筹资和通过增税筹资是等价的。

但是，这一定理受到了很多非议，我认为至少在以下情况下，这一定理并不适用：

(1) 当公债期限超越消费者的生命期限，并且该消费者没有自己的后代的时候。虽然巴罗认为人们都是关心后代的，但人们对他人后代的关心远不如对自己的关心，因此，如果自己被免除的税收是由其他人的后代买单，消费者不会因此而增加储蓄以留给其他人的后代来支付未来增加的税收。

(2) 消费者受到借贷限制的时候。此时，虽然消费者知道自己或者后代未来需要支付更高的税收，并且愿意为此增加储蓄，但是，由于消费者当期的基本消费已经超越了当期的收入，因此，消费者对未来的额外税收负担有心无力，无法增加储蓄。

(3) 消费者面临强烈的“即时满足的吸引力”时。按照戴维·莱布森的说法，很多消费者并不是完美的理性决策者，他们贪图即时消费的享受，因此，政府间接减税而使得消费者收入间接增加后，消费者会增加更多的当期消费，这也使得为未来而增加的储蓄比巴罗和李嘉图所认为的少。

15. **【答案】**新凯恩斯主义是指 20 世纪 70 年代以后在凯恩斯主义基础上吸取非凯恩斯主义的某些观点与方法所形成的理论。

新凯恩斯主义仍坚持凯恩斯主义非市场出清的观点，因此也坚持政府干预经济的主张。新凯恩斯主义认为，在当代市场经济中信息是不对称的，并且工资和价格的变动具有黏性，所以，在短期内仍然会出现偏离自然失业率、有效需求不足的现象，从这个角度来看，需求管理政策仍然是必要的。但是，新凯恩斯主义并不仅仅是坚持凯恩斯主义短期需求管理的主张：(1) 特别强调供给学派从供给方面调节经济的思路，主张从长期和供给方面着手来考虑经济政策；(2) 吸收了理性预期学派的理性预期观点和被预期到的宏观经济政策无效观点；(3) 研究了一些新的现象和机制，如提出了在货币政策起作用的机制方面，不应只考虑利率，还应该考虑普遍存在的信贷配给机制；(4) 强调平衡性的财政政策，认为财政赤字对经济是有害的，它会引起投资的减少和贸易逆差的增加。

16. **【答案】**虽然在政策建议上，凯恩斯主义和供给学派都主张减税，但是二者有本质的区别。

(1) 凯恩斯主义是站在总需求的角度主张减税的。凯恩斯主义认为有效需求不足导致了经济萧条，而刺激总需求的最有力、最直接的手段就是财政政策，其中减税就是财政政策的手段之一。

(2) 供给学派则是站在总供给的角度主张减税的。供给学派认为不是需求决定供给，而是供给能够创造需求，而刺激供给的主要手段是降低税率，因为累进税制的高税率政策会严重挫伤企业主的经营积极性，使储蓄率和投资率下降、劳动者的工作热情低落，从而使生产和就业停滞，并由此导致“滞胀”。只有大幅度减税以增加个人收入和企业利润，进而促进储蓄和投资，刺激工作和经营的积极性，才能使生产率提高。

17. **【答案】**目前西方宏观经济学的基本共识有：

(1) 在长期，一国生产产品和劳务的能力决定着该国居民的生活水平。

首先，GDP 衡量了经济中产品和劳务的总产出，进而衡量了一国满足其居民需要和欲望的能力。其次，在长期，GDP 依赖于包括劳动、资本和技术在内的生产要素，当生产要素和技术水平提高时，GDP 增长。

(2) 制度对于长期经济增长是非常重要的。

基础性制度例如清晰的产权界定、清廉的政府等对实现高经济增长是非常关键的。市场经济通过价格来协调市场上的企业之间以及企业与消费者之间的交易，但价格机制发挥作用的一个重要前提是经济中广泛尊重产权。

(3) 在长期，货币增长率决定通货膨胀率。

西方宏观经济学强调货币供给的增长是通货膨胀的最终决定因素，也就是说，在长期，只有当货币当局发行了越来越多的货币时，通货的实际价值才会随着时间的推移而下降，“通货膨胀时时处处都是一种货币现象”。

(4) 在短期，总需求影响一国生产的产品与劳务的数量。

在短期，由于价格是黏性的，所以总需求至关重要。由于总需求在短期内影响产出，所以，所有影响总需求的变量都能够影响经济波动。由于总需求对短期经济波动是重要的，所以政策制定者需要对经济进行密切的监控。

(5) 在短期，政策制定者面临通货膨胀和失业之间的权衡。

在短期，失业和通货膨胀之间存在着短期菲利普斯曲线所表达的替代关系，政策制定者可以通过货币政策和财政政策扩大总需求，这会减少失业并提高通货膨胀；反之，政策制定者也可以反向操作以紧缩总需求，这会降低通货膨胀和增加失业。

(6) 预期是重要的。

理性预期理论表明，公众和市场对政策行动的预期对经济中几乎每个部门都有重要影响，对预期的管理是货币政策制定的关键因素。预期管理还强调了货币当局行动的重要性：如果货币当局的行动与它想如何管理预期相一致，那么货币当局就会被信任。

18. **【答案】**(1) 按照生命周期假说和永久收入假说，减税的有效性取决于减税是一次性的还是永久性的。

如果减税是一次性的，这意味着消费者收入的增加是一次性的，而非永久性的，则消费者为了保持有生之年消费的平稳，将会增加储蓄，降低平均消费倾向，使刺激消费需求的有效性降低；如果减税是永久性的，则消费者的储蓄率不变，增加的收入将更多用于消费，使对消费需求的刺激更有效。

（2）政府支出增加不会增加 C 国的总产出。因为劳动市场不存在任何摩擦和扭曲，劳动市场必定处于充分就业状态，则总供给曲线是一条垂直的直线，积极的财政政策——尤其是增加政府支出——虽然会使 AD 曲线右移，但由于 AS 曲线垂直，故不会增加国民收入，只会引起通货膨胀。

（3）一方面，个人所得税的减少会间接增加工人的工资，又由于经济处于衰退之中，工人的收入不高，故工资还没增加到劳动供给曲线后弯的阶段，工资上涨只会导致劳动供给的增加。另一方面，企业所得税及其他税种的减少会提高企业的利润率，这会导致劳动需求增加。劳动供给和需求的同时增加使得劳动供求曲线同时右移，在新的均衡点上，企业雇用了更多的工人，总供给因此而增加，即 AS 曲线右移，国民收入因此而增加。

（4）由于增加政府支出不能达到刺激经济增长的效果，而减税却可以达到这一效果，所以我倾向于采用所得税的永久性减少政策。正如上一问所答，在迅速出清的劳动市场上，所得税的长期减少带来的劳动供给增加会迅速形成新的、劳动投入更高的均衡，使得总供给曲线长期右移，带来产出的增长。但仅仅旨在刺激总需求的增加政府支出的政策，在迅速出清的劳动市场——从而一条垂直的总供给曲线——条件下，不会对产出产生影响，反而会导致通胀。

【提示】在第（2）问里，如果套用 $IS—LM$ 模型中的凯恩斯陷阱理论，并由此得出增加政府支出非常有效的结论，是不对的，因为 $IS—LM$ 模型适用于工资和物价具有刚性的短期分析，而本题的假设前提更符合长期分析的情况，所以 $IS—LM$ 模型在这里不适用。或者说，利用 $IS—LM$ 模型只能分析出 AD 曲线右移，但本题中由于 AS 曲线垂直（而非向右上方倾斜），所以 AD 曲线右移是无效的。本题显然要使用供给管理政策，移动 AS 曲线才能增加国民收入。

19. **【答案】**新古典综合派是西方宏观经济学的正统，自第二次世界大战后兴盛达 20 余年，在 20 世纪 60 年代中期以后开始衰落。从经济理论方面来看，导致新古典综合派衰落的原因至少有以下三个方面：（1）不能解释滞胀问题。20 世纪 70 年代中期以来，西方主要资本主义国家在通货膨胀率居高不下的同时，失业率上升，即出现滞胀现象。滞胀现象与新古典综合派的理论发生了明显的冲突。按照新古典综合派所信奉的菲利普斯曲线，只有当总需求大于总供给时，通货膨胀率的数值才会为正，即存在通货膨胀。在总供给大于总需求时，通货膨胀率的数值只能是负值，即价格下降，从而不可能存在通货膨胀。因此，根据菲利普斯曲线，失业和通货膨胀不可能并存。这显然违背滞胀的事实。（2）新古典综合派不但不能在理论上说明滞胀现象，而且对解决这一困难束手无策。根据新古典综合派的理论，如果存在过度繁荣，从而通货膨胀加剧，那么政府应该采取紧缩性财政政策和货币政策，减少总需求。然而，同样是依据它的理论，紧缩性政策造成总需求降低的直接结果是减少就业，从而失业率上升。同样，为了降低失业率，政府应该增加总需求。但总需求的增加将导致通货膨胀加剧。这意味着，治理失业和通货膨胀的政策选择处于两难的境地：消除“滞”的政策将导致“胀”的加剧，而缓解“胀”会使得“滞”更加严重。由此可见，滞胀问题是新古典综合派难以克服的困难。（3）导致新古典综合派衰落的另一个原因是劳动生产率问题。第二次世界大战后，美国、英国、加拿大等国普遍存在劳动生产率增长缓慢的问题，对于这一经济现象，需要在理论上加以说明，并提出相应的对策。然而，在新古典综合派的理论中，影响劳动生产率的因素经常被看成经济系统的外生变量而被假定为已知。所以，有关劳动生产率的论述很少，更谈不上对此提出相应的政策措施。

20. **【答案】**新凯恩斯主义和原凯恩斯主义都坚持非市场出清的假设，但两者的非市场出清理论模型存在较大的差别。第一，原凯恩斯主义的非市场出清模型假定工资和价格是刚性的，不能及时调整。在受到总需求冲击以后，市场常常在比较长的时间内不能出清。新凯恩斯主义认为，工资和价格具有黏性。在受到源于各种因素的冲击以后，工资和价格能够调整，但是调整的速度十分缓慢，需要耗费相当时日才能让市场重新出清。第二，原凯恩斯主义对工资和价格刚性的假定是相当武断地做出的，没有进行必要的解释。而新凯恩斯主义则不同，它在模型中增加了经济当事人利益最大化原则假设和理性预期假设，使其突破了原凯恩斯主义的理论框架。这也表明，新凯恩斯主义想解决原凯恩斯主义经济学和传统微观经济学之间的矛盾，试图在微观经济学基础上重建宏观经济学。

五、 计算题

1. **【答案】**（1）物价水平 P＝名义 GDP/实际 GDP＝200 000/100 000＝2。

由 $MV=Py$ 可知，货币流通速度 $V=Py/M$＝200 000/10 000＝20。

（2）每年经济产品和劳务的产量增加 5%即实际 GDP 增加 5%，明年的实际 GDP 为 y＝100 000×(1＋5%)＝105 000（亿元）。

明年的物价水平 $P=MV/y$＝10 000×20/105 000＝40/21

明年的名义 GDP＝Py＝40/21×105 000＝200 000(亿元)

【提示】事实上，按照 $MV=Py$，其中 Py 表示名义 GDP，在 MV 不变时，必然也有名义 GDP 不变，所以与第一年名义 GDP 是相同的。

（3）按照 $MV=Py$，如果 V 与 P 不变，则 M 与 y 的变动率相同，所以，货币供给应该也增加 5%，即明年的货币供给 M＝10 000×(1＋5%)＝10 500（亿元）。

（4）按照 $MV=Py$，把通胀率控制在 10%即 P 增加 10%，由于 y 增加 5%，V 不变，所以 M 的变动率＝(1＋10%)×(1＋5%)＝1.155，即货币供给应设定为 1.155×10 000＝11 550（亿元）。

2. **【答案】**（1）由 $MV=Py$ 可知，

2019 年：$V=Py/M$＝1 000/100＝10。

2020 年：$V=Py/M$＝1 100/120≈9.2。

2021 年：$V=Py/M$＝1 210/144≈8.4。

计算结果表明货币流通速度在 2019—2021 年呈递减趋势。

（2）当货币流通速度 V 不变时，即 V＝10 时，

2020 年：$Py=MV$＝120×10＝1 200＞1 100。

2021 年：$Py=MV$＝144×10＝1 440＞1 210。

计算结果表明如果以 2019 年为基期标准，则经济可能处于通货紧缩或是经济衰退状态。

六、论述题

1.【答案】实际经济周期理论家区分了经济周期的刺激与传播机制。刺激机制是最初的冲击，它使得某一变量偏离其稳态值。传播机制包含那些使冲击效应随时间向后传递并使得对稳态的偏离持续化的因素。在实际经济周期理论中，刺激机制是技术冲击引起的要素生产率的变动，传播机制是劳动供给对实际工资变动做出的较大的反应。实际经济周期理论认为，较大的技术变化率的随机变动引起要素生产率的随机波动，进而引起要素价格和要素供给的变动，最终引起总产量的变动，即引起经济周期。

一次有利的技术冲击会提高劳动的边际产品，导致实际工资低于劳动的边际产品，引起厂商增加对劳动的需求，导致实际工资提高，使得劳动供给相应增加。因此，有利的技术冲击最终会增加就业、提高产量。

经济周期的特征事实表明，实际工资较小的顺周期变动是与就业较大的顺周期变动相联系的。就业扩大的程度取决于当时实际工资水平下的劳动供给价格弹性。因此，劳动供给价格弹性必须足够大，才能使较小的实际工资变动产生较大的就业变动，引起经济波动。实际经济周期理论家用劳动的跨期替代和实际利率效应来说明劳动供给价格弹性通常比较大的原因。

其一，如果技术冲击是短暂的，使得当期实际工资只是暂时地高于标准工资，那么劳动者将“晒草要趁太阳好”，以工作替代目前的闲暇，而在预期实际工资较低的未来减少工作。因此，工资率的微小变动能引起劳动供给较大的变动。

其二，实际工资增加引起的产出增加会增加投资，进而导致实际利率上升。实际利率的上升促使家庭在目前供给更多的劳动。因为在实际利率上升的条件下，通过目前劳动赚取的收入的价值相对于未来赚取的收入的价值是上升的。这种实际利率上升增加劳动供给的效应可以表现为劳动供给曲线向右下方的移动。

实际经济周期理论的主要政策含义是稳定经济波动的政策不仅是无效的，而且对社会是有害的。因为经济波动是理性的经济当事人对主要由技术变迁引起的对生产函数的冲击所产生的帕累托有效率的反应的结果。所观察的经济波动不应当被视作对产量的理想趋势轨迹的偏离，而是一种持续变动的充分就业均衡。因此，用货币因素来解释这种不稳定就不再是恰当的了。同时货币政策也不可能有任何实际效应，货币是超中性的。由于工人能够决定他们想工作多长时间，因此观察到的失业总是自愿的。政府为实现充分就业而实施的一系列政策不仅无效（因为经济已经到了那里），而且几乎肯定会降低福利。对于实际经济周期理论家而言，凯恩斯主义和货币主义经济学家对于稳定问题的重视是一个代价高昂的错误。在动态世界里，不稳定是人们所期望的，正如它是不可避免的一样。

2.【答案】卢卡斯的总供给假说或意外总供给函数建立在以下两个正统的微观经济学假说的基础上：（1）工人和厂商最大化自身的利益；（2）无论是工人的劳动供给还是厂商的产量供给，都取决于相对价格（劳动的相对价格或产品的相对价格）。

第一，劳动供给是相对实际工资（现实的实际工资相对于预期的或正常的实际工资）的增函数。新古典宏观经济学家认为，在任何时期，工人都会将自己所能自由支配的时间在工作和闲暇之间进行合理的分配。假设工人对正常或预期的平均实际工资有一个主观标准。如果目前实际工资在正常实际工资之上，工人就有动力在当期工作更多的时间（消费更少的闲暇），期望在预期实际工资降低的将来有更多的闲暇（工作少一些）；相反，如果目前实际工资低于正常实际工资，工人就有动力在当期消费更多的闲暇（工作更少），而期望在预期实际工资提高的未来多工作一些（消费更少的闲暇）。用目前闲暇替代未来闲暇或相反的替代行为被称为跨期替代。跨期替代模型用工人的"自愿"选择来解释就业的变化：工人改变劳动供给是对所察觉到的实际工资的变化做出的理性反应。因此，失业都是自愿的。

第二，产量供给是相对价格（本厂商产品的价格相对于其他厂商产品的价格）的增函数。假定厂商随时都知道自己产品的价格，而对别的市场的一般价格水平变动的了解在时间上是滞后的。当某个厂商的产品价格提高时，该厂商必须确定这种价格变化是否反映了相对价格的变化。如果反映了相对价格的变化，意味着社会增加了对自己产品的需求，厂商应该（理性地）增加产量，这是对自己产品的价格相对于别的产品价格的上升所做出的理性反应；如果自己产品价格的提高不反映相对价格的变化，仅仅是绝对价格的变化，厂商就不应该增加产量。厂商必须区分相对价格变化与绝对价格变化。实际上，一般价格水平的变化越大，生产者提取一个正确的信号（区分相对价格变化与绝对价格变化）就越困难，从而对价格变化做出的供给反应就可能越小。

从以上分析中，可以得出新古典宏观经济学的意外总供给函数：

$$y-y_f=\gamma(P-P^e)$$

上式表明，产量（y）对它的自然水平（y_f）的偏离仅仅是对实际价格水平（P）对其预期价格水平（P^e）的偏离的反应，也就是对没有预期到的（意外）价格水平上升所做出的反应。例如，当市场价格水平普遍提高，某个厂商的产品价格高于其预期值时，该厂商就会感到意外，错误地把自己产品的绝对价格上升当成相对价格上升，进而增加劳动雇佣量和产量，导致经济中就业和产出的上升。但在没有意外价格变化的情况下，产量将保持在它的自然率水平上。

3. **【答案】**新古典宏观经济学的货币经济周期理论认为，影响整个经济的未预期到的总需求冲击（主要由没有预期到的货币供给的变化引起）引起价格预期误差，进而导致产量和就业偏离其长期均衡（自然）水平。这些误差产生的原因是，由于劳动者和厂商拥有的信息不完全（获取信息需要成本，因此，经济主体不可能获得完全信息），他们错误地把一般价格变化当成相对价格变化，从而分别变动劳动供给和产出供给。

设起初的产量和就业位于自然率水平。央行未加宣布突然增加货币供给，引起总需求增加和一般价格水平上升。私人部门没有预期到一般价格水平的上升，分散生产的厂商把它们产品价格的上升当成它们产品的相对价格的上升，从而增加劳动需求量与产量，同时导致货币工资的上升。劳动者则错误地把察觉到的货币工资的上升（相对于他们的预期值）当作真实工资的上升，从而增加劳动供给。与弗里德曼模型中劳动者单方面被愚弄相比，在卢卡斯模型中，劳动者和厂商在信息不完全方面没有任何的不对称：厂商和劳动者都会有预期误差，对没有预期到的普遍的价格上升做出反应，分别提高产品和劳动的供给。结果总产量和就业都将暂时高于它们的自然水平，最终使经济趋于繁荣。一旦私人部门意识到相对价格与实际工资没有变化，劳动者和厂商就会相应减少劳动供给和产品供给，就业和产出就会回到其长期的均衡（自然）水平。

在一般价格水平处于较高水平的经济繁荣时期，如果中央银行未加宣布突然减少货币供给，则会产生相反的情况，使经济趋于萧条。

在货币经济周期学派看来，产量和就业偏离其自然水平是货币供给变化产生的“随机冲击”所造成的人们对价格的预期产生误差的结果。当然，这些预期误差本质上也是随机的。

货币经济周期理论的政策含义涉及宏观经济政策的无效性命题。如果货币供给是由当局按照一些“已知”的规则决定的，那么即使在短期，当局也不可能通过系统性的货币政策影响产量和就业，因为这会被当事人预见到，并做出相应的反应。同样，相机抉择的货币政策引起的货币增长率的变化也会被当事人预见到，使相机抉择的货币政策失效。只有未预期到的货币供给的变化才对实际产量有短期的影响，这种影响主要表现为增大产量和就业对它们自然水平的偏离，加剧经济波动。因此，宏观经济政策对产量与就业来说是无效的。

4.**【答案】**（1）理性预期学派思想的核心便是人们对未来预期的绝对理性，其基本观点是：人们在经济活动中，根据过去价格变化的资料，在进入市场之前就对价格做出预期，这样，他们的决策就是有根据的。该思想主要包括两个方面的内容：①假定消费者花费其收入的行动准则是效用最大化，而生产者的行动准则是利润最大化；②完全预期假设，即假设任何经济行为主体进行当前决策时都考虑了过去以及未来的所有信息，其所预料的未来情况总是完全准确无误地符合未来实际发生的情况。

（2）理性预期学派政策主张的核心就是反对国家干预经济，主要表现在以下两个方面：

①政府应制定长期不变的政策规则，消除政策规则的任意变动性。理性预期学派坚持古典经济学的信条，认为过多的政府干预只能引起经济的混乱，为保持经济繁荣，唯一有效的办法就是尽量减少政府对经济生活的干预，充分发挥市场调节的作用，因为“市场比任何模型都聪明”，它始终是使各种生产资源得以合理配置和充分就业的有效机制。理性预期学派坚持认为，政府的作用只是为私人经济活动提供一个稳定的可以使人们充分相互了解的良好环境。人们需要的是稳定的政策，而不是积极行动主义政策。卢卡斯认为，政府干预越少，经济效率就越高。

②政府的政策目标必须注意长期性和稳定性，并且着力解决通货膨胀问题，政府的决策不能对一国经济的产量、就业和其他实际变量产生影响，但可以对一般价格水平等名义变量产生具有规划性的效果。因此，政府应该把最理想的一般价格水平作为唯一的政策目标，通过果断的政策措施制止通货膨胀，而不应该同时解决通货膨胀和失业问题。卢卡斯认为，政府为了制止通货膨胀，应该制定并公布一些永久不变的政策，并一直坚持下去而不轻易变动，这样经济主体就会逐渐信赖这些政策，而不会因为政府政策的频繁干预而产生持续性的通货膨胀预期。这样，一般价格水平就会趋于稳定，失业就不会增加，生产就不会下降，经济就不会出现急剧的变动。

（3）对我国宏观调控的启发。

①应该充分考虑并正确引导微观主体的理性预期。公众的理性预期是不断提高我国宏观经济政策效果的一个前提条件。中央银行要提高货币政策调控的有效性，就要准确地公布通货膨胀指标和失业率，利用信息优势，通过舆论导向，准确披露决策的相关信息，加

大宣传力度，及时并正确引导经济主体的预期，让公众及时了解这种政策目标的变化，增强其信心。

②构建社会主义宏观经济学的微观基础。理性预期学派揭示了凯恩斯宏观经济学缺乏微观基础，以及违背理性人假定的根本性缺陷。我国在改革开放以及建设社会主义市场经济的过程中，对社会主义宏观经济的调控缺乏必要的微观分析基础这一问题在不同程度上存在着。这个问题不解决，必然会影响到缺乏坚实微观分析基础的宏观经济学及宏观经济政策的正确性和科学性，从而必然制约我国经济理论的发展。因此，可以在进行理论研究和制定政策时，批判地借鉴和吸收理性预期学派的一些思想方法，积极构建我国社会主义宏观经济学的微观基础。

③政府的政策应具有长期性，以期提供一个稳定的经济环境。政策的制定与实施原则上是为了使微观经济主体顺利地从事经济活动，充分实现自身利益的最大化，从而稳定经济，促进经济增长。所以，政府的政策要想得到各种经济成员的积极配合，取得预期的效果，就必须以民为本，取信于民，避免朝令夕改。理性预期学派的政策思想以及我国以前的一些经验教训都十分清楚地表明，经济稳定运行必须以全社会微观经济主体的行为稳定为基础，而行为稳定有赖于其预期的稳定，预期的稳定则与政府政策的稳定性、有效性及权威性密切相关。

5.**【答案】**现代效率工资理论一般都与选择或激励问题有关。效率工资理论可分为逆向选择模型、劳动力流失模型、怠工模型和公平模型四种。

（1）逆向选择模型。

劳动市场存在信息不对称。被雇用工人对自身的能力、忠诚度和守信程度拥有的信息比雇主多，而且被雇用工人试图把那些传递其自身素质的信息的各种标志（如教育程度、以前的工作记录和目前要求的工资等）提供给潜在的雇主。由于招聘和辞退的成本不可忽视，厂商不愿意在雇到工人之后才发现它们须辞退那些生产率低的人。在弄明白工人无法满足生产要求以前，厂商可能需要投入大量资源培训新工人。避免这一问题的一种方法是，厂商以高工资的形式向劳动市场发送信号。厂商提供的工资同时影响工作申请者的数量和质量。如果工人的能力与其要求的工资紧密相关，那么高工资将吸引生产率最高的工作申请者，而任何低于效率工资还愿意工作的人将被看作一个潜在的“劣等品”。即使在现行工资下存在劳动力的过度供给，厂商也不愿降低工资，因为这很可能导致生产率最高的工人自愿辞职。结果就会出现就业不足均衡。

（2）劳动力流失模型。

厂商可能提供高于市场出清工资水平的效率工资的第二个原因是为了减少劳动力流失的成本。职员流失对于厂商来说代价是很大的。如果厂商提供的工资高于现行工资，工人辞职的愿望将显著降低。由于辞职率是实际工资的减函数，所以厂商就有激励支付效率工资以减少劳动力的流失。如果所有厂商都提高实际工资以防止工人辞职，那么，劳动市场必然存在非自愿失业。

（3）怠工模型。

在厂商与工人之间的委托—代理关系中，由于信息不对称，搜集单个工人生产率的信息和连续监督工人对厂商来说成本很大。高于均衡工资的效率工资的支付可能提供一种防止工人怠工的动力。

在市场出清工资下，工人能够迅速找到新工作，故解雇对工人来说就不是一个有效的威胁。如果所有厂商都支付高于市场出清水平的工资，经济中就会存在失业，从而工人就会有不怠工的动力，因为此时被解雇有真实成本（失业），使得偷懒对每个工人而言都变得风险更大。

（4）公平模型。

公平模型认为，人都有一种内在的心理需要，那就是希望自己得到公平的待遇，否则，其士气就会受到不利影响。工人的努力程度是其士气的增函数，而影响士气的一个主要因素就是工人从一个被看作正常状况的给定的工作标准上得到的报酬是否公平。由于对公平没有绝对的衡量标准，人们通过与处境相似的其他工人（厂商内部和外部的工人）相比来衡量公平程度。如果厂商付给工人的工资高于市场工资，工人的反应将是提高其群体工作的标准，从而回馈给厂商一个高生产率，以与高工资相交换。相反，感觉受到不公平对待的工人就会相应降低其努力程度。由于公平工资超过市场出清工资，因而必然产生非自愿失业。这种解释实际工资刚性的独创性理论的精髓是，如果工人认为受到不公平待遇，厂商人力资本的士气很容易受到伤害。那些看重自己名声的厂商或希望获得其劳动力的更高士气和更多忠心的厂商将付出被认为是公平的效率工资。

6.**【答案】**新凯恩斯主义对实际工资黏性的解释可以分为隐含合同理论、效率工资理论和局内人—局外人理论三种。

（1）隐含合同理论。该理论认为，厂商是风险中性的，而工人是风险规避的。由于工人希望在长期得到稳定的收入，厂商也试图保持职员对它的忠心，他们发现相互之间有必要达成一种默契：无论经济繁荣与否，厂商都向工人支付稳定的工资。不变的实际工资使单个工人的消费趋势平稳，而厂商又有能力提供此“保险”，因为在经济波动中厂商比工人处于更好的境况（假设厂商能更好地出入资本市场和保险市场）。厂商与工人的这个协议可能被正式写入劳动合同，甚至在没有正式谈判工资协议的情况下，它可能会隐含地反映在厂商制定工资的行为中。

（2）效率工资理论。该理论认为，实际工资与工人的生产率（或效率）有一定的联系，更确切地讲，实际工资与工人的努力程度相互依存。为保持工人的劳动积极性，提高劳动生产率，厂商可能愿意支付高于市场出清水平的工资；如果厂商削减工资，则厂商要承受生产率下降的代价。当厂商遭受冲击时，为了保持生产率，厂商可能会保持工资水平不变。现代效率工资理论一般都与选择或激励问题有关。效率工资理论可分为逆向选择模型、劳动力流失模型、怠工模型和公平模型四种。

（3）局内人—局外人理论。局内人是指在职雇员，而局外人则是指那些失业工人。局内人拥有一定的决定工资和就业的权力。局内人的权力来源于职员变动成本，包括招募和辞退成本，如搜寻劳动市场的成本、广告和筛选成本、就工作条件谈判的成本、法定的解除就业所支付的诉讼成本。其他重要成本与生产有关，来自培训新雇员的需要。除了这些职员变动成本之外，还有一种新型的成本，即局内人对来自局外人阶层的新雇员的能力进行压制的激励。如果局内人感到其地位受到局外人的威胁，他们可能拒绝与新工人合作并培训他们，导致新工人的工作生活极不愉快。局内人通过提高工作的负效用，促使局外人的保留工资上升，最终使得厂商较不愿意雇用他们。另外，职员变动率较高的厂商既缺乏工作保障，又缺乏发展机会，工人们就缺乏甚至没有激励在其雇主心目中建立起声誉。低激励会伤害生产率，而这又成为高职员变动率的另一种成本。由于厂商用失业的局外人替换在职雇员的代价很大，局内人就有权抽取一份由职员变动成本所产生的经济租金，即要求高工资。

【提示】 新凯恩斯主义区分了名义工资黏性和实际工资黏性，劳动工资合同的长期性和分批到期性是解释名义工资黏性的原因，而不是解释实际工资黏性的原因。

第 22 章

西方经济学与中国

重难点提示

本章的重难点包括：我国国情；我国社会经济发展的主要矛盾；中国经济新常态；供给侧结构性改革；国内国际双循环的新发展格局。

内容精要

一、 我国国情

（1）从社会制度看，西方国家实行的是资本主义制度，而我国实行的是中国特色社会主义制度。

（2）从社会发展历史方位看，经过长期努力，现在中国特色社会主义进入了新时代，社会主要矛盾已经转化为人民日益增长的美好生活需要和不平衡不充分的发展之间的矛盾。

（3）从基本国情看，我国社会仍处于并将长期处于社会主义初级阶段的基本国情以及是世界最大发展中国家的国际地位都没有变。

（4）从经济发展的基本战略看，中国要加快形成以我为主、内外兼修的国内国际双循环相互促进的新发展格局。

（5）从文化传统和意识观念看，我国与西方国家也有重大差别。

二、 政府与市场的定位

资源配置这件事由市场决定，政府则要在制定规章、加强监管、提供公共物品和宏观调控等方面更好地发挥作用。

有为政府的经济职能包括：（1）提升效率；（2）促进公平；（3）稳定经济。

三、 微观经济学的可借鉴之处

以下微观经济理论对我国经济体制改革有可借鉴之处：

（1）均衡价格理论。我国还有少数产品未真正被纳入市场经济轨道，价格仍有扭曲。

（2）商品供求理论。我国还存在大企业垄断价格，政府在个别方面还掌握定价权，难以让商品价格跟着供求变化走。

（3）厂商均衡理论。这些理论中包括的放宽市场准入、保护知识产权激励、让厂商有更大自主权等理论对我国企业发展具有参考价值。

（4）公平竞争理论。我国既要支持公有经济和非公有经济共同发展，也要依法规范发展，反对垄断和不正当竞争行为。

（5）优胜劣汰理论。我国传统观念认为企业优胜劣汰是两极分化的资本主义现象，但是在市场竞争中必然会有企业优胜劣汰，也必须有优胜劣汰，否则经济就没有效率。我国在这方面还有一些问题有待解决。

（6）博弈论和信息经济学的一些理论。我国市场经济历史不长，现代市场经济所要求的人们的守约意识和诚信观念还比较薄弱。在这种情况下，策略均衡理论、逆向选择和道德风险理论、信号传递和激励机制理论等都有用处。

（7）收入分配与贫富差距理论。我国改革开放使经济飞速发展，但也使社会贫富差距日益扩大。我国的收入分配制度改革，既不能搞平均主义做法，即要提高经济效率，又不能使贫富差距过分扩大，即要走向共同富裕。

（8）市场失灵和微观经济政策的理论。无论是在西方国家还是在我国，经济生活中市场失灵的情况都是存在的，而这些情况都是无法依靠市场力量来自动纠正的。

四、 宏观经济学的参考价值

了解西方宏观经济学对认识和研究我国经济发展是有意义的。

（1）关于国民收入衡量的理论。对于如何认识 GDP、核算 GDP 和对待 GDP，西方经济学家提出了不少值得我们思考的观点，其中包括如何与时俱进地改进国民收入核算体系的理论。

（2）关于国民收入决定的理论。目前西方主流经济学的基本思想就是需求决定供给、生产和就业。多年来我国经济发展遵循的也是这一理论。把投资、消费和出口当做拉动经济的“三驾马车”，确实推动了经济快速发展，但也带来了一系列严重问题。现在中国共产党提出了供给侧结构性改革理论，这是对需求决定供给理论的补充和修正。但我国还必须同时注重需求侧管理，打通需求管理中的堵点。

（3）关于长期经济增长的理论。其中最有参考价值的也许是新古典增长模型和内生增长理论，尤其是对要素生产率提高因素的分析，它们对深刻理解我国当前的创新驱动、转型发展很有意义。

（4）关于宏观调控的经济政策理论以及宏观经济学不同流派观点的争论。西方经济学家注重研究的财政政策和货币政策被用来稳定总需求。变动政府支出和收入，变动货币供给量和利率，同样是我国宏观经济政策中的选择。关于宏观经济学不同流派观点的争论也能够启发我们思考在经济出现一定波动时，究竟是政府多一点干预好，还是市场自动调整多一点好；如果确实需要政府干预，是用财政政策好，还是用货币政策好，这些都需要权衡利弊得失。

五、 我国经济社会主要矛盾

我国已进入高质量发展阶段，社会主要矛盾已经转化为人民日益增长的美好生活需要和不平衡不充分的发展之间的矛盾。

六、 中国经济新常态

中国经济新常态是21世纪中国经济社会呈现的一种状态。我国经济正从高速增长转向中高速增长，经济发展方式正从规模速度型粗放增长转向质量效率型集约增长，经济结构正从增量扩能为主转向调整存量、做优增量并存的深度调整，经济发展动力正从传统增长点转向新的增长点。

中国经济新常态蕴含多方面的政策寓意：一是经济增长正式告别高速增长，宏观经济政策告别常态的调控和刺激；二是经济增长的动力转换，尽管发展还是第一要务，但创新已成为第一动力，人才成为第一资源；三是经济结构将“避重就轻”，在推动新型工业化的同时，强力扶持服务业；四是告别货币推动型增长模式，控制包括房地产在内的资产价格泡沫和债务杠杆会优于经济增长本身。

七、 供给侧结构性改革

供给侧结构性改革是指从提高供给质量出发，用改革办法推进结构调整，矫正资源配置扭曲，扩大有效供给，提高供给结构对需求变化的适应性，提高全要素生产率，更好满足广大人民日益增长的美好生活需要，促进社会经济持续健康发展。

八、 中国经济发展新理念

中国经济的五大发展理念是创新、协调、绿色、开放、共享，这五大发展理念是指导中国下一个时期经济发展新的“思想灵魂”。

创新发展是跨越“中等收入陷阱”难题的根本出路。协调发展是要在优化结构、补齐短板上取得突破性进展。绿色发展是人与自然和谐共生的现代化要求。开放发展是要在积极融入国际社会的同时成为主动塑造者。共享发展是经济发展的出发点和落脚点。

九、 国内国际双循环的新发展格局

以国内大循环为主体就是产品要以满足国内市场需求为主，以国内市场需求促进国内生产，以国内生产保障国内消费和投资需要，实现供给和需求的经济循环。

但是，中国的发展离不开世界，世界的发展也离不开中国，持续深化对外开放，科学谋划和主动参与国际经济循环，才能在扩大开放中获得更有力的资源、技术、人才、资金支撑。

因此一定要构建一个国内国际双循环的模式。国内大循环处在主体地位，是国际循环的基础和保证；国际循环则起着带动和优化的作用，是国内循环的外延和补充。

十、经济全球化和经济逆全球化

经济全球化是指世界经济活动超越国界，通过对外贸易、资本流动、技术服务而形成相互联系、相互依存的全球范围有机经济整体的过程，也是一个以市场经济为基础，以先进科技和生产力为手段，以经济效益为目标，通过分工、贸易、投资、跨国公司和要素流动等，实现各国市场分工与协作，相互融合的过程。

经济全球化对发展中国家具有积极影响：发展中国家可以引进先进技术和管理经验，实现产业结构优化，增强经济竞争力，缩短与发达国家的差距；发展中国家通过吸引外资，扩大就业，使劳动力资源的优势得到充分发挥；发展中国家也可以利用不断扩大的国际市场解决产品销售问题，以对外贸易带动本国经济的发展；发展中国家还可以借助投资自由化和比较优势从经济全球化中获益。但是全球化也是有代价的，其中之一是全球经济的不稳定会成为一种常态。

经济逆全球化是指一种与全球化反向而行的思潮，如主张贸易保护，反对商品、资本、人员、技术等在国际上流动，要求离开和退出国际组织或者地区性组织，走上内向道路。

习题精编

一、名词解释

1. 经济体制
2. 人口红利
3. 内需
4. 负面清单管理模式
5. 刘易斯拐点
6. 粗放型增长方式
7. 金融深化
8. 路径依赖
9. 中等收入陷阱
10. 库兹涅茨曲线
11. 环境库兹涅茨曲线

12. 自由贸易区
13. 混合所有制经济
14. 经济全球化
15. 现代企业制度
16. “一带一路”
17. 共享经济
18. 利率市场化

二、 简答题

1. 简述你对“使市场在资源配置中起决定性作用和更好发挥政府作用”的理解。
2. 什么是政府“越位”和“缺位”？就经济而言，政府的职能包括哪些方面？
3. 我国经济已由高速增长阶段转向高质量发展阶段的原因何在？
4. 我国经济应怎样实现由粗放型增长向集约型增长的转变？
5. 如何应对我国经济由高速增长阶段转向高质量发展阶段？
6. 我国经济发展新常态有哪些主要特征？
7. 简述实施创新驱动发展战略的意义。
8. 试述供给侧结构性改革的现实意义及如何推进供给侧结构性改革。
9. 简述路径依赖效应对我国经济体制改革的指导意义。
10. 陷入中等收入陷阱的原因有哪些？我国能否避免中等收入陷阱？
11. 论述城镇化的一般规律。

三、 论述题

1. 根据所学经济学知识，结合当前实际，试述深化经济体制改革与转变经济发展方式之间的关系。

2. 试用经济学原理分析我国收入分配制度改革的必要性及基本取向。

3. 请解释新常态的经济学内涵及其产生的原因，并请结合经济学原理，探讨中国经济如何适应新常态。

4. 利率市场化揭开了我国新一轮金融改革的大幕，请运用经济学知识分析：利率市场化的合理步骤应该是怎样的？利率市场化隐含的金融风险有哪些？如何进行防范？

5. 简述经济全球化表现及对我国经济的影响。

习题答案

一、 名词解释

1. **【答案】**经济体制是指某一经济社会里资源配置的具体方式和制度模式，是一定的所有制和产权结构与一定的资源配置方式的统一，属于经济运行中的制度安排范畴。

当前主要有计划经济和市场经济两种基本的经济体制。计划经济是指资源配置主要由政府统一规划，市场经济是指资源配置由市场自发完成。

2.**【答案】**人口红利是指一个国家的劳动年龄人口占总人口的比重较大，抚养率比较低，为经济发展创造了有利的人口条件，整个国家的经济呈现出高储蓄、高投资和高增长的局面。

一般来说，随着经济的发展，每一个国家都会经历这样一个过程：首先由于医疗、卫生水平的上升，死亡率开始下降；然后随着整体教育水平的提高，生育率也开始下降，在死亡率开始下降、生育率还未下降的时间段内出生的人，不需要赡养太多父辈，也不需要抚养太多孩子——他们不会生很多孩子。当这批人进入劳动年龄时，劳动年龄人口占总人口的份额开始逐渐升高，人口红利便出现了。这就是中国在 2010 年以前所经历的事情，不过，随着人口老龄化日益严重，现在中国的人口红利正在消失，因为劳动年龄人口需要负担的养老成本已经变高了。

3.**【答案】**按照国民经济核算标准，需求可以分为消费、投资、政府购买、出口四大部分，其中前三部分属于来自国内的需求，出口属于来自国外的需求。内需即来自国内的需求，包括消费、投资和政府购买，但由于政府一般承担市场经济协调者的角色，而且在和平年代，政府购买一般比较稳定，因此，通常所说的内需主要来自居民的消费和企业的投资。所谓扩大内需，是指想办法刺激国内的消费和投资需求，以增加国内总产出。

一般认为，在短期内，国民经济均衡数量由需求决定，而来自国外的需求不如来自国内的需求安全和稳定，因此，扩大内需是每一个国家的政府都非常重视的一个问题。

4.**【答案】**负面清单管理模式是指政府规定哪些经济领域不开放，除了清单上的禁区，其他行业、领域和经济活动都被许可，不用政府事前审批。这一管理模式变事前审批为事中、事后监督，这就厘清了政府和市场的关系。这种负面清单管理模式与以往的行政管理旧模式相比是一大进步。

5.**【答案】**刘易斯认为二元经济发展模式可以分为两个阶段：一是劳动力无限供给阶段，此时劳动力过剩，工资取决于维持生活所需的生活资料的价值，劳动供给曲线是水平线；二是劳动力短缺阶段，此时传统农业部门中的剩余劳动力被现代工业部门吸收完毕，工资取决于劳动的边际生产力，劳动供给曲线为向右上方倾斜的曲线。由第一阶段转变到第二阶段，劳动力由剩余变为短缺，劳动力工资水平也开始不断提高。经济学把连接第一阶段与第二阶段的交点称为刘易斯拐点。

6.**【答案】**粗放型增长方式是一种在生产要素质量、结构、使用效率和技术水平不变的情况下，依靠生产要素的大量投入和扩张实现经济增长的经济增长模式。其基本特征是技术含量低，资源消耗高，环境破坏严重，利润率低，产品竞争力低。粗放型增长方式适合经济体在初期的起步，但这种增长方式由于社会成本太高而且产品竞争力低，持续性不足。

7.**【答案】**金融深化又称金融自由化，是美国学者萧（E. S. Shaw）在《经济发展中的金融深化》中倡导的一种理论。萧认为，发展中国家要想使经济得到发展，就应重视金融对国民经济的影响，发挥金融对经济的促进作用，放弃它们所奉行的“金融压制”政策，实行“金融深化”或“金融自由化”。这就要求国家放弃对金融体系和金融市场过分的行政干预，放开利率和汇率，让其充分反映资金和外汇的实际供求情况，充分发挥市场机制的调节作用，有效地控制通货膨胀。如此，整个金融体系特别是银行体系便能大量吸收储蓄存款，并以适当的放款利率来满足经济各部门对资金的需求。这样，金融体系本身可以得到扩展，并推动整个经济的发展。金融自由化能够扩大金融中介作用，降低国家对外债和外援的依赖，汇率由市场决定会使黑市活动消失。金融管制放松后，民间金融机构也能合理发展，金融体系和经济发展之间会出现良性循环的局面。

8. **【答案】**路径依赖是指人类社会一旦选择了某个体制，由于规模经济效应、学习效应、协调效应、适应性预期以及既得利益约束等因素的存在，该体制会沿着既定的方向不断自我强化。就好比在城市建设初期主干道路建成之后，周围的建筑和道路会陆续按主干道路的情况建设完毕，然后如果想改变主干道路的方向，就会因为和周围已有大量建筑和道路冲突而失败。

路径依赖理论解释了为什么不同国家走的发展道路不一样，为什么有的国家长期陷入不发达状态，总是走不出经济落后、制度低效的怪圈等问题。

9. **【答案】**中等收入陷阱是指在一个国家的人均收入达到中等水平后，由于不能顺利实现经济发展方式的转变，经济增长动力不足，最终出现经济停滞的一种状态。有的国家发展到中等收入阶段后还能持续发展，逐渐成为发达国家；也有的国家发展到中等收入阶段后，贫富悬殊、环境恶化、创新能力不足，甚至社会动荡等问题开始凸显，导致经济发展徘徊不前。后一种情况就是陷入了中等收入陷阱。陷入中等收入陷阱的原因主要有以下几个方面：①错失发展模式转换时机；②难以克服技术创新瓶颈；③对发展公平性重视不够；④宏观经济政策出现偏差；⑤体制变革严重滞后。

10. **【答案】**美国经济学家库兹涅茨提出了著名的库兹涅茨倒 U 形假说，这个假说描述了经济增长改变社会经济结构，进而影响收入分配的不平等程度，从而开创了对收入分配的长期演变趋势进行研究的先河。库兹涅茨曲线源于库兹涅茨倒 U 形假说，其主要内容是：不平等的长期波动构成长期收入分配的特性。在农业文明向工业文明极为快速转变的经济增长早期，不平等的程度会不断扩大；经过一个时期后会变得稳定；到了后期，不平等的程度将会缩小。如图 22－1 所示，横轴表示一个经济体的经济增长指标（通常用人均产出 y 来表示），纵轴表示收入分配不平等程度的指标（通常用基尼系数 G 来表示），则经济增长和收入分配不平等程度的变动轨迹就会构成一条倒 U 形曲线，即库兹涅茨曲线。

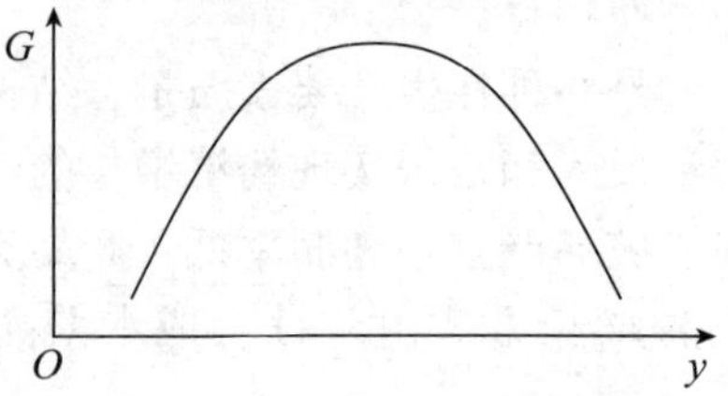

图 22－1　库兹涅茨曲线

11. **【答案】**环境库兹涅茨曲线是指环境污染与经济增长呈长期倒 U 形关系的曲线，就像反映经济增长和收入分配之间关系的库兹涅茨曲线一样。如图 22－2 所示，当一个国家经济发展水平较低时，环境污染程度较轻，但其恶化的程度随经济的增长而加剧；在该国的经济发展达到一定水平之后，其环境污染程度逐渐变小，环境逐渐改善。这种现象被称为环境库兹涅茨曲线。

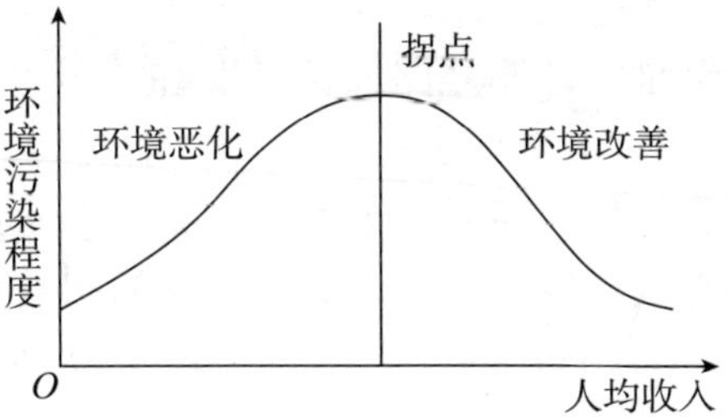

图22－2　环境库兹涅茨曲线

12.【答案】自由贸易区是以贸易为主发挥工商业多种功能的经济自由区。它除了具有自由港的大部分特点外，还可吸引外资设厂，发展出口加工业，允许和鼓励外资设立大的商业企业、金融机构及开设旅游区、兴办文化教育等各项服务，促进区内经济综合、全面地发展。自由贸易区比自由港的自由度相对低些，在历史上是自由港的发展与延伸。它比出口加工区更侧重于商业贸易活动。战后自由贸易区与出口加工区出现相互渗透的趋势，具有同金融、旅游甚至科技相结合的多功能综合发展的趋向。

13.【答案】混合所有制经济是由不同性质的所有制经济组合而成的一种经济形式。我国现阶段存在着由公有制经济成分与非公有制经济成分共同投资组成的混合所有制经济，如中外合营经济（包括中外合资经济和中外合作经济）、国有经济或集体经济与国内私营经济共同投资组成的合营经济等。混合所有制经济中的非公有制经济成分，不是社会主义性质的经济成分，但在我国社会主义初级阶段，它的存在和发展对迅速发展生产力是有利的。混合所有制经济中的国有成分和集体成分，属于社会主义公有制经济范畴。

混合所有制经济的发展，有利于实现投资主体多元化，增强企业的资金实力和规模；有利于我们进一步扩大对外开放，吸收、利用外资和国外的先进技术和管理经验；有利于企业扩充资本和技术实力，从而增强其市场竞争力和提高经济效益；有利于企业转换经营机制，在企业内部形成权、责、利既相互统一又相互制约的管理机制。

14.【答案】经济全球化是指随着生产力的巨大发展、生产社会化程度的提高和世界范围内市场经济的发展，资本、技术、信息等各类生产要素在全球范围内进行流动和配置，各国经济相互联系、相互依赖程度日益加深的一体化过程。具体可从三方面理解经济全球化：①世界各国经济联系加强，相互依赖程度日益提高；②各国国内经济规则不断趋于一致；③国际经济协调机制强化，即各种多边或区域组织对世界经济的协调和约束作用越来越强。经济全球化具体表现为贸易自由化、生产国际化、资本全球化、科技全球化。

对每个国家来说，经济全球化都是一把双刃剑，既是机遇，也是挑战。特别是对经济实力薄弱和科学技术比较落后的发展中国家而言，面对全球性的激烈竞争，它们所遇到的风险、挑战将更加严峻。经济全球化中急需解决的问题是建立公平合理的新的经济秩序，以保证竞争的公平性和有效性。

15.【答案】现代企业制度是指以完善的企业法人制度为基础，以有限责任为特征，以现代公司为主要形式的企业制度。现代企业制度有四个基本特征：①产权清晰。出资者所有权与企业的法人财产权归属清晰。②权责明确。出资者的权责和企业的权责之间应有明确的划分和规定。③政企分开。实行政企分开，企业享有自主经营的权利，政府不能直接干预企业的正常生产经营活动。④管理科学。企业组织合理化，核心是激励和约束机制。

16.**【答案】**“一带一路”是“丝绸之路经济带”和“21世纪海上丝绸之路”的简称，是指充分依靠中国与有关国家既有的双多边机制，借助既有的、行之有效的区域合作平台，借用古代丝绸之路的历史符号，高举和平发展的旗帜，积极发展与沿线国家的经济合作伙伴关系，共同打造政治互信、经济融合、文化包容的利益共同体、命运共同体和责任共同体。2013年9月和10月，中国国家主席习近平在出访中亚和东南亚国家期间，先后提出共建“丝绸之路经济带”和“21世纪海上丝绸之路”的重大倡议。2015年3月28日，国家发展改革委、外交部、商务部联合发布了《推动共建丝绸之路经济带和21世纪海上丝绸之路的愿景与行动》。

“一带一路”的目标是要建立一个政治互信、经济融合、文化包容的利益共同体、命运共同体和责任共同体，是使包括欧亚大陆在内的世界各国，构建一个互惠互利的利益、命运和责任共同体。“一带一路”建设秉持的是共商、共建、共享原则，不是封闭的，而是开放包容的；不是中国一家的独奏，而是沿线国家的合唱。“一带一路”为全球治理提供了新的路径与方向；为新时期世界走向共赢带来了中国方案。

17.**【答案】**共享经济一般是指以获得一定报酬为主要目的，基于相互陌生的市场主体且存在物品使用权暂时转移的一种新的经济模式。共享经济涉及三大主体，即物品或服务的需求方、供给方和共享经济平台。其中共享经济平台是核心，供求双方借助该平台进行交易，此为一个由第三方创建的、以信息技术为基础的市场平台，而第三方可为商业机构、社会组织或者政府。共享经济的五个要素分别是：闲置资源、使用权、连接、信息、流动性。

共享经济的本质是整合线下的闲散物品或服务的拥有者，让他们以较低的价格提供物品或服务。对于供给方来说，通过在特定时间内让渡物品的使用权或提供服务，可获得一定的金钱回报；对于需求方而言，可不直接拥有物品的所有权，而是通过租、借等共享的方式使用物品。

18.**【答案】**利率市场化是指在市场经济中，利率水平及其结构由经济主体自主决定的过程。其目的是改善资金价格的形成机制，使金融服务能够更好地满足多样化的金融需求，提高金融体系的活力，从而优化资源配置。对于我国而言，利率市场化是金融改革的重要组成部分。自2015年10月24日起，中国人民银行决定对商业银行和农村合作金融机构等不再设置存款利率浮动上限，这意味着我国的利率市场化改革基本上已经完成，金融机构都有自主决定利率的权力。

二、简答题

1.**【答案】**“使市场在资源配置中起决定性作用和更好发挥政府作用”的提法使政府和市场有了明确定位，资源配置这件事由市场决定，企业说了算。好比在球场上比赛，如何踢球是球员自己的事，裁判员无权过问，只要公平裁判就行了。这个提法明明白白将政府和市场分开，令它们各有定位、各司其职，资源配置由市场决定，政府则要在制定规章、加强监管、提供公共物品和宏观调控等方面更好地发挥作用。

资源合理配置是指能够将有限的稀缺经济资源分配到不同物品和服务的生产上以满足社会的需要。市场在资源配置中起决定性作用主要是指决定劳动、资本、土地等生产要素流动、交易、组合的，都是市场的价格机制，包括产品价格、工资、利率、汇率、租金率等，它们都由市场供求关系决定。

为什么资源配置要由市场来决定？一是市场有资源配置的适时协调作用；二是市场有资源配置的信号传递作用；三是市场有提高资源配置效率的作用。在市场经济中，如果生产者能不断改进技术和管理，就会以同样的成本耗费生产出更多、更好的产品，做到物美价廉、扩大销路、增加盈利，在市场竞争中取得胜利。

如果市场能真正决定资源合理配置，则这样的市场就是有效率的。但是资源配置由市场决定是有条件的：（1）产权明晰。如果产权不明晰，生产经营成果不能属于市场主体，它们就没有动力去捕捉经济信息，调整产品价格，改善经营管理。（2）决策分散自主。这是产品价格和产量能不能由生产经营者决定的前提。（3）公平竞争。如果市场竞争不公平，一些市场经营者的手脚被捆绑住，市场被人为封锁，或者产品价格不许随市场供求变化，资源就无法流向优势企业和项目，市场决定资源配置也将是一句空话。

以上三个条件在正确处理政府和市场关系的前提下才会被满足，因为政府和市场的关系实际上就是政府和市场主体即企业的关系。政府是政权机构，拥有强大的权力。如果政府和市场关系模糊不清，政府和企业权力边界不清，那么市场决定资源配置的各种条件就不可能存在了。

2.【答案】政府“越位”就是政府超越自己的位置，对资源的直接配置过多，剥夺了市场决定资源配置的动能。例如，一些地方政府为追求本地经济快速增长，不惜拼命消耗资源，不顾生态环境，拼命以最优惠条件（减免税费，无偿使用土地等）招商引资，千方百计构筑融资平台，从银行贷款来上项目、做投资。这样的模式尽管也曾带来连续多年的经济高速增长，但也付出了沉重的代价，包括资源过度快速消耗，生态环境严重破坏，资产泡沫膨胀，民生问题被漠视，贫富差距扩大，手中有权的官员搞权钱交易，腐败日盛，党群关系受损，等等。

政府“缺位”就是政府离开了自己的位置，没有管好自己该管的事。例如，没有好好发挥对市场经济领域中活动的监管职能，也没有尽心尽力去做与民生利益相关的公共服务。这会带来一系列严重的后果，包括妨碍全国统一开放有序的市场体系和公平竞争环境的形成，群众一些切身利益得不到重视和保护，一些正当诉求得不到解决，党和政府的公信力下降，等等。

资源配置要让市场起决定性作用，并不是说政府不重要了。不能说管得越少的政府就是越好的政府，而是管得有效率的政府才是最好的有为政府。这里的关键是管什么、如何管。就经济而言，政府的职能大致可分为以下几个方面：（1）提升效率的职能，包括禁止行业垄断和不正当竞争行为，解决外部性，提供公共物品和管理信息，规划经济发展等。（2）促进公平的职能，包括进行利用税收和转移支付缩小贫富差距的收入再分配，向全体公民提供种种社会保障和公共物品（如提供基本医疗卫生和义务教育的制度安排）等。（3）稳定经济的职能，包括制定财政政策和货币政策等。

3.【答案】习近平总书记在党的十九大报告中明确指出：“我国经济已由高速增长阶

段转向高质量发展阶段。”中央经济工作会议强调：“中国特色社会主义进入了新时代，我国经济发展也进入了新时代，基本特征就是我国经济已由高速增长阶段转向高质量发展阶段。”这是以习近平同志为核心的党中央根据国际国内环境变化，特别是我国发展条件和发展阶段变化做出的重大判断。

改革开放40多年来，中国经济高速发展，创造了世界经济史上的奇迹。但2008年国际金融危机爆发后，世界经济格局不断发生深刻变化，中国经济发展的内在支撑条件和外部需求环境都已今非昔比，这就要求经济增长速度“换挡”。之所以要实现经济由高速增长向高质量发展的转变，有以下几个因素：

一是世界经济复苏一波三折，前景不明。受国际金融危机及新冠肺炎疫情的影响，世界经济呈现出“总量需求增长缓慢、经济结构深度调整”的特征，使得我国的外部需求出现常态性萎缩，外需对中国经济的拉动作用明显弱化。

二是我国传统人口红利逐渐减弱，资源环境约束正在加强。我国的经济增长结构正在发生历史性变化。目前，东部发达地区的劳动力供给短缺情况更加明显，带动外向型经济的传统人口红利正在逐步减弱。与此相对应的是，我国过度依靠投资和外需的经济增长模式已使得能源、资源、环境的制约影响越来越明显，石油、天然气等重要矿产资源的对外依存度在不断提高，生态环境压力在不断加大，要素的边际供给增量已难以支撑传统的经济高速发展路子。

三是国际创新驱动竞争更为激烈，我国产业结构转型升级任重道远。当前，第三次工业革命正迎面走来，主要发达国家纷纷加快发展战略性新兴产业，力图抢占未来科技创新和产业发展的制高点，这些新挑战倒逼着我国的经济发展方式要加快向创新驱动型转换。但长期以来，我国产业发展方式粗放，而科技创新能力不足，科技与产业的融合力度不够，使得很多产业竞争力不强、核心技术受制于他人。为了改变这种被动状况，我们需要有所为，有所不为，需要主动放慢经济增长速度，为发展高质量型的经济腾出空间、留出时间。

四是我国市场需求结构升级加快，高质量产品供给不足。随着我国居民收入水平不断提高，消费者对高品质产品和高质量服务的需求更加突出，但国内企业的现有产品供给还不能很好满足需求结构的这一变化，导致越来越多的高端需求转向海外市场。

上述内外条件所发生的深刻变化，使得我国原有主要依靠要素投入、外需拉动、投资拉动、规模扩张的增长模式难以为继，迫切需要转变发展方式、优化经济结构、转换增长动力，要求中国经济必须向追求高质量和高效益增长的模式转变。

因此，推动高质量发展，既是保持中国经济持续健康发展的必然要求，也是适应我国经济结构变化和全面建设社会主义现代化国家的必然选择。

4.**【答案】**粗放型增长方式是指主要依靠资源（包括自然资源、人力资源等）的简单堆积来增加生产以推动经济增长的方式。这种增长方式消耗大、成本高，环境破坏严重，技术含量低，经济效益也低。集约型增长方式是指主要依靠科技进步和提高劳动者素质来增加生产和提高产品质量以推动经济增长的方式。这种增长方式消耗较小、成本较低，产品竞争力强，经济效益较高，而且对自然环境影响较小。

实现经济增长方式由粗放型向集约型的转变，关键在于依靠深化经济体制改革，发展教育事业，形成有利于集约型增长的经济环境。其中包括：（1）完善知识产权保护和利用，形成自主创新的市场环境；（2）大力发展教育事业，提高劳动者素质，增加产品和服务的技术附加值；（3）加强市场监管，维护公平、自由竞争的市场环境，优化资源配置。

5.【答案】当前和未来一个时期，推动中国经济由高速增长阶段转向高质量发展阶段，需要重点抓好以下几项工作：一是深化供给侧结构性改革。这是实现高质量发展的首要任务。继续推进中国制造向中国智造转变，中国产量向中国质量转变，制造大国向制造强国转变。深化要素市场化配置改革，大力培育新动能，强化科技创新，大力降低实体经济成本。二是激发各类市场主体活力。推动国有资本做强做优，加强国有企业党的领导和党的建设，推动国有企业完善现代企业制度，健全公司法人治理结构。支持民营企业发展，加快构建亲清新型政商关系。① 三是实施乡村振兴战略。健全城乡融合发展体制机制，深化粮食收储制度改革，坚持质量兴农、绿色兴农，农业政策从增产导向转向提质导向。四是深入实施区域协调发展战略。推动实现区域之间的基本公共服务均等化，加快实施京津冀协同发展战略，推进长江经济带建设，推动“一带一路”建设。继续推进西部大开发，加快东北等老工业基地振兴，推动中部地区崛起，支持东部地区率先推动高质量发展。五是推动形成全面开放新格局。要求有序放宽市场准入，促进贸易平衡，继续推进自由贸易试验区改革试点，有效引导支持对外投资。

值得指出的是，推动中国经济由高速增长阶段转向高质量发展阶段，要更加重视实体经济尤其是制造业的发展。因为制造业既是技术创新的“主战场”，也是供给侧结构性改革的核心产业领域。没有强大的制造业，高质量的经济发展也就无从谈起，我们要谨防包括金融资源在内的各类资源“脱实向虚”的倾向。需要以建设制造强国为载体，面向新技术发展趋势，推动互联网、大数据、人工智能和制造业深度融合，促进制造和服务的融合与协同发展，加快培育若干世界级先进制造业群，增强我国制造业的集群优势和核心竞争力。

促进经济高质量发展的措施最终都要落脚到提高保障和改善民生水平上来。要针对人民群众关心的问题精准施策，加大对教育、就业、收入分配、医疗、社会保障等民生领域的改革力度。加快建立多主体供应、多渠道保障、租购并举的住房制度。加快推进生态文明建设，只有恢复绿水青山，才能使绿水青山变成金山银山。要始终坚持质量第一、效益优先的原则，坚持新发展理念，以供给侧结构性改革为主线，推动经济发展质量变革、效率变革、动力变革“三大变革”，从而不断增强我国经济发展的质量和效益。

6.【答案】我国经济发展新常态是一种新的经济形态和经济发展模式。

（1）从消费需求看，模仿型排浪式消费阶段基本结束，个性化、多样化消费渐成主流，保证产品质量安全、通过创新供给激活需求的重要性显著上升。

（2）从投资需求看，传统产业相对饱和，但基础设施互联互通和一些新技术、新产

① 亲清新型政商关系是习近平总书记于 2016 年 3 月 4 日在参加全国政协十二届四次会议民建、工商联界政协委员联组讨论时提出的治国理政方针理论。习近平总书记指出，新型政商关系，概括起来说就是“亲”“清”两个字。对领导干部而言，所谓“亲”，就是要坦荡真诚同民营企业接触交往，特别是在民营企业遇到困难和问题情况下更要积极作为、靠前服务，对非公有制经济人士多关注、多谈心、多引导，帮助解决实际困难，真心实意支持民营经济发展。所谓“清”，就是同民营企业家的关系要清白、纯洁，不能有贪心私心，不能以权谋私，不能搞权钱交易。对民营企业家而言，所谓“亲”，就是积极主动同各级党委和政府及部门多沟通多交流，讲真话，说实情，建诤言，满腔热情支持地方发展。所谓“清”，就是要洁身自好、走正道，做到遵纪守法办企业、光明正大搞经营。

品、新业态、新商业模式的投资机会大量涌现，对创新投融资方式提出了新要求。

（3）从出口和国际收支看，国际金融危机发生前国际市场空间扩张很快，出口成为拉动我国经济快速发展的重要动能，全球总需求不振，我国低成本比较优势也发生了转化，同时我国出口竞争优势依然存在，高水平引进来、大规模走出去正在同步发生。

（4）从生产能力和产业组织方式看，传统产业供给能力大幅超出需求，产业结构必须优化升级，企业兼并重组、生产相对集中不可避免，新兴产业、服务业、小微企业作用更加凸显，生产小型化、智能化、专业化将成为产业组织新特征。

（5）从生产要素相对优势看，人口老龄化日趋发展，农业富余劳动力减少，要素的规模驱动力减弱，经济增长将更多依靠人力资本质量和技术进步，必须让创新成为驱动发展新引擎。

（6）从市场竞争特点看，过去主要是数量扩张和价格竞争，2014 年以后正逐步转向质量型、差异化为主的竞争。

（7）从资源环境约束看，过去能源资源和生态环境空间相对较大，2014 年以后环境承载能力已经达到或接近上限。

（8）从经济风险积累和化解看，伴随着经济增速下调，各类隐性风险逐步显性化，风险总体可控，但化解以高杠杆和泡沫化为主要特征的各类风险将持续一段时间。

（9）从资源配置模式和宏观调控方式看，全面刺激政策的边际效果明显递减，既要全面化解产能过剩，也要通过发挥市场机制作用探索未来产业发展方向，必须全面把握总供求关系新变化，科学进行宏观调控。

这些趋势性变化说明，我国经济正在向形态更高级、分工更复杂、结构更合理的阶段演化，经济发展进入新常态，正从高速增长转向中高速增长，经济发展方式正从规模速度型粗放增长转向质量效率型集约增长，经济结构正从增量扩能为主转向调整存量、做优增量并存的深度调整，经济发展动力正从传统增长点转向新的增长点。认识新常态，适应新常态，引领新常态，是当前和今后一个时期我国经济发展的大逻辑。

7. **【答案】**创新驱动发展战略的本质是指依靠自主创新，充分发挥科技对经济社会的支撑和引领作用，大幅提高科技进步对经济的贡献率，实现经济社会全面协调可持续发展和综合国力不断提升。

实施创新驱动发展战略，对我国形成国际竞争新优势、增强发展的长期动力具有战略意义。改革开放 40 多年来，我国经济快速发展主要源于发挥了劳动力和资源环境的低成本优势。进入发展新阶段，我国在国际上的低成本优势逐渐消失。与低成本优势相比，技术创新具有不易模仿、附加值高等突出特点，由此建立的创新优势持续时间长、竞争力强。实施创新驱动发展战略，加快实现由低成本优势向创新优势的转换，可以为我国持续发展提供强大动力。

实施创新驱动发展战略，对我国提高经济增长的质量和效益、加快转变经济发展方式具有现实意义。科技创新具有乘数效应，不仅可以直接转化为现实生产力，而且可以通过科技的渗透作用放大各生产要素的生产力，提高社会整体生产力水平。实施创新驱动发展战略，可以全面提升我国经济增长的质量和效益，有力推动经济发展方式转变。

实施创新驱动发展战略，对降低资源能源消耗、改善生态环境、建设美丽中国具有长远意义。实施创新驱动发展战略，加快产业技术创新，用高新技术和先进适用技术改造提升传统产业，既可以降低消耗、减少污染，改变过度消耗资源、污染环境的发展模式，又可以提升产业竞争力。

8.【答案】供给侧结构性改革是指从提高供给质量出发，用改革办法推进结构调整，矫正资源配置扭曲，扩大有效供给，提高供给结构对需求变化的适应性，提高全要素生产率，更好满足广大人民日益增长的美好生活需要，促进社会经济持续健康发展。

(1) 推行供给侧结构性改革的现实意义。

当前我国经济生活中的需求结构已发生明显变化。随着收入水平提高和中等收入群体扩大，人民对物质生活、精神生活和生态环境等各方面的需求明显提高，多样化、个性化、高端化需求与日俱增。服务需求在消费需求中的占比明显上升。随着恩格尔系数持续下降，居民受教育水平普遍提高，人口老龄化加快，旅游、养老、教育、医疗等服务需求快速增长。同时，产业价值链提升对研发、设计、标准化、供应链管理、营销网络、物流配送等生产性服务也提出了更高要求。现有供给侧明显不适应需求结构的变化：无效和低端供给过多，一些传统产业产能严重过剩，产能利用率偏低，有效和中高端供给不足。供给侧结构性改革就是为了适应需求结构升级，更好实现经济高质量发展。

国际分工格局重构对供给侧结构性改革也提出紧迫要求。2008 年金融危机后，欧美国家信贷消费模式难以持续，转向推进再工业化战略，一些高端制造业出现回流；能源原材料生产国迫于新能源技术快速发展的压力，着力延伸产业链，提高产品附加值；人力资源丰富的国家凭借劳动力低成本优势，抢占劳动密集型产业的国际市场。在这种形势下，加快供给侧结构性改革是打造中国国际竞争新优势的关键。

(2) 供给侧结构性改革的推进。

推进供给侧结构性改革，一方面要着力减少无效和低端供给，尤其是其集中表现的过剩产能和过大库存。无效和低端供给沉淀了大量的厂房、土地、设备和劳动力等生产要素，降低了资源配置效率。去产能、去库存就是减少无效和低端供给、提高经济运行效率的根本举措。另一方面要着力扩大有效和中高端供给，改变供给体系和产品品质明显不适应居民消费结构升级要求的局面。推进供给侧结构性改革，要着力推进体制机制改革，包括取消一些行业准入限制和民营企业进入障碍，完善金融市场，健全市场诚信体系，加强知识产权保护度等。

推进供给侧结构性改革并不意味着放弃需求管理，而是要更重视打通需求管理中的一些"堵点"。需求管理重在短期调控，重在引导市场预期。在国际金融市场动荡不定、国内面临经济下行压力的背景下，做好需求管理可以改善市场预期，增强人们对经济的信心，避免经济增速短期快速下行激化各种矛盾和潜在风险，避免增大改革的难度和成本。事实上，必须贯通生产、分配、流通、消费各个环节，形成需求牵引供给、供给创造需求的更高水平的动态平衡，提升国民经济体系整体效能。为此，要把握好供给侧结构性改革的时间窗口，营造稳定的宏观经济环境，为改革有序推进创造条件。

9.【答案】在经济学中，路径依赖是指一个经济体的技术演进、经济制度变迁等与其原有的经济基础、制度环境、政治体制等因素密切相关。那些原有的基础一旦确立，就会形成类似于物理学中的惯性，就好比一个人走上了一条不归路，惯性的力量会使这一选择不断自我强化，并让其轻易走不出去。

路径依赖的原因主要有两点：(1) 初始的技术和体制选择一旦确立，后期的发展如果完全另辟蹊径，就会面临巨大的沉没成本。例如在一个国家的第一条铁路的铁轨间距确立之后，所有火车的车轮间距就随之确定下来，以后新修铁路即使与第一条铁路完全不相关，也不太可能单独确定不同的铁轨间距，如果不进行强力改革，这一技术标准就会永久延续下去（事实上，当前的铁路铁轨间距标准是从古罗马时代由马车车轮间距传递下来的）。（2）一种经济体制一旦形成，就会产生既得利益集团——它们往往同时又拥有影响体制发展方向的力量。既得利益者力求巩固现有制度，阻碍进一步的变革，哪怕新的体制比现存体制更有效。于是，经济体制改革能否成功就不仅取决于改革者的主观愿望和既定的目标模式，而且依赖于一开始时所选择的路径。

路径依赖理论对于处于经济体制转型过程中的国家来说显然具有现实的意义。我国正在经历一个经济体制巨大变革的时代，虽然改革或者说从计划经济向市场经济的转轨是一个重大的制度变化过程，但整个过程显然无法跳出路径依赖效应的影响。因此，我们在做出任何一项改革决策时，均不可急于求成，要慎之又慎，不仅要考虑将要采取的决策的市场效益，还要研究历史因素所致的可操作性，同时更要考虑它对未来的长远影响。因为需要“瞻前顾后”，改革进度会比较缓慢，这是无法避免的。

在改革过程中，最重要的还是要随时研究改革是否走上了不正确的路径。如果发现了路径偏差，要尽快采取措施加以纠正，把它拉回到正确的轨道上来，以免积重难返的状况出现。

10. **【答案】**中等收入陷阱是指在一个国家的人均收入达到中等水平后，由于不能顺利实现经济发展方式的转变，经济增长动力不足，最终出现经济停滞的一种状态。如拉美一些国家在20世纪70年代进入中等收入国家行列以后，就陷入一种两难境地，既无法与高收入高技术的经济体在高端产品上竞争，又难以与低收入低工资的经济体在低端产品上竞争，从而出现经济停滞的状态。

不同国家陷入中等收入陷阱的原因各不相同，综合东南亚和拉美典型陷入中等收入陷阱国家的原因，总结下来主要有以下几点：

（1）内需不足。由于经济发展水平由低收入迈入中等收入后，贫富差距也在不断扩大，中等收入国家的供给增加，但是总需求相对不足，导致经济增长放缓。

（2）产业转型动力不足。中等收入国家需要经济转型才能向发达国家迈进，但是总需求不足，致使这种转型升级动力不足。

（3）教育资源分配不均匀。教育可以提高劳动生产率，进而促进经济发展，但是由于教育资源的分配并不合理，因而经济停滞。

（4）缺乏创新。创新是经济发展的第一动力，由于在高新技术方面缺乏创新，中等收入国家在劳动成本上无法与低收入国家竞争，而在高端技术研制方面无法与发达国家竞争，致使经济停滞不前。

（5）社会动乱。随着经济的发展，社会贫富差距和腐败现象不断滋生，使社会矛盾不断加大，政权权威性遭到质疑。

改革开放40多年后，我国也已经迈入中等收入国家行列，但我国有很大概率可以突破中等收入陷阱，原因是我国具有一些其他中等收入国家所没有的特别优势。一是我国人口众多，经济发展虽然不平衡，但政府已经意识到这一问题，正在加大对中西部经济的开发，促进国内经济全面均衡发展，经济内需潜力充足。二是中国共产党政权稳定，整体社会安定团结，社会贫富差距虽然有但总体上老百姓的收入都有不同程度的提高。三是我国技术进步虽然还不尽如人意，但国家已加以重视，在部分领域我国技术也已经达到世界较高水平。四是我国总结前车之鉴，政府对我国经济转型高度重视，不太容易再犯同样的错误。

总之，虽然我国依然存在陷入中等收入陷阱的风险，但只要我们能认真总结别国的经验教训，做出正确的政策选择，切实全面深化改革，真正转变发展方式，就一定能够成功跨越“中等收入陷阱”，实现中华民族的伟大复兴。

11. **【答案】**城镇化是指人口向城镇集中的过程，主要是农村人口向城镇转移就业并融入城镇的过程。这个过程表现为城镇数目的增多和各城市内人口规模的不断扩大，并伴随农业活动的比重逐渐下降、非农业活动的比重逐步上升的结构性变动，同时，城镇化也包括城市的产业结构、就业方式、人居环境、社会保障等的进一步社会化和现代化。

美国城市地理学家诺瑟姆在对英、美等西方国家工业化进程中城镇化率变化趋势进行分析的基础上，于1979年提出了城镇化发展的一般规律：一个国家或地区城镇化的轨迹为一条稍被拉平的S形曲线（即诺瑟姆曲线）。他把城镇化过程大致分为三个阶段：

（1）起步阶段。在工业化初期，主导产业是轻纺工业，城镇发展缓慢，城镇化率低于30%，这是城镇化的起步阶段或初级阶段。

（2）加速阶段。在工业化中期或扩张期，主导产业是钢铁、化工、机械等重化工业，这时城镇数量增多、规模扩大，城镇化率高于30%，并以较快的速度向70%攀升，随着人口和产业向城市集中，产生了劳动力过剩、交通拥挤、住房紧张、环境恶化等“城市病”。小汽车普及后，许多企业和人口开始迁往郊区，出现了郊区城镇化现象，这是城镇化的加速阶段。

（3）稳定发展阶段。在工业化后期或成熟期，第二产业比重上升到40%后将缓慢下降，而第三产业则蓬勃兴起，成为城镇化进一步发展的主要动力。此时城镇化总水平比较高，城镇化率大于70%，但增长速度趋缓甚至停滞。城市地域不断向农村推进，大城市的人口和工商业迁往离城市更远的农村和小城镇，大城市人口减少，出现“逆城市化”现象，这是城镇化的后期或稳定发展阶段。

2021年年末，中国常住人口城镇化率为64.72%，不仅明显低于发达国家80%的水平，也低于许多发展中国家的水平，具有很大发展潜力和空间。我国当前的城镇化，要坚持以人为本，以新型工业化为动力，以统筹兼顾为原则，推动城市现代化、城市集群化、城市生态化、农村城镇化，全面提升城镇化质量和水平，走科学发展、集约高效、功能完善、环境友好、社会和谐、个性鲜明、城乡一体、大中小城市和小城镇协调发展的城镇化建设路子。我国既要积极，又要稳妥推进城镇化，着力提高城镇化率既是我国现代化建设的历史任务，也是扩大内需的最大潜力所在。

要围绕提高城镇化质量，因势利导、趋利避害，积极引导城镇化健康发展；要构建科学合理的城市格局，大中小城市和小城镇、城市群要科学布局，与区域经济发展和产业布局紧密衔接，与资源环境承载能力相适应；要增强城镇的产业发展、公共服务、吸纳就业、人口聚集功能；要把有序推进农业转移人口市民化作为重要任务抓实抓好；要把生态文明理念和原则全面融入城镇化全过程，走集约、智能、绿色、低碳的城镇化道路。

三、论述题

1.【答案】转变经济发展方式与深化经济体制改革是相辅相成的：一方面，转变经济发展方式必然要求经济体制层面的变革，从而从制度层面保证转型的成功；另一方面，深化经济体制改革也能充分调动各方面的积极性，让市场在资源配置中发挥决定性作用，从而促进经济发展方式的转变。

一般而言，经济发展可以概括为两种类型：一是侧重于实现更多经济产出的单纯的经济增长；二是侧重于追求经济发展质量全面提高的经济发展。前者主要依靠生产要素投入的增加，以实现外延扩张式的粗放型增长；或主要依靠提高生产技术水平，以实现内涵提高式的集约型增长。不论是哪种方式，其核心都在于单纯地追求和实现国民经济更快的增长速度和总量的扩张。后者则不仅包括单纯的经济增长，还包括产业结构的优化和升级、经济运行质量和效益的提高，以及经济社会发展的协调与和谐等各方面。其实质在于全面地追求和实现国民经济更好的发展。

我们提出要转变经济发展方式，其实质在于提高经济发展的质量，即主要通过科技进步和创新，在优化结构、提高效益和降低能耗、保护环境的基础上，实现包括速度质量效益相协调、投资消费出口相协调、人口资源环境相协调、经济发展和社会发展相协调在内的全面协调，真正做到又好又快的发展。要达成这个目标，仅仅依靠政府的行政手段是远远不够的，还需要深化经济体制改革，经济体制改革的核心问题是处理好政府和市场的关系，要求我们更加尊重市场规律，同时更好地发挥政府作用。只有加快经济体制改革，才能加快形成统一、开放、竞争、有序的现代市场体系，进一步发展和健全土地、资本、劳动力、技术、信息等要素市场，完善反映市场供求关系、资源稀缺程度、环境损害成本的生产要素和资源价格形成机制，从而从根本上改变过去以“高投入、高消耗、高污染”和“低产出、低质量、低效益”为特点的粗放型经济增长模式。

反过来看，深化经济体制改革也有助于理顺市场和政府的关系，是全面深化改革的重点。深化经济体制改革的重点主要包括以下九个方面：农村改革、国有经济改革和非公经济发展、财税金融体制改革、市场体系建设、促进节能减排的体制机制改革创新、教育体制改革、社会保障制度建设、收入分配制度改革、综合配套改革试点。因此，深化经济体制改革能在制度层面上创造一个更加公平自由、民主开放的环境，从而促进经济发展方式的转变。

2.【答案】(1) 我国收入分配制度改革的必要性。

改革开放 40 多年来，我国经济取得了很大成就，但我国当前仍然处在社会主义初级阶段，在我国社会主义初级阶段，个人收入分配既不能实行单一的按劳分配，也不能实行完全的按生产要素分配，而必须实行按劳分配为主体、多种分配方式并存的分配制度，把按劳分配和按生产要素分配结合起来。首先，公有制为主体、多种所有制经济共同发展的基本经济制度决定了必须坚持按劳分配为主体、多种分配方式并存的分配制度。其次，社会主义市场经济的发展，要求实行按劳分配为主体、多种分配方式并存的分配制度。

然而我国处在社会主义初级阶段，由于要素禀赋、个人能力的差异和体制转型等原因，收入差距是客观存在的。不合理、不合法、不适度的收入差距有两种主要表现：一种是平均主义；另一种是收入差距过大。我国在改革开放前，收入差距的不合理主要表现为存在平均主义分配的问题。随着经济的持续增长和国家经济实力的增强，城乡居民的收入水平有较大提高，收入差距在逐渐扩大，收入分配中的矛盾较多，处理好社会利益关系的难度加大，以致成为当前亟须解决的重要经济和社会问题之一。

合理、合法且适度的收入差距，有利于调动各方面积极性，有利于促进经济社会和谐发展和人民生活改善；不合理、不合法、不适度的收入差距产生的后果则相反。收入差距不合理会导致社会不稳定，影响共同富裕目标的实现，并最终制约效率的提高。因此，我国的收入分配制度改革的任务是非常迫切的。

（2）我国收入分配制度改革的基本取向。

总的原则应该是坚持和完善按劳分配为主体、多种分配方式并存的分配制度，健全劳动、资本、技术、管理等生产要素参与分配的制度，国民收入初次分配和再分配都要处理好效率和公平的关系，再分配更加注重公平。

①完善按劳分配为主体、多种分配方式并存的分配制度，妥善处理效率与公平的关系。收入差距的合理控制，关键是妥善处理效率与公平的关系。

②要健全市场分配机制，发挥市场机制对分配的基础性调节作用。初次分配注重发挥市场的作用，鼓励一部分人通过诚实劳动、合法经营先富起来。

③加强政府调控，特别要发挥税收政策对分配的调节作用，实施必要的福利政策。要通过改善税制，加强征管，加大调节力度，调节过高收入，规范收入分配，使收入差距趋于合理；要逐步完善个人所得税制度，根据收入的高低确定不同的税率，对高收入者按高税率征税，对低收入者按低税率征税甚至不征税，这样有利于缩小社会成员之间的收入差距。

④制定并实施科学的价格政策。规范分配秩序，合理调节少数垄断行业的过高收入，对一些垄断性较强的行业和部门规定最高限价甚至统一定价；对一些社会公共产品，国家规定最低限价或实行价格补贴等。

⑤加强法制建设。要依法保护一切合法的劳动收入和合法的非劳动收入，依法取缔非法收入，以共同富裕为目标，扩大中等收入者比重，提高低收入者收入水平，调节过高收入。

3. **【答案】**（1）经济新常态的经济学内涵。

经济新常态就是经济结构的对称态，以及在经济结构对称态基础上的经济可持续发展，包括经济可持续增长。新常态经济是调结构、稳增长的经济，而不是总量经济；经济新常态着眼于经济结构的对称态及在对称态基础上的可持续发展，而不仅仅着眼于 GDP、人均 GDP 增长与经济规模最大化。经济新常态就是用增长促发展，用发展促增长。

经济新常态是适应经济发展规律，适应我国当前经济发展的实际情况，适应我国经济可持续发展客观要求的新表达。根据罗斯托的经济发展阶段理论，经济发展存在由经济发展很慢，到起飞阶段逐渐变快，再到成熟阶段逐渐变慢的过程。当前我国经济结构不合理，包括出口拉动、政府投资拉动效率越来越低，环境恶化，收入分配不合理等。另外，过去我国的经济增长是外延式增长，依靠资源的投入增加来实现经济增长，要保证经济的可持续发展，必然向内涵式经济增长方式转变。

（2）新常态产生的原因。

新常态是相对旧常态而言的，旧常态是指过去多年的以高投资支撑高速度的经济增长方式。经济出现新常态，是由于支撑旧常态的条件发生了变化。总的来说，是由于四大红利的消失，它们分别是人口红利、全球化红利、资源红利、政策红利。

①人口红利。人口红利是指一个国家的劳动年龄人口占总人口的比重较大，抚养率比较低，为经济发展创造了有利的人口条件，整个国家的经济呈现出高储蓄、高投资和高增长的局面。得益于我国的人口红利，我国经济以超高的速度发展了三十多年。然而，2012年的统计数据显示，我国劳动年龄人口开始下降，许多学者提出“刘易斯拐点”已经到来，这导致我国经济增速放缓。另外，我国城乡二元经济结构的存在为经济高速发展源源不断地提供了充足的劳动力资源，为经济增长做出了巨大贡献。

②全球化红利。改革开放以来，我国融入世界的节奏加快，自加入WTO以来，关税的降低或消除使我国出口高速增长，拉动我国经济高速增长。但自次贷危机以来，全球经济逐渐步入新常态，贸易保护主义抬头，全球经济隐含“去全球化”的风险，人民币过去多年的升值也使我国出口产品价格的竞争力下降，出口受挫必然导致我国以出口为导向的经济增长放缓。

③资源红利。我国一直以来都主要是以资源投入换取经济增长，廉价的自然资源为中国的经济增长提供了有益的条件，然而随着资源的滥用，靠大量消费物质资源的经济增长方式难以为继。环境恶化、资源供给走向短缺等现象使得中国面临长期的增长约束，致使我国经济增速放缓。

④政策红利。政策同样对过去经济的高速增长起到了不可替代的作用，通过税收优惠等方式促进外商直接投资，通过出口退税等方式促进企业出口产品，我国成为全球的制造基地，为世界生产和加工了大量产品。但随着中国劳动力成本的增加，在我国直接投资对外商来说已不具有太大吸引力，曾经的政策红利已不明显。

除了四大红利的消失，还有三大障碍也是我国经济增速放缓的原因：没有钱消费；有钱不敢消费；有钱不在国内消费。这是因为收入分配不均、社会保障制度不健全、国内产品质量参差不齐。这三大障碍导致我国由外向型经济向内向型经济转型困难重重。

(3) 适应经济新常态。

我国进入新常态是一个不可逆转的事实，经济已由高速增长转为中高速增长，这是任何一个快速发展国家都要面临的问题。我们应以此为契机，深化经济改革，确保我国经济增长有质量、可持续，实现关键的跨越，主要应从以下几个方面出发：

①适度放开计划生育政策，进行户籍制度改革。

我国劳动年龄人口数量开始下降，为避免劳动年龄人口大幅下降，必须适度放开计划生育政策。虽然劳动年龄人口数量开始下降，但由于我国城乡二元经济结构问题还没有解决，农村还存在大量隐形失业人口，要暂时解决劳动力成本上升的问题，必须进行户籍制度改革，促进劳动力的自由流动。

②加快自贸区建设，积极主动参加或主导国际经济协议的签订。

自由贸易有利于增加出口、促进进口，有利于经济增长，也有利于提高社会福利。可以提升我国企业和产品的竞争力，促进企业创新从而降低成本。近年来，我国建立自贸区、提出“一带一路”倡议以及成立亚投行等措施正是为了促进我国经济增长、提升综合国力。

③积极调整经济结构，促进经济的内涵式和内向型增长。

逐渐改革高耗能产业，淘汰落后产能，将经济逐渐由外延式向内涵式转型。同时取消出口优惠政策，促进经济向内向型增长方式转变。

④不断改革，为经济输送“改革红利”。

鼓励创新，实现从要素驱动、投资驱动向服务业发展及创新驱动转变；支持中小企业发展，改革国有企业，为其增添活力；加强政府机构的改革，简政放权；深化经济体制改革；等等。

4.【答案】利率市场化是指在市场经济中利率水平及其结构由经济主体自主决定的过程。目的是为了改善资金价格的形成机制，使金融服务能够更好地满足多样化的金融需求，提高金融体系的活力，从而优化资源配置。对于我国而言，利率市场化是金融改革的重要组成部分，以最小的代价达成改革目标尤为重要，利率市场化的改革进程应实现从管制利率向市场化利率的平稳转变。因此，确定利率市场化的合理步骤，明确和防范利率市场化隐含的金融风险显得非常重要。

（1）利率市场化的合理步骤。

在我国当前的经济金融背景下，应实行渐进式的利率改革。按照“先外币，后本币；先贷款，后存款；先大额，后小额；先长期，后短期”的大致顺序逐步推进利率市场化，并有可能相互交叉。具体而言，可以分为以下几步：

第一步，先放开同业拆借利率，即货币市场利率，它通过金融机构之间的交易行为形成，最终反映市场上的资金供求状况。

第二步，在货币市场利率放开之后，可根据货币市场统一基准利率较频繁地调整银行对工商企业的贷款利率，使贷款利率略高于货币市场利率。

第三步，着手国债发行利率的市场化，即用招标或拍卖方式发行国债。

第四步，依据货币市场利率主动调整央行贷款利率，同时取消法定存款准备金和超额存款准备金的存款利率。

第五步，货币当局依据货币市场利率规定 1 年期贷款基准利率，其他期限贷款利率由商业银行自行套算，并允许商业银行的贷款利率根据客户的不同信誉在一定幅度内浮动。

第六步，在允许贷款利率浮动后，就可考虑存款利率的浮动幅度。为了防止恶性竞争，可以规定存款利率上限。

第七步，利率市场化改革走到这一步，全面放开存、贷款利率已经是水到渠成的事。此时，以央行再贷款利率为主导的市场利率体系已基本建立起来了。

（2）利率市场化隐含的金融风险。

利率由市场决定，可以优化资源配置、提高资金的使用效率，但也会有一定的金融风险随之而来，主要有以下几种风险：

①流动性风险。

当存贷款利率全部放开时，商业银行为了吸收客户的存款而制定有竞争力的利率，引起资产负债表现金流迅速发生变化，加大银行头寸管理难度。利率波动会使客户行为发生变化，新的不确定性会加大流动性管理难度。银行会因为竞争而开发出新产品，但当创新不足时很容易使客户资金大幅外流，引发流动性风险。

②利率风险。

利率的经常波动会使银行的利率敏感性资产和利率敏感性负债跟不上利率的变动，利率敏感性缺口的存在可能会使银行利息收入减少。同时，存贷利差的减小会加剧利率变动引发的危害。利率频繁波动造成的不确定性使得银行的利率风险大大增加。

③信用风险。

在利率市场化下，商业银行为了争抢市场而竞相上调负债利率，并且为了保持收益的连续性，不得不提高贷款利率。银行提高利率实际上是在驱逐低风险、低收益项目，借款人为了支付高成本的贷款利息，会追逐高风险、高收益项目，极易产生道德风险。逆向选择的存在会促使高风险的借款人更易接受高利率，降低银行的资产质量，产生更高的信用风险。

④汇率风险。

我国金融改革包括利率市场化、人民币国际化等，而人民币国际化的必要条件是开放资本账户。在利率市场化下，金融体系存在一定的不确定性，加之资本账户自由兑换会对汇率造成冲击，因而给商业银行造成损失。

（3）风险防范措施。

①丰富流动性管理手段，提高利率市场化下的流动性风险管理敏感度。

②完善利率定价机制，完善金融机构的内控措施，避免可能引发的信用风险。

③完善利率风险管理机制，提升对金融衍生工具的应用意识，通过利率期货、利率互换等工具对资产负债结构进行优化，降低筹资成本，积极开发新融资渠道，避免可能发生的利率风险。

④建立存款保险制度，构建系统性金融风险监测评估框架，防止利率市场化导致金融机构的倒闭而引发危机。

⑤协调推进利率市场化、人民币汇率形成机制改革和资本账户开放，正确的顺序应是先推进利率市场化，再进行人民币汇率形成机制改革，最后推行资本账户开放。

⑥实施有效的金融监管，建立稳定的宏观经济环境。

5.**【答案】**经济全球化是指随着生产力的巨大发展、生产社会化程度的提高和世界范围内市场经济的发展，必然要求资源配置从一国范围扩展到世界范围，各国经济通过跨国生产、国际贸易、资本国际运动以及国际技术交流等经济纽带而日益密切联系在一起的趋势。

一般来说，经济全球化主要表现为：（1）生产全球化。经济全球化最为核心的内容在于生产全球化，即物质生产跨越国界，在全球范围内安排和进行。生产全球化的基础是生产国际化，而生产国际化主要由跨国公司推动。（2）贸易全球化。贸易全球化是经济全球化的一个重要方面。它以贸易自由化为先导，主要指产品和服务在全球的自由流通。世界贸易组织的成立，有力地推动了贸易全球化的发展。伴随着货物贸易的发展，服务贸易的增长速度也十分令人瞩目。与此同时，世界各国的贸易依存度不断提高。世界贸易高速增长以及各国贸易依存度的普遍提高，标志着贸易全球化程度日渐发展和加深。（3）金融全球化。作为经济全球化的一项重要内容，金融全球化是指金融资本在全球的大规模扩张和自由流动。金融全球化的前提是金融自由化。金融全球化主要体现为：一是金融业的跨国并购盛况空前；二是国际金融市场发展迅猛。

经济全球化是一把双刃剑，经济全球化在推动生产的社会化和世界经济发展的同时，又给世界经济的发展带来了许多新矛盾。对还是发展中国家的中国来说，经济全球化既是机遇，更是挑战。

经济全球化对我国经济有非常大的积极作用。

首先，经济全球化有利于我国资源实现有效配置与整合。在全球化条件下，资本、劳动力、技术、信息等资源可以突破民族国家的局限，在全球范围内寻找最有效的配置与组合方式。与此同时，世界上各个民族国家，也可以根据本国的具体条件，参与到涵盖了不同水平层次的全球分工体系之中。这样，不仅我国资源得到了充分利用，而且我国经济也能与其他各国经济实现相互融合与优势互补。

其次，经济全球化为我国的经济发展提供了良好机遇：一方面，在经济全球化条件下，我国经济面向世界市场，因而摆脱了国家和地区市场的限制，为我国的经济发展提供了广阔的空间；另一方面，在跨国公司进行全球性生产经营活动的过程中，资金、知识、信息以及先进的技术和管理经验在世界各地传播，我国可以因势利导，充分利用这些有利条件，调整产业结构，在提高经济效益的同时，提升经济发展水平。

最后，经济全球化推动了我国与世界各国的合作。经济全球化使市场竞争扩展到了世界范围。强大的竞争压力，有助于推动我国不断开发新技术、推出新产品、降低生产成本、提高生产效率、改善企业经营管理。与此同时，由于全球化消除了要素流动限制，因而我国有可能在全球范围内加强与其他国家的合作，特别是在跨国生产以及科学技术的研究与开发方面，可以与全球其他国家互通有无，实现资源共享。

经济全球化对我国经济也会产生很强的负面影响。

当今世界的经济全球化是西方发达资本主义国家主导的，这就决定了在分享经济全球化利益方面，这些国家占据绝对优势，这可能会拉大我国与发达国家的差距。

另外，经济全球化使得经济风险不断增加。经济全球化将世界各国的经济空前紧密地联系在了一起。世界各国你中有我、我中有你，互动性明显增强。当某一个或某几个国家出现问题时，这种互动就很有可能产生负面影响。也就是说，在全球化条件下，世界性经济风险发生的概率大为增加。

面对经济全球化，我国必须趋利避害，抓住机遇，应对挑战。

教学支持说明

1. 教辅资源获取方式

为秉承中国人民大学出版社对教材类产品一贯的教学支持，我们将向采纳本书作为教材的教师免费提供丰富的教辅资源。您可直接到中国人民大学出版社官网的教师服务中心注册下载——http://www.crup.com.cn/Teacher。

如遇到注册、搜索等技术问题，可咨询网页右下角在线 QQ 客服，周一到周五工作时间有专人负责处理。

注册成为我社教师会员后，您可长期根据您所属的课程类别申请纸质样书、电子样书和教辅资源，自行完成免费下载。您也可登录我社官网的“教师服务中心”，我们经常举办赠送纸质样书、赠送电子样书、线上直播、资源下载、全国各专业培训及会议信息共享等网上教材进校园活动，期待您的积极参与！

2. 高校教师可加入下述学科教师 QQ 交流群，获取更多教学服务

经济类教师交流群：809471792

财政金融教师交流群：766895628

国际贸易教师交流群：162921240

税收教师交流群：119667851

3. 购书联系方式

网上书店咨询电话：010－82501766

邮购咨询电话：010－62515351

团购咨询电话：010－62513136

中国人民大学出版社经济分社

地址：北京市海淀区中关村大街甲 59 号文化大厦 1506 室　100872

电话：010－62513572　010－62515803

传真：010－62514775

E-mail：jjfs@crup.com.cn